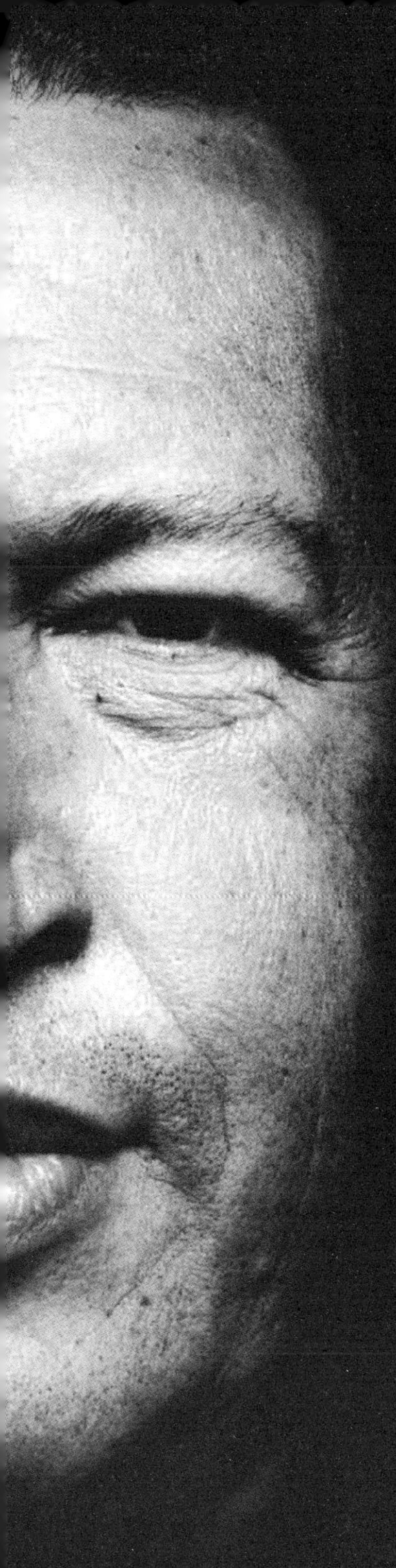

HUGO CHÁVEZ

MINHA PRIMEIRA VIDA

HUGO CHÁVEZ
MINHA PRIMEIRA VIDA

IGNACIO RAMONET

PREFÁCIO DE

Marco Aurélio Garcia

TRADUÇÃO

Eric Nepomuceno

GERAÇÃO

Título original:
Hugo Chávez: Mi primera vida

1ª edição — Julho de 2018

Grafia atualizada segundo o Acordo Ortográfico da Língua Portuguesa
de 1990, que entrou em vigor no Brasil em 2009

Editor e Publisher
Luiz Fernando Emediato

Diretora Editorial
Fernanda Emediato

Assistente Editorial
Adriana Carvalho

Capa
Ricardo Schwab Schirmer

Projeto Gráfico e Diagramação
Alan Maia

Preparação
Nanete Neves

Revisão
Hugo Almeida
Marcia Benjamim de Oliveira

DADOS INTERNACIONAIS DE CATALOGAÇÃO NA PUBLICAÇÃO (CIP)
(Câmara Brasileira do Livro, SP, Brasil)

Ramonet, Ignacio
Hugo Chávez : minha primeira vida / Ignacio Ramonet ;
tradução Eric Nepomuceno.
-- 1. ed. -- São Paulo: Geração Editorial, 2018.

Título original: Hugo Chávez : mi primera vida.

ISBN 978-85-8130-351-2

1. Chávez, Hugo, 1954-2013 2. Venezuela -
Política e governo - 1974-1999 3. Venezuela -
Presidentes - Biografia I. Título.

16-02823 CDD: 987.0642092

Índices para catálogo sistemático

1. Venezuela : Presidentes : Biografia 987.0642092

GERAÇÃO EDITORIAL

Rua João Pereira, 81 – Lapa
CEP: 05074-070 – São Paulo – SP
Tel.: (+ 55 11) 3256-4444
E-mail: geracaoeditorial@geracaoeditorial.com.br
www.geracaoeditorial.com.br

Impresso no Brasil
Printed in Brazil

Sumário

PARTE III
Rumo ao Poder (1982-1998)

Prefácio

Marco Aurélio Garcia

Pouco mais de três anos são passados da morte de Hugo Rafael Chávez Frias.

A situação econômica e política da América do Sul difere hoje, em muito, daquela aberta em 1998, quando Chávez assumiu a Presidência da Venezuela, inaugurando um ciclo de transformações nunca antes vivido no continente e que se estendeu por mais de uma década.

A crise que a Venezuela vem atravessando nos últimos anos ganhou nova configuração depois da expressiva vitória que as oposições obtiveram nas recentes eleições parlamentares. O conflito entre governo e oposições transformou-se em choque de poderes, uma crise institucional a que se soma expressiva divisão da sociedade.

Entre os observadores da cena regional, não faltam aqueles que têm decretado o "fim do chavismo" e, com ele, o colapso definitivo desse renitente "populismo nacionalista" que teima em manifestar-se ciclicamente no continente.

Esse argumento, esgrimido sobretudo pelos conservadores, tem ganhado maior difusão na medida em que a crise venezuelana não é caso isolado na América do Sul. A quase totalidade dos países da região que, cada um à sua maneira, viveram a grande transformação econômica, social e política deste começo do século, enfrenta na atual conjuntura dificuldades, que colocam interrogações sobre sua natureza e possível continuidade. O rumo que tomou a crise política brasileira ilustra a dimensão e a profundidade da regressão pela qual vem passando o continente. Seu impacto além fronteiras não pode surpreender ninguém.

Não é fácil — nem mesmo prudente — analisar processos históricos em curso.

Essa análise tem de levar em conta os obstáculos objetivos — endógenos e exógenos — que os novos governantes enfrentaram no passado e enfrentam na atualidade, assim como seus próprios erros na condução de políticas econômicas e, sobretudo, suas dificuldades em formular e conduzir projetos de transformação social, política e cultural capazes de assegurar permanência no tempo e de mobilizar amplos setores da sociedade.

Os governos populares que emergiram no século XXI na América do Sul eram — singularidades à parte — respostas a décadas de desastres econômicos, sociais e políticos que se multiplicaram pela região durante o período ditatorial e nas "décadas perdidas" em que se transformaram boa parte das transições para a democracia.

Os impasses provocados pela radicalização social e política dos anos 1960, na esteira do impacto da Revolução Cubana na América Latina, tornaram evidentes os limites das várias experiências do nacional-desenvolvimentismo em curso naquele período e tiveram como resultado, em boa parte do continente, a emergência de cruentas ditaduras cívico-militares.

Com a exceção do Brasil, onde a agenda nacional-desenvolvimentista foi retomada, com forte viés autoritário, pelos militares, as ditaduras sul-americanas se transformaram em laboratórios de um projeto neoliberal que ensaiava seus primeiros passos em outras partes do mundo. Importantes e regressivas transformações econômicas — liberalização dos setores produtivo e financeiro e privatizações em massa — provocaram profundas transformações sociais e políticas. Em muitos casos, as classes trabalhadoras encolheram, ao mesmo tempo em que se expandiam os contingentes de pobres e de miseráveis.

O sindicalismo foi duramente atingido e com ele as organizações políticas de orientação socialista, comunista ou nacionalista. Contemporaneamente à repressão que se abateu sobre o movimento popular e sobre a esquerda sul-americana, assistiu-se no plano global à debacle dos grandes projetos políticos e ideológicos hegemônicos do progressismo — o comunismo, a social-democracia e até mesmo a "terceira via" terceiro-mundista.

Essa situação de terra arrasada favoreceu as várias experiências neoliberais no continente, dentre as quais os dez anos do governo Carlos Saul Menem, na Argentina, despontam com a mais emblemática, sobretudo pelos efeitos que tiveram sobre a economia e a sociedade em seu país.

Os governos populares que emergiram a partir daí foram, cada um à sua maneira, respostas a esse quadro de desagregação econômica, de exclusão social e de anemia política e cultural que atingiu um grande número de países na região.

Novas forças políticas e novas lideranças passaram a ter papel central nesse novo período da história sul-americana.

Um militar nacionalista, como Hugo Chávez.

Um metalúrgico, como Luiz Inácio Lula da Silva.

Um sindicalista cocaleiro, como o índio Evo Morales.

Um ex-guerrilheiro, como Pepe Mujica.

Homens e mulheres de esquerda que tiveram relevância na resistência em seus países, como Dilma Rousseff, Tabaré Vázquez, Nestor e Cristina Kirchner, Ricardo Lagos e Michelle Bachelet.

Um religioso progressista, como o Bispo Fernando Lugo.

Um intelectual de esquerda, como Rafael Correa.

Na falta de um referencial político-ideológico comum mais definido, as experiências que começam a desenvolver-se na América do Sul nesse período poderiam ser caracterizadas genericamente como pós-neoliberais.

A ênfase de todos esses governos foi a de implementar programas de inclusão social que permitiram o ingresso de milhões de homens e mulheres nas esferas da produção e do consumo, conferindo-lhes, ao mesmo tempo, uma cidadania que antes só existia na letra da lei, mas não na realidade. Cresceu o papel do Estado na economia e incrementou-se a integração das nações sul-americanas. O surgimento da Unasul (União de Nações Sul-Americanas) foi consequência direta dessa opção. As tendências nacionalistas que se fortaleceram nesse período — distinto do que ocorreu e ocorre em outras partes do mundo, como na Europa, por exemplo — não tinham e não têm traços chauvinistas ou xenófobos. Ao contrário, enfatizam a necessidade de lograr um continente unido, mas respeitoso de sua heterogeneidade étnica, política, social e cultural. Esses passaram a ser elementos fundamentais para que a América do Sul pudesse aspirar a uma participação efetiva e soberana em um mundo multipolar em formação.

Muitos fatores conspiraram para que essa importante experiência pós-neoliberal não fosse plenamente exitosa, como se esperava e aspirava nos primeiros anos.

Sem dúvida, pesaram os efeitos da crise econômica desencadeada em 2008, inicialmente nos países desenvolvidos, que teve forte incidência, ainda que diferida, sobre quase todas as economias da América do Sul.

Mas pesaram também fatores internos e regionais.

Não houve compreensão teórica, mas sobretudo prática, sobre a natureza do neoliberalismo contra o qual os governos populares se insurgiam. Mais do que uma política econômica, o neoliberalismo era e é um complexo projeto econômico, político, cultural e ideológico que produz importantes efeitos sociais, todos eles adversos à transformação progressista de sociedades periféricas, há anos submetidas à dominação.

A mudança não podia valer-se apenas de um voluntarismo impregnado muitas vezes de referências e paradigmas de uma esquerda que não refletira o suficiente sobre suas derrotas passadas e impasses. Como na referência militar, as esquerdas atuais se assemelhavam às vezes aos generais franceses da Segunda Guerra Mundial que travavam, de forma desastrada, batalhas do conflito precedente — a Primeira Grande Guerra. Os riscos de derrota eram evidentes.

Não bastava ganhar eleições, pois o poder não podia ser entendido como um *locus* e sim como uma correlação de forças favorável aos setores populares a ser conquistada.

Houve uma clara subestimação da capacidade de rearticulação das forças conservadoras que haviam sofrido, no marco de democracia, importantes derrotas eleitorais e políticas. As vitórias das esquerdas não foram capazes de garantir sua sustentabilidade histórica, criar uma hegemonia política e cultural na sociedade.

Praticamente em todos os países da região, os governos populares passaram a sofrer forte assédio dos *poderes fácticos*, como tem sido denominada a conjunção de meios empresariais, corporações incrustradas no aparelho de Estado, facções parlamentares e, sobretudo, de importantes segmentos dos meios de comunicação aos quais foi reservado o papel de estado-maior da restauração conservadora.

A agenda dessa ofensiva é eminentemente regressiva e retoma boa parte do programa econômico neoliberal que colapsou em fins do século XX em quase todos os países da região. Ataca os projetos de integração regional, propondo a "flexibilização" do Mercosul, a adesão à Trans-Pacific Partnership (TPP), quando não o retorno puro e simples à Área de Livre Comércio das Américas (ALCA), enterrada em Mar del Plata dez anos atrás.

Mas essa ofensiva conservadora se alimenta igualmente dos erros econômicos e políticos cometidos pelas forças progressistas que democraticamente assumiram grande parte dos governos sul-americanos.

As incertezas sobre a situação econômica mundial não têm ajudado a formulação de novos diagnósticos sobre o quadro atual. O crescimento econômico norte-americano é lento e errático, assim como a recuperação europeia. A China deixa de ser pouco a pouco a "fábrica do mundo", pondo fim ao chamado "superciclo das *commodities*" que contribuiu para a expansão das economias da América do Sul.

É claro que as transformações econômicas pelas quais passou (e passará) a região não podem ser explicadas exclusiva, nem centralmente, pelo contexto internacional.

As economias sul-americanas, estruturalmente muito distintas umas das outras, viviam conjunturalmente, no começo do século, situações econômicas diferenciadas. Articulavam-se com os grandes centros econômicos internacionais de forma distinta.

Assim já havia ocorrido quando da crise de 1929. Ainda que a dependência sul-americana *vis-à-vis* a economia mundial fosse naquele momento muito maior do que hoje, as saídas da crise em cada um dos países foram também diferentes. Pesaram as dimensões e características dos sistemas produtivos de cada economia e o tipo de respostas políticas que em cada caso foi encontrado.

O exame do passado, inclusive desse passado recente, é necessário para (re) construir uma alternativa progressista para a América do Sul, em sintonia com as esperanças de milhões de homens e mulheres que se mobilizaram por seus direitos no continente como nunca haviam feito antes.

Nesse esforço de revisitar nossa história vamos nos deparar também com essa geração de homens e mulheres cuja liderança marcou e ainda marca o progressismo em nossa região. "Geração", para os historiadores, é algo que transcende proximidade etária, apontando sobretudo para o compartilhamento de uma mesma experiência política e cultural.

Chávez compartilhou com seus "companheiros presidentes" da América do Sul uma grande experiência política comum e deixou marcas pessoais extremamente fortes que persistem — e persistirão — por um longo tempo, mais além das circunstâncias da evolução atual da Venezuela e da região.

Ignacio Ramonet, intelectual qualificado e atento à evolução de nosso continente, teve o privilégio de, ao longo de inúmeras entrevistas, reconstruir a trajetória desse importante dirigente político cujas convicções e ações têm as digitais de sua origem social e permitem entender melhor o papel que iria desempenhar em seu país e fora dele. A morte prematura de Chávez impediu Ramonet de reconstruir com seu entrevistado o período presidencial iniciado em 1998. Esse trágico acidente não tira relevância deste livro. Pode, quando muito, incitar a produção de uma grande biografia do líder venezuelano que dê conta do conjunto de sua obra e das circunstâncias de sua ação.

As entrevistas, que se detêm no momento da vitória eleitoral de 1998, têm no entanto o mérito de pôr em evidência duas coisas importantes.

Primeiro, a real situação da Venezuela nos anos que seguiram o *Caracazo* (1989), quando ficou evidente o colapso do pacto oligárquico vigente desde a queda Pérez Jiménez. As consequências daqueles trágicos acontecimentos mostram o desencanto com a política tradicional e explicam a gravitação que Hugo Chávez passou a ter, por uma década, no país até sua chegada à presidência. Diferentemente daqueles que viam em Chávez um fator de crise na Venezuela, a reconstituição do período mostra que ele foi muito mais produto da crise e, em boa medida, a condição de possibilidade de que a estabilidade social e política pudesse ser lograda no país.

Em segundo lugar, Ramonet apreendeu, em suas entrevistas, a dimensão humana de Hugo Chávez que tanta atração exerceu sobre aqueles que com ele conviveram, aí incluídos seus mais acerbos adversários.

Chávez foi um grande amigo do Brasil. Compartilhou com Lula e Dilma as esperanças de que uma nova América do Sul era possível. Em um momento de transição no mundo, quando certezas foram abaladas, seu voluntarismo teve o mérito de mobilizar multidões, sobretudo de jovens, que passaram a ver na política um instrumento de mudança da realidade.

Ele vai sobreviver às vicissitudes que o progressismo vive em seu país e na América do Sul. A leitura deste livro explica em boa medida o porquê dessa afirmação.

Marco Aurélio Garcia (1941-2017) foi professor do Departamento de História da Unicamp — Universidade de Campinas, e assessor de Política Externa dos presidentes Luiz Inácio Lula da Silva e Dilma Rousseff.

Introdução

Cem horas com Chávez

Tínhamos chegado na véspera ao centro dos infinitos *llanos* venezuelanos, um lugar cujo nome eu desconhecia. Eram 9 da manhã e fazia um calor de forno. Emprestada por um amigo, a casa onde nos hospedávamos era singela, rústica, térrea e com telhado de telhas, no melhor estilo *llanero*. Tinha uma fachada com uma grande varanda aberta, mobiliada com mesas baixas, de ferro forjado, cadeiras de balanço de junco, e dezenas de vasos com plantas. Ao redor, talhada e endurecida, a terra estava salpicada por arbustos coloridos, esplêndidas árvores gigantescas e um pomar em flor. Um ventinho tenaz levantava um pó dourado e trazia o cheiro de um matagal perfumado. Castigada por bafos de brisa ardente, a vegetação oferecia, em todos os arredores, um semblante angustiado e exausto.

No jardim, à sombra, haviam posto para nós uma mesinha com livros e documentos para a entrevista. Enquanto eu esperava por Hugo Chávez, me sentei na borda de uma cerca de madeira que rodeava a estância, aquilo que, lá, chamam de *hato*. Reinava o silêncio, rompido apenas pelo pipilar de alguns pássaros, o canto de algum galo, o rum-rum distante de algum grupo eletrogêneo. Não se via nenhuma construção ao redor, nem se percebia nenhum tumulto no trânsito. Um retiro ideal. Tampouco havia *wi-fi*. Nem mesmo sinal para os celulares. Só funcionavam, e pelos canais militares, uns telefones por satélite usados pelos homens do corpo de segurança e pelo próprio presidente.

No dia anterior, de tarde, a bordo de um aviãozinho *Falcon*, havíamos aterrissado no pequeno aeroporto de Barinas. Antes de começar nossas conversas, nossas entrevistas, para este livro, Chávez queria me mostrar o território da sua infância e as raízes do seu destino. O *cenário das minhas circunstâncias*, conforme ele disse.

Chegou quase incógnito, para evitar protocolos e cerimônias. Vestido de maneira simples: sapatos esportivos, *jeans* negros, camiseta branca e uma jaqueta leve, azul, de aparência militar. Estava acompanhado somente por um de seus principais assessores, Maximilien Arvelaiz, jovem e brilhante conselheiro de assuntos internacionais, além de vários seguranças com uniforme verde-oliva. Ao pé do avião nos esperavam, no calor saariano, dois discretos 4x4 negros. Chávez se pôs ao volante do primeiro deles. Maximilien e eu entramos com ele. Os seguranças, no de trás. Em seguida nos pusemos no rumo do centro histórico.

Cidade horizontal e achatada, Barinas oferecia, naquele momento, uma atmosfera "de fronteira". Havia muitas sofridas camionetes do tipo *pick up*, e rutilantes 4x4 dos novos ricos. Havia homens com chapéu *llanero* e calçando botas de cano curto. O *Llano* é terra de vaqueiros, de contrabando, de gestas e de infinitos espaços abertos. Também de *corridos* e de *joropos*, canções *llaneras*, a música *country* local. Visto de Caracas, aquele era o "velho Oeste", e o centro de identidade da *venezolanidad.*

Capital do Estado do mesmo nome, a cidade havia crescido em excesso nos últimos anos. Notava-se uma briosa atividade. Edifícios em construção, guindastes, ruas em obras, trânsito denso. Em sua destrambelhada periferia, como na de tantas localidades, a feiura arquitetônica havia cometido estragos espantosos. Mas, conforme íamos chegando ao velho núcleo urbano, reapareciam a harmonia geométrica colonial e algumas construções de estampa nobre.

Com sua tranquila e bela voz de barítono, Chávez ia me contando a história da cidade: mostrou por onde passou Simón Bolívar, o Libertador; por onde cruzaram os *llaneros* do "Centauro" Páez; por onde andou Ezequiel Zamora — o "general de homens livres" — quando libertou Barinas, proclamou a Federação e saiu para a decisiva batalha de Santa Inês, no dia 10 de dezembro de 1859[1]. Chávez não apenas sabia de cor a história da Venezuela, como a contava e vivia com entusiasmo, ilustrava com mil casos, lembranças, poemas, canções. *Amo a minha pátria,* me disse. *Profundamente. Porque, como diz Alí Primera*[2]*, "a pátria é o homem". Devemos conectar presente e passado. Nossa história é a nossa identidade. Quem ignora essa história não sabe quem é. Só a história dá a um povo a consciência de si mesmo.*

De repente o telefone soou. Era uma mensagem de texto de Fidel Castro, cumprimentando-o pelo seu discurso daquela tarde. Ele me mostrou: "21h30. Andei te escutando. Achei muito bom. Parabéns. Você está jogando forte. Foi fenomenal. Você está brilhante". Não fez nenhum comentário, mas notei que estava feliz. Ele sentia profundo afeto por Fidel.

Chegamos à parte histórica. A noite havia caído e a cidade não estava bem iluminada. Vimos o surpreendente palácio do Marquês, e a desmesurada cadeia antiga. Percorremos a geografia barinense pessoal de Chávez. Ele me mostrou o colégio O'Leary, onde fez o secundário, e a academia de arte onde começou seus estudos de pintura. Passamos diante do que foi seu lar de adolescente no bairro Rodríguez Domínguez, da casa de seus amigos Ruiz Guevara, da casa da sua primeira namorada, o campo de beisebol entre vizinhos. *Por esta avenida, eu passeava com Nancy Colmenares. A gente chamava esse bar de "a faculdade". Neste edifício estava a rádio Barinas, onde fiz minhas primeiras transmissões de rádio.*

O breu da noite e os vidros escuros do veículo faziam com que eu não visse quase nada. Além do mais, em sua peregrinação nostálgica Chávez entrelaçava lembranças dos diferentes períodos que ele havia vivido na cidade: os anos de colégio (1966-1971) e seu primeiro destino como subtenente recém-saído da Academia Militar (1975-1977). No labirinto de suas vivências passadas, me senti meio perdido. Ele percebeu, e, com singeleza, pediu desculpas: *Perdão, é que de repente as lembranças me dominaram... As lembranças, você sabe, armam emboscadas para a gente em qualquer bosque da montanha...* Com paciência, tornou a me explicar, reordenando a cronologia.

Filho de professores, Chávez era um pedagogo insólito. Sabia, por instinto, se colocar no mesmo nível de quem o escutava. Jamais com prepotência. Detestava aborrecer seu auditório, e expor com clareza e amenidade o deleitava. Queria ser compreendido, e se esforçava para conseguir isso. Trazia com ele, quase sempre, um punhado de lápis de cor e folhas de papel nas quais, com sua mão esquerda — era canhoto — fazia gráficos, desenhava figuras, traçava estatísticas, escrevia conceitos, ideias, cifras. Tratava de fazer com que o abstrato fosse visível. E volta e meia transformava problemas bastante enrolados em problemas simples.

Essa paixão pela docência, me contou, surgiu quando ele era bem jovem: *Eu chegava inclusive a ensinar para a minha mãe. Ela era mestre-escola rural, num campo que se chamava Encharaya. Eu gostava muito da sala de aula daquela escola, de ouvir minha mãe ensinando. De alguma maneira, tratava de ajudá-la. Sempre me encantei com a educação, a sala de aula, o estudo.*

Como aluno, estudante e cadete, Chávez sempre foi o primeiro da classe, o que o livrava dos exames de fim de ano pelas excelentes notas que ia alcançando ao longo do ano, principalmente nas matérias científicas. Adorado pelos professores e mestres, era ávido por conhecimento e saber, tinha curiosidade por tudo. Queria sempre cumprir, ser gostado, agradar, seduzir, ser amado.

Na sua construção intelectual coincidiram duas formações. A acadêmica, na qual sempre foi brilhante. E a autodidata, sua preferida, que permitiu a ele se autoeducar em paralelo, de uma forma que explica, em parte, a singularidade do seu temperamento. Criança superdotada, com um quociente de inteligência elevado, soube tirar, desde muito cedo, um formidável proveito de suas leituras. Tanto fazia se eram publicações infantis, como a revista *Tricolor*, ou enciclopédias autodidatas, como a *Quillet*, que quase aprendeu de cor... Chávez tinha uma memória excepcional, imprimia na mente tudo que lia, se empapava do que havia lido, processava, assimilava, digeria e incorporava ao seu capital intelectual.

Era um leitor constante. Carregava sempre dois ou três livros, mais ensaios que romances, que lia ao mesmo tempo e anotava, sublinhava, comentava nas margens... Como intelectual, sabia praticar uma "leitura produtiva", extraía conceitos, análises, histórias e exemplos, que gravava em sua prodigiosa memória e depois difundia ao grande público, através de seus discursos e conferências torrenciais. Seus livros de cabeceira variaram. Houve a época de *O oráculo do guerreiro*, que citou centenas de vezes e que acabou sendo lido por quase toda Venezuela. Depois foram, entre outros, *As veias abertas da América Latina*, de Eduardo Galeano, e *Hegemonia ou sobrevivência*, de Noam Chomsky, ensaios transformados em indispensáveis vade-mécum de todo bom bolivariano. Houve também o ciclo, mais recente, de *Os miseráveis*, de Victor Hugo, *um livro maravilhoso, que recomendo, é sobre os que viveram na miséria a vida inteira. É preciso lê-lo.* Sua força de prescrição era assombrosa: toda obra que ele recomendava se transformava, quase sempre, num *best-seller* em escala nacional e, às vezes, internacional.

Outra característica dele: sua habilidade para as questões práticas. Sabia fazer de tudo com as mãos, de plantar e cultivar milho a reparar um tanque de guerra, dirigir um trator bielo-russo ou pintar um quadro a óleo. Traços que devia, como tantos outros, à sua falecida avó Rosa Inés, uma mulher inteligente, humilde, muito trabalhadora, de grande aptidão pedagógica e excepcional bom senso. Ela o criou, educou e, desde cedo, transmitiu a ele toda uma filosofia de vida. Contou a ele a história popular do país, transferiu ao menino o exemplo da solidariedade, explicou a ele os segredos da agricultura, ensinou a trabalhar na pequena horta familiar, a "casinha de teto de sapé", chão de terra e paredes de pau a pique, onde, com seu irmão Adán, morava.

Hugo Chávez foi um menino muito pobre. Uma pobreza aliviada pelo maravilhoso amor da avó, sua "mãe velha", como ele a chamava. *Eu não trocaria a minha infância por nenhuma outra*, me disse. *Fui o menino mais feliz do mundo.* Aos seis ou sete anos, vendia pelas ruas de sua cidadezinha, Sabaneta, uns doces — as *aranhas* — feitos pela sua avó, com frutas colhidas no quintal. O produto daquelas vendas ambulantes era praticamente a única renda da casa. E Huguito também fazia vistosas pipas, com taquaras e papel, cuja venda também significava alguma entrada de dinheiro...

Na cabeça do jovem Chávez combinaram, assim, três aprendizagens que ele sempre conservou: a escolar ou teórica, a autônoma ou autodidata, e a manual ou prática. A articulação dessas três fontes de saber — sem que nenhuma delas fosse considerada, por ele, como privilegiada ou superior às outras duas — é uma das chaves para se entender essa personalidade original.

Ao mesmo tempo, suas estruturas mentais também estavam determinadas por outras qualidades. Primeiro, a incrível desenvoltura em relação a tudo que se referisse ao relacionamento e à comunicação. Sua habilidade para controlar e manipular a própria imagem. Sua admirável facilidade de palavra, adquirida, sem dúvida, em seus anos de "vendedor de aranha", menino-camelô de doces feitos pela avó, falando e regateando com eventuais compradores na saída do cinema, das lojas, do jogo de beisebol ou de onde quer que fosse. Era um comunicador excepcional, incendiário e treinado desde suas atividades de estudante do secundário, e, já cadete, como animador de festas e mestre de cerimônias da Academia Militar, especializado em eleições de rainhas do que quer que fosse.

Orador fora de série, seus discursos eram amenos e coloquiais, ilustrados por causos, rasgos de humor e até canções. Mas também, embora não parecessem, verdadeiras composições didáticas muito elaboradas, muito estruturadas, preparadas de maneira séria e profissional, com objetivos concretos. Em geral, se tratava de transmitir uma ideia central, que constituía a avenida principal de seu percurso discursivo. Mas, para não ser cansativo, não aborrecer os ouvintes, Chávez frequentemente se afastava dessa avenida principal e fazia o que poderíamos chamar de excursões[3] em campos anexos (memórias, histórias, piadas, poemas, quadrinhas) que não pareciam ter nexo com seu propósito central. No entanto, sempre tinham. E isso permitia-lhe que, depois de ter abandonado durante um bom tempo, aparentemente, seu rumo central, voltasse a ele e retomasse o ponto exato em que o havia deixado, e isso, de maneira subliminar, produzia um efeito prodigioso de admiração no público.

Essa técnica retórica permitia a Chávez declamar discursos de duração muito longa. Uma vez, me perguntou: *Quanto duram, em geral, os discursos dos dirigentes políticos na França?*. Respondi que poucas vezes, nas campanhas eleitorais, passavam de uma hora. Ficou pensando e me confessou: *Eu, só para aquecer os motores, preciso de umas quatro horas.*

Segunda qualidade: seu caráter competitivo. Era um vencedor nato. Havia sido, muito jovem, um esportista obsessivo, jogador quase profissional de beisebol, péssimo perdedor, conhecido por seu empenho em dar tudo de si, esportivamente, para conseguir a vitória. Recordava: *Fui um pitcher* (arremessador) *realmente bom. O beisebol era a minha obsessão. Foi uma escola do esforço, da garra, do sofrimento, do caráter. A bola de beisebol é a principal paixão esportiva do país. A Venezuela tem 30 milhões de habitantes e 30 milhões de especialistas em beisebol.*

Terceira: sua paixão lúdica por várias expressões da cultura popular, romances e poemas *llaneros*, quilométricos, que recitava sem erros; *joropos del Llano*, *rancheras* mexicanas, canções de Alí Primera, que ele era capaz de cantar com talento. Filmes do grande cinema popular mexicano, campeões de bilheteria dos anos 1950 e 1960, nunca eram esquecidos, ou os clássicos filmes de Hollywood interpretados por "duros" como Charles Bronson e Clint Eastwood, que todos conheciam. Era, além do mais, um telespectador assíduo e bem informado dos programas e apresentadores dos canais venezuelanos de televisão. Todas essas referências simbólicas da cultura de massas, compartilhadas pelo grande público local, permitiam a ele conectar-se de imediato com os cidadãos.

Quarta característica: sua religiosidade popular. *Sou mais cristão que católico*, dizia. E, mais que cristão, "cristista", poderíamos dizer, ou seja, um fervoroso seguidor dos ensinamentos de Jesus Cristo, relatados nos Evangelhos. Via, em Jesus, "o primeiro revolucionário". É óbvio que não ia à missa todos os domingos, nem sentia, a não ser em algumas exceções, particular respeito pela hierarquia da Igreja. Mas acreditava em milagres e no poder taumatúrgico dos santos — canonizados ou não — e, como sua avó, tinha devoção muito especial pela Virgem do Rosário, padroeira de Sabaneta. Sua fé popular — que se estendia a outras crenças indígenas, afro-caribenhas, evangélicas etc. — era sincera. E nisso também coincidia com a imensa maioria dos venezuelanos.

Quinta: sua liderança militar. Na Academia, aprendeu a mandar e ser obedecido. Ensinaram a se comportar como chefe, como líder. Nunca esqueceu essa lição. Chávez sabia ordenar e mandar. E ai de quem ignorasse isso! Sobre quem cometesse esse erro, caía uma bronca monumental. Embora fosse um homem de reconhecida amabilidade, suas raivas e broncas eram de antologia. Tinha sido o melhor cadete da sua geração. Havia sido submetido a uma exigente formação militar, tanto teórica como prática, cuja dureza vem da tradição prussiana do Exército venezuelano. A dimensão militar de sua formação era medular, porque nessa forja adquiriu um hábito intelectual que o caracterizava: pensar a estratégia. Acostumar-se a enxergar longe, a fixar-se em objetivos ambiciosos, e a traçar a maneira de alcançá-los. O próprio Chávez repetia: *Gostei de ser militar desde o primeiro instante. Na Academia, aprendi aquilo que Napoleão chamava de "a flecha do tempo". Quando um estrategista planeja uma batalha, deve pensar de antemão no momento histórico, depois na hora estratégica, depois no minuto tático, e finalmente no segundo da vitória. Jamais esqueci esse esquema de pensamento.*

Sexta: sua habilidade em ser subestimado. Sem cessar, seus adversários — e inclusive vários de seus amigos — tiveram a tendência de avaliá-lo de maneira equivocada, subestimando-o. Talvez porque falasse muito, ou porque gostava de contar piadas, ou pela sua simplicidade, ou pela sua aparência física, ou pelo que fosse..., o fato é que muitos caíram na armadilha de avaliá-lo por menos do que valia. Erro gravíssimo. Quem cometeu esse erro deplorou amargamente, e acabaram no chão.

Sétima qualidade: sua dedicação e seu empenho. Era um trabalhador infatigável, voluntarioso e tenaz. Noctâmbulo e insone. Desconhecia o descanso de fim de semana, dos domingos ou das férias. Trabalhava duro todos os dias, sem exceção, até altas horas da noite. Dormia só quatro horas por dia. Levantava-se às 6 da manhã. Muitas vezes, me disse: *Não é nenhum sacrifício. É que o tempo não é suficiente para tudo que precisa ser feito. O povo espera muito de nós, e não podemos decepcionar. O povo está esperando há séculos.* Não tinha escrúpulo algum em submeter ao mesmo ritmo seus ministros e colaboradores. Todas e todos sabiam que podiam ser consultados a qualquer hora do dia ou da noite. E se tivessem falhado em alguma coisa, podia cair em cima deles uma reprimenda terrível e sem concessões. Os sucessivos ministros do Gabinete Presidencial, que estavam na primeira linha, eram, sem dúvida, as pessoas mais estressadas da Venezuela. Era um desgaste tão vertiginoso que esse era o posto com maior índice de renovação do governo.

Por último: sua solidariedade com os pobres, categoria social com a qual se identificava. Muitas vezes comentou comigo: *Tenho sempre presente uma frase de Gramsci: não há que ir ao povo, há que ser o povo.* Entre os pobres passou a sua infância e adolescência. E sua "mãe velha" inculcou nele, e para sempre, o respeito pelos humildes: *Com ela, aprendi os valores da gente esquecida, abandonada, dos que jamais tiveram nada e que são a alma da Venezuela. Ao seu lado pude ver o que são as injustiças nesse mundo e a dor de não ter, às vezes, nem o que comer. Ela me ensinou solidariedade, a repartir o pouco que tinha com famílias que tinham menos ainda. Sempre recordarei seus ensinamentos. Jamais esquecerei as minhas origens.*

Tínhamos saído de Barinas e nos dirigíamos a Sabaneta, sua cidadezinha natal, a uns 60 quilômetros. Passava das 10 da noite, e circulávamos em plena escuridão. De vez em quando, e enquanto dirigia, Chávez pedia uma xícara de café forte. Ele era viciado em café. Chegava a beber mais de 30 xícaras por dia... E também vi, em particular, jamais em público, fumar um cigarro. Jamais em público.

No meio do caminho, fomos surpreendidos por uma barreira policial de controle da estrada. Uma patrulha militar tinha cortado a estrada, inspecionava os porta-malas, e verificava a documentação dos motoristas. Procuravam droga e armas de contrabando, que por ali eram abundantes graças à proximidade com a fronteira da Colômbia. Os soldados tinham armado sobre o asfalto uma espécie de fileira metálica com pontas agudas de aço. O 4x4 da segurança ultrapassou, pelo acostamento, a fila de automóveis que esperavam. Falaram com o oficial. De imediato, uma agitação febril tomou conta dos fardados. Mas Chávez não queria tratamento de exceção, quis esperar a sua vez. A inspeção dos três ou quatro veículos que estavam na nossa frente se acelerou. Chegamos até o responsável. Bateu continência. Dois seguranças se aproximaram. Chávez abriu o vidro, cumprimentou o oficial com seriedade e afeto. E o crivou de pergunta: como se chamava, de onde era, a que regimento pertencia, quem era o comandante, se era casado, se tinha filhos, perguntou pela esposa, pela família... Depois desse protocolo quase amistoso, e já em um tom mais militar, interrogou sobre a sua missão: o que faziam ali, por quê, com que objetivo, com quais resultados? Quando nos afastamos, ele comentou comigo: *Detectaram grupos de homens armados infiltrados. Em geral, são paramilitares e sicários. Vêm para cometer delitos com um objetivo político muito claro: desestabilizar e fazer crer a ideia de que, na Venezuela bolivariana, reinam a insegurança e a desordem. Alguns chegaram inclusive a se infiltrar até Caracas, e controlam o tráfico de drogas em alguns bairros onde a violência desandou. Outros têm a missão mais precisa: me matar. Uma vez, capturamos um comando de quase 150 homens com armas e uniformes do Exército venezuelano*[4]*. Continuam me ameaçando de morte, mas agora a nossa Inteligência militar funciona. Já não é mais como foi em 2002. Se tentarem de novo dar um golpe como foi aquele do dia 11 de abril de 2002, vão lamentar... Nós vamos continuar aprofundando esta revolução.*

Estávamos chegando a Sabaneta. Antes de entrar na cidade, Chávez fez um desvio, abandonou a estrada asfaltada, meteu o veículo por uma pista pedregosa, cheia de buracos e curvas. De repente, uma espessa vegetação nos envolveu. Tudo estava escuro como a boca de um lobo. Os 4x4 avançavam com precaução, guiados pelas luzes dos faróis. Chávez queria me mostrar o rio Boconó com suas águas rasas, em cujas margens Sabaneta foi fundada. Era a parte de águas baixas, que podem ser cruzadas a pé. Chávez contou: *Essa parte é chamada de Passo Baronero, e foi acesso obrigatório para quem ia do Llano para o centro da Venezuela. Todos os caminhos convergiam até este ponto aqui. Nos seus arredores foram construídas pousadas e albergues de descanso. E assim nasceu Sabaneta. Fundada justamente numa "sabaneta", ou seja, numa meseta grande ao pé da montanha, na margem direita do Boconó.*

Chegamos a uma pequena esplanada. Estacionamos. Descemos dos veículos. À luz de lanternas, nos aproximamos com muito cuidado da margem do bosque do rio. As águas baixam lentas e negras, com um rugido "bruxuleante" de fera ferida. Para mim, o lugar pareceu inquietante e tenebroso. Chávez, porém, estava ditoso, relaxado, risonho. Ele se deslocava sem precisar da lanterna, como se conhecesse cada pedra. Respirava fundo o ar carregado de aromas noturnos: *Aqui, eu me sinto como um peixe nas águas onde nasceu. Vim mil vezes a este lugar, brincar com meus irmãos e meus amigos, para tomar banho, para pescar com meu pai, para desfrutar deste oásis da natureza, um remanso de frescor no fogão do verão* llanero.

Retomamos o caminho e voltamos para a estrada. Durante toda a viagem, ele não deixou de receber telefonemas. De Mauricio Funes, recém-eleito, naquela época[5], presidente de El Salvador; do ministro da Educação, a propósito da Universidade das Forças Armadas (Unefa); do ministro da Saúde (*Não há nenhum caso de febre suína*); de vários governadores...

Chávez conversou e despachou com extrema seriedade enquanto dirigia. Era sucinto e concreto, escutava e decidia. De repente, uma mensagem de texto, mandada pelo vice-presidente, o deixou preocupado. Mostrou: "Encontrado grupo com armas pesadas FAL. Cinco com mira telescópica. Duas pistolas, seis revólveres, três carabinas. Estrangeiros. Dominicanos". Escreveu alguma coisa, e imediatamente recebeu a seguinte resposta: "Meio-quilo de explosivo C-4. Vinte mil cartuchos. Seis uniformes militares. Símbolos. Coletes. Chapas de veículos. Cargas de munições. Nove latas de pólvora. Estação base de rádio. Três rádios ponto a ponto. Três dominicanos, dois homens. Uma mulher. Jovens, 28 anos a dama, 36 os cavalheiros. No apartamento de um europeu". Pouco depois ficaríamos sabendo os nomes dos dominicanos (Luini Omar Campusano de la Cruz, Edgar Floirán Sánches e Diomedis Campusano Pérez). O europeu era um francês, Frédéric Laurent Bouquet. E o assunto, que à primeira vista parecia relacionado às máfias do narcotráfico e do contrabando de armas, iria se revelar político, e ligado a uma tentativa de homicídio[7].

Estava ficando muito tarde. Entramos em Sabaneta e nos dirigimos para a parte mais antiga[8]. *Cresceu muito. Quando eu era criança, isto aqui era um casario de quatro ruas de terra. O inverno todo era barro, os carros não passavam. Mesmo assim, para mim isto aqui era um mundo inteiro... Como uma maquete ou um resumo das complexidades do planeta...* Chávez me mostrou, primeiro, na pracinha do Camoruco, uma árvore centenária: *Aqui, ao pé desta árvore, Bolívar descansou. Não há registro histórico, mas a memória popular transmitiu essa recordação de geração em geração...* Depois, fomos ver a igreja, um templo moderno e comum: *A igreja da minha infância, onde fui coroinha, era mais humilde, de madeira. Com mais autenticidade e encanto. Pegou fogo, e construíram isso.*

Naquela hora, as ruas, limpas e bem iluminadas, estavam quase vazias. As ruas se cruzavam em ângulo reto, formando quarteirões quadrados, de uns 100 metros de extensão cada lado. Sabaneta era, naquele momento, uma cidade de atmosfera rural, modesta e tranquila, com a maioria das casas térreas[9]. Apesar da noite, o calor continuava asfixiante. Janelas e portas estavam abertas de par em par. Do automóvel, víamos, ao passar, algumas famílias instaladas diante da televisão. Outras tinham colocado cadeiras na calçada e conversavam tomando a "fresca". Várias crianças brincavam com bicicletas. De vez em quando, como nas aldeias de Castela, junto aos portais, grupos de mulheres conversavam sentadas em cadeiras baixinhas, de costas para a rua.

Os nossos eram os únicos veículos que circulavam por ali. Entre mãos afastando mosquitos, as pessoas nos olhavam com certo receio. Chávez me disse: *Conheço quase todas essas pessoas, mas se paramos para cumprimentar alguém a cidade inteira vai cair em cima da gente, para me cumprimentar, e aí não saímos daqui até a madrugada...*

Foi me mostrando lugares representativos da sua infância: *Aqui era o cinema; ali, a sorveteria onde vendíamos as frutas do quintal da minha avó; nessa lojinha, meu irmão Adán e eu conseguíamos as revistas em quadrinhos e os gibis dos heróis da minha infância; por todas essas ruas eu vendia minhas* aranhas; *naquela esquina ali eu comprava* chicha[10] *de Timoleón Escalona; ali moravam os italianos, e ali os russos; mais para lá, os árabes; e logo ali, os que vinham das Ilhas Canárias; esta aqui é a rua Real, aqui caí e quase arrebentei o nariz; e esta era a minha escola, a única que havia no povoado; acho que fui bom aluno, muito mimado pelas professoras...*

Subimos até o antigo endereço da sua avó, onde ele nasceu e se criou. Não parou. Como se não quisesse contaminar suas lembranças felizes: *Éramos muito pobres, os pés descalços dos pés descalços. A casa foi derrubada, não sobrou nada; e o grande quintal, um quarto de hectare, também. Sobraram só algumas mangueiras, olha lá, são as mesmas de 50 anos atrás. O resto, o tempo levou. O que era ficou preservado para sempre na minha memória.*

Nos afastamos de Sabaneta, sua macondo íntima, e afundamos no forno da noite *llanera*. Atento à estrada, o presidente dirigia em silêncio, ensimesmado, mergulhado em suas recordações. Depois de um tempinho, me disse: *Uma coisa importantíssima é não perder jamais a consciência das suas raízes.*

Conheci Hugo Chávez em 1999. Conversei com ele pela primeira vez, em Caracas, alguns meses depois da sua chegada à presidência. Sua imagem era, na época, a de "militar golpista". Ou seja, a pior, numa América Latina onde tantas pessoas foram, durante décadas, atormentadas pela brutalidade do "gorilismo".

Para mim, a Venezuela não era desconhecida. Primeiro, por razões profissionais: na Universidade Paris-VII, nas décadas de 1970 e 1980, tive, sob minha responsabilidade, a cátedra de Sociologia da América Latina. E no jornal *Le Monde Diplomatique*, durante anos, dirigi a seção "Geopolítica da América Latina", o que me permitiu conhecer, em Paris, entre outras personalidades, o veterano ex-guerrilheiro Douglas Bravo e sua companheira na época, Argelia Melet, e conversar longamente com os dois.

A Venezuela, aliás, era um dos países sul-americanos que eu mais havia visitado. E graças também aos acasos da vida pessoal: nos anos 1980, tive estreita amizade com Mariana Otero, filha do grande escritor e intelectual de esquerda venezuelano Miguel Otero Silva e da militante progressista Maria Teresa Castillo, e irmã de Miguel Henrique Otero, atual diretor do jornal *El Nacional.*

Graças a eles, à sua calorosa hospitalidade, em seu apartamento veranista de Macuto e em sua inesquecível casa de Caracas, chamada de Macondo, repleta de refinadas obras de arte e de recordações de tantas personalidades que passaram por ali (Alejo Carpentier, Pablo Neruda, Gabriel García Márquez, François Mitterrand, Lacan...), tive a oportunidade de conhecer alguns dos principais jornalistas, escritores, artistas e intelectuais venezuelanos. Da inesquecível Margot Benacerraf ao muito querido Arturo Uslar Pietri, passando, entre outros, por José Vicente Rangel, Moisés Naím, Teodoro Petkoff, Oswaldo Barreto, Tomás Borge, Tulio Hernández, Antonio Pasquali, Isaac Chocrón, Ignacio Quintana, Juan Barreto, Ibsen Martínez, José Ignacio Cabrujas, Haydée Chavero e um longo *et cetera.*

Tive, além do mais, a sorte de estar na Venezuela em alguns dos momentos-chave de sua história recente. Por exemplo: convidado para fazer algumas conferências, regressei ao país logo depois do "Caracaço" do dia 27 de fevereiro de 1989. Lembro de ter encontrado um país traumatizado, assombrado pela explosão de tanta violência. Presenciei como parte da burguesia, aterrorizada, se armava para se defender. Assisti, inclusive, a cursos de treinamento coletivo no uso de armas.

Também estava em Caracas, fazendo um seminário no Celarg[11], nas semanas posteriores à rebelião do dia 4 de fevereiro de 1992, em plena decomposição do governo da Ação Democrática (AD) do presidente Carlos Andrés Pérez (social-democrata), que entrevistei várias vezes. Nas reportagens[12] que escrevi, na época, sobre aquela "insurreição militar liderada pelo tenente coronel Hugo Chávez, a população não apenas não se opôs a ela como, em muitos lugares, a apoiou com entusiasmo". Acrescentava que na Venezuela do social-democrata Carlos Andrés Pérez "mais da metade da população vive abaixo da linha da pobreza. As desigualdades aumentam: 5% dos ricos detêm 20% da renda nacional, enquanto 40% das crianças continuam sem ser escolarizadas". E isso, "num país que é um dos principais exportadores de petróleo do mundo", e que em dez anos as vendas de petróleo haviam propiciado receitas em moeda forte "equivalente a mais de 25 Planos Marshall... Somas dilapidadas por uma classe política corrupta e incompetente".

Já naquela época, também constatei que "o comandante Hugo Chávez, chefe do Movimento Bolivariano Revolucionário, se transformou no homem mais popular do país, venerado nos bairros populares, glorificado nos muros e paredes das cidades". E reproduzi um trecho de uma entrevista concedida de maneira clandestina, da prisão de Yare, a um canal de televisão, cuja exibição havia sido proibida pelas autoridades mas que circulava, como videocassete, por todo o país. Nesse trecho, dizia ele: *Não acreditamos na falsa dicotomia ditadura/democracia de que falam os teóricos dos regimes pseudodemocráticos na América Latina para manipular a opinião pública e ocultar as graves deficiências e a degeneração dos falsos sistemas democráticos (...). Ou se produzem transformações profundas que modifiquem radicalmente a atual situação, ou o processo da violência fatalmente se desencadeará.*

Quando a maioria das forças políticas, tanto na Venezuela como no exterior — e em particular os partidos social-democratas, solidários com Carlos Andrés Pérez — classificavam aquela insurreição como "golpe de Estado", nesses artigos eu destacava a opinião de analistas que afirmavam que "Não se trata de uma tentativa de golpe de Estado clássico, como os que costumam acontecer na América Latina. A conspiração do dia 4 de fevereiro, do tipo nasseriano, foi liderada por militares progressistas".

Tratei de destacar, naqueles meus artigos de 1992, outro aspecto de caráter geopolítico. Num contexto internacional marcado por três características fortes — o apogeu do neoliberalismo, a derrota de uma concepção autoritária do socialismo de Estado, e a liquidação da União Soviética — os dois alarmes venezuelanos (o "Caracaço" de fevereiro de 1989 e a rebelião de fevereiro de 1992) marcavam o início de um novo ciclo internacional de resistência diante da insolência dos mercados financeiros. Quando alguns vaticinavam, naquele período, o "fim da história", o povo da Venezuela demonstrava que, na América Latina, a história outra vez se punha em marcha.

Em maio de 1995, voltei a Caracas[13], dessa vez a convite do presidente Rafael Caldera, para participar num seminário sobre comunicação. Líder histórico do Copei, o partido democrata cristão, Caldera tinha abandonado esse agrupamento e havia se apresentado — depois de Carlos Andrés Pérez ter sido destituído por corrupção — nas eleições presidenciais de dezembro de 1993, apoiado, entre outros, pelo Partido Comunista da Venezuela (PCV) e pelo Movimento ao Socialismo (MAS). Ganhou, e tomou posse em fevereiro de 1994.

De saída, Caldera precisou enfrentar uma grave crise financeira, provocada pela quebra do Banco Latino e de uma dúzia de grandes estabelecimentos financeiros venezuelanos. Quando conversei com ele, ainda estava na fase crítica contra as pressões do FMI e contra a vontade hegemônica do neoliberalismo. Vários de seus ministros (entre eles os ex-guerrilheiros Pompeyo Márquez e Teodoro Petkoff) vinham da esquerda histórica. Seu governo praticava uma política econômica dirigista, de corte keynesiano, e havia restabelecido o controle do câmbio e imposto um preço fixo aos produtos de primeira necessidade. "Tudo isso é indispensável", me declarou o presidente Caldera, "para preservar o poder aquisitivo dos cidadãos mais humildes. Prefiro a defesa dos trabalhadores e a justiça social aos índices macroeconômicos. E me oponho radicalmente ao novo totalitarismo econômico dos fanáticos do pensamento único, que querem impor a todos os países as mesmas normas para satisfazer os interesses dos grandes mercados financeiros"[14]. Porém, mais tarde, em abril de 1996, Caldera e seus ministros oriundos daquela esquerda desorientada acabariam se inclinando diante do FMI e abraçando o dogma neoliberal[15].

Na reportagem que publiquei na época, com o título "A Venezuela rumo à guerra social?"[16], insisti no insólito nível que a violência que, durante aquelas décadas de corrupção e decomposição, havia alcançado a delinquência na sociedade venezuelana. O artigo começava relatando um caso que os meios de comunicação comentavam naquele momento: "Mascarados e armados, três delinquentes invadem com brutalidade uma casa em um bairro residencial de Caracas, onde duas famílias se reúnem e jantam tranquilamente. Saqueiam a casa, se apoderam de objetos de valor e destroçam, com sanha invulgar, os símbolos de opulência. Em seguida violam todas as mulheres, das netas às avós. E depois também violam os pais de família".

O sociólogo Tulio Hernández declarou: "Há mais mortos por semana aqui que na guerra da Bósnia. E a violência atinge tamanho grau de loucura que os delinquentes já não se limitam a roubar. Querem humilhar, fazer sofrer, matar. A cada mês, dezenas de adolescentes são assassinados por outros jovens que querem usar tênis de marca. Morrer por um par de sapatos tornou-se tragicamente banal".

Outras duas sociólogas, Carmen Scotto e Anabel Castillo, me confirmaram: "Agride-se pelo prazer de agredir, mata-se pelo prazer de matar, sem levar em conta o valor da vida. Embriagam-se de crueldade, num estado de ódio muito próximo ao delírio, o que traduz o estado de decomposição de uma sociedade sem valores". Naqueles anos, a cada dia morriam assassinadas umas 15 pessoas, e a cada fim de semana, entre 20 e 50 jovens. Não só nos "ranchos" populares, as favelas: "Numa semana do final de maio (de 1995), várias personalidades — entre elas um célebre jogador de beisebol, Gustavo Polidor, um cirurgião e um advogado — foram assassinados nas portas de suas casas, diante dos olhos de suas famílias, por delinquentes que surgiram para roubar seus automóveis. A insegurança está em todas as partes. Uns 50 motoristas de ônibus foram assassinados na capital entre janeiro e maio (de 1995). No interior do país, 'piratas do asfalto' armam emboscadas para os caminhões, roubam a carga, matam os motoristas. As prisões, militarizadas, estão superpovoadas e são verdadeiros infernos. No ano passado, uns 600 presos morreram assassinados nas cadeias".

Se agora reproduzo trechos desses textos, é com o objetivo de recordar que a questão da violência, da insegurança e da criminalidade não é nova na Venezuela. E também para relativizar o permanente processo que, sobre esse assunto, a imprensa dominante lança sobre os governos bolivarianos.

Uma das primeiras medidas adotadas pelo presidente Rafael Caldera tinha sido a de libertar, em 26 de março de 1994, o "herói popular, adorado nos 'ranchos'"[17], Hugo Chávez. E uma das primeiras viagens que ele fez ao exterior, em dezembro de 1994, foi a Cuba. Fidel Castro o recebeu com todas as honras. Indicando, assim, aos que ainda duvidavam da orientação política do tenente-coronel venezuelano — golpista ou progressista? — que o experiente comandante o situava, com clareza, no campo da esquerda.

Depois, Chávez, com um punhado de companheiros (entre eles, Nicolás Maduro), se dedicou a percorrer a Venezuela, mergulhando em suas profundezas rurais, dialogando com os humildes e esquecidos. Defendia uma ideia: para tirar o país do atoleiro era preciso uma mudança radical na Constituição, e a fundação de uma nova República. De acordo com ele, a pseudodemocracia venezuelana, assentada no Pacto de Punto Fijo, estava envelhecida e desgastada: era inútil prolongar sua agonia participando de eleições. Não era essa, em absoluto, a ideia dos principais partidos de esquerda (Partido Comunista, Movimento ao Socialismo, Causa R) que ou integravam o partido de Rafael Caldera, ou participavam das eleições, convencidos de que o sistema poderia ser reformado "por dentro".

Sozinho contra todos, difamado, atacado, perseguido, Chávez manteve sua posição. Líder carismático e magnífico orador, sentia-se em comunicação com o povo. Multidões entusiasmadas acudiam para ouvir seus discursos. Na Venezuela profunda, nas agrestes províncias e nas favelas das periferias urbanas, os "ranchos", as pessoas comuns se identificavam com ele, o viam como um dos seus. Pela sua maneira de falar, pelas suas palavras solidárias, pelas referências culturais compartilhadas, pela sensibilidade diante das desgraças alheias, pela sua forma de ser e até pelo seu aspecto físico. Chávez era uma síntese de indígena, europeu e africano. Tricontinental, as três raízes da "venezuelanidade". Nesse sentido, foi sempre uma exceção entre as elites, dominantemente brancas, da Venezuela. O povo compartilhava com ele sua rejeição a uma classe política distante, rica e, frequentemente, corrupta. A organização chavista — o Movimento Bolivariano Revolucionário (MBR) — foi adquirindo uma força irresistível.

Nesse ponto, Hugo Chávez mudou sua estratégia. Mandou fazer uma série de pesquisas de opinião, que demonstraram duas coisas. Uma: a maioria dos venezuelanos desejava que ele fosse candidato nas eleições presidenciais do dia 6 de dezembro de 1998. A outra: se ele participasse das eleições, seria eleito. Dando prova de pragmatismo, ele abandonou sua escolha pela abstenção defendida durante tanto tempo, e também a opção pela via da insurreição, e decidiu ser candidato. Foi difícil convencer seus próprios amigos, mas conseguiu. *O que importa*, disse, *é a Constituinte.* Fundou, então, o Movimento Quinta República. E depois de uma campanha espetacular, ganhou as eleições com insólita contundência[18], desbancando os dois grandes partidos, Copei e AD, que durante décadas tinham dominado a vida política do país. Aos 45 anos, tornou-se um dos presidentes mais jovens da história da Venezuela.

Tomou posse no dia 2 de fevereiro de 1999. E menos de dois meses mais tarde, em 25 de abril, e conforme prometera, foi convocado o referendo para uma Assembleia Constituinte, que Chávez ganhou com 88% dos votos. A Revolução Bolivariana estava em marcha. Em julho, foram eleitos os parlamentares para integrar a Constituinte. O Polo Patriótico, a coalizão do presidente, de novo arrasou, conquistando 121 das 128 vagas. A nova Assembleia começou a elaborar a Constituição da Quinta República, cujo texto deveria ser submetido a um referendo nacional em 15 de dezembro de 1999.

Esse era o contexto político na Venezuela quando surgiu a possibilidade de que eu entrevistasse, pela primeira vez, Hugo Chávez. O presidente havia lido alguns dos meus artigos e vários dos meus livros, e queria conversar comigo. O encontro foi articulado por meio do Departamento de Comunicação da Presidência, na época dirigido por Carmen Rania, que estava casada com Miguel Henrique Otero. Eu, conforme contei, conhecia muito bem o casal, de quem gostava. Assim que cheguei a Caracas, nos primeiros dias de setembro de 1999, fui vê-los. Embora hoje estejam — principalmente Miguel Henrique — entre os mais firmes e decididos oposicionistas das políticas bolivarianas, na época eram "chavistas" sinceros e entusiastas. O jornal *El Nacional*, que Miguel Henrique dirigia, havia tido um papel importante, de crítica, contra Carlos Andrés Pérez, facilitando sua renúncia, e tinha feito campanha a favor de Chávez, contribuindo para a sua vitória eleitoral em 1998. O casal não poupava elogios ao presidente, sua "revolução pacífica e democrática", sua estatura política, seu gênio tático e estratégico, o ar fresco que representavam a Quinta República e a nova Constituição...

Era tamanho seu entusiasmo que, antes de falar com o presidente, me pareceu normal e profissional ouvir também opiniões críticas e análises opostas. Durante vários dias recolhi a opinião de diversos empresários, economistas, intelectuais e acadêmicos que estavam em desacordo mais — ou menos — radicais com as políticas do novo governo. Não sem argumentos, antecipavam um "fracasso garantido", afirmavam a impossibilidade de a Venezuela bolivariana ir contra a corrente da globalização econômica, e desconfiavam do "caudilhismo" de Chávez. Alguns já apostavam em pressões externas: "Os Estados Unidos não permitirão uma aventura política nesta região, e menos ainda num país do qual depende seu abastecimento de petróleo".

Nessas circunstâncias, fui ao encontro de Hugo Chávez no Palácio de Miraflores. Recordo muito bem aquele primeiro encontro. Foi no sábado, 18 de setembro de 1999. Ele me recebeu em seu gabinete. Observei que, em sua mesa de trabalho, havia duas fotos bem visíveis, em branco e preto: a de seu bisavô Pedro Pérez Delgado, o "Maisanta", um dos "últimos rebeldes a cavalo" contra o ditador Juan Vicente Gómez, e que morreu na prisão, em 1924; e a de sua avó Rosa Inés. E outras fotos de seus pais, Hugo de los Reyes e Elena, e de seus quatro filhos, Rosa Virginia, Maria Gabriela, Hugo e Rosinés, também emolduradas. Uma pilha de livros, documentos, folhas com os rascunhos da preparação de um discurso. E um grande mapa da América Latina.

Era a primeira vez que o via em pessoa. De imediato, pude constatar que sua reputação de homem acessível, espontâneo e cálido não era desmerecida. Como é tradição na América Latina, me deu um vigoroso aperto de mãos e um abraço. Com um amplo sorriso, disse que havia lido meus artigos sobre a Venezuela, em particular minha análise da rebelião do dia 4 de fevereiro de 1992. Notei que era mais alto do que eu imaginava. Media pelo menos um metro e oitenta. Atlético, robusto, musculoso. Tinha um aspecto elegante, cabelos negros e densos cortados meticulosamente, pele canela, lisa, saudável, uma pinta no alto do lado direito da testa, pômulos proeminentes e bochechas bem barbeadas e banhadas em loção aromática, dentes irrepreensíveis, com um simpático diastema (dentes separados) nos incisivos da mandíbula inferior, olhos pequenos, puxados, *achinados*, como se diz em espanhol em referência aos olhos dos chineses, e penetrantes, mãos e unhas de manicure, com uma aliança de ouro no dedo anular direito. Estava vestido de maneira informal, porque era um fim de semana, sem gravata, uma camisa com motivos escoceses ouro e bronze por baixo de um colete de gola em V, e uns *jeans* cor de cinza acastanhado. Tudo nele transparecia uma preocupação com a elegância, o asseio e a boa aparência.

Começou, e não poderia ser de outro modo para aquele adepto da filosofia da história, me falando dos heróis forjadores da pátria venezuelana. Perguntei a ele quem eram, além de Bolívar, os outros três próceres representados nos murais gigantescos que ornamentam o gabinete presidencial. *Quando cheguei, a minha mesa estava ali, dando as costas para Bolívar e olhando Urdaneta*[19]*. Agora é o avesso. Os outros dois são Sucre*[20] *e Páez*[21]*. Um desses quatro está sobrando. E, por sua vez, falta um, Zamora*[22]*.*

Naquela conversa inaugural[23], eu tratava de decifrar o famoso "enigma dos dois Chávez" levantado por Gabriel García Márquez[24]. Ele me surpreendeu com seu excelente conhecimento de Gramsci. Citou: *Estamos vivendo, ao mesmo tempo, uma morte e um renascimento. A morte de um modelo usado, esgotado, detestado; e o nascimento de um outro rumo político, diferente, que leva a esperança a um povo. O velho demora a morrer, e o novo ainda não se instalou, mas a crise está parindo uma revolução.*

Perguntei a ele o que entendia por revolução. E me respondeu: *Olha, aqui, estamos inventando. A revolução é um eterno revisar.* Além da crise econômica, a Venezuela atravessava sobretudo uma crise moral e ética, originada da falta de sensibilidade social de seus dirigentes. *A democracia não é unicamente a igualdade política. É também, e inclusive antes de qualquer outra coisa, a igualdade social, econômica e cultural. Tudo isso, em liberdade. Estes são os objetivos da Revolução Bolivariana. Quero ser o presidente dos pobres. Amo o povo. Mas é necessário que a gente tire lições dos fracassos de outras revoluções que, mesmo afirmando que se propunham a buscar esses objetivos, acabaram traindo esses mesmos objetivos, e mesmo quando os alcançaram, fizeram isso liquidando a democracia e a liberdade. Para fazer uma revolução, se requer criatividade. E uma das piores crises atuais é a crise de ideias. Nosso objetivo é que as pessoas vivam de maneira plenamente humana, com dignidade, com decoro. A felicidade é o objetivo supremo da política. Temos que fazer com que o Reino dos céus seja realidade aqui na Terra. O objetivo não é apenas viver melhor, mas viver bem.*

E acrescentou o seguinte: *O nosso projeto consiste simplesmente em estabelecer o "sistema de governo mais perfeito", cumprindo com o que o Libertador definiu da seguinte maneira no seu Discurso de Angostura*[25]*: 'O sistema de governo mais perfeito é aquele que produz a maior quantidade possível de felicidade, a maior quantidade de segurança social e a maior soma de estabilidade política'.*

Embora estivesse no poder há apenas seis meses, alguns meios internacionais[26] já o acusavam de "jacobinismo autoritário", de "desvio autoritário" e de "preparar uma moderna forma de golpe de Estado". Um absurdo. As consultas democráticas se sucediam. E apesar da atmosfera apaixonada que se vivia na Venezuela naquela época — onde a efervescência das discussões e dos debates políticos recordava a França de maio de 1968 — não havia violências graves, nem forma alguma de censura contra a oposição, os jornalistas ou os meios de comunicação, vários dos quais não se privavam, por sua vez, de criticar ferozmente o novo presidente.

Essas acusações me entristecem, me confessou Chávez, *porque o que nós queremos é passar da democracia representativa para uma democracia participativa, mais direta. Ou seja, queremos mais, e não menos, democracia. Com uma intervenção maior do povo em todos os níveis de decisão. Para melhor nos opormos a qualquer violação dos direitos humanos.* Além disso, ele me explicou que o texto da nova Constituição, que estava em debate na Assembleia, previa dotar de maior poder de autonomia as prefeituras e as câmaras de vereadores, instaurar o referendo de iniciativa popular e o referendo revogatório, que obrigaria todos os representantes eleitos, inclusive o próprio presidente da República, uma vez transcorrida a metade de seu mandato, a se submeter a uma nova eleição, se fosse essa a vontade popular.

A nova Constituição também previa, entre outras coisas, o direito à objeção de consciência, a proibição explícita das "desaparições" antes praticadas pelas forças de ordem pública, a criação de uma defensoria do povo, a instauração da paridade mulheres-homens, o reconhecimento dos direitos dos índios ou povos originários, e a criação de um "poder moral", encarregado de combater as corrupções e os abusos.

A propósito de corrupção, com sua maneira coloquial ele me contou como, naqueles primeiros meses de seu mandato, os grandes empresários, as grandes fortunas, os que se achavam "donos naturais" da Venezuela, se aproximaram dele, obsequiosamente, para propor todo tipo de prebendas e tentações — veículos, apartamentos, negócios —, da mesma forma com que tinham feito com tantos presidentes anteriores. Achavam que Chávez seria mais um daqueles que tinham um duplo discurso e uma dupla moral. Acontece que foram expulsos de Miraflores *como os mercadores foram expulsos do Templo por Cristo*, me disse. E a partir daí, esses oligarcas começaram a conspirar contra Chávez. Era algo muito claro: já que não conseguimos comprá-lo, vamos derrubá-lo. E esse foi, a partir daquele instante, o plano da oligarquia venezuelana. Começaram as conspirações, os ataques, as campanhas de demonização na imprensa, a preparação do golpe de Estado de 2002, as sabotagens...

E qual era o seu programa econômico? Pois Chávez me contou, com clareza, seu desejo de se afastar do modelo neoliberal, e resistir à globalização: *Queremos construir um Estado mais horizontal. O trabalho*, e *não o capital, deve ser o verdadeiro produtor de riqueza. O ser humano é o principal. Queremos pôr a economia a serviço do povo. Nosso povo merece o melhor. Temos que buscar o ponto de equilíbrio entre o mercado, o Estado e a sociedade. É preciso fazer com que exista uma convergência entre a "mão invisível" do mercado e a "mão visível" do Estado, num espaço econômico em cujo interior o mercado exista o máximo possível e o Estado exista em tudo que for necessário.*

Ele me recordou que *o imperialismo impôs à Venezuela, faz cem anos, no marco da divisão internacional do trabalho, uma tarefa única: produzir petróleo. Pagava uma miséria por esse petróleo. E todo o resto — alimentos, produtos industriais — a gente precisava importar. Agora, um dos nossos objetivos é a independência econômica e a soberania alimentar, no marco da proteção do meio ambiente e dos imperativos ecológicos.* E explicou que a propriedade privada e os investimentos estrangeiros contavam com garantias, mas nos limites do interesse superior do Estado, que velaria para conservar sob seu controle (ou resgatar) aqueles setores estratégicos cuja venda significasse a concessão de uma parte da soberania nacional. Ou seja, nada mais, nada menos, do que propôs o Conselho Nacional da Resistência (CNR) na França, ao término da Segunda Guerra Mundial, ou do que fez o general De Gaulle quando instaurou a Quinta República, em 1958. Mas, no contexto da globalização neoliberal e da febre das privatizações, essas medidas pareciam ainda mais revolucionárias.

Ouvindo Hugo Chávez falar desses objetivos, me disse a mim mesmo: que outra coisa podem fazer os protagonistas principais da globalização, donos de tantos meios massivos de informação, a não ser diabolizar Chávez e sua Revolução Bolivariana?

Passamos horas conversando. Eu perguntei se ele se definiria como "nacionalista", e me respondeu que se considerava um "patriota". Citando justamente De Gaulle, me explicou: *Ser patriota é amar a Pátria. Ser nacionalista é detestar a pátria dos outros.* Em seguida, num gesto típico de oficial do Estado-Maior, colocou um grande mapa da América Latina sobre a sua mesa de trabalho e comentou que a Venezuela estava "mal vertebrada", como consequência do "velho planejamento colonial". Mostrou como, numa geografia ideal, a capital deveria estar situada no centro do país. Descreveu as grandes obras de infraestrutura indispensáveis para conformar um Estado coeso: ferrovias, rodovias, gasodutos e oleodutos, pontes, portos, túneis, aeroportos, portos fluviais.

Falou do imperativo da integração sul-americana, anunciada e desejada por Simón Bolívar, e sonhada por todos os revolucionários latino-americanos. Apontou, no mapa, como o Libertador havia optado, para libertar a América do Sul, por esse "eixo andino" (Colômbia, Equador, Peru, Bolívia) e me declarou que hoje, para libertar-nos da influência neoliberal, seria possível optar por uma aliança com o "eixo atlântico" (Brasil, Uruguai, Paraguai, Argentina). Eu me impressionei com seu fino conhecimento do Brasil, sua história e sua economia, coisa pouco frequente nos dirigentes latino-americanos de idioma espanhol. E também me contou da sua intenção de se libertar da dependência das relações verticais Norte-Sul, e estabelecer "conexões horizontais" com a África, a Ásia e o mundo árabe-muçulmano.

Sua peculiar maneira de raciocinar, engatando sempre teoria e práxis, história e sociedade, bem como o alcance internacional de toda sua reflexão, me pareceram singularizar sua perspectiva política. Eu me deixei seduzir pela sua maneira, certamente original, de pensar, sempre bem fundamentada, nunca dogmática. Eram argumentos apoiados em mensagens de pensadores progressistas, latino-americanos na maioria das vezes. Não havia dúvida de que ele possuía uma mente de esquerda, estruturalmente marxista, mas — por sorte — liberada das escolásticas referências ao "panteão obrigatório" de Marx, Engels, Lenin, Trotsky etc. Hugo Chávez pensava por contra própria, de maneira original. Não era a réplica de ninguém, nem a sequela de nenhum sistema existente.

Enquanto o escutava expor com ardor tantos e tantos projetos de tudo que é tipo, eu me convencia de que aquele homem não tinha chegado à presidência por acaso. E que não estava no Palácio de Miraflores de passagem. Ia criar uma doutrina, uma escola, sem dúvida. Dava para notar que estava "habitado" por uma ardorosa e ambiciosa missão: virar a Venezuela de ponta-cabeça, colocá-la finalmente de pé, transformá-la de cabo a rabo, colocá-la de novo à cabeça da América Latina, como nos tempos de Bolívar, liberá-la da pobreza e da marginalidade, devolver aos humildes a dignidade de pessoas humanas, restaurar o orgulho do patriotismo. Em suma, fazer da Venezuela, como ele dizia, *um país-potência*. Em momento algum senti qualquer pretensão ou ambição pessoal. Ele não gostava do caudilhismo. E sua vontade de criar uma sensação de pátria era infinita.

Achei que "o enigma dos dois Chávez" podia ser resolvido constatando que, em sua personalidade, coexistem simplesmente dois temperamentos: uma mente racional, lógica, cartesiana, pragmática, e um lado altruísta, afetivo, entusiasta, tumultuado, sentimental. Graças às suas circunstâncias sociais, Chávez entendeu, de saída, que a sociedade não dá nada, e que um indivíduo tem de enfrentar, desde muito pequeno, os determinismos que o rodeiam. Entendeu que as condições materiais de existência determinam a consciência social. Precisou vencer o peso da história e o assédio de forças poderosas. Descobriu as relações de dominação e as diferentes formas de violência, tanto material como simbólica. Tudo isso poderia ter feito dele uma pessoa amarga, rancorosa ou ressentida. Mas não era nada disso, em absoluto, porque desde o começo decidiu não aceitar a desordem desse mundo. E nesse sentido, Chávez foi — desde sempre — um indignado, um rebelde que soube conquistar a liberdade ao longo da sua existência, opondo-se às coações e às obrigações sempre que elas pareceram, a ele, absurdas ou injustas. O constante da sua personalidade foi sua rejeição à resignação. E por isso seu espírito de resistência, e sua denúncia do caráter intolerável de uma situação econômica e social submetida à hegemonia das relações de força.

Saí daquele primeiro encontro convencido de que alguma coisa nova estava acontecendo na América Latina. Que aquele homem criaria corrente e doutrina. E que o "furacão Chávez" não levaria muito tempo até percorrer o continente levantando polêmicas e controvérsias. E também entusiasmos, paixões e adesões. Entrei em contato com jornalistas e intelectuais amigos na Europa e na América Latina, progressistas, para passar a eles minhas impressões positivas, convidá-los a visitar Caracas, para que vissem com os próprios olhos aquela revolução democrática em marcha. A não ser por contadas exceções, todos me responderam da mesma forma: "Milicos, não!", "Golpistas, jamais!". Estavam enganados. Mas sua reação indicava que, para o líder do bolivarianismo, a tarefa de convencê-los não seria fácil.

Em Paris, Chávez e eu nos encontramos outra vez, em outubro de 2001, um mês depois dos odiosos atentados do dia 11 de setembro em Manhattan e Washington. Convidado por René Blanchet, reitor da Academia de Paris, ele foi até a Sorbonne para fazer uma conferência intitulada "Transformar a Venezuela, uma utopia possível?"[27] no prestigioso anfiteatro da venerável universidade parisiense. Os organizadores tinham me pedido para participar, ao lado de outros três conhecidos intelectuais, Viviane Forrester, Richard Gott e James Petras.

Com seu estilo peculiar e metafórico, Chávez começou recordando o jovem Bolívar pelos bairros da capital francesa[28]: *Há duzentos anos, passeava por essas ruas de Paris um jovem que cruzou o Atlântico e que era um fogo ambulante e andava incendiando por onde passava, como Zaratustra, o do Nietzsche, quando subiu a montanha.* Falou do seu projeto político: *Não estamos improvisando. Viemos de longe, com ideias bem claras e um caminho definido.* Solidarizou-se com as vítimas dos atentados do dia 11 de setembro: *O século XXI deve ser o século da paz. É preciso desfazer-se dos canhões e fazer com que os tambores de guerra se calem.* Contou como a campanha de demonização desatada contra ele havia se tornado mais aguda: *Continuam me caluniando. Não se surpreendam se, em algum momento, me acusarem de esconder Osama Bin Laden na Venezuela. Também caluniaram Bolívar, e ele morreu pobre, solitário, quase crucificado. Certa vez, ele disse: "Jesus Cristo, Dom Quixote e eu somos os três maiores néscios que jamais existiram, por sonhar com um mundo melhor".* Sofisticado e bem argumentado, seu discurso foi um triunfo. Surpreendeu de maneira positiva muitos dos que tinham acreditado na falácia do "militar gorila". Numerosos franceses, interessados nas questões latino-americanas, começaram a mudar de opinião sobre ele e a considerá-lo de maneira mais construtiva.

Tornei a me encontrar com Chávez em diferentes ocasiões. Em particular, uns dias antes do golpe de Estado do dia 11 de abril de 2002, quando por toda Caracas falava-se de uma rebelião iminente. Sem reparos, a imprensa dominante qualificava o presidente de "ditador" e até de "Hitler"[29]. Exigia, aos gritos: "É preciso derrubá-lo!". Homem pacífico e afável, Chávez parecia muito sereno. Para me convencer de que tudo estava sob controle, me convidou a fazer um passeio noturno por Caracas, em um veículo normal, dirigido por ele. Sem guardas, sem escolta, mas com várias armas a bordo. Em duas ou três ocasiões, não titubeou em parar o automóvel e descer para conversar com grupos de vendedores ambulantes, estupefatos com a sua presença. Era abraçado, saudado. Não sem certa ingenuidade, me revelou que, naquela mesma tarde, havia falado com o embaixador dos Estados Unidos, Charles Shapiro[30]. E que Shapiro havia garantido que seu país "não se envolveria em nenhuma aventura golpista" contra a democracia venezuelana.

Menos de uma semana depois, como é sabido, um golpe midiático-militar, apoiado por Washington, tentou derrubá-lo. Chávez esteve a ponto de ser fuzilado pelos golpistas. Faltou muito pouco para que fosse assassinado. Mas o povo indignado se lançou às ruas para defendê-lo e resgatá-lo. Regressou ao poder em menos de 48 horas, sem espírito de vingança, dando um impressionante exemplo de generosidade e responsabilidade.

Depois viria o "golpe petroleiro", várias tentativas de assassinato e numerosas campanhas internacionais de demonização. Chávez — que citava frequentemente a frase de Trotsky, "a revolução precisa da chibata da contrarrevolução" — aproveitou cada um daqueles ataques para ir radicalizando seu projeto político. Sempre no marco democrático, submetendo continuamente as novas propostas ao voto popular. Desde 1999, batendo sem dúvida um recorde mundial, Chávez se submeteu a 15 consultas populares de todo tipo, cujo caráter democrático foi confirmado por respeitadas instâncias internacionais.

Quando, em 2001, com meu amigo Bernard Cassen criamos o Fórum Social Mundial em Porto Alegre — onde propus o lema "Outro mundo é possível" — convidamos Chávez. Compareceu dois anos depois, em janeiro de 2003, por ocasião do III Fórum. Queríamos que ele expusesse ao vivo, aos milhares de ativistas sociais e aos intelectuais ali reunidos, sua concepção da Revolução Bolivariana. Com suas palavras, sua retórica ardente e sua clarividência política provocou um entusiasmo avassalador. A juventude latino-americana descobriu seu discurso brilhante e otimista. Retomava a vontade política e se propunha a tirar o subcontinente — respeitando todas as liberdades — da inércia e do sofrimento neoliberal. Outra esquerda era possível! Naquele momento, na América Latina, Chávez era o único dirigente neoprogressista no poder, junto com Luiz Inácio Lula da Silva que acabava de chegar à presidência do Brasil.

Em janeiro de 2005 tornamos a convidar Chávez para o V Fórum Social Mundial, de novo organizado em Porto Alegre. Seu avião aterrissou de madrugada. O sol estava nascendo. Com Maximilien Arvelaiz e Bernard Cassen fomos esperá-lo ao pé do avião, e a primeira coisa que fez foi ir até o assentamento agrário "Lagoa do Junco", no município de Tapes, a uns 130 quilômetros de distância. Fomos acompanhá-lo, junto com João Pedro Stédile, dirigente do MST. Chávez se reuniu com produtores e camponeses, e diante de várias centenas de pessoas afirmou pela primeira vez, num discurso improvisado, que aquela experiência de autogestão agrícola era uma demonstração de que "o socialismo não morreu".

De tarde, regressamos a Porto Alegre. Ele ia falar na quadra do Gigantinho, diante de uns 15 mil jovens "altermundistas". Eu o apresentei e comecei com as seguintes palavras: "Muitos demoraram a se convencer. Alguns duvidaram durante um longo tempo. Outros não acabavam de admitir que, na América Latina, nesta América Latina tão golpeada pelo neoliberalismo e pela globalização, tinha surgido um dirigente político de um novo tipo: o presidente Hugo Chávez. Alguns justificavam suas dúvidas e desconfianças porque se tratava de um militar, e um militar que tinha se levantado em armas. Num continente onde tantos 'gorilas fardados' foram verdugos de seus povos, é preciso admitir que, em certa medida, era possível compreender essa desconfiança".

Chávez tomou a palavra em seguida e, constantemente interrompido por um público que o aplaudia freneticamente, fez — ao que me lembro — um de seus melhores discursos[31]. Afirmou que o Fórum era '*...o evento político de maior importância no mundo. Não há outro desta magnitude. Nestes últimos cinco anos, se transformou em uma rica plataforma onde os excluídos podem falar, podem dizer o que sentem, e onde é possível procurar consensos.* Declarou que tinha ido a Porto Alegre *para aprender, para me empapar de mais paixão e mais conhecimento.* Depois, enumerou as reformas que a Revolução Bolivariana estava levando adiante: distribuição de terras aos camponeses pobres, reconhecimento das línguas e dos direitos dos povos originários, alfabetização de crianças e adultos, Missão Bairro Adentro, concessão de microcréditos, Banco da Mulher e promoção dos direitos da mulher, programa de saúde para todos, lei da pesca, solidariedade com Cuba etc.

Pela segunda vez naquele mesmo dia, em seu discurso declarou sua adesão ao socialismo, uma palavra que tinha caído em desuso e que nem mesmo a esquerda reivindicava. Mas ele, ali, naquele momento, se comprometeu a *transcender o capitalismo pela via do socialismo e ir além. Em Democracia.*

Nos anos seguintes, voltei a ver Chávez várias vezes, por ocasião de alguma de suas visitas a Paris ou à Galícia, ou de algum seminário meu em Caracas, ou de alguma participação em seu célebre programa de televisão *Alô Presidente.* Naquela época, eu andava enredado em minhas conversas com Fidel Castro, que seriam o livro *Fidel Castro: Biografia a duas vozes*[32]. Preparando essa obra, viajei com o comandante cubano a Quito, em janeiro de 2003, para assistir à posse do então presidente equatoriano Lucio Gutiérrez. Quis o acaso que nos hospedássemos no mesmo hotel que Chávez, o Swiss Hotel.

Eram os meses em que o presidente da Venezuela enfrentava os mais duros ataques da "Greve petroleira", promovida pela patronal venezuelana e apoiada pela direção e pelos quadros da empresa Petróleos de Venezuela (PDVSA) e pelos meios de comunicação dominantes. Essa sabotagem durou de dezembro de 2002 a fevereiro de 2003.

No quarto de Fidel, assisti a uma reunião informal entre os dois comandantes, o cubano e o venezuelano, em que expressaram sua surpresa pela iniciativa lançada, semanas antes, por Lula (quando ele ainda não havia assumido a presidência do Brasil)[33], de criar um "grupo de apoio dos amigos da Venezuela", integrado, além do Brasil, pelo Chile de Ricardo Lagos, a Espanha de José Maria Aznar, os Estados Unidos de George W. Bush e o Portugal de José Manuel Barroso. Lembro que Fidel comentou que "com amigos assim, ninguém necessita inimigos". Enquanto isso, Chávez afirmava que não tinha nenhuma intenção de "internacionalizar" aquele conflito social: *É exatamente o pretexto que Washington anda procurando para controlar o nosso petróleo.*

Também sobre Lucio Gutiérrez foram francos e lúcidos. Devo confessar que, não sem certa ingenuidade, eu mesmo tinha sido sensível ao caráter aparentemente progressista do coronel equatoriano[34], o que pareceu se confirmar em seu discurso de posse. Fidel me olhou quase com pena e, rindo, soltou: *O Lucio é um cagão!* Segundo o comandante cubano, num prazo não superior a seis meses os equatorianos iriam se dar conta da impostura e o expulsariam. Não se enganou: três meses foram suficientes para que Lucio Gutiérrez tirasse a máscara. Rompeu com a sua ala esquerda, aderiu à Área de Livre Comércio das Américas (ALCA), e suscitou a ira dos equatorianos, que acabaram por derrubá-lo em abril de 2005.

Chávez me contou que tanto ele como Fidel também tinham pensado, por um instante, que o coronel Gutiérrez podia pertencer à tradição progressista dos militares latino-americanos, que ele mesmo reivindicava para si e à qual pertenceram oficiais como Velasco Alvarado, Luiz Carlos Prestes, Jacobo Árbenz, Omar Torrijos, Juan José Torres, Francisco Caamaño. Contou que *para verificar isso, Fidel e eu decidimos viajar até Quito depois da eleição de Lucio, mas antes que assumisse. Para ver qual seria a sua reação. O pretexto foi a inauguração da "Capela do Homem", concebida pelo pintor Guayasamín, que já tinha falecido. Foi no dia 29 de novembro de 2002. Pensávamos, os dois, nos reunirmos com Lucio para conversar e ver quem ele era de verdade. Ficamos sabendo na hora. Assim que soube que viríamos, se apressou em anunciar que iria até a Colômbia para conversar com Álvaro Uribe. Fugiu. A ideia de aparecer conosco numa foto o apavorou. Se mijou de medo.*

O êxito fundamental de Hugo Chávez foi a refundação da nação venezuelana — *Temos pátria!*, costumava gritar — graças a um verdadeiro modelo democrático e político a serviço dos interesses das maiorias populares. Porque a Revolução Bolivariana reorganizou a sociedade em suas estruturas fundamentais.

Desde Fidel Castro não havia surgido na América Latina um líder tão avassalador como Hugo Chávez. Em seus 14 anos de governo, não apenas transformou *copernicamente* a Venezuela, mas toda a América Latina. Nunca, em seus dois séculos de história, a América Latina conheceu um período tão longo de democracia, justiça social e desenvolvimento. Nunca tantos governos progressistas governaram ao mesmo tempo em tantos países latino-americanos. Isso é inédito. Durante décadas, a simples perspectiva de que um governo progressista, eleito democraticamente, levasse a cabo mudanças estruturais para reduzir desigualdades e injustiças era suficiente para que fosse derrubado. Os exemplos são muitos: a Guatemala em 1954, o Brasil em 1964, a República Dominicana em 1965, o Chile em 1973, o Peru em 1975. Por isso, em muitos países latino-americanos a única via que restou aos defensores da justiça social foi a das armas e da guerrilha.

Hugo Chávez, que com outros companheiros participou da rebelião militar de 4 de fevereiro de 1992, foi o primeiro grande líder progressista, desde Salvador Allende, que apostou na vida democrática e alcançou o poder. Isto é algo fundamental. Não se entende quem é Chávez se não se medir o caráter profundamente democrático da sua opção progressista. Se não se entender sua vontade de submeter regularmente, periodicamente, ao veredito do povo cada um dos avanços da Revolução Bolivariana. A aposta de Chávez é o "socialismo democrático". Essa sua aspiração e essa confiança na inteligência coletiva dos cidadãos o levaram a associar o povo a todas as grandes decisões do seu governo. Nisso e na sua concepção da "união civil-militar" (a união do povo e das Forças Armadas), Chávez revolucionou a revolução latino-americana. E seu exemplo foi imitado. Na América Latina, os governos progressistas estão consolidando o Estado de bem-estar. Esse mesmo Estado de bem-estar que está sendo destruído pelos governos neoliberais da Europa. Graças a essas políticas redistributivas que a Revolução Bolivariana foi a primeira em impulsar, uns 50 milhões de pessoas saíram da pobreza na América Latina entre 1999 e 2013. Esse progresso jamais fora visto.

Por isso Chávez nunca teve medo da democracia. Ao contrário, a consulta popular democrática, repetia ele, só pode consolidar políticas orientadas a dar ao povo *a maior quantidade possível de felicidade*. E por isso, tampouco é surpresa alguma que Chávez haja tido tão amplo apoio popular, e tenha ganhado quase todas as disputas eleitorais.

Feito um furacão, a palavra de Chávez e o exemplo das realizações da Revolução Bolivariana despertaram a América Latina inteira. A incapacidade da classe política tradicional canalizar a revolta "dos de baixo" abriu caminho para novos dirigentes, de origem sindical, ou da militância social, militar ou até guerrilheira. Nunca se viu surgir uma geração de líderes tão excepcionais como esta, que reúne Lula e Dilma no Brasil, Evo Morales na Bolívia, Rafael

Correa no Equador, Nestor Kirchner e Cristina Fernández na Argentina, Tabaré Vázquez e Pepe Mujica no Uruguai, e tantos outros.

Isto pode incomodar alguns marxistas, que se aferram naquele ditado que diz que "não há Deus, nem rei, nem tribuno". No entanto, em circunstâncias excepcionais o papel do "líder carismático" salta aos olhos. E isso, porque catalisa a vontade de milhões de cidadãos que participam no processo de mudanças. Cuba não teria resistido durante 60 anos às agressões dos Estados Unidos sem Fidel Castro. E, na Venezuela, está claro que a Revolução Bolivariana não seria o que é sem Hugo Chávez. O próprio Fidel Castro admitiu isso, quando declarou que "há muito tempo que abrigo a mais profunda convicção de que, quando a crise chega, os líderes surgem. Assim surgiu Bolívar, quando da ocupação da Espanha por Napoleão ou quando a imposição de um rei estrangeiro criando as condições propícias para a independência das colônias espanholas neste hemisfério. Assim surgiu José Martí, quando chegou a hora propícia para a explosão da revolução independentista em Cuba. E assim surgiu Chávez, quando a terrível situação social e humana na Venezuela e na América Latina determinava que o momento de lutar pela segunda e verdadeira independência havia chegado".

Sob o impulso de Chávez, em seus 14 anos de presidência (1999-2013), a Revolução Bolivariana conseguiu, no âmbito regional, conquistas formidáveis: a criação da Petrocaribe, da Petrosul, do Banco do Sul, da ALBA, do Sucre (Sistema Único de Compensação Regional), da Unasul, da Celac, a entrada de Caracas no Mercosul... e tantas outras políticas que fizeram, da Venezuela de Hugo Chávez, um manancial de inovações para avançar rumo à definitiva independência da América Latina.

Embora agressivas campanhas de propaganda pretendam mostrar que na Venezuela bolivariana os meios de comunicação estão controlados pelo Estado, a realidade — verificável por qualquer observador de boa-fé — é que a maioria dos meios é de propriedade privada. Da mesma forma, os principais jornais — *El Universal* e *El Nacional* — são críticos sistemáticos do governo.

A grande força de Chávez foi que sua ação se dirigiu, antes de tudo, ao campo social (saúde, alimentação, educação, moradia), aquele que mais interessa aos venezuelanos humildes (75% da população). Refundou a Venezuela, a descolonizou, deu a milhões de pobres, que não tinham nem documentos, o estatuto de cidadãos, tornando os invisíveis visíveis. Destinou mais de 42% do orçamento do Estado aos investimentos sociais. Diminuiu pela metade a taxa de mortalidade infantil. Erradicou o analfabetismo. Multiplicou por cinco o número de professores nas escolas públicas (de 65 mil a 350 mil). Em 2012, a Venezuela foi o segundo país da região com o maior número de estudantes matriculados na educação superior (83%), atrás de Cuba, mas na frente da Argentina, do Uruguai e do Chile. E tornou-se o quinto na escala mundial, superando os Estados Unidos, o Japão, a China, o Reino Unido, a França e a Espanha.

O governo bolivariano generalizou a saúde e a educação gratuitas. Multiplicou a construção de casas. Elevou o salário mínimo (o mais alto da América Latina). Concedeu pensões de aposentadoria a todos os trabalhadores (os informais inclusive) e aos anciãos. Melhorou a infraestrutura dos hospitais. Ofereceu alimentação às famílias modestas, através do sistema Mercal, mais barato que nos supermercados privados. Limitou o latifúndio ao mesmo tempo em que favoreceu a produção do dobro de toneladas de alimentos. Deu formação técnica a milhões de trabalhadores. Reduziu as desigualdades. Reduziu em mais do triplo a pobreza. Diminuiu a dívida externa. Acabou com a pesca de arrasto. Deu impulso ao ecossocialismo. Todas essas ações, levadas adiante de maneira ininterrupta, explicam o apoio popular que Chávez sempre teve.

Fui testemunha, em diversas ocasiões, do incrível fervor que ele podia provocar. Tive a oportunidade de acompanhá-lo, dando saltos pela Venezuela inteira, em grandes comícios de massas e em pequenas festas bolivarianas, em reuniões de militantes e desfiles do Exército, em entrevistas coletivas e em encontros com estudantes, com camponeses, com indígenas, com operários... enfim, com o povo da Venezuela em sua diversidade.

Certa vez, por exemplo, ele me convidou a assistir a uma operação surpresa na beira do Maracaibo. O motivo era a tomada de controle, pelo Estado, de umas 40 empresas especializadas em prestar serviço às plataformas de petróleo instaladas no lago, e que utilizavam terminais ao longo de toda a costa, onde operavam 300 grandes lanchas. Planejada com meticulosidade quase militar, a operação necessitava do fator surpresa para evitar que os proprietários sabotassem o material e afundassem as grandes lanchas. Oito mil trabalhadores com contratos temporários eram explorados por essas empresas: recebiam salários miseráveis e tinham de pagar até mesmo a comida, os medicamentos e inclusive o conserto de algumas máquinas.

Chávez anunciou aos trabalhadores que, a partir daquele momento, a revolução recuperava os terminais e as lanchas. Punha fim à sua situação de atropelo às leis, e que todos eles passavam a ser trabalhadores fixos da PDVSA. O assombro dos operários, surpreendidos pela súbita nacionalização, virou entusiasmo. E quando o presidente anunciou que os 500 milhões de dólares de lucro que essas empresas obtinham ficariam ali, transformados em escolas, moradias para os trabalhadores, clínicas, projetos ecológicos, e que esses recursos seriam administrados pelos próprios trabalhadores no marco do poder comunitário, a explosão de júbilo foi indescritível.

"Chegou a Revolução! Viva Chávez!", gritavam. E o presidente anunciou que *'a PDVSA pagará a vocês tudo que lhes deve'*. Alguns veteranos trabalhadores, com o rosto marcado por longos anos de esforços, derramavam lágrimas de emoção. Rodeado por um ruidoso enxame de gente entusiasmada, Chávez subiu ao rebocador Canaima. Começou a falar com o capitão Simón, 20 anos de experiência cruzando o lago. E disse a ele: *Até o dia de hoje, esta lancha era de um capitalista. Agora é do povo. A Revolução confia esta lancha aos seus cuidados.*

Depois, debaixo de uma tenda vermelha, se dirigiu às centenas de operários ali reunidos, alguns com suas esposas e filhos, e confessou a eles: *A minha alma é a alma do povo. Os que queiram pátria, que venham comigo! Cristo declarou: "A Deus o que é de Deus, a César o que é de César", e eu digo a vocês: Ao povo o que é do povo!. Passo a passo, vamos dando vida à transição ao socialismo. A cada dia o povo terá mais poder. A cada dia seremos mais livres. Isto é um ato de independência.* Quando ele terminou de falar, os que ouviam se puseram a gritar: "Assim! Assim! Assim é que se governa!".

Uma mulher se destacava pela energia de seus gritos de viva a revolução. O presidente notou, convidou-a a tomar a palavra, perguntou como se chamava, se tinha família. Ela saiu do público, jovem, vestida com bom gosto, e se identificou: "Eu me chamo Nancy Williams, 29 anos, tenho um filho só, estou casada, mas se o senhor quiser me divorcio...". Uma gargalhada geral explodiu.

Em outra ocasião, fui com Chávez à inauguração de umas obras de modernização do hospital Dr. José María Vargas, no Estado de Vargas. Ele comentou comigo: *Nosso compromisso é humano, não é apenas político.* Circulou com simplicidade pelos corredores, conversando com os médicos, com os enfermos e o pessoal de atendimento. Perguntando, questionando, informando-se de tudo, do material, do tipo de cuidados, da tecnologia, dos tratamentos, os medicamentos, a comida.

Falou com um veterano de 86 anos, antigo soldado e depois estivador do vizinho porto de La Guaira, que não recebia pensão alguma. Isso o deixou escandalizado: *O Estado burguês e o capitalismo exploraram esse homem durante anos, e quando já não puderam mais aproveitar sua força de trabalho, jogaram ele fora, feito um brinquedo usado.* Prometeu reparação, e comentou: *Nunca faremos o suficiente para prestar homenagem aos mártires desta terra. Desses mártires viemos nós. Este é um povo de heróis.*

Passamos, depois, para um pátio cheio de pessoas de avental branco, sentadas em fileiras de cadeiras. Tinham instalado uma grande tenda de lona branca, com pilares vermelhos. O presidente iniciou a distribuição de chaves de apartamentos de uma residência médica, entregues a médicos jovens. Explicou: *Este ano, a nova turma de formandos é de 638 médicos. Eles vão se incorporar aos ambulatórios populares. Chegará o dia em que os médicos cubanos irão regressando ao seu país, e será preciso substituí-los em lugares distantes da Venezuela e do mundo.*

Diante de um público seduzido de antemão, saudou o pessoal de saúde: *É o que temos de melhor.* E anunciou um grande êxito: *Há vinte anos, a mortalidade infantil era de vinte por mil. Hoje, é de dez por mil.* Assegurou que o projeto da Revolução Bolivariana era assegurar a todos os venezuelanos uma qualidade integral de saúde. Disse que era preciso chegar o dia em que *os centros privados de saúde sejam irrelevantes.*

O público não se cansava de saudá-lo. Uma senhora de meia-idade pediu a palavra. E disse, com emoção: "Eu me chamo Inocencia Pérez. Eu o abençoo e o encomendo a São Miguel Arcanjo. O dia em que deram o golpe no senhor (11 de abril de 2002) fui a pé daqui a Caracas para defendê-lo. Andei tanto que meus pés jorravam sangue.".

Depoimentos como esse existem aos montes. Milhões de pessoas humildes o veneravam como se fosse um santo. Chávez repetia com calma: *Eu me consumirei a serviço dos pobres.* E foi o que fez. Uma vez, a escritora Alba de Céspedes perguntou a Fidel Castro como ele tinha conseguido fazer tanto pelo seu povo: educação, saúde, reforma agrária. E Fidel respondeu simplesmente: "Com muito amor". Chávez teria podido responder a mesma coisa.

Farruco Sesto, poeta e arquiteto, várias vezes ministro venezuelano de Cultura, me contou o seguinte: "Certa tarde em Caracas, depois de um ato, regressávamos ao Palácio de Miraflores num veículo rústico. O próprio Chávez dirigia devagar, atento aos detalhes. Íamos com três ou quatro pessoas naquele mesmo carro. Numa das ruas de El Silencio (um bairro do centro de Caracas) ele viu um indigente em farrapos, semidespido, dormindo em cima de um papelão e, sem se deter, perguntou em voz alta: 'E esse homem?'. Alguém respondeu: 'É um louquinho'. Chávez perguntou secamente: 'Como é que você sabe?'. Imediatamente freou o carro. Desceu, ordenando aos seus seguranças que o deixassem sozinho, e se aproximou do mendigo. Ficou de cócoras, e começou a falar com o homem, o abraçou. Levantou o homem e entrou num diálogo longo, que durou uns 15 minutos. Não sabíamos de quê falavam. Era da sua natureza, da sua humanidade, o ato de ajudar os necessitados. Acontece que debaixo do papelão grande, que servia de cama, havia outro indigente, também jovem, também viciado, vítima do crack. Abraçou o jovem e continuaram falando. Pelas instruções que depois deu aos seus assistentes, ficamos sabendo que tinha convencido os dois a aceitarem sua ajuda. E foi o que fizeram. No dia seguinte já se submetiam a um tratamento voluntário de desintoxicação. 'Acho que a gente salvou os dois', comentou Chávez com simplicidade".

Quando terminei o livro de conversas com Fidel, me pareceu natural propor ao comandante venezuelano fazer algo semelhante com ele, para dar a conhecer aspectos ignorados da sua personalidade. Chávez tinha se transformado num dos principais dirigentes latino-americanos, motor da corrente neoprogressista que se estendia pelo subcontinente e que representava uma nova geração de líderes. Num contexto muito diferente, Chávez aparecia como uma espécie de "sucessor" do veterano comandante cubano.

Propus a ele que fizéssemos um livro de conversas sobre a parte menos conhecida da sua biografia: o "Chávez de antes do Chávez". Ele me respondeu:

Ah! Quer que a gente fale da minha primeira vida, porque eu tive várias vidas. Sim, era disso que se tratava, responder perguntas que muitas pessoas se fazem: Quem era Chávez antes de se transformar numa personalidade pública conhecida universalmente? Como foi a sua infância? Em que contexto se criou? Que tipo de adolescência teve? Como se formou? Quando se iniciou na política? Quais foram as suas leituras? Que influências recebeu? Que tipo de militar foi? Qual era a sua visão geopolítica? A qual corrente ideológica pertencia? Que estratégias permitiram a ele ganhar as eleições e chegar ao poder em 1999?

Além de responder a essas e a muitas outras perguntas ao longo de umas 100 horas de conversas com Hugo Chávez, este livro também pretende ser uma obra de história. Afastado das polêmicas contemporâneas, aborda uma etapa terminada em 1999, que já pode ser julgada com certa serenidade. Ao mesmo tempo, é um livro de "história íntima", pois pretende nos aproximar à *persona* Hugo Rafael Chávez Frías. Não apenas ao político, mas ao ser humano que ele foi, seu temperamento, seu caráter, sua humanidade, sua sensibilidade, sua complexidade.

Não abordamos aqui sua doença, o tumor canceroso na zona pélvica, que foi diagnosticado em junho de 2011. Simplesmente porque esse acidente de saúde ocorreu quando já havíamos terminado as gravações e quando eu, trabalhando no livro, levava longos meses sem vê-lo. No dia 1º de julho de 2011, um dia depois de ter tornado sua doença pública, Chávez contou como ela foi descoberta. Aconteceu em Havana. Esgotado pelo seu insólito ritmo de trabalho, o presidente venezuelano contou ao seu amigo Fidel Castro que padecia dores constantes, e que os efeitos dessa dor se prolongavam numa das pernas, causando um constante mal-estar. O líder cubano levou muito a sério essa informação. *Eu não achava um meio de tirar de mim os olhos de águia de Fidel*, contou Hugo Chávez. "*O que é que você tem? Que dor é essa?*", *e desandou a me fazer perguntas como um pai falando com o filho (...) e começou a chamar médicos e a pedir opiniões. Assumiu o comando.* Graças a isso, Chávez se submeteu a duas operações de urgência. Uma, por um abscesso pélvico, e outra para extrair o tumor que, pelo que ele mesmo descreveu, *tinha o tamanho de uma bola de beisebol.* E tudo pareceu ter sido solucionado. No dia 20 de outubro daquele mesmo ano, depois de se submeter a análises rigorosas, Chávez declarou que tinha sido possível *verificar que não há células malignas ativas no meu corpo. Estou livre de doenças.*

Em janeiro de 2012, mandei o rascunho completo do manuscrito, para que lesse e revisasse suas respostas, tal como havíamos combinado. Mas algumas semanas depois seus problemas reapareceram e ele mesmo anunciou, no dia 22 de fevereiro de 2012, que novamente havia sido detectada *uma lesão de cerca de 2 centímetros de diâmetro, visível no mesmo lugar de onde foi extraído o tumor, o que obriga a extrair essa lesão e isso requer uma nova intervenção cirúrgica*, que foi realizada em Havana no dia 27 de fevereiro de

2012. Obrigado a enfrentar vários ciclos de radioterapia, passou então longas semanas em Havana, mantendo um contato muito ativo com seus seguidores pelo Twitter. Em abril desse ano, durante a Semana Santa, regressou à cidade de Barinas e, numa missa transmitida ao vivo, diante de sua família, comoveu os venezuelanos com sua prece emotiva: *Cristo, dá-me vida. Mesmo que seja vida bruxuleante, vida dolorosa, não me importa. Dá-me a tua coroa, Cristo. Dá-me, que eu sangro. Dá-me tua cruz, cem cruzes, que eu as carrego. Mas dá-me vida. Não me leve ainda. Dá-me teus espinhos, dá-me teu sangue, que eu estou disposto a levá-los, mas com vida.*

Dez meses mais tarde, no dia 8 de dezembro de 2012, quando já tinha ganhado com contundência as eleições presidenciais de 7 de outubro, Chávez revelou, numa dramática fala ao país, a nova recidiva do câncer, e anunciou que se submeteria, em Cuba, a uma quarta operação cirúrgica, da qual corria o risco de não regressar para exercer o poder. Nesse discurso dirigido ao povo venezuelano, expressou seu desejo de que o então vice-presidente Nicolás Maduro fosse designado candidato do chavismo numa eventual convocação a eleições para substituí-lo: *Caso se apresente alguma circunstância que me inabilite para continuar à frente da presidência, Maduro deve concluir. Minha opinião firme, plena como a lua cheia, irrevogável, absoluta, total, é que nesse cenário, que obrigaria a convocação, como manda a Constituição, de novo a eleições presidenciais, vocês escolham Nicolás Maduro como presidente da República Bolivariana da Venezuela. Peço isso de coração.*

E acrescentou: *Maduro é um homem de grande capacidade para o trabalho, para conduzir grupos, para enfrentar situações difíceis. É um dos líderes jovens com maior capacidade para continuar — no caso de que eu não pudesse — com pulso firme, com seu olhar, com seu coração de homem do povo, com seu dom de lidar com as pessoas, com sua inteligência, com o reconhecimento internacional que conquistou, com sua liderança, à frente da presidência da República, e dirigindo — subordinado sempre aos interesses do povo — os destinos da pátria.*

A notícia de que Chávez, em condições tão dramáticas, tinha que se submeter a uma nova operação me surpreendeu. Porque eu tive o privilégio de estar com eles alguns meses antes, por ocasião da eleição presidencial do dia 7 de outubro de 2012, e, com mais assiduidade ainda no julho anterior, durante as duas primeiras semanas da campanha eleitoral. E o vi em plena forma física.

Aquele era seu décimo quarto encontro com os cidadãos venezuelanos[35]. A campanha oficial tinha começado no dia 1º de julho com duas singularidades notáveis em relação às eleições anteriores. Primeiro, Hugo Chávez estava saindo de 13 meses de tratamento contra o câncer. E segundo, a principal oposição conservadora havia decidido, daquela vez, rejeitar a dispersão e se reagrupar numa Mesa da Unidade Democrática (MUD) que, depois das primárias, escolheu como candidato Henrique Capriles Radonski, um advogado de 40 anos, governador do Estado de Miranda, que apostava no enfraquecimento físico do presidente Chávez[36].

Mas se enganou. Porque Chávez, naquele momento, achava que tinha vencido a doença. De fato, tinha se submetido a um *check-up* completo em junho, para verificar se estava em condições de enfrentar uma esgotadora campanha eleitoral, e os resultados tinham sido conclusivos: não existia rastro algum de nenhuma célula maligna em seu organismo. Convencido de estar curado, Chávez então se lançou na batalha eleitoral com a energia de um centauro.

No dia 9 de julho de 2012, ele declarou publicamente: *Estou totalmente livre da doença. Cada dia me sinto em melhores condições.* E os que apostavam numa "presença virtual" do líder venezuelano na campanha, tornaram a se surpreender quando ele anunciou sua decisão de retomar as ruas e começou a percorrer todos os rincões da Venezuela para conquistar seu terceiro mandato. Declarou: *Disseram de mim: "esse aí vai ficar trancado em Miraflores* (o palácio presidencial) *numa campanha virtual, por Twitter e por vídeos". Debocharam de mim à vontade. Pois aqui estou eu de novo, retornando, com a força indômita do furacão bolivariano. Eu já sentia falta do cheiro das multidões e do rugir do povo nas ruas.*

Poucas vezes na vida ouvi rugido tão poderoso e tão fervoroso como nas avenidas de Barcelona (Estado de Anzoátegui) e de Barquisimeto (Estado de Lara), que acolheram Chávez nos dias 12 e 14 de julho de 2012, respectivamente. Um oceano de povo. Uma torrente escarlate de bandeiras, de símbolos e de camisas vermelhas. Um maremoto de gritos, de cantos e paixões.

Ao longo de quilômetros e quilômetros, no alto de um caminhão vermelho que avançava trincando a multidão, Chávez saudou, sem descanso, centenas de milhares de simpatizantes que foram vê-lo em pessoa, pela primeira vez desde a sua enfermidade. Com lágrimas de emoção e beijos de agradecimento a um homem e um governo que, respeitando as liberdades e a democracia, cumpriram o compromisso com os humildes, pagaram a dívida social e se comprometeram a dar a todos, enfim, educação gratuita, emprego, segurança social e moradia.

Para despojar a oposição de qualquer esperança, por mínima que fosse, Chávez, nos discursos eleitorais que pronunciou sem dar mostra alguma de fadiga, começou dizendo: *Sou como o eterno retorno de Nietzsche, porque na verdade eu venho de várias mortes... Que ninguém se iluda: enquanto Deus me der vida estarei lutando pela justiça dos pobres, mas quando eu for embora fisicamente, ficarei com vocês por essas ruas e debaixo deste céu. Porque eu já não sou eu, me sinto encarnado no povo. Chávez já se fez povo, e agora somos milhões. Chávez é você, mulher. Chávez é você, jovem. Chávez é você, criança. É você, soldado. São vocês, pescadores, agricultores, camponeses e comerciantes. Haja o que houver comigo, ninguém poderá com Chávez, porque agora Chávez é um povo inteiro, invencível.*

O presidente me convidou para acompanhá-lo em seus deslocamentos, conversei com ele várias vezes e pude constatar seu bom estado de saúde. Era o mesmo de sempre, com seu entusiasmo, seu dinamismo, seu bom humor, sua gentileza. Falamos do livro. Obviamente, tinha lido e relido o manuscrito que lhe pareceu *muito bonito, mas um pouco longo, não?* Também tinha mandado uma cópia para Fidel Castro ler. E me contou: *Sabe o que Fidel me disse? Falamos do livro, contei que você viria outra vez, e ele me disse: 'Chávez, não vá fazer o que eu fiz, deixe que o Ramonet corte o que ele quiser. Porque eu conheço você, você não vai ter tempo para fazer isso. Se derem esse rascunho para você, você vai escrever outro livro. Deixe o Ramonet com a criatividade dele'. Fidel respeita muito você. E diz que ele se meteu além da conta ao corrigir aquelas* Cem horas com Fidel[37]. *Então, vou seguir seu sábio conselho, porque de verdade não tenho tempo. Você fez um trabalho de grande qualidade, escreve muito bem, mas sou tão implicante que se me meter a corrigir páginas, vou começar a cortar coisas. E já não tenho tempo para isso...* Eu senti que ele estava feliz por ter conseguido plasmar para as novas gerações, neste livro, as lembranças da sua "primeira vida".

Depois da quarta e última cirurgia, realizada em Cuba em dezembro de 2012, Chávez sofreu, durante o processo pós-operatório, uma infecção pulmonar, que logo se converteu numa insuficiência respiratória que ele não conseguiu superar. É sabido que, como consequência do tratamento, o líder bolivariano esteve várias semanas respirando por uma cânula traqueal, o que dificultou a sua fala. Seu regresso à Venezuela, no dia 18 de fevereiro de 2013, e sua ida para o Hospital Militar de Caracas, onde foi instalado, foi interpretada como um sinal de melhora. Alguns dias antes, efetivamente, Nicolás Maduro havia assegurado: "O comandante se encontra no melhor momento que temos visto em todos esses dias de luta e batalha".

Suas condições de saúde continuaram se complicando. No dia 22 de fevereiro, Nicolás Maduro admitia: "Tem o problema da insuficiência respiratória, que está sendo tratado com intensidade. Continua com a questão da assistência de uma cânula, em que se ampara para a respiração". E no dia 4 de março, Ernesto Villegas, ministro de Comunicação, informava que o estado de saúde do mandatário venezuelano tinha se degradado consideravelmente: "Existe uma piora da função respiratória. Apresenta uma nova e severa infecção. Ao presidente está sendo aplicada uma quimioterapia de forte impacto. O estado geral continua sendo muito delicado".

Todo mundo já temia o pior. E umas poucas horas mais tarde, no dia 5 de março de 2013, Nicolás Maduro, profundamente emocionado, anunciava ao mundo a triste notícia: "Faleceu o comandante presidente Hugo Chávez, depois de batalhar duramente com uma enfermidade durante quase dois anos". Terminava assim, prematuramente, uma das trajetórias políticas mais impactantes do nosso tempo.

Recordei aquele momento, ocorrido há cinco anos, quando Hugo Chávez aceitou minha proposta de fazer este livro de conversas. De entrevistas.

A partir daquele instante, com a seriedade que o caracterizava, o líder bolivariano se comprometeu a encontrar brechas na sua agenda demencial, e a dedicar tempo a nossas entrevistas. Cumpriu, sempre. Mandou reunir documentos, livros, folhetos, fotografias, para documentar de maneira concreta o relato de sua primeira vida.

Iniciadas em abril de 2008 no coração dos *Llanos*, naquele pequeno sítio que às vezes lhe servia de refúgio, nossas sessões de trabalho tinham se prolongado durante três anos em diversos lugares da Venezuela, e em particular em seus modestos apartamentos privativos do Palácio de Miraflores, em Caracas.

Ali, num terraço diminuto, este presidente afetivo, nostálgico e sentimental, tinha tentado reproduzir a atmosfera visual, sonora e até mesmo olfativa da casa-pomar da sua infância em Sabaneta. Com plantas tropicais, louros assobiadores, galos e galinhas ruidosas, redes *llaneras* e até uma cabaninha com pilastras de madeira, coberta de folhas de palmeira.

Um traço de enternecedora fidelidade à sua inesquecível infância com sua avó Rosa Inés. Algo assim como o *Rosebud* do cidadão Chávez. Promotor do "Socialismo do século XXI", com certeza, mas que jamais perdeu a consciência de ruas raízes populares. E que jamais esqueceu sua primeira vida.

IGNACIO RAMONET

Barinas, 15 de abril de 2008

Paris, 5 de março de 2013.

PARTE I

Infância e adolescência

(1954-1971)

Capítulo 1

A história me absorverá

O 28 de julho de 1954 • O contexto histórico • Uslar Pietri
Surge o "terceiro mundo" — a Guerra Fria • Ditadores na América Latina
Sabaneta • O Boconó • Os Llanos "terra mágica" • Ser Llanero
Histórias • O racismo anti-índio • A avó Rosa Inés • O avô negro
Cristo, "o primeiro revolucionário"

Presidente: o senhor nasceu no dia 28 de julho de 1954, no contexto histórico em que estava nascendo aquilo que seria o "terceiro mundo", e quando começava o ocaso do colonialismo. Eu gostaria de recordar algumas datas ao redor daquele 28 de julho. Por exemplo: um ano antes, e quase exatamente, no dia 26 de julho de 1953, tinha acontecido o ataque, comandado por Fidel Castro, ao quartel Moncada, em Santiago de Cuba. Um mês antes do seu nascimento, no dia 27 de junho de 1954, houve o golpe de Estado na Guatemala, contra o presidente Jacobo Árbenz. E quase um mês depois, no dia 15 de agosto de 1954, foi implantada a ditadura de Alfredo Stroessner no Paraguai. E mais: no dia 24 de agosto houve uma espécie de golpe de Estado no Brasil, e o presidente Getúlio Vargas se matou. Alguns meses antes, no dia 7 de maio de 1954, o Exército francês capitulou em Dien Bien Phu, na Indochina. E uns dias antes que o senhor nascesse, acabou essa guerra da Indochina, com a vitória de um país que até aquele momento era colonizado: o Vietnã. Acontece que uns poucos meses mais tarde, no dia 1º de novembro de 1954, começou a guerra da Argélia. E, ao mesmo tempo, foi o ano da célebre Conferência de Bandung, que viu nascer os conceitos de "terceiro mundo" e de "não alinhados". Ou seja: havia um contexto político e histórico muito acentuado, muito marcante, em que uma era morre e outra nasce. E, aliás, o senhor também estava nascendo. Pois bem: toda essa constelação de acontecimentos ao redor da data do seu nascimento inspira alguma coisa?

Pois é: foi nessas circunstâncias que eu vim ao mundo. Nesse contexto histórico. Na madrugada em que eu estava nascendo, Fidel Castro — acho — tinha um plano para fugir do cárcere Modelo, na Isla de los Pinos. Muitas coisas aconteciam no mundo. Estávamos em plena metade do século XX. E, é claro, deixa suas marcas. Nossas vidas estão marcadas e determinadas pelas condições em que nascemos.

As circunstâncias nas quais crescemos. Marx diz: "Os homens fazem a história com as condições que a realidade impõe a eles". Ao longo do caminho, entendi isso, lendo Marc Bloch.

Um grande historiador francês, lutou na resistência antifascista. Era judeu e foi fuzilado pelos nazistas em 1944. Um imenso intelectual.

Sinto grande admiração por ele. Um livrinho de Marc Bloch, Apologia da história ou o ofício de historiador[1], *me acompanhou durante muito tempo. Entre a minha adolescência e chegar a ser adulto, nessa etapa em que se vai formando a consciência, eu, a exemplo de Marc Bloch, me perguntava: para que serve a história? A história pode começar como uma curiosidade, e também pode ser uma narração que seduz. Porque os acontecimentos humanos seduzem. E Bloch classifica os fatos em históricos e não históricos. Procurando uma definição mais exata da história e perguntando a si mesmo para que ela serve, diz Bloch: "A história é como o ogro das lendas: onde houver cheiro de carne humana, aí estará a sua presa". Porque a história tem como fim o homem, os seres humanos.*

Claro que a gente chega ao mundo inconsciente; a gente nasce como nasce um bezerro nesses campos, como nasce um Cristofué[2] nos galhos dessas árvores. Sem consciência. Mas depois a gente vai assumindo consciência, vai adquirindo consciência. Ou não. No meu caso, tomando como âncora a célebre frase de Fidel, "a história me absolverá", pensando na história e na vida, quando eu era menino, se tivesse tido consciência, talvez pudesse dizer: "A história me absorverá".

O senhor mergulhou na história como Aquiles no rio Estige ou como Sigfried no sangue do dragão?

Acontece que eu simplesmente intuía isso: "a história me absorverá". Sou, como diz Bloch, carne humana. Fui arrastado pelo ogro da história e despedaçado por ele. Os dentes da história, ou — para não pôr a história como um ente agressivo, malévolo — os braços da história me envolveram, o furacão da história me aspirou. Dizia Simón Bolívar: "Sou apenas um fiapo de palha arrastado pelo vento de um furacão". Estou mergulhado num furacão, ou num rio invisível. Neste ar do Altiplano, nesta brisa que move a mata, neste calor desta savana, noto a história, a apalpo, a sinto. Porque nessa história nasci.

Arturo Uslar Pietri disse que "O venezuelano está sedento de história". O senhor está de acordo com ele?

Sim, com certeza. Uslar[3] foi — o senhor o conheceu — um homem da classe alta. Mas um grande patriota. Autor de As lanças vermelhas, *a grande gesta dos* llaneros, *camponeses das planícies venezuelanas que formam a região conhecida como* los llanos, *e de* A ilha de Robinson, *um romance maravilhoso sobre Simón Rodríguez[4]. O doutor Uslar Pietri é um homem muito lembrado e respeitado. Nos anos 1940, quando o general Isaías Medina Angarita[5] era o presidente constitucional da Venezuela, Uslar Pietri falou da "necessidade de semear petróleo". Eu também o conheci, primeiro porque li muito o que ele escreveu, e mais tarde, depois da nossa rebelião do dia 4 de fevereiro de 1992, estando na prisão, começaram as especulações sobre os "autores intelectuais" do nosso levantamento, como se nós não soubéssemos pensar. E trataram de implicar o doutor Uslar Pietri naquilo. E a verdade é que ele acabou fazendo umas declarações justificando, no fundo, nossa ação[6]. E aí invadiram a casa dele. Então Uslar, é claro, ficou muito mais firme contra o governo de Carlos Andrés Pérez[7], e declarou: "O que eu disse é que ia chover aqui... e choveu".*

Dois anos mais tarde, em 1994, saí da cadeia, procurei contato com ele, e fui recebido na biblioteca da sua casa do bairro de La Florida, aqui em Caracas. Conversamos um bom tempo. Ele já tinha ficado viúvo. Eu nunca vou esquecer o que ele me disse quando perguntei por que tinha deixado de escrever a coluna que manteve durante 50 anos no jornal El Nacional*: "Veja bem, comandante: a gente tem que saber ir embora antes que nos ponham para fora".*

Tinha olhos azuis claros, e uma voz muito rouca, modulada, meio sobrenatural; impressionante, aquele tom de voz, a clareza, a forma de expressão; fiquei muito impactado. Também tinha visto o doutor Uslar Pietri na televisão, ele tinha um programa semanal na Radio Caracas Televisión, Valores Humanos*; era excelente. Pessoalmente, a inteligência daquele homem que me recebeu com tanto afeto me deslumbrou. Lembro dele me dizendo: "Comandante, a vida é como uma peça de teatro, alguns atores estão em primeiro plano, outros no fundo do palco; uns escrevem a obra, outros a dirigem; e outros são espectadores. Quando chega a vez de alguém ser ator no palco, deve tomar muito cuidado em dois momentos especiais: o momento de entrar em cena, e o momento de sair de cena". E depois, acrescentou: "Eu vi o senhor entrar em cena com uma boina vermelha e um fuzil na mão, agora o senhor precisa ver como sai...".*

Sábia reflexão. Como é mesmo a frase que ele disse ao senhor?

O venezuelano está sedento de história.

Creio que Arturo Uslar Pietri chegou ao alfa e ao ômega da Venezuela. Existe uma verdade gigantesca nessa frase. Ele não está falando do indivíduo, mas do povo venezuelano. E justamente essa sede de história, nestes últimos anos, o povo venezuelano, que andava numa secura ampla, conseguiu, ao menos em parte, saciar. Conseguiu uma fonte, um manancial. A Revolução Bolivariana devolveu a história aos venezuelanos. Estavam sedentos de pátria, e foram saciados.

Quanto a mim, faz tempo que comecei a me saciar de história. Procurando provavelmente a chave do nosso porvir. Heidegger[8] não disse que "não há nada mais cheio de futuro que o passado"? Quando eu era menino, conforme comentei, se tivesse tido consciência poderia ter dito, como Fidel, "a história me absolverá". Mas hoje digo: a história me absorveu, me engoliu, e eu também a absorvi porque venho me alimentando dela, não é? A história e eu nos absorvemos mutuamente.

Quando foi que o senhor tomou consciência de que a realidade que o envolvia era produto da história?

O que acontecia naquele momento do século em que eu nasci? Dentro de tudo aquilo que o senhor mencionou, eu não diria que vim ao mundo quando "nascia o terceiro mundo", porque o "terceiro mundo" já existia, embora não tivesse esse nome, e talvez o que estivesse surgindo era a consciência de que esse "terceiro mundo" existia, não é mesmo?

Bem, o conceito de "terceiro mundo" foi criado naquele momento. Foi proposto pelo economista francês Alfred Sauvy em 1952. Da mesma forma que, antes da Revolução Francesa de 1789, havia na França três categorias sociais: uma primeira classe, a aristocracia; uma segunda, o clero, a Igreja; e uma terceira, o povo comum. Sobre esse modelo, Sauvy dizia que, no tempo da guerra fria, havia um "primeiro mundo", o capitalista; um "segundo mundo", o comunista; e um "terceiro mundo", que não era nem capitalista nem comunista, "um mundo colonizado, explorado e desprezado". Depois, na Conferência de Bandung, em 1955, quando essa consciência começou a surgir politicamente, como diz o senhor, dos países em desenvolvimento, a imprensa começou a se referir a eles, coletivamente, chamando-os de "terceiro mundo".

Quinhentos anos antes, tinham nos chamado de "Novo Mundo"...

É verdade.

Naquele tempo não existia nem primeiro, nem segundo, nem terceiro, mas só dois mundos, o "velho", que era a Europa, e o "novo", o que "apareceu" em 1492. O "Novo Mundo". E depois surgiu essa consciência de um "terceiro mundo". Claro, quando eu nasci estávamos justo na metade do século, e a União Soviética já tinha quase 40 anos de existência. E a China de Mao Tsé-tung, cinco.

Eram os tempos da guerra fria.

Havia surgido o campo comunista, a União Soviética e todos os seus aliados. Tínhamos um mundo bipolar, dominado por suas hegemonias: os Estados Unidos e a União Soviética. Estávamos no equador do século XX. Fazia quase dez anos que tinha terminado a Segunda Guerra Mundial, e aconteciam todos esses conflitos que o senhor mencionou, assim como muitos outros pouco recolhidos na historiografia, muitas lutas na África, na América Latina.O senhor também citou golpes de Estado. Quem também caiu por aqueles dias foi Juan Domingo Perón[9], na Argentina.

É verdade, em setembro de 1955.

Quem derrubou Perón? Os Estados Unidos. E os norte-americanos já tinham bombardeado a Guatemala quando eu nascia, e estavam em plena guerra de invasão desse país.

Foi exatamente um mês antes, no dia 27 de junho de 1954. Jacobo Árbenz[10] acabou tendo de se exilar.

Isso mesmo. Invadiram a Guatemala, derrubaram Perón, derrubaram Juan Bosch[11] na República Dominicana, fomentaram um golpe de Estado no Brasil[12]. Alguns anos antes, em outubro de 1948, no Peru, os Estados Unidos tinham favorecido o golpe de Estado do general Manuel Odría[13]. E ainda antes, no dia 9 de abril de 1948, tinham assassinado Jorge Eliécer Gaitán[14] aqui ao lado, na Colômbia. Esse assassinato provocou uma rebelião popular, o "Bogotazo", que deu início a um conflito que se estende há mais de 60 anos, sacode com força demolidora a Colômbia e afeta vários países sul-americanos. O assassinato de Gaitán e o "Bogotazo", presenciados, aliás, pelo nosso amigo Fidel Castro[15].

Estamos falando de acontecimentos de muita importância em toda a América Latina, na Guatemala, no Caribe, no Peru, na Colômbia, no Brasil, na Argentina, no Paraguai, com a ditadura de Stroessner[16]. E aqui na Venezuela, em 1954 estávamos em plena ditadura de Pérez Jiménez[17].

Mas é que, quatro anos antes, em novembro de 1950, aqui na Venezuela haviam assassinado o coronel Carlos Delgado Chalbaud (1909-1950), um oficial progressista, que havia estudado na França. Era filho de um ex-chefe da Armada Nacional e líder político, Román Delgado Chalbaud (1882-1929), que ficou preso 14 anos durante a longa ditadura de Juan Vicente Gómez[18] (1908-1935). Gómez enfim o libertou, e Román foi para a Europa se reunir com seu filho pequeno, Carlos, que tinha sido mandado para lá enquanto o pai estava preso. Foi assim que Carlos Delgado Chalbaud estudou na França. Lá se formou engenheiro e se casou com uma estudante francesa, Lúcia Devine, militante do Partido Comunista Francês. Retornou para Caracas depois da morte do ditador Gómez, em dezembro de 1935 e, embora fosse engenheiro, ingressou no Exército. Um homem de grande prestígio. Quando os gringos derrubaram o presidente Rómulo Gallegos[19], autor do genial romance Doña Bárbara, *em novembro de 1948.*

Rómulo Gallegos era daqui, desta região dos Llanos?

Não, Gallegos era de Caracas. Mas ele escreveu Doña Bárbara, *baseando-se na história, na geografia e nas lendas daqui do Llano. É interessante observar que esse é o romance venezuelano por excelência, sem dúvida graças ao grande talento do autor, mas também, indiscutivelmente, porque no Llano está a essência da venezuelanidade. Nesta savana aberta, nos ventos livres que a acariciam, nessa natureza bravia e em sua gente indômita se encontra o núcleo profundo da identidade venezuelana.*

Deve ter sido isso que atraiu Rómulo Gallegos. O senhor dizia que ele foi derrubado...

Pois é, Rómulo Gallegos foi derrubado no dia 24 de novembro de 1948. Conheci um homem que trabalhou com ele, era seu colaborador no palácio presidencial. Morreu faz pouco, já um ancião. Chamava-se José Giacopini Zárraga. Foi uma testemunha excepcional de muitos acontecimentos aqui na Venezuela. Esteve sempre perto do poder e de todos os governos. Historiador, pesquisador, especialista em petróleo.

Parece que Giacopini foi uma das fontes orais mais importantes da história contemporânea da Venezuela.

Foi. Eu tive muito carinho por ele. Era um contador de histórias, um conversador e um narrador excepcional. Um dia, nos contou que quando derrubaram Rómulo Gallegos, os golpistas — Pérez Jiménez e seu grupo de comando — invadiram o Palácio Blanco, em frente do Palácio Miraflores, onde ficava o gabinete presidencial, e Giacopini ia e vinha entre os dois edifícios, atravessando a avenida Urdaneta, negociando. Então Gallegos, que estava mandando mensagens para tudo que era lado, a certa altura ficou de pé e disse a ele: "Diga a esses traidores que eles são Dona Bárbara, e eu sou Santos Luzardo[20], e que Santos Luzardo não negocia com Dona Bárbara". Duas horas depois, foi enfiado num avião e mandado para Havana, desterrado. Há um discurso dele, chegando a Havana[21], onde afirma o seguinte: "Os Estados Unidos me derrubaram". Era um homem digno e um pensador progressista.

O senhor me falava de Carlos Delgado Chalbaud.

Ah, sim, falei porque, mais tarde, depois que derrubaram Gallegos, em novembro de 1948, aparece a figura prestigiosa desse coronel Carlos Delgado Chalbaud. Por antiguidade e por mérito, era muito respeitado. Havia sido ministro da Defesa no governo do próprio Gallegos. Um homem brilhante. Assumiu a chefatura da nova Junta Militar de Governo e começou a impor a ela um toque progressista, coisa que não estava nos planos de Washington. A Venezuela já era uma importante potência petroleira[22]. E então, em circunstâncias estranhas, sequestram Delgado Chalbaud e o assassinam em Caracas, no dia 13 de novembro de 1953. Um magnicídio. Lembre-se que poucos meses antes, em outro país petroleiro, o Irã, já haviam derrubado Mossadegh[23].

É verdade, foi muito importante. Mossadegh, o primeiro-ministro iraniano que os Estados Unidos e a Inglaterra derrubaram em agosto de 1953.

Sim, Mossadegh foi derrubado porque nacionalizou a indústria petroleira. Ele foi um grande símbolo do anti-imperialismo. Teve uma enorme repercussão mundial. Alguns meses mais tarde, em fevereiro de 1954, no Egito — onde dois anos antes os integrantes do movimento Oficiais Livres tinham se rebelado derrubando a monarquia do rei Faruk — o coronel Gamal Abdel Nasser[24] *se transformou em primeiro-ministro, e pouco depois nacionalizou o canal de Suez. Pois Nasser também foi agredido militarmente, em 1956, por uma coalizão formada pelos Estados Unidos, Inglaterra e França. Ou seja, todos esses movimentos — que foram atos de emancipação e de resistência diante das potências neocolonialistas e imperialistas — estavam acontecendo.*

Era a Guerra Fria. Começou com o Macartismo nos Estados Unidos, em 1947. Depois, foi criada a Otan, em 1949. E essa situação se agrava, a partir de 1950, com a guerra da Coreia. Na América Latina, a Guerra Fria se traduz, pela tomada do poder político, a favor de Washington, de uma série de países, como o senhor estava lembrando: Brasil, Peru, Paraguai, Guatemala, Argentina, mais ou menos ao mesmo tempo. A Venezuela já estava debaixo de controle, com a ditadura de Pérez Jiménez. A República Dominicana, com Trujillo, a Nicarágua com Somoza, Cuba com Batista etc. Enquanto isso, em outros lugares do mundo estavam ocorrendo acontecimentos mais esperançosos e, principalmente, ia começar a grande libertação da África. É curioso notar, como já dissemos, que naquele mesmo ano de 1954, quando o senhor nasceu, começou a guerra de libertação da Argélia, provavelmente o conflito que mais simboliza, nos anos 1950 e 1960, o renascimento e a emancipação dos povos colonizados.

Seja como for, com todos esses acontecimentos, trata-se de um momento historicamente muito forte, muito denso, a dobradiça de duas épocas, quando renasce, sobretudo na África e na Ásia, a reivindicação dos povos para libertar-se de mais de um século de colonização. Por isso, torno a perguntar: como o senhor interpreta essa configuração histórica que preside o seu nascimento? O senhor vê nisso um anúncio de destino político?

Não, não.

O senhor não vê sua chegada ao mundo nesse ano, 1954, tão político, tão carregado de história, como um sinal do destino?

Não, não, de jeito nenhum. É como disse o filósofo Ortega y Gasset[25]*: "Eu sou eu e minha circunstância". Somos parte desse rio rebelde que é a história, os acontecimentos humanos. Chegamos a este mundo ao acaso. Mas então existem as circunstâncias... Karl Marx, em um de seus textos, escreveu: "Os homens fazem sua própria história, mas não a fazem ao seu livre-arbítrio, sob circunstâncias escolhidas por eles mesmos, mas sob aquelas circunstâncias com as quais se encontram diretamente, que existem e lhes foram legadas pelo passado"*[26]*. Um dos acasos mais ao acaso, para dizer de alguma maneira, é o nascimento de um ser humano. Eu nasci por acaso. Uniram-se o negro Hugo Chávez, de 19 anos, que era um jovem mestre-escola numas montanhas, que passava a vida montado a* *cavalo ou num burro, e muito jovem Elena Frías, de 17 anos. Eu nasci naquele ano de 1954, depois de meu irmão Adán ter nascido no dia 11 de abril de 1953.*

O senhor nasceu 15 meses depois de seu irmão, no dia 28 de julho de 1954, sob o signo de Leão no horóscopo ocidental, como Simón Bolívar, que nasceu num 24 de julho, e como Fidel Castro, nascido num 13 de agosto. E, pela tradição chinesa, o seu signo é o Cavalo. Dois signos fortes, para quem crê na astrologia.

Não é o meu caso. Eu vim ao mundo nesse inverno[27]*, numa noite muito chuvosa, contava minha mãe. "Da meia-noite para o dia", como se diz no Llano. Nasci em Sabaneta, um povoado no Estado de Barinas, na casa da minha avó Rosa Inés, numa rua que hoje se chama avenida Antonio María Bayón. Na época das chuvas, essa rua era uma lagoa. Minha mãe lembra que, lá pela meia-noite do dia 27, as dores já eram insuportáveis. Ela tinha 20 anos. Então, chegou a parteira. Não havia luz elétrica permanente naquele povoado. Muita água, muita chuva, e eu nasci na quarta-feira 28 de julho "às 2 horas da madrugada", diz a certidão de nascimento. Mas, de acordo com minha mãe, pode ter sido um pouquinho mais tarde. "Não havia lua, não havia galo. Era uma noite escura", como descreve o poeta Alberto Arvelo*[28]* no começo de seu longo poema "Florentino e o Diabo", uma lenda muito popular na minha região, que relata a luta entre o Bem e o Mal: "Noite de feroz chuvarada / pela planície enlutada".*

Belo.

Assim nasci, numa "noite de feroz chuvarada pela planície enlutada e de chipolas acesas que o rancho do peão iluminam". A chipola é uma espécie de lamparinazinha de óleo que os camponeses acendem. Nasci ao acaso, naquela noite de feroz chuvarada.

Nestes llanos que nos rodeiam.

É. Propus que viéssemos aqui, para conversar em meu "barranco largo". Neste mapa completo da Venezuela, veja aqui, temos, no oeste, a cordilheira dos Andes. O "barranco largo" é tudo isso: os llanos.

Podemos sentir a poderosa presença da natureza.

Aqui vibra uma natureza muito presente e muito diversificada que, em termos ecológicos, ainda não foi muito afetada por impactos nocivos. E a ambição da revolução é proteger e preservar sua excepcional biodiversidade. Nestes llanos sulcados por uma infinidade de rios ainda vivem dezenas de espécies selvagens que queremos conservar: gatos-do-mato, pumas, jaguares, lontras e cigarras gigantes, serpentes anacondas, crocodilos, tartarugas... Aves de grande beleza, como o caricare, o gavião vermelho, o pato selvagem ou o belo turpial, que é a ave nacional venezuelana. Plantas e árvores magníficas, que criam a típica paisagem llanera, como a caioba, o samán, o cedro, a paineira e o araguaney (árvore nacional da Venezuela). Esta incomparável natureza, tão variada, tão autêntica, e às vezes tão cruel, os homens tiveram de domar e vencer. E essa luta marcou muito a personalidade e a cultura do llanero.

O que é ser llanero? O senhor se sente llanero?

Há vários estudos sobre esse tema. Ser llanero é ser como a savana. Grande, imenso de objetivos, de metas. Dizia Rómulo Gallegos: "O llanero está sempre no centro de um círculo que se move". Você se move, olha ao seu redor e há outro círculo, e você está sempre no centro de um imenso círculo. É um país, não só de fauna e flora excepcionais, mas também de cavaleiros, de cavalaria, de gado, de história e de guerras.

Muitas guerras?

Infinitas guerras. Para quem quiser conseguir os caminhos talvez mais vivos da história venezuelana, da política e da guerra, pois aqui estão[29]*. Além disso, é uma terra de lendas. O llano é uma magia... Claro, eu me sinto venezuelano em toda plenitude. Mas, em outro nível espiritual, me sinto llanero. Paradoxalmente, descobri a essência de ser llanero quando já tinha mais de 30 anos. Não foi na infância, nem na adolescência, mas quando eu já era oficial do Exército. O llanero brotou em mim quando me coube comandar um esquadrão de cavalaria llano adentro. Buscando a solução ao enigma de um bisavô meu, "Maisanta"*[30]*, fui assumindo o "ser llanero". Esse meu bisavô se chamava Pedro Rafael Pérez Delgado, viveu entre 1880 e 1924, e foi um general revolucionário. Era amigo dos desamparados, lutador pelos direitos dos pobres.*

E também assumindo uma cultura.

Claro. Ser llanero é também uma cultura: a música, a harpa, a poesia, os cantos... Uma forma de se aproximar da existência, do trabalho, da natureza, do amor, da grandeza da viagem. É um país de Quixotes, porque a savana se parece — é muito mais imensa — a La Mancha castelã. Rómulo Gallegos, em Doña Bárbara, *escreve uma frase extraordinária: "Planície venezuelana, propícia para o esforço como o foi para a façanha, terra de horizontes abertos, onde uma boa raça ama, sofre e espera...". Hoje podemos acrescentar que essa "boa raça" não apenas espera, mas luta, avança e constrói, com toda a Venezuela, um caminho rumo a um futuro melhor.*

O llano é "terra mágica", diz o senhor. Por causa de suas lendas e superstições?

Claro. Nós sabemos que são apenas superstições, e que não existe. Eu custo a imaginar que, a estas alturas, algum llanero acredite que apareça "El Silbón"[31]*, ou qualquer fantasma errante, ou o Bramador Zarolho*[32]*, ou o Cavaleiro sem cabeça*[33]*, ou o crocodilo Patrulheiro*[34]*...*

Mas o senhor mesmo mencionou em alguns de seus discursos que certa ocasião viu o 'Crocodilo Patrulheiro'...

A verdade é que topei uma vez, em Elorza, onde estive entre 1985 e 1988, com um crocodilo tão gigantesco que parecia ter saído de uma lenda.

Como foi isso?

Eu era capitão, e certa vez navegava com outros companheiros pelo rio Arauca, entre Puerto Infante e Elorza, na fronteira com a Colômbia. Era uma noite bem negra e íamos rio abaixo. Chegamos a um lugar que chamam de Lagoa Encantada del Término, onde há bancos de terra e dunas, uns montões de areia quase à flor da água em zonas pouco profundas. Ali, de repente, nossa lancha se chocou com uma coisa que pensamos que era uma ilhota. E era um crocodilo enorme, como o Patrulheiro da lenda. Quase naufragamos... Aquele crocodilo devia medir uns 40 metros de comprimento... Ninguém acredita em mim quando eu conto. Era tão enorme que parecia uma verdadeira ilhota, tinha até uma palmeira que havia crescido no seu lombo...

Insólito... Quer dizer que talvez algumas lendas do llano se baseiam em realidades...

Sem dúvida, mas numa época chegou-se a acreditar na "Sayona"[35]*, nas almas do Purgatório, nos espíritos errantes... Correm por aí essas crenças. Mas acho que há outra coisa. A savana inteira também é, como diria Rafael Alberti*[36]*, "uma estepe grande onde guerrear", e foi testemunha de lutas heroicas, de 500 anos de epopeias, de milhares de odisseias e ilíadas. Homero, com seus cantos, fica pequeno, quando comparado com os relatos épicos da savana e as inumeráveis lendas destes llanos. Relatos baseados em fatos reais, transformados pela mitologia e convertidos em lendas. Estas terras pertenceram, originalmente, às tribos llaneras, gente muito aguerrida. Lembre-se que na Venezuela houve múltiplas insurreições contra o poder colonial*[37] *e, já nas nossas guerras da independência, quando, no Centro (Caracas), perdemos a república uma, duas, três vezes. Aqui nas savanas os espanhóis jamais conseguiram nos dominar.*

Boves[38] era llanero?

José Boves era espanhol, asturiano. Veio para a Venezuela e viveu aqui, no llano, desde que era muito jovem. Se tornou, efetivamente, llanero, e os llaneros o seguiam. Foi muito feroz contra os independentistas.

E contra Bolívar não?

Não era exatamente contra Bolívar. Boves utilizou como bandeira o ódio racial, conduziu ao que poderíamos chamar de uma guerra de classes muito maniqueísta, a guerra dos pobres contra os ricos, contra os brancos. Todo branco era inimigo, todo rico era inimigo.

Parece que Bolívar, no começo, não deu importância à questão da discriminação racial, ao tema da escravidão dos negros.

Bolívar era um ilustrado, defensor da "Declaração dos direitos do homem e dos cidadãos" promulgada pela Revolução Francesa, que não estabelece discriminação de nenhum tipo entre os humanos. A prova é que, em 1815, Bolívar buscou refúgio no Haiti, então "Estado pária" marginalizado pelas grandes potências por ter se declarado independente da França e ter feito a primeira revolução negra no mundo. Lá, Bolívar recebeu ajuda do presidente Alexandre Pétion, a quem prometeu a abolição da escravidão na Venezuela. Há vários decretos de Bolívar que confirmam isso sem deixar nenhuma classe de dúvida. O Libertador sempre teve uma atitude de total igualdade com a população afrodescendente. A esse respeito, existe uma história grandiosa, totalmente confirmada. Aconteceu em Lima, em dezembro de 1824, depois da vitória na batalha de Ayacucho. Organizaram uma grande festa, e naquela sociedade classista peruana, nenhuma dama aceitava dançar com um general negro, José Laurencio Silva, um dos maiores oficiais venezuelanos, curtido em cem batalhas. Bolívar percebeu, mandou a orquestra parar e no meio de um silêncio impressionante, chegou perto do oficial e disse: "Dançamos, general Silva?". E os dois dançaram um bom tempo... Assim era Bolívar. Pode até ser que, no começo, ele não prestasse tanta atenção a esse tema. E Boves aproveitou-se disso.

Os llaneros que seguiam Boves eram negros, não eram?

Sim, havia pardos, índios, mestiços, negros, mulatos, antigos escravos... Ou seja, pobres. Era como uma luta de classes e de raças. Boves entregou aos llaneros as terras que arrebatava dos patriotas brancos, que queriam a independência. Mas depois, quando Boves morreu, esses mesmos llaneros ferozes, conduzidos por José Antonio Páez (1790-1873) se uniram a Bolívar, e sua participação foi decisiva para a vitória. Eram guerreiros excepcionais. Há também uma história sobre Pablo Morillo, o general espanhol que enfrentou Bolívar. Conhece?

Qual?

Quando o rei Fernando VII, depois da derrota dos Bonaparte, recupera o trono da Espanha, em 1814, decide resgatar as colônias sul-americanas que estavam em rebelião, e organiza uma grande Armada com mais de 70 navios de guerra, inclusive um chamado San Pedro de Alcántara, que tinha 64 canhões, e põe à frente dessa expedição de 15 mil homens um dos generais que mais se haviam destacado na guerra contra Napoleão: Pablo Morillo[39]*. Armou uma força com cavalaria nova, artilharia pesada, fuzilaria bem equipada, unidades de elite, batalhões aguerridos, como o "Barbastro", o "Burgos", o "Hostalrich", o "Valencey", os hussardos eram o glacê do bolo da cavalaria. Em 1815, esse chamado "Exército Pacificador da América do Sul" chegou à costa da Venezuela. E passaram-se os* *anos 1815, 1816, 1817, 1818, 1819 e 1820: seis anos guerreando. E o temível Pablo Morillo foi finalmente derrotado por Páez e seus centauros llaneros nesta savana. Depois da batalha de Mucurita, em 1817, e principalmente depois da de Las Queseras del Medio, em 1819, e na qual foi derrotado, Morillo escreve ao rei: "Catorze cargas consecutivas de cavalaria sobre meus cansados batalhões me convenceram de que esses homens estão dispostos a ser livres". Vencido, Morillo voltou para a Espanha. Em suas* Memórias, *conta que Fernando VII mandou chamá-lo ao palácio e disse a ele: "O senhor foi derrotado por uns selvagens". "Não são selvagens, Majestade. Se o senhor me der um Páez e cem mil llaneros de Apure, ponho a Europa a seus pés".*

Indômitos guerreiros que não temiam nada nem ninguém. Uma imensa sede de liberdade e de igualdade que existe aqui, uma rebeldia histórica que agora se desatou de novo a favor da Revolução Bolivariana. Ser llanero é isso. Andar pela savana infinita como Florentino, lutando contra demônios. Estar sempre disposto a assumir o que há de maior destas terras.

É como um oceano de terra...

Pois é, um oceano... Disse Rómulo Gallegos: "A planície é bela e terrível ao mesmo tempo, nela cabem a vida formosa e a morte atroz". Além do mais, ser llanero é ser poeta. Todo llanero tem muito de poeta, e alguns desenvolvem isso, outros levam na alma, manifestam isso na forma de canções ou no estilo de vida.

No mapa, dá para ver essa imensidão dos llanos.

Pois é: tudo isso (mostra num mapa) é o llano: Barinas, Apure, Portuguesa, que está ao norte; Cojedes, Guárico, mais para cá; e por aqui, o "barranco largo" que se estende até o rio Orinoco. Lá estão os llanos da Colômbia, que é o mesmo barranco...

Esses llanos colombianos antes eram território venezuelano, pelo que dizem.

Só uma parte. Nós estamos muito perto de Santa Inés. Aqui está a capital do Estado de Barinas. E aqui, Sabaneta, onde eu nasci.

Por Sabaneta passa um rio?

Sim, a leste da cidade: o rio Boconó, bastante longo e com muito bosque, cheio de lendas de canoeiros e pescadores. Sabaneta se encontra na margem direita. Há uma represa, depois o Boconó desce lentamente bordeando a cidade, se une com o rio Guanare e, juntos, desembocam no rio Apure; e por ele, vai entregar suas águas ao imenso rio-pai Orinoco para finalmente chegar ao infinito oceano.

O Boconó conduz ao oceano?

Conduz. O Boconó vem descendo dos Andes, deita-se sobre a savana ao pé do monte, se rende ao llano e ganha o leito llanero. Depois, se une com outro rio, perde o nome e vai se ramificando. Aqui (mostra o mapa) já é o Guanare Velho, depois Guanare e Guanarito. No final, todos vão dar no rio Apure, e de lá ao grandioso Orinoco.

Por que Sabaneta foi fundada nesse lugar?

O povoado foi fundado numa grande savana do pé da serra, numa margem do Boconó, muito perto de um trecho raso que permite a comunicação entre os llanos Altos e os Baixos. Essa é a principal razão da sua fundação. Os espanhóis edificaram esse povoado a escassa distância desse trecho raso que está numa importante rota entre o Apure e o rumo da Colômbia.

Um caminho estratégico que se chamava "estrada Baronesa" ou algo parecido. É isso?

O Passo Baronero. Sim, esse é o trecho raso do rio Boconó. Esse caminho real passa por Sabaneta. É o "caminho velho". Hoje, é a estrada que leva a Ciudad de Nutrias e a Puerto de Nutrias. No estado de Apure e em San Fernando, os llanos são muito baixos; toda esta zona está regada por uma imensa quantidade de rios...

Deve se inundar com frequência.

É como uma caçarola, se alaga boa parte do ano. Na época de chuvas é muito difícil chegar a essa região. É preciso entrar pelo norte. A geografia foi conformando essa cidade, Sabaneta, como passagem obrigatória para a economia, para o comércio. Por aqui passaram comerciantes, naquelas velhas carretas... Eu me lembro de um carreteiro, Natalio Menoni, que tinha carretas de mulas e circulava por todas as savanas, vendia tudo que era provisão, montes de quinquilharia...

Pois também passaram os exércitos que iam para Barinas. Lá havia um grande depósito militar, o parque do ocidente, com paióis de pólvora, armas e munições. Era também uma região muito próspera, com muito gado, tabaco, café, cacau. Nos tempos coloniais, o tabaco daqui era considerado "o melhor das Índias"[40]*. O cacau e o café de Barinas eram famosíssimos no mundo. O café desta zona tornou-se célebre em toda a Europa. Diziam o "café Varinás", com V de Venezuela, que era o nome das tribos indígenas destas terras. Ou seja: Barinas foi uma grande província, se sublevou contra a Espanha, fato que é recordado por uma das oito estrelas da nossa bandeira nacional. Por tudo isso, o raso de Sabaneta era a abertura obrigatória no caminho real que vai de Guanare a Nova Granada (a Colômbia) através dos Andes. Era um acesso vital, estratégico.*

Foi precisamente onde o senhor nasceu.

E em que circunstâncias? É como uma semente. Você lança uma semente num pedregal ou num areal, e as probabilidades de que germine e brote são escassas. Já no meu caso, parece que nasci num terreno adubado para que alguma coisa germinasse. Não apenas um homem, mas um tempo histórico, e para participar desse tempo. No entanto, não acredito em predestinações, que era a pergunta que você me fazia. Não creio que o trajeto de uma vida esteja traçado quando alguém nasce, por algum signo dos astros...

O senhor veio ao mundo numa família modesta. Não se pode dizer que essa família tivesse grandes recursos econômicos...

Não, nós quase não tínhamos recurso algum. Éramos uma família muito pobre.

O que seus pais faziam?

Éramos "pé no chão dos pés no chão"[41]*. Claro que, como toda família, com sua própria trajetória. Meu pai, negro, era filho de uma mulher que foi mais índia que qualquer outra coisa...*

Quando o senhor diz "negro" está se referindo à cor da pele dele?

Sim, sim, negro. Era a cor da pele do meu pai.

Ele era afrodescendente?

Sim, filho de uma mulher que, como disse, era mais índia que outra coisa, do ponto de vista étnico. Muito indígena, minha avó Rosa Inés.

No llano há comunidades indígenas?

Sim, muitas. Bem: já não são muitas, infelizmente.

Mas há indígenas?

Há povos originários — Yaruros, Guahibos, Guamos, Cuivas... — lá para o Sul, para os lados de Apure, para os rios mais remotos. Foram sendo empurrados para aqueles lados, acossados pela chamada "civilização", que não foi outra coisa senão uma barbárie...

O senhor se refere à época da Conquista, ou a tempos mais recentes?

Nós já sabemos que a Conquista foi um genocídio monstruoso, mas estou me referindo a tempos mais recentes, muito mais recentes. Os índios foram atropelados a vida inteira. Veja, em meados dos anos 1970, eu era oficial, e um padre me contou como, perto da fronteira com a Colômbia, os latifundiários saíam para matar índios como se matam os veados. Para aterrorizá-los e expulsá-los de suas terras, os massacravam, machadavam e depois queimavam seus cadáveres...

Quer dizer, há poucas décadas...

Exatamente. Eu mesmo, lá pelos lados de Apure, fui testemunha de uma cena de que não esqueço. Já contei várias vezes. Estávamos patrulhando, buscando um grupo de índios, porque uma senhora os acusava de terem roubado alguns porcos. Levávamos conosco um baqueano, um conhecedor de atalhos, bom rastreador e também — descobri em plena ação — exímio na caçada de índios! Localizamos o grupo, que nos recebeu com uma chuva de flechas. Uma delas passou roçando a minha cabeça. Por sorte, nenhum dos soldados foi ferido. Dei ordem de não disparar. Os índios se dispersaram e fugiram. Naquele instante, na espessura do bosque, escutei os gritos de uma índia. Nos aproximamos da margem da correnteza que ia crescendo muito. E então vi, no meio da água, afundando num redemoinho, uma mulher que carregava um bebê. Estava aterrorizada, e nos olhava com olhos que lançavam chamaradas de medo e relâmpagos de ódio. Porque vestíamos fardas. E porque muitos governos usaram os soldados para defender os interesses dos latifundiários e dizimar os índios. Nunca esqueço aqueles olhos.

A mulher avançava com muita dificuldade, nadando, afundando. Eu estava pensando em como tirá-la dali. E então, sabe o que me disse o baqueano? "Atire, capitão!". Fiquei surpreso: "Como é?". E ele tornou a insistir: "Atire, capitão! Eles não são gente, são como animais. Mate os dois!". Até hoje fico arrepiado... E o tal baqueano não era má pessoa, não era nenhum monstro, eu o conhecia bem. Ele só expressava o sentimento racista anti-índio que imperava por lá.

Continua havendo racismo contra os indígenas?

Muito menos, porque estamos dando combate duro ao racismo. Mas ainda tem gente, pessoas humildes, camponeses, povo pobre, e até bons cristãos que dizem: "Dez índios passaram por aqui, e iam com eles dois racionais". Usam essa expressão, como se os índios não fossem racionais! A exclusão de nossos irmãos indígenas continua existindo em algumas áreas da sociedade rural venezuelana. E é preciso continuar combatendo isso sem trégua.

Sua avó Rosa Inés era indígena?

Minha avó Rosa Inés, que me criou e criou meu irmão Adán, contava que sua avó era uma autêntica índia da savana. De seus ancestrais, ela conservou uma relação especial com a natureza e até com a meteorologia. De repente, ela me dizia: "Huguito, recolha a roupa do varal porque vai chover". Eu via o sol brilhando, e achava aquilo muito estranho: "Não, vovó, não vai chover, está fazendo um sol magnífico!", e ela insistia: "Está cheirando a vento de água". E logo depois, chovia. Às vezes, acontecia o contrário. Eu olhava o céu totalmente coberto de nuvens negras e dizia a ela: "Vó, eu vou recolher a roupa porque vai chover", e ela, tranquila, respondia: "Não, filhote, não vai não". E não chovia... Minha avó dizia que sua própria avó tinha vindo de um lugar pra lá de Apure, perto de Barranco Yopal, e que era da etnia Yarura. Assim, tenho a dignidade e o orgulho de ser índio de raiz. De raiz e de consciência.

Mas seu sobrenome, Chávez, que aliás vem de sua avó Rosa Inés, não é indígena, tem origem vasca...

Não, vasca não, tem origem espanhola mesmo[42]*, porque aqui houve muita mistura. E também havia o costume, na época da Colônia, de dar aos escravos negros o sobrenome de seu amo, do dono da fazenda. Os indígenas eram batizados, em geral, com o nome e o sobrenome do padre que os batizava, ou do padrinho, que quase sempre era o cacique espanhol local. Parece que os indígenas eram batizados com um sobrenome só, ao contrário dos espanhóis, que sempre têm dois, e um só nome.*

Ela recordava que tinha uma vó indígena pura?

Sim, lembrava muito bem. Seus ancestrais eram índios autênticos. Eu não conheci a mãe dela, a formosa negra Inés Chávez, que era filha de negro e indígena e morreu jovem. A expectativa de vida aqui, antes, era de uns 50 anos. Naquela idade, uma pessoa já era muito anciã, tinha pouco tempo de vida, de acordo com as estatísticas. Meu pai é filho dessa minha avó, Rosa Inés, e de um negro, coisa que só vim descobrir depois. Não o conheci. Morreu quando meu pai era criança. Era um homem que vivia a cavalo, apreciador de briga de galo, cantor e recitador, e era também coleador...[42]

Ou seja, um llanero em estado puro...

Exatamente, um llanero de Guanarito em estado puro. Passando pela ilha do Boconó, a gente segue pelos caminhos e chega a Guanarito. Minha avó nos falava frequentemente de Guanarito. Ela me pedia: "Canta 'Guanarito' para mim". Eu gostava de cantar, e ela gostava muito dessa canção (canta): "Guanarito, terra linda/ terra de poesia e de amor, / com suas praias de pescar,/ quando olho suas savanas/ seu aroma e seu palpitar/ as moças que me chamam/ enquanto as garças se banham/ na beira do manancial".

"Continue, cante", me dizia a avó. E eu cantava: "Lá vai o bonguero solitário"... Sabe o que é um bonguero?

Um músico que toca bongô, imagino...

Não, não (ri). O bongo, no llano, é a canoa que vai pelo rio. Doña Bárbara *começa assim: "Um bongo remonta o rio Arauca". A quadrinha cantada diz: "La vai o bonguero solitário/ com a lua e a correnteza do rio/ em suas noites vai pensando/ e por meu povo vai chorando". Pois meu avô derrubador de touros, José Rafael Saavedra, era de Guanarito. Só vim conhecer essa história pesquisando, porque disso ninguém falava.*

Sua avó Rosa Inés não falava de seu avô negro?

Nada! Absolutamente nada.

Porque ele era negro?

Não, não. Com certeza foi uma relação curta, não deve ter durado muito. Ele foi-se embora, e formou outra família lá em Guanarito.

Ah! Ele abandonou a sua avó...

Pois é. Ela foi mãe solteira, que exerceu o papel de pai e também o de mãe. Aquele senhor Saavedra, que morreu poucos anos depois, nunca mais voltou. Está enterrado em Guanarito. Tudo isso, descobri muito mais tarde. Meu pai nunca conheceu o pai...

Ou seja: seu pai só tinha o sobrenome da mãe dele, da sua avó...

Exato. Minha avó se chamava Rosa Inés Chávez.

Era esse o "segredo de família"? Porque se diz que toda família tem um segredo, algo que não se conta...[44]

Pois é. Nunca se falava disso, e eu não me atrevia a perguntar. Eu quase não conheci meus avós homens, fui criado entre mãe e avó. Entre as forças da paixão da mulher a quem eu, desde menino, aprendi a respeitar e a amar. Como a mulher carrega sua cruz! Em vez de Cristo, deveria ter existido, na verdade, uma Crista...

O mundo teria sido outro...

Crista, porque o machismo é terrível nesse mundo.

Até Deus é representado como homem...

Pois é o que nos dizem: Deus é homem, Cristo é homem.

Mas Cristo é meio assexuado, não é?

Bem, algumas correntes do cristianismo dizem isso. Eu acho que Cristo foi, acima de tudo, um homem.

O senhor quer dizer um ser humano de carne e osso?

Sim, um ser humano, porém homem, com os sentimentos e paixões de um homem. Maria Madalena pode ter sido sua esposa.

O senhor também afirma que Cristo foi "o primeiro revolucionário".

É um homem, mas efetivamente rebelde. Um lutador pelos pobres, enfrentou o poder político estabelecido, o Império. Foi um contestatário e por isso morreu crucificado. Nasceu em Belém, e foi pelas veredas da Galileia pregar a justiça social, a igualdade, foi encarar o Império Romano que avassalava aquela terra e o seu povo hebreu, e acabou morrendo vexado e humilhado, crucificado.

Há quem o recrimine por não ter sido mais político.

Jesus era um verdadeiro pensador socialista, um lutador socialista consequente. Num artigo recente[45]*, recordei o que li numa velha enciclopédia que me acompanha desde meus tempos de tenente. Dizia o seguinte: "Em tempos de grande tensão interna e externa, à vista da crescente miséria dos pobres e máxima concentração de riquezas em poucas mãos, apareceram os grandes profetas e exortaram a reversão daquelas condições. No ano de 765 antes de Cristo, apareceu o mais antigo e quiçá o maior daqueles profetas, Amós, e lançou, em nome de Jeová, sua maldição contra os ricos: 'Quero enviar o fogo que aniquilará os palácios de Jerusalém, porque venderam o justo por dinheiro e os pobres por um par de sapatos'"*[46]*.*

Nessa mesma enciclopédia, um pouco mais adiante, pode-se ler: "Idênticos tons encontramos em Oseias e, principalmente, em Isaías: "Ai daqueles que acrescentam uma casa a outra e um campo a outro, até que deixa de haver espaço e somente eles possuem a região!".[47]

Depois chegou Jesus e condenou os ricos no seu Sermão da Montanha (lê): "Bem-aventurados os pobres, porque vosso é o reino de Deus. Bem-aventurados os famintos, porque se fartarão. Bem-aventurados os que choram, porque irão rir... Mas, ao contrário, ai de vós, os ricos, porque longe terão vosso consolo. Ai de vós, os que estão fartos, porque passarão fome. Ai de vós, os que riem, porque chorarão e gemerão".[48]

Cristo é um rebelde. Um revolucionário, enfim. Para isso veio ao mundo, para lutar com os pobres e pelos pobres. Contra os que atropelaram os povos ao longo dos séculos. Veio dar seu sangue pelos pobres da Judeia e pelos pobres de toda a Terra. Desde pequeno eu aprendi a conhecer Cristo. Porque a gente vai configurando o tempo. Tudo isso que o senhor mencionava, esses fatos históricos que aconteceram em 1954, de uma maneira ou de outra me impactam, direta ou indiretamente, mais cedo que tarde.

Capítulo 2

Segredos de família

Os avós ocultos • "Maisanta", um assassino? • A memória popular
"Por aqui passou Bolívar" • Ezequiel Zamora • A Guerra Federal • O escapulário
O "Americano" • A tia Ana • O "último homem a cavalo" • Lavar a honra
Cipriano Castro • Juan Vicente Gómez • Artimanhas de guerra
Os últimos centauros • A consciência das raízes

Fale da sua família.

Pois minha família foi isso que contei: uma família muito pobre. Morávamos numa casa de telhado de sapé, chão de terra, paredes de pau a pique, num povoado que na época era muito pequenino, muito camponês: Sabaneta.

Por parte de pai sou mestiço de índio e de negro. Ou seja, uma mistura da sabedoria do índio e da rebeldia do negro. O espírito da negritude e a resistência indígena. Em ambos os casos, o amor à liberdade. Nunca devemos nos esquecer do que foi a colonização africana...

O tráfico de escravos, a escravidão...

O genocídio. A escravidão e a negritude enchendo estes llanos com seus tambores e com seus cantos. Com suas dores. "Com teus ais que cruzam teu caminho", como disse o poeta Arvelo. A gente carrega todo esse legado por dentro. Sim, por meu pai recebi isso; e pela minha mãe me chegou a parte branca, europeia, e também sumamente rebelde. Em Sabaneta, diziam de minha mãe, quando ela era menina, "a Americana", e essa é uma longa história que eu, quando era adolescente, me empenhei até descobrir...

Para investigar sobre sua própria ascendência?

Sim, porque também havia um enigma sobre essa família...

A família Frías? Outro segredo de família?

E a família Chávez também...

Dessa, nós já falamos...

Mas é que eu queria saber mais... além dos sobrenomes, queria saber de onde vinham as correntes, os dois rios que se cruzaram na minha pessoa. Pelo lado do meu pai, ninguém nunca havia me falado de meu avô, o negro derrubador de touros José Rafael Saavedra, porque minha avó guardou o segredo. Acho que quase ninguém sabe quem é o pai do meu pai.

E talvez ninguém nem pense nisso...

Não, ninguém. Nem pensou jamais. Como o senhor diz: um "segredo de família". Decifrei esses segredos anos depois. Minha avó Rosa Inés morreu sem que ninguém jamais tivesse perguntado nada a ela, e nem ela falava no assunto. Ela mesma, como eu disse, era filha da negra Inés, minha bisavó. Uma mulher famosa pela sua beleza. Veja só: até hoje os poetas do llano se lembram dela... Dizem que era filha de um africano, da etnia mandinga, e de uma índia da savana. Era a mãe de Rosa Inés. E seu pai — o pai da minha avó — foi um italiano que se juntou com a negra Inés. Os dois se amaram apaixonadamente durante um tempo, e tiveram dois filhos: minha avó Rosa Inés e meu tio Ramón Chávez, que eu conheci muito bem. Eu vi meu tio morrer, teve "um ataque", como se dizia naquele tempo...

Pelo lado da sua mãe, havia outro "segredo de família", porque ela também tinha o sobrenome de sua própria mãe...

Sim, pelo lado de minha mãe... também era público que era filha de um dos filhos de Pedro Pérez Delgado, o "último homem a cavalo"...

O célebre "Maisanta"...

Pois é, o "Maisanta".

Por que era chamado de "Maisanta"?

Porque quando guerreava contra o ditador Juan Vicente Gómez, no momento de iniciar a luta, ao sacar de seu facão antes de se atirar a galope, lançava aos ares seu grito de guerra: "Mãe Santa! Mãe Santa!", invocando a proteção da Virgem. Mas ele pronunciava "Mai'santa!, "Mai'santa!", e daí veio o apelido.

Era nascido na Venezuela, um "criollo".

Pedro Pérez Delgado, "Maisanta", era criollo, louro, llanero puro, embora também descendente de indígenas, seu pai era índio... Dizem que era um homem alto, muito alto, de boa estampa, de rosto queimado pelo sol, com grandes botas colombianas e um sabre terciado...[1]

Existem fotos dele?

Muito poucas. As duas mais conhecidas quem conseguiu fui eu. Estavam com uma filha dele, que foi me emprestando os originais, mandei fazer cópias e começaram a se difundir por aí. Ninguém conhecia essas fotos. Numa delas, aparece com "Maisanta" um companheiro dele, um árabe, Dáger, que era chamado de "Turco", e que aliás era pai de Kurt Dáger, que durante muitos anos foi do COPEI[2]. Pois o Turco Dáger era o braço direito de "Maisanta", seu guarda-costas, esteve com ele na guerrilha. "Maisanta" viveu em Sabaneta faz mais de cem anos, morou lá por volta de 1904.

Na mesma Sabaneta onde o senhor nasceu.

Pois é, nessa mesma Sabaneta. Entre mil acasos, ou milhões de acasos, como eu dizia, nasci ali porque justamente em Sabaneta chegou, em certa ocasião, esse cavalheiro: Pedro Pérez Delgado "Maisanta". Chegou como chefe civil, uma espécie de prefeito, e militar, enviado por um governo revolucionário, na época da Revolução de Cipriano Castro[3]...

Era militar?

Sim, era militar, chegou a ser general. Naquele tempo, era coronel. Claro, eram militares de cavalaria, militares de guerra, formados na escola da guerra, produto da voragem...

Não era oficial de Academia?

Não, não. Sua escola foi o terreno, o campo de batalha... E seu treino foi a guerra, enfrentar o inimigo...

Quer dizer que era como os marechais de Napoleão, formados no fragor do combate?

Exato. A história militar inteira está cheia desses marechais e generais que ganham seus galões no campo de batalha. Pero Pérez Delgado entrou indócil, muito jovem, quase um menino, na voragem dos conflitos venezuelanos, o impetuoso redemoinho daqueles enfrentamentos de caudilhistas e federalistas...

As intermináveis guerras do século XIX...

Pois analisando tudo isso, percebi que eu era um prisioneiro da história. Naquela altura da minha vida consegui ver, de maneira tão clarinha como o dia que está nascendo, que a história ia me absorver. Pensei: a história me absorverá...

Reconstituindo sua genealogia oculta, o senhor descobriu uma série de traços biográficos que indicam uma certa determinação histórica...

Não sei se podemos falar de determinação. Creio que existe uma grande corrente, como já disse, que é feito um rio invisível, subterrâneo, que tem uma força que arrasta. Por que chega a Sabaneta o avô da minha mãe, o "Maisanta"? É público e notório que ele também praticava o jogo do cavaleiro que derruba um touro puxando sua cauda — mas não era o negro José Rafael, meu outro avô, era o louro Pedro Rafael. Aliás, eu também me chamo Rafael, me chamo Hugo Rafael por causa desses dois ancestrais.

Rafael era um arcanjo, "protetor dos enfermos e anjo da cura", dizem os livros...

Era isso, e com uma tremenda espada...

Nomen est omem, o nome é o destino, diz um provérbio latino. O senhor tem esse nome por causa de seus dois avós.

Por causa do avô da minha mãe: Pedro Rafael Pérez Delgado, o "Maisanta", e, claro, por causa do filho dele — o pai da minha mãe —, que também se chamava Rafael, embora não tivesse o sobrenome Pérez e sim Infante, o da mãe dele. Outra vez, as mães, as avós, as mulheres...

E também por causa de seu outro avô, o vaqueiro, que se chamava Rafael.

Pois é, por uma insólita casualidade, o pai do meu pai também se chamava Rafael, José Rafael. Já meu pai se chama Hugo de los Reyes. Nasceu num dia 6 de janeiro, e minha avó pôs nele o de los Reyes porque, como reza a tradição, nesse dia os Reis Magos chegaram para visitar, no presépio de Belém, o menino Cristo recém-nascido. E, claro, eu me chamo Hugo[4] *por causa do meu pai. Embora minha mãe achasse que estava esperando uma menina, porque ela já tinha um menininho, meu irmão Adán, e tinha até um nome escolhido: queria me chamar de Eva, por causa da história de Adão e Eva... (ele ri).*

A origem da humanidade... É possível dizer que o senhor estivesse tratando de decifrar o mistério das suas origens, da sua história familiar?

Podemos ir até essas recordações, para depois procurar vínculos que aparecem facilmente com essas histórias, das quais fui tomando consciência desde que era bem pequeno. Comecei a me impactar com muitas coisas. Porque eu era muito curioso, prestava atenção em tudo. Quando eu era um jovem militar, me chamavam de "cientista". Uma vez, um oficial superior me disse o seguinte: "O senhor parece um cientista, passa o tempo inteiro pesquisando, perguntando". E é verdade, sou perguntador. Um historiador dizia que é muito bom a gente fazer perguntas, mas às vezes acaba sendo perigoso procurar as respostas, não é?

Por procurar respostas, segundo diz a Bíblia, Adão e Eva acabaram expulsos do Paraíso...

Pois eu, por me fazer perguntas quando era menino, estou aqui, prisioneiro da história... a história me absorveu. Eu era um menino muito inquieto, me chamavam de "Bachaco".

O que significa?

"Bachaco", porque sou uma mistura de índio, louro e negro.

Bem... a síntese da América do Sul, por seus componentes indígenas, europeus e africanos...

É isto: as "três raízes" étnicas do povo venezuelano. Antes, havia aquilo que chamavam de "guarda-pelos", onde se conservavam os cabelos. E minha avó guardou, a vida inteira — depois, isso se perdeu — uns fios de meu cabelo, de quando eu era menino, amarelos e cacheados, ou seja, cabelo de "bachaco", cruza de negro com branco. Há uma foto em que apareço bem "bachaco". Eu tinha uns três anos, e o que se vê é um menino louro — puxei à minha mãe —, com uma camisetinha, numa cadeira de campo, feita de madeira. É a única foto de mim menino que sobrou, ou que tiraram, porque não havia nem câmera. Eu só vi televisão quando era adolescente. Na verdade, acho que foi uma vantagem...

Isso o obrigou a ler livros...

Lia livros e ouvia rádio, um rádio que era da minha avó. Eu gostava muito de ouvir notícias, a Rádio França Internacional, a Rádio Sutatenza, que era uma emissora educativa da Colômbia. E eu ouvia muito, ouvia tudo que era dito ao meu redor. Era muito curioso, me fazia muitas perguntas, e foi despertando em mim uma espécie de criatividade na busca de respostas às perguntas, aos enigmas. Um deles tem que ver com a busca deste escapulário que levo ao redor do pescoço (tira e me mostra).

O escapulário de "Maisanta"... O senhor, quando era pequeno, já ouvia falar de "Maisanta"?

Claro que sim. Eu nasci quase exatamente 30 anos depois que "Maisanta" tinha morrido na prisão. Em novembro de 1924. Em 1954 se cumpriam 30 anos de sua morte na prisão, e se cumpriam 40 de sua rebelião nestes llanos, quando seu grito ecoou por esta savana em 1914. E se cumpriam 50 anos de sua presença em Sabaneta, desde 1904...

Ele como prefeito?

Isso, eu já contei, foi "chefe civil", uma espécie de alcaide, de prefeito, de Sabaneta. Ele havia nascido mais ao norte, nas savanas do Estado de Portuguesa, perto de Curpa, onde também nasceu José Antonio Páez[5]*. "Maisanta" foi criado lá. Era filho de um velho general zamorista...*

Que tinha feito a guerra com Ezequiel Zamora[6]?

Isso mesmo, com Ezequiel Zamora. Ele se chamava Pedro Pérez Pérez. Uma vez, vi uma foto dele, antiga, era um índio guariqueño, dos llanos do Estado de Guárico. Pois Pedro Pérez Pérez se uniu a Zamora, era um guerrilheiro. Estamos falando dos anos 1840-1845.

Ezequiel Zamora deixou uma marca profunda nos llanos, não é?

Deixou sim, porque era um revolucionário. Sem dúvida, foi o líder popular mais importante do nosso século XIX. Ezequiel Zamora tinha um princípio: sempre falar com o povo, sempre escutar o povo. Quis transformar a Venezuela, torná-la mais justa. Um país "onde não haverá — dizia — nem ricos nem pobres, nem latifundiários nem escravos, nem poderosos nem humilhados, mas somente irmãos, todos iguais". Era um visionário. Propôs a supressão da pena de morte, a total liberdade de expressão e o sufrágio universal. Quando (no dia 3 de março de 1854) a escravidão foi definitivamente abolida — na verdade, Bolívar já tinha abolido a escravidão em 1816[7]*, mas sua decisão não tinha sido respeitada —, Zamora se opôs a que os libertos (os ex-escravos) tivessem que pagar uma compensação econômica aos seus antigos donos.*

O senhor afirmou que Zamora era socialista. Baseado em quê?

Não tenho dúvida de que ele tinha ideias pré-socialistas. Pense que naquele tempo (1850-1860) o socialismo começava a correr com força na Europa, impulsionado pela Revolução Industrial. Os primeiros sindicatos operários tinham surgido. As ideias de Proudhon[8] *circulavam. Além disso, Karl Marx e Friedrich Engels estavam publicando (1848) o* Manifesto do Partido Comunista. *Na França e em outros países da Europa, tinha acontecido a revolução de 1848, "a primavera dos povos"... E a Primeira Internacional Socialista estava sendo convocada*[9]*. Ora, o impacto dessas ideias e desses movimentos chegavam até aqui, até a nossa América. Zamora exigia salários justos para os peões agrícolas, e que, em cada povoado ou aldeia, fosse reservada uma área de terra de várias léguas de diâmetro para uso coletivo dos camponeses sem-terra. Imaginou também um embrião de proteção social para os mais humildes, pedindo que os proprietários de grandes rebanhos de gado entregassem a cada comunidade dez vacas, para que com seu leite fosse possível alimentar de graça as crianças e as famílias mais pobres.*

Um germe do Estado de bem-estar social...

Isso, um afã pela proteção social. Por isso Ezequiel Zamora e seu projeto de revolução agrária deixaram uma lembrança inesquecível nos llanos. Convém lembrar que o Estado de Barinas chegou a se chamar, em determinado momento, de Estado Zamora. Depois, para tratar de destruir sua boa imagem na memória popular, a oligarquia inventou para ele uma "lenda negra". Quiseram fazer com que fosse considerado um cruel exterminador. Mas o povo humilde dos llanos sempre recordou Ezequiel Zamora, líder da revolução camponesa, com carinho.

Foi por isso que seu antepassado, o pai de "Maisanta", foi com ele guerrear?

Foi. E quando descobri isso tudo, entendi de onde venho: de uma estirpe de guerrilheiros a cavalo. Ou seja, não sou um elo perdido na história. O pai de

"Maisanta", aquele coronel Pedro Pérez Pérez, índio guerrilheiro, foi um dos oficiais do general Ezequiel Zamora, e o pai de Zamora tinha sido capitão às ordens do próprio Libertador Simón Bolívar. Então, formamos uma corrente: nossos avós e nós, seus filhos, seus netos, somos iguais: um só sangue, um único espírito, as mesmas batalhas, a mesma bandeira e a mesma causa. Todos combatentes da liberdade. Também descobri que meus avós nunca foram sedentários, nunca ficaram em casa: andavam a cavalo, com uma lança na mão. Durante muito tempo me esconderam a existência desses avós. Não conheci os avôs homens. Quase todos foram levados pela guerra.

Seu bisavô Pedro Pérez Pérez participou da batalha de Santa Inês?

Zamora, "o general dos homens livres", veio até aqui, e calculo que Pedro Pérez Pérez andou com ele na selva de Santa Inês, nessa importante batalha que aconteceu há um século, no dia 10 de dezembro de 1859, e na vitória. Mesmo que não exista nenhum registro disso. Depois mataram Zamora, em 1860 — aliás, a bala que o matou não saiu das fileiras oligárquicas, mas das fileiras federais, do exército revolucionário. E assim se perdeu a liderança da Guerra Federal (1858-1863).

Uma guerra que destruiu o país, não é?

Foi um conflito originado pela busca da igualdade na sociedade venezuelana. Seu objetivo era eliminar os privilégios coloniais e a resolução definitiva dos problemas sociais que existiam no país. Na verdade, foi uma guerra civil em que se enfrentaram, num lado, os conservadores, que detinham o poder em Caracas e representavam a burguesia e os grandes latifundiários, que eram partidários do centralismo. No outro lado estavam os liberais, ou federais, como eram chamados, que reivindicavam o fim dos privilégios da oligarquia e uma autonomia maior para as províncias, em nome dos princípios de liberdade e igualdade. Ezequiel Zamora era o líder dos federais, até que foi assassinado em 1860.

Essa guerra, a mais longa da história da Venezuela, terminou com o Tratado de Coche, que foi assinado (em 23 de abril de 1863) por José Antonio Páez, que foi presidente da República em várias ocasiões (entre 1830 e 1835, depois entre 1839 e 1843, e finalmente entre 1861 e 1863), e Juan Crisóstomo Falcón, o novo líder dos federais, eleito presidente (entre 1863 e 1866), mas que acabou traindo os ideais revolucionários de Ezequiel Zamora.

Outros que foram companheiros de Zamora, que integraram o Estado-Maior federalista, também chegaram a ser presidentes, como o general Joaquín Crespo (entre 1884 e 1886, e depois entre 1892 e 1898), e o general Antonio Guzmán Blanco, que presidiu a Venezuela entre 1879 e 1884, e depois entre 1886 e 1887. Mas eles também viraram as costas para o impulso revolucionário zamorista.

Essa Guerra Federal ficou marcada na memória venezuelana, não é?

Sem dúvida, porque foi muito longa e acabou conhecida como "a guerra dos cinco anos", e principalmente porque foi tremendamente custosa em termos de vidas humanas: mais de 100 mil mortos, numa população que naquele tempo era de 2 milhões de habitantes... Povoados inteiros foram arrasados, lavouras incendiadas, gente massacrada. A economia agrária e pecuária foi destruída. A produção pecuária, uma das principais riquezas da Venezuela do século XIX, dizimada. Dos 12 milhões de cabeças de gado que havia, sobraram apenas 2 milhões. As exportações despencaram e o país precisou se endividar ainda mais.

Eu imagino que Zamora tenha passado por Sabaneta...

Passou, claro, em março de 1859. Ia rumo a Barinas, tomou e liberou essa cidade. Formou um governo, proclamou Federação e içou a bandeira federal com 20 estrelas na faixa amarela, e cantaram o hino nacional: "O céu encapotado/ anuncia tempestade/ oligarcas, tremei!/ viva a liberdade". A revolução inundou esta terra. Quando Zamora passou por Sabaneta, em lombo de cavalo, com as trombetas soando e os cascos dos potros levantando nuvens de pó, os camponeses saudavam sua passagem, as pessoas iam atrás dele a pé ou a cavalo... "Bolívar voltou!", diziam os velhos veteranos. Minha avó Rosa Inés nos contava: "Zamora passou por aqui". Ela não tinha visto com seus próprios olhos, mas a avó dela tinha assistido à passagem daquele centauro e seu exército de cavaleiros pelas ruas de Sabaneta. E ela contou isso mil vezes... Veja só, essa mesma frase ouvi muitas vezes de meu padrinho Eligio Piña, e de outros mais velhos da cidade, como Eduardo Ali Rangel, poeta, escritor, cronista, e também da classe pobre, mas num nível de vida um pouquinho melhor que o nosso. Era dono de uma casinha de cimento na parte de baixo de Sabaneta, área de classe média. Eu gostava de ir à casa dele, e ficar escutando aquele homem que tinha sido muito amigo da mãe da minha avó, a negra Inés Chávez.

Eles também diziam "Bolívar passou por aqui"?

Sim, também diziam... As tropas libertadoras atravessaram Sabaneta pelo passo Baronero, do qual falamos agora há pouco. Além disso, existe uma tradição muito bem cravada no coração de quem é de Sabaneta: Simón Bolívar acampou no centro da cidade, ao pé de uma árvore centenária de uns 40 metros de altura, na pracinha do Comaruco[10]*. E também contam que passou por aqui José Antonio Páez, em 1821, com suas tropas rumo a Carabobo. Tudo isso ficou na memória coletiva: "Bolívar passou por aqui", "Zamora passou por aqui".*

Eu depois pude confirmar tudo isso, em poemas, ou em trabalhos de historiadores que recolheram essa expressão que vinha se repetindo de geração em geração. Tem um poema de Alberto Arvelo: "Ele passou por aqui, compadre", que quando ouvi pela primeira vez, senti que confirmava o que minha avó e meu padrinho diziam: "Ele passou por aqui"... O que os poetas fazem é recolher...

...a memória popular.

Claro, e a transformam em poesia, com um toque de arte, mas é a história viva dos povos. Esse poema diz assim: "Por aqui passou meu compadre/ rumo àqueles montes distantes;/ por aqui, vestido de fumaça, meu general ia ardendo, foi um assovio de terra livre,/entre sua manta e seu sonho...". Quase posso ouvir meu padrinho Eligio. E em seguida acrescenta: "Como a águia na paineira,/ como o relinchar no ar,/ como o galo no silêncio,/ como o grito do centauro/ em Las Queseras del Medio;/ como a Pátria no hino,/ como o clarim no vento". E termina assim: "Por aqui passou meu compadre,/ dolorido, galhardo, eterno;/ por aqui passou Bolívar, compadre". Quando eu era menino, ouvia essas coisas. Minha avó Rosa Inés, sentada na cadeirinha, no jardim da casa onde nascemos, me contando, lá, na velha casa com teto de sapé e pau a pique, e que não existe mais. Ela nos contava histórias nas noites escuras, depois que Don Mauricio Herrera desligasse — às oito em ponto! — o gerador elétrico. Todas as luzes da cidadezinha se apagavam, a gente acendia velas ou lamparinas a querosene e ficávamos lá fora, tomando a fresca. Nunca esqueço, porque me despertava a curiosidade que, mais tarde, me levou a pesquisar. Ela nos dizia: "Por aqui passou Zamora cara de punhal".

"Cara de punhal?"

Ezequiel Zamora tinha o rosto fino, afilado, feito um punhal. Deixou marca indelével aqui nos llanos. Conforme eu disse, a de um herói lendário. E Alberto Arvelo, em Florentino e o Diabo, recolheu e contou essa lenda da savana. O Diablo é a oligarquia histórica. E Florentino é Ezequiel Zamora "Cara de punhal". Aí está a inspiração de Arvelo: na batalha de Santa Inés, onde o general Zamora, à frente do povo camponês atraiçoado na Independência, capitaneando aquelas massas armadas com facões, lanças e velhas carabinas artesanais, enfrentou o exército da oligarquia e fez as tropas inimigas comerem pó no dia 10 de dezembro de 1859. Minha avó evocava as "cornetas que soavam", e eu achava que ouvia aquelas cornetas e a cavalaria levantando nuvens de poeira... Tudo isso tinha sido contado a ela pela sua própria avó, uma índia da savana, que tinha visto cavalgar pela rua Real de Sabaneta Ezequiel Zamora em pessoa, acompanhado por seus ginetes ferozes. E quase todos os homens de Sabaneta tinham se somado ao turbilhão, e teve até mesmo um Chávez daquela velha casa que se alistou com Zamora, e as mulheres, as Chávez, ficaram sozinhas... Eram histórias da "Guerra Longa". Veja só que casualidade, anos depois consigo esse livro, e olhe o título...

"Por aqui passou Zamora"...

A mesma expressão recolhida do povo pelo escritor José León Tapia[11]*, o mesmo autor de* Maisanta, o último homem a cavalo[12]. *Mas algum outro escritor poderia ter escrito* Por aqui passou Bolívar, *ou* Por aqui passou Maisanta...

Todos passaram por Sabaneta.

Todos. E atrás deles ia um povo inteiro lutando por uma Pátria. Por aqui, por este mesmo lugar, passou a própria história...

O senhor disse que "Maisanta" foi produto de "uma voragem". O que foi essa "voragem"?

Os tempos convulsionados e violentos do final do século XIX. "Maisanta" é produto dessa voragem. Seu pai foi derrotado na Guerra Federal. Depois, houve o pacto das oligarquias, a Liberal e a Conservadora, e ele veio para os llanos, para Ospino, uma cidade do Estado de Portuguesa. Morou lá com uma mulher, e tiveram dois filhos: Petra e Pedro. Petra era a mais velha. Existe outra filha de "Maisanta", Ana (Domínguez de Lombrano), nascida (em 1913) de outra relação, e que ainda está viva (em 2009), vai rumo aos cem anos e ainda costura, prega botões e fica lembrando do pai. Ela mora em Villa de Cura, no Estado de Aragua, perto de Maracay. De vez em quando, telefono para ela.

E ela se lembra do pai?

Lembra. Diz que era um gigante. Ela conheceu o pai em Ospino, quando era uma pré-adolescente. Não o tinha visto muitas vezes, porque ele não vivia com a sua mãe. Mas um dia — ela devia ter uns 11 anos — "Maisanta" apareceu, e levou a menina para tirar uma das poucas fotografias dele. Ana lembra direitinho que se pôs muito elegante para tirar aquele retrato, no estúdio de um fotógrafo. Fiquei sabendo de muitas coisas através dela.

O senhor me falou do escapulário da Virgem del Carmen que "Maisanta" usava...

Pois quem me deu foi justamente a Ana.

"Maisanta" sempre usou esse escapulário?

Sim, sempre. Até a sua morte.

E como esse escapulário chegou às mãos dessa filha de "Maisanta"?

Ana herdou o escapulário. "Maisanta" foi trancado nas masmorras da fortaleza de Puerto Cabello, o castelo "Libertador", com grilhões de chumbo, de uns 30 quilos, em cada pé. E quando ele morreu, no dia 8 de novembro de 1924, envenenado com vidro moído na comida, porque era um rebelde permanente, um autêntico Quixote, seus companheiros de prisão mandaram para a mãe de Ana, numa caixinha, todos os pertences deixados por "Maisanta": algumas fotografias, algumas lembranças...

A sua herança.

Seus objetos pessoais, entre eles o escapulário da Virgem del Carmen[13]*. Ele sempre o usou pendurado no pescoço, morreu com ele. Este escapulário tem mais de 150 anos, porque antes quem usava era o pai de "Maisanta", o coronel Pedro*

Pérez Pérez, de quem já falei, guerreiro de Zamora e índio guariquenho. Depois, "Maisanta" usou, desde que tinha 15 anos e foi para a guerra. E agora eu uso, entre o peito e as costas, entre a cruz e a virgem, com o amor pelo povo. Veja aqui...

Tem uma cruz.

Tem uma cruz...

De ouro vermelho.

E na outra face tem o escudo da Vigem del Carmen, que também é a Virgem do Socorro, ou seja, a virgem dos guerreiros[14]*. Quem me explicou a simbologia foi um bispo, monsenhor Mario Moronta, nos tempos em que estive preso na cadeia de Yare, entre 1992 e 1994.*

Representa a lua crescente?

Não, não, são como ramos de louro. Mas repare com que meticulosidade foram bordados.

Um trabalho muito fino.

Representa uma cruz de espada. Repare: há uma espada em forma de cruz, e formando outra cruz, três pontinhos que, segundo o bispo, simbolizam a Santíssima Trindade: Pai, Filho e Espírito Santo. Esse escapulário foi usado por esse guerreiro. Ele se viu metido nessas guerras como consequência do estrondoso desmoronamento do projeto de Bolívar, e que gerou, em todas essas terras, uma explosão de atropelos e violências, ou seja, uma voragem.

Foram enfrentamentos que duraram quase todo o século XIX.

Para a Venezuela, e também para a Colômbia, o século XIX foi um tempo de voragem. Em 1811, tivemos uma república que pouco durou. E o líder dessa Primeira República (1810-1812) foi um caraquenho universal, o generalíssimo Francisco de Miranda. Essa República foi derrubada. Simón Bolívar voltou para levantá-la, mas caiu de novo. A Segunda República durou menos de dois anos, entre 1813 e 1814. A Terceira República, de 1817 a 1818, que tanto custou ser alcançada, também durou muito pouco. E quando Bolívar morreu, em 1830, todos os demônios despertaram. A Pátria se dividiu em pedaços, graças aos maus governos de uns e de outros.

Quem governou naqueles anos?

Primeiro, e durante mais de 15 anos, governou a Oligarquia Conservadora, entre 1830 e 1846. Depois veio um período Liberal, dominado pelo que poderíamos chamar de dinastia, a dos irmãos Monagas, entre 1847 e 1858. Então veio a Guerra Federal, de 1859 a 1863, que durou cinco anos terríveis, em que aconteceram mais de 350 batalhas, e uns 2 mil choques guerrilheiros, que provocaram mais de 100 mil mortes. Depois estabeleceu-se a ditadura do general José Antonio Páez (1861-1863). Mais tarde veio o período (1863-1870), dominado pelo general Falcón e pelo retorno do general José Tadeo Monagas ao poder. E então se instalou a longa ditadura do general Antonio Guzmán Blanco (1870-1888). Depois veio aquilo que poderíamos chamar de década de transição, dominada pela figura do general Joaquin Crespo, e finalmente o século termina com a chegada ao poder, em 1899, do general Cipriano Castro.

Entre 1830 e 1903, calcula-se ter havido na Venezuela umas 39 revoluções... E, além disso, uns 127 levantamentos, quarteladas, tentativas de golpe, invasões e motins de tudo que é tipo.

Impressionante!

Sim, assustador. O século XIX venezuelano foi uma carnificina sem-fim. As rebeliões e os levantamentos eram o pão nosso de cada dia, com múltiplos caudilhos que impunham seu caciquismo a sangue e fogo. E a tudo isso é preciso somar as tragédias da febre amarela, do paludismo, a tuberculose, a desnutrição, a mortalidade infantil... Todas essas violências, bem como o atraso e a miséria, dificultaram qualquer projeto de país.

Foi um século, enfim, marcado pelo surgimento de dirigentes que, na sua grande maioria, não souberam levar adiante o projeto de redenção social, se entregaram aos prazeres do poder e esqueceram as massas empobrecidas que tinham lutado pela Independência. Instalou-se o caudilhismo mais feroz. Houve revoltas, insurreições, revoluções, contrarrevoluções, ditaduras, guerras, guerrilhas, todas elas intestinas. Uma guerra civil que acabou durando cem anos.

Cem anos de solidão...

Podemos dizer... A Venezuela, e não só a Venezuela, mas toda esta parte da América do Sul, perdeu a grande oportunidade — que Bolívar havia avistado — de erguer-se como uma potência num mundo que surgia. Bolívar avisou que lá em cima, ao norte, temos uma nação muito grande. "Os Estados Unidos parecem destinados pela Providência para espalhar misérias pela América, em nome da liberdade"[15]. Ele disse isso em 1829. Sua morte, em 1830, e a derrubada de seu sonho produziram por aqui impetuosos torvelinhos de violência. Esses açoites de fúria e desordem favoreceram, em 1839, a chegada ao poder do general Cipriano Castro, um general que tinha como objetivo um verdadeiro projeto bolivariano, que ele chamou de Revolução Restauradora.

Restauradora? Soa meio reacionário...

Não, não, porque ele queria restaurar, restabelecer o projeto libertador original de Bolívar, propondo-o de outra maneira. Cipriano Castro era um nacionalista, se negava a entregar as riquezas do país. Estava expropriando, nacionalizando. Negou-se a pagar a dívida externa e, em represália, a Grã-Bretanha, a Alemanha e a Itália impuseram, no final de 1902, o bloqueio naval da Venezuela, com o apoio dos Estados Unidos. Graças à firme atitude de Cipriano Castro, foi adotada, em Haia, em 1907, a Doutrina Drago, que determina — até hoje — que nenhuma potência estrangeira pode utilizar a força contra um país do hemisfério americano, com o propósito de cobrar alguma dívida[16].

A Venezuela já era um país produtor de petróleo?

Já, a Venezuela ia se perfilando como importante produtora de petróleo. Acontece que Cipriano Castro adoeceu, e os médicos recomendaram que ele fosse se curar na Europa. E enquanto ele estava na Europa, seu vice-presidente, Juan Vicente Gómez, numa noite fria de dezembro de 1908, deu um golpe de Estado, e se autoproclamou presidente. Poucos dias depois, chegaram ao porto de La Guaíra uns navios de guerra. De onde vinham? Vinham para quê? Pois vinham dos Estados Unidos para apoiar o novo "governo de transição". Poucos meses depois, em dezembro de 1909, uma nova lei de petróleo dava tudo que é tipo de facilidade para as empresas gringas, eliminando os impostos. Quer dizer, entregando o país...

Quando menino, o senhor se impactava com todas as alusões à história que ia ouvindo?

Eu sempre me interessei por história. Acho que é que nem um caminho que a gente precisa conhecer bem, para não se extraviar. Schopenhauer[17] *dizia: "Um povo que não conhece sua história não consegue entender seu presente nem construir seu futuro". A história é uma grande professora, nos faz tomar consciência daquilo que somos. E eu, desde que era muito pequeno, sempre me apaixonei pelas histórias das guerras federais, daquelas insurreições e daqueles guerreiros que passaram por Sabaneta, e cuja recordação continuava viva na memória dos anciãos da minha cidade.*

E, além do mais, essas histórias tinham ligação com a sua própria história pessoal...

Exato. Aquilo me interessava pessoalmente. Sabemos que o entorno e as condições em que a gente nasce acabam tendo seu impacto. São experiências que vão se acumulando, vão deixando marcas e vão construindo uma personalidade. Eu dizia que, quando menino, escutava expressões, na verdade cochichos, em casa, na rua. E eu me fazia perguntas, tratava de estabelecer relações entre o que ouvia. Lembro que meu padrinho, em várias ocasiões, me disse: "Huguito, você sabe quem foi seu bisavô, o avô da sua mãe?". E me revelava coisas. A tal ponto, que foi se gerando na minha mente de menino uma grande confusão. Porque me contavam acontecimentos de guerra, ou de violência, aliás, na verdade mais de violência que de guerra.

Que tipo de violência?

Numa ocasião, eu devia ter cinco ou seis anos, na casa da minha bisavó materna, Marta Frías, ouvi, atrás da parede de pau a pique da cozinha, que alguém brigava com minha mãe, Elena, que sempre foi rebelde. Lá no fogão, minha bisavó dizia a ela: "Você é briguenta desse jeito por causa da maldita hora em que Benita (filha de Marta e mãe de Elena) foi se emprenhar desse assassino que matou Palacio e amarrou ele num pé de manga e fuzilou na frente dos seus filhos. E, em Puerto de Nutrias, cortou a cabeça de sei lá quanta gente. Chegou lá e machadou uns vinte..."[18]*. Meu irmão Adán e eu, ouvindo aquilo atrás das paredes, nós dois nos enchíamos de terror...*[19]

Tratavam "Maisanta" como se fosse um assassino.

Um monstro que matou um pai diante dos filhos, cortou a cabeça dele...

Para um menino da idade que o senhor tinha, deve ter sido bastante traumático...

E além do mais, aparecia meu padrinho Eligio, e insistia: "O avô da sua mãe era um homem de armas tomar". E no entanto, apesar de entender, naquela época, como uma coisa ameaçadora, eu gostava de falar com os velhos e ouvir suas histórias, principalmente as das avós do povoado, mulheres que nunca foram à escola mas que eram uma escola para nós. Parecia que as mulheres guardavam mais a memória histórica...

Na África, dizem que cada ancião é uma biblioteca.

Com toda razão. É uma biblioteca, é a memória de uma época e de um lugar. Sabaneta, quando eu nasci, era uma aldeiazinha muito pequena, de três ou quatro ruas: a Real, a de la Playa, a de la Madre Vieja, e outra rua que dava para a estrada. Então, as recordações se mantinham muito vivas. "Maisanta" passou por lá e deixou marcas que continuam vivas...

Por que ele era chamado de "Americano"?

Porque era alto e branco e louro, de olhos claros. Os gringos estavam começando a chegar na região. Havia petróleo, eles tinham vindo para começar a explorar petróleo. Então, ele parecia um norte-americano. Dizer "lá vem um americano" era como dizer "lá vem um branquelo, um louro". As pessoas achavam isso. Andrés Eloy Blanco[20]*, num poema que dedicou a ele, escreveu: "Uns o chamam de 'Maisanta'/ e outros de 'Americano'/ 'Americano' lhe dizem/ porque é bonitão o branquelo/ entre baio e alazão — ou seja, entre negro e branco, pois aqui dizemos baio para o cavalo branco e alazão para o negro — saiu de Chiricoa/ com mais quarenta a cavalo/ rumando para Menoreño/ vai Pedro Pérez Delgado".*

O caso é que ficou, em mim, a semente da dúvida. Eu estava diante de um enigma. Ouvia que o avô da minha mãe era um assassino, e ficava com pena. Tinha, até certo ponto, uma espécie de complexo.

Por ter ouvido o que contavam da violência de "Maisanta"? E o que sua bisavó dizia?

Exatamente. Na minha família não era permitido falar do assunto, nem mesmo mencionar aquele personagem. Era como uma mancha, um estigma familiar, ou seja, uma maldição. Como se pertencêssemos a uma estirpe ruim, como se descendêssemos do ramo de um assassino. Mas também ouvia coisas diferentes no povoado. Numa ocasião, escutei: "Não, 'Maisanta' não era nenhum assassino...", em conversas do meu padrinho com o pai dele, e também na casa de outra família, de gente, digamos, progressista, próxima do governo social-democrata[21]*. Porque eu perambulava pelo povoado inteiro...*

Tão pequeno, e seus pais deixavam?

Claro que sim. Conforme eu disse, era um povoado pequeno, tranquilo, seguro. Eu peregrinava por todos os lados. Eu vendia doce para a menina rica e para a menina pobre, na rua ou na porta de uma casa, na gallera[22]*, e também no campo de beisebol, e era assim que ouvia um montão de coisas. Por causa disso eu sabia que ao redor da minha mãe, e portanto ao meu redor, havia um enigma. Quem era aquele avô que nem o nome eu sabia direito, "Maisanta", "Americano", "o Assassino"? Conforme fui crescendo, também foi se enraizando em mim o instinto de descobrir a verdade.*

Sobre a sua própria família...

E sobre mim mesmo. Por isso, quando decifrei o que poderíamos chamar de primeiro núcleo dessa verdade, me senti disparado. Esse descobrimento permitiu que eu disparasse numa transformação do espírito que não tem limites. Senti surgir dentro de mim uma força muito grande. Como um tiro na consciência.

E qual era essa verdade?

Eu trazia essa preocupação por dentro. Sempre estava lá. Até que um dia, quando eu era subtenente, em 1975, chegou às minhas mãos, Maisanta: o último homem a cavalo, *escrito por José León Tapia, um resgatador de lendas e rastreador da cultura profunda do llano. Ele havia pesquisado pelos caminhos dos llanos, perguntando às pessoas quem tinha sido aquele homem. Bebi esse livro inteiro numa noite, como quem bebe um copo d'água. Foi uma revelação. Três anos mais tarde, quando eu já era tenente, estava num batalhão blindado em Maracay, e fomos a umas manobras lá para os lados de El Pao, no Estado de Guárico. Quando regressei, meu companheiro Hernández Borgos me deu um recorte de jornal, dizendo "Olha aqui, guardei para você". Um jornal de Maracay tinha publicado um texto com o título "Maisanta: o general das guerrilhas". Meus companheiros tinham começado a me chamar de 'Maisanta'...*

E por quê?

Porque eu passava o tempo inteiro declamando a quadrinha que dizia "Unos o chamam de Maisanta e outros, de Americano". O nome dele se fez popular na tropa. Mas não se sabia muita coisa do personagem. Conhecia-se o poema e a figura de um guerreiro de cavalaria. Alguns inclusive achavam que ele era do tempo de Bolívar. Aí, comecei a pesquisar.

E o que descobriu?

O pai de "Maisanta", Pedro Pérez Pérez, aquele coronel guerrilheiro e zamorista de quem já falamos, tinha se instalado em Ospino para passar os últimos anos da sua vida. Casou com uma moça muito linda, Bárbara Delgado, e tiveram, como eu também já disse, dois filhos, Petra e Pedro. Quando os dois eram crianças, o veterano coronel morreu. Petra, branca como ele, bonita, adolescente, chamava a atenção pela sua grande beleza. Um cacique local, o coronel Pedro Macías, um machista abusador como tantos que abundavam pela região, gostou dela. E sem levar em conta que era apenas uma menina, emprenhou a menina e depois não reconheceu a barriga. No llano, isso se pagava com sangue.

Mas o pai dela já não estava para vingar a afronta...

Pois por isso, e apesar de ser um garotinho, "Maisanta", que era o único homem da casa, foi o responsável pela vingança da irmã, cobrando como se cobravam as dívidas de honra daquele tempo: com sangue. Certa noite, com o velho rifle do pai, que a mãe havia entregado a ele, esperou, sentado numa forquilha de árvore, o poderoso cacique Macías. Dizem que ele vinha de uma noite de farra. O garoto enfrentou-o e derrubou-o de bruços com um tiro só. E assim lavou a honra da família.

Naquela mesma madrugada de 1895, e depois de sua mãe ter pendurado em seu pescoço o escapulário da Virgem do Socorro de Valencia[23]*, saiu fugido e se lançou ao encontro da vida. Tinha só 15 anos. E assim começou sua lenda.*

O que ele fez?

Foi para a guerra. Foi atraído pelas correntes revolucionárias. Primeiro se alistou, em 1898, com o general José Manuel Hernández, que era chamado de "Mocho Hernández" e tinha perdido dois dedos da mão direita em alguma batalha. Esse homem encheu de esperanças o povo pobre, os camponeses. Percorreu o país. Era imensamente popular, dizem que as mulheres veneravam seu retrato como se fosse o de um santo, e lançavam flores para ele. Foi roubado nas eleições de 1897, e se rebelou. Começou uma revolução, e assim tiveram início as andanças revolucionárias de Pedro Pérez Delgado.

O senhor mencionou um artigo de jornal que lhe foi entregue por um companheiro de caserna. O que esse artigo revelava?

Seu autor, Oldman Botello, mencionava "uma filha dele, que aliás mora em Villa de Cura e é seu retrato vivo". Uma filha de Maisanta! Ou seja, uma tia da minha mãe. Eu sabia que "Maisanta" teve dois filhos, Pedro e Rafael Infante. Minha mãe e minha tia Edilia, esposa de Lubaldino — que deixava a camionete com os cachos de banana para que eu tomasse conta — são filhas, as duas, de um dos filhos de "Maisanta", meu avô Rafael Infante. Então, perguntei para minha mãe "onde anda o seu tio Pedro Infante?". E ela respondeu "pode ser que sua tia Edilia, lá em Guanare, saiba". E foi assim que cheguei na casa de Pedro Infante, o outro filho de "Maisanta". Quando aquele homem de dois metros de altura apareceu, comprovei que era igualzinho ao retrato de "Maisanta". Ele também já morreu. Estava em seus últimos anos, mas recordava, e inclusive me contou: "Quando meu pai estava lá pelos lados de Apure, rebelado, mandava cartas para nós, dizendo 'assinem Pérez', que dou meu sobrenome a vocês. Mas nunca nos registraram. Minha mãe acabou indo viver com outro e...". Bem, são histórias pessoais... Então, conheci esse filho de "Maisanta", mas não sabia que uma filha dele ainda estava viva.

O senhor conseguiu falar com o autor do artigo?

Claro, imediatamente fui até Maracay perguntar quem era Oldman Botello. E fiquei sabendo que era um deputado estadual de esquerda, do partido MAS, o Movimento ao Socialismo. Fui até a Assembleia Legislativa e me apresentei fardado. Expliquei: "Sou descendente de 'Maisanta'". O senhor pode me dar alguma informação da filha dele, a que mora em Villa de Cura?". Ele, na hora, disse "Claro, é a senhora Lombano, Ana". E fez um mapinha para mim, com o endereço. Ele também estava pesquisando, escreveu um livrinho sobre "Maisanta"[24]. Pedi uma licença ao comandante do meu batalhão e fui até lá. Cheguei, era uma cidade pequena, procurei a casa Villa Las Palmas, um casarão colonial. Bati na porta, era quase noite, e apareceu uma menina muito linda. Perguntei a ela: "A senhora Ana está?". Eu estava fardado, e a garotinha saiu correndo e gritando "Vovó, a polícia está procurando você"... (ele ri)

Levou um susto...

Pois é, e então, apareceu a senhora. Ainda estava inteirinha. Agora deve ter mais de 95 anos, mas na época tinha menos de 70. Fazia calças, costurava. Ainda costura. Veio a Caracas em abril de 2009, quando organizamos um ato com a filha de Emiliano Zapata[25]. Eu a convidei. Zapata, "Maisanta" e suas duas filhas, duas velhinhas, que bonito foi! Mas então, apareceu a senhora, eu tirei a boina — nós, nos batalhões blindados, usávamos boina negra, os paraquedistas usam vermelha e os caçadores, verde — e sabe o que ela me disse?

Não...

"Moço, quem você é, que se parece tanto com os meus filhos?"

Ela percebeu de imediato uma semelhança?

Mais que uma semelhança, um ar... Ela é uma dama sumamente inteligente, criativa, que gosta de contar piada. Eu disse a ela: "A senhora é tia da minha mãe". Ficou surpresa: "Como é?". Então contei, e ela comentou: "Eu tinha ouvido de uma família minha dos llanos, minha tia Petra me contava...". Eu interrompi: "Qual Petra?". "Petra Pérez, que morou aqui comigo". "Não pode ser! Ela morreu?". "Morreu, foi atropelada por uma bicicleta. Já estava bem velhinha". Passei a noite quase inteira falando com ela.

Ela tinha documentos do pai?

Começou a puxar coisas, retratos, o escapulário... Depois do dia 4 de fevereiro de 1992, ela me deu de presente. Também havia um coquinho com um retrato dela incrustado, e umas letras desenhadas no coco. "Meu pai, quando estava no cárcere, fez para mim, coisas de preso..." Notei que ela conheceu bem o pai, quase viu como ele morreu, assistiu ao seu enterro, e levaram para a mãe dela a última caixa com os objetos pessoais do morto.

Morreu no cárcere.

Sim, conforme eu contei, no Castelo Libertador de Puerto Cabello. Conhecer Ana foi um impulso muito grande para que eu me decidisse a buscar a pista de "Maisanta". Ela começou a me contar coisas, e eu me pus a pesquisar nos fins de semana, perguntando a conhecedores da história. Ela me deu muitos rastros. Naqueles dias, fui até Arauca procurar pistas, e me meteram preso na Colômbia. Eu andava com mapas, com um gravador e com uma câmara fotográfica, procurando anciãos.

E o que o senhor encontrou?

Lembro de uma velhinha em Guasdualito, Josefa Silva, dobrada numa casinha muito antiga, com uns netos. Pedi licença, entrei e disse a ela: "Senhora, sou Hugo Chávez". "E o que anda procurando por aqui?". "A vida de um homem que foi meu avô". "E quem é esse homem?". "Era chamado de 'Maisanta'...". Pena que eu não pude filmar a mulher! Ela me olhou e exclamou: "Ah!, esse sim era um homem. Mas mataram ele, nunca mais voltou...". Começou a contar, e eu gravando: "Lá em Arauca mora um senhor que o conheceu, tinha uma fazenda, eu ia para lá com 'Maisanta', moramos lá um tempo". "Tiveram filhos?" "Não, tive uma perda, abortei." De lá fui procurar aquele senhor, mas uma patrulha colombiana me apanhou e não consegui nunca. Mas encontrei outras pistas...

O senhor pôs essas pessoas em contato com sua mãe?

Pus. Levei Ana umas três vezes a Barinas, e ela conheceu minha mãe e minha avó Rosa Inés. Também levei Ana para conhecer Pedro Infante. Disse a ela: "Por que não vamos conhecer o seu irmão, antes que um de vocês morra?". Ele não sabia que a gente ia, não tinha telefone. Nós dois aparecemos na casa dele. Sua senhora era mais jovem, e não gostava muito dele não. Ele estava muito velho e ela o maltratava, com palavras, ou o desprezava, ou não cuidava bem dele. Eu apresentei um ao outro: "Vocês são filhos de Pedro Pérez Delgado". Ao ver Pedro, Ana desandou a chorar: "Você é igualzinho ao meu pai!".

Ela se lembrava bem do pai?

Sim, lembrava, apesar de não ter visto o pai desde que era pequena. Tinha nascido em Villa de Cura, em 1913. Já os maiores, Petra e Pedro, nascidos em 1904, se lembravam muito bem. Ana só veio a conhecer o pai mais de perto quando ele fez um pacto com o governo, depois da batalha de Guasdualito, em 1921. Era a época das últimas cargas de cavalaria com lança e facão daqueles chefes guerrilheiros, Arévalo Cedeño, o "Mocho" Hernández, José Manuel Hernández, Pedro Pérez Delgado, o "Maisanta". Esses "últimos homens a cavalo" *tinham feito várias guerras contra o ditador Juan Vicente Gómez, cuja repressão foi magistralmente descrita por José Rafael Pocaterra em suas* Memórias de um venezuelano da decadência[26]. *Mas as tropas de Gómez já tinham fuzis de repetição, lanchas de motor e até aviões — os primeiros chegaram em 1921. Pela primeira vez desde 1810, a Venezuela tinha um Exército muito modernizado, enquanto aqueles guerrilheiros ainda andavam cavalgando como nas guerras da Independência.*

Foi nessas condições que "Maisanta" estabeleceu um pacto com o governo?

Pois é. Primeiro, ele entrou em conflito com outros líderes da revolução, e fez um pacto, em Elorza, com o governo de Gómez. Depois de receber garantias, ele foi para San Fernando. Era um homem muito ativo, imediatamente fazia amizade, e se pôs a negociar com gado. Estava provisoriamente aposentado quando, naqueles meses de 1922, voltou para Villa de Cura. Ana devia ter uns nove anos, e lembra que o pai chegou e ela via um gigante... Além do mais, "Maisanta" se transformou em lenda popular.

O senhor pôde verificar se ele também era, como diziam, um "homem de armas tomar"?

Veja bem, "Maisanta" era terrível. Consegui um livro de José Garbi Sánchez[27], um velho de Apure que escreveu suas memórias de soldado e dedicou um capítulo a Pedro Pérez Delgado. Diz ele, no final: "Eu o conheci na guerra, na paz e na prisão. Como amigo era tremendo, e, como inimigo, terrível...". Coube a ele viver tempos duros, e foi um personagem descomunal. Dou um exemplo: uma vez, em

Guasdualito, "Maisanta" comandava uma brigada de cavalaria. Confiaram a ele a missão mais difícil, o inimigo matou quase todo o seu pessoal. E contam que, para se vingar, ele resolveu tomar o quartel de Guasdualito, botar fogo e queimar todos os seus adversários...

Podia ser tenebroso...

Espalhava o terror em seus inimigos. Havia passado tantos anos em lutas, batalhas, choques, guerras de guerrilha. Sempre a cavalo, com lança, facão e o velho fuzil.

Então, a história de que ele era um "homem temível" acabou sendo verdadeira, não é?

Bom... temível para os adversários. A morte era sua companheira de viagem. Mas muitos depoimentos descrevem "Maisanta" como alguém generoso, desinteressado e até quixotesco a respeito das pessoas humildes. Quando, em 1986, eu era capitão, cheguei a Elorza e decidi visitar os moradores daquela cidade. Chamei alguns soldados e pedi a um, que conhecia bem o lugar: "Me leva para visitar gente pobre daqui". Fomos a cavalo e chegamos a um ponto que se chama Flor Amarela. Amarramos os cavalos debaixo de umas árvores e encontramos, sentadinha, uma senhora. Eu me apresentei: "Sou o novo capitão". Eu me sentei, ela mandou fazer café. E como me parecia faladora, perguntei: "Veja só, dona... a senhora ouviu falar por aqui de um velho guerreiro?". "Qual?" "Maisanta". "Como não? Não há ninguém da minha idade que não saiba quem foi esse homem. Por que o senhor pergunta?" "Ele era avô da minha mãe, e ando atrás de lembranças que sobraram dele" "Ah! Se o senhor é bisneto de 'Maisanta', seja bem-vindo a esta casa", ela me disse. E eu me senti recuperado no sangue. Ela contou: "Quando eu era criança, havia guerra por aqui. Meu avô era amigo desse seu bisavô, os dois revolucionários contra o governo. Um dia, chegou um coronel com sua tropa, procurando meu avô. Perguntaram: 'Onde ele está?'. 'Não está', responderam minha avó e suas duas filhas. Minha mãe era jovem, eu era uma criancinha. O coronel gostou da minha tia, mandou que prendessem ela, obrigou-a a montar em seu cavalo e disse: 'Quando seu esposo aparecer, eu devolvo a moça...', e foram embora. No dia seguinte chegou Pedro Pérez, e perguntou: "Comadre, por que estão de luto?". Minha avó e minha mãe contaram chorando: "Levaram a moça". "Quem?" "Uma tropa do governo, um coronel." Ele perguntou: "E onde está o meu compadre?" "Ninguém sabe, anda escondido." "Por onde eles foram?" "Nesse rumo" "Já volto!" E foi-se embora a galope, com uns 40 homens. Três ou quatro dias depois, em uma manhã, ele voltava com a minha tia na anca do cavalo. Ele havia liquidado o coronel e seus esbirros!

Parece um herói de romance...

Um justiceiro. Não só era valente, mas também muito astuto, como o Ulisses da Odisseia. *Tem um caso famoso. Uma vez, em Elorza, "Maisanta" e seus homens deviam assaltar um quartel repleto de forças mais numerosas e mais bem armadas. Como fazer? Pois ele teve uma ideia: mandou sua tropa ficar nua, pintar o corpo com carvão e ir de quatro simulando porcos. Ele, com um açoite, ia como pastor da fileira, dizendo: Porquim, porquim, porquim...Os falsos porquinhos carregavam facões nas mãos e alguns, um fuzil. Era madrugada escura. Na frente do quartel havia uma balança onde, a cada amanhecer, pesavam o gado. Apareceu um sentinela: "Alto! Quem vem lá?". "Maisanta" respondeu: "Vou pra pesá esses porquinhos, porquim, porquim, porquim..." "Ah! Adiante...". Na véspera tinha havido festa no quartel, e umas prostitutas estavam com o coronel e outros oficiais. Uma delas era uma negra muito linda, chamada de "Macaca". Foi a única que se salvou. Todos os outros foram passados a faca, porque quando o soldado disse "Adiante", "Maisanta" e seus 40 homens saltaram o muro, facão na mão, e liquidaram a guarnição inteira. Tomaram a cidade. "Viva a revolução!" Depois, e como sempre, abriram os grandes mercados e armazéns dos ricos, e "Maisanta" declarou: "Levem o que quiserem, tudo isso é do povo".*

Ele também lutou a favor de Cipriano Castro, não é?

É, ele participou em outras rebeliões e alcançou a patente de coronel das tropas revolucionárias que apoiaram, é verdade, Cipriano Castro e sua "Revolução Restauradora", e que chegaram a Caracas vitoriosas. Começava um tempo novo, com novos homens, novos ideais e novos procedimentos. E aqueles guerreiros tiveram que enfrentar "a chumbo, sangue e chamas", como diz um poeta, a oposição armada das famílias mais ricas, dos banqueiros que contavam com apoio internacional. "Maisanta" e seus centauros foram batalhar contra esses oligarcas. Uma vez mais, a Venezuela se encheu de sangue. Mas derrotaram a contrarrevolução.

E como ele reagiu quando derrubaram Cipriano Castro?

Quando Juan Vicente Gómez derrubou Castro, ele ficou ressentido. Morava em San Fernando, era coronel, e era chefe civil e militar. Então, fez de conta que ia apoiar o novo governo de Gómez. Mas muito rapidamente, os oficiais mais leais a Castro começaram a conspirar contra o autocrata corrupto que tinha se transformado no maior latifundiário e no homem mais rico da Venezuela. "Maisanta" decidiu somar-se a essa conspiração. Desafortunadamente, foi descoberto. Havia uma ordem de prisão contra si, e mataram um amigo dele a facadas na beira de um rio. Então "Maisanta", para vingar seu amigo, matou a golpes de facão um coronel que andava atrás dele. Deu tantos golpes na sua cara que o coronel ficou desfigurado. O nome desse coronel era Colmenares. Foi seu primeiro ataque na base da audácia e da astúcia.

Outra vez o recurso da artimanha?

Pois é, outra vez Ulisses. A história foi assim: "Maisanta" se disfarçou de vendedor ambulante de mel, com alguns burros e algumas cabaças. Talvez tenha pensado em mel porque o outro se chamava Colmenares, de colmeias... O fato é que, com dois "ajudantes" e três burros, chegou até a casa onde alguns soldados e o coronel Colmenares estavam preparando um sancocho[29] *e jogando peteca.*

A dona da casa apareceu e disse: "Ah!, chegou o homem do mel. Passem para o quintal, deixem os burros ali, descarreguem aqui". Eram casas abertas, rurais. Eles, assim disfarçados, entraram no quintal sem levantar nenhuma suspeita. Tinham a vantagem da surpresa, e imediatamente atacaram, de arma branca na mão. Puros facões. Os soldados ficaram lá, mas Colmenares não morreu...

E, claro, tratou de se vingar...

Claro! Uns cinco anos depois, "Maisanta" andava rebelado com sua guerrilha em Arauca, perto de Elorza, na fronteira. Para a guerrilha, Elorza era ideal, metade Colômbia, metade Venezuela, último vestígio da velha Grande Colômbia. Um belo dia, avisaram a "Maisanta" que o coronel Colmenares estava, com uma patrulha, procurando por ele. E que o "esfaqueado" vinha pelo rio, com seus homens, numa lancha. E decidiu ir com seu pessoal ao encontro dele. Foram na véspera. Se estenderam na beira do rio e esperaram. Quando o dia despontou, viram a lancha chegando. E quando a embarcação estava atracando, na semiescuridão, "Maisanta" se adianta e grita: "Quem vem lá?". "O coronel Colmenares", responde o oficial. "Está procurando por mim?", perguntou "Maisanta". "Estou procurando Pedro Pérez Delgado", respondeu, surpreso, Colmenares. "Pois aqui estou, à sua espera", avançou "Maisanta", metendo-lhe uma bala entre as sobrancelhas. Colmenares caiu na água. Nunca conseguiram encontrar seu cadáver.

Parece uma cena de cinema...

Pois é, dava para fazer um apaixonante filme de ação e, além do mais, com forte sentido político. Essa é uma história digna de ser conhecida e contada.

"Maisanta" parece, na verdade, um personagem de lenda.

Até seus inimigos o respeitavam. Conto um último caso. Uma vez, em 1921, prenderam "Maisanta", e o mantiveram encarcerado em San Fernando, onde ele tinha muitos amigos. Mas Juan Vicente Gómez mandou que fosse levado para Ciudad Bolívar, onde estava um general terrível, que o perseguiu durante muitos anos, Vicencio Pérez Soto. Esse general era chamado de "Tigre de Apure". Vale recordar que "Maisanta" era chamado de "Tigre da Fronteira".

Então, levaram "Maisanta" no barco, amarrado, e chegaram ao cais onde estava o general Pérez Soto em pessoa, esperando por ele. Puseram uma tábua comprida entre a embarcação e o cais, para que o pessoal do navio descesse por ela. Pedro Pérez Delgado, com as mãos amarradas, começou a andar pela tábua e, ao ver o general Pérez Soto, disse: "Maisanta! Como é que serei chamado agora, nas mãos do 'Tigre de Apure'?". E o general, homem de guerra mas também de honra, ordenou: "Desamarrem esse homem! Um homem como esse não deve andar amarrado". Contam que até deu um revólver para "Maisanta": "Homens como o senhor não devem andar desarmados. A cidade é o seu cárcere. Que assim seja". Acabaram amigos. Mas o ditador Gómez não aceitou esse regime de semiliberdade e mandou levarem "Maisanta" por mar até Puerto Cabello, onde ele morreu.

Com esses aspectos da biografia de "Maisanta", o senhor descobre que ele não era um reles ladrão de gado, nem um bandoleiro, nem um assassino, como alguns da sua própria família pensavam. Era um rebelde político, um revolucionário daquela época.

Por ter-se rebelado, a burguesia o classificou de "assassino". Para os ricos, acabou sendo um assassino. Como me dizia Daniel Ortega, o presidente da Nicarágua, quando era criança, nos livros escolares, afirmavam que Augusto César Sandino[30] *era um bandoleiro, salteador de caminhos, ladrão de gado e assassino. Foi preciso esperar até os anos 1960 do século passado para que a Revolução Cubana pusesse Sandino em seu verdadeiro lugar.*

Sobre "Maisanta", o trabalho de José León Tapia foi mesmo essencial para tirá-lo do opróbrio?

Sem dúvida. Foi fundamental. Esse livro de Tapia, Maisanta, o último homem a cavalo, *me abriu os olhos, conforme eu já lhe disse. Descobri muitas outras coisas por conta própria, escavando, rastreando, pesquisando, perguntando, apanhando sementes e jogando-as na bolsa da alma... Eu bem que queria escrever um livro ainda mais completo, não fiz nunca. Tinha as fichas todas, cheguei a comprar um livro de metodologia da pesquisa, para trabalhar de maneira mais rigorosa.*

O senhor chegou a consultar a imprensa local daquela época? A imprensa de Barinas, por exemplo, falava de "Maisanta"?

Não pesquisei a fundo, não tive tempo. E não consegui exemplares de jornais daquela época. O que sim, consegui, foram cartas. Numa delas, um comerciante rico de San Fernando de Apure, da família Barbarito, maçons, proprietários do Palácio de Fonsequero, mandou uma mensagem ao presidente Gómez, escrita à máquina e com letra azul. Pedia ajuda ao governo. Dizia-se cansado de esperar, porque ele e sua família, por lealdade ao governo, sofreram muito, principalmente na noite em que o "traidor" Pedro Pérez Delgado tomou San Fernando e arrasou todas as suas propriedades.

Um velhinho me contou que "Maisanta" chegava, ocupava a cidadezinha, fuzilava como se fuzilava nas guerras daqueles tempos, abria de par em par as grandes lojas e o povo entrava e saqueava. Não sobrava nada, nem uma vela. Foi o que aquele velhinho me contou: "Não ficava nem um toquinho de vela. A gente carregava tudo. Quando 'Maisanta' chegava, era uma festa no povoado. Ele tomava o gado dos ricos e distribuía entre os pobres".

Sua figura se manteve na memória dos anciãos?

Vários velhos que foram soldados de "Maisanta" me dizem que ele era espírita. Nas noites, na mata, um grupo deles, camponeses, gente do llano, invocavam espíritos, forças. O llanero acredita muito nessas coisas, acredita que o Bem e o Mal andam por aí, na forma de espíritos. Também vem da tradição indígena, o animismo. "Maisanta" viveu com os índios. Dizem que teve um filho com uma índia. Depois de várias derrotas, ele se retirou para um território dos indígenas, no rio Capanaparo. Existe até mesmo uma ilhota, na verdade uma pedra, no rio Meta, fronteira com a Colômbia, que leva seu nome: ilha Pedro Pérez.

E o senhor pôde encontrar mais lembranças?

Em outra ocasião, cheguei a Puerto Nutrias, na ribeira norte do rio Apure, e três veteranos me contaram como essa cidade foi tomada em um célebre combate de "Maisanta": a batalha do Picacho. Aconteceu em 1914. Pedro Pérez Delgado tinha se apoderado do vapor Masparro — um barco que navegava pelo Apure, impulsionado por rodas de pás —, mas não tinha conseguido tomar San Fernando, alguns dias antes. Então, lançou sobre Puerto Nutrias um assalto por rio e por terra, com uns 150 homens. A cidade, naquela época, era um porto internacional de importância estratégica. Havia até mesmo cônsules estrangeiros. Quem defendia a cidade era o general Jordán Falco, aliado de Gómez, e que contava com forças muito superiores às de "Maisanta". Mas ele tomou a cidade de facão na mão, e a libertou daquela opressão. Foi uma batalha terrível. Tremenda matança. As pessoas dizem que os abutres ficaram um mês sobrevoando a região. Esses velhos veteranos nunca esqueceram aquela façanha. Um deles até recitou para mim uma quadrinha que até hoje os cantadores entoam pelas noites: "Vou recitar um verso", disse ele, "Vou contar aos senhores/ o que aconteceu no Picacho/ Jordán e Miguel Fernández/ contra Pedro Pérez, o macho".

Assim consegui a verdade. E entendi por que Pedro Pérez Delgado abandonou Claudina Infante na savana, em uma casa, com algum gado e dois meninos, Rafael Infante e Pedro Infante... e por que foi-se embora e nunca mais voltou.

Foi para fazer a revolução?

Exato. Pertencia à mesma camada de homens — homens e mulheres, claro — que, naqueles mesmos anos, na América Latina, também estavam se levantando contra as injustiças. Eram os anos de Pancho Villa e Emiliano Zapata no México, de Charlemagne Péralte[31] no Haiti, de Luiz Carlos Prestes no sul do Brasil e de Lampião, o cangaceiro, e sua companheira Maria Bonita no nordeste brasileiro, de Augusto César Sandino na Nicarágua, de Farabundo Martí em El Salvador, e por aí vai... Foram os últimos homens a cavalo, os últimos centauros, as últimas cargas com facão e lança contra as oligarquias locais e contra o imperialismo. Estas savanas foram testemunhas do grito de revolução lançado por "Maisanta".

Tudo isso que o senhor descobriu sobre o verdadeiro "Maisanta" foi importante?

Foi, eu já disse, fundamental. Porque foi a partir daí que entendi suas motivações políticas. Também comecei a entender melhor Juan Vicente Gómez e seu tempo, porque comecei a estudar o contexto da época. Não podia ficar apenas estudando o personagem "Maisanta". E isso me levou a perguntas: Por que esses homens se rebelaram contra Gómez? E descobri que Gómez, em 1908, tomou o poder aproveitando que o presidente Cipriano Castro ficou doente e havia ido à Europa. Poucos meses depois, Gómez assinou um decreto autorizando as concessões em meio país às empresas petroleiras estrangeiras, suprimindo delas a obrigação de pagar imposto por 50 anos, ou seja, praticamente sem limites. Gómez vendeu a Venezuela, e vendeu bem barato, a troco do apoio que deram a ele. Traiu a Revolução Restauradora, e traiu o Exército. Transformou o Exército num peão dele, praticando assassinatos e perseguições. Foram anos sombrios. Esse foi Juan Vicente Gómez. Deixou um país atrasado, enquanto no mundo avançavam as correntes de mudanças.

Então, comecei a conseguir as pistas disso tudo. Li livros, documentos, análises históricas do que havia acontecido aqui em 1900, 1905. Comecei a estudar um pouco a economia. Como floresceu a questão petroleira, como a Venezuela passou a ser o primeiro exportador de petróleo em 1922-1923. E entendi que aqueles anos todos foram de insurreição e rebelião contra a longa ditadura de Gómez. Compreendi como e por que se ergueram, naquela época, tantos generais e tantos líderes: Arévalo Cedeño, o "Mocho" Hernández... e meu bisavô Pedro Pérez Delgado, o "Maisanta". Isso me confirmou algo importantíssimo: nunca há que se perder a consciência de suas raízes.

Capítulo 3

O menino trabalhador

A avó educadora • O pátio universal • Os cultivos • Os animais
As "aranhas" • Os "papagaios" • As três mães
Canários, árabes, italianos e russos • O cinema • Os filmes mexicanos
As três escolas • Os "suplementos" • O primeiro amor • A revista *Tricolor*
Trabalhar, estudar, criar • Uma boa lição • Primeiras rebeldias
Vendedor ambulante • Os touros "coleados" • O "menino caminhante"

Vamos voltar um instante às suas lembranças da vida cotidiana em Sabaneta durante a sua infância. O senhor me dizia que, todo dia, vinha um cavalheiro e fazia funcionar um gerador de energia. Não havia eletricidade instalada?

Havia, sim, um pequeno gerador que funcionava com diesel. Dom Maurício Herrera Navas era quem ligava pelas manhãs e desligava de noite. A vetusta usina elétrica estava instalada numa casa pequena e velha, de teto de zinco, a 100 metros de onde eu morava. Como já lhe contei, cada final de tarde, depois do sol se pôr, às 8h em ponto dom Mauricio desligava os motores e a gente ficava sem luz em Sabaneta. Primeiro ele dava um cortezinho rápido, para avisar. Depois, dois cortes seguidos, para que as pessoas tomassem suas precauções. E, finalmente, apagava tudo. Isso foi durante a minha infância, e parece que durou até 1972, quando a energia elétrica chegou pela Cadafe, a Companhia Anônima de Administração e Fomento Elétrico, a estatal criada em 1958.

O senhor foi um menino muito pobre. Teve uma infância infeliz?

De jeito nenhum. Pobreza não é a mesma coisa que miséria. Fui, é verdade, um menino muito pobre. Uma tia minha, Joaquina, irmã da minha mãe, lembra que não me deixaram entrar no colégio, a primeira vez, porque eu usava alpargatas velhas. Minha avó precisou ir buscar sei lá onde um par de sapatos, senão, não me deixavam entrar. Mas nunca passei fome. Fui um menino muito feliz. Andaram publicando por aí artigos afirmando que eu teria, por dentro, um ressentimento social, um desejo de vingança provocado pela pobreza e pela miséria. Absolutamente errado. Fui um menino pobre, repito, mas como gostaria de voltar à infância exatamente do jeito que vivi! Com dignidade, vivendo modestamente, estudando, trabalhando, vendendo frutas, empinando pipas feitas com jornais velhos, indo com meu pai pescar no rio, jogando beisebol com uma bolinha de borracha na rua Real. Fui feliz naquela casa humilde, com meu irmão Adán e com aquela avó, Rosa Inés Chávez, minha "velha mamãe", cheia de amor. O amor por homem que ela nunca teve — porque não conheci nunca nenhum homem em sua vida — ela deu a nós. Era jovem, nasceu em 1913. Ou seja, quando eu nasci...

Ela tinha 41 anos...

Correto. Uma mulher morena, bonita, de cabelos longos muito negros, e que se dedicou por inteiro...

A criar o senhor e seu irmão...

Sim, a criar Adán, meu irmão mais velho, e eu. Uma dedicação plena. Devo render tributo a ela minha vida inteira, porque ela deu tudo por nós.

Por que seu irmão e o senhor não moravam com os pais?

Eles estavam longe, no campo...

Trabalhavam longe?

Sim, num monte onde a situação era muito mais difícil. Lá, não tinham casa própria. Meu pai era mestre-escola numa aldeia chamada San Hipólito, em Los Rastrojos, onde minha mãe havia crescido e conheceu minha mãe lá. Ela devia ter uns 17 anos, ele uns 20, quando se casaram. E ficaram morando lá. Minha mãe veio para dar à luz na casa da minha avó Rosa Inés. Por isso Adán e eu nascemos em Sabaneta. Meu pai vinha nos ver de bicicleta. Sempre estivemos perto da mãe e do carinho do pai, mas, bem, quem nos criou foi minha avó.

Nunca se sentiu abandonado pelos seus pais?

Não, de jeito nenhum. Nunca nos abandonaram. Nós íamos passar o fim de semana com eles, ou eles vinham passar uns dias na casa da avó. Em pouco tempo, quando nasceu o terceiro, Narciso, papai e mamãe vieram morar em Sabaneta.

Foram morar perto da casa da sua avó?

Sim, muito perto, numa casinha em frente, atravessando a rua. Assim, nós morávamos na casa da avó, mas era uma comunidade, feito uma mesma família dividida em duas casas vizinhas.

Sua avó continuou sendo sua verdadeira educadora...

Para Adán[1] *e para mim, a avó era como uma reitora, a formadora, minha verdadeira educadora. E me ensinou muito com seu exemplo. Ela me ensinou a solidariedade, a humildade, a honestidade. Era uma mulher cheia de amor. Derramou seu amor, sua bondade e seu grande apego à natureza.*

Ela semeava e cultivava plantas?

Minha avó era do quintal. Tínhamos um quintal bonito, com muitos pés de frutas: ameixa, laranja, manga, abacate. E uma plantação de milho. E flores, rosais... Ela era uma mulher que andava o dia inteiro naquele pátio regando as plantas, lutando contra as pragas. Sempre gostei de andar com ela. Eu gostava de molhar as plantas.

De onde tiravam água, de um poço?

Nos primeiros anos não havia água corrente. Havia água de poço, sim. Mas não era preciso ir tirá-la: um grande tanque abastecia várias casas da nossa comunidade. Mais tarde, construíram um aqueduto. E quando nos mudamos para a casa da frente, atravessando a rua, uma casa de tijolo e piso de cimento, já havia água encanada. Mesmo quando não havia sistema de tubulação para as águas sujas, nós tínhamos uma latrina no fundo do quintal. Anos depois, chegaram as privadas.

Ou seja, havia água potável.

Sim, na casa da minha avó havia água potável. Adán e eu dividíamos as tarefas: regar as plantinhas, ajudar na limpeza do pomar, as plantações, o pequeno milharal... A avó era muito respeitosa nessa questão. Embora seu nível se instrução fosse o sexto grau, a escola primária, ela era dona de uma grande sabedoria natural. Diferenciava muito bem, digamos, o justo, a atividade que cada um queria realizar, sem se sentir forçado a fazer. Ela me guiava: "Huguinho, põe banana pros passarinhos pra mim?". Tinha umas gaiolas...

O senhor e seu irmão caçavam passarinhos?

Caçávamos. Aprendi a fazer armadilhas para apanhá-los vivos: punha duas varinhas muito fininhas, com a tampa aberta e, dentro da armadilha, algumas frutas, para que o passarinho pousasse. Quando ele pousava nas varinhas, elas caíam, e a tampa da armadilha se fechava. Hoje, com a consciência ecológica que adquirimos, eu não voltaria a fazer essas armadilhas, porque devemos deixar as aves em liberdade, principalmente quando são espécies ameaçadas e protegidas. Naquele quintal da minha avó, nós tínhamos também tartarugas, galinhas, um galo, pombas brancas...

E um cachorro, e um gato?

Eu tive um gato, "Tribilín", que é como a gente chama, na América Hispânica, o Pateta do Walt Disney. Mas isso foi mais adiante, em Barinas. Na casa da minha avó, tínhamos um cachorro velho, o Guardián, muito fiel, muito nobre. E um louro, o Loreto, que andava solto. Minha avó ensinou o louro a falar, ele comia com a gente, passeava pela cozinha...

Como era a casa?

Era bonita. Por fora, eu já contei: paredes de pau a pique e telhado de sapé. Por dentro: piso de terra e uma cozinha muito ampla, onde minha avó estava sempre trabalhando. A parte mais bonita era o pátio, o quintal cheio de flores, de árvores, de frutas... Para mim, era o mundo. Lá eu aprendi a caminhar, a conhecer a natureza, as árvores, as plantas. Como é que as flores saíam e como, depois, cada flor virava fruta. Havia laranjas, tangerinas, grapefruit, *tamarindo, manga, ameixa, e umas que a gente chama de "semerucas" (acerolas), redondinhas e vermelhas, e uma pequena plantação de abacaxi. E abacates. Eu plantei milho, aprendi a colher milho, a cuidar dele durante o inverno e a moer. Aprendi a fazer torta doce de milho. Lá, eu tinha de tudo. Era um quintal de sonho. Um universo inteiro.*

Era grande?

Eu achava que era imenso. Na verdade, era pequeno, teria no máximo um quarto de hectare, uns 2,5 mil metros quadrados... Mas era aproveitado ao máximo. Fui crescendo nesse jardim. Eu gostava de subir nas árvores. Minha avó me chamava de "passarinho laranjeiro", por causa de uma canção paraguaia, "El Pájaro Chogüí" (canta): "Conta a lenda que numa árvore/ estava encarapitado/ um indiozinho guarani (...) que caía da árvore, morria e se transformava num pássaro laranjeiro, que cantando está, voando vai/ se perdendo no céu guarani". Ela me dizia: "Você parece esse indiozinho. Cuidado, que pode cair daí...".

Eu ficava o tempo todo trepado em árvore, feito um Tarzan. Quanto mais alto chegasse, melhor. Na figueira grande, era onde eu mais gostava. "Huguito, desce daí!", ela gritava. "Não sobe na ameixeira, que fica escorregadia. Suba na laranjeira, que pelo menos tem onde se agarrar...".

Ela impedia o senhor de subir nas árvores?

Claro, não queria que eu subisse alto demais. Mas me orientava sobre como subir nas árvores. Eu gostava de trabalhar naquele quintal. Adán também ajudava nas tarefas do dia a dia. Eu gostava mesmo. Gostava de limpar as ervas daninhas com um ancinho ou com um facão. Tenho aqui uma cicatriz de um golpe de facão que Adán me acertou uma vez, trabalhando no quintal. Ficou a marca...

Como foi isso?

Nós dois estávamos limpando, e como somos canhotos...

Seu irmão também é canhoto?

É, e meu pai também. Adán estava deste lado, dando golpes de facão, escorregou e me acertou. Não foi nada. Era uma vida feliz. Fui um menino feliz, com aquele amor e aquela dedicação incomparáveis da minha avó.

Sua avó trabalhava?

Trabalhava em casa, em tarefas do lar. Não parava um só instante de se ocupar, limpar, cozinhar, fazer doces, cuidar do jardim. Nunca vi a minha avó descansar.

Ela recebia pensão, aposentadoria, alguma ajuda?

Não, ninguém tinha nem ideia disso. Ela teve dois filhos, afortunadamente muito responsáveis...

Ajudavam?

O mais velho, meu tio Marcos, vive em Barinas (em 2009). Já está bem velhinho. É filho de outro pai, branco, lá dos Andes, comerciante... Minha avó teve esse filho com ele...

Quantos anos ele era mais velho que seu pai?

Uns cinco anos. Marcos sempre foi muito trabalhador, de personalidade forte, um homem sério. Morava e trabalhava em Barinas, tinha um posto de inspetor de obras públicas, funcionário do Estado. Vinha frequentemente, de jipe, visitar minha avó. Trazia algum dinheiro. Serei sempre grato à atenção e ao carinho que nos deu. Vendo minha dedicação aos estudos, aos livros, ao desenho, tinha o costume de me trazer cadernos em branco e jogos de lápis de cor. Ele gostava quando eu mostrava meus desenhos. Era como se tivesse me dado uma tarefa. Eu desenhava de tudo.

Sempre teve esse gosto?

Gostava, era uma aptidão natural, uma espécie de dom. Desde muito pequeno, fiz um cavalete de taquara e pintei a casa da minha avó. Uma das minhas primeiras aspirações foi ser pintor. Adolescente, estudei um ano, em Barinas, numa academia, a escola Cristóbal Rojas, um dos maiores pintores venezuelanos do século XIX. Essa escola ficava perto do meu colégio, o Liceo O'Leary, na velha Barinas colonial. Eu estava no primeiro ano do ginásio.

Voltemos a Sabaneta. Seu pai ajudava financeiramente a sua avó?

Ajudava, claro. Mas o salário do meu pai era muito pequeno, e ele tinha muitos filhos.

Antes de ser mestre-escola, seu pai tinha sido vendedor ambulante, não é?

Pois é, antes de ser professor, quando muito jovem, ele vendia carne pelos povoados, andava num burro, era vendedor ambulante. E também trabalhou de peão de campo. Quando seu irmão Marcos foi para Barinas, a avó ficou com Hugo de los Reyes, o filho negro. O filho branco foi para a cidade, o negro ficou com ela. Depois ele se casou, e também foi embora. E deixou com ela seus dois primeiros filhos: Adán e eu. Portanto, as limitações econômicas eram fortes. Por isso, a avó se ajudava vendendo coisas.

Que coisas?

Os doces que fazia, e frutas.

Vendia frutas no mercado?

Não, a gente vendia pela rua, e a uma loja de sorvetes. Eles faziam sorvete com as frutas. Os donos, italianos, tinham se instalado em Sabaneta, e cada vez que íamos vender frutas para eles, a senhora italiana, muito amável, nos pagava e, além disso, nos dava um sorvete de presente. Com isso, a avó se ajudava para comprar o que fazia falta em casa.

O senhor diz que sua avó preparava doces. Quem vendia esses doces pelas ruas? O senhor?

Pois é, ela preparava doces de mamão. Eu até participava no processo inteiro. Procurava o mamão, derrubava da árvore, descascávamos, tirávamos as sementes, tirávamos a polpa. Adán também ajudava. Mas ela e eu éramos os empreendedores...

Os empresários...

De certa maneira. Eu gostava daquilo. Picava o mamão, cortávamos o mamão em rodelas, em tirinhas. Sobre uma bandeja de madeira, a gente punha para secar. No dia seguinte, muito cedo, minha avó preparava uma panela com água e açúcar. Jogávamos tudo lá dentro, até que aquilo ia se misturando. Então, ela tirava os pedaços com um garfo, e sobre uma mesa de madeira ia pondo os montinhos e montinhos daquelas tirinhas, que iam ficando parecendo a aranhas...

E o senhor ia vender essas "aranhas" pelas ruas.

Pois é, e isso, todos os dias. E na escola também. Ou seja, eu levava para a escola um potinho cheio de doces de mamão, todo dia. E quando não era de mamão, era de coco. E depois, vendia pelas ruas.

Ou seja, o senhor foi um vendedor ambulante.

Fui. Fui um menino que foi levado pela vida, desde muito cedo, a percorrer as ruas em contato com adultos, oferecendo e vendendo minhas "aranhas" deliciosas. Era parte do que se chama de economia informal. Eu fazia as contas de cada 25 centavos de Bolívar que vendia. Quanta coisa aprendi na rua! Desde os seis ou sete anos, tinha adquirido a habilidade do "aranheiro" na rua, interagindo com alguém para vender a ele um doce, ou tratar de vender, persuadir, convencer...

O senhor cantava pregões pelas ruas?

Claro, ia com meus pregões das minhas "aranhas". Inventei uns: "Aranhas quentinhas pras velhas que não tem dentinhos!", "Aranhas saborosas pras moças vistosas!". Isso me ajudou a desenvolver um pouco a voz. Eu me transformei em declamador, vai ver, seguindo os conselhos de Daniel Viglietti[2]*... Aquilo tudo foi uma escola social. Eu me metia em tudo que era canto, me misturava com os mais velhos, com pessoas com mais experiência na vida, circulava entre as mulheres, ouvindo histórias de adultos, ficava sabendo das coisas. Em suma: dialogando com o povo.*

O senhor só vendia "aranhas"?

Também vendia pipas. Eu mesmo fabricava, e de diferentes maneiras. Era especialista nos modelos "zamura", como chamávamos. Primeiro brincava com elas, e depois vendia. Tive um passado capitalista que às vezes me envergonha... (ri). Praticamente montei uma indústria. As pipas mais bonitas e de melhor qualidade eram as "de Hugo Chávez". Competia com um senhor de outro bairro, um profissional, que se não me engano era colombiano. Ele fabricava até mesmo pipas em forma cúbica, e punha nelas uma vela acesa, empinava de noite. Jamais consegui fazer isso. Agora, no modelo "zamura", não havia quem ganhasse de mim. E eu fabricava as melhores pipas com as veradas.

O que é uma verada?

A verada é uma espécie de flor da cana de açúcar. Ao longo do velho leito do rio havia canaviais, e lá em cima da cana há uma espécie de espiga, com umas barbinhas. Se você cortar isso tem a verada, que possui uma matéria esponjosa dentro do talo. É muito leve. Eu comprava o papel, e de uma folha grande tirava duas grandes ou três pequenas "zamuras". Armava cada uma num arco, que era a verada arqueada, no meio ficava uma espécie de cruz. E era preciso fazer também o cabresto. Então, eu também era "zamureiro". Fazia muitas coisas. Era uma diversão, uma brincadeira e também um trabalho, porque a gente vendia aquilo tudo. E com o produto dessas vendas, nós vivíamos. Victor Hugo, em Os miseráveis, *diz que a pobreza é como um quarto escuro. Mas, acrescenta, "mais além há outro quarto ainda mais tenebroso: a miséria". Pobreza não é a mesma coisa que miséria. Nunca fui uma criança de rua, abandonada...*

Estava rodeado pelo carinho da sua avó...

Exato. Fui uma criança cheia de amor. Há pouco tempo, vivi uma experiência estranha. No programa Alô Presidente[3]*, lembrei de uma mulher, Sara Moreno, que me deu muito amor quando eu era bem pequeno. Estou falando de quando eu tinha três, quatro ou cinco anos, antes de ir para a escola.*

A escola começava quando se tinha 6 anos...

Vamos dizer, então, que eu tinha 4 ou 5 anos. Lembro de uma mulher jovem, muito linda, que me adorou e a quem eu adorava. Minha avó ria muito das coisas que eu falava: "Huguito diz que tem três mães". "E quais são essas três mães?", me perguntavam. "Mãe Elena, minha mãe; mãe Rosa, minha avó; e mãe Sara.". Veja só até que ponto aquele menino era feliz: tinha três mães...

Bem, o senhor não era exatamente um órfão...

De jeito nenhum! Era superamado por três mães. Fiz esse comentário público no Alô Presidente, *sobre Sara Moreno, e veja só até onde chega o potencial da palavra da memória no povo. Pouco depois, me chegou um envelope da família de Sara Moreno, com uma foto dela, que tenho até hoje. Reconheci na mesma hora. Nunca mais tinha tornado a vê-la desde que era menino, muito pequeno, nem jamais tive nenhum retrato dela. Também veio uma carta com uma explicação. Porque eu havia dito: "Sara morreu, mas nunca soube onde, nem de que, nem de donde veio. Mas chegou a Sabaneta como um anjo, e do jeito que veio se foi, deixando-me aqui um amor imenso".*

O senhor entrou em contato com a família?

Entrei sim, na carta vinham alguns números de telefone. Liguei: "Sou o presidente...". Às vezes, não acreditam em mim, acham que é trote.

Não imaginaram que o senhor, em pessoa, ia ligar...

Pois é. Eu disse "Recebi a carta". Era o irmão dela, que me deu o telefone de uma prima em Barinitas, uma cidade na montanha, onde inicialmente foi fundada a velha Barinas, nos tempos dos espanhóis. Depois tiveram que vir para a nova Barinas, porque os índios não os deixavam em paz. Barinas teve várias capitais, antes da atual.

E lá em Barinitas morava uma prima da Sara?

Isso mesmo, uma prima-irmã, e com a mãe dela, uma anciã, de uns 80 anos. Falei por telefone com elas. A senhora me contou que tinha ido, certa vez, com a mãe de Sara, visitá-la em Sabaneta. Sara havia se mudado para lá para trabalhar como enfermeira, e alugou uma casa na frente da nossa. Vivia sozinha, trabalhava no ambulatório da cidade. Eu me lembro dela com seu avental branco...

O senhor ia à casa dela?

Passava o tempo todo lá. Ela preparava mingau de aveia no café da manhã...

E o que aconteceu com ela?

Adoeceu, e foi levada embora. Era inverno. Chegou um caminhão basculante, um dos poucos veículos que chegavam ao povoado na época de chuvas, para levá-la. Ela me abraçou chorando: "Chora não, que volto logo", me disse. Nunca mais voltou. Passou um tempinho, e chegou a notícia: "Sara morreu". Chorei um dilúvio. Essa mulher ficou aqui dentro de mim.

O que a tia de Sara contou?

Que naqueles anos, 1958, 59, Sara se formou em enfermagem e foi mandada para o ambulatório de Sabaneta. Elas — a mãe e a tia — vieram visitá-la num verão. A senhora se lembrava: "Chegamos na casa de Sara, e naquele mesmo dia apareceu correndo um menino com os cabelos crespos, amarelos. Sara disse a ele: 'Vai rápido me comprar um refresco, que minha mãe chegou'. O menino saiu correndo e trouxe um refresco do bar que ficava logo ali". E acrescentou: "Aquele menino era você, ela chamava você de Huguito". As duas senhoras passaram vários dias por lá, e se lembravam que Huguito ficava o tempo todo naquela casa.

Quer dizer que o senhor tinha várias casas...

Várias, várias. Várias mães. Várias mulheres. Quer dizer, eu era mulherengo... (ri). Eu me criei entre mulheres. Por isso digo que fui um menino feliz. Com três casas e três mães. Uma mãe amorosa, um pai amoroso que sempre nos ensinava coisas. Ele chegava de bicicleta...

Como era Sabaneta naquele tempo?

Um povoado pequeno, como eu já disse, duas ruas principais, uma terceira, mais nova, várias ruas secundárias e, um pouco afastado, o rio. Nós morávamos numa fronteira. A nossa era a última das casas da cidadezinha na direção da subida. Sabaneta se dividia em duas áreas: a de cima, e a de baixo, em função da proximidade com a montanha. "Está indo para onde?", perguntava alguém, e a resposta era "Lá pra cima", ou seja, na direção da montanha. Ou então "Estamos indo lá pra baixo". A parte onde nós morávamos era a dos mais humildes, os com menos recursos. Havia muitas casinhas de barro, de pau a pique, como a nossa, com telhado de sapé, casas muito modestas. Já da Plaza Bolívar para baixo, apareciam alguns edifícios modernos, e também sobrados.

As diferenças sociais eram muito visíveis?

Embora existissem grandes amizades, as diferenças sociais existiam, sim. Nós éramos da classe mais modesta: camponeses sem bens de fortuna nem propriedades. Eu não queria mais, porque acho que tive tudo. Naquele quintal da minha avó estava o universo inteiro, conforme eu lhe disse. Não nos faltava nada.

De que viviam as pessoas? Quais eram as principais atividades?

O campo, a agricultura, a economia florestal. Muitos homens trabalhavam derrubando os bosques que ainda existiam, e transportando os troncos em grandes caminhões para várias serrarias, cujos proprietários eram, em geral, italianos. Também havia muita atividade comercial. Existia uma pequena comunidade de gente que tinha vindo das Ilhas Canárias, e alguns de seus integrantes tinham fazendas, automóveis, casas melhores. Também havia uma comunidade árabe, proprietária de grandes lojas e armazéns.

Uma comunidade árabe?

Pois é, uma comunidade árabe em Sabaneta...

Eram cristãos ou muçulmanos?

Jadán Raduán, por exemplo, pertencia a uma dessas famílias árabes. Lembro que eram muçulmanos. Tornei a vê-los não faz muito tempo. Jadán e sua família eram donos, como quase todos os árabes de Sabaneta, dos armazéns de miudezas. Havia uma grande loja dos árabes, e vendiam uma enorme quantidade de coisas.. E também havia uma comunidade italiana.

Importante?

Era importante sim. Lembre-se que o presidente Pérez Jiménez, que governou entre 1952 e 1958, favoreceu muito a imigração europeia, em particular a que vinha de Portugal, da Espanha e da Itália. A população da Venezuela, um país de quase um milhão de quilômetros quadrados, não chegava nem a 7 milhões de habitantes naquela época, e o ingresso per capita *estava entre os maiores do mundo. Muitos europeus, cujos países tinham sido destroçados pela Segunda Guerra Mundial, viam o nosso país como uma terra prometida, um mundo de oportunidades para reconstruir suas vidas. Essa política de imigração aberta para os europeus não estava desprovida, no subconsciente de Pérez Jimenez — como no de outros dirigentes latino-americanos que também a praticaram — de motivações racistas. O objetivo oculto era "branquear" uma população considerada "parda demais". Nessa época chegaram à Venezuela uns 300 mil italianos. Em 1960, a italiana era a maior comunidade europeia do país*[4]*, mais importante até, em volume, que a espanhola. Muitos praticavam a agricultura e vieram se instalar aqui nos llanos. Na região de Sabaneta, os italianos trabalhavam, como eu lhe disse, no setor madeireiro, derrubavam os bosques, trabalhavam em serrarias, e também tinham vários comércios.*

Gente das ilhas canárias, árabes, italianos... Sabaneta é quase uma metrópole cosmopolita.

E também tem os russos.

Russos?

Pois é. Vários. Bem, nós os chamávamos de russos, mas como ainda existia a União Soviética, talvez fossem ucranianos, ou de outras nacionalidades soviéticas. Lembro de pelo menos dois: um se chamava Samolenko, era mestre de obras, trabalhava na construção. Muito trabalhador. Uma vez, com um grupo de meninos, falamos com ele, que nos deu conselhos. Achei que era uma pessoa nobre, respeitável. O outro se chamava Alejandro Rokitansky, morava na frente da escola, com sua esposa, dona Carmen. Os dois eram casados com mulheres daqui de Sabaneta, tinham família russo-llanera, ou seja, fincaram raízes. Quando as guerrilhas começaram por esta região, no começo dos anos 1960, os serviços de inteligência os vigiavam com insistência, como se fossem agentes soviéticos infiltrados... (ri)

Como se explica a presença de tantas comunidades estrangeiras?

É conforme eu disse: Sabaneta está num ponto estratégico, de passagem. Todo aquele que vinha de Caracas, do Caribe, e queria ir para a Colômbia ou para o Apure, para comerciar, vender qualquer produto ou comprar gado, tinha de passar por Sabaneta. E mais ainda se sua intenção fosse ir para os Andes. É um ponto estratégico para chegar ao Médio Apure e ao Alto Apure. Então, é evidente que por aqui passaram — além dos exércitos — caravanas de carros de mulas de comerciantes, emigrantes...

E alguns desses emigrantes ficaram...

Sem dúvida. Por exemplo, por Sabaneta passaram os emigrantes árabes que iam rumo ao rio Apure. Nos povoados do Apure existe uma grande comunidade árabe. Talvez porque essas savanas sejam parecidas com a Arábia. Quando eu estive na Arábia Saudita, em fevereiro de 2001, me convidaram para visitar o deserto. E, lá, entendi melhor a relação dos árabes conosco. Há bastante semelhanças. O canto, o espírito efusivo... Saí dançando com uma velha carabina que dispara tiros de pólvora seca e com uma espada. De tanto erguer e baixar a espada, quase que fico com o braço paralisado. Disparei a velha carabina, mas calculei mal e me caiu pólvora quente na cara. Desandei a gritar, e eles lá, cantando...

Mas existem mesmo semelhanças entre os costumes árabes e os dos llanos?

Achei muito parecida às vidas dos llaneros. Por isso tem, sem dúvida, tantos árabes por aqui, em San Fernando de Apure.

E aqui eles são chamados de árabes?

São chamados de "turcos", "sírios"... Durante muito tempo foram chamados principalmente de "turcos".

Porque, em geral, emigraram na época do Império Turco, que dominou quase todo o mundo árabe até 1918. Os turcos, como se sabe, não são árabes. A maioria dos árabes que vinham para a América do Sul era cristã e constituía uma minoria discriminada na época. Tinham passaporte turco, e por isso eram chamados de turcos ou sírios, porque alguns vinham da Grande Síria, também sob domínio turco, que naquele tempo integrava o atual Líbano, a Jordânia, Israel e a Palestina, onde também havia muitos cristãos.

O que eu posso assegurar é que a maioria dos que vieram aos llanos era formada por sírios. Há pouco tempo fui à Síria[5] *e tive um encontro com árabes venezuelanos, que tinham voltado para a Síria, e me falaram de Sabaneta.*

Que distrações havia em Sabaneta? Havia, por exemplo, um cinema?

Claro, claro, tinha uma sala de cinema, o Cine Bolívar, que pertencia justamente a uns italianos, a família Toppi. Eles eram donos desse cinema, e também da sorveteria, da alfaiataria, da cafeteria. E também vendiam roupa. Meu pai e meu tio Marcos eram amigos de vários italianos, principalmente numa tertúlia que tinham, eram gente culta.

O senhor gostava de ir ao cinema?

Muito. Quanto tinha uns dez anos, meu pai costumava nos levar, aos sábados, à sessão matinê. Íamos nos camarotes laterais, era um pouquinho mais caro, mas a parte das poltronas comuns era um asco: tinha gente que entrava de bicicleta e tudo, jogavam chiclete no chão, ou então grudavam chiclete nos assentos, fumavam, urinavam, e na época do Natal jogavam bombinhas. Era um campo de batalha. Tinha porrada, brigas como nos ringues de boxe. Naquela parte não havia mulher alguma, as mulheres só iam aos camarotes. Vi quase todos os filmes de Antonio "Tony" Aguilar.

Não conheço...

Era o grande cantor de rancheras e corridos *mexicanos. E também era a estrela do* western *a la mexicana, um herói justiceiro lutando para ajudar os pobres. Lembro de alguns títulos de seus filmes:* El rayo justiciero, La rebelión de la sierra, Cuatro contra el imperio, La justicia del Gavilán Vengador, El fin de un imperio. *Nesse tipo de cinema eu me criei.*

O senhor ia com seus irmãos?

Meu pai levava principalmente os três maiores, Adán, Narciso e eu. Era como um prêmio. Um costume quase religioso. Não falhava: a gente ficava sabendo que filme ia passar no sábado, e tinha certeza de que ia ver. A não ser quando a gente ia mal na escola. Eu nunca deixei de ir ao cinema por causa da escola. A não ser uma vez, quando meu pai me botou de castigo por eu ser muito rebelde. E não me levou para ver Neutrón contra los autómatas de la muerte. *Esse, eu perdi. Neutrón, o mascarado negro, era um lutador invencível. Também me lembro de* Santo contra los Zombies *e de* Santo contra las mujeres vampiros, *umas mulheres esculturais. Esses filmes circulavam muito por aqui.*

Eram mexicanos?

Todos. Naquele Cine Bolívar também passavam filmes de Miguel Aceves Mejía, onde aparecia Alfredo Sadel[6]*, um cantor venezuelano, uma garganta de ouro. Lembro também de filmes como* Chucho, el roto, *e de uma canção chamada* Rufino forastero*: (canta) "Los hombres le dicen: vete! Las mujeres: te espero! Quién es ese gran jinete? Es Rufino, el forastero...".*

O que eu mais gostava, porém, conforme disse, era Antonio Aguilar, que cantava, por exemplo, Cuatro velas, *uma canção tremenda (canta): "Tendido me encuentro a tus pies,/ cuatro velas me esperan contigo,/ cuatro velas después del martirio,/ de sentirme herido de tu amor tan cruel". Essas canções encantavam a minha avó. Aliás, numa época, quando cheguei a Barinas, me chamavam de "Tony", porque eu me sentava e desandava a cantar, e aí aparecia alguém que tocava o cuatro, essa violinha de quatro cordas, tão nossa, e outro um violão, e eu imitava Antonio Aguilar cantando* rancheras, *como o* Corrido, *de Mauricio Rosales "El Rayo" (canta): "Me dicen El Rayo, mi nombre de pila es Mauricio Rosales/ aquí está mi mano que brindo con gusto a los hombres cabales/ me muevo en la vida para hacer justicia/ así vivo siempre por pueblos y valles sin paz ni reposo/ pues nunca permito que al pobre lo humille el más poderoso...". Ou então o* Corrido del Águila Negra *(canta): "Aquí es el Águila Negra/ pá lo que ustedes quieran mandaaar/ amigo soy de los hombres/ y de las hembras pues ni que hablaaar…". Quem cantava isso era o Miguel Aceves Mejía. O Águia Negra era um personagem parecido ao Zorro, fizeram vários filmes sobre ele. Mas a canção da qual minha avó mais gostava era* Ojitos verdes *(canta): "Ay, ayayay! Dónde andaraaán?/ esos ojitos que me hicieron suspiraaar/ Ay, ayayay!/Dónde estaraaán?/ esos ojitos que no los puedo olvidar…".*

O senhor sabe todas elas...

Ah, e também as canções de Jorge Negrete, de Vicente Fernández, Pedro Infante... Outro ator-cantor era Javier Solis, com seu Payaso *(canta): "Soy un triste payaso,/ en medio de la noche,/ con su risa y su llanto...". Eu fui mergulhando na canção e na poesia através do cinema mexicano. Sempre gostei das* rancheras *e dos* corridos *llaneros*[7].

E também havia filmes da Revolução Mexicana, não é?

Eram filmes ingênuos, bastante maniqueístas, mas, no fundo, tinham muito de sociais. Por exemplo: "El Rayo" Mauricio Rosales era um lutador em defesa dos pobres, lutava, pelo povo, contra os poderosos. E, efetivamente, alguns filmes recolhiam a lembrança das lutas sociais do México revolucionário, o fermento rebelde.

O senhor apreciava essa mensagem?

Eu não era consciente disso, em termos de análise política. Era um pré-adolescente. Mas, de forma subliminar, eu gostava daquela mensagem. O Cine Bolívar foi a minha outra escola. Da mesma forma que o quintal da minha avó, ou das ruas onde eu vendia as minhas "aranhas". Nessas três escolas, desde muito jovem, aprendi a me desenvolver na vida. Conversando agora com o senhor, vou percebendo que, desde menino, entrei numa escola e nela continuo: numa escola, sempre tratando de aprender. Por isso nunca foi difícil, para mim, me adaptar a ambientes diferentes.

Quais eram as suas outras distrações?

Eu gostava do circo, que chegava a cada outubro. E me enchia de felicidade. Minha avó dizia para mim: "Do dinheiro das vendas de doces, compre a entrada". Eu ficava encantado com as trapezistas...

Quando eram as festas do povoado?

Na Semana Santa. A tradição eram os "diabos dançantes", um antigo folclore parecido com os "diabos dançantes de Yare"[8]*. Nós nos vestíamos de diabo. Eu fui diabinho, com uma máscara feita de totuma.*

O que é totuma?

Uma fruta grande, de pele muito dura. Você derruba a totuma, tira a polpa, põe para secar, e então consegue uma casca bem dura. Com essa casca fazem as cuias para beber água, e quando é muito grande, uma espécie de moringa. Bom, eu cortava uma totuma grande pela metade, abria uns buracos, pintava de vermelho com umas listas negras, e fazia a minha máscara. A tradição mandava que cada "diabo" fizesse a sua própria máscara...

Agora entendo por que alguns de seus adversários chamam o senhor de "diabo"...

Ah, eles dizem isso com outra intenção... (ri). Mas é verdade, nos últimos dois anos de colégio fui um "diabo" declarado, assumido, na rua, com a máscara vermelha e as listas negras. Eu colocava nela enfeites de trapo, para simular uma cabeleira. A roupa era uma camisa larga, um casaco vermelho e negro, e calças de riscado. Ia descalço, ou com alpargatas, e com um chicote. Dava chicotadas pelas ruas, assustando todo mundo: um diabo é um diabo.

Também lembro do "baile do sebucán", uma dança indígena, do Oriente venezuelano, que a gente dançava em Sabaneta: de um tronco vertical pendem umas 20 fitas coloridas, cada dançarino agarra uma fita, e elas se abrem como um círculo colorido, a metade dos dançarinos vem para cá, a outra vai para lá, fica tudo muito bem tecido ao redor do tronco, e depois é preciso destecer... É o desafio do grupo: não enredar nada, se não... é um desastre. Como, aliás, diz essa quadrinha (canta): "El teje del sebucán/ es de gran facilidad,/ pero para destejerlo/ está la dificultad".

Na escola, os alunos faziam teatro?

Faziam, e eu gostava demais da arte dramática. As professoras me escolheram como ator principal de uma obra chamada El Chiriguare. *O chiriguare é uma espécie de onça, eu era Zamurito, o caçador procurando a fera. Precisava andar com cuidado, porque o chiriguare podia me comer. Também recitava poesias do romanceiro llanero.*

O senhor lia histórias em quadrinho?

Lia sim. Eu era muito leitor disso que na Venezuela chamamos de "suplementos": histórias em quadrinhos, tirinhas, ou seja, comics. *Eu tinha coleção. Adán e eu tínhamos caixas cheias. Quase todas também vinham do México, e contavam as aventuras de personagens como a Cavaleira Vingadora, que andava de moto com uma máscara e vingava os pobres. Ou o Santo, o mascarado de prata, muito célebre etc. No fundo, todos eles eram heróis muito populares, defensores dos oprimidos. Propunham valores positivos. O Bem sempre triunfava sobre o Mal. Eu gosta principalmente do Vaqueirinho de Ouro, um menino vaqueiro que lutava por justiça, ele e seu cavalo lutando contra as feras das montanhas e contra os bandidos. Havia duas ou três livrarias em Sabaneta, onde esses "suplementos" eram vendidos, e eu não perdia um. Comprava, lia e depois trocava com os amigos. E graças a esse hábito sofri um acidente.*

Como foi?

Vou contar. Um Dia dos Reis, 6 de janeiro, meu pai nos deu de presente algumas moedas, e fui com Adán comprar "suplementos". Naquela época estavam construindo as calçadas da rua Real. Vínhamos atravessando a rua quando apareceu um caminhão. Saí correndo, tropecei numa pedra e caí de bruços em cima da calçada. Dei com o rosto. Não tive tempo nem de me proteger com as mãos. Comecei a sangrar e desmaiei. Foram dizer para a minha mãe que um automóvel havia me matado. Fui levado ao ambulatório, jorrando sangue pelo nariz.

Quebrou o nariz?

Não, não foi nada grave. Simplesmente um desvio do septo nasal, que ficou muito frágil. Durante muito tempo, sangrava com facilidade. Mas com os anos, isso foi superado. Na minha mente, porém, aquele percalço ficou associado pela minha adição aos "suplementos", uma das minhas leituras favoritas...

O senhor via televisão?

Não, não havia televisão, mas eu ouvia muito rádio.

Havia alguma emissora em Sabaneta?

Não, não Sabaneta não tinha estação de rádio. Minha avó tinha um radinho pequeno, e com ele a gente pegava algumas emissoras de Caracas, principalmente a Rádio Continental. Uma noite — eu tinha uns 10 ou 11 anos — puseram um rádio a todo volume no meio da rua Once, e ouvimos a luta de boxe em que Carlos

Hernández, o "Moreno Hernández", com seu terrível golpe de esquerda, virou campeão mundial e glória da Venezuela. Naquele 18 de março de 1965 armaram uma tremenda festa no meio da rua.

A avó Marta Frías, avó da minha mãe, tinha um rádio grande, de maior alcance. De noite, escutávamos muito as emissões colombianas, emissoras de notícias e também radionovelas de amor...

O senhor recorda seus amores infantis?

Impossível esquecer. Primeiro, me apaixonei, platonicamente, por Isabel. Um dia tinha chovido muito, e na rua, em frente de casa, formaram-se grandes poças de lama e água. As pessoas haviam colocado algumas tábuas, e lá veio Isabel, elegante, bem-vestida, linda, branca, olhos azuis. Eu tinha medo de me aproximar. Vi que ela vinha vindo. Venci o medo, me aproximei, me meti na água e estendi a mão: "Me permita...". Foi como atravessar o céu, pegar aquela mão branca como se fosse porcelana, com sua cara linda... Jamais esqueci. Depois, lá pelos 12 anos, minha primeira "namorada utópica" se chamava Hilda Colmenares, uma moça espanhola, das ilhas Canárias, muito bonita, que morava a meia quadra de casa. Eu olhava para ela como uma deusa. Cantava rancheras... *Ela foi a primeira "namoradinha de selinho". Pouco depois, foi para a Espanha.*

Antes, quando eu estava no quarto ano primário, já tinha tido um grande amor impossível. Nossa professora, Lucia, ficou grávida, e veio a substituta, Egilda Crespo, por quem imediatamente me apaixonei feito doido. Era uma moça de uns 18 ou 19 anos. Eu ficava olhando para ela, enfeitiçado, subjugado. Nunca me esqueci. Tinha — tem — uns olhos verdes belíssimos. Era de Santa Rosa de Barinas, onde sempre houve mulheres belíssimas. Eu gostava de todas as bonitas: Ernestina, por exemplo, outra menina, ou Telma González, uma moça de quem também gostei muito...

De que outros aspectos da sua infância o senhor se recorda?

Um acontecimento me marcou naqueles anos, uma lição que meu pai me deu. Eu estava no quinto ano, devia ter uns 11 anos. Um dia, Adán ia estudar na casa de um colega, Lalán Torres, que ficava a umas duas quadras da nossa. Fui com eles até lá. Saímos, e ao passar diante de um botequim, vi um bolívar no chão. Peguei, meti no bolso e disse a Adán: "Consegui um bolívar!". Naquele tempo, um bolívar era muito dinheiro. Compramos "suplementos" de vaqueiros, um refrigerante, algumas balas. Enfim, gastei o bolívar.

Poucas horas depois, chegou na casa da minha avó o cabo Polo, como era chamado, um personagem do povoado. Chegou bêbado para reclamar o tal bolívar. Alguém tinha dito a ele que Huguito Chávez tinha achado um bolívar, e ele achava que era seu. Meu pai se irritou. Deu um bolívar a ele, e foi a única vez em que me deu uma chibatada. Antes, tinha feito uma espécie de julgamento na cozinha, na frente da minha avó. Ele perguntou: "E onde é que o senhor conseguiu esse bolívar?", e eu, temeroso, confessei: "Bom, eu achei no chão e gastei". E meu pai: "E por que não perguntou de quem era aquele dinheiro?". É o que eu tinha de ter feito. Aquela foi uma grande lição para mim. Eu devia ter perguntado de quem era, em vez de sair gastando...

Por que o senhor acredita que tenha sido uma boa lição?

Porque me serviu. Veja bem, passaram-se uns seis anos, eu estava no fim do ginásio, em Barinas. Um dia, meu pai e eu estávamos preenchendo os papéis necessários para que eu entrasse na Academia Militar. Estacionamos o automóvel na frente da Secretaria de Educação, e enquanto ele foi assinar um certificado de boa conduta, desci do carro, parei numa esquina e vi uma moça bonita esperando um táxi. Me aproximei e comecei a falar com ela. Eu tinha quase 17 anos. E aquela moça me chamou a atenção, por causa de sua aparência, que não tinha nada que ver com Barinas. Ela me disse: "Sou jornalista, vim fazer um trabalho para o El Sol del Llano*". Propus a ela "Se você quiser, esperamos meu pai, e levamos você até o jornal". Foi o que fizemos. Ela sentou-se no banco de trás, e fomos levá-la. Quando chegamos de volta em casa, vejo no banco de trás uma bolsinha pequena, com uns 200 ou 300 bolívares...*

Uma soma expressiva...

Naquele tempo, astronômica.

E o que o senhor fez?

Claro que nem pensei em falar nada para o meu pai. Ele nunca soube dessa história. Agarrei a bolsa, pedi uma bicicleta ao vizinho e fui correndo até o jornal. Cheguei, perguntei pela moça, que já estava desesperada, naquela carteira havia papéis, documentos. Entreguei a carteira a ela. Quem estava lá dizia: "Mas é incrível!". Ela estava feliz, e meu deu seu cartão de visitas de jornalista. Eu era um rapaz anônimo, nunca mais a vi. Disse a mim mesmo que a lição daquele cabo Polo serviu. Se hoje eu achar uma barra de ouro na savana, vou averiguar de quem é, antes de que chegue um cabo Polo reclamando... Nunca esqueci essa lição, que me custou uma boa sova.

Seu pai costumava...?

Não, jamais batia em nós. Minha mãe sim, às vezes perdia a mão. Um dia arranquei da mão dela uma varinha com a qual ia me bater. Parti a varinha e joguei no chão. Outra rebeldia. Nunca mais minha mãe se atreveu a tocar em mim. Quando fiz essa rebelião contra ela, eu estava no ginásio, em Barinas, no primeiro ano, e tinha ido passar um fim de semana em Sabaneta.

Foi sua primeira rebeldia?

Não, não. Comecei a me fazer rebelde alguns anos antes, contra uma proibição absurda. Uma tarde, já anoitecendo, decidi dar uma volta de bicicleta, e era proibido fazer isso na Plaza Bolívar de Sabaneta. A polícia me prendeu, fui levado para a delegacia.

Por que estava proibido?

Uma decisão de Pérez Jiménez. Ele ordenou que em todas as praças e avenidas Bolívar da Venezuela, os cidadãos, por respeito ao Libertador, deviam vestir paletó e ter um "comportamento correto". Era considerado sacrilégio passar diante de uma estátua de Bolívar sem estar vestido de rico. Uma força de "aburguesar" a praça. Proibiam andar em manga de camisa. Os índios descalços, os pobres, ou os meninos descamisados por causa do calor não podiam entrar na praça. E muito menos de bicicleta. Absurdo, injusto. "Santificavam" Bolívar para despolitizá-lo. No fundo, aquela decisão de Pérez Jiménez tinha por objetivo evitar que as pessoas humildes, os trabalhadores, se concentrassem nas principais praças, que sempre, nos povoados e nas cidades da Venezuela, se chamam "Bolívar", e evitar, desse jeito, manifestações contra a ditadura.

E o que o senhor fez?

Pois numa tarde resolvi montar uma bicicleta pela calçada da praça, como um gesto de protesto. A polícia me pegou e me levaram, com bicicleta e tudo, para a delegacia. Mandaram buscar meu "representante". Veio minha mãe. Depois chegou meu pai, que teve uma discussão dura com o chefe, quase saíram no braço. No fim me soltaram. Aquele foi meu primeiro gesto de rebeldia. E minha primeira prisão: duas horas na delegacia de Sabaneta. Isso me marcou.

Recorda alguma outra rebeldia?

Sim, contra outra decisão absurda: proibiam que os menores de idade saíssem depois das nove da noite.

Um toque de recolher para as crianças...

Pois é, houve isso naquela época. Toque de recolher em alguns bairros, e decidi violá-lo por uma questão de responsabilidade. Eu tinha que fazer uma tarefa escolar com cópias com letra de próprio punho. Uma daquelas "correntes" que impunham antigamente: copiar um texto sei lá quantas vezes numas folhas, uma maldição. Embora fossem mais de nove da noite, decidi ir comprar papel carbono num armazém de miudezas da praça Bolívar. Era uma espécie de livraria, fechada àquela hora, mas como a família morava na mesma casa, a gente batia na porta e atendiam.

O senhor se expôs a ser preso de novo...

"Quem não arrisca não petisca", diz o ditado popular. Então comprei minhas quatro ou cinco folhinhas, e quando ia voltando, deslizando por uma rua bem escura, um guarda me viu. E de novo me levaram para a delegacia. Eu já começava a ficar conhecido... Mandaram buscar meu pai outra vez. Fiquei preso meia hora por ter-me rebelado contra aquele toque de recolher absurdo.

A rebeldia é um traço da sua personalidade?

Desde muito pequeno fui me inflando de rebeldia contra tudo que é estabelecido, e expressei isso de diferentes maneiras, talvez me inspirando em alguns valores extraídos de leituras e experiências. E na verdade minhas rebeldias foram crescendo. Essa minha infância pode ser vista em várias etapas. A primeira: um menino de dois ou três anos e suas "três mães", aquele casarão com seu quintal de Éden. Via aquela casa como um edifício gigantesco e um quintal que era um mundo. A segunda: a avó e seu amor pelo ser humano, a solidariedade. Lembro-me dela preparando comida e dizendo: "Huguito, leve isso aqui lá para dona Rosa". Ou "para a família do tio Juan". Ou "lá para os Sequera". Compartilhar. Seu amor pela natureza, o respeito pelas plantas, as árvores, os animais, gostar do cachorro, do louro, do passarinho, deixar comida para eles. Em algumas tardes de verão, a avó, lá da porta da casa, me dizia: "Olha lá, o pico Bolívar". E no transparente azul do céu eu via, como uma coluna sustentando a abóboda celeste, a montanha mais alta da Venezuela com seu pico coberto de neve[9]*. Com certeza a mãe dela deve ter mostrado aquele pico para ela. E acrescentava: "Lá para aqueles lados fica a Marqueseña"*[10]*. A natureza, o mundo que a gente via no horizonte, parecia distante, mas eu queria alcançá-lo, transgredir os limites... Nesse sentido, eu era um menino da fronteira.*

Da fronteira?

Sim, porque sempre me empenhei em atravessar fronteiras, transgredir limites, reconhecer novos territórios. Quando eu ia pela "madrevieja", o antigo leito do rio, explorando, descobrindo, minha avó dizia que "Huguito anda realengo"[11]*. Pois é, eu gostava de andar solto. Se eu saía rumo ao norte, a uns 500 metros estava a "Madrevieja". Rumo ao sul, a um quilômetro estava a estrada que vai de Sabaneta a Libertad, uma estrada de terra pela qual transitavam os caminhões. Eu ia até a estrada ver os automóveis passar. Isso, para um menino de 5 ou 6 anos, era uma aventura. Nos anos 1960 asfaltaram essa estrada, e o asfalto também chegou às ruas de Sabaneta. Lembro da máquina regando asfalto, o cheiro forte. Eu corria sobre o asfalto negro e fumegante, semiendurecido. Era o mundo chegando...*

...à modernidade.

Chegou a modernidade. Asfaltaram aquela estrada. Eu dizia "vamos até a estrada negra". As outras eram cor de terra. Para chegar até lá era preciso atravessar uns canaviais, uns milharais. Naquele tempo, aquilo era despovoado. E se você tomava o rumo do norte e da "madrevieja", avistava o pico Bolívar. Ou seja, eu era um menino...

...no meio de dois mundos.

Uma estrada negra num lado, o pico Bolívar, lá, muito longe, no outro. E no centro do mundo aquela casa feliz e aquele quintal. E um menino, desde muito pequeno, trabalhador. Essa é a terceira etapa, porque comecei a ser trabalhador naquela casa. A avó era a dona de casa, e eu trabalhava.

Trabalhava fazendo o quê?

Fazendo de tudo. Ia buscar lenha para o fogão da cozinha, uns raminhos de uma planta que dá florezinhas amarelas para fazer vassoura. Com um galho cortado, a gente aperta um maço desses raminhos, bem apertadinhos, e pronto, vira vassoura. Sempre gostei de trabalhos manuais, trabalhar com minhas mãos. Semear milho, cuidar do milho...

Naquele quintal?

Pois é, exatamente no quintal. Lá, cabia de tudo. Aquele quintal tinha uma biodiversidade... Era universal. O milho era plantado quando começavam as chuvas, lá por maio. A gente começava limpando a terra, e depois semeava diretamente com a coa, uma ferramenta feita de madeira para abrir buracos e depositar a semente.

O método indígena.

Exato. Íamos juntos, colocando as sementes. A avó recomendava: "Não ponha mais de cinco". Cinco grãozinhos de milho. "E não tape muito duro". Era preciso tapar suave, que a terra caísse sobre si mesma, pelo seu próprio peso. Se amassasse a terra, a semente não nascia.

Se asfixiava...

Isso. Mas quando se plantava direito, três dias depois a gente via como começava a brotar. Que bom é, para o espírito, ver nascer uma planta! E depois cuidar. Protegê-la do inverno, das pragas, dos pássaros. E depois, colher as espigas. Eu fazia tudo isso com a minha avó.

Essas tarefas agrícolas não incomodavam o senhor...

Não, não, eu gostava de todas elas. Debulhar as espigas, depois raspá-las com o fio da faca para tirar o leite do último sumo, depois ir acumulando o milho, já cortado e picado. Havia um pequeno moinho de madeira, com um torno e uma boca grande, eu punha o milho lá dentro, começava a moer. Por um lado caía o milho moído, e por outro, o leite. Depois, derramava esse leite sobre o próprio milho moído, fazia uma massa, e direto para o fogão de lenha, em cima de um "budare" — palavra indígena para uma placa circular de ferro, para preparar alimentos assados no fogo. Então, aquela massa era posta sobre um "budare", ia cozinhando e assim eram feitas as "cachapas", espécie de panqueca de milho, que a gente come com um pouco de manteiga, ou para acompanhar queijo ou carne. Além disso, a gente também preparava, numa panela com água, uns bolinhos que eram enrolados na folha do milho, e fazíamos pamonhas. Ou então fazíamos "mazamorra", um suco de milho, bom de beber.

O senhor sabia fazer tudo isso?

Bem, eu participava, mas não no cozimento.

Isso era com a sua avó...

Mas eu era a mão de obra. Desde o processo primário, buscar as sementes e semear o milho, até a elaboração, e depois... comer. Volta e meia eu levava algumas "cachapas" para os vizinhos. Para a minha avó, era uma espécie de orgulho mandá-las para os seus amigos do bairro, ou um jarrinho de "mazamorra". Além do mais, havia o prazer de saber que tudo aquilo tinha sido feito no quintal da nossa casa, tudo natural, orgânico, sem pesticidas, com absoluto respeito ecológico, como diríamos hoje em dia. Pois é, aquele quintal dava para tudo.

Também era lugar para brincar?

Também. Naquele quintal aprendi a jogar beisebol, debaixo das árvores. E também jogávamos vôlei, e brincávamos de bandido aéreo, inspirado nos filmes mexicanos, mas com os vaqueiros, nós, pelos galhos das árvores. Em resumo, essa etapa do filho e suas três mães, e com um mundo no quintal, com três fronteiras para a aventura visual e para a imaginação, ou para andar por aqueles caminhos dos canaviais ou das margens do leito do rio, onde diziam que havia jacarés, embora, por sorte, eu nunca tenha visto nenhum. Diziam para nós que havia crocodilos e cobras-d'água, capazes de nos levar para o fundo do rio. Eram histórias mágicas, para nos dar medo, ou para que eu não entrasse na água.

O senhor acha que sua avó tenha transmitido o espírito do sacrifício?

O espírito da solidariedade. Que também era uma ideia de Bolívar, quando ele dizia que "a glória está em ser útil". Desde pequeno, aprendi a ser útil. A trabalhar e a viver numa "comuna familiar".

O senhor participava na produção e na elaboração, mas também na comercialização, não é?

É. Na época de colher laranjas, por exemplo, eu saía com um saco de laranjas num carrinho de mão, ia vender de casa em casa, principalmente para a sorveteria da cidade. Vendia laranjas, abacates, abacaxis...

Tudo colhido no quintal?

Tudo do quintal. Aquele quintal era uma potência agrícola mundial! (ri)

Quantos metros quadrados?

Uns 200.

É quase nada...

Não, não, espera aí: um hectare são 10 mil metros quadrados. O quintal tinha 50 por 50, ou seja, 2.500 quinhentos metros quadrados. Isso mesmo, um quarto de hectare. Um quintal, na verdade, grande. Pois eu não disse? Tinha até abacate, abacaxi, um pé de onoto. Sabe o que é onoto?

Não...

É um colorante. Uma árvore que dá umas cápsulas com muitas sementes vermelhas. Colorante para preparar alimentos e dar sabor, como o pimentão.

Quando a minha avó faleceu, escrevi uma poesia, no dia em que a enterramos, em 1982, ano em que nascia o movimento bolivariano. Morreu de tuberculose, aos 70 anos. Foi também um canto à rebeldia, porque dentro dela havia um protesto permanente contra tudo que era estabelecido. Ela me transmitiu essa rebeldia. Repetia para nós: "Não creiam nos padres. Deus está em toda parte". Nesse poema, escrevi: "Talvez um dia, minha querida velha/ dirija meus passos ao teu recinto". E acrescentava: "E então,/ na tua velha casa/ tuas brancas pombas/ alçarão voo (havia sempre muitas pombas brancas no telhado, em algumas épocas do ano, iam e vinham livres, chegavam para comer e minha avó nos mandava pôr milho para elas...) / e sob o matapalo (uma árvore grandíssima) Guardián latirá (era o nosso cachorro) / e crescerá a amendoeira (tínhamos umas amendoeiras gigantescas) ao lado do laranjal e dos pés de tangerina/ junto aos abacaxis/ E avermelhará o semeruco (uma árvore muito frondosa, que dá umas frutinhas vermelhinhas) ao lado do teu roseiral/ e também a ameixeira/ ao lado do topochal" (a gente também tinha topochos).

O que é um topocho?

Uma banana pequenininha.

Mas nesse quintal tinha absolutamente de tudo!

E animais também, já contei: tartarugas, galinhas, galos, o louro etc. Guardián era o cuidador daquilo tudo, era o capataz.

Havia autonomia agrícola...

Pois é, soberania alimentar... Pois eu não disse que vendíamos frutas e conservas? E além do mais, minha avó fez, com Adán e comigo, uma coisa muito boa: ensinou a gente a ler antes de irmos para a escola.

Parece que sua avó ensinou o senhor a ler por uma revista chamada *Tricolor*. É verdade?

Há pouco tempo consegui, por acaso, uma coleção da Tricolor *(mostra para mim). Certa madrugada, lá na La Casona (a residência oficial privada do presidente da Venezuela), me pus a revisar livros antigos na biblioteca. E consegui uma coleção de 1955. Naquele dia, amanheci me vendo de novo nas páginas de* Tricolor, *guardadas por algumas boas mãos.*

Como a sua avó conseguia essa revista?

Era meu pai quem trazia. Por ser mestre-escola, ele recebia Tricolor *como material pedagógico. Por isso, a revista nunca faltava na casa da minha avó. Eu ficava sempre ansioso esperando por ela. Quando meu pai chegava na sua bicicleta, a primeira coisa que eu pedia era "Papai, a* Tricolor*!". Era uma revista mensal.*

Quando começou a ser publicada?

Em março de 1955. Eu tinha uns oito meses de vida quando a revista saiu pela primeira vez. Era uma boa revista, com desenho original, excelente cor. Se definia assim: "Revista venezuelana para crianças, publicação mensal do Ministério da Educação, Direção de Cultura e Belas Artes". Foi editada na época de Pérez Jiménez, mas nasceu — fui estudar a sua história — em 1949, quando o presidente era Carlos Delgado Chalbaud. Depois permaneceu, e a equipe certamente se manteve com personalidades como Rafael Rivero, ou os desenhistas Desiderio Trompiz e Arturo Moreno. Todos venezuelanos. Esse patrimônio foi se perdendo, degenerou. A revista foi privatizada, nós a estamos recuperando.

Foi com ela que o senhor realmente aprendeu a ler?

Foi, mas além disso ela me deu instrução, sem dúvida influenciou na mente aberta daquele menino que, desde aquela época, se viciou nos livros. Sou um biblio-adicto, não consigo andar sem um livro. Aprendi a ler e a escrever num mundo, no qual, por sorte, não chegava a televisão. Tricolor *substituía a televisão. Junto com o rádio, foi o primeiro meio de comunicação com o qual tive contato. Copiava os desenhos da revista, cobria os cadernos que meu tio Marcos me dava de presente. Desenhava para fazer exposições no grupo escolar. A professora me mandava fazer uma ilustração para colocar em tal lugar da escola, eu fazia, e às vezes me pagava 25 centavos ou meio bolívar, e iam para a minha avó.*

Por que se chamava *Tricolor*?

Por causa das três cores — amarelo, azul e vermelho — da bandeira venezuelana. Pedia a colaboração espontânea dos leitores, e como eu desenhava, mandei vários desenhos. Nunca publicaram. Eu passava os olhos buscando página por página, para ver se apareciam. Tricolor *tinha uma qualidade de excelência, de diagramação e redação.*

Teve influência na sua educação?

Enorme e poderosamente. Essa revista envolveu o meu espírito. Nela aprendi muitas coisas das quais falo até hoje. Era uma espécie de curso completo e muito ameno: história, geografia, ciências naturais, ciências físicas e químicas, costumes, música, viagens, aventura... Foi como uma semeadura de valores, amor pelas nossas coisas, pela história da Venezuela. Eu não deixava de lê-la. Ela me estimulou a desenhar. Eu era um menino dedicado ao trabalho, ao estudo e, depois, ao esporte. Não houve, em mim, resquício algum de degeneração de qualquer tipo. Uma formação muito completa. Oxalá todas as crianças vivessem assim, a utopia, a Arcádia...

Produzindo, se educando, criando...

Vivi o mundo da utopia. Com aquela avó que me ensinava a ler, que lia com a gente. Eu gostava muito de ler, para ela, a revista inteira. Dou graças a Deus por não haver televisão na minha casa. Aprendi muito com a Tricolor*! Meu pai tinha a coleção completa, mergulhei nela. Lia não apenas o número do mês, vinha lá de trás. Assim aprendi a entrar na história. Todos esses conhecimentos, essas raízes venezuelanas, influíram muitíssimo no que sou hoje em dia.*

Sua avó teve uma escolaridade normal?

Sabia ler e escrever. Tinha estudado na escola primária de Sabaneta. Tinha uma letra bonita e lia muito bem. Lembro uma coisa que fazia com que ela risse muito. Uma noite, eu disse a ela: "Vovó, a senhora sabe onde diz 'rolo'?". E ela: "Rolo? Não estou vendo. Onde?". E eu disse: "Aqui". Sabe o que era? O final de Tricolor*, lido ao contrário: rolo. Ela caía na risada, gostava dessas minhas invencionices. E contava para o meu pai: "Huguito lê de trás para diante!". A questão é que, quando entrei na escola, já sabia ler e escrever.*

O senhor aprendeu a escrever com a mão esquerda ou com a direita?

Com a esquerda.

E deixavam? Em muitos países, os professores forçavam os canhotos a escrever com a mão direita.

Veja só: Adán, meu irmão, que tem só um ano a mais que eu, entrou na escola e escrevia com a canhota. Pois foi obrigado... ele me contava: "Ameaçaram bater na minha mão...". Precisou se acostumar a escrever com a mão direita. Meu pai, que também é canhoto, lembra que uma vez bateram até a mão dele ficar inchada, porque escrevia com a canhota. Claro que escreve com a mão direita. Mas quando eu entrei na escola mudaram essa lei. E me salvei.

Quero que por favor me conte suas lembranças de menino vendedor pelas ruas.

Pois é, eu era um menino vendedor... Ia vender doces na escola, em primeiro lugar...

Na sua própria escola?

É. Eu chegava e colocava meu potinho com 20 "aranhas" no chão, ao lado da minha carteira escolar, e na hora do recreio ia para o pátio vender.

Para os seus colegas...

Para os colegas e os professores.

Ganhava quanto?

Fazia meus cálculos, sabia que eram 20 moedas de 25 centavos todos os dias, a não ser quando sobrava alguma "aranha". Eu podia comer uma, e podia até dar outra de presente. Havia uma menininha muito pobre, não tinha um centavo, eu sempre dava uma de presente para ela. Certa ocasião, tínhamos um jogo de beisebol no pátio da escola, e eu estava com as "aranhas". Pedi a um colega que cuidasse delas, que depois eu daria uma de presente para ele. E fui jogar. O recreio durava 30 minutos. De repente, ouvi um vidro se quebrando, era o pote das "aranhas"! Meu colega tinha brigado com outro, que queria roubar uma delas.

E o que disse a sua avó?

Minha avó era muito rigorosa. Eu tinha que entregar a ela todo dia vinte moedas de 25 centavos. Mas não brigou comigo. Sempre me dava uma ou duas moedas. Ao sair da escola, eu andava pelas ruas vendendo minhas "aranhas", ia até o campo de beisebol, ia onde se jogava bocha, passeava pelas arquibancadas, ia até o cinema... Os dias das festas dos santos patronos era quando havia mais atividade comercial. Sabaneta se enchia de bazares, chegava o circo, os elefantes, as trapezistas bonitas que se jogavam lá do alto. A praça ficava cheia de jogos populares: roleta, máquinas de cavalinhos, carrinhos... Eu percorria tudo vendendo meus doces. Era uma semana de festa, a praça Bolívar se enchia de gente, havia um bêbado ou outro e, de tarde, o jogo dos touros, de puxar o touro pelo rabo até botá-lo no chão.

Havia uma arena de touros?

Não, era um campo longo, que podia ter uns 100 metros, com cercas dos dois lados. Eles baixavam os touros de um caminhão, punham um do lado do outro, diante da porteira...

Eram touros bravos?

Eram. Tinham de ser necessariamente bravos. Os "rabeadores" eram uns dez, todos voluntários. Transformou-se num esporte nacional, e há competições com regras muito rigorosas. Os toureiros são postos a cavalo ao lado da porta, a porta é aberta, o touro sai disparado e os toureiros galopam atrás dele, tratando de agarrar seu rabo. Os cavalos são rápidos. Um bom cavalo logo se adianta ao touro bravo, que é mais pesado. Quando o cavalo alcança o touro vem a força do cavaleiro, mas é a força do cavalo que arrasta o chifrudo e faz com que ele dê meia-volta e caia. Há toda uma normativa...

O touro se machuca?

Às vezes, sim, claro. Há touros que se machucam, saem com uma pata quebrada. Na verdade, desde menino eu jamais gostei muito desse esporte. Também há cavalos maltratados. Uma vez, vi um touro matar um cavalo com os chifres. Em poucos segundos o pobre do cavalo sangrou até a morte... E alguns vaqueiros também se machucam. Mas tem muita gente que gosta, esse jogo vem dos tempos das vaquejadas.

Os tempos em que a principal atividade nos llanos era a criação de grandes rebanhos de gado...

Exato. Era uma maneira dos peões da savana dominarem o touro bravo que escapava. Eram perseguidos a cavalo, o touro fugindo, era preciso agarrá-lo pelo rabo, derrubá-lo e amarrá-lo.

Então, derrubar o touro era um jogo típico das festas religiosas?

Continua sendo. No llano não tem uma festa de santo patrono sem, pelo menos, três tardes de touro. É quando se concentra todo mundo. Há competição, troféu para os melhores vaqueiros, e tem rainha: é eleita a "rainha dos touros". Na Sabaneta daqueles anos, os touros eram postos na rua mesmo, não havia um local apropriado. Agora tem, de ferro, com iluminação e tudo. Prepara-se bem o terreno, com arquibancada para que as pessoas possam ver melhor. Naquele tempo, não. Era um reboliço de gente, do 1º ao dia 7 de outubro, dia da Virgem do Rosário, patrona da cidade e fim da festa. Vinham muitos forasteiros de Barina, de Apure...

E com isso a sua atividade de menino vendedor se intensificava, certo?

Claro. Fui vendedor até concluir o sexto grau. Me chamavam de "o aranheiro". Cheguei, inclusive, numa época em que não havia nem fruta nem doce, a vender sanduíches. Comprava um pão comprido, preparava a mortadela com manteiga, e ia para a rua. Precisava vender alguma coisa para ajudar a avó. Buscava a maneira de vender o que fosse, bananas, pipas, sei lá. Uma vez, meu tio Ubaldino Morales — marido da irmã da minha mãe — chegou dos Andes, muito pobre, com sua família. Não tinham onde morar e se alojaram na casa dos meus pais. Ubaldino era muito trabalhador, e logo conseguiu uma camionete Power Wagon *vermelha. Com ela, ia de povoado em povoado vendendo bananas. Eu o ajudava, fazia trabalho voluntário com ele, e de vez em quando me levava na camionete. Íamos até Puerto Nutria. Com ele, fui pela primeira vez a Barinas, para vender frutas. Eu adorava andar de um lado a outro. Ubaldino me dizia: "Vende 8 por um bolívar", ou por meio bolívar, não lembro direito. Mas eu dava 10 por um, porque via que as pessoas eram necessitadas.*

Quer dizer então que, assim, o senhor também tinha uma lição de sociologia, vendo como era a vida real...

Pois é, assim observei coisas que, gravadas na minha memória, me ajudaram a compreender as realidades do mundo. Aprendi na rua, enfrentando a vida verdadeira. Fui um menino trabalhador, não uma criança explorada, mas um menino trabalhador voluntário. Um menino caminhante, um pequeno Quixote do llano sonhando com endireitar as coisas tortas...

O senhor gosta de se lembrar da sua infância?

Às vezes vou incógnito até Sabaneta. Não posso ir de dia, porque logo se arma um alvoroço e então, tudo acabado: minha solidão e minha contemplação do tempo... Passeio pelas ruas de noite, lembrando, sozinho, como uma espécie de volta às raízes, de viagem à semente. E tantos detalhes do passado acodem à minha mente. Com emoção e nostalgia, vivo em silêncio essas recordações...

Capítulo 4

Política, religião e enciclopédia

Um menino político • O tio "adeco" • *Viva Rómulo!*
O pacto de Punto Fijo • Wolfgang Larrazábal • Guerrilheiros no botequim
O pai preso • A morte de Kennedy • "Aliança para o Progresso"
Um menino alfabetizador • De coroinha • A morte da avó • O padre Velázquez
A Igreja e os pobres • A visita do bispo • Um bom aluno
A Enciclopédia *Quillet* • "Triunfar na vida" • Educando a vontade
Forjando o caráter • Fixando um destino

Na sua infância, a política ocupava qual lugar?

Primeiro, gostaria de lhe dizer uma coisa: acho que fui um menino político. Assim como Aristóteles diz que "o homem é um animal político", eu fui um animalzinho político... Claro que quando caiu Pérez Jiménez, no dia 23 de janeiro de 1958, derrubado pelas forças revolucionárias venezuelanas, sob a direção da Junta Patriótica presidida por Fabricio Ojeda, eu tinha três anos e meio, e não guardei lembrança alguma de como aquilo foi vivido em Sabaneta. Mas depois veio a Junta de Governo, de 23 de janeiro de 1958 a 13 de fevereiro de 1959, e as eleições, no dia 7 de dezembro de 1958, a vitória de Rómulo Betancourt, os anos de 1960 a 1963. Aí eu já tinha oito, nove anos, e comecei a captar coisas, de como esses acontecimentos entravam naquela casinha.

E como entravam?

Por meu pai. Ele sempre gostou de política. Até hoje (2009) leva por dentro aquela rebeldia silenciosa da minha avó, sua mãe. Quando jovem, ele era muito dinâmico, participava de muitas atividades. E quando seu irmão, meu tio Marcos, vinha de visita, discutiam política. E eu ouvia já distinguindo bem que havia duas posições: a do meu tio e seus amigos, e a do meu pai e seus amigos. Sempre respeitei muito — e respeito — meu tio Marcos. Para mim, ele representava uma figura da autoridade, era sério, mas afetuoso. Tinha um cargo de funcionário, de inspetor de obras, e estava com o governo, claro. Era "adeco", do partido Ação Democrática[1]. *Foi com ele que ouvi falar pela primeira vez de Rómulo Betancourt, o presidente daquela época. Meu tio se definia como "romuleiro", o admirava...*

Havia muitos "adecos" em Sabaneta?

Havia alguns. Lembro que, em 1962, nos levaram, do grupo escolar, nuns caminhões, para assistir à inauguração da estrada Puente Páez-Cejita-Mijagual--Santa Rosa[2], e alguém gritou "Olha lá o Rómulo!". Era assim que o povo chamava o presidente, "Rómulo" e ponto. Eu vi o presidente, estava com um cachimbo, usando um liqui liqui branco — a roupa dos camponeses e da cor do seu partido. E levantava o júbilo em alguns setores do povoado.

Seu tio frequentava esses setores?

Bem, ele morava em Barinas, mas sim, as pessoas que ele mais visitava quando vinha a Sabaneta eram os "adecos". Gente de certo nível econômico. Fazendeiros, ou dom Timoleón Escalona, que tinha a maior loja de ferragens da cidade e vendia de cimento a um tubinho para carregar as chaves, ou os italianos, comerciantes geralmente conservadores. Gente, em resumo, próxima às posições do governo.

Mas a Ação Democrática não era um partido conservador, era social-democrata, membro da Internacional Socialista...

Pois é, na teoria era assim. Rómulo Betancourt inclusive aparecia como líder das esquerdas de toda esta região, onde abundavam ditadores como Somoza, Batista, Trujillo ou Duvalier, apoiados por Washington. Mas como o desprestígio internacional desses tiranos era demasiado grande, o império lançou mão também dos dirigentes que se opunham às ditaduras. Entre eles, Betancourt, que estava exilado nos Estados Unidos e fez um pacto com os gringos. Foi quando sua máscara caiu: assinou o Pacto de Nova York, em 1957, com o Copei[3] de Rafael Caldera. E quando voltou para Caracas, depois da queda de Pérez Jiménez, ganhou as eleições e chegou ao poder, em fevereiro de 1959, mas sob o controle da oligarquia. Com a queda da ditadura tinha surgido uma esperança de mudança. Principalmente porque, muito perto da Venezuela, em Cuba, ilha do Caribe, um mês antes, no dia 1º de janeiro de 1959, Fidel Castro havia vencido, derrubando Batista, apesar do apoio ianque, e demonstrando que uma vitória anti-imperialista era possível naquele momento na América Latina. Mas Betancourt traiu aquilo tudo, mostrou que não era esquerdista. A oligarquia e a burguesia locais o envolveram, e o império entrou no seu governo.

O que fez a esquerda?

A verdadeira esquerda se rebelou. Muitos foram para a montanha. Surgiram as guerrilhas[4]. Alguns militares patriotas também se rebelaram, o coronel Juan de Dios Moncada Vidal, por exemplo, ou o tenente coronel Nicolás Hurtado Barrios, e outros oficiais e sargentos. O coronel Moncada Vidal chegou a ser um dos comandantes das Forças Armadas de Libertação Nacional (FALN). Também houve duas rebeliões militares de esquerda, o Carupanazo[5] e o Porteñazo[6], em 1962.

Em represália, Betancourt bateu muito duro. Tinha uma mentalidade sumamente conservadora e repressiva. Foi o autor de uma frase terrível num discurso ao Exército e à polícia: "Disparem primeiro e investiguem depois". Uma repressão espantosa desatou-se contra as correntes progressistas, os movimentos políticos opositores e até contra as Forças Armadas. Che Guevara tinha enxergado bem, porque parece que em 1953 ou 1954 conheceu Betancourt na Costa Rica, e comentou numa carta alguma coisa assim: "Conheci um venezuelano que diz ser revolucionário, mas tenho certeza de que não é revolucionário coisa nenhuma".

Seu pai militava em algum partido?

Meu pai militou durante longos anos na democracia-cristã, no Copei. Era "copeiano" porque apreciava Rafael Caldera e sua ética. Mas naquele tempo estava sendo fundada, em Sabaneta, a seção local de um partido que teve ímpetos de esquerda nas suas origens, em 1946: a União Republicana Democrática, a UDR. Luis Miquilena, Fabricio Ojeda e José Vicente Rangel foram alguns de seus fundadores no campo nacional. Era o partido de Jóvito Villalba (1908-1989), um dos líderes proeminentes da política venezuelana dos anos 1930, 1940, 1950 e 1960. Havia pertencido ao Partido Revolucionário Venezuelano, o PRV, fundado (em 1928) pelo professor Salvador de la Plaza (1896-1970) e pelos irmãos comunistas Eduardo e Gustavo Machado. Junto com Rómulo Betancourt e Rafael Caldera, Jóvito Villalba formou o "trio de estrelas" da política desse quarto de século. De todos eles, Jóvito, com seu partido UDR, era o mais à esquerda. Ganhou inclusive as eleições de 1952[7] *(30 de novembro), mas Marcos Pérez Jiménez, através de um golpe de Estado, se proclamou presidente. Lutador incansável contra as ditaduras, desde a de Juan Vicente Gómez (1908-1935) até a de Pérez Jiménez (1948-1958), Villalba passou incontáveis anos no exílio ou na prisão. Quando Pérez Jiménez caiu, ele apareceu assinando, com Caldera e Betancourt, o Pacto de Punto Fijo*[8].

Quem era Wolfgang Larrazábal?

Wolfgang Larrazábal (1911-2003) era um oficial da Marinha, um almirante, que se uniu ao movimento revolucionário e participou na rebelião que derrubou a ditadura de Pérez Jiménez e, naquele momento de transição, assumiu as rédeas do país, à cabeça de uma Junta Militar. Formava parte de uma corrente militar chamada de "trejismo", embora, na verdade, ele não fosse o chefe daquela geração de oficiais. O líder se chamava Hugo Trejo (1922-1998). Eu o conheci bastante, muitos anos depois me reuni com ele, conversamos muito. Quanta coisa eu aprendi com o coronel Hugo Trejo! Ele me chamava de "o outro Hugo". Dirigiu aquela juventude militar, à qual pertencia o general Jacinto Pérez Arcay, que na época era apenas subtenente, e depois foi meu professor na Academia Militar e teve grande influência na minha formação política. Mas os outros líderes começaram a relegar Trejo por considerá-lo "esquerdista", foram-no neutralizando e conseguiram tirá-lo do país, mandando-o como embaixador na Costa Rica.

Larrazábal havia assumido o comando, tinha bom prestígio, carisma, um homem jovem, bom orador, em contato com os movimentos progressistas. Tinha mandado para a guerrilha de Fidel Castro, que ainda estava na Sierra Maestra, a ponto de triunfar, umas 150 armas, fuzis M1 Garand, semiautomáticos, americanos. E ao próprio Fidel, que não o esquece, ele mandou um excelente fuzil FAL, automático, belga[9].

Ou seja, diante das eleições de dezembro de 1958, Larrazábal surgia como a figura do momento.

Exatamente. Era um homem culto, com grande conhecimento da política, e apoiado por quase todas as esquerdas. E então, a Ação Democrática, o Copei e a URD fizeram essa aliança histórica, o Pacto de Punto Fijo, pelo qual Betancour, Caldera e Jóvito Villalba, líderes da burguesia, decidiram repartir o poder entre si, e excluir qualquer possibilidade de vitória eleitoral da esquerda. No final, Betancourt ganhou as eleições do dia 7 de dezembro de 1958 por poucos votos, mas Larrazábal triunfou em Caracas.

Naquele momento, seu pai era militante da URD?

Era. Meu pai, certamente antes de que fosse firmado o Pacto de Punto Fijo, fundou a seção local da União Republicana Democrática em Sabaneta. Eles se situavam mais à esquerda, porque essa seção local foi fundada, por exemplo, com um amigo dele, Eduardo Zamudia, que acabou sendo perseguido pelas forças do governo. E com o doutor Escobar, um médico que morava ao lado da nossa casa. Uma noite, o Exército invadiu seu domicílio, procurando por ele, mas já havia ido embora. Depois soubemos que se juntara à guerrilha.

Isso foi no começo dos anos 1960, certo?

Certo. Foi no começo dessa década, porque em 1962, a URD se retirou do governo de Betancourt, saiu do Pacto de Punto Fijo e muitos de seus militantes — entre eles Fabricio Ojeda, que tinha sido presidente da Junta Patriótica que derrubou Pérez Jiménez em 1958, e depois foi deputado pela URD — se incorporaram ao movimento guerrilheiro que estava nascendo na Venezuela. Em janeiro de 1959, a Revolução Cubana já tinha triunfado, e o macartismo dos Estados Unidos se mudou para cá. Tudo que cheirasse a justiça social ou a protesto era condenado como subversivo.

Era a época, nos Estados Unidos, da dupla Eisenhower-Nixon...

Richard Nixon[10] *veio até a Venezuela em maio de 1958, quando era efetivamente vice-presidente de Eisenhower*[11]*, e foi recebido em meio a colossais protestos anti-imperialistas*[12]*. Foi encurralado por um enorme protesto popular, seu carro* *foi atacado. Uma das manifestações mais violentas que Caracas jamais tinha visto. Presidente republicano dos Estados Unidos depois de um longo período de duas décadas de domínio dos democratas, muito anticomunista e partidário de governos militares fortes na América Latina, Eisenhower tinha sido aliado e protetor de Marcos Pérez Jiménez, a quem inclusive tinha condecorado, no dia 25 de outubro de 1954, com a Legião do Mérito* (Legion of Merit)... *Tudo isso foi comentado na cidade.*

O senhor ouvia esses comentários?

Não se esqueça: eu era um menino vendedor ambulante, percorria os lugares mais frequentados: as ruas principais, o passeio, o cinema, a rinha de galos, o campo de beisebol... E ouvia muitos comentários de política. Porque Sabaneta era um lugar pequenino mas politizado, muito politizado, e principalmente na minha própria casa, onde aquele menino começou a ouvir, por um lado, o que dizia o tio, "viva Rómulo!", e de outro, o pai, que replicava: "Abaixo Rómulo!".

Mais tarde meu pai abandonou a URD e passou para outro partido que tinha surgido, socialista, e que pregava o socialismo: o Movimento Eleitoral do Povo (MEP). Foi fundado pelo professor Luis Beltrán Prieto Figueroa (1902-1993), grande educador, socialista, durante muitos anos companheiro de Betancourt. Mas quando Betancourt se desviou para a direita, Prieto reuniu sua gente, da ala esquerda da AD, e fundou o Movimento Eleitoral do Povo. Então, meu pai começou a trazer para casa livros de Prieto, discursos... O símbolo de Prieto era a orelha, tinha umas orelhas muito grandes, era chamado de "Orelhão".

Eu ouvia meu pai comentar aqueles acontecimentos todos. E entendia que havia forças que se enfrentavam. E também havia guerrilheiros.

Tinha guerrilha perto de Sabaneta?

Tinha, e daqui até o Apure. Guerrilhas a cavalo e de montanha, gente do comandante Arauca[13]*. Surgiu um movimento guerrilheiro dos llanos, em Portuguesa, Barinas, Puerto Nutrias e Apure. Entre o pé da serra, Portuguesa e as montanhas de Boconó havia um "triângulo guerrilheiro". O Estado-Maior do Exército colocou um posto militar, um centro de operações em La Marqueseña, e de lá controlava qualquer movimento rumo à montanha ou ao llano. Sabaneta foi praticamente ocupada militarmente naqueles anos 1960. A cidade ficou numa linha vermelha do ponto de vista da campanha antissubversiva que Betancourt lançou. Houve uma campanha dura. Não foi das frentes guerrilheiras mais poderosas, mas houve vários focos ao longo da savana.*

O comandante cubano Arnaldo Ochoa esteve apoiando as guerrilhas venezuelanas?

Pois é. Ochoa[14] *veio, mas os cubanos desembarcaram por Barlovento, em Machurucuto*[15]*, e depois foram para o Estado de Falcón. E lá, em Falcón, foi se cristalizando uma das frentes mais fortes da guerrilha, a Frente José Leonardo*

Chirino[16]*, comandada por Douglas Bravo*[17]*. O MIR*[18] *também organizou focos guerrilheiros no Oriente venezuelano. Em Sucre e em Monagas a situação foi igualmente dura. Já aqui, nos llanos, a guerrilha não conseguiu enraizar-se, porque os campos estavam muito abandonados, muito diminuídos, não havia base social. Existiam algumas condições, mas não floresciam.*

A presença da guerrilha era sentida?

Veja, eu tenho uma velha lembrança. Meu pai trabalhava, naquele momento, em Los Rastrojos, a vários quilômetros de Sabaneta. Para ir até lá, era preciso passar, obrigatoriamente, pelo botequim do Francisco Orta. Um bar onde havia aquilo que chamávamos de "rocola", uma jukebox *com música, e as pessoas tomavam sua cerveja, seu rum. Então, enquanto meu pai conversava com os amigos no botequim, eu ficava fora, no quintal, entrava e saía, porque aquele ambiente era meio familiar, não era um lugar proibido para crianças. As famílias se instalavam no quintal, faziam um sancocho de galinha.*

E o que aconteceu?

Um dia, quando estávamos justamente no quintal, apareceram uns homens armados que vinham da montanha para buscar comida: era a guerrilha.

Seu pai tinha algum contato com a guerrilha?

Diretamente, não. Mas vários amigos dele, que eram de esquerda, ou da extrema-esquerda, como o doutor Escobar, ou Zamudia, de quem já falei, acabaram tendo que ir para a guerrilha, porque estavam sendo perseguidos com a pior das intenções. Ou o bacharel Rodríguez, que foi "desaparecido"...

Havia comunistas em Sabaneta?

Sim, havia. Entre eles, os Orta, do botequim, Francisco e Juan, que eram comunistas e depois foram para a guerrilha. Havia, naquele tempo, o rumor de que os comunistas eram "maus". Guerra psicológica. Curiosamente, esse Francisco Orta, anos mais tarde, aderiu ao nosso Movimento Bolivariano. E eu mesmo voltei, 25 anos depois, ao mesmo botequim de Francisco, para aquela mesma casa para conspirar com os mesmos velhos e com os seus filhos. Porque o Partido Comunista da Venezuela, o PCV, ao qual eles pertenciam, decidiu, desde 1957, impulsionar uma conspiração cívico-militar, estabelecendo alianças com as correntes dos militares patriotas[19]*. E, depois de um parêntesis um tanto longo — a queda de Pérez Jiménez, as guerrilhas, o fim das guerrilhas, e várias explosões sociais, Carupanazo, Porteñazo, Caracazo etc. — surge o projeto da nossa rebelião de 4 de fevereiro de 1992, alimentada com correntes militares, correntes patrióticas, correntes de esquerda e correntes de extrema-esquerda... Mas não quero me antecipar, chegará o momento e então falaremos disso...*

Seu pai foi perseguido?

Meu pai nunca participou de movimentos, digamos, "de aberto desafio à ordem estabelecida". Ele e seus amigos eram sobretudo boêmios, contestadores, anticonformistas. Meu pai foi muito farrista, como "Juan Charrasqueado"[20]... Bem, ele foi preso uma vez, em La Marqueseña, que era um posto do Comando Antiguerrilheiro. Prenderam um grupo inteiro, e todos ficaram presos uma noite. Fui com minha mãe levar comida para ele, e buscá-lo. Lembro que entramos naquele posto, minha mãe e eu, com bastante medo... e dez anos depois voltei lá, como chefe.

Ainda havia guerrilha?

Não. Quando, em 1975, me formei na Academia, voltei ao posto militar instalado em La Marqueseña, mas já não havia guerra. A missão mais importante que me confiaram, naquela época, era cuidar de alguns equipamentos gigantescos de transmissão, da embaixada dos Estados Unidos, umas antenas e uns equipamentos de telecomunicações e de transmissões codificadas. Aquele posto estava a serviço dos gringos, era parte de todo o sistema operacional do Comando Sul.

Havia funcionários norte-americanos?

Não cheguei a ver, mas evidentemente se esses equipamentos foram instalados é porque os técnicos estavam lá, não iam entregar aquilo tudo a venezuelanos, não é? Pelo menos instalaram os equipamentos e os operavam com técnicos venezuelanos. Na Venezuela houve muita presença norte-americana até há pouco. Quando fui eleito para a presidência, acabei de tirar os gringos das bases militares venezuelanas, onde tinham escritórios.

Imagino que com base em acordos...

Claro, acordos leoninos, abusivos, assinados por governos entregues, submetidos, que davam aos gringos direito a tudo: escritórios, salas e até lugares inacessíveis aos venezuelanos. Era enorme a presença de Boinas Verdes[21]. Nas bases aéreas, eles tinham até escritórios de inspetores, imagine só! Em bases militares essenciais para a defesa e a segurança da Venezuela! Inaceitável em qualquer país soberano. Isso acabou. Mas, enfim, isso era um parêntese, não quero me antecipar.

O senhor me falava de seu pai preso.

Isso, meu pai preso um ou dois dias lá, no posto de La Marqueseña. Não creio nem que fosse por razões políticas, mas lembro da minha visita e do medo que os soldados nos causavam. Meu pai nos contou que, da sua cela, ouvia gritos de gente torturada. Mais tarde fiquei sabendo que naquele posto antiguerrilheiro mataram a pauladas uns jovens que eram ligações da guerrilha, e um médico de Barrancas. Esse evento também marcou a minha infância: os soldados, os montes e mais além dos montes: os guerrilheiros e o Exército perseguindo amigos do meu pai. Esses primeiros anos da década de 1960 foram marcados, em Sabaneta e na fileira de povoados até o rio Apure, por muita perseguição. E eu, menino, ouvia muita coisa. E lá longe, um tal de Che Guevara e um tal de Fidel Castro, com sua barba...

O senhor ouvia falar deles?

Sim, sim, escutava falar de Cuba, da revolução que estava acontecendo lá, do Che e de Fidel. Comentava-se, falava-se, mas assim, em voz baixa, cochichos. Circulavam clandestinamente fotos de Fidel. Em algum lugar, vi a foto dele e do Che. Eu, às vezes, pegava um jornal. Últimas Noticias *era o mais lido. Meu tio comprava o jornal, e de quando em quando, muito de quando em quando, trazia para casa. Então, eu lia. Para mim eram coisas muito distantes, imprecisas, enevoadas. Não entendia. Mas sim, falava-se desses nomes.*

O senhor contou isso a Fidel?

Claro. E convidei-o para vir a Sabaneta. Foi um momento mágico, quando Fidel chegou na cidadezinha.

Quando foi isso?

Isso foi em 2001...

É a única vez que ele veio, certo?

Aos llanos, sim. Mas à Venezuela ele veio sete vezes ao longo da vida.

A primeira foi em 1948, Rómulo Gallegos era o presidente. Ele nunca se esquece da viagem que fez do aeroporto de Maiquetía a Caracas pela velha estrada. Ainda não havia a autopista. Conta que pensou que o taxista ia fazê-lo despencar por algum barranco, porque corria muito, e ele, a determinada altura, precisou dizer: "Escuta aqui, ou o senhor diminui a velocidade, ou vou descer". Naquela época, Fidel era líder estudantil. Ia a Bogotá, para um Congresso Universitário, e foi quando mataram Gaitán — nós já falamos disso —, e passando por Caracas, pediu uma audiência ao presidente Gallegos, que naquele tempo tinha muito prestígio. Falava-se da "revolução venezuelana"...

Depois voltou, em sua primeira viagem ao exterior após a vitória da revolução, para celebrar o primeiro aniversário do dia 23 de janeiro de 1958 (queda de Pérez Jiménez). Eu ainda era menino, e ele mesmo me contou que sentiu uma espécie de vergonha alheia, porque quando citou o presidente Betancourt no El Silencio (uma praça de Caracas) o povo vaiou estrepitosamente Rómulo, uma bronca de antologia. Betancourt não se atreveu a ir até El Silencio. Mas Fidel se referiu a ele várias vezes, e precisou fazer gestos com as mãos para que as pessoas parassem de vaiar[22]*. Àquela altura, o povo já tinha intuído a traição que depois* *se entronizou durante 40 anos, até o dia 6 de dezembro de 1998 (primeira vitória eleitoral de Hugo Chávez), e até 2 de fevereiro de 1999 (começo do primeiro mandato presidencial de Chávez).*

Além da Revolução Cubana, o senhor se lembra de ter ouvido falar de algum outro acontecimento político internacional?

A morte de Kennedy[23].

Em 1963, o eco daquele assassinato, em Dallas, chegou até Sabaneta?

Em 1963 eu estava começando o meu quarto ano. O presidente Kennedy foi morto no dia 22 de novembro. E no dia seguinte, na primeira hora da manhã, a professora Lucia Venero chegou e nos disse: "Ai, meninos, tenho medo de que aconteça uma guerra mundial: mataram o presidente Kennedy!". Eu saí muito preocupado e fui contar para a minha avó que ia haver uma guerra mundial, e fomos ouvir as notícias.

O senhor já tinha ouvido falar de Kennedy?

Veja só, eu tinha visto alguns livros com a foto de Kennedy. Já havia propaganda pró-Estados Unidos. Ele era apresentado como uma espécie de "o bom pai". Ou seja, eu já sabia quem era John Fitzgerald Kennedy. Eu sabia que era presidente dos Estados Unidos e eu, menino camponês, ainda não via os Estados Unidos como uma ameaça. Nem pensar...

Havia alguma presença norte-americana em Sabaneta?

Lembro do seguinte: no começo dos anos 1960, chegaram a Sabaneta uns rapazes norte-americanos, John e David. Imagino que eram do Corpo da Paz (Peace Corps)[24]. *Distribuíam sacolas de comida, alimentos, aveia — principalmente da marca Quaker —, faziam uma espécie de feira. Eu devia ter uns 6 ou 7 anos. Mais tarde, na escola, nos davam aulas de inglês no quadro-negro do salão. Eles me ensinaram as primeiras frases em inglês:* "How are you?". *Essa pronúncia, aprendi com eles. Levaram para a escola luvas de beisebol, joguei com eles. Também jogavam basquete. John tocava violão, plantávamos árvores... Ficaram em Sabaneta um ou dois anos. A escola era como o centro de atividade desses norte-americanos. Depois, sumiram.*

Faziam parte, sem dúvida, do programa "Aliança para o Progresso"[25]*, aquela política de penetração dos Estados Unidos, que o presidente Kennedy tinha lançado para frear a influência da Revolução Cubana e de Fidel Castro em todas estas regiões da América Latina.*

John F. Kennedy veio à Venezuela em dezembro de 1961, e ainda tem gente que se lembre dele e de sua esposa Jacqueline em La Morita, nos arredores de Maracay, entregando títulos de propriedade de terra a camponeses, porque Rómulo

Betancourt havia assinado um decreto daquilo que chamaram de "reforma agrária". A estratégia dos Estados Unidos, na época, era impulsionar por toda a América Latina a reforma agrária.

Para que os camponeses não se somassem à revolução...

Exatamente. Então Betancourt assumiu a reforma agrária e entregou terras. Claro, aquilo acabou sendo uma farsa, porque não houve acompanhamento, nem houve planos produtivos, e acabou com os ricos, os latifundiários, comprando a preço de galinha magra as terras que tinham sido entregues aos camponeses pobres, que não receberam nem máquinas, nem financiamentos, nem atenção nem nada. A Venezuela petroleira não tinha nenhum interesse em produzir alimentos.

Algum outro efeito da "Aliança para o Progresso" chegou a Sabaneta?

Sim, chegou. Lembro de um livro que também chegou, Abajo Cadenas[26], *para uma campanha de alfabetização dirigida principalmente ao meio rural. Eu fui alfabetizador. Quando estava no sexto ano, me deram um diploma de alfabetizador — minha avó guardou-o por muitos anos —, por ter ensinado dois compatriotas, dois senhores camponeses, a ler e a escrever.*

O manual se chamava *Abajo Cadenas*?

Pois é. Uma expressão tirada do nosso hino nacional, e era assim que o livrinho se chamava. A ideia de base era evidentemente boa, porque o analfabetismo era enorme por esses campos, produto da incúria de tantos governos, e era preciso romper as correntes da ignorância, da incultura[27]. Mas a aplicação daquele programa também acabou sendo uma farsa. Eu, que era menino, percebia. Porque o padrão de avaliação era saber escrever o nome. Se depois de algumas aulas uma pessoa sabe escrever o nome e o sobrenome, já aprendeu. Alfabetizada...

O senhor achava que isso não era suficiente?

Claro que não era! E comecei a ser contestador. Reclamava. Dizia isso ao meu pai e à minha mãe, professores os dois: "Mas o seu Juan só sabe escrever 'Juan', isso não é saber ler e escrever!". Para aquele manual, saber ler era saber dizer o que vinha no livro: "asa", e o desenho de uma asa; "pá", e o desenho de uma pá; "casa", e uma casa desenhada; "cuia", e uma cuia desenhada; "maraca", e o desenho de umas maracas... Era isso, asa, pá, casa, cuia, maraca, e quatro coisas mais, e pronto: alfabetizado. Era uma farsa, uma mentira, um engodo. Porque quando você tirava o livro daquele senhor, e modificava os desenhos da casa e da pá, ele se enganava. Uma vez fiz isso, não por maldade, mas para ver se tinham aprendido de verdade. E deu para verificar que não.

Quem o senhor alfabetizou?

Fui encarregado de um camponês, Juan, e de sua esposa. Tinham uns oito filhos, e ele batia neles feito um demônio, com o cinto. Mas os meninos também não estudavam, não iam à escola. Andavam cercando gado. Até lembro que levei, para aqueles meninos, umas pipas, da indústria que eu tinha. Meu irmão Narciso era meu ajudante na alfabetização — e também na fábrica de pipas e "aranhas" —, era menor que eu, mas eu o levava junto para a casa daqueles camponeses. Viviam nos arredores de Sabaneta, na direção da "estrada negra", nos limites da cidade. Lembro daquele camponês, Juan Carmejo, fazendo um esforço para escrever. Até ele percebia que aquilo era uma farsa. Esse é o impacto que teve, nesta cidadezinha, o novo governo e as políticas da "Aliança para o Progresso".

Mudando de assunto, que espaço a religião ocupava na sua infância? Sua avó, por exemplo, ia à missa?

Não, não me lembro de minha avó ter ido à missa jamais, nunca, naqueles anos todos, nunca.

Mas ela falava de religião com o senhor? Ensinou os Evangelhos?

Não é que ela fosse ateia, mas tampouco era mãe de santo, nem curandeira. Não era mulher de ir à missa ou de falar de religião. Não ia nunca à igreja mas era muito crente, rezava muito.

O senhor foi batizado?

Claro que fui, me batizaram. Eu mencionei ao senhor meu padrinho de batismo, Eligio. Todos nós fomos batizados. Minha avó era, repito, muito crente, mas não falava de religião, nem da Bíblia, *nem de nada disso.*

Havia imagens religiosas naquela casa?

Sim, havia imagens, mas muito modestas. Do que ela mais gostava era, no Natal, o presépio, e mais ainda de cantar ao Menino Jesus, ao Menino Deus.

Cânticos de Natal...

Ah! Ela ficava encantada, e eu era um dos que participavam na construção do presépio, todos os dezembros. Mesmo depois de eu ter virado cadete, e ter ido para o Exército, ela não armava o presépio enquanto eu não chegasse de férias. Esperava que eu chegasse e dissesse onde o presépio seria erguido. Eu fazia casinhas, animaizinhos de papelão, e pintava as estrelas, o cometa...

O senhor rezava todas as noites, antes de dormir?

Rezava sim, e além disso, eu tinha outro costume, que conservei até a adolescência: inventar uma oração. Rezava a Deus e pedia o que normalmente todo mundo pede, mas acrescentava mais coisas, pessoas, como se assumisse um compromisso. Mas eu rezava meu Pai-Nosso.

O senhor ia à missa?

Sim, porque minha mãe era muito de ir à igreja, e muito próxima do padre. Chegou a me fazer virar coroinha. Foi ela que influenciou para que eu me fizesse coroinha. Queria que eu fosse padre. Minha avó não gostava muito da ideia...

Por quê?

Quando me via vestido de coroinha, não gostava. "Ai, meu filho, que coisa é essa de ser coroinha?" E me dizia: "Você acha que porque está usando essa roupa e vai à igreja está com Deus?". E me advertia: "Cuidado com os padres! Não vá acreditar em tudo que os padres dizem!". Lembro que ela ria quando me ouvia, no meu quarto, repetir alguma frase em latim: Per secula seculorum.... *Caçoava de mim: "Agora, tenho um padrezinho em casa. Amém". E acendia vela para os santos, para que eu não continuasse daquele jeito. E quando deixei de ser coroinha, ela se alegrou muito. Sempre brincava comigo, a vida toda fomos como amigos.*

Como cúmplices.

Pois é: como cúmplices, até o último dia. O dia da despedida foi terrível. Eu já era capitão, era dezembro de 1981, vim passar uns dias em Barinas, mas ela já estava tão mal, tão magrinha, tão acabadinha. Adán, que morava aqui, era professor da universidade, me mostrou uns raios X que tinham feito, e me explicou que ela não tinha muito tempo de vida. O médico me confirmou: "Ela já não tem muito tempo pela frente, os pulmões estão destroçados, e ela sofre muito". Minha avó vivia num quartinho, na casa dos meus pais, descansava numa caminha, e eu pus um colchão no chão, ao lado da sua cama, e dava massagens em suas costas. Lembro muito bem. Fiz um presepiozinho para ela, e passei aquele Natal com ela. Quando ia embora, no dia 26 de dezembro, dei um abraço nela, que já era puro osso, muito, muito magrinha, um esqueleto, não comia nada. Então comecei a chorar, e ela, lembro bem, me disse: "Não chora não, que com tanta pílula que estou tomando com certeza vou curar...". Ela sabia que estava muito mal, tinha apenas um tratamento para as dores, um simples analgésico. E não chorou, para não me deixar triste. Para me consolar.

Minha avó era isso, uma espécie de rebeldia silenciosa dentro do mundo onde viveu. E sábia, com essa infinita sabedoria popular, porque o povo é sábio. Uma mulher tranquila. Não me lembro de jamais tê-la visto furiosa ou cheia de ira, nunca, nunca.

Ela não ralhava com o senhor, quando era pequeno, com suas travessuras?

São muito raras as vezes em que lembro de minha avó zangada. Era, repito, o exemplo, a honestidade, o amor. Era muito amorosa com as coisas mais humildes. Como São Francisco de Assis. O bule de café, por exemplo. Ela era um amor com o bule. Cuidava da cozinha com infinito esmero. Dos bichinhos, por mais humildes que fossem. Era preciso amar o cão Guardián, o gato, porque o gato era um amor, e o louro. Tanto era assim, que numa das primeiras cartas que mandei para ela, quando cheguei na Academia Militar, em setembro de 1971, falava de Tribi, o gato, e de Loreto, o louro, como se fossem membros da família. Ela humanizou o cão, o gato e o louro.

Foi enterrada em Barinas?

Foi, em Barinas.

Tinha câncer no pulmão?

Não, tuberculose.

Doença da pobreza...

Pois é, da pobreza e do trabalho. De engolir, desde menina, muita fumaça em casas mal ventiladas, e de trabalhar até a exaustão nos campos.

Apesar da opinião da sua avó, sua mãe fez com que o senhor fosse coroinha...

Pois é, veja só, minha mãe me induziu. Comecei a ir à igreja, fui a todos os cursos de primeira comunhão, e então, talvez por algumas habilidades que eu tinha, as verbais seguramente, me escolheram. Parece que eu tinha condições suficientes para ser coroinha. E fui coroinha, acho, um ano. Considero que levei uma "vida monástica" entre os 8 e os 10 anos.

O senhor se confessava e comungava toda semana?

Sendo coroinha, estava obrigado a me confessar, comungar, limpar a igreja, tocar os sinos, recolher a esmola...

O senhor se lembra do padre?

Lembro, acho que era sul-americano. Talvez equatoriano, podia ser. Ele se chamava Velázquez. Chegou no povoado e se instalou naquela antiga igreja de teto de sapé, grande, muito fresca e muito bonita, na esquina leste da Plaza Bolívar. Nesse mesmo lugar em que hoje está a igreja, mas não é mais a mesma, agora é uma construção nova.

O senhor se lembra de alguma conversa com aquele padre?

Lembro, porque comecei orientado por ele. Não vamos esquecer de que estamos, nessa altura, em 1963, 1964, ou seja, eu ia fazer 10 anos. E lembro daquele padre conversando. Não esqueci algumas ideias que me chamaram a atenção, e que ficaram gravadas em mim. Eu era um menino pobre, e todos os meus amigos eram pobres. Alguns pertenciam, digamos, a uma classe média rural, seus pais tinham um sítio, ou um comércio etc. Mas meus amigos mais próximos eram pobres. Laurencio Pérez, por exemplo, vendia dobradinha, ou qualquer carne, de bicicleta. Todos nós éramos muito pobres, camponeses. Então, eu me sentia identificado com aquilo que o padre falava da "opção preferencial da Igreja pelos pobres". E comecei a me identificar com o Jesus revolucionário.

"Jamais homem algum falou como este homem", disse o profeta João. "Ele é um invencível." Nem mesmo o Diabo pôde com ele. Comecei a me identificar com essa figura de um Cristo crucificado por defender a opção preferencial pelos pobres. O Jesus desafiador, um Jesus que desafiou o Poder, o Jesus compassivo, que, "ao ver as multidões, teve compaixão delas, porque estavam desamparadas e dispersas como ovelhas que não têm pastor".

O padre lhes falava disso tudo?

Sim, nos falava do Jesus do chamamento: "Vinde a mim todos os que estais trabalhando e carregando, e eu vos farei descansar...". Lembro daquela igreja com carinho. Levei a sério minha condição de coroinha. Lembro até que estudava latim, o Padre Velázquez nos ensinava algumas frases. E tem mais, lembro até que depois que vim para Barinas fazer o curso colegial, continuava visitando aquele padre. Ele convocava os jovens que estavam estudando o secundário fora de Sabaneta para reuniões e conversas, e discutíamos. Lia para nós uns textos, uns livros que ele tinha, e evocava o tema da "opção preferencial da Igreja pelos pobres".

Muitos anos depois, liguei essas conversas com o padre Velázquez e as teses de João XXIII[28]*, aquele papa progressista, do Segundo Concílio Vaticano (1962-1965), e também com as da Assembleia Extraordinária do Celam, o Conselho Episcopal Latino-americano, de Mar del Plata, em 1966, e ainda as Conferências de Medellín (Colômbia, 1968), e de Puebla*[29]*, no México, em 1979, e com a Doutrina Social da Igreja, uma Igreja progressista que iria percorrer os mundos. Imagino que aquele padre, e mais ainda sendo latino-americano, estava muito impactado pelas ideias da Conferência Episcopal de Mar del Plata, aquela reunião de bispos da América Latina onde se começou a preparar um documento sumamente progressista.*

O embrião do que iria ser a "Teologia...

... da Libertação". Isso mesmo. Naqueles anos estava, efetivamente, nascendo o que mais tarde foi chamado de "Teologia da Libertação"[30]*. Acho que caí nas mãos de um padre progressista, um sacerdote bom, jovem, humanitário, muito conversador, que nos induzia a ler e que falava da "opção preferencial da Igreja pelos pobres". Nunca mais tive notícias dele.*

Era também a época de Camilo Torres.

É verdade. Naqueles anos, o sacerdote revolucionário colombiano Camilo Torres (1919-1966) já estava lutando nas guerrilhas do Exército de Libertação Nacional (ELN) da Colômbia. Não titubeou em pegar em armas porque acreditava que o compromisso da Igreja, e o seu próprio, como padre, devia ser como o de Cristo: um compromisso com os pobres, com os que estão enfrentando grandes necessidades. Ele partia de um postulado cristão: as pessoas pobres merecem um cuidado preferencial, já que Jesus Cristo veio para defender os necessitados.

Camilo Torres foi um verdadeiro exemplo, deu a própria vida pela causa dos humildes. E outros sacerdotes progressistas também se somaram, em outros países da América Latina, à luta por uma nova sociedade, fundada na justiça, na liberdade, na verdade e no amor. Por exemplo, Gaspar García Laviana (1941-1978), que pegou em armas contra Somoza na Nicarágua, quando entendeu que uma mudança política pacífica não permitiria libertar os pobres das terríveis condições que se observava a cada dia. E morreu em combate.

Daquilo que o padre Velázquez pregava, o senhor tirou esta lição: a de que a religião também era uma mensagem para os pobres?

Veja só, a lição que tirei é que era preciso estar sempre do lado dos fracos, dos humildes, de quem estivesse passando por situações penosas. Lembro, por exemplo, de um acontecimento: havia um policial que era amigo dos meninos, entre eles eu — esqueci seu nome —, e esse policial, certa vez, matou um homem na praça. Uns bêbados estavam metidos numa briga, ele foi tentar acalmá-los, um dos bêbados puxou uma faca, ele pegou o revólver e, desgraçadamente, matou o homem. Em defesa própria, mas matou aquele bêbado que o agrediu.

O padre nos falou desse caso. E, depois da conversa com o padre, fui até a loja dos Zanetti para comprar uma maçã, com duas moedas da venda das "aranhas". Em seguida atravessei a praça e pedi para visitar o preso, na sua cela, porque ele ia ser levado para Barinas. Fui levar, para aquele policial preso, a maçã. Quer dizer: embora a tragédia da morte daquele bêbado tenha causado dor, aprendi com aquele padre — além do que eu tinha aprendido com a minha vó — a estar ao lado de quem caía em desgraça, do lado de quem estava numa situação de dor. Em suma, do lado dos pobres. Acho que foi a maior lição que tive nesse tempo de coroinha, com aquele padre Velázquez, que sem dúvida era um sacerdote progressista. Essa experiência com aquele padre e com o discurso social da Igreja influenciou, creio, minha formação, principalmente para ir assumindo uma linha, uma corrente, cristã e progressista, humanista, socialista, revolucionária, que depois fui elaborando com mais profundidade.

Que outras coisas o senhor aprendeu, quando era coroinha?

Valores humanos. Aprendi sobre a condição humana. Coroinha, estive, por exemplo, em missas de "corpo presente" e aprendi a ter contato com a morte. E também, com o padre, preparei batizados. Quer dizer, tive contato direto com a vida do bebê, e com a morte, perto da morte, vendo um cadáver e lendo o rosário ou o Pai-Nosso para consolar a viúva e os órfãos chorosos.

O senhor também assistia aos enterros no cemitério?

Pois é, de vez em quando era preciso ir a uma ou outra missa no cemitério. Então, me acostumei a ser testemunha de momentos decisivos da vida: a ver a morte muito de perto, e a ver a felicidade do batismo de uma criança recém--nascida. E também a alegria de fazer soar os sinos porque era a hora da missa, ou porque começavam as festividades religiosas. Ah! Que festas! Eu adorava disparar os foguetes.

A artilharia popular...

Pois é, a artilharia popular. Eu gostava muito de soltar foguetes.

O senhor se lembra das imagens que havia naquela igreja?

Claro. Uma escultura de Cristo, e uma velha cruz de madeira, muito antiga, trazida da Espanha há muitíssimos anos. As imagens da Virgem do Socorro, do Carmo, de Nossa Senhora do Rosário, padroeira de Sabaneta, e outras mais. Sim, a igreja tinha — e tem — imagens, mas não era uma dessas igrejas sobrecarregadas de santos. Não, era uma igreja muito humilde, como a cidade e sua gente.

Na escola também se falava de religião?

Pois veja só como eu estava metido nessa questão da igreja. Lembro — eu estava no sexto ano, ou seja, em 1966 — da chegada a Sabaneta, pela primeira vez, do novo bispo de Barinas, monsenhor Rafael González Ramírez. Ou seja, deram a Barinas a categoria de Bispado[31], e ele foi o primeiro bispo que, percorrendo as paróquias da sua nova diocese, veio a Sabaneta. Na minha escola, a Julián Pino, organizaram um ato. E eu fui escolhido para tomar a palavra e ler uma saudação ao novo bispo. Dei a ele as boas-vindas. Isso, com microfone e tudo, e o bispo se aproximou de mim, pôs a mão em minha cabeça, me abençoou e disse: "Onde falam as crianças reina a paz...". Nunca vou esquecer. Como um menino de 12 anos poderia esquecer essa frase?

Deram essa missão ao senhor por ter sido coroinha?

Com certeza, mas principalmente porque eu era um bom aluno. Devo recordar que meu pai dava aulas nessa mesma escola. Havia sido transferido da outra, lá da montanha, onde ficava isolado, e naquela época estava em Sabaneta. Meu pai impôs, para Adán e para mim, uma condição: "Se não tirarem nota 10 nas provas, perdem o direito de ir ao cinema". Foi um incentivo. Modéstia à parte, eu tirava sempre 10. E assim em todos os anos do primário. Todos.

Quer dizer que o senhor nunca precisou fazer prova de fim de ano?

Exatamente. Havia uma norma: o aluno que tirasse 9 ou 10, que era o nosso sistema da época, não precisava fazer prova final. Era dispensado. E eu fui dispensado em todos os anos do primário. Gostava muito de estudar. À minha volta, todos me incentivavam, minha avó, meu pai. Minha mãe também era professora, fez alguns cursos, fez a escola normal e se formou professora. Todos me estimulavam sempre.

Pode parecer falta de modéstia, mas acho que fui o melhor estudante do grupo escolar Julián Pino durante todos aqueles anos. Então, claro, os professores e as professoras diziam: "O bispo chegou, que Huguito Chávez fale", ou no Dia da Bandeira, ou no Dia da Pátria.

... "Huguito Chávez fala".

Pois é. E, além do mais, Huguito Chávez falava...

Já sabia falar!

Sabia! (ri). Dizia coisas que os outros meninos não diziam, usava expressões que não usavam. Atuava em peças de teatro, jogava beisebol, desenhava, cantava...

O senhor não era tímido.

Na verdade, era sim. Era tímido, mas vencia a timidez dessa maneira. Sentia certa timidez no trato pessoal, mas quando estava no campo de jogo, no palco do teatro ou no lugar de discursar, a timidez sumia. Eu era tímido porque era humilde, por modéstia. E continuo sendo, me choca falar de mim mesmo. Às vezes preciso fazer isso, diante de perguntas como as suas, em situações como esta. Mas custa dizer o que lhe disse: que creio ter sido o melhor aluno daquela escola.

E, imagino, apreciado pelos professores.

Era muito querido, principalmente pelas professoras, reconheço. Era toñeco, *ou seja, mimado. Aqui se usa muito a palavra* toñeco *para dizer o mais querido, o preferido. Na época do Natal, as professoras me punham para desenhar os cartões, para representar os presépios, e até para cantar as canções natalinas. Eu até inventava umas quadrinhas, umas musiquinhas...*

Essas experiências tiveram, mais tarde, alguma serventia?

Se fizermos um pequeno balanço daqueles anos da minha infância e pré-adolescência, anos de educação e formação, de consolidação de uma personalidade, veremos que há um conjunto de elementos que, sem dúvida, deixaram marca e influenciaram. Volto ao tema de Marc Bloch: "Para que serve a história?".

Pois eu fui entrando na história por caminhos diferentes, levado por uma correnteza desse rio invisível que atravessa savanas, árvores, povoados, que é invisível mas tem uma força tremenda: a história viva. Fui assim me aproximando, por caminhos diferentes, a esse rio que é a história, e depois me atirei no rio, o rio me absorveu, e esse rio me trouxe até aqui.

Seu pai, como professor, o estimulou a se interessar pela história?

Sim, meu pai me estimulou muito a estudar história. Além disso, foi meu professor no quinto ano. Que gênio tão duro! Era severo e exigente. Os garotos que não faziam as tarefas tinham medo dele. Usava no dedo um anel grosso, de formatura, que eles chamavam de "casco de bode". Comigo era mais exigente ainda. Se eu não tirava 10, era como se tivesse sido reprovado. Uma vez não consegui terminar a tarefa porque fiquei moendo milho para a minha avó, e pude sentir na minha cabeça a dureza do "casco de bode".

Naquele ano ele também começou a me pôr no time de beisebol. E me botava para falar nos atos. Chegou a me preparar um discurso para um Dia da Bandeira, que começava assim: "A Bandeira que Miranda trouxe e que Bolívar conduziu com glória...". Eu não queria ler, mas ele insistiu, e me fez ensaiar. Porque ele era como a minha avó: amor, paciência, bondade. Um homem bom. Sempre teve um alto grau de superação, que transmitiu para nós. Veja bem que, saindo de Sabaneta, onde quase ninguém ia para o ginásio depois do primário, todos nós, meus irmãos e eu, fizemos cursos superiores. Meu pai era empenhado, uma exigência ao máximo e nos facilitava o estudo, era um docente, em casa e na escola. E nós nos criamos nesse ambiente de professores, os amigos de meu pai, docentes, professores.

Quando meu pai começou a dar aulas, lá em Los Rastrojos, em San Hipólito, no campo, só tinha terminado o sexto ano. Mas, diante da falta de professores, ele foi formado e depois nomeado professor. E assim foi fazendo cursos, superando-se, frequentando oficinas de formação nas férias, em Baquisimeto, durante os anos de 1957, 58, 59... para se formar de verdade. Também andou por Caracas, fazendo uns cursinhos de aperfeiçoamento pedagógico. Aliás, quando houve o terremoto de Caracas, no dia 29 de julho de 1967, meu pai estava lá. E nós, depois de terem tirado muitos moradores das zonas afetadas, choramos, porque diziam que Caracas inteira havia desaparecido, mas dois dias depois chegou um telegrama informando que ele estava bem. E então, quando já estava em Baquisimeto para se preparar para os exames, comprou esses livros extraordinários... (mostra para mim).

O *Dicionário Enciclopédico Quillet*, francês. Aristide Quillet[32] era um enciclopedista do século XX.

Estes não são os volumes originais, que lamentavelmente se perderam. A coleção do meu pai tinha as capas verdes. Esta é uma edição posterior, de capa vermelha. Meu pai tinha os quatro volumes na casa dele. E eu adquiri o costume de trazê-los para a casa da minha avó, que era a minha casa, onde eu tinha a minha mesinha e o meu chinchorro, a minha rede. Foi assim que mergulhei, digamos assim, nas páginas desta maravilhosa Enciclopédia.

Ou seja, em paralelo com a escola, o senhor começou a aprender por conta própria, como um autodidata.

Pois é, esta Enciclopédia começou a exercer em mim um impacto tremendo. Estou falando primeiro do menino de 10, 11, 12 anos. Mas depois também, quando viemos para Barinas e eu fazia o ginásio, esta Enciclopédia continuou sendo o meu livro de cabeceira. Depois tirei-a do meu pai, trouxe para Caracas e, estudando matemática ou química na Academia Militar, consultava este livro. E mais tarde ainda, quando eu já era professor de história na Academia Militar, continuava consultando esta Enciclopédia.

Por que o senhor se interessava tanto por ela?

O que mais impactou no espírito daquele menino foi, no primeiro volume, o primeiro capítulo. É uma coisa maravilhosa. Eu tinha lido mais de cem vezes. O título é "Para triunfar na vida". Eu tomava notas num caderno. E levei isso muito a sério. Disse a mim mesmo: "Eu vou triunfar na vida, eu vou triunfar".

Aos 11 anos se fixou nessa meta?

Exatamente. Esta mensagem chegou a mim nessa idade, e foi como um motor. O que a revista Tricolor *foi para o menino, essa Enciclopédia foi para o pré-adolescente que começava a sonhar com uma vida futura. Talvez sonhasse com alcançar o Pico Bolívar que, quando eu era muito menino, via de longe. Alcançar o ponto culminante...*

O que esse Capítulo I dizia?

Olha só, vou ler um pedaço: "Tenhamos confiança em nós mesmos. Todos os elementos do êxito se encontram em nós. (...) Os verdadeiros grandes homens só foram grandes pela força do seu gênio. É verdade que Alexandre, Napoleão, Shakespeare e Andrew Carnegie[33]*, Pasteur estavam extraordinariamente dotados de altas virtudes, mas não é menos verdadeiro que se conseguiram escalar os altos picos do poder, da riqueza e da glória, foi porque souberam desenvolver e conduzir metodicamente suas faculdades naturais. Seria néscio empenho pretender sermos um Napoleão ou um Pasteur, mas convém, no entanto, não nos menosprezarmos. Se aproveitarmos da melhor maneira todas as nossas faculdades, conseguiremos resultados insuspeitos".*

Mais adiante, esta Enciclopédia recomenda exercícios práticos para desenvolver essa vontade e essas capacidades ou condições inatas. E eu me aplicava para fazer esses exercícios.

Que tipo de exercício?

Lembro, por exemplo, de um. É quando se quer olhar cara a cara para alguém abrindo bem os olhos, para estabelecer uma ideia com muita firmeza. A Enciclopédia dizia: "Tenhamos o olhar firme; um olhar exerce sempre forte impressão, utilizemos esta virtude acendendo todas as chamas dos olhos. Observemos, para isso, os seguintes conselhos: coloquemo-nos diante de um espelho e dirijamos o olhar sobre nossa própria imagem nele refletida; fixemos o ponto situado entre os olhos e a base do nariz; façamos um esforço para imobilizar as pálpebras, e durante 30 segundos conservemos a firmeza dos olhos, repousemos 30 segundos; retomemos a primeira atitude, conservando-a durante um minuto, recomecemos durante dois minutos...". Eu ficava na frente de um espelho e contava, para ver até que ponto chegava sem pestanejar.

O senhor se lembra de algum outro?

Claro, eu não lhe disse que estudei esta Enciclopédia com a maior seriedade? Até poucos anos atrás, ainda havia um desses livros por aí. Por exemplo, outro exercício que já era mais físico, para aprender a respirar bem: "Pratiquemos uma higiene respiratória", dizia. "Devemos oxigenar bem o sangue. E para isso, devemos aprender a respirar". E adiantava: "Baseando-nos no ritmo do pulso, façamos uma profunda inspiração de seis segundos, e conservemos o ar inspirado durante seis segundos, expiremos em seis segundos, e conservemos os pulmões vazios durante três segundos. Pouco a pouco e progressivamente, ampliemos o ritmo respiratório, sem ultrapassar nunca a cadência a vinte segundos e dez segundos. Deve-se fazer este exercício com muita frequência e suma atenção. Logo alcançaremos o hábito de aspirar e expirar o máximo dos pulmões".

Eu aprendi a respirar fundo, enchendo os pulmões de ar e guardando a respiração. Minha avó me descobriu respirando algumas vezes. "O que é que você está fazendo, garoto maluco?" E eu lá, só respirando... Respiração diafragmática.

Ela é praticada na ioga.

Essa Enciclopédia partia do grande princípio clássico: mens sana in corpore sano. *A higiene do corpo é fundamental para se ter um espírito são. Por isso também aconselhava que, se não houvesse tempo para se banhar pela manhã, para que a circulação do corpo fosse melhor, que se jogasse algumas gotas de água nas extremidades, e esfregar rapidinho água nas pernas e nos braços. "Ajudemos a circulação do sangue", recomendava. "Para ajudar a circulação, vamos nos dar chuveiradas frias todos os dias ao nos levantarmos, ou pelo menos esfreguemos nossos corpos com uma esponja de água fresca. Para isto, não é necessária uma instalação especial. As pessoas cuja saúde não lhes permita suportar a água fria, deverão, todas as manhãs, esfregar o corpo com a palma da mão, ou com uma luva...". Eu fazia tudo isso.*

E também exercícios para memorizar e para desenvolver a inteligência. Lembro que a gente deve fechar os olhos e, para gravar um número, imaginar uma parede negra e os números. Por exemplo, 1.583 devem ir surgindo como em chamas: um, cinco, oito, três. E pronto! Você já gravou. É preciso repeti-lo várias vezes.

Havia exercícios para aprender a falar em público?

Para falar em público, não. Mas sim para trabalhar a voz e a expressão oral. Dizia, por exemplo: "Eduquemos uma voz clara e expressiva, o timbre de voz pode comover profundamente. Para dar a mostra de um timbre persuasivo, comovedor, cantemos com a boca fechada". E eu ficava lá: "Mmmm", cantando com a boca fechada. "Este é um exercício que pode ser feito todas as manhãs."

Minha avó se assustava: "Esse menino está ficando louco por causa desses livros". E eu ia repetindo coisas, fazendo exercícios...

O livro ensinava boas maneiras?

Sim, ensinava como se comportar de maneira educada, mas sempre controlando-se. Por exemplo, recomendava: "Guardemos silêncio quando não necessitarmos falar. Sejamos sóbrios nos gestos, não digamos nossas impressões. Escutemos e não comentemos". Isso aí eu não devo ter lido com muita atenção... (risos). E continuava: "Quando falarmos, façamos isso sem atropelar. Escolhamos as expressões, não lancemos a primeira que se nos ocorra, esforcemo-nos para dar com a que melhor expresse nosso pensamento. Falemos com convicção, mas sem gesticular". É como a base de uma formação, de um início para dominar a si mesmo.

Adquirir um controle sobre os instintos e aprender a se concentrar e a não se dispersar...

Pois é. Essa Enciclopédia Autodidata Quillet *ensinava a concentração mental, ensinava a se concentrar em algo e não se deixar distrair. Dizia, por exemplo: "Pensemos tão somente numa coisa, mas absorvendo-nos dela completamente. Cheguemos até o final do nosso pensamento". E eu fazia isso, praticava isso, mantendo a máxima capacidade de fixação e até tratando de desenhar, de memória, o rosto de pessoas conhecidas.*

O senhor se impôs uma autodisciplina.

Exatamente: eu me submeti a uma férrea autodisciplina. E notava os progressos, a minha vida mudava, e eu gostava daquilo. Os conselhos que aquele livro me dava, pude verificar que davam frutos. Constituíram, para o pré-adolescente que eu era, uma autoajuda essencial. Não me esqueço. Dizia, por exemplo: "Cultivemos a fortaleza do espírito. Tenhamos fé no êxito. Mas necessitamos renovar constantemente nossas forças. Busquemos os mananciais mais ricos de onde tirá-las, e meditemos". Eu sempre ando buscando mananciais para beber, para renovar forças intelectuais, ideias. Permanentemente.

E hoje em dia também?

Sim, claro. Principalmente agora, com tudo que estamos realizando em todos os setores. É, mais necessário que nunca, ter ideias, conceitos, projetos, e não é fácil, no meio de todas as frentes em que estamos avançando, encontrar tempo para meditar, pensar, ler, encontrar inspiração, imaginação... Mas eu trato de fazer isso. E, nesse sentido, a Enciclopédia me ensinou muito. Numa certa altura, diz o livro: "Busquemos alguns instantes de isolamento" — e eu faço isso com bastante frequência — "e nossa alma ganhará vigor, se periodicamente conseguirmos nos isolar do meio habitual. O sábio costume das férias e dos domingos passados nos campos é a prática agradável desse preceito. Acostumemo-nos a mudar completamente de ambiente".

O senhor tem férias?

Desde que estou neste cargo, ou seja, desde fevereiro de 1999, não tive um dia de férias. Nem um único. Jamais. Todo mundo sabe disso. Esta é uma missão sagrada, que me foi confiada pelo povo. E tem tanta coisa para ser feita, que seria quase uma traição se eu tivesse um dia de folga. Às vezes digo, brincando, aos meus colaboradores que estão, forçosamente, obrigados ao mesmo ritmo: "Sair de férias é um ato contrarrevolucionário". Claro que estou exagerando...

Mas voltando ao sentido da sua pergunta, o fato de que eu não tire férias não me impede de procurar, para mim mesmo, momentos indispensáveis de isolamento e meditação. Essa Enciclopédia me deu indicações precisas sobre a forma de levar à prática este descanso mental. "Primeiramente, deve-se procurar ter bem livres todos os músculos, assegurando-se que o corpo repousa com todo seu peso; depois, fecham-se as pálpebras e fixa-se no propósito de adentrar-nos a nós próprios, ou seja, de interromper momentaneamente qualquer contato com o mundo exterior". Eu meti isso na cabeça. E isso é educação da vontade.

Essa Enciclopédia também propunha uma educação da inteligência?

Obviamente. Uma parte inteira, e muito importante, insiste na educação da inteligência. Para isso, estabelecia alguns princípios. O primeiro deles: observar bem. Dizia, por exemplo: "Temos que aumentar a potencialidade dos sentidos. Isso quer dizer, por um lado, desenvolver a agudez e a rapidez das percepções, e por outro, nossas aptidões de observação. Sejamos curiosos: escutemos, olhemos, toquemos. É preciso que as pessoas sejam o mais precisas possível. Assim aprendermos a desenvolver a memória".

Também ressalta a necessidade de sermos racionais: "Disciplinemos a imaginação. Não nos entreguemos à fantasia, nem às suas invenções rocambolescas. Não nos deixemos encantar pelas suas miragens, a imaginação deve servir aos nossos cálculos".

Por último, insistia na importância de afinar o sentido comum, o bom senso, o discernimento: "O juízo nos ajudará a depurar o pensamento e a calcular de maneira equilibrada os sentimentos". Sem esquecer nunca que a base de um bom funcionamento do espírito reside num corpo que deve ser submetido às regras da higiene, sendo que a palavra "higiene" deve ser entendida em seu sentido mais amplo, que é o de cuidado com a saúde.

O objetivo de todos esses exercícios e recomendações era preparar-se para triunfar na vida?

O livro definia um conceito de vida. Repito que eu li isto, umas cem vezes, quando tinha 14, 17, 20, 25 anos, e até mais. A questão era forjar um caráter, uma personalidade. Na introdução, por exemplo, dizia: "Nos exaltamos diante das proezas dos atletas, e cada nova façanha dos ases do esporte nos entusiasma. O que nos deve maravilhar não é o resultado conseguido, mas o esforço e a energia que necessitaram para consegui-lo. Toda pessoa normalmente dotada, e que não padeça entorpecimento físico, pode lograr essas proezas".

Era como uma educação voltada para o esforço e a perseverança, a desenvolver o espírito da mesma forma que o atleta desenvolve o músculo. O livro acrescentava: "Se não nos prepararam para a luta da vida, é preciso que nós mesmos façamos isso. Da mesma forma que o corpo, o espírito pode tornar-se desperto, ativo, vigoroso. Os ases dos negócios, da política, da ciência, das artes são os atletas do espírito". E na verdade eu fui assumindo isso, com a maior determinação.

A autoeducação...

Sim, a autoeducação. E continuo na mesma toada: todos os dias estou estudando. Não há um só dia em que eu não estude alguma coisa. Sou adepto à autoeducação, mas aplicando o princípio de Montaigne, que dizia "mais vale cabeça equilibrada que muito cheia".

Essa Enciclopédia foi útil para construir o seu caráter?

Bem, eu aprendia muitas coisas com minha avó, na rua, na escola. Gostava de aprender, sempre gostei muito de aprender. Mas esses conhecimentos se acumulavam em mim numa grande desordem, como em todas as crianças, e essa Enciclopédia me ajudou a organizar tudo isso, estruturar, hierarquizar. Mas, principalmente, naquela idade, quando o pré-adolescente começa a indagar sobre si mesmo, sobre sua psicologia, e vai também buscando sua personalidade, esse livro me propôs respostas concretas — e, na minha opinião, inteligentes — às perguntas básicas que eu mesmo me fazia.

Nesse sentido, essa obra me ajudou muito, sem dúvida, a conformar uma mentalidade, e desenvolver algumas faculdades mentais. Por exemplo, num momento, disse: "Os homens superiores não o foram, a não ser depois de uma dura disciplina, que voluntariamente se impuseram e que persistiram com tenacidade. Todo aquele que saiba cultivar suas faculdades naturais deve forçosamente 'triunfar'".

Cultivando a força de vontade?

Claro, a força de vontade é uma faculdade nossa. Existe a inteligência, claro, e os sentimentos, e outras faculdades mentais. Mas a vontade é a que fixa o nosso destino. Educação da vontade para fixar o destino. E ao longo de várias etapas da minha vida, fui elaborando meu ideal de vida.

Naquele momento, o que significava para o senhor "triunfar na vida"?

O que eu queria ser na vida? O primeiro sonho concreto que quis alcançar foi ser pintor. Esse sonho surgiu quando eu era menino. Comecei a estudar pintura. Acabei abandonando, embora tenha continuado a pintar coisas...

O senhor continha pintando?

Pois é, continuo pintando.

A óleo?

A óleo, a óleo. Pintei aquarelas um tempo, mas depois nunca mais usei aquarela. Gosto mais da pintura a óleo. Tenho que mostrar-lhe algum quadro meu que tenha sobrado por aí, que tenha sobrevivido ao furacão... Na cadeia, pintei um quadrinho[34]*. E tem outro que fiz quando estávamos no conflito do golfo — o golfo da Venezuela — com a Colômbia. Muitos se perderam, outros reapareceram depois. Agora, estou pintando de novo.*

O senhor admirava algum pintor em particular?

Na verdade, não cheguei a desenvolver meus conhecimentos de pintura. Estudei só um ano, noções básicas.

Havia algum museu em Sabaneta?

Não, não havia.

Havia, por exemplo, pinturas na igreja?

Não, também não. Na igreja não havia pinturas. Havia, porém, na forma de reproduções, na revista Tricolor. *E, claro, em outros livros. Por exemplo: havia reproduções muito boas também na* Enciclopédia Quillet, *e até um curso de pintura...*

Esta obra insistia na importância do objetivo a ser alcançado, que não devia ser materialista, ou seja, buscando ganhos materiais, mas idealista e altruísta. Citava uma frase admirável de Carnegie: "O ideal por realizar não deve ser mesquinho, necessita ser nobre e elevado para interessar-nos com paixão. Necessita que o intenso desejo que desperte em nós nasça mais dos alentos do coração que dos cálculos do espírito. Nada digno de estima pode ser realizado se não levar uma emoção animadora". E, acrescenta Carnegie, "Qualquer vida sem outro estímulo que o de reunir dinheiro é bem triste".

É curioso, porque ele era um empresário norte-americano que ganhou muito dinheiro, embora também tenha sido um grande mecenas...

Deve ter-se arrependido de seu passado capitalista, porque veja só o que ele diz aqui: "Queremos triunfar de verdade? Mas não ao sermos ricos, que nada significa, mas felizes e úteis". E, mais adiante, assegura: "Para ser superior aos outros homens é necessário que um ideal superior nos impulse. Não persigamos quimeras, busquemos resultados sólidos, mas inspiremo-nos em alvos elevados. Façamos a partir deste ponto um balanço claro e sincero da nossa vida, decidamos com olhos do passado o que deve ser o porvir. Mas decidamo-nos a viver de modo generoso, e o mundo inteiro ganhará. Nós e os demais". Eu lia isso com o maior interesse, sublinhava, anotava, aprendia e aplicava na minha vida.

É extraordinário que esse livro tenha caído em suas mãos na idade em que poderia ser mais útil, porque se o senhor tivesse encontrado esse mesmo livro quando já fosse maior, teria sido tarde demais. Encontrá-lo aos 12 anos, idade em que a personalidade está sendo construída, foi, sem dúvida, de grande importância para o seu comportamento...

Eu adoro esses livros. Até certo ponto, também sou filho do que foi escrito. Filho de Tricolor, *filho de Quillet... e de muitas outras fontes. Além do conhecimento, está o espírito, a motivação. O principal que essa Enciclopédia me deu foi a motivação.*

Capítulo 5

No colégio de Barinas

O colégio O'Leary • Um rapaz "veguero" • Campo e cidade
Ecos da guerrilha • O sequestro de Di Stéfano
A visita de De Gaulle • O assassinato de Martin Luther King
Cursos de pintura • Bom aluno • O amor às ciências
Um "recado a García" • Assumindo liderança
A fúria do beisebol • "Magallanero" • O "Chicote" Chávez
Nova meta: ser jogador de beisebol • Perdendo a inocência
Ao Ruiz Guevara • A política • Ser militar? • Mudança de rumo

Quando o senhor foi para Barinas fazer o segundo grau?

Aos 12 anos, em 1966. Raúl Leoni, do partido Ação Democrática, era o presidente da Venezuela. Assim que terminei o primeiro grau, fui imediatamente para Barinas. Instalei-me na casa do meu tio Marcos, uma casa modesta mas com espaço, onde ele vivia com a família, sua esposa Josefa, muito bondosa, muito trabalhadora, afrodescendente, que cozinhava para todos nós e com quem ele teve sete filhos. Naquele tempo só tinham uma filha, uma bebezinha, Inés. Era uma casinha modesta. Tinha dois ou três quartos. Adán e eu dormíamos num deles. Mas nos fins de semana, voltávamos para Sabaneta, para a casa da avó.

Sua avó tinha ficado em Sabaneta?

Tinha, mas não aguentou. Passados dois anos, veio para uma casa que meu pai conseguiu, a duas ou três quadras da do meu tio. E Adán e eu fomos morar lá com ela, até que papai conseguiu uma vaga de mestre-escola em Barinas e se mudou com mamãe para lá, com meus irmãos menores. Então, Adán e eu fomos com minha avó para outra casa que alugamos no mesmo bairro. Estávamos todos perto.

Seu tio continuava trabalhando com obras públicas?

Continuava, era funcionário do departamento de obras públicas. Certa vez, eu o acompanhei numa inspeção, e perguntava coisas a ele, e até o ajudei a fazer anotações num caderno, sobre as características da obra, medindo etc. Eu era uma espécie de ajudante. Não ia com ele feito um menino bobo. Jamais gostei de ser um boneco ou uma sombra tola.

O senhor havia estado antes em Barinas?

Tinha vindo uma vez, quando ainda estava no primeiro grau, para acompanhar um enfermo. Alguém adoeceu em Sabaneta e meu pai, que tinha um carrinho, se ofereceu para levá-lo até um hospital de Barinas e me trouxe como acompanhante. Era uma clínica particular, ficava na frente do colégio. Vindo de Sabaneta, para mim Barinas parecia uma metrópole, com coisas que eu nunca tinha visto na vida: edifícios altos, grandes avenidas, praças imensas. E as calçadas me chamaram a atenção, com o meio-fio muito alto. Tive que esperar lá fora, na rua, e caminhei. Mas nunca mais tinha voltado. Aquela foi a única vez em que havia estado em Barinas.

E qual foi a primeira impressão?

Claro que gostei muito. Bolívar passou por Barinas em 1813. Conseguiu um pequeno exército e veio pelos Andes, pelos caminhos de montanhas, desceu por Portuguesa, e em Barinas encontrou alimento, água, roupa para as tropas, fábricas de uniformes, de armamento, de fuzis, de baionetas, cavalaria, gado para alimentar seu exército, milho, enfim, comida e tudo aquilo que faz parte da logística de um exército em plena campanha. A cidade, embora já fosse um tanto grande, era muito rural e aprazível, tinha um passado glorioso, e dava para notar essa glória.

Era uma cidade com história...

E isso era palpável. Eu, que vinha de Sabaneta e do campo, notei isso de imediato. Barinas é uma cidade culta, de poetas e escritores como Alberto Arvelo Torrealda, de juristas como Juan Antonio Rodríguez Domínguez, de generais guerreiros, como Pedro Pérez Delgado, que foi mais barinense que qualquer outra coisa. E, na época da Independência, de rebeldes como o Marquês del Pumar[1]. Também havia uma grande tradição de cantores, alguns de fama nacional e até internacional, como Carrao de Palmarito[2]. O carrao é uma ave do llano, um pássaro cantor por excelência, cujo trinado é muito bonito. Desde tempos muito distantes, Barinas, como Mérida, teve uma tradição de cantores e poetas.

Ainda conserva monumentos antigos?

É uma cidade, reitero, que teve uma importância enorme, que se nota em sua arquitetura. Por exemplo, o palácio El Marques[3], de tamanho parecido ao de Miraflores, em Caracas, ou ao do Virrey de Lima, no Peru, ou ao da Moncloa, em Madri. Algo excepcional. E também o antigo cárcere, de tamanho inusitado. Dizem por aí que há porões e passadiços debaixo do cárcere e do palácio. Uma lenda conta que havia um túnel que ia do palácio El Marqués até a fazenda La Marqueseña, embora nunca tenha achado jamais esse túnel.

Na Marqueseña existe outra lenda ao redor de um lugar onde havia uma paila virada. Uma paila é como uma enorme panela de cozinha. No Llano, fala-se das "pailas do inferno", onde as almas penadas são cozidas. Pois essa panela virada de boca para baixo ninguém, nenhum exército dos tantos que passaram por lá, jamais conseguiu desvirar. Puseram uns cem cavalos puxando, e nada. Contam por aí que essa é a boca de entrada do passadiço que comunicava a fazenda La Marqueseña com o palácio. Enfim, são lendas dos Llanos...

Vocês se instalaram na parte antiga da cidade?

Não, fomos para um bairro mais recente, mais moderno. O bairro onde chegamos, Rodríguez Domínguez[4]*, era assim de classe média. O que, para nós, representava um salto social, uma promoção. De lá de Sabaneta, do nível mais baixo, a um entorno quase de classe média. Boas ruas, asfaltadas, com água encanada, energia elétrica. Passei a viver uma espécie de adaptação.*

O fato de perder o contato com sua avó deve ter sido um pouco traumático, não?

Não havia sexta-feira que não saíssemos, Adán e eu, para Sabaneta, com meu tio, no seu jipe. Ele nos levava na sexta e ia nos buscar no domingo. Então, de Sabaneta eu saí, mas não saí. Nesse primeiro ano, nunca perdemos o contato com a avó. E no segundo ano, ela se mudou e veio morar com a gente. E então rendi tributo ao amor, porque ela deixou seus pássaros, seu quintal, plantas, amigas e amigos, ou seja, sua vida, suas raízes, porque ela era como uma árvore, mas o amor que sentia pela gente era tão grande que ela deixou tudo para ir morar numa casinha onde não havia sequer uma árvore, numa capital desconhecida, num ambiente totalmente diferente. Imagino que, para ela, deve ter custado muito...

Seus pais também se mudaram para Barinas.

Pois é, conforme eu disse... Meus pais estavam preocupados com a gente na cidade grande, e recordo que chegaram numa casinha recém-construída, num novo conjunto de casas que o Banco Obrero[5] *construiu, dentro do que era uma política do governo. Era a Venezuela dos anos 1960 — a "Venezuela Saudita", como se dizia — com muito petróleo. E o governo começou a distribuir uma pequena parte dos recursos para alguns setores. Uma estratégia para apagar qualquer tentativa de fazer uma revolução ou de fomentar os movimentos de esquerda, fosse pela via armada, fosse pela via eleitoral. A esquerda começou a se apagar. Todos aqueles governos foram muito estáveis, apesar de várias rebeliões militares e das ações dos movimentos guerrilheiros. Eles, no nível político geral, apesar de alguns assaltos, algumas emboscadas, um sequestro, alguns mortos, não tiveram capacidade para desestabilizar o governo.*

A guerrilha nunca conseguiu controlar uma zona importante?

Não, nada, apesar de que devemos recordar que foram anos muito convulsionados na Venezuela. Anos quando ainda havia, como em toda a América Latina, luta armada.

Nessa época ocorreu, em Caracas, o sequestro de Alfredo Di Stéfano, jogador do Real Madri, e um dos atletas mais célebres do mundo naquele momento. O senhor lembra?

Quando isso aconteceu eu tinha 9 anos, e nem sei se a notícia chegou a Sabaneta. Mas, claro, é um fato muito conhecido. Aconteceu em 1963, no dia 23 de agosto. Di Stéfano tinha vindo, acho, jogar com o Real Madri uma partida amistosa (contra o São Paulo, do Brasil). E um comando das Forças Armadas de Libertação Nacional (FALN)[6] *conseguiu sequestrá-lo onde estava hospedado (o Hotel Potomac, que não existe mais, no bairro San Bernardino, na zona leste de Caracas). Aproveitaram a fama daquele que era, na época, considerado o "melhor jogador de futebol do mundo" — era chamado de "Flecha Loura" — para que, ao sequestrá-lo, a opinião pública internacional repercutisse suas reivindicações. As FALN tinham pensado, primeiro, em sequestrar um célebre compositor, acho que Igor Stravinsky, de passagem por Caracas, mas como ele era um homem muito idoso tiveram medo de que morresse em suas mãos. Eles não queriam fazer mal algum. O objetivo era protestar contra o governo de Rómulo Betancourt e do ditador espanhol Francisco Franco. Tiveram Alfredo Di Stéfano durante umas 70 horas e depois o libertaram, são e salvo, creio que na avenida Bolívar, perto da embaixada da Espanha. Aquilo foi muito comentado.*

Mas não foi o primeiro esportista celebridade mundial que foi sequestrado, não é verdade?

Não, isso foi inventado pelos cubanos do Movimento 26 de Julho, em 1958. Sequestraram, em Havana (no hotel Lincoln, no dia 23 de fevereiro de 1958) o piloto de Fórmula 1 — aliás, também argentino, como Di Stéfano — Juan Manuel Fangio. Esse sequestro durou 26 horas e provocou um autêntico sismo midiático planetário. Foi assim que o mundo inteiro tomou conhecimento da existência dos insurgentes cubanos e de seu chefe, Fidel Castro. As FALN venezuelanas quiseram fazer a mesma coisa, e conseguiram.

No entanto, segundo o senhor mesmo diz, não conseguiram criar raízes ou se implantar na sociedade venezuelana.

Não. A guerrilha conseguiu acossar uma ou outra cidade, ou região, mas com pouco eco. No Estado de Barinas, como contei, a guerrilha se apagou rapidamente. Esses movimentos tinham um pouco mais de impacto quando eu estava em Sabaneta, porque aquilo era o campo. Eles andavam pelos montes e eu ouvia comentários nas ruas. Mas na cidade grande, não. Sua presença não era sentida.

Também havia um contexto internacional com uma série de acontecimentos que, apesar de eu não ter consciência, estavam de alguma forma relacionados com a Teologia da Libertação, com a Guerra do Vietnã, com a morte do Che, com o Maio de 68 francês... Uma série de circunstâncias que fizeram com que os jovens daquele tempo — meu irmão Adán, por exemplo — fossem muito ativos e muito preocupados com o tema político.

Naqueles anos, o general De Gaulle[7], presidente da França, veio à Venezuela...

Pois é. Foi nos tempos de Raúl Leoni (1964-1968), acho que no começo do seu mandato. Não guardei, claro, nenhuma lembrança pessoal daquela visita (dias 21 a 23 de setembro de 1964). Eu tinha 10 anos... Mas, sim, aquela visita do general De Gaulle foi importante, do ponto de vista político, porque ele havia assinado, poucos anos antes, os acordos com a Frente de Libertação Nacional (FLN) argelina, que reconheciam a independência da Argélia (em 1962) depois de uma longa guerra que durou quase oito anos. De Gaulle veio numa turnê por toda a América Latina[8]*, e essa era uma forma de criticar a pretendida dominação dos Estados Unidos sobre esta região. Pronunciou um discurso no Congresso Nacional, em Caracas, onde denunciou "todas as hegemonias" e fez o elogio das "independências nacionais", numa clara alusão à necessidade de uma "terceira via". Essa viagem desagradou Washington. Aliás, o general De Gaulle se hospedou no hotel Ávila*[9] *e, como era muito alto, tiveram de fazer uma cama especial para ele.*

Vamos voltar à sua adolescência. Como foram seus primeiros contatos com o colégio?

Bem, em junho de 1966 terminei o sexto e último grau da escola primária. Também não precisaria fazer a prova final, mas meu pai me disse: "Olha aqui, como você vai para um colégio e o colégio é mais exigente, é bom você fazer o exame final". E assim fui e fiz, uma avaliação geral de tudo que tínhamos visto ao longo do ano, como uma espécie de treinamento. Fui aprovado. E cheguei a Barinas, digamos, com aqueles louros por ter sido um excelente aluno.

Esse primeiro ano escolar, 1966-1967, no colégio O'Leary[10] *foi de um ambiente muito reduzido, porque eu ainda tinha a mente mais no povoado, em Sabaneta. Eu passava de segunda a sexta praticamente só estudando.*

Tinha amigos?

Comecei a fazer amigos. Eram os colegas que estavam perto da segundo grau, e tinha uma espécie de raio de ação mais amplo que o meu. Aquele primeiro ano, para mim, foi de estudo, estudo e mais estudo.

Era um colégio de bom nível?

Era de nível muito bom. O único público do estado. Tinha muito boa tradição, excelentes professores. Tive a sorte de contar com docentes de alta qualidade. Naquele primeiro ano, na verdade, minha vida foi dedicada inteiramente aos estudos, uma dedicação exclusiva, sem nem menos um esporte.

O senhor já gostava de beisebol?

Sempre gostei. Mas ainda não tinha a paixão de jogar. Era uma partida ali na rua, e coisa e tal... mas não estava jogando no estádio, nem tinha compromisso com um time de rigorosa disciplina esportiva. Não, eu ainda pensava em pintar, e me matriculei na academia de pintura Cristóbal Rojas, além das aulas de educação artística que tinha no colégio, com o professor Ríos, muito bom aliás.

Essas aulas de pintura na academia eram quantas vezes por semana?

Duas ou três vezes por semana, de tarde.

Depois do colégio?

Depois. Eu estudava pela manhã, das sete ao meio-dia, depois passava o transporte para nos buscar, íamos almoçar em casa e regressávamos às duas ou três da tarde. Geralmente pelas tardes tínhamos duas horas de aula, ou educação física e desportes que eu gostava, como disse, mas ainda não no nível de paixão que teria mais tarde. E depois, ia para a academia de pintura. Tínhamos uma professora muito bonita, que primeiro me pôs para pintar aquarelas, depois tinta a óleo, e no final daquele ano fizemos uma exposição. Não levei o primeiro prêmio, era um aprendiz... Havia rapazes que levavam três ou quatro anos estudando. Lembro que o prêmio foi dado a um quadro muito bonito, uns médicos atendendo a alguém, uma operação cirúrgica. Eu pintei uma paisagem, uma beira de rio.

O senhor vinha do interior, do campo. Como foram, no começo, as relações com seus colegas da cidade?

No colégio, depois do susto inicial de um garoto "veguero", um "alcezinho" do monte que chegou à cidade onde os jovens tinham outras formas de vida, éramos muito poucos os que vinham do interior, do campo; os da cidade se achavam superiores aos camponeses tímidos, estávamos entrando em uma nova dinâmica social. Tive a sorte de contar com meu irmão Adán, que já estava no segundo ano e ia deixando a marca de bom aluno, de bom companheiro, e isso me abria o caminho. Adán sempre foi, para mim, uma vanguarda. Ele sempre teve bons amigos que foram sendo meus também.

Naquele ano conheci Juanita Navas, uma negra de boa estampa, mais velha que eu, gostei dela, estive com ela durante um tempo, aconteceram uns devaneios amorosos... Amores quase de crianças...

O colégio ficava longe da casa onde vocês moravam?

Bem longe. E se organizou o transporte: a senhora Paredes, que tinha uma camionete comprida de transporte escolar, nos levava e trazia. Eu tinha uma espécie de vergonha que me levassem. Jamais deixei de ter vergonha de ser levado. Sei lá... Eu achava que ir caminhando era melhor.

Naquela casa o senhor tinha um lugar para estudar?

Tinha, havia um quintal com um limoeiro, uma mesinha e uma cadeirinha dessas de abrir, e eu estudava ali. Às vezes estudava lá fora, na rua, debaixo dos postes de luz.

Milhares de alunos, em muitos países da África, que não têm luz em suas casas, aproveitam a iluminação pública, de rua. De noite, a gente vê um monte de meninos estudado debaixo da luz dos postes...

A gente não fazia isso por esse motivo, fazíamos isso às vezes só por causa do calor...

O senhor se dedicou a estudar seriamente.

Ah, isso sim, esse primeiro ano, repito, minha vida foi estudar, estudar e estudar mais. Insisto, porque surgiram algumas versões que distorcem esse período da minha vida, e não quero me prestar a um jogo irreal. Por isso, gostaria de repetir o seguinte: fui um rapaz simples, simplório, não fui nenhum intelectual precoce que, nesse idade, leu as "fontes da sabedoria", Rousseau, Montesquieu, nada disso. Na verdade, não fui um super-herói, eu era magricela. Por causa dos quadrinhos de Goofy, o "Tribilyn" [Pateta], de Walt Disney, começaram a me chamar de "Tribilín" um pouco mais adiante. Naquele primeiro ano, não me chamavam de nada, eu não tinha apelido. Continuava sendo Huguito, às vezes me chamavam de "Índio" na praça do bairro Rodríguez Domínguez, um espaço aberto com uns banquinhos onde a gente saía de noite para caminhar, passear com alguma menina — eu gostava muito de passear com Inés e seu carrinho —, e cumprimentar as pessoas, conversar com amigos do bairro. Jogávamos beisebol com bolas de borracha, alguns jogavam basquete, e eu jamais gostei de basquete...

Seu interesse estava concentrado nos estudos?

Pois é, estudar e estudar. Muito depressa, fui ganhando um prestígio entre os alunos do colégio e os professores. Uma professora de geografia, uma vez, me disse que fosse lá para a frente da classe explicar alguma coisa dos movimentos da Terra. Fui, e então ela, generosa, comentou: "Muito bem, meninos, podem ficar com o Chávez como professor". Eu não esqueço isso, porque foi um reconhecimento para quem, como eu, estava no segundo grau fazendo o esforço para continuar sendo o estudante que tinha sido no primeiro.

Sim, sim, eu estudava muito. Além dos manuais, continuava sendo acompanhado pela Enciclopédia Quillet. *E dei para pesquisar, queria ir mais fundo, queria ir além, e então conseguia o mundo, conseguia relatórios, fazia pesquisas. Era mais autodidata que qualquer outra coisa.*

Naquele primeiro ano, seção A, tive uma professora extraordinária, Carmen Landaeta de Matera, uma mulher inteligente, de bom caráter, que dava uma matéria chamada "guiatura", uma atividade de socialização de grupo. De guia. Ela teve um carinho tão grande que me convidava para fazer as tarefas em sua casa. Morava perto do colégio, já casada. E me integrou a uma equipe para ajudá--la nas tarefas da "guiatura"... Aquilo me impactou muito. Toda segunda-feira, lia para nós "Um recado para García"[11]. *O senhor conhece?*

Não. O que é?

É a história de uma pessoa, durante a guerra de Cuba, entre a Espanha e os Estados Unidos (1895-1898), a quem é mandado um recado, para que levasse ao general Calixto García, um chefe revolucionário cubano. E essa pessoa, sem duvidar nem por um minuto, sequer qualquer objeção, depois de vencer muitas adversidades, entrega o recado a García, ou seja, cumpre seu dever.

Na Venezuela, quando você diz "Olha aqui, isso é recado para García", quer dizer que você tem que dar uma reviravolta no mundo, se for preciso, para levar uma mensagem a alguém. Aquela professora nos explicava isso, fazia dinâmica de grupo. No Exército, usa-se muito o "recado a García", e mais tarde, na nossa conspiração, também utilizávamos essa expressão. Aquela mulher nos ensinava dinâmica de grupo, a pesquisar, na casa dela, fora do período de aulas. Foi ali que comecei a cursar uma escola de liderança. Já havia começado em Sabaneta, com aqueles discursos do Dia da Bandeira, mas era outro ambiente...

Nessa época, o senhor era um adolescente...

Pois é, um adolescente, estudando, me relacionando com gente mais velha e de mais conhecimento, um conhecimento muito mais avançado. Professores do segundo grau, mestres, especialistas em determinadas áreas. Já não se tratava de ser um simples professor: era o caso, digamos, de um professor que desafiava você no rumo do conhecimento. Era um desafio, e eu fui assumindo como um compromisso o estudo de todas as matérias. Em inglês, por exemplo, eu era um "taco" [um craque]. O professor Hidalgo me deu aulas nos três primeiros anos. Eu gostava de inglês, sabia de cor as aulas do manual. Lembro: "New York, here we are in New York...". Aprendia de memória. E então, claro, tirava um 10. Pode ser que, alguma vez, tenha tirado um 8, mas para mim, isso era muito baixo.

E as matérias do campo das ciências?

Sempre gostei muito das ciências. Matemática, as leis da física, o círculo de Newton, o estudo da luz... Fizemos um átomo em figura animada com suas diferentes partículas: nêutron, próton, eléctron. Também começamos a estudar o equilíbrio. E um dia, eu disse para a minha avó: "Vó, duvida que eu ponha este limão para equilibrar na corda do varal?". Ela duvidou, claro, dizendo que estava ficando maluco. Então agarrei um aramezinho, enfiei no limão, varando de um lado a outro, imitando essa vara longa que os equilibristas de circo usam para andar na corda fina, e falei para ela: "Vem ver o limão!". Ela apareceu. "Ah, mas você não disse que ia pôr esse arame!". E retruquei: "Bem, eu disse que ia pôr um limão equilibrando na corda do varal, e olha aí!".

O senhor fazia suas experiências...

Fazia e gostava muito. A biologia também me atraiu muito, fazíamos pesquisas sobre as samambaias, buscava folhas das plantas para examinar os veios no microscópio. Fizemos uma exposição sobre fotossíntese, ilustramos com desenhos, cartazes. Em geral, formávamos um grupo, e eu assumia a função de fazer a apresentação do trabalho: como a luz do sol se comporta, como a energia vem do sol, como vai se concentrando, como uma manga, tudo é concentração de energia. A gente explicava tudo isso com as nossas palavras daquele momento.

Aos 12 ou 13 anos, fui formando, com certo rigor, um espírito de pesquisador, de cientista. Acho que uma das contribuições do meu ensino médio foi ter me dado certo rigor nos estudos, a procura da verdade. Descobrir coisas me apaixonava. Eu tinha notas excelentes.

Isso dava ao senhor prestígio no colégio?

E até fora do colégio. Certa vez, eu estava passeando pela praça, com Juanita Navas, de quem já falei, e havia um grupo de rapazes, mais velhos que eu, jogando basquete. Quando passamos, ouvi direitinho um deles dizer: "Esse garoto aí é um punhal". Aqui, "punhal" significa um excelente aluno. Eu era um "punhal", mais que uma espada. Sim, sim, tinha prestígio e comecei a assumir uma espécie de responsabilidade de liderança...

Mas, na opinião dos outros alunos, o senhor não era considerado um sabe-tudo, um metido a sabichão?

Não, acho que não, de jeito nenhum. Ao contrário, porque eu não era arrogante, nem distante, e sempre me preocupei com ajudar os colegas que tinham alguma dificuldade. Tratava de explicar a eles com exemplos que entendessem. Compartilhava o que sabia. A alguns, dava aulas particulares, nas casas deles, fazia hora extra de estudo, claro que de graça. Apanhava um quadro-negro e me transformava em professor de um grupinho. Por exemplo: lembro de um colega, Luis, que estudava comigo e repetia de ano, era um dos meus melhores amigos, mais velho que eu. Muito mais pobre que nós, morava com a família numa favela, um casebre, o pai não caminhava, vivia prostrado. Eu me encarreguei de motivar, estimular o Luis, e ele conseguiu terminar o terceiro ano. Depois... se matou, cometeu suicídio, por causa de uma namorada, eu devia ter uns 16 anos e ele, uns 18. Engoliu umas 20 bombinhas de pólvora, dessas que estalam quando a gente joga no chão. Nunca vou esquecer essa morte, aquele velório e aquele enterro. Todos os colegas chorando. Era um bom amigo, cheio de coragem. Foram momentos duros na minha vida.

Se o senhor tivesse que resumir esse primeiro ano passado em Barinas, como seria?

Talvez a coisa mais importante desse primeiro ano passado na cidade que eu ainda não conhecia é que comecei a assumir, no meu pequeno entorno, uma certa liderança. Um menino, quase adolescente, assimilando-se na capital num estreito círculo de amigos, estudando muito, conseguindo alcançar excelentes resultados e assumindo a liderança do grupo... O primeiro ano foi assim.

E a política?

Veja bem, em 1967, passei para o segundo ano. Adán já estava no terceiro, tinha um grupo de amigos e as questões políticas que eles abordavam começaram a chamar minha atenção. Mas, acima de tudo, eu era um garoto que gostava de estudar, de esportes e das atividades complementares: o teatro, a música, o desenho. Essas eram minhas principais inquietações, eu não me envolvia muito em política. Claro que na hora dos conflitos, das manifestações e das passeatas de protesto, muito comuns naquele tempo, eu me envolvia, mas como um a mais. Não me incorporava em nenhuma posição de liderança. Na pracinha que ficava em frente da nossa casa, por exemplo, morava a família Mendoza. Adán ia muito na casa deles, era amigo de Ivan e de Yovani, e também do irmão mais velho deles, Baudilio, que naquele tempo era membro da juventude do recém-nascido Movimento de Esquerda Revolucionário (MIR pela sigla em espanhol). Adán e Ivan acabaram entrando no MIR. Meu irmão tentou que eu também entrasse, mas eu tinha uma espécie de limite: ouvia, prestava muita atenção, participava de algumas discussões, lia certos documentos, mas nunca me incorporei ao movimento como militante. Já Adán, sim: ele começou a militar na esquerda muito cedo.

Naquele ano de 1967 mataram o Che...

Pois é. Na Bolívia, no dia 9 de outubro de 1967. E em Barinas, cidade muito provinciana, também chegou o impacto daquela notícia terrível.

Como é que o senhor se informava?

Nós não tínhamos televisão. Conforme eu disse, em Barinas havia um canal local, em preto e branco, e meu tio Marcos, sim, tinha um aparelho de TV, mas ficava no quarto dele. A gente nunca sentou para assistir televisão em sua casa. Eu só fui ver televisão em Caracas, quando já era cadete.

O senhor continuava ouvindo rádio?

Claro, claro, ouvia rádio. E naquele outubro de 1967, começando o segundo ano na escola, lembro de Adán, dos irmãos Mendoza e de Asdrúbal Chávez, meu primo-irmão, na pracinha, conversando sobre a morte do Che Guevara e as informações que apareciam. Porque houve uma sequência de notícias, que durou vários dias ou várias semanas. Primeiro, disseram que o Che estava na

Bolívia. Depois, que estava sendo procurado na Bolívia. Aí, que mataram vários guerrilheiros. Depois, que haviam cercado o Che, que ele estava encurralado. Era uma sequência, eu ia seguindo aquelas notícias como se fosse um filme. Numa das reuniões em que comentávamos o que ficávamos sabendo, cheguei a dizer: "Bom, com certeza o Fidel Castro vai mandar uns helicópteros para resgatar o Che. Ele não pode deixar que matem o Che". Muitos anos depois, em dezembro de 1994 contei essa história ao Fidel, e ele riu, porque essa operação militar era impossível. Mas, claro, eu era um menino...

Aquele foi o primeiro golpe duro para nós. Cheguei a desenhar o rosto do Che, para que os rapazes reproduzissem no mimeógrafo. Como eu sabia desenhar, eles me pediram para fazer o rosto dele.

O ano seguinte, 1968, foi muito agitado no mundo inteiro. Começou com o assassinato, no dia 4 de abril, de Martin Luther King, em Memphis, Tennessee. O senhor lembra de ter ouvido essa notícia terrível?

Imagino que a imprensa deve ter mencionado esse crime enorme, mas eu considero que era, pelo menos, da mesma importância. O assassinato de Luther King mostra o rosto mais vil do racismo nos Estados Unidos.

Na sua opinião, Martin Luther King marcou a história?

Sem a menor dúvida. É indiscutível. Eu, mais tarde, me interessei muito por esse homem, um dos principais líderes norte-americanos do movimento pela defesa dos direitos civis. Ele também foi prêmio Nobel da Paz (em 1964), defensor da resistência não violenta à repressão racial. Um grande líder, não só nos Estados Unidos, mas de todo o mundo. King pregou a igualdade, a paz e a justiça. Recordo que ele tinha visitado a Índia (em 1959) e lá aprofundou as ideias da resistência não violenta do grande nacionalista índio Mahatma Gandhi (1869-1948), cujos princípios se transformaram no centro da sua própria filosofia de protesto não violento.

E fez aquele célebre e emocionante discurso, "I have a dream"...

Sim, Luther King dirigiu (no dia 28 de agosto de 1963) a histórica "Marcha para Washington", do povo pobre, onde realmente fez esse famoso discurso, "I have a dream", *eu tenho um sonho... E foi justamente quando as possibilidades de que se atentasse contra sua vida dispararam. Uma vez eu estive em Nova York e fui percorrer o Bronx, bairro negro e latino-americano, onde discursei em algumas igrejas. Logo percebi que a polícia sabotava minhas intervenções. Assim que eu começava a falar, a luz se apagava. Não queriam me deixar falar. Também teriam me assassinado em dois dias, como mataram Martin Luther King e muitos outros líderes nos Estados Unidos, para impedir que eles impulsassem verdadeiros processos de mudança naquele país.*

A Revolução Bolivariana reivindica Martin Luther King como um de seus inspiradores?

Eu digo que Martin Luther King lutou pelos mesmos sonhos de igualdade, de justiça e de liberdade que Simón Bolívar. Em seu discurso ao receber o prêmio Nobel da Paz, no dia 10 de dezembro de 1964, esse grande visionário falou de uma utopia que atualmente está em curso na Venezuela: "Tenho a audácia de crer que os povos, em todas as partes, podem ter três refeições diárias para seus corpos, educação e cultura para suas mentes, e dignidade, equidade e liberdade para seus espíritos".

Luther King era um revolucionário que inspira os povos e governos no mundo todo, e também a nossa Revolução Bolivariana, que trata de construir um país livre de discriminação, de pobreza e de guerra. Aqui, rendemos culto a King e temos excelentes relações com instituições dos Estados Unidos que prolongam sua luta contra o racismo e a discriminação, como o TransAfrica Forum, ou líderes da comunidade afro-norte-americana, como Jesse Jackson, Harry Belafonte, Danny Glover, James Early...

Naquele mesmo ano de 1968, também houve a explosão do Maio Francês. Depois, em agosto, a invasão da Tchecoslováquia pelas tropas soviéticas, a matança de estudantes na Praça das Três Culturas, no México... O senhor recorda algum eco desses acontecimentos em Barinas?

Não, tampouco guardo alguma lembrança concreta desses três eventos que menciona. Lembro, porém, que houve uma campanha eleitoral muito disputada em 1968, para a sucessão de Raúl Leoni, da Ação Democrática. Rafael Caldera, do Copei, era candidato, e ganhou por uma diferença muito pequena de votos. A esquerda apresentou uma candidatura, não sei se foi a de José Vicente Rangel[12]*, e o Movimento da Esquerda Revolucionária, o MIR, e o Movimento Eleitoral do Povo, o MEP, realizaram alguns atos em Barinas. Não sei quem eles apoiavam, não sei se tinham candidato próprio, mas lembro de haver estado em várias atividades políticas, em particular num ato onde também estava Alí Primera*[13]*. Foi a única vez que ouvi Alí Primera cantar...*

Naquele tempo, o que os jovens da sua geração mais cantavam eram os Beatles. O senhor se lembra?

Claro, a gente ouvia os Beatles, lá em Barinas também. Tinha gente que cantava suas músicas, os hippies e outros rapazes, mas nós andávamos em outra onda. Os Beatles tiveram pouco impacto nos rapazes lá do nosso bairro, e também nas classes populares. Eu, naquele tempo, usava cabelo afro, e meu interesse era o beisebol e os estudos. E minha música eram as rancheiras, eu sabia dezenas de cor.

Será daí que vem essa sua memória, para recordar tantas poesias e tantas letras de canções?

Canções, desde pequeno, já falei disso. Talvez tenha sido o resultado do meu esforço para me transformar, como diz Quillet, em um "atleta do espírito", um "atleta da mente". Aprender de memória, por exemplo, o poema de "Maisanta", que é bem longo mas que decorei com certas regras para encadear um verso com outro. Bem, isso foi mais tarde, naquele tempo eu estava mesmo é nas rancheras. *Nós íamos até o bar de Antonia Vulcão, uma índia bonita lá de Apure que cantava num bar do nosso bairro, em Barinas. O bar se chamava Capanaparo, nome indígena de um rio que significa alguma coisa como "serpente encompridada".*

Nessa época, o acontecimento político mais importante no cenário internacional era a guerra do Vietnã. O senhor recorda se ouviu falar desse conflito?

De verdade, não recordo nenhum impacto forte da guerra do Vietnã nessa cidade do interior. As notícias chegavam, sem dúvida, mas não deixaram marca.

Havia manifestações contra aquela guerra?

Não, e se houve, eu nunca participei de nada disso. Vim conhecer a guerra do Vietnã na Academia Militar.

O senhor continuava sem ter intenção de ser militante político.

É verdade. Eu gostaria de reiterar uma coisa: não estava militando em nenhum movimento. Fala-se por aí que eu formava parte de umas células guerrilheiras chamadas de "Che Guevara"... Falso. Absurdo. Eu tinha só 14 anos. Digo isso para que fique claro que, naqueles anos de colégio, nunca militei em nenhum movimento político. Eu, sem dúvida, me inclinava para a esquerda, pela proximidade principalmente com Adán e seu círculo de amigos, como os Mendoza, como Fernando Bianco... Mas não fiz parte de nenhuma escola de formação política ou coisa parecida. No máximo participava de alguma conversa de tom político, como quando o Che foi morto, e aquilo, sim, nos impactou muito. Adán estava muito mais metido nessa questão, mas aqui estou falando de mim. Não, não, eu levava uma vida de rapaz normal. Quer dizer, frequentava esses círculos, mas me agarrava principalmente nos estudos.

Quando começou sua paixão pelo beisebol?

Bem, eu sempre gostei muito desse esporte, conforme disse, eu trazia o beisebol na alma desde menino, lá em Sabaneta. Meu pai também gostava muito, ele jogava na primeira base, me contagiou... Mas minha paixão pela prática do beisebol começou a crescer e se consolidou precisamente em 1968. Em parte, foi consequência da nossa mudança para Barinas. Porque, com minha avó, nos mudamos para a casinha do meu pai, que ficava muito perto, a uns 200 metros, na avenida Bicentenário, na frente da pracinha. Nós três morávamos lá. Não tínhamos quase nada, não havia nem onde se sentar. Uma cozinhinha, uma tabuinha de passar roupa... Começamos a plantar uns arbustos no quintal. E entramos em contato com os novos vizinhos, em particular com Alberto Martínez, um rapaz magro que jogava beisebol. Naquela rua tinha um time que um tal de Ignacio, um negro gordo de quase 20 anos, dirigia.

Ao lado também morava — e mora — um jornalista, Rafael Guédez Acevedo, um homem culto, conversador, sábio. Era da Ação Democrática, e escrevia no jornal El Espacio. *Eu me tornei muito assíduo dessa casa. Sua esposa Rafaela, dona Meche, fazia — e faz — uns doces formidáveis. Quer dizer, o círculo foi se abrindo. Eu saí de uma espécie de cápsula e comecei a me espraiar. Fui me afastando de Sabaneta, já nem precisava ir nos fins de semana. Continuávamos indo uma vez por mês, para ver meus pais, mas eles já estavam procurando um jeito de se mudar para Barinas. No ano seguinte, mudaram.*

Nessa época o senhor conheceu a família Ruiz Guevara.

Pois é, apareceram os irmãos Ruiz, que jogavam beisebol muito bem, principalmente Vladimir. Ele estava no último ano do ensino médio, tinha dois anos mais que a gente, e eu o via como alguém mais velho, tinha outro círculo de amizades. Começamos a jogar beisebol e até jogávamos o que chamávamos de "chapita", que era uma bola de borracha que a gente rebatia com um cabo de vassoura.

Foi quando o senhor começou a dedicar mais tempo ao beisebol.

Exato. Bastante. Graças a esse grupo de amizades, comecei a participar de um time e a jogar beisebol contra times de outros bairros, Comoroto, Aceleración, jogando já beisebol de verdade. Em Sabaneta jogávamos com bola de borracha. No colégio também havia um time, e comecei a jogar nele com gente mais experiente. O professor-treinador se chamava Pérez, me selecionou para um torneio escolar. Eu treinava duro, corria, usava bem o taco e lançava a bola, jogando mais a sério.

A paixão foi crescendo...

Pois é, a paixão pelo beisebol foi aumentando, e me dediquei a jogar aqui e ali, a qualquer hora, qualquer momento. Mas sem descuidar do estudo. Mas aí passei a ter outra atividade que não tinha no ano anterior, e isso foi abrindo para mim mais espaço para novas amizades, outros círculos, outras famílias. No terceiro ano, em 1969, eu entrei para o time de beisebol do colégio.

Além disso, tinha amigos inclusive na parte baixa de Barinas, perto do rio. Comecei a me fazer amigo dos melhores jogadores, como Jorge Ramírez, e passei para um nível superior. Aos 15 anos já jogava na liga principal do juvenil, com alguns jogadores excelentes. Lembro de um homem moreno, muito forte, que rebatia duro na bola, Carloz Daza, certa vez fui eu o lançador para ele. Não consegui, mas depois dominei. E outro, Lucio Bonilla, um gigantão. Vladimir, conforme eu disse, também jogava beisebol muito bem e foi um dos que me puseram o apelido de "Tribilín". Ele era chamado de Popeye, era "Popeye" Ilich. O pai, José Esteban Ruiz Guevara, era comunista, tinha criado a primeira célula do Partido

Comunista da Venezuela em Barinas, e deu ao filho o nome de Vladimir Ilich, como Lenin, e ao seu outro filho escolheu Federico, igual a Engels. E o terceiro foi dado o nome Marleni, por Marx-Lenin...

Vladimir me dava recomendações, me treinava. Poucos meses depois me incluíram no time do Sindicato de Transportes, que era o melhor. Eu lançava e também rebatia, corria muito. Naquela época, me entrou um furor de fanático pelo time Magallanes. No meu bairro havia quem torcia pelo Caracas e quem torcia pelo Magallanes, titãs do beisebol, rivais inconciliáveis.

Rivalidade histórica...

Pois é, são times historicamente opostos: os "Leones" de Caracas, e os "Navegantes" de Magallanes. Agora (desde a temporada 1969-1970) o Magallanes tem sua sede em Valencia, mas naquele tempo os dois times eram da capital. Colossos do beisebol, eternos rivais, e continuam sendo. No bairro havia os "caraquistas" e os "magallaneiros", e algumas noites nos púnhamos com o rádio no volume máximo para ouvir quem ganhava, nós ou eles, e vaiávamos...

Quando o senhor começou a admirar o "Chibata" Chávez?

Foi justamente nessa época quando surgiu, no adolescente que eu era, a imagem de Isaias "Chibata" Chávez, um jogador de beisebol genial. Comecei a me identificar com ele, talvez por termos o mesmo sobrenome e porque também era canhoto como eu. Lia muito uma revista esportiva, a Sport Gráfico, *que publicava, da mesma forma que a imprensa inteira, fotos desse atleta. Era pitcher, quer dizer, lançador, jogava no Magallanes, claro. Era muito jovem, 21 ou 22 anos, e já estava na Liga Principal.*

Jogava nos Estados Unidos?

Claro, jogava nos Estados Unidos, na Liga Principal, e também jogava aqui, na nossa Liga da Venezuela.

Nas duas Ligas?

Bem, agora, com a exacerbação do beisebol-espetáculo e do beisebol-dinheiro, muitos jogadores são proibidos de jogar aqui, mesmo sendo venezuelanos. São contratados por preços milionários para jogar nos Estados Unidos, e impõem a eles cláusulas que proíbem que joguem aqui. Alguns não aceitam essas cláusulas, e vão e vêm porque a Liga daqui dura três meses e está concebida justamente para que não coincida com a dos Estados Unidos. Terminando a daqui, eles abrem a de lá.

E então aconteceu uma tragédia: o "Chibata" Chávez morreu num acidente aéreo, no dia 16 de março de 1969. Seu avião caiu ao decolar de Maracaibo. Recordo exatamente o momento em que fiquei sabendo: era domingo, eu me levantei, fui tomar o café da manhã, liguei o rádio e deram a notícia. Foi um golpe fulminante, como se a morte tivesse chegado para mim. Eu ia fazer 15 anos e aquele fim brutal daquele atleta foi para mim um drama absoluto, me tocou o fundo da alma. Afundei. Não fui à aula nem segunda nem terça.

Era seu ídolo?

Bem, naquele momento era. Eu o admirava enormemente, era um modelo para mim. E então, talvez instruído pela leitura permanente da Enciclopédia Quillet *e pelo meu texto-guia "Para triunfar na vida", fiz uma promessa a mim mesmo: "Vou seguir o caminho do 'Chibata' Chávez". Prometi, como uma forma de apagar sua morte, de querer, de alguma maneira, ressuscitá-lo.*

O senhor se propôs uma nova meta...

Pois é: meu objetivo deixou de ser a pintura e comecei a me dedicar de corpo e alma, com uma vontade enorme, a elevar meu nível esportivo, a correr, fortalecer as pernas, cuidar da alimentação, estudar as curvas, as retas, o controle... E me empenhei com muita vontade, física e mental. Cheguei até mesmo a estudar, nuns gráficos que consegui no Instituto de Esportes, como se agarrava melhor a bola. Existe uma protuberância muito leve nas costuras da bola de beisebol. Eu sou canhoto, se ponho um dedo aqui, se acopla; o outro, na outra costura; o polegar para baixo, sem pressionar... E o momento de lançar a bola, questão de um microssegundo, é preciso calcular em que momento deve-se começar a dar o giro na mão. A bola sai, vai girando e, lá adiante, a oito ou nove metros — há uma distância exata — a bola começa a cair e afunda. Tudo depende do giro que você dá ao lançar a bola, com este músculo do pulso, e da velocidade que imprime ao dedo, se você tem dedos longos ou não. Eu estudava até o comprimento dos meus dedos. Estudava os rebatedores...

O senhor sempre foi rebatedor?

Sempre. Era meu sonho: ser pitcher, pichar, lançar a bola. Um pitcher canhoto. Tinha revistas e fotocópias de alguns livros. No meio do quintal da nossa casa de Barinas havia uma palmeira, eu colocava um home *na palmeira, uma espécie de tiro ao alvo, e começava a lançar pedrinhas ou limões pequenos, tratando de mirar num canto exato. E anotava quantas vezes acertava e a que distância. Quer dizer, me fixei essa nova meta e caminhei na direção dela.*

Em que time jogava?

Primeiro, com um grupo de amigos, conforme contei, e dele faziam parte Alberto Martínez, o "Gordo" Ignacio, o "Gordo" Capulina, Ivan Mendoza, Yovani Mendoza, Baudilio, Santiago, Pillo Millo, Julio Ataya, o "Negro" Nano, Federico Ruiz, Silverio Martínez "Chepelo", meus irmãos Adán e Narciso, entre outros. Organizamos um time, o da avenida Carabobo. Embora eu fosse dos menores, fui assumindo a liderança. Ou seja, eu era quem dirigia o time. Pouco depois, conseguimos que a Mobil nos ajudasse.

A empresa norte-americana Mobil Oil Company?

Exato. Já não se chamava mais Mobil Oil, era só Mobil[14]*. Um professor que me conhecia me disse: "Olha só, Chávez, a companhia petroleira quer montar um time de beisebol juvenil, por que você não dá uma ajuda?".*

E lá fui eu, até o escritório da empresa, e eles nos deram as camisetas, o uniforme e algumas luvas. Consegui. E a primeira camiseta que vestimos formando já um time a sério era da Mobil. Existe até uma fotografia em que apareço usando essa camiseta com o logo. Isso pareceu uma infiltração...

O senhor foi recrutado pelo imperialismo...

Veja só, o imperialismo me recrutou através da Mobil (risos). Imagine só, Hugo Chávez dirigindo um time da Mobil. Lembro que o "o" de Mobil era vermelho, e o símbolo era um Pégaso, um cavalo alado. Enfim, o fato é que aquele time da Mobil foi campeão durante dois anos. Quase não perdíamos. Por exemplo, os do bairro Coromoto eram uns tipos gigantescos, mas jamais ganharam da gente. O nosso jogo era a astúcia, que nem uma guerrilha. Éramos pequenos, porém rápidos e agressivos, enquanto eles eram uns mastodontes, mas desajeitados. Nós éramos os rapazinhos, os novos, os novatos, mas logo ficamos célebres.

O senhor era o técnico?

Eu era o técnico, e ganhamos de todos os times, até do mais duro, o da beira do rio, o time da praia onde jogavam Jorge "Pirata" Ramírez, Adolfo "Popo" Espinosa, o "Sapo" Alemán. O que acha desse apelido, "Sapo"? (ele ri). Era um garoto forte, sarará, alourado, parecia um sapo. Esse time era considerado melhor que o nosso, mas não conseguiu nos vencer. No nosso time também havia bons jogadores. Um que despontava era o "Cara e Cachapa"[15]*, era chamado assim pela gente. Havia cada apelido... Era um grande amigo, tinha espírito crítico, de protesto.*

Havia outro time agressivo, o dos Reyes, onde jogavam Anibal Reyes e Luis Reyes Reyes[16]*. Mas o melhor dessa família era sua irmã, Virginia Reyes, uma negra bonita. Eu estava assim meio apaixonado por ela. Uma pena que não jogasse, mas ela assistia a alguns jogos. Era um time que também tinha apoio de uma empresa de petróleo. Um bom conjunto, tinha um jogador chamado "Bisonte", um sujeito forte e agressivo. Luis lançava muito bem, e seu irmão Aníbal, mais velho que ele, canhoto, era um bom rebatedor, e também esteve conosco no Exército. Acho que eles tinham algum complexo racial, porque no time deles quase não havia jogador branco. Em Barinas, eles eram chamados de "Macacos", dá para compreender a razão...*

Existia racismo contra os afro-venezuelanos?

Havia preconceito, e continua havendo. Mas talvez menos lá, nos Llanos, que no resto da Venezuela. O senhor sabe que aqui, a Guerra Federal (1859-1863) foi um enfrentamento de classes, uma guerra de ricos contra pobres. Houve grandes matanças, tanto de um lado como do outro, ou seja, ricos aniquilando pobres e pobres aniquilando ricos. Nos Llanos, isso aconteceu com muita intensidade. Então, aquelas velhas castas de aristocratas ou oligarcas brancos foram degoladas pela guerra, dizimadas. E os sobreviventes tiveram que se misturar com os não brancos. Aprenderam a se conhecer e se respeitar. Produziu-se uma mestiçagem étnica e cultural. Claro, as classes não desapareceram, continuava havendo ricos e pobres, mas havia mais respeito, mais consideração.

Em Sabaneta, por exemplo, havia um senhor, Pedro Hurtado, um homem branco e muito rico que morava na esquina da praça, numa casa grande, uma chácara, e no entanto ele era amigo do meu pai, negro e pobre. Recebia meu pai em sua casa. Nós passávamos por lá antes de ir ao cinema, e meu pai e Pedro Hurtado conversavam. Portanto, o racismo, que evidentemente existia, não tomou, nos Llanos, a forma brutal e violenta de outras regiões.

Nestes llanos, o negro é visto até com carinho. Se alguém diz "olha, mina negra", está sendo afetuoso. Lembro, por exemplo, de meu amigo "Negro petróleo", era chamado assim, mas ele se sentia orgulhoso e em nenhum lugar houve alguma limitação pelo fato de ele ser negro. Ou os negros Reyes, que estudavam em colégios privados, viviam numa casa grande, o pai trabalhava na empresa de petróleo e a casa estava sempre cheia de gente, amigos, amigas, brancos, negros, índios, mestiços...

Não havia locais — colégios, clubes, bares, hotéis — reservados só aos brancos?

Não, não, isso não existia. Jamais notei, em Sabaneta ou em Barinas. Por exemplo, eu era muito pobre e ia à casa de Coromoto Linares, no condomínio onde estava instalada a Mobil, a dar aulas de matemática, e a mãe e o pai, ambos brancos, de classe média, sempre me receberam com muito carinho. Eu entrava na Mobil, que era uma espécie de residência protegida, e nunca ninguém impediu o meu acesso.

Claro que subsistiam aqui e acolá velhos traços de discriminação, mas ficavam meio deslocados e fora do tempo. Não eram a norma do comportamento geral. Por isso digo que, mesmo que não tenham desaparecido os preconceitos sociais, esse nível de racismo, que pode ser observado em outras sociedades e até em outras regiões da Venezuela, não existia por lá.

Quando diz que se fizeram "célebres", graças às suas vitórias no beisebol, isso significa que a imprensa falava de vocês?

Não, nesse nível não, a imprensa não falava de nós. Éramos célebres em nosso entorno social, através da "rádio bemba"[17]*, na esquina e no bairro. As* *pessoas começaram a se perguntar: e esse time da Mobil e esse Huguito Chávez de onde saíram? Nem fica bem que eu diga, mas é a verdade: me chamavam de "Canhotinha de ouro", e comecei a ficar conhecido até fora do nosso bairro. Era tanta minha celebridade local, que até mesmo a primeira prostituta com quem fui para a cama me disse: "Ah, você é que é o Canhotinha de ouro?". Minha fama chegou até o bordel...*

É que a rádio — não a imprensa — transmitia os jogos, no cenário dos jogos regionais, contra times de Portuguesa, de Apure. Porque como integrante do time do Estado Barinas, já em outro nível, comecei a viajar. A camiseta não era mais da Mobil, mas de Barinas. Eu sempre gostei do número 5, é um número que me agrada. "Não há quinto ruim", dizia a minha avó.

É o número da boa sorte na cultura muçulmana.

É mesmo? Eu não sabia. A vida inteira usei o número 5, ou o 11, de que também gosto. Então, aquele nosso time, o da Mobil, passou a se chamar Rádio Continental. Não sei o que aconteceu com a Mobil, algum conflito anti-imperialista. A Mobil não deu mais uniformes para a gente, nem outras coisas como bolas, o taco etc. A Rádio Continental era uma emissora, e então começamos a nos tornar mais públicos, e conseguimos o uniforme, a camiseta com o logotipo "Rádio Continental, 1390 quilo-hertz".

Era um time júnior?

Pois é. Tínhamos deixado de ser pré-junior e com a Rádio Continental estávamos na Liga Junior, um pouco mais forte. A emissora designou um locutor, chamado Alvarado, que gostava muito de beisebol, num posto assim como de supertécnico. Eu continuava sendo o técnico, mas ele nos ajudou muito, tinha mais conhecimento e aprendi muito com ele. Não só nos ajudou em campo, mas também nos permitiu conseguir financiamento para equipar-nos, porque éramos meninos pobres. Graças a ele conseguimos uniformes, sapatos próprios, quer dizer, o equipamento completo. Alvarado tinha um programa de rádio e começou a fazer propaganda do nosso time. Em algumas ocasiões narrava a partida ao vivo, porque o jogo já não era mais num campinho qualquer...

Que dia jogavam? Aos domingos?

Sábados e domingos, e sempre de tarde. Porque não havia luz. Depois, com os anos, puseram iluminação no campo, mas aí já éramos mais velhos.

Tanta dedicação ao esporte repercutia nos estudos, não é?

Bem, àquela altura eu continuava estudando e dando aulas, nas férias, aos companheiros que tinham sido reprovados, que precisavam preparar matérias para um novo exame. E eu não cobrava nada deles. Esse é um aspecto importante:

aos 15 anos, eu continuava ensinando alguns colegas da minha idade, na casa deles, de noite ou nos fins de semana, por solidariedade, para ajudá-los a sair da enrascada. Lembro de uma moça, Ines Rosales, de quem gostei muito e tivemos até alguma relação de namorico, e que não conseguia entender matemática. Então eu ia dar aulas na casa dela. E outra moça, Tahís Maldonado, filha do doutor Samuel David Maldonado, do Movimento Eleitoral do Povo fundado por Prieto Figueroa, e que certa vez foi candidato a prefeito.

Mas é claro que meu nível de estudo começou a baixar conforme subia minha classificação de esportiva. E aqui devo admitir que a influência da Enciclopédia Quillet *no espírito daquele menino adolescente teve um tremendo impacto, e até criou conflitos comigo mesmo...*

Por quê?

Porque eu era um bom aluno, já disse, e gostava de estudar. Mas quando comecei a caminhar em concreto, conforme estipula a Enciclopédia Quillet, *para triunfar na nova meta que havia me proposto, precisei descuidar dos estudos. Então me sentia mal comigo mesmo quando tirava uma nota que não correspondia, digamos, ao meu perfil histórico.*

O senhor não estava à sua própria altura...

Certa ocasião, no terceiro ano do curso médio, um professor de matemática me chamou e me deu uma bronca dura, na frente dos companheiros, porque eu tinha tirado 8. É que em todas as minhas provas dos dois anos anteriores eu só tirava 10. "Como é possível!", exclamava ele. Em inglês aconteceu o mesmo, quando comecei a tirar 8, 7. "O que está acontecendo, Chávez?" Em outras matérias também. E é que eu estava como possuído pela paixão máxima do beisebol.

O senhor se dedicava tanto assim?

Muito. Totalmente. Estava no topo do furor do beisebol, no topo. É preciso notar que eu era um garoto de 16 anos que tinha conseguido, à custa de muito esforço, entrar na Liga Superior de Barinas, figurar na primeira linha regional e representar o estado em campeonatos nacionais.

Fui desenvolvendo boas condições físicas. Eu era muito magro, mas desandei a fazer exercícios, a correr com tenacidade. Consequência: minhas notas escolares caíram. No quinto ano, já estavam em 5, 4, 3... Até fui reprovado numa matéria, coisa que jamais havia acontecido. Meu pai me perguntou: "O que aconteceu?". Mas ele sabia: era o esporte...

Sua avó aceitava o fato de o senhor praticar esporte?

Sim, ela estava de acordo. Curiosamente, ela não gostava de beisebol, jamais assistiu a uma partida. Mas gostava que eu jogasse.

Que profissão ela queria que o senhor tivesse?

Ela nunca manifestou um desejo específico de me orientar para uma determinada carreira.

Mas o senhor estava decidido a ser jogador de beisebol?

Sem a menor dúvida. Isso tinha se transformado num objetivo absolutamente prioritário e eu continuava progredindo. Em agosto de 1969, fui convocado para um campeonato nacional de beisebol na categoria júnior. Os jogadores precisavam ter até 15 anos cumpridos e menos de 16 anos. Mas quase todos os rapazes se inscreviam com documentos falsos. Todos os times faziam a mesma coisa. Era um costume péssimo. Joel Suárez e eu fomos os únicos de Barinas que usávamos nossos próprios documentos, todos os outros iam com nomes falsos. Tinham 17, 18 e até 20 anos. O "Negro Petróleo", por exemplo, tinha 20 anos.

Ou seja: o senhor era um garoto de 15 anos no meio de um grupo de jovens adultos.

Pois é. E isso tinha seus inconvenientes e suas consequências, não apenas no jogo, na parte física, mas também na psicológica. Porque esse grupo já tinha, digamos, alguns hábitos de homens feitos, até no terreno da sexualidade. E eu tinha de exigir de mim... Esse grupo, por exemplo, já ia a um bordel.

E o senhor?

Pois quase me vi obrigado a ir com eles, em grupo, a um bordel em Barinas. Naquele tempo, isso era meio normal. Em cada cidade, cada povoado, havia uma "zona vermelha". E lá fomos nós. Cada um procurou sua moça. Foi a minha primeira experiência. E com uma prostituta, com uma trabalhadora do sexo.

Foi assim, então, que o senhor perdeu sua inocência...

Pois é (ele ri), nessa ocasião, em 1969, perdi a minha inocência. Lembro que aquelas damas nos receberam com muita alegria, porque naquela cidade provinciana nós já éramos — como dizer? — pequenos famosos, os pequenos heróis de Barinas. Pela primeira vez, Barinas conseguiu chegar à final contra o Distrito Federal, contra o time Anzoátegui. Chegamos em terceiro lugar.

Percorrendo Barinas, o senhor me dizia que costumava se reunir com seus companheiros de colégio em dois cafés. O senhor se lembra de quais?

Como não! Na verdade, eram mais bares de rapazes, quando já estávamos nos últimos anos do colégio. Um era o Noites da Hungria, onde nos reuníamos para estudar ou jogar uma partida de dominó. A gente chamava esse bar de "Faculdade". Dizíamos: "Vamos para a Faculdade!". O outro se chama, hoje em dia, El Rincón Mexicano, mas naquele tempo era El capanaparo, e lá, com muita frequência, se reunia o pessoal do beisebol para conversar. De todos nós, jogadores, o mais político era Vladimir Ruiz. Estava nascendo a Causa R (Causa Radical), o MAS (Movimento ao Socialismo), e as conversas da juventude daqueles anos eram salpicadas por comentários sobre um processo político que começava. É que a guerrilha estava acabando. Fabricio Ojeda, que ostentava o cargo de presidente do Comando FLN-FALN, tinha sido assassinado, "suicidado", nos calabouços do Serviço de Inteligência das Forças Armadas (SIFA), em Caracas (no dia 21 de junho de 1966), durante a presidência de Raúl Leoni. Surgia o MAS, no âmbito dos intelectuais de classe média, enquanto o MIR (Movimento da Esquerda Revolucionária) já tinha uma trajetória mais dura e um pouquinho mais longa.

Vladimir havia se mudado para Barquisimeto para estudar no Instituto Pedagógico antes que eu saísse do segundo grau, e voltava nas férias ou nos fins de semana. Em Barquisimeto já havia nascido a primeira célula da Causa R, e ele trazia algumas informações. Mas não passavam disso, conversas de adolescentes em que os temas principais eram as meninas e o beisebol, salpicados por algum comentário sobre política.

Ou seja, o senhor continuava se interessando pouco por política.

Pouco, é verdade. Embora, como já disse, tenha conhecido o pai de Vladimir, José Esteban Ruiz Guevara, historiador que havia estado na guerrilha, e depois foi preso. Eles tinham se mudado para o nosso bairro, a uns cem metros da minha casa. Ele usava barba, mascava fumo e era pesquisador, andava estudando comunidades indígenas e trabalhava no governo, apesar de ser um homem de esquerda. Publicava uma revista. Eu também visitava muito a casa dos Giusti, Eliécer e Jorge. O pai deles, Carlos, era escritor e poeta.

Mas o senhor conversava com os pais de seus amigos?

Vou confessar uma coisa: eu visitava essas casas, a dos Ruiz Guevara e a dos Giusti, por causa da minha amizade com os rapazes, claro, mas o que eu gostava mesmo era de ouvir os velhos, que aliás não eram tão velhos, teriam naquela época uns 40 ou 50 anos.

E falavam de quê?

Bem, veja só, José Esteban Ruiz Guevara era de Puerto Nutria, uma cidadezinha muito menor que Sabaneta. Um dia chegamos lá, na casa da família, com seus filhos, e nos sentamos para conversar, tomar um copo-d'água, e de repente ele me diz, acariciando a barba: "Hugo, você sabe de quem Rafael, seu avô, é filho?". Eu quase já havia apagado da memória, pela dinâmica de vida, aquelas dúvidas de menino... E ele começou a me falar de "Maisanta". Ele havia pesquisado bastante, nunca escreveu nada, mas me entregou suas anotações a José León Tapia, o autor de Maisanta, el último hombre a caballo, *essa história romanceada, baseada em dados históricos recolhidos no meio do povo.*

Ele conhecia a história de "Maisanta"...

Conhecia muito bem, tinha pesquisado, resgatado do esquecimento... Ele me levou até a biblioteca da casa, um quartinho onde estava sua máquina de escrever e seus livros, e começou a nos contar do que sabia da história de Pedro Pérez Delgado. Vai ver, queria me arrancar alguma informação... Mas eu não sabia nada. Acho que disse : "Parece que foi um homem malvado...".

De outra feita, Carlos Giusti[18]*, o poeta, também me fez um comentário: "Você não pode ir mal na escola, por respeito ao sangue que você tem, o do seu bisavô, foi que destruído...". Foi assim que descobri que meu bisavô deixou um rastro lendário nos círculos intelectuais de Barinas que conheciam sua história.*

Foi quando se despertou em mim, de verdade, a inquietação, essa que falei, sobre as minhas origens. Então, comecei a me aproximar outra vez do rio da história. Perguntei para a minha mãe, que também não sabia nada, só sabia pela "lenda negra", a parte má da lenda, inventada pelos setores que odiavam o "Maisanta".

Li em algum lugar que seu contato com os Ruiz Guevara teve grande importância em sua formação política, no sentido que, na biblioteca do pai deles, o senhor descobriu e leu livros políticos de autores — Maquiavel, Marx — que iriam influenciá-lo. É verdade?

Olha, eu insisto que não é verdade que a casa dos Luiz Guevara tenha sido para mim, naquela idade, uma espécie de escola política. Quero que fique claro: não é verdade. Tudo isso é falso. Especularam que havia, nessa casa, uma espécie de escola de marxismo-leninismo e que eu — que na época tinha 15 ou 16 anos — tinha prestado juramento lá. Jamais, jamais: é falso, é mentira. Bem, alguma leitura, alguns artigos que eu lia numa revista, conversas de amigos... nada transcendental. Mais que as leituras, o importante foi o contato direto com uma pessoa, com alguns círculos e com uma história, neste caso a de "Maisanta" e, por consequência, a minha, e a da Venezuela do começo do século XX. Isso foi importante, porque fui sendo absorvido, para retomar a palavra, pela história.

Mas há declarações de José Esteban Ruiz Guevara confirmando a influência política que o senhor recebeu na casa dele...[19]

Falou-se tanta coisa... Com certeza ele, já ancião, confunde. Digo isso com muito respeito, mas ele se engana de momento. Porque eu, a Barinas, regressei em 1975, depois de me formar na Academia Militar. E, evidentemente, eu já era outro, já tinha 21 anos e uma consciência política. Então, sendo subtenente, voltei à casa dos Ruiz Guevara e aí sim, as conversas, as leituras e as discussões eram muito políticas. Mas na época do colégio, não.

Há ensaístas que chegaram a afirmar que eu entrei na Academia Militar com os livros do Che Guevara debaixo do braço. Isso é totalmente falso. Naqueles anos de colégio, de 1966 a 1971, repito que o que mais me interessou foi estudar e praticar esporte. Olha, uma vez, no colégio, me abordou um rapaz que estudava em Caracas e queria criar um movimento socialista. Ele me convidou para uma reunião, e eu não aceitei. Portanto, repito, jamais participei. Meu assunto, naqueles cinco anos, foi estudar, jogar beisebol e, bem, uma ou outra namorada, Juanita e Irene, as duas namoradas que tive. Creio que fui um bom garoto, com as travessuras normais de um adolescente.

O que o senhor lia?

Bem, sempre gostei de poesia, gostava de falar com os poetas, com Eduardo Alí Rangel, o poeta da minha cidade, gostava de ler muito. Os poemas costumbristas, e aprendi alguns de memória, declamava no colégio, nas reuniões... Sempre tive afã de conhecimento, continuava lendo minha eterna companheira, a Enciclopédia Autodidata Quillet, *onde lia as generalidades da vida. Um ou outro jornal chegava às minhas mãos. Li muitos romances, obras de literatura. Entre elas, lembro de* Doña Bárbara, *que era leitura obrigatória, e* Cantaclaro, *de Rómulo Gallegos, e* Las lanzas coloradas, *de Arturo Uslar Pietri. Também comprei* A Casa Verde, *de Mario Vargas Llosa, para uma tarefa de literatura na sala de aula. Tinha que analisá-la, e tirei um 9 na análise desse romance do "nosso amigo" Vargas Llosa. E, além da literatura em geral, eu me interessava por ensaios de ciências políticas ou de filosofia. Era um leitor inquieto.*

Quando surgiu, no senhor, o desejo de fazer a carreira militar?

Surgiu, vamos dizer, por acaso. Em 1969, passei para a quarta série do segundo grau, e me fiz muito amigo de um rapaz que não era esportista, José Rafael Angarita. Ele morava muito perto, no mesmo bairro. Era sério e nós dois estudávamos muito. Um dia, estávamos terminando a quinta série, deve ter sido em maio ou junho de 1970, eu ia fazer 16 anos, e ele com uns 18, me disse: "Vamos até Caracas, para a Academia Militar". Alguém tinha sugerido isso a ele, porque um oficial do Forte de Tabacare, em Barinas, veio fazer uma conferência no colégio, para fazer propaganda da Academia Militar e incentivar que nos matriculássemos. E esse meu amigo pôs seu nome numa lista. Eu me surpreendi: "Que coisa mais estranha! Por quê?".

O que o senhor achava dos militares?

Na verdade, eu tinha uma imagem negativa. Já contei minha impressão quando meu pai ficou preso em La Marqueseña... Representavam a repressão, o abuso, a arbitrariedade. Para os círculos em que eu me movia, o militar era um parasita. Era quase uma emblema da esquerda: militar = parasita.

Ao mesmo tempo, eu também, como todos os meninos, gostava de brincar de guerra. No quintal da minha avó organizávamos batalhas homéricas. Com latas de zinco e pedaços de madeira, levantávamos fortes inexpugnáveis e inventávamos estratégias para cercá-los e conquistá-los. Eu adorava aquelas brincadeiras de guerra! Mas uma coisa era brincar, e outra, a realidade.

Seu amigo se alistou?

Sim, ele tampouco nada tinha a ver com a política, e naquele mês de agosto de 1970 foi para a Escola Militar. E eu fiquei pensando...

Era uma escola ou uma academia?

Naquele tempo se chamava Escola. Hoje, é Academia[20]*. Acontece que justamente naquele 1970, aplicando o Plano "Andrés Bello", a Academia Militar entrava numa fase de transição para se transformar numa Instituição de Ensino Superior. Até aquele ano, aceitavam rapazes com o terceiro grau da segunda série, e eles saíam sem título universitário. Mas a partir de 1971, começam a exigir o segundo grau completo, e a formação de oficiais mudou totalmente.*

Naquele momento, eu estava no auge do meu beisebol. Meu assunto era beisebol, e também o estudo, mas já não com notas, como eu disse, que convenciam meu pai, e nem a mim mesmo. E meu amigo Rafael continuava com seu empenho para que entrasse na Academia. Ele me explicava que ia passar a ser uma Escola Superior, de nível universitário. Trouxe até um folhetinho para mim. Vi que lá se jogava beisebol, e que os treinadores eram nada mais nada menos que Héctor Benítez Redondo e José Antonio Casanova, os "heróis de 41"[21].

Mas o senhor não estava decidido...

Eu tinha uma grande dúvida. E quando estava na quinta série — último ano do segundo grau — minha angústia começou a crescer. Que carreira escolher, se o que eu queria mesmo era ser jogador de beisebol? Adán, depois da colégio, foi para Mérida, para a Universidade. Morava na casa de uns primos do meu pai. Era a universidade mais próxima de Barinas. Caracas era como o outro lado do mundo. Então, eu ia seguir o mesmo rumo: Mérida.

Seu irmão pedia que o senhor fosse se unir a ele?

Pois é, ele insistia, e meu pai também. Na universidade, Adán tinha virado hippie, andava com botas largas e cabeleira. Tinha um grupo de amigos, da sua idade, e começou a aprofundar sua participação nos movimentos contestadores. Mas eu não sabia nada, porque aquele movimento (o MIR) ainda era clandestino, e ele era muito disciplinado. Além disso, nessa universidade não havia time de beisebol, pelo que me lembro o que se jogava era futebol, e o que me interessava de verdade era continuar com o beisebol, virar jogador profissional. Por tudo isso, minha cabeça dava voltas: "Meu Deus, eu não quero ir para Mérida".

Então, quando se aproximaram fevereiro-março de 1971, comecei a ver com bons olhos a possibilidade de entrar na Escola Militar, como único jeito de me aproximar do Magallanes, prosperar no beisebol e, depois, sair do Exército e ficar na capital jogando. Meu principal desejo era este: virar jogador de beisebol.

Então, para o senhor, naquele momento, triunfar na vida era triunfar no beisebol.

Exatamente. Essa era a meta, como a pintura havia sido em outra época.

Isso significa que o senhor não entrou na Escola Militar com uma intenção política oculta.

Não, nada disso. Torno a repetir: o que me levou para a Escola Militar foi a possibilidade de ir morar em Caracas e jogar beisebol. Todo o resto é pura lorota, especulações. Falou-se, e foi publicado, que Ruiz Guevara tinha me doutrinado, que eu pertencia a um movimento clandestino e que o Partido Comunista me infiltrou nas filas militares. Puras mentiras, inventadas depois da rebelião de 4 de fevereiro de 1992, quando surgiu uma enorme quantidade de especulações, histórias e versões.

Naquela idade, eu não tinha nem começado a sentir com força o chamado da história. Certamente em Barinas, nos anos do colégio, comecei, como contei, a ouvir coisas, ler poemas, livros, o jornal El Espacio. *Mas não houve nunca um aprofundamento, nem mesmo no estudo de grandes personalidades históricas, Bolívar, Zamora... Esses personagens foram, como eu digo, expulsos a pontapés dos espaços da história oficial. Quase não eram mencionados. Zamora era um "bandoleiro", Pedro Pérez Delgado era outro "bandoleiro".*

Antes da Escola Militar o senhor tinha realmente lido Bolívar?

Muito pouco. É como eu digo: na verdade, a história oficial praticamente renegava Bolívar. Eu consegui ler sobre Bolívar na Academia Militar. No colégio, nós estudamos mais a história universal que a história nacional. O manual de história universal do colégio tinha mais de mil páginas, e era um método pedagógico péssimo. Consistia em decorar intermináveis listas de datas e nomes. No entanto, eu tinha, dentro de mim, umas sementes que estavam germinando, com base em muitas leituras. Quantas vezes, por exemplo, aquele menino, o Huguito, tropeçou com Bolívar nas revistas mensais Tricolor. *Bolívar aparecia no discurso de Angostura, condecorando Pérez nas Queseras del Medio, morrendo em Santa Marta.*

Havia um terreno fértil...

Sim, havia, sem dúvida, um terreno fértil. Um terreno adubado, preparado. E essa soma de pequenas leituras foi acumulando uma massa de inquietações que depois, quando cheguei ao epicentro da minha formação, que foi a Academia Militar, com historiadores militares como o general Jacinto Pérez Arcay[22]*, por exemplo, deu seus frutos. Eu me transformei em visitante assíduo da grande biblioteca da Academia Militar, me metia procurando livros, e aprendi a conhecer Bolívar bem.*

O que a sua avó achou da sua ideia de ir para a Escola Militar?

Ela não queria que eu fosse militar. Ela ia andando e comentando em voz baixa — era típico dela — para que eu ouvisse: "Não gosto muito disso", dizia como se falasse com os passarinhos. E ralhava comigo: "O que é que o senhor acha que vai encontrar lá? É perigoso. Você é muito cabeça-dura, rebelde demais, um belo dia vai se meter em confusão". Uma vez, quando eu já era cadete, encontrei minha avó acendendo umas velas num altarzinho que ela tinha. E me disse: "Estou pedindo a Santa Rosa e à Virgem do Rosário que você saia dessa coisa". Ela jamais quis que eu entrasse na Academia. Adán, claro, também não gostou nem um pouco. Meus pais ficaram sabendo depois que tudo já estava feito. Organizei tudo em segredo, até tornar-se um fato consumado. Chegou lá em casa um telegrama me convocando para fazer os exames para entrar na Academia. Então tive de confessar a eles que ia para Caracas, que ia para a Academia Militar. Meu pai, no começo, fechou a cara. Mas minha mãe me apoiou. E meus irmãos menores também gostaram da ideia.

Quais eram as exigências para entrar na Academia?

A primeira prova foi feita em Barinas, no quartel militar.

Uma pré-seleção.

Exato. Passamos principalmente por uma revisão muito geral, e por uma entrevista psicotécnica. Não houve exame de educação física e esporte. O objetivo não era eliminar, e sim que a maior quantidade possível de aspirantes chegasse à Academia. Não éramos muitos, uns 15 ou 20, e quase todos fomos para Caracas.

O senhor já tinha estado alguma vez em Caracas?

Nunca.

Já havia concluído o colégio?

Não, ainda não, estava terminando, eram os últimos dias.

Mas não era indispensável ter o segundo grau completo para entrar na Academia, de acordo com o novo plano de estudos?

Correto. E infelizmente eu tive um problema em química. O professor, Manuel Felipe Díaz, que a gente chamava de "Veneninho", me reprovou, me deu um quatro e meio. Apesar disso, fui para Caracas, fiz os exames e me saí bem. Porém, não podia entrar na Academia por causa dessa matéria, não aceitavam alunos em recuperação.

E então?

É que além dos exames acadêmicos, em que fui aprovado, havia uma entrevista final. A última. Fui convocado por telegrama, e viajei de ônibus para Caracas de novo. A entrevista era feita por alguns oficiais superiores, um psicólogo e um padre. Lembro que me fizeram perguntas assim: "O senhor pertence a algum partido político?". Eu tinha muito cuidado com isso, e, evidentemente, disse que não. E era verdade. "Mas aqui está dito que sim", afirmou um deles. "Bem", respondi brincando, "ao partido dos topocheros de Barinas". "Topocheros" eram os que cortavam "topocho", ou seja, bananas. Depois, outro me perguntou: "O senhor teve relações sexuais com animais?". Porque no Llano, isso era bastante comum, com as burras. Eu mesmo conheci um homem que era chamado de "burreiro", porque não deixou burra intacta. Eu nunca fiz isso. Perguntavam para ver que resposta a gente dava. O objetivo era ver o que o aluno respondia, por que ele queria ser militar.

Avaliavam sua psicologia, sua personalidade...

Isso mesmo. Fui aprovado nesse exame, mas continuava sem poder entrar na Academia por estar em recuperação em uma matéria. Então, um coronel me disse: "O único jeito para que o senhor entre, de maneira provisória, é sendo um bom esportista. Decidimos dar ingresso provisório aos que estejam com algum probleminha em alguma matéria, desde que demonstrem ser bons em algum esporte". Foi quando eu disse: "Jogo beisebol". "Pois vamos ver se joga mesmo." E me mandou para o pátio onde estavam todos os outros alunos com matérias em recuperação, mas que diziam ser esportistas. Nos organizaram em grupos, e nos levaram a um campo de jogo. Lá descobri que José Antonio Casanova, atacante daquele time da Venezuela que, em 1941, foi campeão depois de derrotar Cuba — e em Cuba — era o treinador-chefe. E que o outro, mais baixinho, Héctor Benítez, atacante também, canhoto, era o segundo treinador. Eu conhecia os dois por fotografias, admirava os dois. Tinha até uns escudinhos que vendiam, com os rostos de cada um. Não se esqueça que meu projeto de vida era este: o beisebol, as Grandes Ligas, o time Magallanes. A coisa militar era secundária.

Assim, me dispus a mostrar minhas habilidades. Acontece que dois dias antes, em Barinas, tinha lançado um jogo inteiro e estava com o braço destroçado, estava pondo gelo...

Como era isso, o que o senhor sentia?

É que eu, já naquela idade, tinha começado a ter dores no braço, aqui em cima, no ombro. É normal, num lançador de beisebol, que ele sinta dores no covotelo. Se você lança oito, nove innings[22] *seguidos, ou seja, oito, nove segmentos de uma partida, em que os times se revezam entre ataque e defesa, é frequente que o cotovelo se ressinta. Mas quando o problema é no ombro, é mais grave, porque essa dor tende a se agravar e, no fim, é preciso operar. Em Barinas não havia atenção médica para quem jogava beisebol. Eu sentia dor, punha gelo, a dor passava depois de uns cinco dias, e eu continuava jogando. Não queria dizer nada, mas aquilo começava a me preocupar.*

O senhor curou?

Pois não curei, tive essa dor muito tempo, até que, 30 anos depois, Fidel Castro descobriu que era no manguito rotatório, um grupo de músculos e tendões que rodeiam as articulações do ombro. Uma vez fui jogar em Havana, e depois da partida não aguentava a dor. Fidel, que sabe tudo de tudo, tocou o meu ombro e diagnosticou: "Isso aí é uma distensão do manguito rotatório". No dia seguinte fizeram uma radiografia, e era mesmo.

Isso impediu o senhor de jogar bem na prova da Academia?

Impediu. Porque, como eu disse, dois dias antes eu tinha jogado em Barinas, uma partida inteira, e sentia bastante dor. Então fiz o meu aquecimento, e quando me pediram que lançasse foi um fracasso, senti uma tremenda contração de dor e lancei a bola para o alto. Uma decepção. Me tiraram. O examinador me disse: "O senhor não pode jogar desse jeito. Se o braço dói, não pode lançar". Naquele dia me condenaram a não lançar mais. E nunca mais fui pitcher até me formar como subtenente. No meu regresso a Barinas, começaram a fazer infiltrações no meu braço. Naquele ano ainda lancei, mas depois não conseguia mais, a dor era insuportável, e o manguito foi para o diabo. Tive que parar de jogar.

Quer dizer que o senhor foi reprovado na prova esportiva.

Acabei sendo aprovado, e por uma casualidade: Héctor Benítez também era canhoto, chegou perto e me disse para tentar em outra posição. Então, decidi rebater. E me saí bem. No final, Benítez me disse: "Para beisebol, você leva jeito. Vamos pôr você na lista dos aprovados".

Então, o senhor entrou na Academia Militar quase que por milagre...

Veja como a vida é... Naquele dia, naquele passado da minha primeira vida, entre um milhão de casualidades, as circunstâncias podiam ter me levado para um destino que, sem dúvida, seria muito diferente. Mas ali, naquela situação em que eu estava, com uma matéria em recuperação e incapacitado de lançar corretamente, um micrométrico assunto me trouxe para este caminho...

Podemos, então, dizer que esse simples golpe de um taco de beisebol mudou o curso da história da Venezuela...

Foi uma coisita de nada do destino. Ou seja, se eu não tivesse conseguido rebater em boas condições — eu não era rebatedor, era lançador... — não entrava na Academia. E ser canhoto também me ajudou, porque Héctor Martínez anotou em seu caderninho: "Estamos procurando um rebatedor canhoto. Por isso, vamos recomendá-lo. Apresente-se aqui dentro de oito dias". Se eu não fosse canhoto e tivesse falhado nas três rebatidas, ficava de fora. Não teria entrado na Academia. Não seria o que sou, e não estaríamos aqui falando de Revolução Bolivariana...

Mas o senhor continuava em recuperação numa matéria escolar...

Claro, e queria terminar o segundo grau. Estudei duro, fiz a prova de química e tirei 7. Com isso, no domingo, 8 de agosto de 1971, ingressei na Academia Militar.

Quando entrou, o senhor tinha a intenção de se tornar jogador de beisebol. Mas esse rumo mudou.

Mudou, e muito. Porque devo dizer que imediatamente me encantei com a Academia, e me adaptei à minha nova vida de cadete. Em seguida levei muito a sério a missão de ser um soldado do Exército fundado por Simón Bolívar. Percebi que tinha chegado aonde devia chegar: na Academia Militar. Aquele pátio, aquela bandeira, aquele uniforme, aquele fuzil, aqueles cantos...

Tudo isso transformou o senhor?

Foi quando se produziu a metamorfose. Hugo Chávez, "Tribilín", um garoto simples, provinciano, 17 anos recém-feitos, entra na Academia Militar sem motivação política alguma. Entra para ser jogador de beisebol, lançador, para formar-se na guerra do beisebol, e quatro anos mais tarde, em 1975, coisa sumamente estranha, sai sendo um subtenente revolucionário.

O senhor encontrou seu destino?

Na verdade, a gente nasce muitas vezes, vive várias vidas. Quando saí da Academia Militar, em 1975, eu era outro, tinha renascido num mundo diferente, com perspectivas diferentes. Aconteceram coisas, com certeza, no campo pessoal, no campo da política, no cenário nacional, no internacional... Talvez o próprio fato de estar em Caracas e ter contato com muita gente... Além do mais, a carreira militar é uma carreira política, com certeza uma carreira política.

O senhor diria que viveu uma transmutação?

Sem dúvida. Quando saí da Academia como um jovem subtenente ainda não tinha feito 21 anos. Fiz em Barinas, porque saí da Academia no dia 8 de julgo de 1975, e no dia 14 me apresentei como subtenente no comando do quartel de Barinas.

Voltava para aquela cidade, mas agora vinha com outro nível. Em apenas quatro anos — e quatro anos é muito pouco tempo — tinha adquirido uma clara motivação política. Agora, sim, ia conversar com o velho Ruiz Guevara. Eu o convidava, e saíamos. Vladimir havia se formado como professor de história, e nosso círculo já abordava discussões de alto nível político. Voltei para Barinas politizado! E onde me politizei? Na Academia Militar. Não só na Academia, claro, mas naqueles quatro anos o epicentro de minha formação como jovem oficial politizado foi a Academia. Sem a menor dúvida.

Foi lá que aconteceu a maturação de um processo.

Certamente aquilo vinha gestando, germinando, incubando, mas foi lá que se produziu a explosão. É como um vulcão: para que exploda precisa haver certas condições e certa temperatura, sem isso tudo ele jamais entrará em erupção. Por isso, eu não entrei na Academia, como dizem por aí, com um livro do Che Guevara debaixo do braço. Na verdade, saí de lá com o livro. O que aconteceu nesses quatro anos? Bem, aí convém nos determos um pouco.

PARTE II

De quartel em quartel

(1971-1982)

Capítulo 6

Cadete em Caracas

Uma adaptação dura • A dificuldade de ser canhoto
Superiores abusivos • Descobrindo Caracas
"Chicho Romero" • Morros pobres e bairros ricos
Morar em Catia • O Plano "Andrés Bello"
Oficiais progressistas • Ser soldado
Na tumba de "Chibata" Chávez
Cantando, desenhando, divertindo • Felipe Acosta Carlez
Adquirindo liderança • Cursos e leituras
Um subversivo

O senhor entrou na Academia Militar em agosto de 1971, não é?

É. Conforme eu disse, no dia 8 de agosto — um domingo — daquele ano, entrei na Academia. Era um rapaz simples, provinciano, mas que tinha passado cinco anos numa capital estadual, num círculo exigente do ponto de vista físico, esportivo, intelectual e, inclusive, espiritual. Um aluno líder de grupo, por ser um dos que obtinham as melhores notas. E que chegou a dar aulas particulares a rapazes mais velhos, o que era um desafio. Foram cinco anos de muito rendimento, mas até um determinado limite. Quando aterrissei em Caracas, percebi que havia chegado a um ponto de definição. Em poucos meses modifiquei minhas expectativas, mudei de panorama. Primeiro, comecei a me sentir um soldado. Depois, comecei a descobrir a política, os intelectuais, a respirar uma atmosfera excitante.

Como começou sua formação militar?

Naquele primeiro ano, foi feita uma seleção muito severa. Éramos quase 200 aspirantes entrando na Academia em agosto, e em novembro, depois de três meses de claustro em que não podíamos sair da Academia, quando nos entregaram a adaga de cadete, mais da metade de nós havia sido eliminada.

Por quê?

Não aguentaram nem o ritmo físico, nem o acadêmico. Outros, porque não passaram nas matérias de introdução ao curso. Havia, em primeiro lugar, uma avaliação física, e os aspirantes que não alcançavam um nível suficiente tinham que ir embora. Todos os dias havia uma folha de avaliação. E, a cada semana, a saída dos que tinham os piores resultados. Víamos como os reprovados iam embora. A gente já se conhecia um pouco, e doía ver os que partiam. Alguns do meu pelotão, dois ou três, foram eliminados, e éramos um bom pelotão, pois os veteranos, ou seja, os cadetes de terceiro e quarto ano, nos ajudavam.

Os cadetes vinham de uma categoria social em particular, ou eram representativos da diversidade da sociedade venezuelana?

Eram bastante representativos, embora a grande maioria procedesse dos setores pobres, das classes médias baixas e das classes baixas. Historicamente, sempre foi assim, e assim continua sendo. Um ou outro vinha das classes altas, mas geralmente destoava, o grupo o rejeitava, era tido como um corpo estranho. A Marinha era mais aristocrática, mas o Exército sempre foi mais popular, e continua sendo. A Força Aérea também tem muita gente do povo, e a Guarda também[1]*. A maioria dos oficiais venezuelanos procede das classes humildes, especialmente no Exército.*

Nesse aspecto, a Venezuela é bastante singular. A Força Armada Nacional é uma corporação essencialmente popular. Muito diferente da tradição das "castas militares" hereditárias que existem em outros países latino-americanos — o Chile, por exemplo — onde os filhos das classes dominantes dirigem os regimentos de elite das Forças Armadas. Na Venezuela, sem dúvida pela tradição bolivariana, não existe discriminação social, nem radial, que impeça a entrada dos jovens das classes desfavorecidas na Academia Militar.

Talvez por isso, a oligarquia sinta uma espécie de rejeição a tudo que é militar. É uma repugnância histórica. As classes ricas veem um quartel como se fosse coisa do populacho. Comigo, quando falam, os porta-vozes da oligarquia não me chamam de "presidente", mas de "tenente-coronel". Para eles, isso significa que sou um "gorila", um atrasado. Eles nos acham inferiores.

Tradicionalmente, os altos oficiais da Venezuela se formavam primeiro na Academia e depois iam para o exterior?

Depois da Academia havia os cursos de pós-graduação, a maioria deles aqui mesmo, na Venezuela, nas nossas escolas superiores. Mas um pequeno grupo, quase sempre de privilegiados, ia para o exterior, principalmente para os Estados Unidos. Da minha turma, da minha classe, só um — que, aliás, era muito inteligente — foi para West Point[2]*. Acabavam, quase sempre, cooptados pela CIA (Central Intelligence Agency). Alguns iam para a Europa, mas eram casos raros. Eu estive a ponto de ir para a Alemanha, para fazer um curso, quando era capitão.*

Todos os cadetes eram venezuelanos, ou havia também os que vinham de outros países?

Não, também vinham rapazes de outros países. Era uma tradição. Havia colombianos, dominicanos, panamenhos, bolivianos... Lembro de um aluno veterano, colombiano, que hoje é alto oficial em seu país. Certa noite, esse veterano me descobriu dormindo. Estava de plantão durante o toque de recolher das 9 da noite. Havia liberdade para os aspirantes que quisessem estudar, ir para as salas de aula e ficar por lá estudando, mas isso até a meia-noite, no máximo. E, apesar do cansaço do dia, eu ficava sempre até a meia-noite. Tragava três horas por dia de estudo adicional.

O senhor mesmo se impunha essas horas suplementares de estudo?

Eu mesmo, voluntariamente. Também escrevia cartas para a família, ou organizava meus cadernos. Adoro estudar, aprender. Tenho, de maneira permanente, um afã de ler, de estudar, de saber. Uma das coisas que agora mais lamento é que não tenho tempo. Chegaram sei lá quantos livros, ensaios recentes, artigos... Levo um grande atraso em minhas leituras. Ando com inveja de Fidel[3]*... Tomara que comigo aconteça a mesma coisa que aconteceu com ele, que aos 80 anos me dê um treco que não me mate, que continue aqui, para finalmente ter tempo para ler até cansar, refletir, escrever.*

Eu acho que nem o próprio Fidel concorde com isso. Mas, seja como for, o senhor tem pela frente pelo menos uns 25 anos...

Bom... Enquanto isso, ponho armadilhas ao tempo, para encontrar alguns momentos e estudar algum assunto específico. Por exemplo: agora mesmo, ando estudando principalmente problemas práticos: os alimentos, a saúde. Ou temas concretos: a delinquência, a segurança pública... Já chegará a hora de falarmos disso.

O senhor contou que um veterano colombiano, aluno da Academia, o surpreendeu dormindo...

Pois é... Aquele veterano se chamava Oscar González[4]*, era chefe do pelotão dos novatos, mais ou menos uns 25, e achei que ia me castigar. Ele me acordou: "O que é que o senhor está fazendo aqui a esta hora, recruta?". Devia ser umas 3 da madrugada. Todos os outros haviam ido embora. A cada meia hora podiam voltar para seu dormitório. Os que estavam de guarda gritavam: "Os que vão regressar às 11, que saiam ao corredor!". Eu costumava ficar até a meia-noite, que era a hora limite. Mas daquela vez, acabei dormindo em cima dos livros. Tinham até apagado a luz. O veterano que estava de plantão entrou, viu um vulto na escuridão, acendeu a luz e me reconheceu na mesma hora, porque éramos do mesmo pelotão. Eu não sabia o que responder. No final, ele me disse: "Parabéns, o senhor estava estudando e dormiu. É um bom cadete, um bom aspirante, mas vá dormir agora mesmo". E eu fui correndo dormir.*

Durante os três primeiros meses os senhores podiam sair da Academia?

Não, a gente não podia. Primeiro, passávamos quatro semanas sem sair, nem receber visitas. Mas depois os familiares podiam vir nos fins de semanas. Nós ainda não podíamos sair, mas eles podiam vir. Nas noites de sexta-feira havia filmes, e eu adorava. E aos sábados e domingos, visita. Vinham ver a gente em horários estabelecidos, nos sentávamos na cantina para ouvir música, conversar.

Seus pais iam?

Iam. Minha avó, não. Ela me esperava em Barinas. Mamãe, quando me viu, começou a chorar porque me achou magro demais. Eu parecia um esqueleto. Naquelas primeiras semanas, tive um problema que chegou a ser sério. Graças ao ritmo do treinamento físico, voltou meu velho problema com o nariz. Depois de dias inteiros debaixo do sol, comecei a sangrar, principalmente de noite, e às vezes acordava meio asfixiado pelo sangue.

No começo, escondi, até que certa manhã alguém me viu na pia, eu me agachei para escovar os dentes e comecei a jorrar sangue pelo nariz. Fui levado para a enfermaria. Passei um mau bocado, porque não gostava de perder nem treinamento, nem nada. E não queria que me mandassem para o hospital.

O senhor podia ter sido eliminado por causa disso?

Sem dúvida. Mas os médicos diagnosticaram que não era nada grave, que aquilo não diminuía minha capacidade física. Mais tarde me cauterizaram, e aqueles sangramentos acabaram. Eu não perdia um só treinamento. Muitas vezes andava pelo campo com um algodão enfiado no nariz, por causa da hipersensibilidade dos vasos capilares, sobretudo no lado esquerdo. Fui ao Hospital Militar e os médicos me disseram que era por causa daquele golpe contra o meio-fio, lá em Sabaneta, e que nunca foi tratado. Bem, esse foi um obstáculo de certa importância. Mas no resto, nunca tive problemas físicos.

E por que estava tão magro?

Eu era naturalmente magro. Além do mais, embora a alimentação fosse boa, o esforço físico era considerável. Eu estava um esqueleto. Chorando, minha mãe me disse que era melhor voltar para casa. Há umas fotos por aí, onde eu apareço magrinho, magrinho.

O senhor teve algum outro problema para se integrar na Academia?

Bem, eu tive um problema com um superior, que insistia em me chamar de "Chávez vaca".

E por quê?

Para me ofender. Ele me dizia: "O senhor é uma vaca!". Uma estupidez. Gritava para mim "Cadete Chávez vaca!", e eu não respondia. Uma das sanções arbitrárias que nos impunham era ser obrigado a ficar de cabeça para baixo, plantar bananeira.

Era uma sanção habitual?

Era uma sanção proibida, mas alguns instrutores e alguns veteranos aplicavam escondido. Vários foram dispensados por isso. O general-diretor da Academia era muito exigente, não permitia nada disso, queria acabar com essas velhas humilhações físicas. Havia outras formas de castigar, mas alguns instrutores — eu já disse, por pura inveja — resistiam às mudanças. Havia uma rivalidade, nos chamavam de "sabichões", de "doutores", e alguns superiores se sentiam humilhados porque nós, os subalternos, os "garotinhos colegiais", às vezes tínhamos mais capacidade que eles para resolver problemas e encontrar soluções. Aquilo se transformou num problema porque esse instrutor insistia em que, enquanto eu não dissesse que era "Chávez vaca", não ia parar. E eu não disse. Não cedi, fiquei um tempão plantando bananeira, até que comecei a sangrar de um jeito espetacular pelo nariz. E então ele se assustou, começou a me suplicar, me agarrava. E eu me dediquei a manipulá-lo. Sabia que não era nada grave. Tinha aprendido a controlar minha hemorragia, apertava o nariz, tampando as narinas, segurando a respiração dois ou três minutos e parava de sangrar. Mas ao ver o instrutor tão alterado, comecei a respirar mais fundo e a botar mais sangue, para acabar de assustá-lo. Ele se acovardou totalmente. Teve medo de ser expulso. E nunca mais me mandou plantar bananeira.

Esses abusos eram frequentes?

Não eram permitidos, mas aconteciam. Outro probleminha que enfrentei: sou canhoto, e tomo sopa com a colher na mão esquerda. Isso não era tolerado. Queriam nos ensinar "boas maneiras" à mesa... No primeiro dia em que me sentei no refeitório, peguei o copo com a mão esquerda. O instrutor desandou a gritar: "Novato! O que é isso? É com a mão direita!". Acontece que com a mão direita eu não tinha o mesmo pulso firme, e de repente... "Recruta, o senhor manchou a toalha! Vá lavar a toalha imediatamente!" Tive que me levantar na frente de todo mundo, levar a toalha para o pátio, lavar a toalha debaixo do sol. Para mim, não era nenhuma tortura, porque eu me criei numa casa onde, desde menino, tive que trabalhar, lavar, recolher e passar roupa. Naquele tempo, na Academia os canhotos eram atormentados. Tomar sopa com a mão direita foi, para mim, um martírio. A mão tremia, a sopa derramava, salpicava minha camisa, manchava a toalha. Tive que sair para lavar toalha dezenas de vezes.

Ser canhoto também podia ser um problema na hora de usar um fuzil, não é?

Pois é. Foi um problema no polígono de tiro. O que acontece? O espaço por onde o casco do cartucho é ejetado depois do disparo fica do lado contrário do rosto, ou seja, na parte direita do fuzil, para que, ao ser expulso, o casco não atinja a face do atirador. Fiz um primeiro disparo com a canhota, apoiando a culatra no ombro esquerdo e colocando a bochecha justamente no lugar de ejeção, e quase saio ferido. Então, o oficial me disse: "Olha aqui, canhoto, aprenda a disparar com a mão direita, porque, senão, vai acabar perdendo uma vista". E eu aprendi.

Um bom conselho...

Pois nesse caso, sim. Lá, não havia fuzis para canhotos. Mas em outras ocasiões, os instrutores se mostravam severos demais. Conto, por exemplo, outro caso que aconteceu comigo naqueles primeiros dias. Havia um catcher *que era dos melhores jogadores de beisebol, um rapaz moreno de La Guaira, Francisco Peña Madrid, também canhoto, forte, afrodescendente, depois fomos grandes amigos. Ele e eu tínhamos conversado bastante no dia do meu exame de repescagem para o time, conforme contei, no campo de beisebol. E um dia, recém-chegado na Academia, vou saindo do refeitório e vejo o negro Peña subindo a escada. Eu, ainda civil, sem ter nem mesmo assumido o código dos militares, chamei: "Ei, negro! Quando vamos jogar beisebol?". Ele deu meia-volta, riu e fez como se não fosse com ele. Vai ver nem me reconheceu, porque eu estava magrinho, de boina... Um instrutor me ouviu, e veio para cima de mim: "Ei, recruta, venha aqui! Como é que você vai chamar um cadete de 'negro'"?. E me castigaram, me mandaram ficar dando voltas no pátio.*

Por ter sido racista?

Foi um absurdo, não tinha sentido. Era um hábito de familiaridade, quase afetuoso, no meio popular a que pertenço e onde me criei. Esse instrutor me atribuiu uma intenção que ele sabia perfeitamente que não existia. Ou só existia na sua própria mentalidade. Embora eu admita que é preciso ser muito cuidadoso no uso de certas palavras que podem ferir susceptibilidades.

O senhor enfrentou outros problemas?

Mais que problemas, casos. Por exemplo: uma vez, meu amigo de Barinas, Vladimir Ruiz, que estava estudando em Barquisimeto, me mandou uma carta em um envelope grande da Aerocav, o correio aéreo. Estávamos no pátio, formados, para a entrega do correio. Um instrutor distribuía as cartas. Chamava: "Aspirante fulano!", e o aspirante fulano saía voando para buscar sua carta. Naquela ocasião, o que distribuía as cartas era muito severo, o Godoy Uriquín, um rapaz alourado de Maracaibo, muito malvado com os novatos. E ouço ele dizer: "General Hugo Chávez!". Fiquei quietinho no meu canto, não respondi. E ele tornou a chamar: "General Hugo Chávez!". Eu, sem me mexer, dizia para mim mesmo: esse aí está me chamando de "general" para caçoar de mim, não vou responder.

Vendo que eu não respondia, Godoy Uriquín gritou: "Aspirante recruta Hugo Chávez Frías, onde está?". Então, respondi: "Presente!". "Venha cá, novato" — disse ele — "mas dando voltas de carneiro." Dar voltas de carneiro quer dizer dar cambalhotas. Não me custava nada, eu era atleta, levinho.

Por que ele obrigou o senhor a fazer isso?

Ah! Porque o Vladimir, que era um brincalhão, só para chatear resolveu escrever no envelope: "Comandante General Hugo Chávez". Para brincar... e me criar problemas. A partir daquele dia, o tal Godoy Uriquín, quando me via, costumava dizer: "General Hugo Chávez!". Assim que estive com Vladimir em Barinas, em dezembro, fui logo dizendo: "Olha aqui, nunca mais se atreva!...". Mas acabei me divertindo.

O senhor custou a se adaptar?

Foi duro. O primeiro dia é muito agitado, aplicam não sei quantas vacinas na gente, cortam nosso cabelo — eu tinha cabelo estilo afro —, nos enfiam num uniforme e mandam a gente correr. Uma mudança imediata.

A gente passava os três primeiros meses concentrados, submetidos a provas rigorosas, a treinamentos duros. Começamos a fazer plantões de guarda, a chamada "guarda imaginária"[5]*, foi uma mutação total de vida. Eu me lembrava de* A cidade e os cachorros[6]*, o romance de Vargas Llosa, que transcorre num colégio militar de Lima. Recordo o primeiro dia, meu primeiro despertar: soaram os tambores às 5 da manhã. Achei que era um terremoto. "O que é isso?", dizia a mim mesmo, e saí correndo para me vestir, porque em poucos minutos era preciso estar pronto no pátio. Após esses três meses, com certa solenidade, nos entregaram a adaga e nos deram o grau de cadete. Inspirando-se na antiga cerimônia de investidura dos cavaleiros medievais de antanho, nos entregavam a arma e o uniforme azul. Deixávamos de ser aspirantes e nos transformávamos em cadetes. Era uma investidura de gala.*

As famílias compareciam?

Compareciam, minha mãe e meu pai foram. Lembro que aquela noite saímos para Caracas, ficamos num hotel em Sabana Grande, comemos num restaurantezinho, quase na rua, a gente não tinha muito dinheiro. No dia seguinte, domingo, fomos até a praça Miranda, tiramos fotografias. Passeamos pela capital o dia inteiro. De noite, tive que voltar para a Academia. O tempo inteiro do passeio eu estava de luva e quepe, com o uniforme azul impecável.

O que o senhor sentia?

Desde o primeiro dia percebi que os símbolos patrióticos da Academia me seduziam. Eu me sentia como peixe n'água. Até hoje, quando vou até a Academia, sinto que cheguei ao ventre de uma segunda mãe. Foi uma mãe para mim! Sou filho dessa Academia, dessa Alma Mater, um recinto sagrado... Filho da Força Armada! Eu nasci ali! A gente pode nascer várias vezes. A gente nasce primeiro do ventre da mãe, mas torna a nascer quando vê a luz das ideias e da consciência. Nessa Academia foi onde tudo começou. Aquela simbologia me enganchou. Para mim, a Academia foi uma bênção. Essa é a palavra: uma bênção, porque ali não apenas me senti soldado, como também naquele recinto surgiram em mim as motivações políticas. Isso foi uma bendição para este processo, e tomara que a história nos absolva para o nosso país.

O que o senhor quer dizer com isso?

Quero dizer que a gente vê todos esses oficiais, majores, capitães, tenentes, sargentos, que são puros soldados. Creio que minha influência neles não seria a mesma. Ou seja, aqui não teríamos podido romper o muro do Pacto de Punto Fijo por mais debilitado que parecesse em 1990, 1991 e 1992, se não fosse por essa corrente militar que se uniu ao povo. Foi a chispa — Lenin dizia iskra, *não é? — que prendeu fogo na pradaria.*

Mas independentemente de tudo o que aconteceu e do papel que essa juventude militar bolivariana desempenhou de 1992 para cá, ao longo desses últimos 20 anos, agora, neste momento (2009), se eu não fosse militar, se eu fosse um presidente civil, dificilmente poderia ter a influência que eu tenho sobre eles. Essa particularidade foi muito importante e, além do mais, deu ao povo maior fortaleza na hora das definições, porque o povo sabe que conta com soldados dispostos a tudo, em caso de crises como as que enfrentamos... e as que poderemos enfrentar.

Vamos voltar aos primeiros meses da Academia. O senhor sentiu falta de seus amigos de Barinas?

No começo, muito. Aconteceu uma coisa que até que poderia ser um fator parecido ao que aconteceu quando fui de Sabaneta para Barinas estudar. Quando cheguei a Caracas, foi algo similar: nunca me separei da situação anterior, da qual estava vindo. Ou seja: quando fui para Barinas mantive permanentemente relações, contatos e raízes com Sabaneta, com a minha vida anterior. Não era só ir ver a minha avó: me refiro a um espírito, uma essência, como a árvore que não perde sua raiz.

Pois quando fui para Caracas aconteceu a mesma coisa. Durante aqueles quatro anos de Academia, mantive o contato com minhas raízes, com aquela Barinas, aqueles amigos, alguns já dispersos por outras cidades, como aqueles atletas. Cada vez que ia lá regressava à pracinha do meu bairro como se nada tivesse mudado, e embora já fosse cadete, não usava o uniforme quando retomava meu lugar na praça, com a mesma moça, os mesmos amigos, as missas de Aguinaldo[7] *nas madrugadas.*

Então o senhor nunca deixou de voltar a Barinas?

Nunca. Jamais deixei de regressar. Cada vez que surgia uma ocasião, a primeira coisa que eu fazia era pegar um ônibus e ir até lá. E recomeçava a mesma partida de beisebol, os mesmos diálogos, agora alimentados pela experiência, as mesmas rondas de conversa no Noches de Hungria, ou no Rincón Mexicano — o La Facultad... Quer dizer, houve um permanente voltar sobre o caminho. Creio que isso me aliviou daquele processo, me ajudou muito.

Mantinha as suas raízes.

E alimentava o novo com o velho. Era uma espécie de processo dialético de somatórios e de experiências, que nutriu as raízes ao longo desses anos todos. Na Academia Militar, já nos primeiros dias, comecei a escrever cartas. Muitas se perderam.

Cartas que eram mandadas para a sua avó?

Para a família, os amigos, a avó... Ela guardava todas as minhas cartas num bauzinho. Escrever toda semana era um costume bom, mesmo apesar de nos ser imposto pela Academia. Talvez fizessem isso para saber o que cada um de nós escrevia. Mas, enfim, era um hábito bom, nos mantinha em contato com a família e além disso nos obrigava à escrita, porque sempre existem os preguiçosos que não gostam de escrever. E aí chegavam as respostas. Eu ia arquivando todas elas. Chegavam as fotos das namoradas, da amiga, do irmão, da mãe, e a gente fazia um álbum ou pregava todas no armário individual de cada cadete.

O senhor tinha um quarto próprio, só seu?

Não, não, era um dormitório coletivo para um pelotão de 20 ou 30 cadetes, onde cada um tinha seu próprio cantinho e seu armário pessoal.

O senhor era um jovem criado na rua, com toda liberdade. Essa vida disciplinada não o incomodou?

Bem, o colégio e o esporte tinham sido, para mim, excelentes escolas de disciplina, mas ainda assim eu tomei a decisão voluntária de mudar. Uma aceitação da inevitabilidade da mudança. Claro que sentia falta daquela liberdade do garoto de rua, de campo, no beisebol, em casa, falta de comer a comida gostosa, formidável, que minha avó fazia, e de repente, zás!, rancho de quartel... Lembro, por exemplo, da sopa de cebola. Ela me custou ir ao calabouço.

Como assim?

Por ter recusado a sopa de cebola. Eu não aguento cebola, não gosto. E pela primeira e única vez, sendo cadete, me castigaram com dormir num calabouço. É que me amotinei.

Como os marinheiros do Encouraçado Potemkin[8], na Rússia, que rejeitaram o rancho cheio de vermes?

Bem, no meu caso não eram vermes, era demasiada cebola. Quiseram me obrigar a tomar um terceiro prato da tal sopa.

Sadismo puro?

Ora, um instrutor autoritário resolveu que tinha de ser assim. Naquele tempo, ainda se viam muitas arbitrariedades na Academia. Além do mais, havia algo que se manteve durante muito tempo: conforme eu já disse, os cadetes mais antigos e alguns oficiais nos viam, aos do novo Plano Educativo-Militar, com um sentimento de inveja, porque tínhamos o curso médio e eles, não. E se tornavam agressivos. Para mim, que sempre fui contestatário, essas coisas foram motivo de numerosos conflitos, tanto dentro da Academia como mais tarde, na vida profissional.

Mas o senhor se adaptou depressa...

Pois é, foi surpreendente a maneira quase automática com que me acoplei àquilo tudo. De imediato me adaptei às regras da Academia. Eu corria feito um atleta, o esforço físico não me fazia dano algum.

Nem ter de acordar tão cedo?

Não, de jeito nenhum. Na verdade, comecei a gostar do toque de alvorada, e de andar rápido, correndo, para ir para as salas de aula. O mais difícil foram aqueles três primeiros meses. Depois, já tínhamos permissão para sair, e comecei a descobrir Caracas de verdade.

O senhor se lembra de sua primeira ida à capital?

Lembro perfeitamente. Cheguei assustado, de ônibus. Viajei sozinho. Nunca vou esquecer: quando íamos descendo entre as montanhas, havia uma curva, e o ônibus se pôs meio de lado, e de repente apareceu Caracas. O ônibus chegou cedo, de madrugada. Tinha saído de Barinas ao anoitecer e chegou lá pelas 5 da manhã. Chegamos à estação Nuevo Circo, no meio do caos indescritível que é essa rodoviária. Naquele tempo, a capital tinha uns 2 milhões de habitantes. Hoje, são mais de quatro. Mas todos os morros já estavam cobertos de favelas.

Esse espetáculo, a visão das favelas, surpreendeu o senhor?

Eu não imaginava Caracas daquele jeito, literalmente cercada por um gigantesco cinturão de miséria que se derramava pelas colinas. Mais tarde entendi que aquilo era o resultado do tecnicamente chamado de "êxodo rural", e que esse êxodo era consequência do abandono do campo praticado pelos governos fazia décadas. Conforme o petróleo se transformou na principal fonte de ingressos do país, o campo, onde antigamente se cultivava — e se exportava — café, açúcar, cacau e outros produtos da terra, foi abandonado. O modelo petroleiro acabou com quase toda a agricultura. A economia rural se colapsou, e dezenas de milhares de camponeses sem trabalho — que, em geral, já tinham perdido suas terras, engolidas pelos grandes fazendeiros — se viram obrigados a abandonar o mundo rural.

E foram, em massa, para Caracas...

Caracas principalmente, mas não só Caracas. Não existiam serviços básicos nas cidades, em matéria de educação secundária e superior, ou de saúde. Eu mesmo tive de ir embora da minha cidade natal, e não queria. Fui embora para poder cursar o segundo grau. Meus irmãos se viram obrigados a ir para Mérida, para poderem entrar na Universidade. Outros, ao precisar de atenção médica, se viam forçados a ir para Barquisimeto ou Caracas. O mundo rural estava abandonado. Os rapazes do serviço militar obrigatório, quando iam para os quartéis das cidades grandes ou da capital, e viam todos os serviços que existiam por lá, já não regressavam para o campo, onde não tinham nem terras nem trabalho. Preferiam morar em casebres nos morros, nas favelas, em vez de se verem abandonados nas profundidades do país. O resultado é que 80% da população venezuelana se concentra nesta estreita faixa costeira do centro-norte do país, que é, além do mais, uma perigosíssima zona sísmica.

Nenhum governo pensou em corrigir isso?

O presidente Jaime Lusinchi (1984-1989) tentou alguma coisa, algumas cidades foram criadas no interior do país. Eu visitei uma — Puerto Bolívar — quando era capitão em Elorza, perto da fronteira com a Colômbia. Foi um fracasso. Trouxeram camponeses quase à força, e não lhes deram nem terra, nem gado, nem crédito. Em pouco tempo as pessoas começaram a ir embora, a escapar de lá.

O senhor pensou em alguma solução?

Para nós, desde o princípio, esse problema do desequilíbrio do país, da relação desigual entre campo e cidade, foi considerado central. Um dos propósitos principais da nossa revolução é ocupar o território venezuelano da maneira mais equilibrada, mais harmoniosa. Pensávamos — e continuamos pensando — que é preciso descentralizar, reverter o fluxo migratório e incitar as pessoas a voltar ao interior para reocupar o espaço rural. Não é fácil. Pusemos em marcha um plano de desenvolvimento integral para a Venezuela. Em dez anos de governo revolucionário, recuperamos um total de 2,8 milhões de hectares de terras ociosas, para que produzam. Estamos dando terra para as pessoas, casa, ferramentas de trabalho, microcrédito, cursos de agronomia e economia agrícola, instalamos escolas, dispensários médicos, instalações esportivas, equipamentos culturais... A ideia é que sejam povoados sustentáveis, com água corrente, eletricidade, telefone, televisão, internet, onde se possa levar uma vida decente, com qualidade de vida superior à que muitas famílias têm nas favelas de Caracas.

Voltando ao seu primeiro contato com Caracas: a capital o impactou?

O contato com Caracas foi impressionante. Primeiro: a balbúrdia. Eu vinha de uma cidade pequena, Caracas era cem vezes maior que Barinas, e aquela algaravia de gente por todos os lados, os ônibus, os pedestres correndo, os carros buzinando, as motos. Dava vertigem. Eu precisava me acostumar. No começo, sentia certo temor de ir até a esquina. Pouco a pouco fui me juntando naquela dinâmica social. Uma coisa que me assombrou foi o tremendo contraste entre uma Caracas rica e uma Caracas pobre. Isso me chocou. Em Barinas, a gente não via uma disparidade parecida. E muito menos em Sabaneta. Fiquei apavorado quando descobri aquela massa de pobreza, e a rica e luxuosa Caracas Leste. Não podia imaginar que, na Venezuela, um dos países mais ricos do continente, pudesse existir uma miséria tão insondável. Pouco depois comecei a me perguntar que tipo de democracia era aquela, que empobrecia uma maioria e enriquecia uma minoria. Achei injusto. E logo percebi que aquela cidade, com essa divisão de riqueza tão incrivelmente desigual, era um barril de pólvora que a qualquer momento podia explodir.

O senhor conhecia alguém em Caracas?

Não tinha parentes, mas meu pai tinha me dado o endereço de um meio parente nosso, "Chicho" Romero, ex-marido de uma irmã da minha mãe, a Joaquina. Os dois se separaram, e ele mudou-se para a capital. Havia sido sargento do Exército na época de Pérez Jiménez. Gostava de beisebol e era — e continua sendo — muito llanero, falastrão, um conversador incansável. Andou preso alguns anos, por ser correio da guerrilha. Alguém o denunciou. Jamais provaram nada, mas o meteram no cárcere do mesmo jeito.

Ao chegar na rodoviária, naquele primeiro dia, peguei um táxi, dei o endereço ao motorista — avenida Mohedano, não esqueço — em La Castellana, um bairro da alta burguesia, ao lado de Altamira. Estava amanhecendo, fazia frio, eu levava um casaquinho do meu pai. Chegamos, desci e fiquei caminhando para lá e para cá no frio, esperando que desse as 7 da manhã. Era domingo, o exame na Academia era no dia seguinte, segunda-feira. Toquei a campainha, apareceu uma morena. Eu disse a ela: "Estou procurando o senhor 'Chicho Romero'". Ela respondeu: "Ele ainda não chegou, e nem sei se vem trabalhar hoje". Então, perguntei: "Mas ele trabalha aqui, não é?". Ela então me contou que ele era o chofer da família. Ou seja, uma família rica. "O senhor, quem é?", perguntou a moça. "Um parente." Eu o tratava por tio. "Ah, o senhor é de Barinas?" E em seguida me convidou para entrar, e me ofereceu café com leite. Esperei um tempão. Finalmente, ele apareceu. E o "Chicho" Romero apareceu por acaso, tinha ido fazer um mandado.

Ou seja, o senhor não tinha sido anunciado...

Meu pai o havia avisado, mas ele não sabia direito qual dia eu ia chegar, nem a que horas. Mas me recebeu muito bem. Saímos no carro da família, e me levou a um hotel. A família tinha vários carros, e dois choferes. "Chicho" usava o carro das tarefas, comprava coisas, levava as crianças. Demos um passeio por Caracas, passamos pela Academia: "Olha aí, é onde você vai estudar". Gostava de eu querer ser militar, porque ele tinha sido suboficial. No dia seguinte, foi me buscar no hotel, me levou até a Academia e, de noite, voltou para me buscar. Mesmo quando não estava metido em política, "Chicho" era um protestador. Veio me visitar diversas vezes durantes os três primeiros meses em que não podíamos sair da Academia, e sempre me deixava algum dinheiro, alguns bolívares.

Mas, passados os três meses, o senhor e seus colegas já podiam sair, não é?

É. Passados os três primeiros meses, nós, cadetes, tínhamos direito a uma saída nos sábados de tarde e nos domingos. Nos últimos três meses de 1971 e nos primeiros de 1972, eu saía rapidinho e ia para a casa de "Chicho". Ele morava na rua Colômbia, em Catia[9]*, numa casinha muito humilde, quase um barracão: um quarto com uma caminha, um banheiro, uma salinha. Morava com uma mulher, e essa mulher tinha uma irmã mais nova, que ia lá de vez em quando, mas que morava em La Guaira. Eu fui me entrincheirando naquela casa. Tive inclusive uma relação com a irmã, que agora não me lembro como se chamava.*

O senhor dormia lá as noites dos sábados?

Bem, isso não era permitido. À meia-noite, era obrigatório que nos apresentássemos. Éramos chamados de "Branca de Neve"... A não ser quando alguém ganhava uma licença especial. E eu comecei a ganhar essa licença por causa do esporte, do beisebol. Sempre que podia, dormia fora. Chegava na casa do "Chicho". Às vezes ele não estava, andava trabalhando, e a mulher me recebia. "Chicho" conseguiu para mim uma roupa civil. Eu tirava o uniforme, e aquela senhora passava cada peça com cuidado. Ele não parava de me avisar: "Cuidado com o uniforme!". Ele mesmo arrumou um plástico para proteger o uniforme: "Precisa estar impecável!". E a mulher me dizia: "As luvas, por favor, o senhor mesmo lava e passa!".

Os cadetes podiam andar com trajes civis?

Não. Era proibido, a não ser com uma licença por escrito, estrita. Quem era visto de civil acabava preso, e se reincidisse, era expulso. Era uma falta grave. "Chicho" era contra essa regra: "Como é possível que vocês não possam aparecer com roupas de civil? Isso é um atraso. Vamos, garoto, use roupas normais. Aqui, ninguém vai ver você".

E o senhor desobedeceu o regulamento...

Eu gostava do uniforme, mas vestia roupas de civil assim que chegava naquela casa. Perto dali, na zona da antiga Lagoa de Catia, havia um mercado, e nos fins de semana havia gente de tudo que era lado. Lembro que na Academia, pela primeira vez, eu tinha provado corn flakes *com leite, banana e açúcar. E tinha gostado. "Chicho" e a mulher sempre compravam isso para o meu café da manhã dos domingos. Apesar de não serem família direta, minha, havia um carinho...*

Ele me dizia: "Você está muito magro, precisa engordar um pouco". Eu andava sempre com fome e com sono.

O senhor, de vez em quando, ia até os bairros ricos de Caracas?

Ia, mas pouco. Lá, por exemplo, morava a família Massey. Eram de Sabaneta, e meu pai tinha me dado o endereço do doutor Victor Massey. Ele trabalhava no Congresso Nacional, estava na política, não era deputado, mas trabalhava como assessor ou talvez advogado do partido, que, creio, era a Ação Democrática, e vivia na região conhecida como Prados del Este. Fui até lá, esperei um pouco, chegou o doutor, me convidou para ir até a biblioteca da casa, conversamos um pouco, ele também tinha um filho na Academia. Dele, ganhei um livro que tenho até hoje, o Discurso de Angostura *de Bolívar, uma análise que o Congresso Nacional havia publicado.*

Mas o bairro que o senhor conhecia melhor era Catia, não é?

Sim, Catia, um bairro popular, de gente muito humilde. "Chicho" morava lá, entre os necessitados, os indigentes. Ele vinha do campo e era um homem pobre, embora trabalhasse na região dos ricos. Começou a me mostrar o seu bairro. Não fez isso como plano preconcebido, mas é que aquele era o seu mundo, e, orgulhoso de eu ser cadete, me levava morro acima. "Agora, vista o uniforme, que vamos fazer uma visita", dizia. "Você lembra do Passarinho Victor, de Sabaneta?" E eu não lembrava. "Ele trabalha aqui, mas mora em Kennedy" — um bairro no alto do morro, em Lomas de Urdaneta. Gente mais pobre ainda. Eu ia com meu uniforme azul, luvas brancas e quepe e, quando chegávamos lá, a gente tomava uma sopa de mocotó e uma cerveja. "Tira a jaqueta do uniforme!", "Chicho" ordenava, "Não vá manchar a farda!".

O senhor observou a vida dos desamparados...

Sim, os esquecidos. As pessoas viviam com muita dignidade. Nenhum governo se preocupava com elas. Percorrendo o morro, vi aquela miséria, as águas negras correndo por vielas escuras, o lixo acumulado, a absurda aglomeração de pessoas, as crianças da rua descalças, famintas, os mendigos, os excluídos, os deserdados... Comecei a ser impactado pela incrível desigualdade entre a Caracas rica de La Castellana e a Caracas plebeia daqueles morros e da indigência. Pude ver de perto o que Alí Primera diz numa de suas canções que golpeiam a consciência: "A verdade da Venezuela/ não é vista no Country Club/ A verdade é vista nos morros/ com sua gente e sua inquietação".

Foi quando o senhor começou a tomar consciência?

Ao descobrir aquele panorama social desolador, comecei a tomar consciência de que alguma coisa grave acontecia, que o país não funcionava. Em Os Miseráveis, *Victor Hugo afirma: "A consciência não é outra coisa que a acumulação da ciência, quer dizer, de conhecimento". Quanto mais conhecimento se tem sobre um fenômeno, maior grau de consciência adquirimos. Por isso as tiranias do mundo sempre quiseram manter o povo na ignorância. Mantê-los na ignorância é mantê-los na inconsciência. Bolívar dizia: "Mais que pela força, nos dominaram pela ignorância". Aquele que não sabe é como aquele que não vê. E o que eu via nos morros de Caracas me indignava e amotinava a minha alma.*

O senhor conheceu outros bairros populares?

Nesse primeiro ano, comecei a estender meus contatos com o povo humilde de Caracas. Além de Catia, conheci, bairro adentro e bairro acima, outra zona muito populosa, o conjunto "23 de Janeiro"[10]*. Um bom amigo, pitcher no time da Academia, Rafael Martínez Morales, morava no edifício 49, nos enormes blocos do "23 de Janeiro", com seus pais e suas irmãs. Nos fizemos amigos, ele caraquenho, eu do interior. E também comecei a perambular por esse bairro popular. Outro companheiro, José Luis Vegas Rodríguez, morava lá para os lados de Lomas de Urdaneta, em outro desses blocos enormes. Pouco a pouco me meti na dinâmica social desses bairros populares, as festas, os amigos, as moças... E fui confirmando a visão de um tremendo contraste. Porque uma coisa é a pobreza e outra, a miséria. "A pobreza", diz Victor Hugo, "é um quarto escuro onde se vive mal, mas além desse quarto há outro, que está na penumbra mais completa, totalmente às escuras: a miséria".*

No entanto, eu também encontrei gente alegre, acolhedora, boa, honesta, trabalhadora, nesses bairros. Comecei a me familiarizar com aquelas pessoas, a observar suas condições de vida, a perguntar: "E a escola das crianças? E o médico?". Muitas crianças sem escola, muitas pessoas enfermas sem atenção, sem comida... Eram dias nos quais a miséria latia enquanto a ira e a exasperação cresciam, até a explosão social do dia 27 de fevereiro de 1989. Muita gente me perguntava: "Mas você não tem medo de vir aqui?". É que não era comum ver um cadete num morro, numa favela.

Era perigoso?

Havia violência, sem a menor dúvida. Porque, em geral, onde há miséria e pobreza e não existe esperança, há violência. A criminalidade aumenta quando o recurso à violência ou ao delito aparece como única via para resolver necessidades vitais. Não estou justificando, estou constatando. E isso acontecia naquela Venezuela opulenta dos anos 1970, em plena euforia da explosão dos preços do petróleo. Quantos pais de família precisavam roubar para alimentar seus filhos? Quantas moças acabavam tendo de vender seu corpo, se prostituindo, para poder ajudar suas famílias?

Mas nesses morros a violência continua, e há quem diga que aumentou nos últimos anos.

É verdade, a violência continua[11]*. E estamos combatendo essa violência com muita firmeza e importantes recursos. A curva da violência está sendo* *reduzida. O número de homicídios na Venezuela, por exemplo, diminuiu, em 2009, 4,14%. E precisamente em Catia, nos últimos meses de 2009, graças à ação da nova Polícia Nacional Bolivariana, o índice de homicídios foi reduzido em 71,43%. Claro, a falta de segurança continua existindo, mas não tem as mesmas causas sociais de antes. Ninguém hoje recorre à violência por falta de comida, ou de cuidados médicos. Hoje, ninguém se vê obrigado a se prostituir para alimentar a família. As causas são outras, em particular o tráfico de drogas, as armas abundantes, procedentes de algum país vizinho em guerra interna há décadas, e que pode ter algum interesse em nos desestabilizar. Isso, para não mencionar os acertos de contas entre quadrilhas rivais de jovens traficantes. Não tenho dúvida de que muitas dessas quadrilhas criminosas são treinadas, financiadas e apoiadas pela burguesia venezuelana e pelos nossos inimigos internacionais e seus lacaios. A maioria das vítimas tem entre 16 e 22 anos de idade. Não era assim quando eu era cadete, não havia essas taxas de homicídio. Mas existia uma tremenda violência, talvez pior, pois não nos esqueçamos que a pior das violências é a pobreza imposta às pessoas, o empobrecimento. Alguns estranhavam que eu passeasse tranquilo por esses morros vestindo uniforme...*

Nenhum cadete morava nessas áreas?

Como eu contei, havia, sim, cadetes nessas áreas, mas quase nunca saíam de casa vestindo uniforme. Ainda existia, na Academia, essa norma dizendo que não devíamos ir vestindo uniforme a "locais perigosos". E os morros eram considerados "locais perigosos". Claro: em Caracas havia guerrilha urbana, unidades táticas de combate... E ainda havia algumas coisas que a direção da Academia considerava que eram perigosas para um cadete, como andar de ônibus. A gente tinha que andar de táxi.

Quem estava no comando da Academia?

O diretor da Academia era o general Jorge Osorio García, andino, um bom general, muito presente, que de repente aparecia no pátio, no refeitório... A minha turma havia sido transformada, praticamente, em coelhinho da Índia, em cobaias. Éramos os primeiros de um projeto educativo, o "Plano de Estudos Andrés Bello"[12]*, conforme eu contei. Pretendia-se que a Academia fosse uma espécie de universidade, pelo menos um Instituto Universitário com requerimentos acadêmicos muito superiores aos das gerações anteriores. Foram estabelecidas relações com outros polos de ensino superior, a Universidade Simón Bolívar, a UCV (Universidade Central da Venezuela), a Universidade Santa Maria, o Instituto Pedagógico de Caracas... Isso tudo favoreceu nossos contatos com jovens universitários nos setores do esporte, da cultura, do teatro...*

O que lhes permitia, calculo, sair de um entorno militar muito autocentrado, não é?

Claro, e isso foi muito enriquecedor, nos abria maiores horizontes e melhorava bastante nossa formação profissional. Da anterior Escola Militar saíam formados no segundo grau, enquanto nós já entramos, na nova Academia, com esse diploma, e saímos licenciados em Ciências e Artes Militares. Além disso, o contexto era outro: o dos anos 1970, uma década muito importante na vida nacional, com Rafael Caldera como presidente e uma grande rivalidade na batalha das eleições de dezembro de 1973, que Carlos Andrés Pérez ganhou.

O general Osorio conversava muito com os instrutores — recordo que os instrutores eram os cadetes de terceiro ano, os veteranos — e esses instrutores, ao menos naquele grupo do qual fiz parte, assumiram com seriedade a responsabilidade imposta pela mudança educativa. Havia, por exemplo, esse instrutor colombiano (Oscar González), de quem já falei, que era um "moralista", ou seja, gostava de dar o exemplo, predicar a moral. Tinha também Robert González Ferrero, de Maracaibo, mais tranquilo, calado, exigente sem ser autoritário. O general Osorio cuidava daquilo tudo. E com a gente, com os novatos, havia um tratamento especial, nos desafiava para que fôssemos os melhores. "Vocês serão os generais do ano 2000", dizia para nós. E aquilo começou a ficar gravado em mim. Estava longe, faltavam 30 anos para o ano 2000, mas fui assumindo. Aquele general sabia criar um clima de superação, nos reunia com bastante frequência.

E o que mais ele dizia?

Lembro uma frase que ele usou muito: "Os senhores vão estar no barro muitas vezes, como uma garça branca num lamaçal, mas levantem-se, não se arrastem como as serpentes, não se manchem". Usava umas metáforas muito boas, muito simbólicas, que ficaram gravadas em mim. Além disso, nos dizia que tínhamos um compromisso, éramos a "vanguarda de uma nova geração".

No longo prazo, qual era o objetivo daquela reforma?

Esse novo Plano Educacional Integral Militar Venezuelano[13] *começa nos anos 1969-1970, com Rafael Caldera na presidência. Era a segunda grande reforma militar do século XX. A primeira havia sido feita pelo general Cipriano Castro, lá por volta de 1904. E Caldera adaptou a situação seguinte: houve os primeiros esforços de pacificação do conflito com a guerrilha, mas havia setores militares duros que se opunham à pacificação, igual ao que acontece hoje (em 2009) na Colômbia, só que lá, numa dimensão maior.*

Os setores duros queriam a aniquilação da guerrilha...

Exato. É preciso examinar essa reforma nesse contexto. Não se pode esquecer, além disso — aliás, mais do que isso, é preciso reconhecer — que o doutor Rafael era um intelectual.

Tive a oportunidade de conhecê-lo e de conversar com ele em várias ocasiões, e essa é a impressão que ele me causou.

Pois é. Caldera tinha uma formação intelectual de qualidade: professor universitário, autor de vários livros, um homem de nível superior à média dos políticos tradicionais, culto, muito admirador, aliás, de Andrés Bello[14]*. O que quero dizer é que essa reforma não poderia ter sido feita sem...*

...uma estratégia política.

Claro. Porque Caldera, embora pertencesse a uma corrente política conservadora (Copei, Democracia Cristã), estava empenhado em pacificar o país, em acabar com a guerrilha através de um acordo de paz. Ou seja, favorecia uma visão progressista, se a compararmos com as opções mais retrógradas dos militares duros de direita e com a extrema-direita.

Caldera se apoiava nos oficiais progressistas das Forças Armadas. Na própria Academia — e posso dizer porque vi — houve uma resistência singular às mudanças, por parte de oficiais com mais antiguidade, e alguns alferes. Mas tiveram que ceder diante da determinação de um grupo de oficiais progressistas, a começar pelo diretor, o general Osorio. Digo progressistas no sentido de que nos permitiram fazer leituras livres, e nos falavam da Teoria do Desenvolvimento, acrescentavam à programação conferências sobre visões diferentes da militar tradicional, de direita, ou de extrema-direita etc. Nesse contexto nasceu o Plano Andrés Bello de reforma educativo-militar. E tenho certeza de que isso veio de Caldera, que, sem dúvida, escolheu até o nome de Andrés Bello. Enfim, o que interessa é que queriam formar um oficial de maior nível cultural acadêmico, e com isso elevar o nível geral das Forças Armadas Venezuelanas.

O senhor se dava conta de que seus professores eram oficiais progressistas?

Claro. Eu tinha suficiente formação ou, digamos, sensibilidade política, para ver que se tratava de oficiais progressistas. Já naquele primeiro ano isso começou a chamar a minha atenção. Além dos cursos, havia algumas conferências cujos temas me pareceram audazes para uma instituição como aquela. Vinham civis e militares com grande preparo intelectual, e uma indiscutível abertura mental. Havia completa liberdade de discussão sobre temas de história, de sociedade ou de economia. Não havia dogmatismos, ou pelo menos tudo podia ser discutido, debatido, confrontado.

Quem organizava essas conferências?

Uns oficiais, dos quais lembro, além do general-diretor Osorio, o subdiretor, o coronel Rojas Araujo, doutor em história, o major Betancourt Infante, excelente professor também de história, o tenente Pompeyo Torrealba, o capitão Ismael Carrasquero Zavala, e, muito especialmente, o general Jacinto Pérez Arcay, filósofo e mestre, desses que se leva pela vida afora, e que foi quem acendeu em mim a chama bolivariana. Sempre disse que é ele o culpado pelo meu segundo renascimento. Tinha livros e anotações, e eu bebia tudo aquilo. Livros que são ideias, força, combustível para a batalha ideológica. Porque uma ideia justa pode vencer batalhas. Todo soldado deve estar impulsionado pela ideologia. Aqueles oficiais pertenciam a uma corrente militar que surgiu com a queda de Pérez Jiménez, e estavam descontentes com a situação que o país vivia.

Estamos falando de 1971?

Pois é, o primeiro ano. Apesar de o país não ter chegado à sua crise máxima, já existia um descontentamento importante diluído na sociedade. E eu fui descobrindo, paulatinamente, esse descontentamento. E, enfim, no núcleo da Academia havia um grupinho de oficiais, muito estudiosos, que estavam conscientes daquele descontentamento geral, e dispunham de uma teoria crítica sobre o que estava acontecendo, e de como aquilo tudo devia ser corrigido. A prova do que digo é que depois eles tiveram uma relação muito estreita conosco.

Não deixa de ser curioso que o governo confiasse justamente a esses oficiais progressistas uma responsabilidade tão grande, colocando-os na Academia para formar quadros novos. Não concorda?

É porque eles eram os melhores, os mais brilhantes. O governo retirou deles o comando de tropas e confiou-lhes uma tarefa certamente difícil. Mas era uma faca de dois gumes, porque eles, sem dúvida, eram brilhantes, mas descontentes. Havia um descontentamento soterrado que depois, pouco a pouco, foi surgindo de maneiras diferentes, e que foi sendo transmitido aos cadetes.

Naquele momento, havia um serviço militar obrigatório?

Havia, o serviço militar era obrigatório. Embora, de um jeito ou de outro, essa lei nunca fosse cumprida. Havia sanções. Mas os filhos dos ricos jamais foram ao quartel. Os pobres, sim. Eram os pobres os que iam para o serviço militar. Às vezes, eram levados quase amarrados, eram agarrados como quem captura gado, nos bairros pobres, nas buscas policiais, e eram todos mandados para o quartel. Voluntário mesmo, não havia quase nenhum. Não me lembro de um único soldado que tenha sido voluntário de verdade. Eram recrutados à força.

E agora, é um Exército profissional?

Não, não é profissional. E trouxemos de volta o serviço obrigatório. Obrigatório de verdade, e para todos, embora por um período mais curto.[15]

O senhor gostava do aspecto especificamente militar?

Comecei a estudar a ciência de guerra, a ciência militar, e gostei. A história militar sempre me apaixonou: Alexandre Magno, Scipião, o Africano, Aníbal,

Júlio César, Napoleão (um dos maiores capitães da história), Bolívar, que foi um imenso guerreiro e um estrategista genial, Clausewitz[16]*, um dos principais teóricos da guerra, Mao...*

O senhor leu Mao Tsé-tung?

Sim, li bastante. Naquela época, circulava o seu pequeno Livro vermelho[17], *que recolhia frases dele e trechos de seus discursos. Uma de suas frases que me impactaram muito dizia o seguinte: "As armas são um fator importante na guerra, mas não o decisivo. O fator decisivo é o homem, e não as coisas. Determinam a correlação de forças não apenas o poderio militar e econômico, mas também os recursos humanos e o moral. O poderio militar e econômico é manejado pelo homem"*[18]*. Foi como uma revelação: numa guerra, afirmava Mao, o importante é o homem e o moral, mais que a maquinaria. Dizia também que o Exército, no seio do povo, deve se sentir como um peixe n'água. E que a base de toda vitória reside na união do Exército com o povo, numa aliança civil-militar.*

E também liam Bolívar?

Obviamente. Havia grupos de estudos sobre as teses de Bolívar. Lembro que nossa turma se chamava "Simón Bolívar II". Deram para a gente um livro, Sete documentos essenciais, *de Simón Bolívar*[19]*, e nos pusemos a estudá-los, analisá-los. Eu perguntava muito a Pérez Arcay, cobria-o de perguntas. Aí começou a crescer ainda mais minha admiração por Bolívar, um homem que nasceu rico, pertencia à burguesia da época, era latifundiário, mas no caminho se fez proletário, acabou se passando para os pobres, e terminou como Cristo, crucificado, cumprindo sua lei.*

Foi assim que comecei a ser um pequeno bolivariano, lia seus textos, aprendia de memória frases de Bolívar: "Tenhamos uma conduta reta e deixemos ao tempo fazer prodígios". Todas as semanas havia cantos patrióticos com a banda marcial, e eu sempre gostei de cantar. Gosto muito do Hino do Exército, *que começa assim: "Adiante marchemos, valentes/ ao combate e ao rude fragor/ pela pátria elevadas as frontes/ desfraldemos pujança e valor". É um hino belo e popular.*

Quem compôs esse hino?

Inocente Carreño, um grande compositor venezuelano contemporâneo[20]*. Essa música, esses cantos patrióticos... O fato de ser militar começou a vibrar dentro de mim, e num instante me senti soldado.*

Mas o senhor queria mesmo é ser jogador de beisebol. O senhor mesmo disse que tinha entrado na Academia Militar, porque lá existiam as condições que permitiam ao senhor alcançar seu objetivo, de se dedicar ao beisebol profissional.

Pois é, mas a Academia mudou minha vida, produziu em mim uma espécie de transfiguração. Mesmo quando eu era, claro, a continuidade das raízes de quem quis ser pintor e continuava sendo, de quem quis ser jogador de beisebol e continuava sendo, jogando no time de beisebol da Academia no estádio universitário. Eu também tinha sido incorporado ao time regular da Academia, passei pela seleção, fizemos um grupinho de amigos que se manteve por muitos anos. Faziam parte dele Peña Madrid, Guerra Pérez, Raúl Salmerón, o cabo Gustavo Mariño, bom jogador e bom alferes. Tínhamos uma alimentação especial, porque nos preparávamos para os XIV Jogos Esportivos Interinstitutos Militares[21]*, que foram celebrados em março de 1972 em Caracas, um dos eventos mais importantes da vida acadêmica militar. A Força Aérea não ganhava quase nunca, os da Marinha eram bastante bons. Nós e a Guarda Nacional éramos os melhores, eternos rivais. Naquela ocasião, a Guarda ganhou.*

Quer dizer, eu me sentia realizado, havia cumprido meus sonhos anteriores, não tinha tido nenhuma frustração, mas a Academia me abriu um horizonte novo, agora eu era soldado, cadete, ia ser diplomado na primeira formatura de diplomados militares. Então, pouco a pouco, foi-se apagando a ideia de virar jogador profissional. Três meses depois de ter entrado na Academia, quando me entregaram a adaga, eu já tinha outro projeto, tinha tomado uma decisão: ser soldado.

Abandonou sua promessa de seguir o caminho do "Chibata" Chávez...

Sim, não queria mais, digamos, chegar à meta de ser o novo "Chibata Chávez" e ir para as Grandes Ligas. Agora, queria ser soldado. Isso criou em mim uma espécie de remorso. Eu tinha um nó por dentro, uma dívida que veio se formando daquela promessa, da oração que eu tinha feito ao "Chibata". Estava me esquecendo dela, e me sentia mal por causa disso. Até que um belo dia, saí da Academia com meu uniforme azul e fui caminhando sozinho até o velho Cemitério Geral do Sul, em Caracas. Tinha lido que lá estava enterrado o "Chibata" Chávez. Encontrei seu túmulo. Rezei e pedi perdão. Comecei a falar com a sepultura, com o espírito que rodeava aquilo tudo. Expliquei que renunciava a seguir seus passos. Disse a ele: "Perdão, Isaias, mas não vou mais seguir esse caminho. Agora vou ser soldado". Quando saí do cemitério, estava liberado.

Dedicou-se a ser soldado. Mas o senhor não tinha nenhuma experiência propriamente militar...

Não, nenhuma. Mas logo fui gostando da parte propriamente militar. Gostei, por exemplo, do manejo do fuzil, apesar de ser canhoto e, sendo assim, para mim, conforme já disse, fosse mais complicado. Para alguns companheiros, custava mais. Para mim, não: aprendi depressa a manejar essa arma. Era preciso conhecer as partes do fuzil, desarmá-lo e montá-lo com os olhos fechados. Tirei nota 10 e alguns instrutores me puseram como exemplo. Não me lembro de terem me posto alguma vez como mau exemplo, ou que tenham me castigado por haver cometido algum erro, ou por preguiçoso. Não, rapidamente peguei a batida do bumbo na marcha e o ritmo militar. Gostei, por exemplo, da teoria do combate individual.

Havia um curso para esse ponto?

Claro: a regra do combate individual. Lembro de tudo, absolutamente tudo, era sobre a melhor técnica para o combatente. Diziam para a gente: conserve a serenidade, observe a partir da sua posição, mantenha-se em silêncio... Eu gostava daquilo. Vestíamos o uniforme de campanha, as botas de campanha. Rapidamente me integrei naquilo, me senti soldado depressa, depressa.

O senhor encontrou sua vocação. É isso?

Acho que consegui.

O senhor já havia tocado, antes, em um fuzil?

Nunca. Nem havia disparado. Jamais. Não, não, meu negócio era vender minhas "aranhas" pelas ruas, e o desenho, a pintura, a poesia e, depois, o beisebol. Na Academia, além do manejo do fuzil, eu gostava muito das marchas, de caminhar. Eram estradas longas e a gente ia nos dois lados do caminho marchando, saindo de Caracas rumo às montanhas, ou até a represa La Mariposa, aos campos de treinamento. Primeiro, comecei a me destacar cantando. Eu era uma espécie de vitrola ambulante. "Cante outra, recruta", gritava o instrutor, e eu cantava canções rancheiras. Eu até mesmo inventei uma canção para um instrutor chamado Rosales Caña, que morreu quando já era oficial. Ele dizia para a gente: "Aspirantes, façam o que eu digo, mas não o que eu faço", porque era frouxo fisicamente embora fosse muito inteligente e seus companheiros deram a ele o apelido de "Raio", mas como antífrase, porque ele não era lá muito raio... Eu cantava para ele a canção do "Raio", mas mudei a letra: "Me chamam de raio/ meu nome de batismo/ é Rosales Caña/ sou amigo dos novatos...".

"Cante a canção do Raio!", ordenava o instrutor colombiano, e eu desandava a cantar, caminhando com o fuzil. O instrutor Rosales Caña ia marchando com a gente, e com cara zangada me dizia: "Recruta, o senhor se apresente a mim quando chegarmos!". Mas não me fazia nada, me mandava ficar um tempinho em posição de sentido e ponto. Era uma boa pessoa. Acho que no fundo, no fundo, ele gostava daquela canção...

Ou seja, o senhor começou a ser conhecido, a se fazer conhecer.

Bem, pelo menos no grupo dos novatos. Eu nadava feito peixe n'água naquela Academia. Não sei bem a razão, mas aquilo tudo acabou me cativando, tornou-se meu. Eu gostava como nunca. Todos éramos rapazes, os chefes tinham dois ou três anos a mais que eu.

Em poucos meses, nós, os que vínhamos dos Llanos, começamos a formar um grupo. Primeiro, com José Angarita, já falei dele, meu companheiro de colégio em Barinas, que tinha entrado na Academia Militar um ano antes. Ele estava no segundo ano. Lembro que um dia, nós dois fomos pegos por um do terceiro ano — um instrutor — que falou: "Muito bem, vamos ver qual desses dois cadetes sabe um poema". E eu disse a mim mesmo que ia surpreender aquele instrutor, e disparei um poema do Llano, não sei se "A culpa é do Llano" ou "Venho lá das profundas do Llano", acho que foi este, "Venho lá das profundas do Llano/ trazendo este cantar/ de Cantaclaro sou chamado/ e quem se atreve a replicar?".

O instrutor se entusiasmou: "Aplausos para este novato! Como o senhor se chama, recruta?". E respondi: "Aspirante a cadete Hugo Rafael Chávez". "Muito bem. Vá até a cantina beber algum refresco." E assim ganhei o direito de ir a cantina dos veteranos, tomar um refresco e comer um docinho.

Havia outros Llaneros?

Também estava lá o sarará Felipe Acosta Carlez[22]*, que era de Guárico. Ele era mais velho que eu, havia até estado na Universidade durante um ano, mas acabou indo parar na Academia. Tinha quase 20 anos. Era impulsivo, desses que tomam a iniciativa. Em pouco tempo virou líder. A gente chamava ele de "Tarzan", porque era bem fornido. Uma vez, vi como ele brigava com dez homens, era difícil ganhar dele.*

No dormitório, fiquei na cama ao lado da dele, armário com armário. Porque a gente tinha, como contei, no canto um armariozinho de madeira. Na primeira vez em que nos falamos, ele me perguntou: "Vem cá, seu merdinha, de onde você é?". Falou assim mesmo: "seu merdinha". Respondi: "De Barinas". E ele: "Ah! Você é Llanero... Venha cá, me dê um aperto de mão!". E apertou minha mão, mas apertou firme, achei que ia arrebentar meus ossos... Ficamos muito amigos, embora nos primeiros dias tenham acontecido uns probleminhas. Ele queria que as portas dos nossos armários ficassem para o meu lado, e eu punha no meio dos dois. Eu defendia o que era justo, mas ele queria me espicaçar, queria se impor. Até que, depois de dois ou três dias, empurrou as portas com força e elas bateram em mim. Eu respondi e também empurrei duro para o lado dele, e as portas bateram nele. Então ele se atirou em cima de mim, nos agarramos lutando, ele gritava: "Vou te matar!", mas acabou me respeitando e ficamos muito amigos.

Poder contar com conterrâneos llaneros ajudou o senhor a se integrar melhor?

Sem dúvida. Primeiro, fui fazendo amigos entre os llaneros, mas depois, lá pelo terceiro mês, quando terminou o período de adaptação, eu já tinha bons amigos de tudo que era canto. Eu me adaptei rápido, repito. Até na hora de limpar o chão, uma tarefa que impunham para a gente. Pelas manhãs, limpeza. As camas feitas, era preciso lavar direito o banheiro, as privadas inclusive. Muitos protestavam. Eu, não: eu voava. Acostumado desde pequeno a limpar a casa, recolher o lixo, jogar água nas plantas, para mim não era nenhum problema. Mas para os de Caracas, habituados aos apartamentinhos, aquilo era complicado. Outros, eram preguiçosos. Eu gostava quando me mandavam limpar o chão ou os vidros das janelas. Eu me içava, me lançava para cima, e limpava os vidros altos das janelas.

Além do mais, para limpar o chão com ritmo, Acosta Carlez e eu inventávamos canções. Era que nem um baile, nos alinhávamos e primeiro passávamos a cera, depois a gente punha o pé num pano de chão, ou numa camurça, e a cera sumia para dar um brilho no chão, que ficava esplendoroso. Com o ritmo do movimento da limpeza, cantávamos, por exemplo, "Onze anos de tanto estudar" — e todo mundo repetia: "Onze anos de colegial/ para vir o chão limpar". Essa, eu inventei. E como todo mundo chamava a camurça de limpar de "chão de mustang", como o Ford Mustang, Acosta Carlez inventou outro versinho que dizia: "Eu, que sonhava um Mustang ostentar/ agora tenho um, mas para o chão limpar". Enfim, aquilo lá se transformou numa unidade militar amena, sem nenhum superior autoritário que atropelasse os novatos.

Então, havia um bom ambiente...

Pois é, um ambiente excelente. Eu me sentia bem. Mais tarde, formamos um grupinho, que chamamos de "Shima", a partir das iniciais de cada um dos integrantes: Silva, Hugo, Isa, Mario e Antonio. Era uma espécie de máfia, mas do bem. Saíamos juntos para as festas, e às vezes prendiam todos nós. Um dia, quando estava no segundo ano, todo mundo ficou sabendo — tornou-se público — que nós tínhamos formado o grupo Shima. Ficamos sabendo disso porque um alferes nos parou no meio do pátio e gritou: "Grupo Shima, aqui!". Estávamos formando fila indiana, e eu disse a mim mesmo: "Merda! Quem caralho dedou a gente? O nosso grupo é clandestino...". E o alferes insistiu: "Grupo Shima!". E ninguém respondeu. Na terceira vez — "Grupo Shima!", Silva Bonet disse: "Caralho!", e respondeu "Presente!". "Ahá! Quer dizer então que vocês são o grupo Shima? Pois venham aqui, recrutas, vamos dar a volta no campo." E botou a gente para dar voltas no pátio. Alguma coisa a gente devia ter feito. Tínhamos uma guerra com outro grupo, o "Águias Negras". Brincadeira da rapaziada: derrubar estantes, riscar um livro, sei lá, essas babaquices. Alguém nos delatou. Mas, enfim, lá pelas tantas, disse o alferes: "Hugo Borgo, retire-se!". E nós todos respondemos, em coro: "Ninguém do grupo Shima se retira! Os do grupo Shima morrem unidos!". Ou todos, ou nenhum. A gente era que nem os mosqueteiros de Alexandre Dumas: "Um por todos, todos por um". Foi quando ficamos famosos.

Esse grupo se manteve unido durante todo o tempo que o senhor ficou na Academia Militar?

Não, não. Isso só durou um tempinho, o grupo Shima foi efêmero. Mas o que acabou sendo muito útil foi minha aptidão para o desenho e a pintura.

E como é que isso pôde ser útil numa Academia Militar?

Bem, não se esqueça que, fazia tempo, o desenho e a pintura eram disciplinas obrigatórias no currículo das Academias Militares. Seu ensino se estendeu pela Europa inteira a partir do século XVIII, porque, dessa maneira, os jovens suboficiais se familiarizavam com o conceito da perspectiva, muito útil na arte militar moderna, principalmente para os da artilharia.

Na nossa Academia, a cada semana havia competição do melhor quadro de avisos. Eram como quadros-negros no hall *do dormitório coletivo do pelotão. Lá eram pregadas as listas, as informações etc. Então, me pus a desenhar, e o pelotão começou a ganhar os concursos de quadros de avisos. Eu não era o único que desenhava, mas me destacava no conjunto. Por exemplo, se era a "semana da Academia", fazia um desenho do busto do cadete, punha umas letras, fazia outros desenhos. Resultado: o pelotão começou a despontar, e eu fui ganhando o respeito dos superiores. Naquele primeiro ano, acabei ganhando o concurso de cartões de Natal.*

Vocês faziam cartões de Natal?

Fazíamos, cada pelotão tinha de fazer pelo menos um, e um júri escolhia o melhor. Fiz uma composição muito própria da Academia, com a fachada do edifício e uma árvore de Natal. Ficou bem bonito. Ganhei a eleição interna do pelotão, e depois o concurso do batalhão de cadetes. Recordo que me convocaram no pátio, era dezembro. O capitão me chamou, e um capitão já era coisa grande: "Cadete Chávez!". Fui correndo, assustado, me perguntando o que é que eu teria feito... Fui recebido pelo comandante da companhia, o capitão Zerpa, e ele me disse: "Parabéns, cadete. O senhor ganhou o prêmio, e como consequência, a nossa companhia ganhou". Quer dizer, ganhei eu e a companhia triunfou. Por isso, nosso pelotão explodiu em júbilo. O capitão Zerpa me perguntou: "O que o senhor quer como prêmio, cadete? Uma máquina de escrever?". A gente tinha a obrigação de ter uma máquina de escrever, porque havia um curso de datilografia. E se hoje sei escrever num teclado de computador, é porque fiz esse curso de datilografia. E a pergunta do capitão continuou: "Ou uma licença para um fim de semana?". Não titubeei um segundo: "A licença, meu capitão!". E fui para Barinas, eles me pagaram a passagem. E esse cartão de Natal, além do mais, foi enviado aos familiares como o cartão oficial dos cadetes daquele ano, imagine só, e lá embaixo aparecia meu nome: Chávez.

Então, graças às suas aptidões o senhor foi ficando cada vez mais conhecido na Academia...

Exatamente. O acúmulo de algumas experiências ou habilidades desenvolvidas na vida anterior: o conhecimento das tarefas domésticas, o canto, a poesia, a pintura, o beisebol. Mostrar tudo isso na Academia permitiu que me destacasse e me diferenciasse entre os novos recrutas. Havia atividades culturais todas as quintas-feiras à tarde, chamadas de "atividades complementares". Era uma atividade voluntária. Eu me meti em pintura, claro, e ganhei a amizade do professor de arte, um civil velhinho, baixotinho, que já morreu, muito bom pintor, Quintanilla Ponce[23]*, além do mais, poeta. Fazíamos quadros, exposições...*

Mas na Academia Militar havia tanta atividade artística? A gente não imagina os oficiais recebendo esse tipo sofisticado de formação.

As pessoas conhecem os militares mal... São caricaturados e desfigurados. Mas o fato é que havia lá uma atividade artística boa e variada, e comecei a me destacar. Depois de três meses, nos dispersaram. Já não éramos mais o pelotão de puros novatos, isso se acabou. Fomos passados para as companhias A, B e C, primeira, segunda e terceira. Fui mandado para a terceira companhia, "Águias no céu". Meu pelotão era bom, havia cadetes de todos os anos e bons instrutores. Havia lá um muito inteligente, chamado Rojas Díaz, que depois se fez engenheiro. Também estavam na companhia Ramón Carrizales[24]*, cadete do segundo ano, e Francisco Arias Cárdenas.*

E Jesús Urdaneta?

Não. Urdaneta era meu companheiro, da mesma turma "Simón Bolívar II", mas nunca estivemos juntos no mesmo pelotão. Acosta Carlez, tampouco. E passado um período curto, eu já era cadete integrante da sala de jornal.

Sala de jornal?

Pois é, a sala de jornal era um grupo especial de cadetes que, numa sala da Academia, faziam o jornal da companhia. Escrevíamos e publicávamos umas folhas, e fazíamos o quadro de avisos da companhia.

Era semanal?

O quadro de avisos mudava toda semana. Eu era o desenhista da sala de jornal. E isso ia me permitindo estender meu raio de ação: entrava na sala do capitão. Um novato entrando na sala do capitão era uma coisa pouco frequente, mas eu tinha permissão. Em dezembro, por exemplo, a sala de jornal era quem fazia o presépio, e eu era campeão de presépio. Fazia os desenhos do menino Jesus e dos Reis Magos, a estrela de Belém, tudo isso com anime[25]*.*

Também me incluíram na equipe de cadetes que preparavam eventos especiais, para assuntos de arte e cultura. Fazíamos qualquer coisa de enfeite. A gente não dispunha de material suficiente, nem de recursos, mas improvisávamos e resolvíamos. Foi quando comecei a aplicar aquele pensamento de Frederico, o Grande[26]*: "O homem que põe o coração naquilo que faz, consegue recursos onde os incapazes se dão por vencidos". Uma vez, fizemos a árvore de Natal da Academia.*

Era gigantesca, foi erguida lá fora, na frente da fachada. Pintamos as peças, armamos tudo e, lá em cima, pusemos uma grande estrela. Depois, instalamos um aparelhinho elétrico e um cordãozinho que recebia calor. De noite, pusemos refletores, brilhava e se movia com a brisa.

O senhor dirigia esses trabalhos?

Não, tudo isso era feito sob o comando de Quintanilla, que era um gênio. Ele desenhava, nós éramos seus ajudantes. Na animação dos eventos, preparávamos os convites e atendíamos a chegada dos convidados, como responsáveis pelo protocolo. E eu também comecei a me distinguir nesse campo. Por exemplo: no quarto ano, virei mestre de cerimônia oficial dos concursos de Rainha da Academia.

Um concurso de Rainha da Academia? Havia mulheres?

Não, mas vinham as famílias, traziam as irmãs, as primas, amigas... Apareciam umas moças muito lindas. Cada ano era eleita a Rainha, e eu acabei sendo o mestre de cerimônias do evento. Os instrutores e os alferes acompanhavam as candidatas, andavam com duas e até com três moças bonitas... A gente os chamava de "os beautiful"... Eu, não, porque era o mestre de cerimônia da eleição. Eu era só meio beautiful... (e ele ri)

Quem elegia a Rainha, os cadetes?

Não. Havia um júri. Normalmente, faziam parte do júri um oficial, a esposa do general, professores e também civis. Às vezes convidavam outras Rainhas de beleza. Lembro que convidamos uma miss Venezuela para ser membro do júri...

O título era "Miss Academia Militar"?

Não, era "Rainha da Academia Militar". Houve até uma moça, Maritza Sayalero, que ficou muito amiga nossa, porque primeiro foi eleita Rainha da Academia, e depois chegou a ser Miss Universo. Nada mais, nada menos... Eu, com um microfone, conduzia o ato sem medo cênico nem nada disso, tratava de animar a festa, a grande festa pública da Academia. Teve até o dia em que o general me chamou e disse: "Parabéns, cadete, por ser tão bom mestre de cerimônia...".

O senhor estava se preparando para ser o mestre de cerimônia de auditório do programa *Alô Presidente*, que surgiria anos depois.

De certo modo... (ri) Essa experiência de comunicação me foi útil para exercer uma liderança. Eu me familiarizei com o microfone, aprendi a me dirigir a um público amplo e diverso, sem estresse e sem cansar muito as pessoas. Adquiri maior confiança em mim mesmo, em minha aptidão para me comunicar, para animar, para transmitir. Isso aconteceu no quarto ano da Academia. E era o resultado de um processo de amadurecimento acelerado que vivi na Academia, na minha vida pessoal, na profissional, na acadêmica, no aspecto social e também no político. Um amadurecimento em apenas quatro anos... O jovem que regressou a Barinas como subtenente, em julho de 1975, era muito diferente — claro que com a essência idêntica — daquele que tinha ido embora quatro anos antes. Havia amadurecido, havia passado por uma grande mudança. Já levava por dentro uma ideia política que havia nascido lá, na Academia Militar. Meus amigos se surpreendiam com minha mutação, minha metamorfose, embora eu nunca tenha deixado de ser eu mesmo. É que minha evolução e minha transformação foram espetaculares.

Isso também se deveu à qualidade dos cursos?

Em parte, sem dúvida. Havia um nível excelente, em particular nas ciências. Fizemos um propedêutico científico. Adquiri uma notável capacidade pessoal de reflexão, de abstração, de análise e de síntese. Alejandro Irrazábal, que eu já mencionei, nos dava aulas de química, excelente professor, autor de livros do secundário. Recordo que havia uma professora, esqueci o nome, também de muita qualidade, que era coordenadora do curso "propedêutico científico", era chamado assim, que durou três meses e era de nivelação de conhecimento. Nesse curso, a gente via, por exemplo, a metodologia da pesquisa, porque deram às matérias um caráter muito investigativo, era uma linha do novo pensamento acadêmico do "Plano Andrés Bello". Tínhamos um professor de matemática, um tal de Kuller, devia ser alemão, que quase ninguém entendia. Aprovava muito poucos alunos. Ele nos dizia: "Os senhores são trinta, e vão passar, no máximo, três: Rondón, García Carneiro e Chávez". Era um gênio, mas eu perguntava a ele: "Professor, porque o senhor não explica melhor? Ninguém entende o senhor...". E ele respondia: "Isso é um problema dos senhores...".

Recuperei conhecimentos de química, de física. Estudamos Introdução à Sociologia, Introdução ao Direito, Direito Constitucional, Introdução à Economia, Introdução à História, Introdução à Política, História Universal, História das ideias políticas etc. Eram conhecimentos básicos, meio elementares, mas que para mim foram extraordinários.

E em matéria de teoria militar?

Tínhamos, obviamente, cursos de teoria e estratégia militar, de história da guerra... Essas matérias me apaixonavam. Comecei a ler, por contra própria, Clausewitz, Bolívar. Como sempre, descobri as interessantes memórias militares de José Antonio Páez[27]*, vencedor da batalha das Queseras del Medio (1819), os escritos de Napoleão e de Mao Tsé-tung. Pude apreciar tudo que há de interessante nesses livros graças à qualidade dos cursos que tive daqueles professores da Academia, que levaram a sério o início daquele novo Plano de estudos. Eram docentes de qualidade máxima. Além dos militares, havia professores de outras carreiras: economia, direito, engenharia...*

Professores de alto nível?

Sim, sim. Por exemplo, conforme eu já disse, tive como professor Jacinto Pérez Arcay, autor de vários livros sobre a Guerra Federal, entre eles La Guerra Federal, Causas y Consecuencias[28], *uma visão bastante de esquerda. Ele nos falava de Ezequiel Zamora e aquilo me cativou. Também foi meu professor o coronel Medina Rubio, um oficial de esquerda, que dava História Econômica. Um dia, em seu curso, ele disse com todas as letras: "No ano 2000, haverá na Venezuela um socialismo democrático". Eu anotei no meu caderno, e depois me aproximei dele no corredor, e perguntei: "Meu coronel, o que o senhor quis dizer com isso?".*

Um visionário?

Era, sem dúvida, um visionário. Depois pediu baixa no Exército e foi para o Movimento ao Socialismo (MAS). Era um quadro da esquerda, junto com Pérez Arcay e outros oficiais, todos progressistas. Depois, esteve no meu comando de campanha quando ganhamos as eleições de 1998. Além do mais, nós dispúnhamos, na Academia, de uma excelente biblioteca.

Além dos livros de estudo, o que o senhor lia?

Eu ia até aquela biblioteca da Academia e lia principalmente Bolívar, seus textos, sua correspondência, lia análises do seu pensamento, biografias dele... Mais tarde, lá por 1974 e 1975, quando saía à rua nos fins de semana, também fui me incluindo em círculos de estudantes universitários. No bairro Los Chaguaramos, costumava ir ao bar El Águila, um lugar de discussões revolucionárias... e de mulheres muito bonitas que trabalhavam lá. Então, a gente tinha uma dupla motivação para ir até lá: as mulheres e a política. Eu também ia à Universidade, seguir alguns cursos. E me misturava com os estudantes universitários.

E esses estudantes universitários o aceitavam, o senhor, um militar, sem problemas?

Tivemos algumas brigas. Eu me metia na Universidade violando o regulamento, porque ia sem uniforme, claro, ia vestido de civil. E debatia, em alguns salões, com grupos de estudantes. Começávamos a discutir tendo como base as leituras que fazíamos, e alguns me atacavam: "Você é militar, o que é que você sabe?". Uma vez, um estudante me disse: "Você é um reacionário", e eu retruquei: "Não me ofenda!". Por pouco não acabamos na porrada. Nós, os militares, éramos chamados assim: "Reacionários!". E eu não entendia.

Também discutíamos na casa da querida e recordada amiga dona Carmen Daza, na avenida La Facultad, no bairro Los Chaguaramos. Eu chegava naquela casa nos fins de semana, lavavam a minha roupa e eu tinha até um quartinho onde deixava pendurado meu uniforme azul. Seu filho, Enrique Daza, que já morreu, era um homem de esquerda, embora nunca tenha participado da política, e conversávamos muito. Ele me deu de presente a obra desse grande revolucionário que foi Vladimir Illich Lenin, O Estado e a Revolução, *e abriu-se um grande debate sobre se havia de eliminar o Estado ou não. Lenin dizia: "O Estado burguês se extinguirá", e a gente discutia isso. Depois, li* O que fazer?, *também de Lenin, um livrinho fundamental, que se lê rápido. Também li José Martí, e de vez em quando José Carlos Mariátegui*[29]*, que não era muito conhecido. Ou seja, pouco a pouco, consegui ingressar em círculos externos à Academia.*

Foi quando o senhor começou a se interessar por política?

Comecei a me apaixonar pela ciência política. Na Academia, usávamos o livro de Walter Montenegro, Introdução às doutrinas político-econômicas[30], *um clássico muito bom. Por minha conta, fui acumulando livro, de economia, de sociologia e de política. Ia ao centro de Caracas, onde vendem livros usados muito baratos. E lá comprei um velho e bom livro que me acompanha desde aquela época:* Economia e subversão[31], *de John Kenneth Galbraith, que me ajudou enormemente a entender o tema da economia. Em sua introdução, Galbraith dizia o seguinte: "Este ensaio afirma que a prova de um êxito econômico não é a quantidade que produzimos, mas o que fazemos para que a vida seja tolerável ou agradável". No meu modesto critério, Galbraith é um dos melhores ensaístas sobre a economia e a sociedade do século XX. Não se pode afirmar que seja um pensador socialista, mas é um progressista, um humanista profundo. Mais tarde, li* O novo Estado Industrial[32], *grande livro! E recentemente li sua última obra, seu testamento intelectual:* A Economia do engano inocente[33].

O senhor descobriu outros autores?

Em outra ocasião, comprei um livro que me pareceu importante, Evolução, marxismo e cristianismo *na obra de Teilhard de Chardin*[34]*. Apaixonante. Demonstrava que o marxismo e o cristianismo podiam andar de mãos-dadas, e comecei a discutir o tema.*

Alguém havia falado de Teilhard de Chardin para o senhor?

Não, ninguém, nada de nada. O título chamou minha atenção. Quer dizer, comecei a ter uma motivação política, para não dizer uma alta motivação política. Que me vinha daquelas conversas da primeira etapa do Noites da Hungria, em Barinas, do que tinha lido e do que via das escandalosas desigualdades em Caracas. Comecei a ter contato com distintos jovens que mexiam com política, e já sentia uma inclinação pela política, pela esquerda, pelas ideias de esquerda. Sem dúvida. Eu tinha um sentido de justiça, um sentido do equilíbrio natural da sociedade, e percebia que, definitivamente, ser de esquerda é querer a justiça, a justiça social. Sempre tive essa preocupação, pelas minhas experiências de menino pobre, por causa da doutrina social da Igreja. Querer um mundo justo. Isto estava profundamente enraizado em mim.

Em que medida a Academia o ajudou a procurar elementos novos para fortalecer essa convicção?

Bem, na verdade era exatamente o contrário porque, se por um lado havia alguns professores progressistas, por outro tratavam de tirar essas ideias de mim, de lavar o meu cérebro. A IV República dizia: "Os militares devem ser apolíticos!". Queriam tirar de nós até o direito de pensar! Eu sempre me rebelei contra isso. Lembro que nos enfiavam na sala do teatro e traziam instrutores civis e alguns militares, para conferências muito políticas. Uma parte delas, para nos deixar em alerta contra o marxismo e contra a esquerda. Falavam do horror do socialismo e das vantagens do modelo capitalista. De acordo com eles, o marxismo-leninismo era uma ideologia diabólica. Mas minha reação era ao contrário, cada vez mais a favor daquelas ideias.

Puro espírito de contradição?

Pode ser. Mas também por causa da minha origem social, porque eu me lembrava da minha infância em Sabaneta, do professor Rodríguez, que desapareceu. As tremendas desigualdades que existiam em Caracas, as crianças macilentas que eu via nos campos quando fazíamos manobras militares, meu desejo de justiça social, de igualdade, de libertação... Percebi, um belo dia, aonde tinha chegado: ao centro de formação de um exército que tinha se enfrentado nas montanhas com um grupo de idealistas que lutavam por uma causa justa: a justiça social. Então, comecei a sentir aqui dentro, no coração, um grande dilema. E resolvi esse dilema no dia em que disse a mim mesmo: eu sou um subversivo.

Capítulo 7

Jovem oficial

Diário de um cadete • Na pele de Che Guevara
Entrando na política • Viagem ao Peru • Velasco Alvarado
Omar Torrijos • Juan José Torres • O Exército e o povo
Teoria da liderança • José Vicente Rangel • Adeus à Academia
Regresso a Barinas • "Batismo" num bordel
Na fronteira com a Colômbia • Ilich Ramírez "Carlos"
"Chefe de captação" • Colunista no *El Espacio*
Tertúlias no Noites da Hungria
O papel do indivíduo na história
Um ensaio do Plano Bolívar 2000 • Nancy

O senhor se lembra do final de seus estudos na Academia Militar?

Lembro muito bem, porque a partir do segundo ano, em 1972, comecei a anotar o que fazia, minhas atividades, um e outro comentário. Todos os anos eu comprava minha agendinha e ia preenchendo como se fosse um diário, dia a dia. Escrevia sempre. Mantive esse costume quando fui subtenente, e depois tenente e capitão. Já no primeiro ano, quando era novato, não tive tempo. Lamentavelmente, uma parte dessa documentação se perdeu, algum dia aparecerá.

Se perdeu ou foi confiscada?

Na noite da nossa rebelião, a do dia 4 de fevereiro de 1992, os serviços de inteligência arrasaram a minha casa.

O que foi levado?

Tudo. Tudo. Até meu uniforme. E o arquivo de antigas revistas esportivas que eu colecionava. As duas principais, Sport Gráfico *e* Venezuela Gráfica, *eu comprava desde os meus tempos de cadete. Eu era um apaixonado, principalmente pelo beisebol. Agora, minha paixão mudou, para o futebol e o voleibol. Também havia revistas políticas muito boas, cada uma com seu viés:* Zeta, *que se manteve, mas naquela época era uma revista séria. Agora, é panfleto puro. Naquela época, era dirigida por Rafael Poleo*[1]*, esse mesmo senhor que agora mora em Miami. E a outra face da moeda:* Resumen, *que era dirigida por Jorge Olavarría*[2]*, um homem da burguesia e um intelectual peso-pesado, que teve algumas posições interessantes* *numa certa época. Foi muito próximo de Alfredo Maneiro*[3]*, fundador e dirigente principal da Causa Radical. Eu o conheci muito.*

Olavarría?

Sim, sim, Olavarría. Ele veio me ver na prisão depois do dia 4 de fevereiro (de 1992), e depois que fui solto (no dia 26 de março de 1994) fui várias vezes na sua casa. Era meu amigo. Muitos daqueles amigos desse tempo estão agora na oposição, porque pertencem à burguesia. Olavarría era um homem muito inteligente, e em certa ocasião, no começo dos anos 1980, Alfredo Maneiro fez uma aliança tática com ele, inclusive ele foi lançado candidato à presidência pela Causa R. E, em plena campanha, em 1982, Alfredo Maneiro morreu prematuramente.

O senhor, então, também conheceu Maneiro?

Muito. Conheci muito, quando estava em Maracay, eu era tenente, em 1978 e 1979.

Mas o senhor estava falando de seu tempo na Academia, e do seu diário...

Ah, sim, das páginas do meu Diário que foram conservadas — graças a uma amiga, Herma Marksnman[4]*, que por sorte passou tudo à máquina, embora os originais, de escrita à mão, ainda existam — pois essas memórias começam em setembro de 1974, quando eu ainda estava na Academia e tinha sido promovido a alferes.*

O senhor escrevia todos os dias?

Quase. Quase todos os dias. Neste aqui (mostra um dos caderninhos) descrevo boa parte da minha temporada num acampamento guerrilheiro. Outros Diários se perderam.

E como foi que o senhor encontrou esse caderninho aí?

A mesma amiga estava com ele. Ainda bem que Herma conservou tudo, arquivou. É impressionante que essa mulher tenha guardado tudo isso durante tantos anos.

Uma prova de afeto.

Claro que sim!... e também de lealdade. Agora, fez com que me fossem entregues. Essa dama é professora de história e gosta muito de pesquisar, tem uma grande disciplina, é muito metódica com os documentos. E aqui está o resultado: tudo muito bem-ordenado, organizado por data, por tema. Começo assim: "Forte Guaicaipuro, quarta-feira, 11 de setembro de 1974".

Por acaso, um 11 de setembro...

Pois é. Estava fazendo um ano do golpe de Pinochet, no Chile, contra Salvador Allende. Escrevi: "Depois de uma marcha de doze quilômetros, instalamos o acampamento numa zona de bosques. Armei minha tenda com Ordóñez Montero" — era um companheiro nosso, chamavam-no de "repelente", porque era um tipo cheio de soberba — "fui nomeado comandante do primeiro pelotão. De tarde, Ordóñez e eu demos instruções de purificação de água e verificação das instalações elétricas. Deu tudo certo. Depois, fiz algumas flechas e letreiros para a circulação de veículos". Os oficiais recorriam a mim para fazer os cartazes, os sinais de trânsito etc., porque, como já contei, eu pintava, e gostava de que tivéssemos um acampamento bonito. "Nesta noite tenho terceiro turno de plantão. Decidi iniciar este curto diário do período de campo com os novatos deste ano. Será uma semana e uma experiência a mais na minha vida. A chuva cai suavemente. Sinto muito sono. Todos dormem. Silêncio no acampamento."

Na sexta-feira, 13 de setembro, ocorre um detalhe que é o que quero ressaltar: "O tenente Serrano Zapata me designou para distribuir aos aspirantes a instrução teórica prévia. Depois de fazer isso, fui a uma situação na qual eu fazia o papel do comandante Ernesto Che Guevara".

Ou seja, o senhor tinha o papel do malvado...

Pois é, eu era o malvado, o "insurgente". É significativo porque indica como me viam, naquela altura, na Academia. E, ao mesmo tempo, esses textos, escritos aos meus 20 anos de idade, já indicam uma inquietação social. Quase poderíamos dizer que era uma inquietação pré-revolucionária. Tínhamos até um falso acampamento guerrilheiro, onde cantávamos canções de protesto. Na época, escrevi: "Me diverti imensamente, estou rouco de tanto gritar, estou escrevendo sobre uma tábua, utilizando somente a luz de uma lanterna de mão. Lá longe, ouve-se o croar dos sapos de alguma lagoa vizinha, soma-se ao canto dos grilos, e caio de novo na lembrança distante da minha infância, lá na aldeia: a avó, os pais... São 8h25 da noite".

O senhor tinha 20 anos de idade.

Tinha acabado de fazer. Depois, há outra informação: "Sábado, 14 de setembro. (...) Saímos às 6 da tarde direto para o campo noturno, onde esperamos o jantar, que demorou: estavam reunidos todos os novatos, um tanto nervosos".

O que é o campo noturno?

É um troço que gera muito medo. É quanto você tem de caminhar de noite e enfrentar situações inéditas.

Sem luz...

Pois é, na escuridão, e pode acontecer de tudo. Além do mais, para deixar os recrutas mais inquietos ainda, a gente inventava perigos inexistentes. A gente dizia: "Cuidado com a cavalaria inimiga!". Era para testar seu valor e capacidade de reação diante de situações imprevistas. Alguns se preparavam a fundo. Outros se petrificavam.

Quanto tempo tinham esses novatos na Academia?

Menos de um mês. É um exercício duro: desandam a disparar, e a que disparem neles etc.

Havia os que desistiam?

Muitos. Não aguentavam aquela experiência. Outros, a direção da Academia dispensava, por razões ideológicas.

Razões ideológicas?

Pois é, se suspeitassem que eram gente de esquerda, que queriam se infiltrar nas Forças Armadas, ou que desejavam treinar para depois ir para a guerrilha, punham para fora.

Mas houve casos assim?

Lembro que o filho de José Vicente Rangel[5] *foi posto para fora por ser "filho de comunista". Isso em 1973, ano de eleição, e José Vicente era candidato à presidência pelo MAS, o Movimento ao Socialismo. Seu filho, Pepito, que tinha o mesmo nome, José Vicente Rangel, entrou na Academia naquele ano. Eu já era instrutor, e coincidiu que fosse responsável por ele, estava no pelotão dos novatos que foi atribuído a mim. Foi assim que conheci o seu pai, porque, com sua esposa Anita — uma imensa escultora chilena — ia visitá-lo nos fins de semana. Comecei a conversar muito com ele, José Vicente e o pai, de política, da situação do país, da esquerda, da campanha eleitoral... Teve até um oficial que me convocou para me recriminar por conversar tanto com um "comunista". Pouco depois, eu soube que, por intervenção da DIM (Direção de Inteligência Militar) e utilizando um falso pretexto, havia sido decidida a expulsão de Pepito Rangel da Academia. Avisei José Vicente discretamente. Não se podia fazer nada.*

O que o senhor achou disso?

No meu Diário, no dia em que Pepito se despediu de mim e foi embora, escrevi: "Hoje, foi-se embora Pepito Rangel. Era uma esperança". Ou seja, eu via nele alguém que podia ter-se incorporado ao nosso grupo crítico da Academia. Uma esperança.

O senhor se lembra de algum outro caso de "exclusão ideológica"?

Não, não, quase todos os que desistiam era porque não suportavam os trabalhos físicos dos treinos. Além da mudança de vida, eram provas difíceis, treinamentos muito duros. A esse respeito, escrevi no meu Diário: "Começou a chover forte no caminho, com trovões e relâmpagos, quase não conseguíamos avançar, a gente patinava no barro, eu pensava que, se para nós era tão difícil, como seria para os novatos, assustados, engolindo gás lacrimogêneo, se arrastando por baixo do arame farpado e sentindo os disparos das metralhadoras passando por cima deles; esses novatos vão morrer nesta noite (...) Finalmente consegui chegar aonde devo acender uma fogueira, uma cabana pequena e instalar a situação na qual Dumas (Ramírez Martínez) e eu faremos o papel de guerrilheiros acampando".

Ou seja, o senhor continuava no seu papel de "rebelde".

Pois é, e posso garantir que não achava ruim. Eu já tinha uma consciência clara do que queria. Lembro que Carlos Andrés Pérez, depois de haver tomado posse de seu cargo pela primeira vez, veio até a Academia, em março de 1974, e lembro que, no meu Diário, anotei alguma coisa parecida a "Quando vejo o novo presidente, desejaria que, um dia, tivesse eu a responsabilidade de conduzir a pátria do grande Bolívar". Eu já tinha aspirações concretas de ir até o poder. E, em setembro daquele mesmo ano de 1974, veja só o que escrevi: "Hoje é sábado e me pergunto o que estarão fazendo em outros lados os jovens da minha idade, aqueles que vivem livres de sacrifícios como este; com certeza estarão curtindo numa discoteca com sua menina, ou no cinema, ou se divertindo seja onde for. Se soubessem o que estamos fazendo diriam que estamos loucos, mas não fiquei louco, sei muito bem o que procuro e o que faço e pelo que me sacrifico. Lembro nestes momentos um pensamento do Che: 'O presente é de luta, o futuro nos pertence'".

O senhor não tinha medo de que algum oficial superior lesse essas coisas?

Eu tratava de tomar cuidado na hora de escrever tudo que pensava, mas de vez em quando algumas palavras escapavam.

O senhor me disse que já tinha lido o *Diário da Bolívia*, do Che.

Sim, claro que sim. Naquela época, eu também conhecia Passagens da Guerra Revolucionária[6], o *livro no qual Che narra a gesta da guerrilha em Cuba contra Batista. Essa obra circulou aqui numa versão com outro título,* O livro verde-oliva[7]. *Era o que eu tinha... Recentemente, a viúva do Che, Aleida March, me mandou um exemplar da primeira edição de* Passagens, *editado em Cuba, no começo dos anos 1960.*

O livro que o senhor leu se chamava *O livro verde-oliva*?

Pois é. Eu perdi meu exemplar. Meu irmão Adán tinha me dado de presente. Eu lia muito. Estava terminando essa etapa de formação militar e, ao mesmo tempo, estava impondo a mim mesmo uma espécie de pré-formação política. Estudava Bolívar e lia muito Ezequiel Zamora, tudo ao mesmo tempo. O coronel Pérez Arcay, meu professor de história, como já contei, foi o grande motivador sobre o que é o zamorismo e minha aproximação à figura de Zamora. Seu livro A Guerra Fiscal: Causa e Consequência *foi muito importante para mim. Em Barinas, quando eu estava no colégio, tinha ido numa excursão dos rapazes, coisa nossa, por nossa conta, até Santa Ines, onde ocorreu a grande batalha de Zamora, no dia 10 de dezembro de 1859. Então, eu estava me nutrindo de conhecimento militar, me nutrindo da teoria e da práxis de conduzir homens... Porque eu também estudava a teoria da liderança.*

Havia aulas disso?

Claro, a liderança. Depois, a matéria mudou de nome: "Mando e condução". Na Academia, havia um esforço grande, científico e humanístico, para formar líderes. Para mim, foi uma escola de liderança. Foi quando aprendi que um verdadeiro líder tem de estar em contato com seu povo, e que só nesse caso pode ser considerado um autêntico estadista. Pela minha experiência particular — eu tinha sido um jovem líder, técnico de um time de beisebol de rapazes etc. —, essas lições completaram minha formação de maneira eficaz. Nos educaram com um método baseado na dinâmica do grupo, chamado "Desenvolvimento da inteligência", excelente. E que foi muito proveitoso para mim. Ampliei algumas capacidades.

Naquele momento, havia a guerra do Vietnã. Na Academia, vocês comentavam por que os Estados Unidos eram incapazes de ganhar aquela batalha, apesar do seu poderio militar?

O que a gente lia era um livro contra a guerra de guerrilha.

Um Manual de contra-insurgência?

Isso. E se revelava a intenção de manipular nossas jovens mentes de cadetes, porque atrás de tudo estava o Império, e um grupo de oficiais venezuelanos que haviam ido estudar nos Estados Unidos.

Na 'Escola das Américas'?[8]

Muitos oficiais foram treinados lá. O que eu quero dizer é que era impossível que nos falassem da verdadeira realidade daquele conflito. Na Academia, não se falava quase nada da guerra do Vietnã, mas eu saía nos fins de semana...

E se informava...

Eu fazia parte de um círculo que se reunia em Prado de Maria, um bairro de Caracas. Lá, o dono da casa, Raul, meu parente, do partido Ação. Estavam nascendo a Causa R, o MAS, o Movimento para a Ruptura, o rosto legal da organização guerrilheira dirigida por Douglas Bravo[9]. Naqueles ambientes, havia debates de verdade, e circulavam muitos documentos. Nascia naquela época a revista da Causa R, e escrevia-se sobre temas importantes, em particular sobre o projeto da "Grande Venezuela", que Carlos Andrés Pérez lançou, o Quinto Plano da Nação (1976-1980), o endividamento, a corrupção, a política petroleira, a situação internacional...

Numa das primeiras reuniões, eu ainda estava no primeiro ano da Academia, e lendo documentos e a imprensa, fiquei sabendo da viagem de Fidel Castro (em 1971)[10] *ao Chile de Salvador Allende e ao Peru de Velasco Alvarado*[11]*. Pela primeira vez, porque vi a foto de Fidel com o líder peruano*[12]*, tomei consciência de que, à cabeça de um grande país irmão, havia um general progressista e nacionalista, que estava levando a cabo reformas importantes, e me interessei um pouco por ele.*

Mas o senhor esteve no Peru, não é?

Estive sim, mais tarde, em 1974. Fui designado, com uma dúzia de cadetes da Academia, para assistir às cerimônias organizadas por ocasião dos 150 anos da Batalha de Ayacucho (9 de dezembro de 1824). Antes de viajar, me pus a ler e a me documentar sobre o que estava acontecendo naquele país. Assim descobri o Plano Inca[13]*. Em Lima e em Huamanga (capital do estado peruano de Ayacucho), pude entrar em contato com cadetes de outros países, além dos peruanos: panamenhos, colombianos, equatorianos, bolivianos, chilenos...*

E de que falavam?

Falávamos principalmente da participação dos militares nos processos políticos dos países latino-americanos[14]*. Conversei bastante com um cadete chileno chamado Juan Heiss, perguntei muito sobre as razões do golpe militar de Pinochet, que havia acontecido um ano antes. Ele não soube me responder, se mantinha reservado, meio incomodado. Já os panamenhos expressavam com facilidade um ardente antinorte-americanismo.*

O senhor conheceu o general Velasco Alvarado?

Conheci. Tive a oportunidade de cumprimentar o general Juan Velasco Alvarado, que fez um breve discurso e, a cada um de nós, deu de presente dois livrinhos com dedicatórias: O Manifesto do Governo Revolucionário da Força Armada do Peru, *e* A Revolução Nacional Peruana, *este último encadernado em azul*[15]*. Pude comprovar as relações estreitas de Velasco com o povo peruano e com as Forças Armadas daquele país. Li esses livrinhos e aprendi de cor, quase completos, alguns discursos. Eu os conservei até que, depois da nossa rebelião (do dia 4 de fevereiro de 1992) me tiraram tudo, e eles se perderam. Só me sobrou um:* Peru, socialismo militar?, *de Juan Aguilar Despich*[16]*, que sobreviveu e me acompanhou sempre. E umas fotos, onde aparecem alguns companheiros. Por exemplo, Carlos Alfredo Escalona, llanero do Estado de Portuguesa, o sargento "Presto", o peruano Francisco Hernández, outro peruano, que eu chamava de "Fittipaldi"*[17]*, porque dirigia muito rápido um Volkswagen, e acabamos batendo.*

O senhor tornou a ver algum desses cadetes?

Não. Perguntei por esses rapazes, e não consegui encontrar nenhum deles nesses países. Na noite da despedida, estávamos brindando com pisco, e me ocorreu fazer um discurso na mesa. Eu disse algo mais ou menos assim: "Dentro de 50 anos, veremos se valeu a pena ser soldados". Nossos oficiais não gostaram. Um deles me chamou: "Chávez, o que foi que o senhor disse na mesa?".

Para o senhor, o que representou esse encontro com o general Velasco Alvarado?

Primeiro, creio que ele foi um grande soldado, um grande patriota e um revolucionário. Seu governo demonstrava que as Forças Armadas podem se constituir num fato de desenvolvimento e de mudança social para um país. Ele deu ao idioma quéchua, num gesto de justiça cultural e de reconhecimento da ancestral cultura inca, o grau de língua nacional. Em vários aspectos, eu me senti — e me sinto — refletido em seu pensamento. Isso também me ajudou a tomar consciência de que devia existir uma relação estreita entre o povo e os militares. Era necessário, como disse Mao, que o soldado se sentisse, no meio do povo, como um peixe n'água.

E na política econômica?

A Revolução peruana de Velasco Alvarado era um projeto socialista. Não tenho a menor dúvida. Ele realizou a reforma agrária mais profunda do século XX na América Latina, e estatizou os setores estratégicos da economia. Nacionalizou o petróleo, o gás, as minas... Estimulou os trabalhadores a participar na cogestão das indústrias nacionalizadas. Deu maior protagonismo ao Estado, para que o Estado pudesse levar adiante políticas públicas a favor das classes humildes, e fez tudo isso mantendo um espaço importante para o mercado, para o setor privado, para a pequena e média empresa. Numa ocasião, por exemplo, Velasco escreveu o seguinte (lê): "Quando falamos de oligarquia, não nos referimos, em absoluto, aos industriais, nem aos empresários que contribuem para forjar a riqueza deste país, e que compreendem a necessidade de que o capital cumpra sua responsabilidade social no Peru. O pequeno e médio industrial, e mesmo o grande empresário moderno, não integram essa oligarquia contra a qual estamos lutando. São oligarcas os grandes proprietários do dinheiro e das finanças, que utilizam seu poder econômico para comprar um poder político que serve aos seus interesses econômicos. São oligarcas os que monopolizam a riqueza e formam verdadeiros cepos financeiros, para seu exclusivo benefício... para esmagar os pequenos e médios industriais"[18]. Pois tudo isso poderia ser dito por mim hoje, aqui na Venezuela. Em retrospectiva, porém, faço uma crítica.

Sobre essas decisões econômicas?

Não, não, uma crítica de tipo político. Seu governo estava constituído exclusivamente por militares, não havia nenhum ministro civil. Penso que isso foi um erro. Pensei muito nesse aspecto, e me convenci que o caminho correto seria uma aliança civil-militar. Uma aliança que, aqui na Venezuela, já havia sido teorizada por Fabricio Ojeda, intelectual, guerrilheiro e mártir, de quem já falei aqui. Em seu livro A guerra do povo, *de 1966, ele afirma: "A base antifeudal e anti-imperialistra do nosso Processo Revolucionário propõe um gênero de Aliança que está acima da origem, do credo político, da concepção filosófica, das convicções religiosas, da situação econômica ou profissional e da afiliação partidária dos venezuelanos. O inimigo comum, sua força e poderio reclamam uma luta unitária para vencê-lo. (...) São próprias para lutar pela libertação nacional". E Fabricio Ojeda acrescenta: "Eu me associo a essa ideia, às seguintes forças: os operários e camponeses, a pequena burguesia, estudantes, funcionários, intelectuais, profissionais liberais etc. A maioria dos oficiais, suboficiais, sargentos, cabos e soldados da Força Armada Nacional de ar, mar e terra. Os industriais nacionais, os produtores agropecuários, os comerciantes que não sejam importadores". Pois eu digo que também os que são importadores, porque nós importamos... "Os produtores não independentes, os pequenos artesãos..." Nesta visão de Fabricio Ojeda, com a qual concordo, todos esses setores, civis e militares, têm vocação para conformar uma verdadeira Aliança nacional revolucionária.*

Naquela época, o senhor também se interessava pela política que, no Panamá, era conduzida pelo general Omar Torrijos[19], não é?

É verdade. São os anos em que também começam a chegar para mim informações do Panamá, através de quatro cadetes panamenhos que eram meus colegas na Academia. Eles comentavam a ação transformadora que o general Torrijos estava levando a cabo desde 1968. Me contaram como alguns coronéis, companheiros de Torrijos, e que ele tinha colocado em postos importantes, tentaram dar um golpe de Estado em 1969, enquanto ele estava no México. E como, com a ajuda de outros chefes da Guarda Nacional e com o apoio do povo, Torrijos pôde voltar depressa, retomar o controle da situação e prosseguir nas transformações sociais, na reforma agrária, em sua batalha para recuperar o Canal, que naquela época estava nas mãos dos ianques.

Um desses cadetes, Antonio Gómez Ortega, me trouxe, em certa ocasião, alguns exemplares da revista da Guarda Nacional panamenha, e pude ler vários discursos de Torrijos, "o general da dignidade". Lembro de sua frase célebre: "Eu não quero entrar para a história, quero entrar na Zona do Canal". Ele também aparecia numas fotos com camponeses, e pude notar o que era a popularidade de um oficial progressista à frente de um governo popular. Muito diferente de Pinochet e dos generais chilenos reacionários, que eu detestava.

Mais tarde li bastante sobre Torrijos, em especial a biografia-reportagem Descobrindo o general Torrijos, *do escritor inglês Graham Greene[20], e outro livro extraordinário,* Meu general Torrijos, *de um de seus colaboradores mais próximos, José de Jesús Martínez*[21]*. Ficou em mim para sempre uma frase em que o general panamenho define o que deve ser a autêntica liderança nas Forças Armadas: "A patente militar é outorgada por decreto, já a liderança se conquista com ações exemplares. Tem hierarquia quem ordena 'Vão!'. Tem hierarquia quem diz: 'Sigam-me!'". Essa diferença ficou gravada em mim para sempre.*

O senhor também estudou a experiência do general Juan José Torres na Bolívia?

Muito. Embora o caso de Torres tenha sido anterior, no começo dos anos 1970. Seu mandato foi muito curto (7 de outubro de 1970 — 21 de agosto de 1971), não chegou a durar um ano. Mais tarde, li muito sobre essa experiência de socialismo militar. Torres era mestiço, de origem muito modesta, e tinha sido um ministro do Trabalho de grande sensibilidade popular. Esse oficial de esquerda era o chefe do Estado-Maior das Forças Armadas Bolivianas, quando os "rangers" bolivianos — ajudados pela CIA — mataram o Che Guevara, em La Higuera, em outubro de 1967. Veja só como são os paradoxos da história. Com um grupo de intelectuais e oficiais progressistas, o bom general revolucionário e socialista Juan José Torres elaborou um programa, o "Mandato revolucionário das Forças Armadas", e definiu uma Estratégia Socioeconômica de Desenvolvimento Nacional. Com isso, dispunham de uma teoria de esquerda para governar. O povo conhecia o caráter progressista do general Torres, e se alçou junto com a poderosa Central Operária Boliviana (COB) para evitar um golpe de Estado reacionário (conduzido pelo general Rogelio Miranda). Essa insurreição popular levou Torres ao poder. Seu governo militar de esquerda apoiou-se no que ele chamava de "os quatro pilares da revolução": sindicatos de trabalhadores, organizações camponesas, movimentos universitários e oficiais progressistas.

Imagino que tudo isso interessava bastante ao senhor...

Sim, sim, um interesse enorme, porque existia a necessidade de uma união civil-militar. Torres também tinha uma tese interessantíssima: o conceito de "fronteira interior". Ele dizia que é preciso cuidar as fronteiras exteriores, mas que a "fronteira interior" — o povo, a igualdade social, a justiça econômica, o desenvolvimento — deve ser mais cuidada ainda. Pode-se ter as fronteiras exteriores muito protegidas, mas se a "fronteira interior" for descuidada, aumenta a miséria, aumentam as injustiças, e a sociedade explode. Foi o que aconteceu na Venezuela em fevereiro de 1989, com o "Caracaço". No pouco tempo que durou seu mandato, o general Torres nacionalizou uma parte do setor mineiro, desenvolveu a educação, aumentou os salários, criou o Banco do Estado... Acabou sendo derrubado (em 21 de agosto de 1971) por um grupo de oficiais de direita, comandados pelo general Hugo Banzar, cumprindo ordens de Washington. Torres foi para o exílio, mas continuou muito popular em seu país, uma esperança para a Bolívia. Tanto que, finalmente, foi sequestrado em

Buenos Aires (no dia 2 de junho de 1976), e assassinado no marco da sinistra Operação Condor[22].

Ou seja: que, no meio desse torvelinho de ideias e debates, o senhor se interessava pelo que estava acontecendo na América Latina daqueles anos.

Foram anos inesquecíveis, de leituras, de discussões. E a América Latina era tema de debate permanente. Embora eu deva admitir que, em 1974, quando estava terminando minha formação militar e havia cumprido 20 anos, também tratava de me divertir, como todos os jovens da minha idade.

E quais eram as suas diversões?

Bem, nas noites de sábado, por exemplo, muitos de nós, cadetes, despojados do uniforme, enchíamos as discotecas de Caracas. Às vezes íamos até a Cova do Urso. Eram dias de canções que recordarei sempre, dos Bee Gees, dos Rolling Stones, dos Beatles...

Naquela altura, estava sendo inaugurado, em Caracas, o Poliedro[23]*. Lembro de ter visto, treinando no ginásio da nossa Academia, os boxeadores norte-americanos George Foreman e Ken Norton, que se enfrentaram num combate histórico justamente no Poliedro*[24]*. Ganhou o Foreman que, uns meses depois, estaria na África, na cidade de Kinshasa, no Congo-Zaire, lutando contra o grande Muhammad Ali, que o nocauteou no imortal "estrondo na selva" [the rumble in the jungle] organizado pelo célebre promotor norte-americano de combates profissionais, Don King. Muhammad Ali, que antes se chamava Cassius Clay, era nosso ídolo.*

Era também o tempo daqueles "filmes-catástrofe", que enchiam os cinemas de susto e calafrios: Terremoto, Aeroporto 74, A aventura do Poseidon... *E estupendos filmes de terror:* Tubarão, O Exorcista, A Profecia...

O que mais me interessava, porém, era a política. É preciso lembrar que houve, naquele ano de 1974, acontecimentos mundiais muito importantes: em abril, houve, em Portugal, a Revolução dos Cravos, que trouxe ventos frescos para a Europa. Os jovens oficiais e o povo português derrubaram a ditadura, começaram uma revolução e fizeram a independência dos territórios portugueses na África, Angola, Guiné-Bissau, Moçambique... E em julho daquele mesmo 1974 caiu a ditadura dos coronéis fascistas na Grécia. Em agosto, Richard Nixon renunciou, por causa do caso Watergate. A guerra do Vietnã ainda continuava, mas já haviam sido firmados (no dia 27 de janeiro de 1973) os Acordos de Paris, para pôr um fim ao conflito. E tinha acontecido, em 1973, o "primeiro choque do petróleo", com um aumento espetacular nos preços, o que, evidentemente, obteve muita repercussão na Venezuela. Um anos antes, em setembro de 1972, haviam acontecido os atentados de Munique[25]*, durante os Jogos Olímpicos, o que teve uma repercussão mundial. Ou seja, estamos falando de uma era pródiga em eventos, em acontecimentos.*

O final do franquismo...

Pois é, o final do franquismo. Franco[26] *morreu em novembro de 1975 — eu já havia saído da Academia — e pouco depois (em outubro de 1976) o rei Juan Carlos e a rainha Sofia vieram visitar a Venezuela. É preciso mencionar que a Venezuela sempre foi um país muito cuidado pelas potências, por causa de sua riqueza petroleira. Nossos presidentes eram mimados pelos Estados Unidos e pela Europa, principalmente pelos governos de direita. Era uma neocolônia tratada com mão de seda.*

Nesses círculos que o senhor frequentava existia algum interesse pela política internacional?

A política internacional interessava muitíssimo, principalmente o que tinha que ver com a América Latina, com o imperialismo, com os Estados Unidos. Mas nós também acompanhávamos o dia a dia das guerras no sudeste asiático — Vietnã, Camboja, Laos — e no Oriente Próximo, a questão palestina, o Líbano, a guerra de outubro de 1973, quando o Egito e a Síria lançaram, de surpresa, uma ofensiva contra Israel, que ocupava parte de seus territórios. Mas, acima de tudo, devo reconhecer, nós nos interessávamos pela política nacional. Era, naturalmente, o que mais nos motivava. Todas aquelas discussões, que eu considerava como uma pré-formação, um propedêutico, um período prévio à minha verdadeira formação política.

O senhor se formou em 1975, certo?

Exato, aos 21 anos, no dia 5 de julho de 1975, aniversário da Independência da Venezuela. O presidente Carlos Andrés Pérez me entregou a espada de formatura da Academia. Eu me formei como subtenente, e saí da Academia[27].

O que o senhor sentiu ao deixar a Academia?

Eu tinha acabado de passar ali talvez os quatro anos mais decisivos da minha vida. Lá me fiz bolivariano, descobri o pensamento político de nossas "três raízes": Simón Bolívar, Simón Rodríguez e Ezequiel Zamora. Eu saí de lá com experiência de liderança, e com ideias pré-revolucionárias. Às vezes fala-se por aí que eu entrei na Academia com o Che debaixo do braço. Não é verdade. Não entrei com nenhum livro, e menos ainda com um do Che. O que, sim, é verdade é que quando saí da Academia, saí com um livro do Che debaixo do braço. Tinha traçado o rumo na minha mente, sabendo para onde me dirigia.

O senhor foi destinado a Barinas. Começou uma nova etapa?

Pois é: passei em Barinas meus dois primeiros anos como subtenente, no Forte Tabacare, no seio do batalhão Manuel Cedeño[28]*. Dos novos subtenentes do ano* *de 1975, fui o único que chegou lá. Começa, então, uma nova etapa profissional, por uma parte, mas também uma etapa política.*

Como foram seus primeiros meses no quartel?

No princípio, o trato com os outros oficiais não foi fácil. Eu entrava em choque com eles, não tanto por questões ideológicas ou políticas, mas por coisas da rotina do quartel. Lá ainda existia o horrível prussianismo que impregnou o nosso Exército — e aos de tantos países! — durante muito tempo[29]*. Uma influência vinda da Alemanha do final do século XIX, quando Juan Vicente Gómez modernizou as Forças Armadas. O regulamento continuava sendo muito prussiano. Os oficiais, por exemplo, não podiam comer na mesma mesa dos soldados. Era uma corrente autoritária, fascista-militar, baseada no atropelo do ser humano. O contrário exato da tradição fundada por Bolívar, do "Exército do Povo", da união entre povo e Exército.*

Além disso, naquele quartel eu era o único subtenente diplomado. Os outros oficiais, não. Então, o que havia era uma batalha de gerações. Lembro que, nos primeiros dias, eu andava pelo pátio com aquela potência de recém-diplomado comandando uns soldados do Batalhão antissubversivo de Caçadores, e um capitão gritou para mim com ironia, meio debochado: "Doutor!". Não dei confiança, continuei comandando minhas tropas. E ele: "Doutor Chávez!". E eu, nada. Ele, de novo: "Doutor!". Eu ouvia, os soldados também, e eu notava que os soldados estavam do meu lado. Comecei a saber o que era ganhar os soldados, os sargentos, a tropa, que eram povo, muitas vezes maltratados como subalternos pelo velho estilo de alguns oficiais.

Então, aquele capitão se aproximou de mim e finalmente me disse: "Subtenente Chávez!". E eu dei meia-volta: "Às ordens, meu capitão!". Aquilo acabou virando motivo de discussão numa reunião de oficiais, e na presença do comandante. Eu exigi uma explicação: "Peço licença para falar, meu comandante". "Sente-se, tenente", respondeu ele. Mas eu insisti. "Sente-se, tenente!", ordenou de novo. "Meu comandante, não posso ficar calado", repliquei. "Ah!, bom" — disse o comandante — "o senhor parece um advogado, se enganou de carreira". Mas, no final, acabei conquistando o comandante, que no fundo estava de acordo comigo.

O senhor recorda outros desentendimentos?

Ah, sim. Outro choque meu com o chamado "batismo". Fui levado a um bordel, onde um grupo de oficiais pediu uísque, rum e mulheres. Acabei, é claro, com uma mulher e bêbado. E então me "banharam"... O "batismo" consistia em me "banhar" com uma garrafa de rum e, no final, o que tinha sido "batizado" pagava a conta... Aquilo tudo era bastante patético. Costumes grosseiros, machistas, lamentáveis.

Quer dizer, uma espécie de trote de calouro.

Pois é, alguém inventou isso. Calculo que em outros lugares acontecia a mesma coisa. Mas eu me chocava, porque tinha uma percepção moral diferente. O Exército, na minha concepção, era outra coisa. Pérez Arcay sempre nos repetia: "Nunca deixe de ser cadete, do ponto de vista ético". Porque muitos escondem o código de honra, jogam fora assim que saem da Academia. A mesma coisa dizia o general Osorio, o diretor. Então, comecei rapidamente a entrar em choque por causa de bobagens. Essa fase — 1975, 1976, 1977 — foi, para mim, de muito vaivém no campo pessoal. Caí numa espécie de dilema existencial, uma incerteza: sigo a carreira militar, ou saio enquanto é tempo? Uma vez, eu disse a Cruz Guevara: "Vai ver é melhor decidir pedir a baixa e sair do Exército".

E o que ele aconselhou?

Disse que eu não podia sair, que era mais útil e importante continuar nas Forças Armadas. Ele me disse: "Olha aqui, Hugo, você, no Exército, vale mais que vinte sindicatos nas mãos da esquerda. Você não pode ir embora". Falei com meu pai, que também me disse: "Ir embora? Como?". Adán, a mesma coisa: "Você não pode sair. Você é, no Exército, um dos nossos". Mas eu dizia a eles: "Está bem, mas qual é o plano, o projeto? Vocês não têm plano algum. Então, o que é que eu vou ficar fazendo aqui?".

O senhor se sentia deprimido?

Muito. De repente, aquela vida de quartel começou a me aborrecer. Tudo era muito rotineiro. E, às vezes, absurdo. Por exemplo, eu estava proibido de jogar beisebol num time civil. Nunca entendi isso. Não cumpri a ordem, e me prenderam. Até que um dia eu disse ao comandante: "Meu comandante, me prendem porque jogo beisebol, mas os oficiais passam as noites no bordel da Guianesa, amanhecem lá, e isso é permitido. Não entendo". O comandante então, finalmente, me autorizou a jogar.

Mas havia atividade antiguerrilheira?

Muito pouca. Um dia, um 1º de dezembro, eu cheguei no batalhão e o major me disse: "Prepare-se, tenente. Amanhã, o senhor vai para Cutufí. Escolha 20 soldados...". Cutufí é na fronteira com a Colômbia. O conflito ali era incipiente, havia algumas presenças de grupos armados colombianos, mas nunca houve enfrentamentos. Sequestravam alguém, mas não era grande coisa. Não era minha vez de fazer aquela patrulha, eu já havia feito outra, mas no dia seguinte lá estava eu num caminhão M-35, rumo à fronteira.

Mandar o senhor foi uma espécie de sanção, de castigo?

Não, não foi uma sanção, o batalhão tinha que estar presente lá, com um pelotão, patrulhando permanentemente. A guerrilha colombiana já era uma presença... Mas não era a minha vez de ir.

Porque o senhor já tinha ido antes...

Isso. Eu já tinha ido, me mandaram de novo, mas fui satisfeito: saía da rotina. Reuni o pelotão, disse "Vamos lá!", e fomos. Chegamos na selva de Cutufí, nos instalamos numa aldeia chamada El Nula. No dia seguinte, houve um assalto a um armazém de secos e molhados e mataram uma pessoa. Acusaram a guerrilha. Lá fomos nós, rio abaixo, passamos uma semana pelo rio Sarare, chegamos quase até Guasdualito, patrulhando. Fizemos um acampamento e passamos o Natal naqueles montes. Muitos colombianos sem documentos e muita derrubada ilegal de árvores. A situação começava a ficar crítica naquele flanco da fronteira. Lá, peguei paludismo, voltei no dia 30 de dezembro com uma tremenda malária.

Naquela época, no dia 21 de dezembro de 1975, ocorreu algo espetacular e dramático, que ia impactar o mundo inteiro e que dizia respeito, duplamente, à Venezuela: a tomada de reféns, foram presos os ministros da Opep[30], entre eles o da Venezuela, por um comando pró-palestino, dirigido pelo venezuelano Ilich Ramírez Sánchez, o "Carlos". O senhor se lembra disso?

Sim, lembro muito bem. Essa notícia convulsionou a Venezuela inteira. Porque lá, em Viene, estava, entre os reféns, nosso ministro, Valentín Hernández Acosta[31]*, e porque logo se soube, como o senhor diz, que a ação tinha sido dirigida por "Carlos". Além do mais, aquilo tudo, se não me engano, se prolongou por vários dias, creio que, de Viena, o comando com os reféns foi para Argel, e depois Trípoli, e depois voltaram para Argel, onde os ministros foram libertados. Aqui, todas as emissoras de televisão e todos os meios de comunicação falavam desse assunto. O público não desgrudava dos noticiários.*

Mais tarde, em março de 1999, o senhor, que tinha acabado de tomar posse como presidente, mandou uma carta pessoal a "Carlos", que já estava preso num cárcere em Paris. E o senhor o tratou por "distinto compatriota". Isso surpreendeu muito, porque "Carlos" havia sido condenado por atos de terrorismo particularmente graves.[32]

Pois é, houve uma tremenda campanha venenosa contra mim, por causa dessa carta. Mas veja só, eu já tive oportunidade de me explicar sobre essa questão. Escrevi para ele respondendo a uma carta dele. Não me pronuncio sobre os atos que ele pudesse ter cometido, e que podem ter sido odiosos, terríveis. Ninguém ignora que sou contra a violência e contra o terrorismo. O que digo é que, como presidente da Venezuela, minha obrigação é me interessar pela situação dos venezuelanos encarcerados em qualquer lugar do mundo. Por solidariedade patriótica. Seja qual for o delito que tenham cometido, ou por mais reprováveis que sejam. Todos os países do mundo fazem isso. Os cônsules visitam os presos, prestam ajuda sem se pronunciar sobre o julgamento ou sobre a sentença. Por que nós não faríamos a mesma coisa com "Carlos"? É um ser humano condenado à prisão perpétua. Eu sei o que é estar numa prisão.

Mas o senhor, em 2009, o classificou de "lutador revolucionário"...

E é verdade. Ou ele não é? Ele assumiu a causa palestina, uma causa justa. Inclusive se tornou palestino, arriscou a vida pela Palestina. Lutou com a OLP (Organização de Liberação da Palestina), mas não era nenhum chefe. A responsabilidade não era dele. E, no entanto, está lá, pagando, num cárcere, condenado à prisão perpétua. A polícia francesa sequestrou-o no Sudão, enfiou-o num saco e levou-o para Paris. Foi assim que ele foi preso. E é assim que atua a Justiça. Repito: para mim, "Carlos" é um combatente. Obedeceu ordens.

Vamos voltar a Barinas. Quando o senhor regressou, já como subtenente, reencontrou seus amigos de sempre?

Sim, voltei aos meus círculos de amigos, mas aí eu já era um militar. Lembro que, um domingo, levei meus amigos para atirar. Eu estava de plantão no polígono de tiro do Forte Tabacare, e levei esses camaradas de esquerda — meu irmão Adán, Vladimir Ruiz e outros companheiros que vinham de Mérida, uns hippies *cabeludos — para dar tiros de fuzil.*

Isso era autorizado?

Claro que não, de jeito nenhum. Eu os convidei e disparamos alguns tiros. Ninguém ficou sabendo. O capitão era meu amigo. Naquela época, comecei uma relação intelectual mais próxima com o pai dos irmãos Ruiz, que se tornou, para mim, um professor influente, uma referência em matéria de moral, de política e de ideologia. Comecei a conversar de tudo com ele, de Bolívar, de Ezequiel Zamora, de Simón Rodríguez, da história da Venezuela. Em sua modesta biblioteca, eu costumava passar tardes inteiras lendo. Foi lá que eu li O contrato social, *de Jean-Jacques Rousseau, obra fundamental. O livro de Jorge Plejánov,* O papel do indivíduo na história[33], *ganhei de presente de Ruiz Guevara. Esse texto foi uma bússola, a consciência da liberdade do indivíduo. Daí tirei uma máxima para a vida inteira: é possível estar acorrentado numa masmorra, mas se você tiver consciência de que esse é o seu papel num processo superior de libertação, então sua consciência o fará livre. Entendi isso para sempre.*

Foi também quando o senhor conheceu sua primeira esposa, não é?

Realmente, uma coisa muito positiva foi que conheci Nancy Colmenares, em 1976. E me apaixonei por aquela moça de 18 anos.

Como se conheceram?

O nosso comandante, em Barinas, gostava de andar todo emperiquitado, vestido de branco, e a esposa dele gostava muito das coisas mundanas. E, além disso, a cada ano tinha a eleição de Miss Barinas. Então, com a experiência adquirida na Academia, comecei como mestre de cerimônia naqueles concursos. E foi assim que conheci Nancy, porque uma das candidatas a Miss era uma mocinha, Pilar, que era, com sua irmã Moraima, íntima amiga de Nancy. Eu gostei de Nancy imediatamente, era a mais bonita. A outra, Pilar, também era linda, mas já havia namorado, um tenente. A partir desse primeiro encontro, começamos um namoro. E eu me enamorei de Nancy tanto, que não tinha olhos para nenhuma outra mulher. A rejeição da minha mãe causou um conflito muito duro.

Sua mãe não estava de acordo?

Não. Ela não gostava daquela moça. Briguei com minha mãe, me rebelei e acabou se impondo — claro — minha livre decisão para o amor.

E para a política?

Bem, eu já andava muito motivado para a política. Ou seja, eu já era da Causa R. Meu amigo Vladimir era um dos líderes da Causa R, e nós nos encontrávamos sempre, em reuniões políticas no bar Noites da Hungria. Eu também ia muito a Mérida, que fica a três horas de distância, para me reunir com Adán. Íamos à Universidade, eu adorava me meter em La Hechicera[34]*, participava nas discussões políticas. Muitos não sabiam que eu era militar. Conforme eu contei, naquela época, entre 1975 e 1977, eu cheguei a pensar em sair do Exército e ir estudar...*

O senhor entrou num período de incertezas, de idas e voltas.

Pois é: de incertezas e de dúvidas. Eu sentia como a minha alma rangia de contradições, até que... Isso é, eu acho, muito importante: Ruiz Guevara estava investigando sobre Pedro Pérez Delgado.

O "Maisanta"?

Exato, o avô da minha mãe. Já falamos longamente dele. Mas o que eu quero dizer é que Ruiz Guevara era de Puerto Nutrias, nas margens do Apure, abaixo de Sabaneta, e essa história também interessava a ele. Que me perguntou: "Dizem por aí que sua mãe é neta daquele homem". E eu contei que, na minha infância, o tema era tabu, e que ele era chamado de "assassino". Então, ele me falou das lutas de classes dos começos do século XX: "A história é a história da luta de classes". E comecei a ler Marx e Engels, o Manifesto Comunista. *Ruiz Guevara não chegou jamais a escrever esse livro sobre "Maisanta", mas transmitiu muitos dados ao doutor José León Tapia, que não era historiador profissional, era médico. Eu o conheci naqueles anos.*

A primeira edição do livro de Tapia sobre "Maisanta" é do mês de agosto de 1974, quando eu ainda estava na Academia. Mas comprei o livro em Barinas, quando já era subtenente. Tapia é um pesquisador da vida, disso que chamam de história viva. E eu depois segui o seu exemplo.

Ou seja, o senhor também se pôs a pesquisar por conta própria.

Pois é, conforme contei: quis escrever um livro que não terminei nunca, acumulei anotações, gravações. Tudo perdido. O dr. Tapia havia recolhido coisas, mas seu relato era bastante romanceado. Eu queria fazer algo mais documental, mais etnográfico, mais respeitoso da história. E esse reencontro com o verdadeiro "Maisanta", como já contei, constituiu uma fonte muito poderosa para o impulso revolucionário que já fazia parte de mim. Foi como uma chispa.

E isso deu ao senhor um novo rumo?

Definitivamente. Encontrei meu caminho. Graças a essa pesquisa histórica levada a cabo com método e com rigor, soube de onde vinha e quem eu era. Fui inclusive ao Palácio de Miraflores várias vezes, em Caracas, anos mais tarde, quando trabalhei na Academia, já como tenente e, depois, como capitão. E me metia no Arquivo Histórico para tirar fotocópias de cartas, de velhos retratos, de documentos da época.

E essa documentação inteira foi perdida?

Pois é, se perdeu pelos caminhos. Vai ver, está tudo em alguma gaveta esquecida, e qualquer dia reaparece.

Vamos voltar à sua primeira experiência com a vida no quartel em Barinas. O senhor dizia que se aborrecia...

Muito. A ponto de ter pedido licença ao comandante para escrever uma coluna num jornal local, o El Espacio. *Entre outras razões, porque o chefe de redação era meu vizinho, o doutor Guédez Acevedo, e sua esposa Rafaela, já falei deles. Tinha muito boa relação com esse casal. Ele me estimulou a escrever. E o comandante estranhamente me autorizou. Ele me perguntou: "Como a sua coluna vai se chamar?". E juntos escolhemos: "Projeção Patriótico-cultural Cedeño". Era uma crônica semanal, saía às quintas-feiras, e começou a ser lida. Trazia o dia a dia do quartel.*

Falava apenas do quartel?

Do quartel e de história. Por exemplo: quem tinha sido Manuel Cedeño? Um grande soldado que morreu na batalha de Carabobo. Quando anunciaram a Bolívar "morreu o general Cedeño", ele exclamou: "Morreu um bravo entre os bravos da Colômbia". Também registrava as atividades dos soldados, do esporte, do polígono de tiros, da atividade cultural...

O que mais o senhor fez para escapar da rotina?

Eu me dediquei a captar candidatos para a Academia Militar.

Captar candidatos...?

Isso mesmo. Vou contar como. Quando eu era um recém-formado, nomearam um tenente meu amigo para ser "chefe de admissão à Academia". Era Pedro Salazar Monsalve, muito inteligente. Ele devia encontrar aspirantes a entrar na Academia. E ele, lá de Caracas, me designou...

Captador local...

Exatamente. Foi o que ele propôs ao general da Academia. E o general transmitiu a proposta à direção de pessoal do Exército, cujos escritórios estavam lá mesmo. E dali saiu a decisão oficial de me designar. Em cada guarnição nomeavam um "chefe de captação".

Salazar Monsalve conhecia algumas das minhas habilidades de oratória. E me disse: "Tome conta disso. Aqui estão os folhetos de admissão". E eu levei muito a sério. Sempre levei as coisas a sério. E eu saía jogando com vantagem, porque conhecia Barinas muito bem. Fui até a oficina do "Tripa" — um amigo, jogador de beisebol e mecânico — e disse a ele: "Lá no batalhão tem um ônibus velho, que está com o motor fundido, precisa de conserto". O batalhão não tinha recursos. E o "Tripa", sem me cobrar um centavo, arrumou o motor.

O mandachuva de esportes em Barinas era o velho Agustín Tovar, até puseram recentemente o nome dele no estádio local de futebol. Eu o conhecia bem. E disse a ele: "Lá no batalhão, tem uns 300 soldados que querem fazer esporte". E ele me respondeu: "Muito bem, vamos integrar o batalhão na cidade e todos farão esporte". Então, eu disse: "Tenho um ônibus que anda precisando de pneus". Pois ele me conseguiu os cinco pneus, contando o estepe, e o ônibus ficou como novo. Tive a sorte de um grupo de soldados serem bons jogadores de beisebol, e formamos um bom time.

Mas o estádio, lá no Forte Tabacare, não servia para nada. Tornei a me dirigir a Agustín Tovar, que conseguiu os recursos para a reforma. Eu levava aos soldados a umas savanas bonitas, para arrancar mudas de grama. Buscamos areia vermelha no rio, pusemos tudo lá. Os técnicos do IND — o Instituto Nacional de Deportos — me ajudaram, estabeleceram as medidas, fizeram todas as marcações. E aquilo acabou custando muito pouco, uns dois mil bolívares. Eles pagaram tudo. E o estádio de beisebol ficou maravilhoso! O comandante não conseguia sair de seu assombro.

Dá para entender: o ônibus, o estádio, o time...

É que, além disso, comecei a fazer conferências de recrutamento por todos os colégios do Estado de Barinas, inclusive no O'Leary, onde eu havia me formado. Lembro que quando cheguei lá para fazer a conferência, encontrei uma antiga namorada, Irene Rosales, muito bonita, que ainda estava no quinto ano, porque tinha se casado, se divorciou e voltou ao colégio para estudar. Eu vi Irene e a convidei para tomar um café.

Mas, não é que o senhor estava "apaixonadíssimo" pela Nancy, e nenhuma outra mulher existia?

Não, naquele momento eu ainda não conhecia a Nancy! Depois a Nancy chegou, e tudo se acabou... (ele ri)

Ah!, desculpe. Então, voltando: foi lançada uma campanha para recrutar candidatos à Academia Militar. Foi isso?

Foi. Uma campanha muito sistemática. Fui a todos os colégios do estado, inclusive as escolas privadas. Levava uns slides. *E os garotos faziam perguntas, preenchiam formulários. Na verdade, fiz uma campanha motivacional. E também pela rádio: eu ia à Rádio Barinas, à Continental... Tinha entrada nesses lugares, conhecia quase todos os locutores. Bem, o senhor sabe quantos rapazes conseguimos levar até a Academia naquele ano? Mais de 50.*

Um êxito...

Sem a menor dúvida. Minha ideia era também estabelecer, graças aos meus contatos pessoais, uma relação mais rica entre o quartel e a cidade, uma ilustração do quão importante poderia ser uma união civil-militar. Por exemplo, organizei um núcleo agropecuário com a ajuda do meu irmão Narciso, com formação de perito agropecuário, e que trabalhava no Inagro (Instituto Nacional de Agropecuária). Pedi a ele que desse aulas de graça aos soldados. De repente, o comandante começou a ver que estavam plantando tomate, milho, um montão de legumes num terreno ocioso atrás do quartel. Criavam coelhos. Nacho trouxe um trator e começou a limpar e arar. Um dia, eu disse ao comandante: "Vamos fazer uma cerimônia de entrega de uns diplominhas aos soldados, e eu gostaria que o senhor presidisse o ato". Pois ele presidiu e entregou um diploma com o nome dele mesmo, assinado pelo diretor do Inagro. Ou seja, aproveitei meus contatos ao máximo, para levar o quartel até a cidade.

De certa forma, o senhor antecipava o que seria, logo depois da sua eleição, o Plano Bolívar. Foi assim?

Foi, foi um pequeno Plano Bolívar 2000[35]*. Um embrião, porque eu tinha, da relação que deve existir entre os soldados e o povo, um conceito muito diferente daquele que, na época, imperava no nosso Exército. Eu me inspirava na grande tradição de Bolívar e de Zamora, e também no que tinham feito Velasco Alvarado no Peru e Omar Torrijos no Panamá: uma cooperação entre militares e povo, unidos para o desenvolvimento. Mas o senhor tem razão, em certa medida, é verdade, comecei a pôr em prática o que, depois da nossa chegada ao poder em 1999, chamamos de "Plano Bolívar": missões sociais dos militares nos bairros. Dar outra imagem aos soldados, diferente daquela que as pessoas tinham, e que era a repressão, os golpes, o autoritarismo. Mostrar que os militares também declaravam guerra à pobreza, à doença, à fome.*

Como os outros oficiais viam o senhor? Com uma certa inveja?

Não, não. Éramos excelentes companheiros. Alguns até ajudavam. Outra coisa que fizemos, esta vez a favor dos militares, foi um plano de alfabetização. Meu pai era diretor do grupo escolar "24 de Junho", e minha mãe dava aulas lá, de educação de adultos, à noite. Com sua ajuda começamos um plano de alfabetização dos soldados.

Havia soldados analfabetos?

Muitos. Havia um terrível analfabetismo. A maioria dos soldados vinha do campo, do interior, e era analfabeta, ou no máximo tinha o primeiro, ou o segundo ano. Muito poucos chegaram ao sexto ano. Um que fosse formado no segundo grau era uma estrela de Belém. Era preciso ensinar a escrever à máquina. Outra coisa que fiz, foi dar conferências de história no colégio de Barinas. Os professores me conheciam. Meu pai também me convidou para ir ao seu grupo escolar, falar com os meninos sobre Bolívar, sobre a história da Venezuela, e eu ia, com muito orgulho.

Vestindo o uniforme?

Claro. Sempre com o uniforme.

O senhor organizou outras atividades?

Bem... organizei uma eleição de Miss. Como a da Academia, seguindo o mesmo esquema do Miss Venezuela que a gente via na televisão. As candidatas se apresentavam uma a uma. Eram julgadas não apenas pelo físico, pelo corpo, mas também pela mente, pela cultura. Num envelope fechado era colocada uma pergunta. A candidata escolhia o envelope, eu abria. "Senhorita Petra Pérez, aqui está a pergunta:..." Era sempre muito fácil. Ainda assim, de certa feita, em Elorza, eu já era capitão — estou falando de 15 anos depois, porque eu organizava, em tudo que é lugar em que estive, a eleição da Rainha da cidade, com a mesma mecânica, no meio do pessoal, na rua, puro povaréu, camponeses a cavalo, em lombo de mula. Pois naquela vez fiquei até envergonhado. A pergunta sorteada pela moça mais bonita era muito fácil: "Quem foi o escritor que escreveu Doña Bárbara*?". Ora, estávamos justamente na praça Rómulo Gallegos, e a alguns metros do busto de Gallegos. Como a moça não respondia, comecei a ajudá-la, e fiz sinais na direção da estátua. Ela olhou para lá, e na mesma direção havia uma casa de palmeiras grandes, e estava um velhinho, dom Pepe, sentadinho. Ela olhou, olhou, e sapecou: "Claro! Dom Pepe!". (e ele ri)*

Quanto tempo o senhor ficou no quartel de Barinas?

De setembro de 1975 a maio de 1977. Houve uma retomada guerrilheira no Oriente, e o Exército tomou uma decisão: nos mandaram para Cumaná. E isso teve influência na minha vida.

Por quê?

Porque em Barinas estava Nancy, meu amor... Regressei depois de um mês, de licença, e Nancy e eu estávamos desesperados. Decidi ir até a casa dela, falar com sua mãe, e pedir permissão para levá-la comigo.

Levar Nancy? Para Cumaná?

Pois é. Gosto muito dessa velhinha, Rosa Luciani de Colmenares, a mãe, mas essa história provocou uma explosão naquela casa humilde.

Por quê?

Eu estava rompendo todos os códigos. Até nisso eu era rebelde. Tive a ousadia de ir pedir Nancy não em casamento, mas para levá-la comigo. A mãe caiu no choro. Nancy queria ir. Seu irmão Carlitos ficou bravo, tivemos um duro embate de palavras. Chamaram o irmão maior, Rafael, que estava de acordo com a gente: "Hugo é responsável, vai tomar conta da moça". Eu assegurei a eles que Nancy continuaria a estudar. Consultaram também a irmã, Miriam, que em paz descanse... "Pois se os dois gostam um do outro...", disse ela. E então chamaram o pai, que eu quase não conhecia, dom Darío Colmenares, que já morreu. Ele trabalhava no Instituto Público de Saúde, de luta contra a malária... Enfim: levei a moça, ou seja, levei minha mulher...

Mas vocês não estavam casados... Os seus pais estavam de acordo?

Os meus?

Sim, os seus...

Bom, eu já contei que minha mãe, não, mas eu me rebelei e ela acabou tendo de entender que quando o amor bate na porta... Meu pai estava de acordo, até aceitou que eu levasse o carro dele comigo. Em compensação, deixei meu Volkswagen vermelho, bem bonito, que o comandante Estrella tinha me vendido, e que tinha rodas de magnésio. Como Cumaná ficava tão longe, decidimos trocar nossos automóveis. O meu pai não viajava quase nunca e ficou com o Volkswagen, e eu levei o carro dele, um Dodge Dart que durou muitos anos. Nancy e eu estávamos muito apaixonados. E lá fomos nós para Cumaná, para começar outra etapa da minha vida.

Capítulo 8

Em Cumaná

Clandestino com Nancy • Operações de contra-insurgência
Diário de campanha • Irá para a guerrilha?
A importância das comunicações • Sair do Exército?
Citando Che Guevara • Emboscada covarde
Uma guerrilha desconectada do povo
O Exército de Libertação do Povo Venezuelano
Uma operação encoberta de inteligência
Pensando na união civil-militar • Um filho ilegítimo?
Lendo Lenin • Jesús Urdaneta
Violência e ética • Militares verdugos • Generais corruptos

Cumaná era uma cidade de quantos habitantes?

Naquele tempo, Cumaná, no Estado de Sucre, no Oriente do país, devia ter umas 40 ou 50 mil almas, era uma cidade muito tradicional, das mais antigas do continente, na beira do Caribe, diante da península de Araya. É a cidade natal do general Sucre, e desde sempre terra guerrilheira por excelência. Quando Bolívar foi derrotado no Centro, vencido no Ocidente, com Cartagena das Índias tomada pelos espanhóis que dominavam o arco Caribe-Pacífico inteiro, até o Panamá, o Libertador veio do Haiti até Cumaná, passando pela ilha Margarita, e nunca os espanhóis puderam controlar essa cidade. É terra inquieta, terra rebelde. Nos anos 1960 e 1970, andava por lá a Frente Guerrilheira "Antonio José de Sucre"[1], e o nosso batalhão ia atrás de seus últimos vestígios.

Quem o senhor conhecia em Cumaná?

Quase ninguém, mas comecei a fazer amigos. Eu me encontrei com o negro Reyes, de Barinas, que era sargento técnico, e com o tenente Brito Valerio, outro bom amigo. Certa noite, vimos que as luzes do estádio de beisebol estavam acesas, e entramos. Descobri que quem estava jogando era Argenis Bastidas, um rapaz da minha idade, também de Barinas. Tinha participado do Mundial de beisebol. Esperei que o jogo terminasse e fui cumprimentá-lo. Naquela mesma noite, ele nos convidou para ir à sua casa, nos apresentou a sua senhora, tomamos umas cervejas. E por intermédio dele comecei a fazer amigos, principalmente esportistas e gente do meio. Ele me conseguiu uma oportunidade, na Universidade do

Oriente (a UDO), em maio e junho de 1977, e comecei a jogar beisebol, a fazer amigos, conhecer gente nova.

O senhor não tinha contatos políticos?

Não. Eu já estava longe dos meus círculos políticos. Mas conversava com Argenis, que era essencialmente um esportista, trabalhava no Conselho Municipal, uma espécie de câmara de vereadores, e estava longe de ser um homem de esquerda. Mas descobri que no time da Universidade do Oriente havia gente de esquerda.

E no quartel de Cumaná, o senhor encontrou algum oficial de esquerda?

Não. Eu estava numa unidade de contra-insurgência, e isso e a esquerda eram como água e óleo. Além disso, eu era o mais novo. Com o tenente Brito Valerio eu conversava algumas coisas, mas nada comprometedor. Lembre-se que eu ainda estava no período de...

De incerteza?

Isso, de incertezas, de idas e voltas. Um dilema existencial.

O senhor continuava pensando em sair do Exército?

Eu questionava tudo, e me sentia cada vez mais de esquerda, mais atraído pelo movimento revolucionário. Lia livros. Naquela época, perto de um posto militar antiguerrilheiro, no porta-malas de um velho Mercedes negro, todo destrambelhado e baleado, que estava fazia anos esquecido e coberto de pó no meio de uns arbustos, e que havia pertencido a alguns enlaces da guerrilha, descobri uma pilha de livros marxistas em muito mal estado. Um verdadeiro tesouro! Guardei, consertei e li todos eles.

O senhor se lembra de algum título?

Lembro sim. Ainda tenho alguns. Havia, por exemplo, O imperialismo, fase superior do capitalismo, *do grande Lenin, uma obra clássica, fundamental, mas que me interessou menos que* A estrutura econômica da Venezuela colonial, *do professor Federico Brito Figueroa*[2]*, um autor que depois publicaria outro livro considerável,* Tempo de Ezequiel Zamora. *Textos que me influenciaram enormemente.*

Essas leituras ajudaram o senhor a sair da incerteza?

Não, não. O que aconteceu foi que a onda me pegou de novo, uma linha próxima da loucura. Em Cumaná, também pensei em dar baixa, sair do Exército. Lembro que quando me mandaram para a fronteira com a Colômbia, em Cutufí, eu tinha escrito algumas observações: "Esta zona é ideal para a guerra de guerrilha" — escrevi pensando em mim como guerrilheiro, e não como antiguerrilheiro... — "Se fosse para abrir uma frente guerrilheira, esta zona é ideal pelos seu rios, seus bosques, sua selva...". Mas a guerrilha já estava derrotada, política, social e militarmente, e achei que era uma loucura. Mesmo assim, no Oriente, onde restavam focos guerrilheiros e a frente estava aberta, e onde eu tinha acesso à informação de inteligência, comecei de novo a matutar: "Eu bem que podia entrar na guerrilha".

Mas o senhor realmente tinha a tentação de passar para o outro lado?

Tinha, claro, muito. O freio mais poderoso era Nancy, uma responsabilidade... Teria sido uma loucura.

O senhor não queria abandoná-la...

Não, não queria. Esse talvez tenha sido o fator determinante, o amor.

Nancy morava com o senhor no quartel de Cumaná?

Não, era proibido. Para morar juntos no quartel, era preciso ser casado.

E o senhor não tinha casado...

Não. Por isso começaram as dificuldades.

Que dificuldade?

Quando cheguei a Cumaná com Nancy, Argenis conseguiu um hotel para nós. E no hotel vivíamos como marido e mulher, mas era caro demais. Aguentamos uma semana. Até que um dia... Vou contar: havia um capitão, Piñero Moreno, que gostava muito de mim, e que conhecia Nancy lá de Barinas. Uma vez, a esposa dele veio de San Cristóbal para visitá-lo. Os dois se hospedaram justamente naquele hotel, e me viram com Nancy. O capitão veio nos cumprimentar, e perguntou: "Quando foi que Nancy chegou?". Eu nunca soube mentir, sempre custa muito para mim, só consigo quando é preciso esconder alguma coisa. E contei tudo para ele. O capitão me perguntou onde estávamos morando. "Aqui no hotel." Preocupado, ele me perguntou se tínhamos casado escondido. É que isso era proibido. Se um oficial casava escondido, era preso. Tinha de pedir licença, mandar uma foto da moça, explicar quem era, uma série de formalidades... O capitão disse para mim: "Não se preocupe, Chávez, eu vou manter isso em segredo".

Mas o senhor não dormia no quartel?

Não, só quando estava de plantão. Mas, claro, todos os oficiais dormiam lá, principalmente os que não tinham família. Por isso, era estranho que eu não dormisse no quartel. Passados uns dias, eu disse ao capitão: "Estou economicamente quebrado". O meu soldo não dava. Perguntei a ele: "O que o senhor me aconselha? Não tenho onde pôr Nancy". E ele me responde: "Acabam de me dar uma residência aqui na guarnição, um apartamentinho, e tem um quarto vazio.

Estou me mudando para lá, traz a Nancy, a gente diz que ela é uma prima da esposa". Mudamo-nos depressa, mas eu tinha que entrar e sair escondido daquele edifício. Estava rompendo um código... E como o comandante também morava naquele edifício, acabou sabendo. Fui chamado, e ele mandou que eu saísse de lá: "O senhor não pode manter uma mulher aí!". E eu respondi: "Mas é a minha mulher, meu comandante!". Ele ficou vermelho, furioso. O capitão Piñero Moreno também levou, acabou sendo preso. Fiquei com muita vergonha. No fim, consegui outro apartamento mais barato, numa espécie de pensão, e fomos morar lá. Eu morava com a Nancy, mas não podia levá-la ao quartel, nem a cantina militar, que era como uma espécie de clube...

Só se casasse?

Só se casasse. E isso me criou muitas dificuldades, apesar de ser um oficial trabalhador e responsável. Se tivesse sido um irresponsável ou um preguiçoso, teriam me triturado... Antes desse problema, eu contava com uma espécie de proteção, e tinha bons cúmplices, até alguns superiores, capitães e tenentes, que entendiam minha situação e me ajudavam, alguns até me emprestavam dinheiro. Meu soldo era muito baixo, e ainda me faltava um ano e meio como subtenente, até ser promovido a tenente.

Em termos de poder aquisitivo, o que representaria, hoje, o seu salário daquele tempo?

Era muito pouco. Não sei fazer essa comparação, em termos de poder aquisitivo, com o que seria hoje, mas era um soldo ridículo.

Dava para, por exemplo, manter uma família?

De jeito nenhum. O de subtenente, não. E a verdade é que, naquele mundo tão formal, eu me transformei num empesteado.

Por ter quebrado a norma?

Pois é, eu estava fora de ordem, mas muito apaixonado. E então decidiram, um belo dia, me mandar de manobras por vários meses — setembro, outubro e novembro de 1977 —, e Nancy ficou em Cumaná.

Vários meses?

É, vários meses. Era assim: você ficava fora 40 dias, voltava, ficava três ou quatro, e ia de novo para as operações.

Como eram essas operações?

Estava havendo uma retomada guerrilheira. Eram os últimos redutos de uma guerrilha criada pela Bandeira Vermelha que não havia aceitado a proposta de pacificação feita pelo ex-presidente Rafael Caldera (1969-1974). O novo presidente, desde 1974, era Carlos Andrés Pérez. Ele tinha sido ministro do Interior (de 1959 a 1964) de Rómulo Betancourt, e era um homem de mão dura, adepto da linha intransigente: "Disparem primeiro, perguntem depois". "Desaparecer" gente, torturar gente... Houve muita repressão e "guerra suja". O ministro Henry López Cisco[3] *era, naquela época, chefe de operações da DISIP, a Direção dos Serviços de Inteligência e Prevenção*[4]. *E havia também cubanos...*

Na guerrilha?

Não, não!, eram os terroristas cubanos, anticastristas, a serviço da CIA, como Orlando Bosch e Luis Posada Carriles[5], *que ocupavam cargos de chefia na DISIP. Posada Carriles era, nada mais, nada menos, que chefe dos Comandos Operacionais da DISIP. E também havia assessores militares israelitas. Eu os vi. Bosch, Posada Carriles e seus comandos atuavam em operações com armas de guerra, de noite e de dia, sequestravam, torturavam, violentavam, matavam, incendiavam lavouras, aterrorizavam os camponeses... faziam de tudo! E dentro dessa linha de aniquilar os últimos redutos da guerrilha e apagá-los do mapa, o Exército decidiu, em setembro de 1977, mandar meu batalhão para que se somasse à guerra suja contra a guerrilha.*

O senhor era especialista em luta antiguerrilheira?

Não, não. Como eu disse, me formei em Comunicação. Usava um distintivo em meu uniforme: uma estrelinha e as bandeiras de comunicação. O oficial de comunicação tem relação direta de trabalho com o comandante de um batalhão. É o encarregado de todo sistema de comunicações táticas, cuida da central telefônica, dos rádios etc. Quando está numa operação militar, vai sempre ao lado do comandante. Naquele tempo, comunicação ainda não era uma arma dentro do Exército, era um simples serviço. Eu era chefe do pelotão de Transmissões no Batalhão de Caçadores "Manuel Cedeño", do qual já falei, e com o qual me desloquei até Cumaná.

Um batalhão são cem homens?

Não, não, um batalhão de caçadores é integrado por 320 a 330 efetivos. Cem homens formam uma companhia, um batalhão tem três companhias.

E essas operações contra-insurgência, onde eram levadas a cabo?

Nosso acampamento de operações estava em Hato Las Flores, perto de Barcelona, capital do Estado de Anzoátegui, uns 20 quilômetros ao sul. Lembro disso muito bem porque, revisando alguns documentos, encontrei este outro diário, que essa mesma amiga, Herma Marksman, conservou e transcreveu à máquina. Tem como título Operaçao de Guerrilha, outubro-novembro 1977.

Como o Che, um *Diário de campanha*...

Bem, não dá para comparar... Eu tinha esse costume desde a Academia. Lembra que eu falei disso? Mas, veja bem, o original desse Diário estava escrito à mão, de punho e letra. Se me permitir, vou ler um pedaço. Não é muito longo: "Sexta-feira, 21 de outubro de 1977. Montamos acampamento, comunicações, rancho, chuveiros, latrinas, primeiros socorros. É indispensável formar equipe de trabalho com um chefe em cada equipe. Aqui carecemos de chefes com nível de tropa, os encarregados são os cabos que, salvo raras exceções, não sabem comandar. Nesta guerra estamos trabalhando muito mal, falta coordenação, faltam informações, falta experiência, falta mística. Muito importante é o assunto da alimentação, estabelecer a cota mínima para cada indivíduo e cuidar dela; que todos recebam a mesma coisa. Um bom chefe deve estar atento aos detalhes mais mínimos, deve estar em tudo. Presenciar um interrogatório, ouvir dos lábios de um rapaz que esteve lutando ao lado da guerrilha foi, esta noite, uma nova experiência. José Domingo Centeno, disse ser o seu nome, e seu nome de combate 'Rafael', esteve no assalto a Urica, um povoado lá do lado de lá, que eles conhecem e conhecem ele. Na oportunidades me pareceu sincero, mas tenho certeza de que tratou de confundir o comandante Carlos Barreto, da Divisão de Inteligência Militar (DIM). Foi levado para esperar seus companheiros. Como estará a minha negra? Cada dia me convenço mais de que a amo, a minha negra".

Nancy?

Sim, sim... Nancy Colmenares. Continuo lendo: "Enfim, a vida continua. Novas experiências. Esperar, esperar. Será que é isso que eu devo fazer?".

No dia seguinte, sábado, escrevi o seguinte: "É a primeira vez que estou numa operação de guerrilha, e portanto me propus a refrescar os conhecimentos teóricos que tenho, como diplomado em artes e ciências militares sobre este tipo tão peculiar de guerra idealizada por Mao Tsé-tung e Ernesto Che Guevara. Esta guerra começou na Venezuela há muitos anos, e desfila por ela uma grande quantidade de seres humanos de diversa índole, oficiais e soldados do Exército na sua maioria, guerrilheiros em sua minoria, ainda subsistem outras condições e sob outras circunstâncias. E aqui estou eu cumprindo um papel insignificante, embora pudesse tudo ser maior e mais produtivo".

O senhor pensava que poderia ser "maior e mais produtivo" na guerrilha?

Conforme eu disse, naqueles dias eu estava pensando de novo, é verdade, em ir para a guerrilha. Claro que não podia escrever isso. Andava pensando nessa loucura. Eu estava num posto de comando da guarnição do Batalhão Cedeño de Cumaná. Fazia seis meses que eu estava em Cumaná, desde maio. Tinha feito amizades, já contei isso...

Mas o senhor tinha algum contato com a guerrilha?

Bem, eu tinha contato com algumas pessoas que tinham contato com a guerrilha, mas nas cidades. Estudantes e até um professor da Universidade do Oriente, coisas assim.

Mas, disso, o senhor não falava em seu Diário, claro...

Claro que não, de jeito nenhum. Mas escrevia todos os dias. E falava da guerrilha. Escrevi, por exemplo, isto: "Tomado o povoado de Oricual por vinte homens armados às 23 horas do dia 23 de outubro de 1977, fizeram um comício e ficaram por lá umas duas horas". O tal "Oricual" era Orijuán, em Anzoátegui. "Estão presentes onde menos se espera. Morde e foge. Às três da manhã nos chegou a mensagem. Imediatamente, mobilização, marmitas de combate, caminhões, rádio, perseguição, agressividade. Resultado: negativo. Sumiram. Estas ações militares seletivas da guerrilha não estão destinadas a obter um triunfo verde-oliva, mas gerar processos crescentes de autodestruição, desgaste e perda de credibilidade contrarrevolucionária. De tarde, chegou aqui, no posto de comando, o capitão Manzanares com sua companhia."

Houve algum combate?

Na segunda-feira, 24 de outubro, houve um encontro sem feridos, todos conseguiram escapar. Eu, como oficial de comunicações daquele posto de comando, tinha dois rádios, e todas as mensagens chegavam a mim. E assim ficava sabendo de tudo, porque tinha que codificar ou decodificar as mensagens. Escrevi no meu Diário: "Todos conseguiram escapar. Escaparam do capitão Pérez González. O guerrilheiro, tendo o apoio das massas camponeses, será difícil de ser derrotado. O comandante viajou para Maturín, chegou com notícias novas, ordens do general, não do povo soberano. Faz anos que o general Zamora, 'Ezequielito', morreu, foi morto, foi enterrado, e com ele foi-se a revolução federal. Outro foi meu bisavô, o general Pedro Pérez Delgado, o 'Americano', o 'Maisanta', que também não conseguiu. De agora em diante somos o comando do Centro de Operações Táticas, e eu, o oficial de comunicações. Sinto falta da minha negra".

O senhor continuava pensando em Nancy.

Pois é: simplesmente o amor. O amor nos tempos de guerra. E também continuava escrevendo, só que um pouco mais explícito. Por exemplo: "Terça 25. Amanhã, vamos para San Mateo, mais ao sul. Ontem à noite, levei Manzanares ao seu ponto de partida rumo a Turimiquire, monte adentro, choveu a cântaros. O combate de ontem foi perto daqui, em Hato La Centella. Nossa tática é ruim, eu acho. Hoje, chegou o pelotão da incursão, os SWAT[6], com Parra Pereira, mas Piñero. A logística não veio, e com ele mandei uma carta para a minha morena. É positivo lançar operações perto da estrada bem selecionada, contas com veículos todo terreno. Um, dois Vietnãs na América Latina... Também não conseguiu".

É uma alusão ao Che Guevara, não é?

Veja só: eu já estava me definindo. Bem, no meu foro íntimo, estava definido, e além do mais me atrevia a escrever essas coisas. Era um caderninho que eu metia na minha bagagem de campanha, escondia ali, junto com alguns livros. Escrevi isto: "Um, dois Vietnãs na América Latina. Também não conseguiu. Bem-vinda seja a morte. Villa, Che, novos gritos, novas mãos. Também quem delirou sobre o Chimborazo deve ter sentido a sensação de ter arado o mar". Estou efetivamente falando de Bolívar e do Che. E olha só o que vem em seguida: "Não importa, não deu para ser aqui. Que regressem todos os que não conseguiram".

Ou seja: Ezequiel Zamora, "Maisanta", Pancho Villa, Zapata, Sandino, Che Guevara... Todos. Agora, olha só o que vem logo aqui. Eu escrevia todos os dias. E, a partir de um certo momento, a coisa esquentou ainda mais. Nós nos mudamos para uma cidadezinha muito bonita, San Mateo. E foi decidido que o posto de comando ficasse num parque onde se faziam exposições de gado. Eu critiquei muito, porque estava perto demais da cidadezinha.

E que importância isso podia ter?

Ora, a menos de 200 metros havia uma barreira eletromagnética, linhas de alta voltagem, e isso dificultava as comunicações. Era imperativo que mantivéssemos o contato de rádio com Maturín, que ficava a uns cem quilômetros, talvez mais, e com as três ou quatro outras companhias esparramadas. Tive uma discussão com o comandante quando estávamos em El Hato Las Flores. E um belo dia, me diz ele: "Chávez, temos ordens de nos mover para o sul. O senhor fique aqui, neste posto de mando, que vou com o tenente de inteligência, Graterol Cabrita, para buscar um lugar para nos situarmos mais ao sul". E eu respondi: "Meu comandante, o senhor que me desculpe, mas eu deveria ir nessa missão".

Por quê?

Porque a doutrina estabelece que o oficial de comunicações deve inspecionar o futuro posto de comando, para assegurar ao comandante as comunicações. Não se pode pôr um posto de comando numa cova profunda onde não cheguem as ondas de rádio, ou numa zona muito aberta, onde possam bombardear as antenas, por exemplo.

E o que o comandante disse ao senhor?

Ele me disse que não. Respondeu: "Do meu trabalho, sei eu, o senhor não tem como me ensinar". E ordenou que eu ficasse. Passaram-se três dias, e fomos do Hato Las Flores para San Mateo. Eles tinham se instalado na tal feira de gado, tinham energia elétrica, tinham instalado uma geladeirinha...

E não tomaram em conta a sua advertência.

Pois é. E quando chegamos e comecei a desembarcar meus apetrechos e meu rádio, a primeira coisa que vi, santa mãe!, foi a linha de alta tensão que vinha da represa do Guri[7] *e passava justo ali, a uns 50 metros...*

E isso é ruim?

Ruim, não: é péssimo. Porque engole o sinal eletromagnético. A força dessa energia de alta tensão distorce o rádio. E quando ligo o rádio, o que se ouvia era um 'pruuuummmmm'... Isso tem um nome: interferência elétrica. Relatei isso ao comandante. Ele respondeu: "Bom, veja aí como resolver isso, esse problema é seu". No final, pedi a ele: "Peço licença para ir para até aquele morro, a um quilômetro daqui".

Era para instalar o seu rádio lá?

Claro. Foi lá que eu instalei meu rádio, numa tenda de comunicações. Mas avisei: "O senhor sabe que eu, lá, com dez soldados que não são tropa de combate mas de comunicações, estamos correndo perigo de sermos atacados por uma esquadra guerrilheira, que nos assalte de noite e acabe com as comunicações. O senhor decide".

Fidel me contou que quando ele atacava um posto do Exército de Batista, a primeira coisa que fazia era destruir as comunicações...

Claro. Eu também li isso. Destruir as antenas, os rádios... Tudo isso eu registrei no meu Diário. E mais adiante, faço do apoio logístico, mas digo, veja bem: "Para um total de 324 homens, o batalhão é muita gente e pouca eficácia. Falta moral, falta consciência... Os soldados não sentem nem compreendem a razão de ser desta luta, simplesmente porque seus interesses, como classe social, não coincidem com os objetivos desta luta. A guerrilha, por sua vez, geralmente cumpre esses requisitos necessários para suportar sacrifícios, privações e solidões".

Lúcido. Que idade o senhor tinha?

Tinha acabado de fazer 23 anos.

O senhor tinha que escolher entre três opções: ficar no Exército, juntar-se à guerrilha, ou se consagrar a Nancy...

Esse amor pela Nancy era muito forte. Veja só o que escrevi: "Minha morena está bem longe. Se eu pudesse estar com ela, sentir seu calor, ser feliz com ela, que eu amo de verdade, é difícil viver sem ela". Eu gostei demais da Nancy. Olha só outra coisa que escrevi: "Pode ser que algum dia eu traga você comigo, morena, e você aprenda comigo e triunfe comigo ou morra comigo". Porque eu me dizia: como vou deixar Nancy? Vou é levá-la comigo.

Para onde? Para a guerrilha?

Era a minha grande tentação. No meu Diário, narro, a esse respeito, coisas operativas: "A guerrilha continua. Eles são veteranos. Gabriel Puerta, Andrés Cova, Carlos Betancourt, o velho Ruperto conhecem muito bem o terreno, têm apoio, mas uma grande desvantagem: estão divididos. União, união, ou a anarquia os devorará. Meu povo continua igual. Estamos na mesma. Meu povo passivo. Quem agitará a chama? É possível fazer um grande fogo". Era uma alusão a uma canção revolucionária que, naquele tempo, era muito ouvida. Fala de agitar a chama para fazer um fogo, mas a lenha estava molhada, não havia condições. "Maldito seja, quando haverá condições? Por que não criá-las? Os militares empunhando sua espada na defesa das garantias sociais, aí, talvez, esteja a esperança".

O senhor já tinha essa ideia...

Sim, sim, e nesse ponto expresso essa ideia com toda a clareza. Mas, além disso, naquele momento escrevi o seguinte: "Esta é uma guerra de anos, e nos dá a oportunidade de nos transformarmos no degrau mais alto da espécie humana".

Uma alusão à frase do Che Guevara, que define o revolucionário...[8]

Célebre frase. E acrescentei: "Tenho que fazer isso, ainda que me custe a própria vida. Não importa, mas sinto que nasci para isso. Até quando poderei ficar assim? Me sinto impotente, improdutivo, devo me preparar para atuar".

O senhor precisava tomar uma decisão...

Pois é, uma marcha sem volta. E é o que continuo sentindo até hoje, depois de 30 anos...

Mas o senhor não se juntou à guerrilha.

Eu tinha esse dilema. Depois, aconteceu uma coisa que derrubou definitivamente a ideia de ir para a guerrilha: uma emboscada, onde mataram mal matados sete soldados. Quer dizer, uma emboscada sem sentido. Eu vi aqueles rapazes, um deles praticamente morreu nos meus braços. Eram uns soldados camponeses, e mataram esses rapazes só por matar, sem nenhum sentido de guerra, sem nenhum objetivo.

A guerrilha?

Sim, sim. Mas cometeram muitos erros. Eu sabia porque, sendo oficial de comunicações, conhecia todas as mensagens. Chegavam em código, mas eu os decifrava.

Caíram numa emboscada?

Pois é. E essa emboscada me consternou, me desconcertou. Tanto assim que, durante aquelas operações, tive a ideia de conformar a primeira célula do ELPV (Exército de Libertação do Povo Venezuelano), que foi o embrião do EBR-200[9]

(Exército Bolivariano Revolucionário-200), com um grupo de soldados do meu pelotão de comunicações. Essa célula estava formada por quatro nomes: Mario Núñez Hidalgo, sargento; Agustín Moros, primeiro-cabo; José Rodríguez Toro, cabo; e Esteban Silva, soldado raso, o mais camponês, que acompanharam o seu líder.

O senhor os conhecia bem?

Claro que sim, eram meus soldados, dávamos a vida uns pelos outros. Todos eram camponeses, dos estados de Portuguesa, Barinas, Yaracuy... Até existe, veja só, uma história com esses soldados. Acontece que, depois do juramento, voltamos para a guarnição, e os três mais antigos, Núñez, Moro e Toro, iam dar de baixa por aqueles dias. Por isso, tiveram uma licença, e o sargento Núñez Hidalgo, um soldado extraordinariamente bom, voltou para o quartel atrasado. Tomou uma bebedeira, se enroscou com uma moça em Cumaná e não voltou. Passados dois dias, tivemos que ir buscá-lo. Faltava uma semana para que ele desse baixa... E então o enfiaram num calabouço, com uma sanção severa, e tomaram sua patente. Foi degradado, foi rebaixado. Tentei falar com o comandante, inutilmente: "É preciso dar o exemplo", me disse ele, "o senhor não deve defendê-lo". Com isso, a baixa de Núñez foi concedida não como sargento que era, mas como soldado raso. Ele foi embora chorando. Momentos antes de partir, eu sabia que iam entregar-lhe a carteira de identidade de militar. Porque quando um soldado vai embora, dão a ele um certificado de reservista, onde anotam seu posto e sua conduta, e isso pode ajudar a conseguir um bom emprego.

E, no caso dele, ao ter uma anotação negativa no documento, estava com a vida arruinada.

Exatamente. Aquele documento é como uma ficha de vida. Se anotam lá "conduta imprópria", você está perdido...

O senhor tinha como ajudar?

Tomei uma decisão. Eu sabia que, no escritório do capitão responsável pelo pessoal, estava toda a documentação. Foi assim que, certa noite, entrei lá que nem um ladrão. Agora posso contar, depois de 35 anos já não vão poder fazer nada comigo... Eu me levantei de madrugada, falei com um soldado que também era um dos nossos, era secretário daquele escritório e tinha as chaves, e com a sua cumplicidade abri a gaveta do capitão, tirei — claro que usei luvas, para não deixar pistas — a documentação de Núñez Hidalgo. Saí com ela, enterrei tudo no campo de beisebol, e fui dormir.

No dia seguinte, explodiu a confusão. "O prontuário do Núñez sumiu!", gritava o capitão. "Foi o Chávez!" Eu quase voei em cima dele, gritando: "O senhor está me ofendendo!". Parece que alguém tinha me visto naquela madrugada... Claro que neguei, neguei e neguei. Mas a verdade é que o Núñez saiu sem a documentação, sem a ficha, o prontuário. Alguns dias depois, desenterrei a papelada e, quando fui a Barinas, parei em Guanare, onde morava o Núñez, bati na porta, apareceu ele, um rapazinho vestindo shorts: "Pega aqui seu prontuário". Estava escrito: "Sargento do Exército Venezuelano", assinado por um general de brigada. Assim ele manteve a sua patente. As lágrimas saltavam de seus olhos...

O senhor tinha uma relação especial com sua tropa?

Sim, e sempre tive. Naquele quartel, várias vezes o capitão me chamou a atenção porque eu estava tocando música de Alí Primera no pátio ou no refeitório, quando estava de plantão. Eu havia comprado no IPSFA (Instituto de Previdência Social das Forças Armadas) um equipamento de som gigantesco, portátil, de bateria, de fitas, um daqueles bichos grandões dos anos 1970, e botava canções de protesto. Falava de Bolívar à tropa no café da manhã, no almoço e no jantar. E foi assim que eu ia conquistando a consciência dos soldados do meu pelotão.

E foi por isso que, com quatro deles, o senhor fundou aquele Exército de Libertação do Povo Venezuelano?

Pois é. Como disse, eu andava assim com um furacão por dentro, desesperado, queria fazer alguma coisa. Para dar uma ideia do meu estado de espírito, veja só o que escrevi no meu Diário, por exemplo, no dia 25 de outubro de 1977: "Vietnã, um e dois Vietnãs na América Latina. Venham, Bolívar, Che Guevara! Regressem! Pode ser aqui!". E mais adiante, escrevi: "Esta é uma guerra de anos, é preciso ir adiante ainda que nos custe a vida, não me importa, nasci para isso, enquanto estiver assim (...) me sentirei impotente, improdutivo, devo me preparar para agir". E foi assim que me decidi a passar à ação. Na noite de 28 de outubro, no Morro El Zamuro, propus para aquele cachinho de quatro soldados — Núñez Hidalgo, Moros, Toro e Silva — que formássemos uma "célula bolivariana". Fizemos um juramento, e constituímos, como já contei, a primeira célula do que chamamos de Exército Libertador do Povo Venezuelano — Eco, Lima, Papa, Vitor, no código alfabético (ELPV). E isso, em plena operação antiguerrilha...

Qual era o seu projeto?

A primeira coisa que fizemos foi enterrar umas granadas, para o que pudesse acontecer, caso fôssemos para as montanhas... Mas não tínhamos uma estratégia e um objetivo muito claros. Eu era um rebelde sem causa. Com o tempo, vejo aquilo tudo mais como um gesto quixotesco de protesto contra uma situação geral das coisas, do país...

Por que os senhores não foram para a montanha?

Devo confessar que, por sorte, um contato nosso falhou, um professor da Universidade de Cumaná que não apareceu num encontro marcado. Porque se aquele contato tivesse sido feito, eu teria me transformado em guerrilheiro. E isso teria sido uma verdadeira loucura, porque àquela altura, já não havia, na Venezuela, a menor condição para a guerrilha. Poucas semanas mais tarde, fui transferido para Maracay...

Depois da emboscada?

Foi. Lembro muito bem que foi depois, porque aquela emboscada, como eu já disse, mexeu de vez comigo.

Por quê?

Porque eu fiquei me perguntando que tipo de guerrilheiros eram esses que matavam simples soldados...

Camponeses pobres, gente modesta...

Sim, sim, mas além do mais, não foram mortos num enfrentamento. Os soldados iam num caminhão aberto, alguns dormiam... e foram massacrados. Eu tinha certa simpatia pelos guerrilheiros, mas quando vi os mortos... Eu estava no posto de comando em San Mateo, no Estado de Anzoátegui, e de vez em quando me mandavam até a cidade de Barcelona, onde há um posto logístico militar grande, para buscar mantimentos de combate e munição. Ficava a quase uma hora de San Mateo. No dia da emboscada, eu estava, por casualidade, em Barcelona, quando vi que aterrissavam helicópteros no pátio grande do quartel Pedro María Freites[10]. De um deles desceu o comandante De la Costa Parra, do Batalhão "Pedro Zaraza", que eu conhecia de algumas reuniões. Ele me viu e disse: "Venham! Ajudem a descer esses feridos!". Saímos correndo para socorrer os feridos, e vimos alguns mortos. Nunca esquecerei. Desci um soldado ferido, nos olhamos, agarrei-o, carreguei-o, um jorro de sangue... Ele me disse: "Não me deixe morrer!". Tratei de tranquilizá-lo: "Não, garoto, você não vai morrer". E saí voando. Mas ele morreu. Perguntei mais tarde, e me disseram que tinha sido atravessado por um tiro, sangrou até o fim...

Para o senhor, um impacto.

Tremendo. Muito. Quando todos foram embora, agarrei meu caminhão, meus dois ou três soldados, e fomos todos para o posto de comando. Eu me meti na tenda de comunicações e comecei a trocar mensagens. Depois, na solidão da noite, fiquei pensando, e perguntei a mim mesmo: "Que guerrilha é essa?".

O senhor tinha informação sobre a guerrilha?

A gente sabia que era gente do Frente Guerrilheiro Américo Silva[11], do Bandeira Vermelha, e pouco mais. Era a informação que a inteligência militar nos passava.

O senhor participava diretamente, no terreno de operações?

Não, como eu disse, era oficial de comunicações. É verdade que um dia pedi ao comandante: "Veja, quero participar de alguma operação". E ele, talvez para se livrar de mim, me mandou numa operação encoberta de inteligência, com o tenente Parra Pereira, cujo grupo de comandos de elite a gente chamava de SWAT. Chegamos a um povoado, onde o avô de uma guerrilheira estava morrendo, e a Inteligência queria saber se ela iria ou não visitá-lo. Se aparecesse, seria presa. O comando estava lá com um caminhão do MOP (Ministério de Obras Públicas), simulavam ser uma equipe civil, mas todos com suas pistolas. Havia outro caminhão parado nas redondezas, fingindo que consertava uma linha elétrica. O tenente Parra e eu estávamos na primeira linha, em contato visual com a casa onde o velho estava sendo velado. Eu rezava para a guerrilheira não aparecer, mas tinha que cumprir minha missão.

Contei isso no meu Diário: "Ontem à noite, saí para montar uma operação com Parra Pereira, foi o sábado 29 de outubro de 1977. É que o avô da guerrilheira Ciríaca Carvajal, natural deste povoado, está gravemente doente. Pensa o comandante que Ciríaca pode vir. Arleo e Urbina (eram tenentes ou subtenentes) saíram para montar velas ("montar velas" era uma operação de vigilância). Eu saí para o povoado com o grupo SWAT, todos vestidos de civil e num velho carro de Obras Públicas, do MOP. Íamos dez num caminhão e o "acidentamos". Depois nos dispersamos pelas embriagadas e buliçosas ruas da sexta-feira noturna de San Mateo. Compramos uma garrafa de rum, era preciso andar dentro das regras e das leis, em pura farra. Parra Pereira, com um "cuatro"[12], e eu cantando. Parecíamos um par de bebadinhos do povoado. Nos sentamos numa esquina, e nos pusemos a cantar "No basta rezar" (uma canção revolucionária de Alí Primera). Tinha muita gente na rua, na esquina, porque nessas cidadezinhas do interior, aos sábados, as pessoas, as famílias, mãe, avó, filhos, sentam-se na porta enquanto os jovens andam por aí, de bicicleta, ou caminhando. Começamos a canção que diz (canta): 'Não, nããão, não basta rezar/ fazem falta muitas coisas para conseguir a paz./ Quando o povo se levante e faça tudo mudar/ vocês dirão comigo: não basta rezar/ Não, nããão, não basta rezar/ e rezam de boa-fé e rezam de coração/ mas também reza o piloto quando entra no avião/ para ir bombardear as crianças no Vietnã/ Não, nããão, não basta rezar'" (Ouve-se, de repente, um galo cantar).

O galo também começou a cantar!

Viu só? Ele estava ouvindo... Estamos na mesma frequência... (O galo torna a cantar.) É o galo barítono. Sabe como ele se chama?

Llanero?

Não, não. O galo se chama Fidel (e ele ri).

Ah, agora entendo a cumplicidade!

Somos velhos cúmplices, cúmplices da montanha. Ele ficou calado a tarde inteira, percebeu? E de repente desanda a cantar, e além do mais, no mesmo tom que eu. O que é que houve, galinho? (O galo canta de novo.) Olha só, ele se soltou! (e ri). Bem, eu contava que as pessoas daquele povoado nos ouviram cantar, chegaram perto, nos aplaudiram, uma senhora veio nos oferecer café. As pessoas do Oriente são muito hospitaleiras, mas também muito inquietas. São pessoas de alma guerrilheira. Por isso a guerrilha durou um pouco mais por lá.

O senhor, mais tarde, chegou a conhecer alguns dos que estavam na guerrilha?

Sim, sim. Conheci Gabriel Puerta Aponte, mas já na prisão.

E Carlos Betancourt?

Carlos Betancourt era o outro. Mas estavam divididos, tinham sobrado uns 40 e nada mais. Então, 20, dirigidos por Puerta Aponte, fundaram a "Bandeira Vermelha". E os outros criaram a "Bandeira Vermelha Marxista-Leninista". (ri)

Vamos voltar à sua operação de inteligência. O que aconteceu quando terminaram de cantar?

Quando acabamos, qual foi a nossa surpresa ao ver que as pessoas da esquina se emocionaram a ponto de nos oferecer cigarros e de tudo. Tivemos que repetir a canção, nos pediram que cantássemos mais, e me larguei a cantar feito esse galo... (ri)

Estávamos a um quarteirão da casa de Ciríaca, porque nossa missão era vigiar a casa. E assim tive oportunidade de entrar em contato com as pessoas do lugar, gente simples, sincera, um terreno onde a amizade germina facilmente, sem nenhum tipo de interesse. Amanheci dormindo no caminhão, a Ciríaca não apareceu, e confirmei isso com certa alegria, ainda bem que ela não apareceu.

Quer dizer que naquela época havia mulheres na guerrilha?

Havia sim, aqui na Venezuela, sempre, e no mundo, houve mulheres na batalha. Essa era famosa, Ciríaca, a "negra Ciríaca", dizem que era muito bela e muito valente. Pelo que nos contavam, era, além do mais, muito hábil, e conseguiu entrar em unidades militares com mulheres que ela comandava. Arrancavam informação... Depois, quando foi descoberta, ela se mandou para a montanha. Mas, antes, chefiava um grupo de mulheres urbanas, das cidades, dos povoados. Até que ficou doente.

O senhor fala disso no seu Diário?

Falo, claro que sim. E também da necessidade de ter o apoio do povo. Escrevi, por exemplo: "É indispensável deixar o sentimentalismo, ou pelo menos, suas manifestações externas, se quisermos sobreviver a esta guerra. Outra coisa: o apoio do povo é indispensável, mas para consegui-lo é necessário ganhar e pois bem: quais são, atualmente, os interesses do povo? Terras, armas, missas, igualdade? A terra atualmente já não é o objetivo primordial do camponês. Por quê? Simplesmente porque o camponês já não está no campo, segundo o último censo.

Que censo?

Foi feito um recenseamento que demonstrou que 70% das pessoas que ficavam no campo eram anciãos. Ficavam lá amarrados pelo seu grande amor pela terra e pelo desejo de morrer debaixo do mesmo céu que as viu nascer. O resto foi embora para a cidade, atrás de dinheiro.

A guerrilha se movia por lá como peixe n'água?

Veja só: não. Pelo contrário. Percebi que a guerrilha estava totalmente desconectada da realidade social. E cheguei à conclusão de que já não tinha nenhum sentido. Nem a guerrilha velha, nem nenhuma guerrilha nova que eu pudesse criar.

Foi quando o senhor abandonou a ideia de criar uma guerrilha?

Exato. Pertindo dessa constatação, e pelo meu amor por Nancy, eu refreei tudo. Depois aconteceu a emboscada, os mortos... Aqueles guerrilheiros matando soldados humildes. Que causa pode justificar um crime desses? A partir daí, tranquei qualquer possibilidade de loucura que tinha dado em mim em Cutufí e em Cumaná e naquele período operacional antiguerrilheiro, de sair do Exército. Ou seja, minha incerteza diminuiu, optei por continuar na carreira militar e começar um processo revolucionário por dentro, já com a ideia de uma aliança civil-militar.

Em quem votavam os camponeses?

Veja só, havia algo que chamava a atenção: a maior parte dos camponeses, gente pobre, manipulada, votava nos adecos. A Ação Democrática dava quatro tijolos de presente, uma chapa de zinco, uns tostões, um saco de comida... Populismo. Mas talvez, no fundo, a culpa não fosse do povo, vítima da manipulação. A partir dali tive claro que havia um povo bom e nobre, mas manipulado. Por isso, no meu Diário, com certo pessimismo, escrevi: "Isto é o que sobrou do teu povo, Guaicaipuro, e do teu, José Leonardo (José Leonardo Chirino), isto é o que sobrou do teu povo, Miranda, e do teu, Bolívar, isto é o que sobrou do teu povo, Zamora, Negro Pérez, Arévalo Cedeño... Vamos, está na hora, e não de dormir".

Na verdade, o senhor escrevia um Diário de meditação política...

É verdade, um Diário político. Eu escrevia de noite. Gosto muito de escrever e fui narrando a operação na qual participei num posto de comando.

Quanto tempo o senhor passou nessas atividades antiguerrilheiras?

Conforme está escrito no Diário, do dia 20 de outubro de 1977 até quase dezembro. Essa é uma das razões pela quais tenho a mais absoluta certeza de que esse jovem (Salomón Fernández)[13] *que anda dizendo que é meu filho, não é. Até minha filha Rosinés, que tem 11 anos, me pediu que fizesse o exame de DNA. E eu expliquei a ela: se eu tivesse a menor dúvida, fazia. Mas não faço, porque, conforme o expediente científico que mandei procurar, o rapaz teria nascido no dia 13 de novembro de 1977, ou seja, quando eu me encontrava, conforme meu Diário demonstra, na luta contra a guerrilha. A mãe dele afirma que me conheceu quando eu trabalhava em Maracay, e que fomos namorados durante alguns meses, mas que depois me transferiram e ela nunca mais soube de mim. Diz que eu não fiquei sabendo que ela estava grávida, que andou me procurando por vários quartéis.*

O senhor não a conheceu?

Olha bem: eu passei o ano de 1977 inteiro na montanha. Desde que aquele ano começou, primeiro na fronteira com a Colômbia, e depois com esse batalhão de operações antiguerrilha...

O senhor tinha estado antes em Maracay?

Jamais. Eu fui a Maracay quando terminou essa operação militar, no fim de novembro, ou seja, quando esse rapaz já tinha nascido. Nós fomos relevados. Voltei das operações antiguerrilha para Cumaná no final de novembro de 1977. E então foi quando me anunciaram que eu estava sendo transferido para Maracay. Lembro que fui com Nancy. Nós já vivíamos juntos. Éramos casal, mas continuávamos sem estar casados. Comecei a assumir responsabilidades muito jovem, tinha 23 anos e ela, 20. Eu me apaixonei pela Nancy, e, conforme contei, como dizemos lá no Llano, "levei ela embora comigo". Juntos nos apresentamos em Maracay. Era a véspera do Natal, já havia festa. E um capitão, meu primeiro chefe lá, me confiou minha primeira tarefa em Maracay: que eu o ajudasse a preparar a ceia de Natal. Ele me conhecia desde que eu era cadete, e sabia que eu desenhava. Assim, recordo que passei aquele mês de dezembro desenhando enfeites de Natal para o batalhão. Esse rapaz (Salomón Fernández) havia nascido quase dois meses antes. A mãe dele diz que me conheceu antes, mas é impossível, a não ser que se possa engravidar a distância.

Bem, o único caso conhecido, segundo os Evangelhos, é o da Imaculada Conceição. Voltemos, porém, ao seu Diário.

Pois é, veja só: justo naquele 13 de novembro, escrevi: "É preciso ser exigente. É preciso exigir muito dos homens para obter pouco, conforme foi dito por Simón Bolívar. O bom chefe deve ser exigente e justo, não confiado e brincalhão, deve ser admirado e respeitado pela sua gente. Retomo essas anotações depois de quinze dias, às vezes não me sobra tempo, durante o dia tenho muitas ocupações...". É que a guerra continuava, nos deslocávamos para lugares diferentes. "De noite já estou cansado, por esses dias têm havido muitos movimentos, informações, esquadrinhamentos, velas, barreiras de policiamento desde que metralharam o posto do quilômetro 52". Isso aconteceu a uns 2 quilômetros de distância: havia um cruzamento da estrada com um posto da Guarda Nacional, que foi metralhado. "Os guerrilheiros optaram por se esconder, foram vistos em algum lugar, grafitaram uma ponte, comeram uma vaca, falaram com um capataz. Eu não estranharia em absoluto se nos fizessem uma surpresa entre hoje e amanhã. Nestes dias, o mais importante para mim foi a atividade realizada e as experiências adquiridas, a administração do dinheiro, cantina e refeições me ensinaram muito a fazer essas tarefas muito importantes para um líder." Fui nomeado chefe de administração de alimentos e da cantina dos soldados. "No campo das comunicações, também aprendi muito do aspecto prático. Entendi que não sei tudo do meu ramo." Bom, isso era lógico, eu estava começando.

Ou seja, o senhor estava adquirindo experiência...

Sim, estava, continuava observando e analisando as condições sob as quais se desenvolvia o processo histórico da luta de guerrilhas neste país. Eu carregava manuais, estudava e comparava com o que estava percebendo. E havia chegado à conclusão que o grupo Bandeira Vermelha, dirigido por Gabriel Puerta Aponte, estava enquadrado dentro do chamado "processo causal" da insurgência. O "processo causal" é a base de uma série de ações e de fases coordenadas para alcançar um objetivo final. Trata-se de realizar ações para desencadear eventos, catalisar a transformação das causas, e fazê-las passar de causas passivas a causas ativas.

Existem dentro do mais recôndito do espírito passivo do nosso povo desenganos, rancores, frustrações, cuja ansiada letargia manteve sepultadas as potencialidades revolucionárias dos filhos dos generais Bolívar, Sucre, Cedeño, Zamora e tantos outros, cujo sangue ainda fresco cai disperso ao longo de planícies, vales, selvas e montanhas da Venezuela, e suplica, ansioso, novos corpos e novos corações que saibam mantê-lo morno e vibrante até seu verdadeiro destino. Trata-se, então, de despertar essas causas, transformá-las num elemento inicial detonante para a reação em cadeia, que porá por terra todos os elementos adversos e concluirá com "tomar o céu em assalto", e o triunfo da revolução proletária.

Bela expressão: "tomar o céu em assalto". De quem é, que não me lembro? Será de Lenin?

Não, é de Karl Marx, uma referência à comuna de Paris[14]. Mas o que o senhor escreveu aí era muito explícito. Talvez até demais. O senhor não tinha medo de alguém ler e perguntar "o que é isso"?

Tinha. E entendi que tinha passado da linha. Por isso escrevi aqui a resposta a essa pergunta de algum investigador: "Considero indispensável para nós, os militares, colocar-nos nesse nível de meditação para conhecer a estratégia e, por conseguinte, a tática a ser usada pelo inimigo". É uma defesa que escrevi para enganar o adversário.

Como se fosse uma referência ao manual de contra-insurgência da Academia...

Correto. Porque neste Diário, o que registro, de fato, são informações, acima de tudo militares, das operações. O Diário se compunha de dois cadernos manuscritos. E diz aqui, no final: "O Diário continua em outro caderno". Mas esse segundo caderno se extraviou, e, com ele, informação valiosa. Eram dois cadernos, lembro direitinho, preenchi um e comecei o outro, que se perdeu. Oxalá apareça algum dia. Lembro que, já de regresso, no quartel de Cumaná, fiz uma revisão de tudo o que havia escrito, e acrescentei umas conclusões daquele período inteiro.

Seu Diário é também uma reflexão sobre a situação do país, as causas da guerrilha, o porquê da insurgência, a relação entre a guerrilha e a população, e sobre o Exército. De maneira global, o senhor é muito crítico com a maneira em que o Exército conduzia as operações militares.

Ao Exército faltava mística. Havia movimentos exagerados de tropas, ruidosos. Os chefes não estavam à altura. Mas eu tampouco idealizo a guerrilha. Critico. Aliás, critico os dois lados, as nossas forças e as forças guerrilheiras. Então, foi quando comecei a visualizar que existem outras vias. A via, por exemplo, que resume a frase de Bolívar sobre os militares empunhando sua espada. E é o que fizemos durante os 20 anos posteriores: trabalhar dentro do Exército, criando as células bolivarianas, e terminou sendo de importantes proporções. Sem dúvida, o "elemento detonante" de que falo neste Diário foi o dia 4 de fevereiro de 1992. Uma "ação detonante" já prevista por um jovem subtenente em 1977. Veja só como isso vem de longe.

Que livros o senhor lia naquela altura?

Eu estava lendo O que fazer?, *de Lenin, e, claro, o* Diário do Che na Bolívia.

O senhor informou a outros oficiais amigos que tinha sido criado o Exército de Libertação do Povo Venezuelano?

Tínhamos jurado guardar segredo, mas assumi o risco de confiar a um jovem oficial, dois anos mais velho que eu, llanero, da minha mesma graduação e que também manifestava ideias críticas, e com quem tinha feito amizade: Jesús Urdaneta Hernández[15]*. Contei a ele que tinha constituído esse grupo. Fui sincero. Me confessei decepcionado com a vida militar, e que estava pensando em ir embora do Exército.*

E o que Urdaneta disse?

Ele se mostrou interessado, me disse que deveríamos continuar a conversar. Que eu não devia sair das Forças Armadas. Respondi, então, que nós tínhamos que começar a pensar em criar um movimento dentro do próprio Exército. Nós dois estávamos de acordo com respeito à guerrilha, que não era nosso caminho, que não correspondia às nossas ideias. Passamos uma noite inteira falando de política, discutindo com grande excitação intelectual. Ali começou a surgir o que, 15 anos depois, desembocaria na rebelião do dia 4 de fevereiro de 1992.

Eu quero fazer duas perguntas: como o senhor explica que a guerrilha tenha se mantido naquela região, quando já havia desaparecido no resto do país? Além disso, como os guerrilheiros conseguiam sobreviver, se, conforme o senhor mesmo diz, estavam desconectados da realidade social?

Eram pequenos grupos, e estavam nas últimas.

Nas últimas?

Sim, aquela emboscada foi a última do período guerrilheiro venezuelano. Eu talvez tenha carregado nos braços o último soldado morto pela guerrilha venezuelana. Era simplesmente como uma árvore que está morrendo de morte natural, mas que ainda se mantém em pé.

O senhor qualificaria aquela guerrilha de "foquista"?

Bem, muitas daquelas experiências, em toda a América Latina, foram catalogadas como "foquistas". Porque se baseavam numa implantação, digamos, artificial, de um grupo armado em um território rural — de preferência abrupto e de difícil acesso nas montanhas —, a partir do qual eram lançadas operações militares, essencialmente emboscadas ou ataques a pequenos postos militares. Pensava-se em dinamizar, dessa maneira, a participação dos setores camponeses no processo. Isso teve êxito precisamente na Revolução Cubana. Mas não funcionou em nenhum outro lugar. O grande erro do "foquismo", na minha opinião, está essencialmente na falta de um trabalho prévio e sério da organização revolucionária com as massas populares do teatro de operações. Isso acabou sendo fatal, por exemplo, para Che Guevara, porque não teve tempo de fazer isso e de se articular melhor com as massas camponesas da Bolívia. Foi atacado muito depressa.

O que aconteceu com os guerrilheiros venezuelanos?

Em poucos anos aceitaram os termos do acordo de pacificação do governo. Um deles, seu chefe, Gabriel Puerta Aponte, está hoje, com seu grupo, na extrema-direita.

O senhor se refere ao Bandeira Vermelha?

Sim, Bandeira Vermelha, que se apresentava como a linha mais dura do marxismo-leninismo e tinha rompido com o MIR (Movimento da Esquerda Revolucionária, pela sigla em espanhol) por considerar que ele era "revisionista", mas que, na realidade, estava, desde sempre, infiltrada até o tutano. Puerta

Aponte era considerado um dos líderes de maior renome na Frente Guerrilheira do Oriente, e acabou apoiando o golpe de Estado contra nós no dia 11 de abril de 2002. Ainda é um líder, embora da Bandeira Vermelha não tenha sobrado quase nada. Agora, está na extrema-direita. E eu me pergunto: não terá sido sempre, ele mesmo, um infiltrado? Ou talvez tenha simplesmente se tornado um traidor. Hoje, ele e seu grupelho estão apoiando os candidatos da Ação Democrática, recebem dinheiro da embaixada dos Estados Unidos. Aqueles últimos vestígios dessa guerrilha eram grupos artificiais.

Podemos dizer que o senhor via aqueles grupos como uma espécie de necrose da guerrilha?

Sim, sim, algo já gangrenado, putrefato. O senhor me perguntava como conseguiam sobreviver. A informação que tínhamos na época é que viviam de roubar gado, de sequestrar algumas pessoas e cobrar resgate.

O senhor diria que se transformaram em foras da lei?

Bem, o termo depreciativo que se usava para eles era "bandoleiros". E realmente creio que, naquele momento, eram mais bandoleiros que guerrilheiros.

Muitas guerrilhas tiveram uma reputação heroica. E, mesmo assim — Che Guevara conta em seus diários — às vezes mataram soldados que eram parte do povo humilde. Por exemplo: no *Diário do Che na Bolívia*, vemos que os soldadinhos bolivianos são, em sua maioria, indígenas, pobres, e a guerrilha atira contra eles e, às vezes, mata. Não é essa uma constante na guerra de guerrilhas?

Pois é, poderia parecer uma contradição, mas se explica da seguinte maneira: como diz Gramsci, a sociedade civil burguesa assume as rédeas do Estado e daquilo que Gramsci chama de "sociedade política", dentro da qual estão as Forças Armadas, subordinadas ao Estado burguês. Mas as classes ricas não vão para o Exército, a não ser como oficiais. Por isso, a tropa está sempre formada por gente do povo, gente comum. Na América Latina é uma constante, os soldados da Bolívia são os índios bolivianos, os filhos do povo, os mais humildes. Na Venezuela é a mesma coisa. A classe dominante controla o poder militar, e utiliza as Forças Armadas para preservar seus interesses de classe.

Contra os interesses das classes populares.

Exato. A classe rica utiliza os pobres para frear os próprios pobres. Nós, na Venezuela, desde 1999 invertemos esse processo, aqui já não há mais soldados para defender os interesses das classes ricas. Por isso digo que o nosso é um exército revolucionário, e que a cada dia será mais revolucionário. Para alguns, isso faz com que alguma coisa se remova dentro deles, mas é assim: ou aceitam isso, ou vão embora. Não existe processo irreversível. Não podemos dizer que a Revolução

Bolivariana é irreversível. Mas, por enquanto, aqui estamos, para continuar empurrando para a frente, e para que não retroceda.

Entre aqueles soldados que eu vi mortos, e que enfrentaram a guerrilha venezuelana, não havia um único jovem das classes ricas defendendo os interesses da sua classe. Graças a um mecanismo de ideologização — ou melhor, de desideologização —, de lavagem cerebral, com os manuais antiguerrilha eram doutrinados os oficiais, a maior parte deles de classe média e média-baixa, ou diretamente classe baixa, e principalmente as tropas. Usavam os pobres contra os pobres. Por isso Bolívar dizia: "Maldito seja o soldado que aponte sua arma contra o seu povo". E, no entanto, nada disso justifica a forma em que aqueles guerrilheiros — alguns dos quais acabaram na extrema-direita — massacraram aqueles soldados.

Na sua opinião, a guerrilha deve se portar, na guerra, de acordo com certas leis de comportamento ético?

Exatamente. Ou então em que eles se diferenciam? Um revolucionário deve ter uma concepção ética do uso da violência. Não apenas respeitar, obviamente, os inocentes, mas ter uma moral elevada da guerra, exemplar, um comportamento inatacável com os prisioneiros, não recorrer jamais à tortura. Porque do lado do Exército torturavam, "despareciam", matavam sem julgamento.

O senhor, dentro das Forças Armadas, testemunhou isso?

De um lado e do outro houve excessos, como desgraçadamente há em todas as guerras. Mas um verdadeiro soldado deve tratar de manter a guerra no marco da ética. Para isso existem as Convenções de Genebra, o respeito aos direitos humanos... E, por sua vez, um revolucionário deve ser incapaz de torturar alguém, e muito menos matar ou mandar matar gente indefesa.

Para responder a sua pergunta, recordo que uma vez, quando eu estava em San Mateo, uma patrulha da DIM — Direção de Inteligência Militar — trouxe até o nosso acampamento uns homens presos, uns camponeses muito magrinhos. Eram acusados de ser guerrilheiros, e foram metidos num canto. De noite, comecei a ouvir ruídos, gritos, alaridos. Cheguei perto e vi que estavam sendo torturados, um velho coronel batia neles com um taco de beisebol forrado por um cobertor. Aquilo me escandalizou, armei uma bronca e me opus. Arranquei o taco das mãos dele. Pelo menos naquela noite, os camponeses se livraram da tortura. Mas no dia seguinte, quando perguntei, me disseram que os prisioneiros haviam sido levados. Poucos dias depois, chegou a informação de que tinham sido "suicidados"...

Eu não sabia que na Venezuela tinham sido cometidos crimes típicos das ditaduras latino-americanas da época. Isso era frequente?

Aqui, era impossível protestar de maneira pacífica. O regime reprimia usando tanto a violência mais aberta — tiros, golpes, gás lacrimogêneo etc. — como a violência oculta. Matava dissimulando, e assim foram liquidados muitos opositores. Um líder estudantil do bairro popular "23 de Janeiro", em Caracas, foi morto enquanto jogava basquete numa quadra ao ar livre. Disseram que foi vítima de um assalto. Dirigentes camponeses eram "desaparecidos", líderes políticos eram lançados de helicópteros ao mar...

Mas a Venezuela era uma democracia...

Claro. Formalmente, sem dúvida alguma. Mas, naqueles anos, as atrocidades cometidas pelos corpos de repressão do Estado eram semelhantes às que as ditaduras cometiam. Havia muita corrupção no Exército. Alguns anos antes, em 1965, já haviam "desaparecido" o Alberto Lovera[16]*, dirigente do Partido Comunista da Venezuela, cujo cadáver apareceu nas praias de Puerto La Cruz. Pouco depois, em junho de 1966, Fabricio Ojeda — eu falei dele — foi detido pelo Serviço de Inteligência das Forças Armadas, levado ao calabouço do Palácio Blanco, que fica em frente ao de Miraflores, e "suicidado". E em 1976, mataram a pauladas Jorge Rodríguez, o pai de Jorge*[17]*, que era o secretário-geral da Liga Socialista.*

Existia corrupção no Exército?

Naquele tempo, 99% dos generais eram corruptos. E quase todos — há honrosas exceções — viviam bêbados. A maioria dos ministros de Defesa eram designados pela gema, o miolo, dos partidos dominantes, a Ação Democrática e o Copei. Os comandantes do Exército, da Marinha, da Aviação e da Guarda Nacional eram nomeados pelas cúpulas dos partidos. Depois, vinha a cobrança: "Olha só, você é comandante do Exército graças a nós, chegou a hora de puxar a brasa para a nossa sardinha...". Muitos se comprometiam antes mesmo de serem nomeados. Alguns chegaram até mesmo a ter o carnê do partido político que ia governar. A Casa Militar[18] *estava a serviço das amantes do presidente da vez, ou a serviço de grandes burgueses. A residência presidencial na ilha La Orchila era o quê? Um bordel. E o Palácio de Miraflores? Um balcão de negócios. Era tamanho o descaramento, que três ministros da Defesa consecutivos, lembro bem, fugiram do país porque havia autos de prisão contra eles.*

Eram civis ou militares?

Militares, é claro, e haviam sido chefes do Exército. Houve o célebre caso Margold[19]*, por exemplo, de munições iugoslavas.*

Eles enriqueciam com o fornecimento...?

Pois é, com os abastecimentos militares ou fazendo negócios com a classe política. Tinham se apoderado do IPSFA (Instituto de Previsão Social da Força Armada Nacional) e utilizavam seus fundos financeiros para qualquer coisa. A corrupção generalizada do mundo político entrou no seio das Forças Armadas.

Muitos oficiais roubavam parte do orçamento e desviavam para seu uso pessoal equipamentos e abastecimentos destinados à tropa. Roubavam de mil maneiras. Alguns oficiais superiores se enriqueciam até mesmo com a comida da tropa. Eu pude constatar isso em vários dos quartéis onde estive. Eu denunciava isso, porque aquela imoralidade contrastava com os princípios e valores bolivarianos que tinham me inculcado na Academia. Eu me rebelava contra tanto cinismo e hipocrisia. Aquela corrupção toda era o resultado de uma crise política geral e de uma tremenda decomposição moral. Principalmente moral.

Assim, permitindo que alguns oficiais enriquecessem, os partidos políticos compravam a docilidade das Forças Armadas. Era isso?

Claro. Rómulo Betancourt, nos anos 1960, se propôs a acabar com as Forças Armadas, a partir desse ponto de vista moral.

Essa corrupção começou com Rómulo Betancourt?

Sobretudo a partir dessa época, quando Pérez Jiménez caiu em 1958, e ocorreram alguns fermentos revolucionários nas Forças Armadas: primeiro, o "trejismo", depois as duas rebeliões militares de esquerda: o "carupanazo" (maio de 1972), e o "porteñazo" (junho de 1962), seguidas de deserções de dezenas de oficiais de esquerda, ligados essencialmente ao Partido Comunista da Venezuela, que foram para as montanhas. Então, começou aqui um "maccarthysmo" caipira, uma perseguição dura e funda dentro das Forças Armadas. Betancourt usava uma frase: "É preciso manter os militares satisfeitos com os três 'c': cana, cobre (dinheiro) e cu". Transformaram os quartéis em bordéis e bebedeiras. Os melhores oficiais que conheci desde cadete, e depois nas guarnições militares, não chegavam nunca à patente de general.

Os postos já estavam ocupados?

Não, não. Só chegavam a essa patente suprema os adecos e copianos. Era preciso passar por humilhações no Congresso e se comprometer com os políticos. Era uma aberração. Eu ouvia os oficiais superiores dizendo "É preciso aprender a jogar dominó, jogando softbol ninguém é promovido". Um capitão, por exemplo, me disse: "É preciso saber fazer soar direito o tilintar do uísque". Ou seja, o que importava eram as reações sociais. Era preciso estar lado a lado com gente importante, aprender a queimar o peito fazendo churrascos... E ter o chamado "dom de mando": "Para onde mando o uísque?", "Tem um presente aqui, para onde mando?". A situação se resumia numa frase horrível, aceita por todos, apesar de que alguns de nós protestássemos em silêncio: "A carreira militar vai até a patente de tenente-coronel".

Quer dizer que, a partir daí, a decisão sobre promoções era puramente política?

Sim, sim, política. Agora, isso acabou. Ontem à noite, por exemplo, fiquei acordado até muito tarde, examinando as listas de promoções. Estão todas ali, para a patente de coronel, de capitão de fragata, general de brigada, contra-almirante, vice-almirante, general de divisão e até de general de quatro estrelas. E não tem nenhuma incidência partidária, e não ocorre a ninguém me mandar uma recomendação...

Mas se, por exemplo, tal oficial não for socialista, e se aquele outro não for revolucionário?

Não, não, de jeito nenhum. A única coisa que vale é o mérito, as qualificações, o desempenho no cargos atual. E, claro, a seriedade, o profissionalismo...

É difícil acreditar nisso...

Pois posso garantir que é assim. Não somos como a caricatura que nossos adversários fazem de nós. Aqui já não existe aquele partidarismo de antes. Quando eu era capitão, isto aqui era Sodoma e Gomorra. Um grupo de generais era chamado de "Blanca Ibáñez". Blanca Ibáñez era a amante do presidente Jaime Lusinchi (1984-1989), e ela decidia, revisava as listas de promoções...

Foi ela a dama que chegou a se vestir de general?

Pois é, essa senhora. Numa ocasião vestiu o uniforme, não era de general, acho que era só a jaqueta militar. Naquele tempo, eu estava na fronteira, não vi a foto, mas ouvi os comentários. Essa mulher tinha muito poder. Eu a conheci quando cheguei aqui no Palácio, no último ano do mandato de Lusinchi. Era uma mulher altiva, dura, todo mundo tinha muito medo dela. E eu a vi por esses corredores e em vários atos durante o ano de 1988. Lusinchi e ela foram embora em 1989, quando, pela segunda vez, Carlos Andrés Pérez assumiu.

Mas nós nos adiantamos muito. Proponho ao senhor que voltemos a Cumaná, no final dos anos 1970, quando termina minha estada naquela cidade e vou-me embora para Maracay.

Capítulo 9

Em Maracay

Vivendo em um ranchinho • O batalhão "Bravos de Apure"
Um discurso de Fidel • Casamento com Nancy • Douglas Bravo
Tanquista • O Movimento Ruptura • Hugo Trejo • William Izarra
Alfredo Maneiro • A fragmentação da esquerda
Fidel Castro e Cristina Maica • A canção protesta no quartel
Preso! • Um oficial progressista • Treinando recrutas
Leituras políticas • Cristo, revolucionário radical

Quando o senhor foi para Maracay?

No fim de 1977. Um dia, em Cumaná, eu estava de plantão no quartel e apareceu o tenente José María Morales Franco, que a gente chamava, na Academia Militar, de "Willy Mora". Falamos um tempinho e, ao se despedir, ele me perguntou: "Você, como eu, é de comunicações. Há quantos anos você está em Cumaná?". Respondi que estava ali fazia dois anos e meio. "E aí, como é que você está se sentindo? Quer ir embora?" E eu disse: "Na verdade, bem que eu queria, mas tenho de esperar até julho, para ver se me promovem a tenente...". E então ele, que andava louco para sair de Maracay, sair do batalhão "Bravos de Apure" onde estava sendo massacrado por conta das punições, me propôs: "Por que a gente não faz um intercâmbio direto? Você vai para Maracay, e eu vou para Cumaná". Eu respondi: "Acho difícil que eles aceitem, entre um tenente e um subtenente... É que não tenho nenhum tio general que ajude a gente". E então ele me disse: "Se você estiver de acordo, peço ao meu tio que consiga uma transferência direta". É que ele, sim, tinha um tio general...

O senhor o conhecia bem?

Muito. "Willy Mora" é um personagem. Há pouco, citei seu nome num Alô Presidente, *e três dias depois me disse o chefe da Casa Militar: "Willy Mora se hospedou no Círculo Militar. Diz ele que não vai pagar nada, porque o senhor mandou chamá-lo, e até que não seja atendido não vai sair de lá". Esse é "Willy Mora"...*

Um homem atrevido.

Quando éramos cadetes, uma vez ele cantou na inauguração dos Jogos Inter-Institutos, e acabou no calabouço. Se pôs a interpretar "Rosa, Rosa", uma canção de Sandro[1] cuja letra diz o seguinte: "Ai, Rosa, Rosa/ tão maravilhosa/ como branca deusa/ como flor formosa/ teu amor me condena/ à doce pena de sofrer... Ai, Rosa, Rosa, me dá tua boca/ essa fúria louca/ que meu amor provoca/ que me causa pranto/ por amar-te tanto, só a ti...". Pois ele dedicou a canção — com essa letra! — à esposa do general, uma senhora muito bela. Willy vestia uma capa azul — era da estudantina, o grupo coral dos cadetes — e no final, tirou a capa e atirou-a, feito um toureiro, aos pés da tal senhora. O general, um desses andinos que não ri com ninguém, ficou enfurecido. Ali mesmo gritou: "Para o calabouço!".

De outra feita, Willy nos convidou para uma sessão de bruxaria. E desandou a praticar com a gente a guija[2]*, se disfarçou de cacique Chemare, e convocava os espíritos... Outra vez, quando éramos cadetes, em Caracas, saímos em grupo, vestidos de civis, mas sem licença, e nos metemos, com umas amigas, na discoteca A cova do Urso, na praça Venezuela. Nós nos disfarçamos bem, numa esquina do salão, na penumbra, para que ninguém nos visse. De repente, começou um show, e apareceu um tipo vestindo um liquelique, essa roupa de gala dos camponeses, cantando. Era Willy Mora! Ele nos viu e, ao terminar sua canção, gritou no microfone: "Dedico minha segunda canção ao instrutor Chávez Frías, ao instrutor Pérez Isa...". Mencionou todos nós!*

Afinal, ele conseguiu que o senhor fosse transferido para Maracay?

Sim, sim, conseguiu. No começo de dezembro de 1977, de maneira surpreendente me chegou um radiograma: "Subtenente Hugo Chávez, apresente-se no Batalhão Blindado 'Bravos de Apure', em Maracay. Nomeado oficial de comunicação". Poucos dias mais tarde, eu estava em Maracay. Fui recebido pelo tenente Camejo: "Você não tem ideia de onde está chegando". Para mim, aquilo foi uma segunda escola.

Nancy foi com o senhor?

Sim, sim, levei a Nancy. Chegamos a Maracay, uma cidade grande e bela. Nos alojamos no bairro Francisco de Miranda, num ranchinho (casebre) de "Chicho" Romero, que tinha me ajudado muito em Caracas. Graças a ele, tive um alívio, porque Nancy podia ficar com uma família, mesmo a casa sendo um simples casebre de papelão e zinco. "Chicho" dirigia uma camionetezinha de transporte público em Rio Branco. Naquele mesmo dezembro, Nancy engravidou, embora a gente só tenha sabido em janeiro. O belo resultado foi minha filha Rosa Virginia.

Começou, então, uma nova etapa?

Exatamente. Podemos dizer que foi quando começou a arrancar uma outra etapa da minha vida.

O que foi feito do "Exército de Libertação do Povo da Venezuela"?

Quando fui para Maracay, eu mesmo, "comandante" daquele "exército", vivia um dilema existencial e pensava em sair das Forças Armadas. Os soldados que integravam o "exército" já tinham dado baixa. Eram tropas regulares, alistadas. Só ficamos dois: Silva e eu. Os outros três foram embora: Moros, Toro e... esqueci o terceiro.

Núnez.

Isso mesmo. Mario César Núñez Hidalgo. Os três eram sargentos. Sobrou só o Silva, que era cabo. Então, aquele "exército" entrou num congelador. Vou contar uma história: passaram-se 30 anos, e num Alô Presidente, *falei dele. E disse: "Esse 'exército' durou um mês, porque fui para Maracay, e os rapazes sumiram". Poucos dias depois, fui ao Llano por causa do início da perfuração de um poço de gás. Havia muita gente. Desci do helicóptero, fiz uma saudação geral com gestos, e um oficial da Guarda Nacional se aproximou: "Comandante, um sargento da minha corporação quer falar com o senhor". Achei que fosse algum suboficial com problemas pessoais: "Olha só, me deixa cumprir a agenda, que depois eu o atendo". Mas perguntei: "Qual é o problema dele?". "Não, nenhum problema, ele só quer cumprimentar o senhor. Está aqui". E então apareceu um sargento gordinho, de cabelos brancos. "Meu comandante, o sargento Toro se apresenta." Olhei a cara dele: "Você é...?". E ele me disse: "Sim, sou eu, do 'Exército de Libertação do Povo Venezuelano'", quase caindo no choro. E continuou: "Olha só, aquele lá, o altão de cabelos brancos, é o Núñez". Dei a volta e vi o Núñez, que estava vestido de civil. Chamei-o e, sem dizer nada, nos abraçamos, emocionados. E o Núñez me disse: "Meu comandante, aqui no Estado de Portuguesa tenho 3 mil reservistas organizados. O 'exército' cresceu..". E os rapazes choravam. E ele me informou: "Moros está em San Felipe". Poucos dias depois, todos eles, todinhos, vieram aqui, ao Palácio de Miraflores. Silva, que estava em Barinas, onde tem um sitiozinho, também apareceu. Estava magrinho: "Eu estava passando fome", nos disse. Doamos um tratorzinho para ele. Eles me contaram: "Estivemos sempre pendentes do que o senhor fazia, e no dia 4 de fevereiro (de 1992) quisemos nos somar à rebelião. A gente chamava a gente de 'a reserva'". Ou seja, aquele "exército" nunca se desfez. No domingo seguinte, no* Alô Presidente, *corrigi: "Quero informar ao país que o Exército de Libertação do Povo Venezuelano não morreu jamais".*

Quando o senhor estava em Maracay, encontrou algum amigo?

Bem, depois de um tempinho, apareceu no meu horizonte um velho amigo de Sabaneta, o "Negro" Piña. Numa tarde de sexta-feira, eu andava, todo fardado, fazendo compras no Centro Comercial Capcimide, e de repente ouço o seguinte: "Huguito!". Na minha cidadezinha, me chamam assim. Papai é "Hugo", eu sou "Huguito". Pois era o "Negro" Piña, sobrinho do meu padrinho Eligio Piña, que, como já falei, me contava coisas de Bolívar.

Ele era da sua idade?

Não, "Negro" Piña era um pouco mais velho. É locutor, tem um vozeirão. Estava jogando boliche com uns amigos, e me chamou. Meti as compras — um leite, alguns tomates, um quilo de carne — no porta-malas do carro, e fiquei para jogar boliche. Pobre Nancy! Cheguei em casa às cinco da manhã. Naquele tempo, não havia celular. Com o calor, a carne tinha se estropiado, além dos tomates, do leite... Nancy me recebeu superbrava: "Onde é que você estava?". Eu expliquei.

Mas o senhor se reencontrou com companheiros da Academia?

Sim, no batalhão me reencontrei com um grupo de antigos alunos da Academia: Antonio Hernández Borgo, González Guzmán e Pedro Ruiz Rondón, que em paz descanse. Pedro e eu tínhamos uma afinidade ideológica: quando cadetes, ouvimos juntos o discurso que Fidel Castro pronunciou (no dia 28 de setembro de 1973) ao regressar da Índia, depois do golpe de Estado que havia derrubado o governo da Unidade Popular de Salvador Allende, no Chile. Fidel estava na Índia quando derrubaram Allende, ele passou pela Guiana e por Trinidad-Tobago, antes de participar, em Argel, da IV Cúpula dos Não Alinhados, e de lá foi para a Índia.

E para o Vietnã...

Isso, para a Índia e para o Vietnã. Depois de Argel, ele fez uma escala, no Iraque, e de lá foi para a Índia. Ele mesmo me contou que naquele 11 de setembro estava jantando ou estava reunido com Indira Gandhi[3] quando foi informado do golpe e da morte de Allende. Depois seguiu para o Vietnã, e quando voltou para Havana, pronunciou um discurso importante. Ruiz Rondón e eu ouvimos a transmissão direta.

Foi esse o discurso em que ele contou com detalhes como se armou o golpe de Estado e como Salvador Allende lutou de armas na mão?

Esse mesmo. Ele deu todos os detalhes do golpe. Foi quando disse: "Se cada trabalhador e cada camponês tivesse um fuzil nas mãos, não teria havido golpe fascista!". Ruiz Rondón e eu gravamos isso, que confirmava na minha mente a necessidade de uma aliança civil-militar revolucionária. A vida inteira, cada vez que nos encontrávamos, era a mesma coisa: "Se cada trabalhador...", dizia eu, e ele respondia: "E cada camponês...". Ele se portou muito bem no dia do golpe que deram contra a gente (em 11 de abril de 2002). Ele estava em Maracaibo, e tomou o controle do Forte Mara. Depois, nós o nomeamos comandante da Brigada Blindada em Valencia. Era coronel. Morreu de repente... de um câncer.

A tradição militar em Maracay era mais severa, não era?

Aquilo lá era uma forja. Imediatamente senti o rigor da mudança. De um batalhão de Cumaná, onde a disciplina era relaxada, e onde regulamentos e normas não eram seguidos com rigor, passei para uma escola de capitães de primeira linha, como Alvarado Pinto, Jon Díaz, Pedro Salazar Monsalve, Yanoguiski Hernández etc. Um segundo comandante, Salazar, muito bom, e o comandante Luis Pulido.

Naquele ano, fiquei de plantão no dia 31 de dezembro. "Chicho" foi passar as festas em Barinas, e ficamos sozinhos, Nancy e eu, na casinha. Lembro que os vizinhos perguntavam: "Tenente, o senhor não sente vergonha por viver nesse casebre, no meio da gente, que somos pobres?". O comandante ficou sabendo...

Sabendo que o senhor morava lá?

Isso, que morávamos em um casebre, e que eu tinha uma mulher. Ele me chamou e conversamos. Um belo dia, ele apareceu em nossa casa.

Nancy já estava grávida?

Estava, mas não dava para notar. O comandante Pulido apareceu para ver como o subtenente Chávez vivia. Esse era o estilo dele. Costumava visitar oficiais em suas casas. Nos sentamos, oferecemos café, e ele foi embora impressionado. No dia seguinte, me chamou: "O senhor está pensando em se casar com sua noiva?". Respondi: "Sim, meu comandante". E ele: "Muito bem, vá cuidar da licença".

Que licença era essa?

A licença é a autorização que um oficial deve obter, do Exército, para poder se casar. É preciso apresentar um relatório, procurar sei lá quantos documentos... Mas enfim, em julho de 1978, a tal licença chegou. Nos casamos em agosto daquele ano, Rosa Virgínia nasceu pouco depois. É a mais velha. Mais tarde, com Nancy, tive outros dois filhos, María Gabriela e Hugo Rafael. O padrinho do meu casamento foi o capitão Alvarado, meu chefe na companhia.

O senhor se integrou nesse novo ambiente sem problemas?

*Sim. Já desde os primeiros dias me senti bem ali. Do comandante para baixo, todos chamavam Rosa Virginia de "Maisantica". Eu estava começando a pesquisar sobre o "Maisanta". Ainda não tinha o impulso desatado de buscar as pistas daquele homem, mas tinha referências de que havia sido oficial do exército de Cipriano Castro, e que tinha ido para a guerrilha contra Juan Vicente Gómez. Eu tinha lido o livro de José León Tapia (*Maisanta, o último homem a cavalo*), e tinha falado dele com José Esteban Ruiz Guevara.*

Suas incertezas existenciais desapareceram?

Não, nem pense nisso... Naquele mesmo dezembro de 1977 fui até Barinas, e lembro que ainda vivia o dilema. Falei com Adán, e disse a ele: "Continuo pensando em deixar o Exército". E ele quase ficou bravo: "Até quando você vai continuar insistindo nisso?". Respondi que queria estudar. Tinha pedido licença para estudar no IUPFA (Instituto Universitário Politécnico das Forças Armadas), cheguei até mesmo a comprar alguns livros de física e de análise, e fiz o exame. Eu gostava de engenharia. Queria ser engenheiro eletrônico. "O senhor está maluco", me disse o major Alfonso. Preenchi formulários, mas não consegui nunca entrar no IUPFA. E foi por isso que insisti com Adán, com certa firmeza, que queria estudar e que me ajudasse a conseguir uma vaga na Universidade. Ele já havia se formado. Era professor na ULA (Universidade de los Andes, em Mérida), e tinha se casado.

Era professor de quê?

De matemática e de física. Sempre foi um bom estudante, muito dedicado, sério e humilde. E então, ele tornou a insistir: "Que história é essa de sair do Exército? Se você, para nós, da esquerda política, é uma esperança... Olha só do jeito que o país está?". E eu disse: "Pois é justamente por isso que eu quero sair". Então, ele se pôs muito sério: "É que você não pode sair do Exército, Hugo". E pela primeira vez me revelou que estava militando num movimento, o PRD-Ruptura (Partido da Revolução Democrática-Ruptura), que era a vitrine legal do PRV-FALN (Partido da Revolução Venezuelana-Forças Armadas de Libertação Nacional), fundado, em 1966, por Douglas Bravo e Fabricio Ojeda, depois de romperem com o Partido Comunista.

O PRV teve uma grande influência intelectual nos círculos de esquerda na Venezuela daquela época, não é mesmo?

Sim, uma grande influência, pelos conceitos políticos, econômicos e sociais que elaboraram: sobre a exclusão social, a negritude... ou sobre o petróleo, ou sobre a necessária aliança entre a América Latina e o mundo árabe-muçulmano... E também porque militavam nele intelectuais do gabarito do escritor e artista Carlos Contramaestre, o romancista Salvador Garmendia (1982-2001), o doutor Berbard Mommer[4], o arquiteto Fruto Vivas, Alí Rodríguez... Meu irmão Adán tinha sido membro do MIR (Movimento da Esquerda Revolucionária), mas saiu e foi cooptado pelo PRV, lá por 1973, por um professor dele, Juan Salazar, um físico que era amigo de Douglas Bravo.

Douglas Bravo já não estava na guerrilha?

Não. Seguindo uma estratégia do Partido Comunista da Venezuela, Douglas havia fundado em 1962, na serra de Falcón, a frente guerrilheira "José Leonardo Chirino", onde estavam, entre outros, Alí Rodríguez e Teodoro Petkoff. Douglas era o comandante dessa guerrilha. Depois fundou, como acabo de dizer, o PRV-FALN. Naqueles anos (1977-1978), dos quais estamos falando, sua frente guerrilheira tinha se dissolvido, mas Douglas não havia entrado no acordo de pacificação e ainda estava clandestino. Alí Rodríguez também. Fazia um bom tempo que eles vinham planejando o projeto de infiltrar-se nas Forças Armadas com a ideia de também constituir uma aliança revolucionária civil-militar. Essa era uma das missões do grupo Ruptura, que sempre foi muito sério, apesar de muitos de seus dirigentes andarem clandestinos pelas cidades.

O que o senhor achou do projeto de Douglas e do PRV?

A ideia de se infiltrar no Exército?

Isso.

Eu achava pouco realista. No seio das Forças Armadas, existia uma cultura antimarxista muito forte, e qualquer tentativa daquele tipo dava aos militares, inclusive aos progressistas, a sensação de que queriam manipulá-los. Eu era partidário, da mesma forma que o Douglas, de uma aliança civil-militar, mais minha ideia era que o movimento deveria se iniciar e surgir dentro das próprias Forças Armadas, no seu interior.

Naquele momento, dentro das Forças Armadas, o senhor sabia se existia algum movimento desse tipo?

Bom, eu não tinha conhecimento disso. Intuía que havia, na oficialidade jovem, um grande descontentamento porque, conforme já disse, o nível de corrupção de muitos oficiais superiores era escandaloso. E o mau governo do país também era muito preocupante. Mas eu era, naquele tempo, um jovem oficial isolado, sem muito contato com oficiais de outras guarnições. Por isso ignorava o que podia se tramar em tal ou qual quartel.

Por que havia tamanho descontentamento? O país se desenvolvia, o nível de vida crescia, as classes médias se expandiam...

Isso, nas aparências. A realidade da Venezuela continuava sendo a pobreza muito estendida, a imensa corrupção nas camadas dirigentes. A democracia não passava de uma fachada, atrás da qual governantes e homens de negócios haviam estabelecido um pacto mafioso para enriquecer-se mutuamente, em níveis inimagináveis. Pense bem: a raiz da guerra árabe-israelita de 1973, os preços do petróleo haviam crescido de maneira desorbitada. Nosso petróleo, que estava, acho, a 1,76 dólares o barril em 1970, triplicou até 3,56 dólares em 1973, e passou, em 1974, quando Carlos Andrés Pérez chegou ao poder, a 10,31 dólares! Os recursos do país se multiplicaram por quase dez! E além disso, em 1976 Carlos Andrés Pérez nacionalizou o petróleo. Uma decisão excelente, muito positiva em termos de soberania. Mas que agravou o problema, porque os novos e copiosos recursos do Estado não serviram para reduzir as desigualdades. Ao contrário: as diferenças entre pobres e ricos se agravaram, o sentimento de injustiça aumentou.

Uslar Pietri escreveu que "entre 1973 e 1984, a Venezuela recebeu, só pela exploração do petróleo, mais de 200 bilhões de dólares, que é o equivalente a vinte

Planos Marshall."[5] *E um único Plano Marshall*[6] *serviu para reconstruir a Europa inteira, destruída pela Segunda Guerra Mundial. Então, imagine... Aqui, isso disparou a corrupção. Qualquer um que tivesse uma pequena parcela de poder desandou a roubar descaradamente. Os recursos que poderiam ter sido consagrados ao desenvolvimento social e ao progresso das classes mais esquecidas foram desperdiçados. Uma boa parte foi acabar nos bolsos dos privilegiados de sempre. Isso criou um mal-estar infinito em muitos intelectuais, militantes políticos. E nas Forças Armadas, em particular na jovem oficialidade.*

Por isso surgiram outras conspirações militares nessa época, não é?

Sim, embora na época eu não tenha sabido disso. Contei das rebeliões, em 1962, de Carúpano e Puerto Cabello, organizada por oficiais das Forças Armadas apoiados por militantes de esquerda — do Partido Comunista e do MIR —, e onde as forças insurgentes, civis e militares, foram massacradas. Desde finais dos anos 1950, antes até que triunfasse a Revolução em Cuba, o Partido Comunista da Venezuela (PCV), ao qual pertencia inclusive Douglas Bravo, definiu uma linha estratégica a respeito das Forças Armadas. Seu objetivo era incorporar oficiais, para somá-los ao projeto revolucionário. Em poucos anos, dezenas de oficiais, cuja origem social eram as classes populares, foram captadas pelo PCV. Muitos deles participaram do "Carupanazo" e do "Porteñazo". Com o fracasso dessas rebeliões, muitos oficiais sobreviventes escolheram a via guerrilheira, foram para as montanhas, participaram da criação das Forças Armadas de Libertação Nacional (FALN), e vários deles chegaram a se converter em comandantes de diversas frentes guerrilheiras.

Enquanto isso, o que acontecia dentro das Forças Armadas?

Bem, depois daqueles alçamentos houve, dentro das Forças Armadas, uma depuração feroz. Era a época de Rómulo Betancourt e Raúl Leoni, muito aliados dos Estados Unidos e executores da sua política anticomunista e anticastrista. Os Serviços de Inteligência perseguiam sem piedade qualquer simpatizante de esquerda dentro das Forças Armadas. Apesar disso, havia a influência de uma personalidade fora do comum: o Coronel Hugo Trejo, de quem já falei.

O líder do alçamento militar do primeiro dia de 1958, não é?

Exato. Foi quem preparou o levantamento popular e a queda do ditador Pérez Jiménez três semanas depois. Trejo tinha um lema, que repetia volta e meia: "Democratização das Forças Armadas e integração com o povo da Venezuela". Adquiriu muito prestígio, e então o novo governo tirou-o das Forças Armadas e mandou-o como embaixador para o exterior. Mas sua influência entre os militares permaneceu, e inclusive foi aumentando nos setores mais descontentes. Escreveu um livro essencial, La revolución no ha terminado[7], *que era muito lido e circulava nos quartéis. Falava-se em "trejismo", uma corrente que defendia a união dos militares com o povo. Quando Trejo regressou à Venezuela, no final dos anos 1960, restabeleceu contato direto com muitos oficiais do setor crítico, que mais tarde se uniriam ao nosso Movimento Bolivariano Revolucionário.*

O senhor me disse que o conheceu bem.

Sim, conheci, mas muito mais tarde. Quando ele, depois do "Caracaço" (27 de fevereiro de 1989) decidiu se reincorporar na luta política e criou sua organização, o Movimento Nacionalista Venezuelano Integral (MNVI). E, principalmente, depois da nossa rebelião do 4 de fevereiro de 1992, e da nossa prisão em Yare. Ele nos apoiou, nos defendeu, assumiu nossas propostas políticas. Eu o conheci quando ele já era bem velhinho, com seus cabelinhos totalmente brancos. Aprendi muito conversando com ele, que me falava de Bolívar e da maneira com que a Ação Democrática havia traído a democracia. Era um grande líder, um semeador de rebeldia.

E entre os oficiais jovens, tinha gente conspirando?

Sim, havia, embora eu ignorasse. Havia um prestigioso oficial da Força Aérea Venezuelana, o coronel William Izarra[8]*, que havia criado, lá por 1978 ou 1979, o grupo R-83 (Revolução 83), integrado por jovens oficiais. Depois, em 1980, Izarra criou outra organização clandestina: ARMA (Aliança Revolucionária de Militares na Ativa), que foi importante, era integrada por uma centena de oficiais da Força Aérea com excelente formação ideológica. Esse grupo só não chegou totalmente a amadurecer porque Izarra foi delatado e expulso das Forças Armadas. Mas semeou uma semente revolucionária.*

William Izarra chegou a estabelecer contatos numa escala internacional?

Sim, sim, e muitos. No começo dos anos 1980, ele e outros oficiais do seu grupo viajavam, sem permissão de seus superiores, ao exterior, a países onde havia experiências consideradas, na época, como progressistas, e nas quais participavam militares.

Ele teve contatos com Saddam Hussein e com Muammar Kadhafi, não foi?

Bem, não sei se com eles, pessoalmente, se eram contatos pessoais, mas sim, naquela época ele viajou clandestino a Bagdá, e tinha vínculos com o partido Baas[9] *do Iraque. Além disso, esteve na Líbia, cujo maior líder já era, naquela época e desde a revolução de julho de 1969, o coronel Muammar Kadhafi. E também foi a Cuba. Todas essas experiências políticas eram do interesse dele, e mais tarde, tudo isso nos foi útil.*

Ele também tinha contato com Douglas Bravo, não tinha?

Sim, sim, eles se conheceram através do irmão de Izarra, Richard, um jornalista muito polêmico, que era o diretor de Reventón, *uma revista de esquerda.*

O coronel Izarra e Douglas Bravo se reuniam secretamente. Naquela altura, Douglas já tinha rompido com o Partido Comunista, porque reivindicava elementos teóricos diferentes daqueles da ortodoxia do pensamento soviético. Ele recorria a nossa história nacional, e adotava propostas inspiradas em Simón Bolívar, Simón Rodríguez, Ezequiel Zamora e outros pensadores nossos. Essa "repatriação" da teoria revolucionária era do agrado dos militares, já que muitos deles se sentiam bolivarianos, e isso facilitou a difusão, nos quartéis, do conceito de insurreição liderada por uma aliança civil-militar. O projeto de Douglas era captar oficiais das Forças Armadas para incorporá-los à estratégia do movimento revolucionário.

Adán, seu irmão, tentou levar o senhor a se integrar no grupo de Douglas Bravo?

Claro, e era normal que tentasse. Eu tinha dito a ele, mais de uma vez: "Para que eu não saia do Exército, me diga o que vocês estão planejando". E ele me respondeu: "Hugo, eu não estou autorizado a falar coisa nenhuma, por uma questão de disciplina. Mas devo confessar a você que informei os meus chefes, e que meus chefes sabem de você, quem você é e o que pensa". E acrescentou: "Você quer se unir a Douglas Bravo?". E claro que eu queria![10]

Douglas Bravo era uma espécie de lenda, não é?

Ah, sim, já era o Lendário Douglas[11]*. Naquele mesmo mês de janeiro de 1978, ou talvez fevereiro, Adán foi a Maracay e nos encontramos com o contato, "Harold", que alguns dias mais tarde me levaria para perto de Douglas. Era professor de matemática, amigo de Adán, e seu verdadeiro nome era Nelson Sánchez. Ele se tornou o enlace. Nos reunimos no parque Aragua.*

O senhor, clandestino...

Sim, sim, clandestino, sem a farda. E a partir daquele momento, passei a ter vida dupla: uma, dentro do Exército; e outra, clandestina. Poucos dias mais tarde, eu estava em Caracas. Fui no Volkswagen, em algum lugar mudamos de automóvel e me levaram até uma casa na zona sul de Caracas, e conheci então Douglas Bravo.

Foi seu primeiro encontro com ele?

O primeiro. Foi quando comecei a assumir que eu tinha um papel para desempenhar, uma missão dentro daquela organização, a Ruptura, de Douglas. E tornei a perguntar: "Qual é o plano?". E Douglas respondeu: "O plano é a insurreição civil-militar-religiosa". Eu gostava dessa ideia porque coincidia com o que eu pensava fazia tempo. E decidi ir por esse caminho. Foi quando me pus a ler documentos, textos e manifestos de Douglas Bravo, a participar de reuniões em Maracay, em Valencia, em Caracas.

Sempre clandestino?

Claro, sempre clandestino. Essa atividade fechou a alternativa de sair do Exército. Assumi um lugar dentro do movimento Ruptura, a longo prazo, para uma insurreição civil-militar. Eu sempre acreditei nisso. Naquela época, li com grande interesse um livro de ensaios recompilados por um sociólogo mexicano, Claude Heller, intitulado O Exército como agente da mudança social[12], *no qual se afirmava: "Em circunstâncias tais que os militares considerem a liderança civil corrupta, incompetente ou, de algum modo, incapaz de fazer frente às tarefas fundamentais do governo, aumenta correlativamente sua motivação para que eles mesmos assumam tais funções". Essa frase, como se pode imaginar, me impactou, naqueles anos degradados e corruptos da Venezuela, sob as presidências de Carlos Andrés Pérez, Luis Herrera Campins[13] e Jaime Lusinchi. Eu pensava, por contraste, nas experiências de Velasco Alvarado no Peru, de Torrijos no Panamá e de Torres na Bolivia. Tudo isso também contribuiu para que eu me entrincheirasse nos valores de soldado. Eu não era um mau soldado, mas dizia a mim mesmo que precisava ser o melhor, e me rodear de companheiros com esse mesmo propósito. Porque eu estava sozinho.*

Precisava criar e estabelecer uma rede...

Claro, e para ter essa rede, para atrair outros militares, eu tinha que ser um dos melhores oficiais e estudar ainda mais. Foi quando comecei a me preparar, a ler.

O senhor se lembra de algumas leituras dessa época?

Foram os anos em que comprei livros para estudar o socialismo. E também li obras polêmicas de atualidade, como Venezuela, uma democracia enferma[14], *de Antonio Stempel, ou* Os peixes gordos[15], *de Américo Martín, que descrevia o funcionamento das novas oligarquias corruptas à sombra do poder. Nesse livro nós líamos, por exemplo, o seguinte: "Com o petróleo, amanhece na Venezuela outro tipo de propriedade, como objetivo do roubo realizado a partir do poder. (...) O doutor de agora pacta suas comissões à meia-noite, recebe ofertas no silêncio de um escritório onde os ruídos naufragam nos carpetes espessos e se faz sócio de uma companhia anônima, porém pedindo que tudo seja mantido em segredo". Os negócios sujos, com a cumplicidade dos governantes, enriqueciam os ricos ainda mais, que reuniam fortunas colossais, enquanto os pobres só recebiam migalhas do dinheiro do petróleo.*

O senhor se lembra de algum outro livro?

Sim. Por exemplo, Quando o homem não caminha, *de Sanín[16], cujo título era um deboche do slogan de campanha de Carlos Andrés Pérez: "Esse homem sim, caminha". Sanín depois escreveu outra obra de grande êxito,* A Venezuela saudita. *Além desses, lembro também de ter lido* Depois do túnel[17], *de Diego Salazar, que conta a fuga (no dia 18 de janeiro de 1975) de 23 guerrilheiros do quartel de San Carlos*[18]*. Essa fuga comprovou que havia presos políticos na Venezuela, contrariando o que Carlos Andrés Pérez afirmava. Mas também li outros livros:* O poder está em você[19]*, por exemplo, que comprei em agosto de 1978. Achei extremamente interessante, li e reli. É um livro de autoajuda. Estudei esse livro seriamente. Foi uma época luminosa, sabe? Eu diria que foi uma das melhores épocas de minha vida.*

Porque clareou seu destino.

Pois é. Consegui meu caminho. Estava assumindo um compromisso revolucionário. Além do mais, minha mulher estava grávida, Rosa nasceu, fui promovido a tenente, e estava num verdadeiro batalhão do qual me sentia orgulhoso: o "Bravos de Apure", que, naquela época, tinha tanques franceses AMX-30.

Ou seja: foi quando o senhor decidiu melhorar sua qualidade militar.

Sim, sim, foi quando me propus a ser o melhor na minha especialidade. Mas, no começo, tive problemas.

Que tipo de problemas?

O primeiro conflito surgiu quando me nomearam chefe do Pelotão de Transmissões do Batalhão Blindado "Bravos de Apure". O comandante Luis Pulido, um homem severo mas muito humano, me chamou e disse: "Seus companheiros têm muito boa opinião sobre o senhor, e por conseguinte vou nomeá-lo comandante de um pelotão de tanques, porque me faltam oficiais". Eu não sabia nada de tanques, e menos ainda dos AMX-30, que eram os mais complicados. E respondi, com muito respeito: "Comandante, perdão, mas não sou dos tanques, o senhor sabe que sou de transmissões...". E ele rebateu: "O que o senhor quer dizer com isso? Que não aceita?". E eu: "É que eu não entendo nada de tanques." E ele: "Escute aqui, tenente: é uma ordem! Portanto, apresente-se ao capitão Alvarado Pinto. O senhor está destinado à Terceira Companhia de Tanques!".

Era uma ordem...

Pois não tive outro remédio além de obedecer. Então, me apresentei ao capitão Alvarado, um bom oficial. Mais tarde, descobri que ele era maçom.

Havia muitos maçons nas Forças Armadas?

Havia e continua havendo. Uma corrente de maçons. Esse capitão também tratou de me captar. Um dia ele me viu dando uma moeda a um soldado, e me chamou: "'Por que está dando dinheiro aos soldados?". Respondi: "É que ele está indo para casa, meu capitão, e não tem um centavo". Então ele me chamou para conversar sobre o assunto. "Por que não me acompanha numa reunião de maçons?". Eu pedi para pensar, o que significava um "não", e ele não insistiu.

Como o senhor se integrou ao pelotão de tanques?

Não me deram um pelotão, me deram dois, com seis tanques enormes. Cada tanque tinha um livro de manutenção que era grosso feito um guia telefônico. Se alguma peça quebrasse, era preciso mandar buscar outra na França. Eu estava bastante desorientado. O capitão me tranquilizou: "Apoie-se nos sargentos e nos seus companheiros". Comecei a estudar os tanques. Entrava neles dia e noite, com os sargentos e os soldados.

Não deve ter sido fácil...

Não, não era, por isso decidi mudar de arma no Exército. Passar de Comunicações a Blindados. Pedi, por escrito, minha reclassificação. E me inscrevi num curso básico de Blindados. Passava o tempo todo estudando, e fui o primeiro classificado.

Não que eu seja algum luminar, mas é que quando decido fazer alguma coisa, me dedico plenamente. Os sargentos haviam seguido, na França, uns cursinhos intensivos, umas oficinas da SOFMA (Société Française de Matériels d'Armement), a empresa que fabricava, e tinham estudado a fundo o Manual de funcionamento operativo do tanque. Quando eu tinha turno de guarda, de noite, perguntava a eles, na frente de um quadro-negro: "Como funciona o circuito de refrigeração do motor? Como funciona o tiro em linha reta? E o tiro em curva? Como se calcula a distância?". Eu perguntava tudo. Estudava a fundo. Todas as tarde, me punha a ler sobre o conceito da "guerra blindada", analisava as experiências das guerras do Oriente Médio, da guerra árabe-israelita. No fim, acabei ganhando o prêmio de melhor instrutor de tanques.

O senhor acabou gostando dos blindados...

Pois é. Eu já tinha escolhido meu caminho e estava me forjando no forno que era aquele batalhão. Fui promovido a tenente. Luis Pulido, em julho de 1978, foi promovido a coronel e foi embora. Entregou o batalhão ao novo comandante, Hugo García Hernández, severo na disciplina.

Nessa época, terminou o mandato de Carlos Andrés Pérez.

Exato, terminava o seu primeiro mandado. Em dezembro de 1978 houve eleições, ganhou Luis Herrera Campíns. Carlos Andrés falava da "Grande Venezuela", mas favoreceu a maior corrupção de que se lembre. Entregou um país endividado. Por isso, em seu discurso de posse, Luis Herrera disse: "Recebo uma Venezuela hipotecada". Essa frase entrou para a história. Enquanto isso, eu andava em reuniões permanentes com Douglas Bravo.

No Movimento Ruptura?

Isso. Um tempinho depois me elegeram membro do Comitê Central do PRV-Ruptura. Cheguei numa reunião e Douglas me comunicou: "Veja só, José Antonio"

— esse era meu nome de guerra — "eu propus, e foi aprovado por unanimidade, que você faça parte, embora não assista a nenhuma reunião por razões óbvias, do Comitê Central do PRV-Ruptura".

Mas o senhor também simpatizava com a Causa R, não é verdade?

Simpatizava sim. E no segundo semestre de 1978, meu raio de ação política se ampliou. Em plena campanha eleitoral, conheci Alfredo Maneiro, secretário-geral da Causa R.

Em que circunstâncias?

Nancy e eu deixamos o casebre onde morávamos e nos instalamos num apartamentinho que consegui graças a um companheiro. Foi onde Rosa nasceu. Poucos dias depois, Maneiro foi até esse apartamento. O elo era meu amigo de Barinas, Federico Ruiz, irmão de Vladimir. Nos encontramos na praça Bolívar de Maracay, eu ia na frente, com meu carro. Maneiro, com outro dirigente da Causa R chamado Pablo Medina[20] *e Federico vinham atrás, num jipe. Maneiro dirigia com muito cuidado pela beira da estrada. Chegamos na minha casa, subiram, era um andar alto, passamos o dia inteiro conversando.*

O que Maneiro disse ao senhor?

A primeira coisa foi mais ou menos assim, que comigo tinham encontrado o quarto pé da mesa.

O que isso queria dizer?

Que já tinham os três primeiros pés — a classe trabalhadora, principalmente em Ciudad Guayana[21]*; a classe média e os intelectuais; e agora, com as Forças Armadas, que eu representava, conseguiam "o quarto pé". Eles faziam um importante trabalho de massas, e isso me interessava para o projeto de aliança civil-militar em que eu pensava seriamente. Para me instruir nesse tipo de tarefa, cheguei a me misturar, clandestino, num grupo de militantes da Causa R que, naquele tempo, se metiam nos bairros populares de Caracas, em Catia, por exemplo, para espalhar panfletos e colar cartazes pelas ruas.*

O que mais Maneiro disse ao senhor?

Que um revolucionário devia ter duas qualidades principais: profunda convicção ideológica e eficácia total na realização das suas missões. Duas aptidões pouco fáceis de serem encontradas, enfim, num militante. Quantas vezes na vida me lembrei dessas palavras de Maneiro... Desde que cheguei à Presidência, muitas vezes comprovei como alguns companheiros, a quem são confiadas tarefas fundamentais, se revelam — por burrice, por inépcia ou por preguiça — incapazes de realizá-las. Ou se esquecem que este é um governo revolucionário a serviço do povo, e se comportam como pequenos ditadores burocratizados, e isso, quando não são também corruptos.

Boa observação, a de Maneiro.

Sim, muito boa. Ele tinha um grande sentido da estratégia. Falava comigo da necessidade de se criar uma vanguarda, porque, sem ela, o movimento popular, por mais impetuoso que fosse, fracassaria. Ele havia teorizado isso em seu livro Notas Negativas[22]*. Quando ele já ia saindo, eu não esqueço disso, me disse: "Veja bem, Chávez, não se esqueça que isso vai demorar...". Ele sabia — já comentei — que eu me reunia com Douglas Bravo e com o pessoal do movimento Ruptura. Comecei inclusive a propor a unidade desses movimentos todos, coisa que acabou sendo impossível. Passaram-se os anos, chegou o dia 4 de fevereiro (de 1992), e a unidade das esquerdas não aconteceu. Nós, os militares, nos alçamos sozinhos. Depois de tentar, por muitos caminhos, constituir um movimento de massas, um movimento político, com a classe operária, com os estudantes, os camponeses, as massas nas cidades, foi impossível. Não teve jeito nunca... Pode ser que Maneiro tenha me achado muito impetuoso, e por isso me aconselhou: "Não vá se comprometer com nenhum movimento de curto prazo, seria um fracasso. Isso vai demorar, pelo menos uma década, lembre-se disso sempre".*

O senhor tentou unir Maneiro e Douglas Bravo?

Tentei sim. Eu me reunia em separado com cada um deles. Era absurdo. E comecei a perguntar aos dois por que não tratavam de se unir. Mas não houve modo, um recusava a ideia de se encontrar com o outro. Nem mesmo o grupo de militares que Hugo Trejo havia criado queria se reunir com a gente, que éramos os oficiais bolivarianos. Nem isso... Cada organização falava mal das outras. Tudo era divisão, dispersão. Um desastre. Passou o tempo, e quando aconteceu o "Caracaço" (em 27 de fevereiro de 1989), toda oposição de esquerda estava fragmentada, desintegrada, dividida em mil pedaços, uma torre de Babel. Chegou a rebelião do dia 4 de fevereiro de 1992 e nós, os militares revolucionários, tivemos que nos lançar sozinhos à ação, porque nenhuma organização política de esquerda conseguiu se pôr de acordo com as outras para que se somassem à Revolução Bolivariana. Todas tinham a mesma obsessão: hegemonizar o movimento revolucionário, e esse objetivo prioritário fazia com que umas brigassem com as outras. Uma tragédia. Razão tinha Bolívar quando reclamava: "União, união ou a anarquia irá nos devorar", e quando afirmava "Somente a união nos falta para completar a obra da nossa regeneração". A segmentação, a discórdia, a falta de visão histórica da esquerda, sua incapacidade para se unir são algumas das razões principais da frequente vitória da direita na América Latina.

Que diferença de doutrina havia entre o Movimento Ruptura e a Causa R?

Eu diria que Maneiro e a Causa R se propunham, a longo prazo, a organizar uma grande greve geral que desembocasse numa insurreição da classe operária, apoiada por alguns setores das Forças Armadas, o que permitiria a chegada ao poder de um governo revolucionário dos trabalhadores[23]. *Já Douglas Bravo e o Ruptura apostavam, como eu já disse, num levantamento revolucionário civil--militar, para derrubar a ordem corrupta existente e instalar no poder um governo bolivariano, patriótico e revolucionário. As duas opções me pareciam legítimas e interessantes. E havia a possibilidade, estou convencido disso, de realizar uma síntese unitária das duas posições. Mas as divisões e rivalidades eram tão fortes que cheguei a me perguntar, com certa preocupação, se algum dia eles também iam acabar brigando comigo. Porque isso podia me pôr em perigo, se alguém revelasse ou delatasse minha condição de militar. Seja como for, diante dessas lutas fraticidas comecei a pensar, embora de maneira um tanto confusa, que finalmente o movimento devia surgir dentro das próprias Forças Armadas. E que esse movimento, que em essência seria bolivariano, tinha a vocação de unificar e monitorar a necessária aliança civil-militar.*

Por isso o senhor, ao mesmo tempo, continuava constituindo sua própria rede no meio militar?

Exatamente. Não apenas militar: comecei também a fazer amizades no esporte, na cultura, na Universidade, e a organizar atos artísticos até mesmo no pátio do batalhão. Havia um suboficial músico, que dirigia a banda marcial. Se chamava Maluenga, era de Barinas, tocava harpa. Tinha também uma orquestrinha, e ganhava a vida tocando por aí. Um dia, eu disse a ele: "Maluenga, por que a gente não começa a apresentar uns espetáculos aqui no batalhão?". Sexta-feira era dia de filme, e antes do filme a gente podia apresentar alguns grupos, coisa de meia hora. E fizemos isso. Uma noite, levamos Cristina Maica, que na época devia ter uns 15 anos.

Quem é ela?

Uma grande cantora. Lembro que o Maluenga me disse: "Não esqueça esse nome, Cristina Maica. Essa molequinha vai ser uma grande cantora". Pois ele não se enganou. É das melhores. Fidel se apaixonou por ela. Quando ele veio (em outubro de 2000), almoçamos na chancelaria, convidamos Cristina. Passeava entre as mesas, interpretou uma canção muito popular, "La vecina". É a história de uma mulher ciumenta, que canta para a rival: "Com o meu, meu, meu/ não se meta com o meu/ que para um desafio/ é preciso ser mulher completa". E Fidel olhando para ela o tempo todo... Quando acabou de cantar Fidel abraçou-a, e me disse, apontando para ela: "Com o que é meu, meu, meu... não se meta...". Quer dizer, estava me avisando para eu não me meter... Cristina ficou impactada com o Fidel.

Teve também o dia em que levamos Reyna Lucero. Ela ainda não havia gravado seu primeiro disco, não era muito conhecida. Amiga de Maluenga. Outras vezes, as coisas ficavam mais complicadas.

Por quê?

Veja só: uma noite, me recomendam convidar Liendo e seu grupo musical Cuero, Madera y Costa (Cumaco), de afrodescendentes, com tambores e danças. Era no pátio, e estava cheio de soldados. Depois da apresentação de dança das meninas, Liendo, com seu violão, começou a cantar. Estava presente um grupo de oficiais. Liendo iniciou com uma canção romântica, mas a segunda já foi uma música de protesto, de Alí Primera, bem dura. Um estudante fala com um soldado, e diz a ele mais ou menos o seguinte: "Não sei por que você, soldado, acha que eu odeio você, se nós dois somos a mesma coisa, soldado, eu e você"[24]. Os soldados, que são gente do povo, ficaram de pé para aplaudir com entusiasmo. Eu olhava o grupo de oficiais... Depois Liendo foi e cantou "Comandante Che, te mataram" e outras cinco canções pegando fogo. Pensei que eu tinha me metido numa tremenda confusão. Mas não: os oficiais, tranquilos. Claro que saudei Liendo e convidei os artistas para irem até a cantina dos oficiais. No final das contas, nada disso impediu que eu fosse nomeado chefe da cantina de oficiais e seu administrador.

Ninguém repreendeu o senhor por causa das canções de protesto?

Num primeiro momento, não. O comandante García Hernández não tinha ido ao pátio, ficou trabalhando até tarde no comando. Mas depois mandou me chamar: "Fiquei sabendo da novidade: cantar canções de protesto no pátio...". Eu disse a ele: "Sim, meu comandante, convidei o senhor Liendo, mas não sabia que ele ia cantar essas canções". Ele retrucou: "Pois que isso não se repita". E acrescentou: "Porque é preciso cuidar do batalhão. Mas quero dizer que não sou contra esse tipo de canção. Quero que o senhor saiba disso". E então perguntou se eu estava indo para casa. Respondi que sim, e ele me disse para ir com ele. Fui na sua camionete protocolar, um Ford comprido. No caminho, ele me disse bem baixinho, para que a escolta não ouvisse: "O senhor é um homem de ideias progressistas, não é?". Eu já estava comprometido no movimento Ruptura com Douglas. Perguntei a ele: "A que o senhor se refere?". Porque no Exército sempre houve correntes progressistas, nunca morreram de todo, e ele andava numa delas. A resposta: "Acho o senhor progressista. Continue assim. Mas tome cuidado, há muito dedo-duro. Então, cumprimente o senhor Liendo por mim, mas, por favor, não o traga mais".

Ou seja, ele estabeleceu uma certa cumplicidade...

Pois é, esse comandante García Hernández talvez tenha sido quem melhor me compreendeu ao longo de toda a minha carreira. E isso, apesar de ser um sujeito foda. Um dia, me prendeu...

Por quê?

Foi na época das eleições. No quadro do Plano República, García Hernández tinha nos mandado para a cidade de San Carlos, para apoiar, do ponto de vista logístico, as eleições (do dia 3 de dezembro de 1978), que Luis Herrera Campíns, do Copei, ganhou. Tivemos um desempenho correto. Seis meses mais tarde, no dia 3 de junho de 1979, foi a vez das eleições de Conselhos municipais, e voltamos. Eu já era oficial de logística, e o comandante me mandou na frente, para procurar alojamento para os soldados. Eu sempre tratava de conseguir o melhor, me metia no governo: "Vocês precisam nos apoiar, precisamos de veículos, não podemos dormir não chão". Passei dois dias coordenando tudo. Houve um bom apoio do governo do Estado, que era Adeco, e consegui instalações de primeira para a tropa, um bom refeitório numa escola agrícola, boas camas, veículos. Consegui até mesmo um hotel para os oficiais. O batalhão vinha em coluna. Consegui motocicletas, e fomos esperar a coluna, para que o batalhão entrasse em San Carlos com a solenidade merecida. Consegui até mesmo que a banda de música do governo tocasse nas boas-vindas.

Então, por que prenderam o senhor?

É que eu conheci uma moça... Eu, pecador, confesso... Uma lourinha muito linda, que trabalhava no Registro Eleitoral. Eu tinha cumprido minha missão até além do previsto, e estava livre. Estava sem descansar havia uns dois ou três dias, e naquela noite saí com ela. Ficamos até bem tarde, e devo ter tomado duas ou três doses. Nunca na vida, jamais, me embebedei. Bom, na manhã seguinte, fui cumprimentar o comandante, contar-lhe as novidades. Cheguei e disse: "Bom-dia, meu comandante!". Com certeza ele sentiu cheiro de álcool no meu hálito. E me disse: "Onde é que o senhor estava ontem à noite?". Respondi: "Saí com uma amiga e fomos beber alguma coisa". "Pois o senhor está preso." "Entendido." Quarenta e oito horas de prisão. Depois, ele me chamou e perguntou: "Por que o senhor falhou?". Respondi: "Meu comandante, acato a sanção, mas ainda não sei por que me sancionou, cumpri todas as minhas responsabilidades. O resto era tempo livre, tempo pessoal. O senhor me felicitou por escrito. Parece que há uma contradição...". Ele, porém, insistia: "Por que desobedeceu minhas ordens?". Eu não sabia que ordens, e disse a ele. "O senhor não ouviu a ordem que dei na reunião, quando disse que nenhum oficial saísse das instalações sem antes pedir licença?" O comandante se surpreendeu: "Quer dizer que o senhor desconhecia essa ordem?", e respondi: "Exato. Tenha certeza, meu comandante, que se tivesse sabido, nem que Sofia Loren passasse ao meu lado...". Então, ele me disse: "Bem, de vez em quando um castigo faz bem...". Recordou que o regulamento determina: "O desconhecimento de uma ordem não implica seu não cumprimento". Mas acrescentou: "Sinto muito".

E isso consolou o senhor?

García Hernández era um oficial que me apreciava bastante. Num dado momento, escreveu uma apreciação a meu respeito, e colocou — perdoe a falta de modéstia... — o seguinte: "Possui relevantes condições para o mando, que fazem dele um excelente condutor de homens. Goza de grande prestígio e ascendência sobre seus soldados. É honesto, franco, leal e sincero; é meticuloso na supervisão das ordens que emite. Altamente responsável. É possível assignar a ele qualquer missão correspondente à sua patente. É progressista, tem a mente aberta a novas ideias, e disposto a se superar".

A qualificação de "progressista" não podia causar problemas ao senhor?

Da maneira que ele mencionou, não. Porque foi no sentido de alguém que deseja progredir, e não no sentido político.

O senhor continuava alargando seu círculo de amizades?

Continuava. Minhas relações sociais em Maracay se ampliavam. Eu estava em plena forma, imagine só: o Movimento Ruptura e Douglas Bravo de um lado, a Causa R e Alfredo Maneiro no outro. E no meio desse crescimento espiritual, pessoal, moral, político, dei para pintar e escrever. Foi a época em que escrevi contos, textos curtos. Teve um que até mandei para o concurso de contos do jornal El Nacional, *um concurso anual que tinha muito prestígio. Nos últimos anos, isso caiu muito. Nas Forças Armadas também havia um concurso de história. E fiz uma pesquisa sobre "Maisanta", que tinha ressurgido em meu caminho com maior clareza.*

Em que sentido?

No sentido de que a vida e o exemplo desse velho guerrilheiro, meu bisavô, passou a ter mais influência na minha trajetória pessoal que outros contatos políticos. Por exemplo: eu continuava me reunindo com Douglas Bravo e Maneiro. Mas sobre aquele jovem de 24 anos, muito mais que essas personalidades vivas, algumas lendárias, a principal influência que teve foi um morto, junto com Bolívar e seu pensamento: Pedro Pérez Delgado, "Maisanta". Eu já andava à procura das raízes históricas. Não apenas as minhas, mas das minhas saltei às coletivas, ao Exército, e depois às raízes do país.

O senhor continuava jogando beisebol?

Continuava. Em Maracay, também o esporte aparecia. Através de "Chicho" Romero, comecei a jogar beisebol. Mas o batalhão era minha primeira responsabilidade, a de todos os dias.

Sua principal preocupação?

Claro que sim. Absolutamente. Recebi o prêmio de melhor instrutor da unidade de tanques. Sempre gostei da pedagogia. Quando os recrutas chegavam, eu os levava ao fundo do quartel, onde havia um campinho minúsculo, onde não havia muito espaço para disparar. Os recrutas tinham que atravessar correndo entre arames, enquanto eram disparados tiros de festim contra eles. Só que um tiro de festim, quando disparado muito de perto, queima. Então o que eu fazia? Mandava trazerem limões pequenos, que eram metidos em cal molhada e assim ficavam pintadinhos de branco. Depois, eu colocava os atiradores ao longo do caminho. Recruta que chegasse manchado de branco estava "morto", tinha de passar de novo pelo campinho. Os recrutas voavam...

Isso servia para os tanques?

Não, não, essa era a instrução individual, depois vinha a dos tanques. Fazíamos um campo minado com minas de cal. Tanque que "pisasse"... Era para ensinar os condutores. Com os sargentos, também fazíamos ajudas de instrução, desenhos. Com madeira e resina, simulávamos partes do tanque, para explicar melhor. Tínhamos criatividade... Nas sextas-feiras, havia manutenção. Era preciso engraxar o tanque, limpá-lo. Às 5 da manhã eu já estava enfiado no tanque, cheio de graxa. O comandante vinha passar em revista. "Abra a bateria!". Era para ver se tinha água. "Verifique o óleo!". E fazia perguntas aos soldados. Às vezes castigava algum pelotão, eu precisei várias vezes ficar no sábado repetindo a manutenção. Às vezes, premiava: "Licença especial para o pelotão!". Depois de passar a tropa em revista, nós, os oficiais, íamos com o comandante jogar bocha ou dominó na cantina. Era um bom costume, uma confraternização. Esquecíamos a disciplina...

Nessa unidade de tanques, os soldados eram voluntários?

Não. Naquele tempo ainda havia serviço militar e os recrutas eram designados de acordo com a necessidade dos serviços. Várias vezes fui buscar recrutas, entrevistar e selecionar recrutas. Cada oficial tratava de ficar com os melhores. Às vezes havia jovens com problemas psicológicos, mas a maioria era formada por bons rapazes. Muitos desempregados se alistavam, porque não tinham onde estudar, estavam excluídos das escolas, do trabalho etc. Era uma forma de buscar um caminho, mesmo que por um período curto.

O senhor descobriu algum outro oficial progressista?

Lembro que havia um advogado, o dr. López, que visitava o batalhão nas tardes de sexta-feira. Era um intelectual que havia militado no Movimento Eleitoral do Povo. Com ele, organizávamos umas cooperativas de consumo. Cada oficial contribuía com uma soma, depois íamos ao mercado popular e comprávamos para todos nós. Em outra ocasião, o tenente Alastre e eu sugerimos como solucionar, com medidas coletivas, o problema das residências dos oficiais. López era, sem dúvida, um homem de esquerda.

Um dia, por algum comentário que ele fez, o serviço de inteligência do Comando superior proibiu que entrasse no batalhão. Coisa estranha, porque López nunca falava explicitamente de política. O próprio comandante García, numa reunião fechada, nos confessou que não estava de acordo, embora tivesse que cumprir a ordem.

Havia um serviço de inteligência?

Havia, é claro. Meu companheiro Salazar, o que recrutava aspirantes, apelidado de "Pedro, o mau", era oficial de inteligência. Me vigiava bastante porque via o que eu lia. Num daqueles dias, chegou ao quartel um senhor para vender livros, e comprei alguns. Pouco depois, Salazar me chamou: "Soube que você comprou uns livros". Perguntei como é que havia sabido, e se andava me vigiando. "Não, não. Mas não se esqueça que sou o oficial de inteligência, e fico sabendo de muitas coisas." Perguntei a ele: "E o que isso tem a ver com minhas leituras?". Eu o enfrentava. Mais tarde, perguntei a mim mesmo: será que aquilo tudo não era uma operação de inteligência?

O quê, a venda dos livros?

Ahá! Para poder observar o que cada um lia. A verdade é que comprei vários livros, sobre as grandes correntes políticas do século XX. Eram quatro, que conservo até hoje: Comunismo: de Marx a Mao Tsé-tung*;* Fascismo: de Hitler a Mussolini*;* Capitalismo: de Manchester a Wall Street*;* Socialismo: a luta de classes ao Estado de bem-estar social.[25]*. Eram vários autores. O mais interessante era Iring Fetscher[26], autor dos volumes sobre o comunismo e o socialismo. Conhece?*

Não...

É um cientista político alemão muito interessante. Os quatro volumes formam uma enciclopédia política. Estudei todos eles muito de perto. Foi quando comecei a refletir sobre o socialismo primitivo, os primeiros cristãos e a mensagem socialista de Jesus Cristo. A propósito da Judeia do século VIII antes de Cristo, Iring Fetscher escreve o seguinte: "Num tempo de grande aperto interno e externo, à vista da crescente miséria dos pobres e a máxima concentração da riqueza em poucas mãos, apareceram os grandes profetas e exortaram à reversão daquelas condições. No ano 765 antes de Cristo, apareceu o mais antigo e talvez o maior daqueles profetas: Amós. Que lançou em nome de Jeová sua maldição contra os ricos: 'Quero enviar para a Judeia um fogo que aniquile os palácios de Jerusalém... porque venderam o justo por dinheiro, e o pobre por um par de sapatos'". E Fetscher acrescenta: "Idênticos tons encontramos em Oseias e, principalmente, em Isaías: 'Ai daqueles que somam uma casa a outra e um campo a outro, até que deixa de haver espaço e eles sozinhos possuem a região!'"[27]

Muito interessante[28], está na mesma linha de 'O sermão da montanha'.

Sim, sim, mas só que é de muito antes. Embora depois Cristo tenha chegado e confirmado essa linha. Fetscher escreveu: "A doutrina de Jesus é o cristianismo primitivo. As camadas sociais em que Jesus encontrou primeiramente partidários da nova doutrina foram as mesmas nas quais eram recrutados os essênios[29] *(...) Jesus condenou os ricos, sem ulteriores diferenciações, com duras palavras, como se demonstra nas expressões do 'Sermão da montanha', tal como aparecem no Evangelho de Lucas, que transcreve o texto mais antigo e autêntico: 'Bem-aventurados os pobres, porque deles será o reino de Deus. Bem-aventurados os famintos, porque serão locupletados. Bem-aventurados os que choram, porque rirão... Mas, ao contrário, ai dos ricos!, porque longe está vosso consolo. Ai de vós, que estão fartos, porque passarão fome. Ai de vós, que aqui riem, porque chorarão e gemerão'"*[30].

A Igreja acomodou Jesus, e quis deixá-lo no papel de bobo, quando, na verdade, Cristo era um revolucionário radical.

Capítulo 10

Conspirando e recrutando

A água mansa • *O poder está no senhor*
A vitória sandinista na Nicarágua • Marx e Bolívar
Voltem, rostos • A primeira microcélula • Captando cadetes
A teoria da crise • Viagem à República Dominicana
De volta à Academia • Edward de Bono
"Ferramentas do pensamento" • Primeira aparição na televisão
O show de Popy • Conselhos de Hugo Trejo
O general Olavarría • Silo de revolucionários
A morte de Mamãe Rosa • Um poema e um juramento

Minha impressão é que, no final dos anos 1970 e começo dos anos 1980, o senhor viveu — tanto no plano pessoal como no intelectual e profissional — uma espécie de eclosão. Ou seja, de sair do casulo. Houve uma afirmação da sua personalidade, de uma maior confiança em si mesmo, em suas qualidades e potencialidades. O senhor parecia estar ficando maduro para passar à ação.

Naqueles anos — 1978, 79 e 80 — realmente ocorreu como que um conjunto de gatilhos, tanto no campo espiritual como no ideológico e no político. Ainda que continuassem sendo anos de estudo e reflexão. Mas foi quando comecei a preparar, a sério, relatórios políticos e a apresentar propostas sobre temas militares para as reuniões com Douglas Bravo e com o comando do PRV-Ruptura. Já era o movimento civil-militar, ainda não era o MBR-200. Também recordo ter lido muito Alfredo Maneiro, bastante mais intelectual que Douglas, embora eu respeite Douglas intelectualmente. Esta obra de Maneiro, por exemplo (ele mostra o livro), Anotações políticas, *se transformou, naquele tempo, numa leitura de consulta. Essas ideias de Maneiro, seus discursos, ele chamava de "anotações negativas". Morreu de um infarto fulminante, com menos de 50 anos.*

Isto aqui (mostra um folheto) é um discurso de Maneiro, em 1971. Eles publicavam uma revista cultural chamada A casa da água mansa, *uma expressão tomada de um verso de Bertolt Brecht que diz mais ou menos o seguinte: "Com o tempo, a água mansa em movimento triunfa contra o rochedo duro". A água não corrói a pedra por causa da sua força, mas por causa da sua persistência. Era parte da nossa filosofia: ainda não virar cachoeira. As cachoeiras, os redemoinhos, virão, mas por enquanto, água mansa...*

Eram os dias de pesquisar sobre "Maisanta", de ler muito sobre a história para entender melhor todo aquele processo da Venezuela do século XX. Porque a nós ensinaram — mais ou menos — a "história heroica", que é unicamente a do século XIX. Como se o século XX não tivesse existido.

Ou seja: não se falava da história social, só da 'história heroica'... É isso?

Exatamente. Era somente a "história heroica": as batalhas, as guerras, os acontecimentos isolados do aspecto social ou econômico. Naquele tempo li um livro — já falei dele — que teve importância para mim: O poder está em você[1]. *Nele, uma frase de Victor Hugo ficou gravada para sempre em mim: "Não há no mundo algo mais poderoso que uma ideia cuja hora chegou". Eu lia isso em Maracay, em agosto de 1978. Esse livro me ajudou muito a amadurecer, como aquela* Enciclopédia Quillet, *começando eu a ser pai de família, tenente, já com responsabilidades etc.*

Em julho de 1979 acontece a vitória sandinista na Nicarágua. O senhor lembra se foi um assunto comentado nos círculos políticos que frequentava?

Claro. A vitória sandinista significou para nós um impulso muito positivo. Acompanhamos aquela epopeia com sumo interesse. A tomada de Manágua. Naquela época, eu andava de reunião em reunião com Douglas Bravo. Já falei disso: apareceu o coronel Hugo Trejo com um grupo de oficiais nacionalistas, começamos a nos reunir com eles. E apareceu William Izarra, que ainda era oficial da ativa. E entramos em contato com um grupo, que já mencionei, chamado ARMA, Associação Revolucionária de Militares da Ativa. Depois, esse movimento sumiu no vento. Alguns se incorporaram ao nosso, outros sumiram.

Eram também os dias em que eu me consagrava à pintura. Pintei alguns quadros. Ou seja, eu andava numa plenitude esplendorosa.

Do ponto de vista sentimental, intelectual, profissional, político.

Sim, sim, em todos os aspectos: profissional, político, cultural. Desandei a pintar de novo. Esse quadrinho aí, que retrata o rosto de Jose Antonio Páez (mostra o quadro) ganhou um prêmio na Brigada Blindada, em Valencia, num concurso de quadros pintados por oficiais. Este outro óleo — Sombra de guerra no golfo *— representa o pátio do quartel de Maracay, que continua igualzinho, como se o tempo não tivesse passado. Pois vou contar como pintei esse quadro: era a vista do pátio que eu tinha da janelinha do meu quarto. Abria a janela e via a quadra onde estaria a tropa sob meu comando, um banheiro de soldados, um depósito de armas e o pátio da formação. E do lado de cá, uma fileira de estruturas.*

Pintei isso em circunstâncias particulares: corria o ano de 1980, a gente ia sair para a fronteira, por causa de um conflito com a Colômbia. Quando a guerra estava a ponto de explodir, nos mandaram para a fronteira, lá pelo golfo de Maracaibo. Eu saía ao amanhecer com um pelotão de tanques, que já estavam preparados. Então me levantei muito cedo, abri a janela, estava frio, e de repente vi o céu aceso, de um vermelho ardente, e exclamei: "Meu Deus, a guerra!".

Parecia uma paisagem de bombardeio?

Sim, mas era um amanhecer magnífico! De repente, entendi até que ponto uma guerra poderia ser brutal. E disse a mim mesmo: "Se eu voltar disso aí vivo, vou pintar quadros". E quando regressei, pintei essa vista. Depois trouxe esse quadro para a Academia Militar no ano seguinte, quando virei capitão. O mestre Quintanilla, meu professor de pintura, gostou do trabalho, mas perguntou: "O quadro é bonito, Chávez, mas me deixa fazer um retoque?". E fez esses tons escuros aqui, umas sombras que são árvores e que dão à imagem uma dimensão especial. Como um olho que se abre. Jamais confessei isso. Bem, foram anos esplendorosos, com um ritmo de crescimento em todos os sentidos.

Vocês tiraram alguma lição da vitória sandinista?

Para nós, a revolução sandinista foi um grande impulso naquele julho de 1979. Lembro que, numa reunião da direção do PRD, presidida por Douglas, analisamos a experiência e a importância da união do povo com as Forças Armadas. Os sandinistas demonstravam como uma força guerrilheira era capaz — como no caso cubano — de derrotar um exército regular. Por quê? Porque esse exército não tinha apoio popular. Era utilizado por um tirano para atropelar seu próprio povo, e isso, num exército, cria uma grande debilidade. Também analisávamos muito o que havia acontecido com Mao: o povo é, para o Exército, como a água para o peixe.

Nessa vitória da guerrilha sandinista, Douglas, por exemplo, encontrava uma justificativa para a estratégia guerrilheira? Vocês pensaram em relançar a guerrilha?

Não. A renúncia às armas era irreversível.

A vitória sandinista, então, não fez com que voltassem a ter vontade de retomar as armas?

Não, de jeito nenhum. Porque, aqui, a guerrilha vinha saindo da derrota. E além do mais, a Venezuela não era a Nicarágua, as Forças Armadas venezuelanas não eram o Exército de Somoza. Aqui, não havia condições. E tem mais: creio que nunca houve condições para que um movimento guerrilheiro brotasse com força. Che Guevara andou estudando vir para a Venezuela antes de ir para a Bolívia e, por uma série de considerações, preferiu ir para os Andes bolivianos. Aqui nunca houve condições realmente objetivas.

Nem mesmo nos anos 1960, quando os cubanos andaram combatendo junto com a guerrilha venezuelana?

Pois até mesmo aqueles cubanos foram surpreendidos pelo Exército venezuelano logo ali, no desembarque, alguns deles morreram. O comandante Arnaldo Ochoa e outros tiveram que retroceder, foram por Falcón e pouco depois voltaram para Cuba. Bem, repare no infeliz destino de alguns dos líderes: Gabriel Puerta Alponte, um dos grandes chefes daquela guerrilha, ou Teodoro Petkoff, onde estão hoje? Na oposição sistemática à revolução, no lado reacionário. O único daqueles líderes que respeito, porque manteve a estatura, é Douglas Bravo. Bom, e alguns outros, claro, como Alí Primera, que sempre foi consequente com suas ideias. Lamentavelmente não havia, de verdade, um trabalho de massas. Além disso, a Nicarágua era e continua sendo um povo heroico de camponeses (e de grandes poetas), enquanto aqui, como eu já disse, os camponeses vieram, todos, para as cidades nos anos 1960, e os campos estavam praticamente abandonados.

Também, calculo eu, não se pode comparar a ditadura de Somoza com a "democracia imperfeita" da Venezuela daquela época.

Eram sistemas muito diferentes. Embora aqui tenha havido tortura e repressão, as situações não eram comparáveis. A Venezuela, por mais que tenha sido espoliada e roubada, seus governos tinham algo, alguma coisa, para distribuir para a cidadania, para manter um equilíbrio mínimo, uma espécie de miniestabilidade. Por isso, sem dúvida a direção dos grupos guerrilheiros, e num processo de intensa revisão, tanto Douglas como Maneiro — e pode até ser que Maneiro com mais profundidade do que Douglas, porque Douglas nunca avançou além de pequenos grupos — não foram capazes de criar um movimento guerrilheiro poderoso.

Alfredo Maneiro se orientou no rumo. Lembro que discutiam a questão do bairro de Catia e dos movimentos revolucionários de Caracas e nos bairros populosos das grandes concentrações urbanas. Ele mirava o trabalho com a classe operária em Guayana, em Matanceros de Sidor e também com os intelectuais. Faziam, como contei, a revista A Água Mansa. *Lembro de ter mandado uma carta, e me arrependi, porque a escrevi de punho e letra, uma imprudência. Pensei, enfático: "Meu Deus! Violei os códigos de segurança!". Mas depois me informaram que o próprio Maneiro queimou a carta depois de ter lido.*

O que o senhor dizia nessa carta?

Era uma queixa, uma sugestão, como quiser chamar, porque a revista chegou e trazia um capítulo "Os Fantasmas da Casa da Água Mansa". Comecei a ler, e vi que os "fantasmas" eram Marx, Lenin, o Che etc., mas em nenhum lado aparecia Bolívar, nem Simón Rodríguez, Zamora... Escrevi dizendo que os incluíssem entre os nossos "fantasmas". Sempre achei um erro se basear nas grandes figuras internacionais, esquecendo nossas raízes, nosso enraizamento bolivariano.

Existe um sentimento marxista muito crítico em relação a Simón Bolívar, baseado num célebre texto de Marx sobre o Libertador.[2]

Pois é. Mas nem tudo o que Marx escreveu é palavra santa. Além do mais, ele escreveu isso — um artigo para uma enciclopédia norte-americana — baseando-se em outros textos, em segundas ou terceiras fontes.

Muitos marxistas ignoram a riqueza do pensamento revolucionário original da América Latina.

Penso que esse foi um dos grandes erros. Fidel denunciou com frequência o desconhecimento da obra desse imenso revolucionário que é José Martí. Só Mariátegui[3]*, embora tenha morrido muito jovem, tratou de teorizar um marxismo original com raízes nutridas na realidade latino-americana.*

Mas o senhor fez das fontes latino-americanas uma característica original de seu pensamento...

Tentei. Vou contar uma história que um advogado me contou na cadeia. Uma coisa que ele viveu quando era jovem, quando era estudante de direito e militante de esquerda. Sua organização mandou que ele se juntasse à guerrilha, em Guárico, nos fins de semana.

Só nos fins de semana?

Pois é. Muitos estudantes faziam isso, entravam no Partido Comunista e recebiam como tarefa missões de guerrilha urbana ou guerrilha rural por alguns dias, nas férias ou nos fins de semana. Iam para a guerrilha nos Llanos. Lá não havia base social, e isso era compensado com esses estudantes das cidades.

O que o advogado contou ao senhor?

Ele me contou que, com uns 15 guerrilheiros a cavalo e alguns fuzis, chegaram a Corozopando, um povoado do Estado de Guárico, perto do rio Apure, savana adentro, no inverno. Tomaram o povoado, onde havia dois policiais. Meteram os policiais na cadeia, tomaram seus velhos fuzis, uns Máuser. Reuniram os habitantes do lugar, umas duzentas pessoas, e pimba!, desandaram a discursar. O tal do trabalho de massas. Ele, como era estudante e escrevia bem, recebeu dos chefes a missão de pintar com spray *as paredes das casas que caíam aos pedaços:* slogans, grafites... *Ele desandou a escrever por tudo que era parede, e quando voltou para a praça não havia ninguém. A guerrilha havia sumido, e pior, tinham levado o seu cavalo. Ele saiu correndo, mas se perdeu na savana durante vários dias. Finalmente conseguiu encontrar os guerrilheiros num morro qualquer, alcançou-os e ouviu a seguinte pergunta: "Mas onde é que você estava, camarada? Você pôs a patrulha inteira em perigo!". Ele, então, se defendeu, dizendo que estava cumprindo ordens. Foi levado a julgamento revolucionário. Fizeram com que se sentasse entre o primeiro comandante e seu vice. Como era estudante de direito, se defendeu bem. Insistiu em dizer que estava cumprindo sua missão, pintando muros e paredes. Perguntaram o que ele tinha pintado, e ele respondeu: "Viva Lenin!". Então, o vice-comandante perguntou: "E quem é esse Lenin?". Foi quando o comandante interveio para esclarecer: "Lenin é o nosso comandante lá em Caracas, por isso vamos perdoá-lo...". (ele ri) Tinham um desconhecimento total da história revolucionária. Talvez esse advogado exagerasse um pouco, mas isso mostra o que acontecia aqui. Nunca houve um trabalho ideológico a fundo.*

Nesse ponto também haveria uma diferença com a Nicarágua?

Sim. Mas além disso, as condições econômicas da Venezuela não eram as da Nicarágua, um dos países mais pobres do mundo. A Venezuela era — e continua sendo — uma nação pobre, mas com recursos maiores. Um país, como já comentei, praticamente sem classe camponesa, rural, sem setores camponeses. Mas, claro, aquele triunfo sandinista nos animou muito. Mas continuávamos estudando o tema da aliança do povo com o Exército. Essa era a nossa referência, a nossa bússola.

O senhor continuava em Maracay?

Continuava. Passei aqueles três anos no batalhão "Bravos de Apure", e mais ou menos todas essas atividades políticas, intelectuais e culturais continuavam. Foi quando resolvi escrever. Há pouco tempo apareceram, em uma maleta, alguns manuscritos meus, alguns contos, entre eles "O bracelete tricolor". Escrevi durante aqueles anos em Maracay. Também escrevi outros, como "Virem os rostos", que recolhe a vida dos soldados e faz alusão à época de "Maisanta", os primeiros anos do século XX.

Essa expressão "Virem os rostos" foi criada pelo senhor?

Não, não, essa expressão vem de uma batalha da guerra da Independência, a batalha de Las Queseras del Medio, nos llanos, em que José Antonio Páez enfrentou o general Morillo, que era espanhol. Isso aconteceu em 1819. Páez utilizou a "estratégia de disfarça, disfarça" aplicada à cavalaria. Fingiu que se retirava. Morillo o perseguiu com sua cavalaria, até que de repente ouviu-se a ordem: "Virem os rostos!". E numa manobra muito hábil de cavalo e de lança, os perseguidos deram meia-volta, enfrentaram seus perseguidores desprevenidos e dispersos, e os derrotaram. Uma proeza bélica. Lá da outra margem do rio Arauca, Bolívar viu essa ação, e escreveu um relatório dirigido aos "valentes soldados do Exército de Apure". Condecorou todos eles com a Cruz dos Libertadores. Foram 150 homens. Que voltaram, atravessaram o rio a cavalo com suas lanças, e surpreenderam o inimigo acampado num bosque. É daí que vem a expressão: "Virem os rostos!".

O senhor escrevia esses contos para apresentá-los em algum concurso?

Bem, na verdade escrevi "Virem os rostos" para mandar para um concurso.

Aquele que o jornal *El Nacional* organizava?

Isso mesmo. Mas não sei se chegaram a ler. Nunca me responderam. Depois, naquela mesma época, escrevi outro, que se chama "Maurício".

Para mandar para outro concurso?

Não, não, esse eu escrevi para mim mesmo. É uma fantasia. Um conto metafórico sobre a necessidade do retorno de Simón Bolívar[4].

E por que metafórico?

Era uma forma de expressar uma angústia. Não podia ser feito de outra maneira. Não podia escrever em um livro tudo que eu pensava. Seria expulso do Exército.

Mas com seus contos ou suas pinturas...

A expressão artística me permitia evitar a censura. Então, para resumir, naquela época decidi assumir mais meu papel num processo revolucionário que exigia que eu desenvolvesse várias habilidades. Era uma capacitação permanente. E comecei a procurar oficiais, porque eu, sozinho, não ia fazer uma rebelião. Foi quando apareceu o tenente Alastre — que mais tarde participou comigo da rebelião do dia 4 de fevereiro de 1992. Ele era tenente, e estava chegando da França, onde foi fazer um curso. Era especialista em tanques.

Como foi o contato?

Certa noite, estávamos de plantão, e ele me flagrou lendo um livro político. Não me lembro qual. Já éramos amigos, ele também jogava beisebol. Quando me viu lendo aquele livro, me disse: "O senhor sabia que meu pai, o velho Pedro Alastre, foi guerrilheiro?". Perguntei a ele que história era aquela. E ele contou: "Pois é, meu pai foi do Partido Comunista. Quando minha mãe estava grávida de mim, os dois foram presos. Ele foi torturado, e depois partiu para as montanhas".

Foi assim que comecei a me aproximar politicamente dele. Em outra ocasião, perguntei: "Diga uma coisa: você nunca mais viu seu pai?". E ele respondeu que não. Contou que o pai estava doente, em Puerto Cabello. Que pai e mãe haviam se separado. "São de Humocaro", disse. Humocaro Alto, na montanha, um povo muito guerrilheiro. Argimiro Gabaldón também era daquelas bandas...

Quem?

Argimiro Gabaldón, filho do general José Rafael Gabaldón (1882-1975), protagonista de uma rebelião — a "gabaldonera" (abril-maio de 1929) — na época de Juan Vicente Gómez. Argimiro era filho desse velho general. Virou guerrilheiro no começo dos anos 1960. Morreu na montanha, no Estado de Lara, num acidente. Um dia de dezembro de 1964 estavam limpando armamentos, um guerrilheiro deixou escapar um tiro e matou Argimiro.

Foi com Alastre que o senhor criou um primeiro núcleo?

Alastre e eu criamos a primeira "microcélula", vamos dizer. Pouco depois, chegou ao batalhão outro subtenente, Carlos Díaz Reyes, que aliás também esteve na rebelião do dia 4 de fevereiro de 1992. De pura casualidade, fiquei sabendo que seu pai também era um velho comunista, de Los Teques. E foi por aí que comecei a falar com o rapaz: "E o seu pai? Quando aparece por aqui?". Um belo dia o velho chegou no quartel. Com Días Reyes, Alastre e eu, já éramos três. Lembro inclusive que um fim de semana, disse a alguns companheiros, entre eles o "Harold" — aquele professor de inglês que era meu enlace com Douglas, e que na verdade se chamava Nelson Sánchez —, se eles queriam ver os tanques. E entramos no quartel com a desculpa de que iríamos para a quadra de futebol de salão. O que eu queria mesmo era mostrar a eles que já tínhamos uma célula. Alastre veio e falamos com eles. Eu disse: "Algum dia, a gente tira esses tanques daqui para uma rebelião". Ficaram impressionados...

Essa célula foi aumentando?

Foi. Nosso quartel tinha um polígono de tiro, e muitas unidades de outras guarnições iam até lá para disparar. Eu aproveitava cada vez que vinha, por exemplo, um batalhão de paraquedistas. Perguntava o que eles precisavam, oferecia café, essas coisas. Eu me relacionava com eles, atendia, estabelecia contatos, amizade... Em Maracay também fica a Escola de Aviação. E lá estava, como instrutor de voo, meu amigo Luis Reyes. Eu ia visitá-lo. Certa vez, convidei Luis Reyes a ir comigo a uma reunião com Douglas. Tínhamos decidido começar de verdade a conformação de um aparelho, montar uma organização militar revolucionária dentro das Forças Armadas. Luis assumiu a tarefa de começar a forjar quadros dentro da Força Aérea, e eu, no Exército. Não descansamos. Estou falando de antes de 1980, principalmente de 1978, 1979. Trabalhamos duro, conquistando oficiais e cadetes. Quase 20 anos...

A situação favorecia a sua tarefa, não é verdade?

Claro, a situação do país se deteriorava. A economia estava degradada, a corrupção transbordava. Carlos Andrés terminou seu mandato no começo de 1979, e deixou uma Venezuela endividada, quebrada. Veio o "esfriamento" da economia decidido pelo seu sucessor, Luis Herrera Campíns (1979-1984), do Copei. E aconteceu a "sexta-feira negra" (18 de fevereiro de 1983), quando o bolívar foi estrepitosamente desvalorizado e mudou a história econômica da Venezuela. A crise explodiu naquele dia de maneira brutal, mas vinha amadurecendo como um vulcão. Foi quando afloraram a pobreza, o desemprego, o subemprego, a corrupção. Foi aquilo que, em algumas ocasiões, chamei de "teoria da crise", essa acumulação de uma crise em cima de outra. A Venezuela entrou em situação de entropia, um grau de desordem e de caos cuja tendência é escapar de qualquer controle. O país se transformou num sistema totalmente entrópico, sem capacidade para deter a desordem em todos os setores. A crise moral veio se somar à crise econômica. E as duas se uniram, continuaram degradando o sistema, e aquilo foi se transformando numa crise política e social. Tocou a medula social e a medula política.

Vocês sentiam urgência para atuar?

Sentíamos. Mas recordando o aviso de Maneiro: era preciso deixar aquilo tudo amadurecer. Para que nossas ideias chegassem à sua hora. Enquanto isso, avançávamos, mas lentamente. Como a água mansa, sem pressa, mas sem pausa. E nesse quadro, na minha vida pessoal continuavam acontecendo coisas. Num belo dia de 1980, nasceu Maria, minha segunda filha, depois de Rosa. Eu ainda estava no batalhão.

Sempre em Maracay?

Sim, em Maracay. Naquela época viajei para a República Dominicana, São Domingos, essa belíssima cidade do Caribe. Fui jogar beisebol e futebol society, *era uma competição internacional. Naquele tempo o país era governado por um presidente que depois, em pleno exercício do poder, se matou (no dia 3 de julho de 1982): Antonio Guzmán Fernández, do PRD, o Partido Revolucionário Dominicano, que havia sido o mesmo partido de Juan Bosch*[5]*, embora Bosch tenha saído em 1973 e fundado o PLD, o Partido da Libertação Dominicana, mais à esquerda.*

Foi quando descobri os versos desse imenso poeta dominicano que foi Pedro Mir (1913-2000), autor de "Se alguém quiser saber qual é a minha pátria" — que aprendi de cor e citei muito. É um poema muito longo, mas que tem versos que valem a pena recordar: "Se alguém quer saber qual é a minha pátria, não a procure, não pergunte por ela. Não, não a procure. Terá de lutar por ela".

Apesar de sua atividade política, o senhor não deixava o beisebol...

Ao contrário: eu me consolidei como membro dos times de beisebol e softbol do Exército para competições nacionais e internacionais. Participei dos jogos Interforças em Maracay, fomos campeões em Barquisimeto.

Quando foi que o senhor regressou à Academia, como instrutor?

Em 1981. Um belo dia, em março, Humberto Prieto, o novo comandante, me chamou e disse: "Chávez, o senhor pediu transferência?". Respondi que não. As transferências em geral acontecem em agosto. Mas ele me disse: "Seja como for, me alegro pelo senhor, porque foi transferido, irá para Caracas, para a Academia Militar".

E como o senhor recebeu essa notícia?

Por uma parte, me agradava regressar à Academia, que tinha um significado particular para mim. Mas fui com pesar, porque, na verdade, eu estava feliz naquele batalhão. Às vezes a gente se cansa de estar no mesmo lugar, mas eu, não. O "Bravos de Apure" era, para mim, um lugar especial. Até hoje, quando vejo o batalhão desfilar, minha alma vibra. Seu hino é um canto patriótico, um hino perfeito. Deixar Maracay significava também me afastar da nossa organização, que continuava a se desenvolver.

Em que sentido?

No sentido de que já tínhamos ramificações com os paraquedistas. Eu havia começado a conversar com Jesús Urdaneta e com Felipe Acosta Carlez, que estavam nos paraquedistas. Nós nos reuníamos. Não havia compromisso algum, mas uma identidade, um sentimento comum de protesto. Eles, na verdade, ainda não tinham muita clareza política, só manifestavam uma recusa ao que estava estabelecido, e um choque com as velhas gerações dos oficiais. Nem tanto pela situação do país, apesar dos protestos crescerem por todos os lados. Eu tratava de orientar, politicamente, aquilo tudo, mas de homem a homem, de um por um, de casa em casa. Nos fins de semana, às vezes íamos para a praia com nossas esposas, a maioria de nós estava casada, com crianças pequeninas. Então era conversar, tomar umas cervejas, caminhar pela praia, ou ir correr no campo e falar...

Como foi seu regresso à Academia?

Bem, naquele mesmo mês de março de 1981, eu me apresentei na Academia Militar. Lembro que estavam acontecendo os Jogos Interinstitutos e aquele meu regresso à Academia caiu feito sopa no mel. Eu disse isso várias vezes, existem ocasiões em que parecia que tudo conspirava para me ajudar, como se houvesse um plano oculto ou uma conspiração. Cheguei na Academia em pleno auge pessoal, um tenente com dois anos de patente, faltava um ano e meio para ser promovido a capitão, mas vinha curtido... Luis Pulido (comandante do batalhão "Bravos de Apure") dizia para nós: "Quero oficiais valentes", e eu tratei de me transformar em um "valente oficial". No plano político, já havia dado passos importantes de formação. No campo pessoal, estava casado, pai de duas filhas. Tudo caminhava de vento em popa, e com aquela brisa a favor, cheguei outra vez naquele pátio, o pátio de honra, o código de honra, os cadetes ideais. Vi tudo bem claro: ali estava o "ninho de águias". A partir dali, ficou evidente, para mim, que a Academia tinha que ser o ninho... como é que vocês dizem?

O berço da revolução...

Isso: o berço da revolução, o ninho de águias. Nosso movimento caiu, ali, em terra fértil. Cheguei e me nomearam comandante de um pelotão de cadetes até julho de 1981. Aqueles meses todos, tive que fazer um esforço mais ou menos duro para me adaptar às condições físicas, porque nos batalhões de tanques não se faz muito esporte. Lá, na Academia, era preciso marchar a passo veloz todas as manhãs. E sendo um oficial de base, a gente é como um cadete a mais, tem que fazer as mesmas coisas que eles fazem, pelo menos fisicamente. Nos primeiros dias, precisei me apertar com força.

O senhor começou a fazer trabalho político?

Sim, e quase que de saída. Lá já estava Acosta Barlez, que tinha ido antes que eu. Havia um grupo de bons amigos: Brito Valerio, amigo de Cumaná, e Luis Edelmiro. O comandante do corpo de cadetes era o coronal Troconis Peraza, um andino. Do ponto de vista político, percebi rapidamente o potencial que havia ali. Por isso, comecei a falar com alguns cadetes, deixei os oficiais de lado e me dediquei a fazer amizades, a ser bom companheiro para os subalternos, a tratar bem um superior. Eu disse a mim mesmo: aqui estão rapazes cheios de qualidades, já não são recrutas do Exército.

Seriam futuros oficiais...

Sim, futuros oficiais. Ficariam trinta e tantos anos nas Forças Armadas...

Ou seja, o destino pôs à sua disposição, como numa bandeja, os homens que o senhor necessitava para o seu projeto.

Exatamente. É como se tivesse sido planejado. Comecei, então, a "trabalhar" os cadetes. Comecei uma campanha para conquistar para a revolução.

Para o senhor, já tinha ficado claro que queria fazer uma revolução?

Bem, era claro que seria preciso mudar radicalmente aquilo tudo, era preciso refundar a Venezuela. Mas ainda não havia uma estrutura, nem um movimento. Ainda não havia nada orgânico. Estávamos procurando quadros. Pouco depois começaram a aparecer as primeiras adesões. Um dos primeiros com quem conversei, e se incorporou, foi o atual general Euclides Campos Aponte. Também alistei Blanco La Cruz, que era alferes. Outro dos enganchados iniciais foi Frank Morales, que depois esteve na rebelião do dia 4 de fevereiro (de 1992). Nos comprometemos a continuar mantendo contato para continuar a avaliar a situação. Esses primeiros rapazes que fui conquistando eram, em sua maioria, llaneros. Porque comecei a organizar atividades culturais, formei um conjunto de harpas, maracas e violão tenor, esse instrumento tão nosso: um violãozinho de quatro cordas. Montei uma escolinha de pintura, me meti no time de beisebol. Ou seja, a mesma dinâmica. Eu já estava ligado.

O senhor começou, de novo, a organizar concursos de Rainha?

Pois é... (risos) Comecei, de novo, a trabalhar com as Rainhas. E de novo fui mestre de cerimônia. Desse tempo, lembro bem que a nossa Rainha, Astrid Carolina Herrera, acabou sendo Miss Mundo, em Londres, em 1984. Fizemos para ela um tremendo ato no pátio de honra. Gilberto Correa e eu éramos os mestres de cerimônia. Correa e eu. Imagine só! Gilberto Correa, um dos maiores apresentadores de televisão.

Vocês a descobriram antes?

Claro, antes que ninguém. Ela foi Rainha dos cadetes, acho, em 1982. Depois participou do concurso de Miss Venezuela, e aí, do Miss Mundo.

Em Caracas o senhor retomou o contato com suas antigas amizades?

Pois é, retomei meus velhos lugares: Los Chaguaramos, El Águila etc. Voltei aos meus velhos refúgios, lá em Prado Maris, às vezes até me alojava nessa casa. Dos meus amigos, alguns continuavam sendo estudantes, outros já haviam se formado, vários eram profissionais. Iam aparecendo outros lugares para as reuniões clandestinas com Douglas Bravo, com o pessoal da Causa R, especialmente com Pablo Medina. Não me encontrei com Alfredo Maneiro por questões de segurança, ele bateu em retirada, e deixou como contato Pablo Medina.

Quando o senhor foi promovido a capitão?

Em julho de 1982. Obtive o quinto lugar na minha promoção. Vinha dos últimos lugares: como tenente, eu tinha sido o número 40, entre 80 companheiros... Naquele tempo chegou, como diretor da Academia, o general José Antonio Olavarría, um homem de alta classe.

Qual era exatamente a sua função na Academia?

Eu era instrutor, dava aulas de tática, de história, de jogos de guerra, de liderança. Eu gostava muito de dar aulas. Às vezes, nem conseguia dormir, preparando os cursos. Era uma das maneiras de me aproximar dos rapazes. Eu ainda era bastante jovem, tinha 28 anos.

Que experiência pedagógica o senhor tinha?

Não esqueça que meus pais eram professores. Lembre-se que fui alfabetizado e, já no colégio, em Barinas, havia dado aulas a vários companheiros. Como disse, sempre gostei de ensinar, de educar. Mas também, na Academia, fiz alguns cursos de formação didática. Lembro uma história: uma vez fui selecionado para fazer um curso de "desenvolvimento da inteligência"...

Desenvolvimento da inteligência?

Pois é. Muitos caçoavam. Mandaram uns tantos tenentes da Academia, entre os quais estavam Arévalo Méndez Romero — que mais tarde foi embaixador em Madri e Buenos Aires —, Aléxis Velásquez, Quarry Blanco, o "novilho negro", fazer esse curso. O presidente Luis Herrera Camíns tinha criado um Ministério da Inteligência. O ministro se chamava Luis Alberto Machado.

Íamos todos os dias ao Parque Central para um curso que era coordenado por Corina Parisca de Machado, esposa de um dos Machado-Zuloaga, e por Thaís Aguerrevere, dos Aguerrevere e Zuloaga. Famílias da alta burguesia venezuelana. Olavarría mandou a gente fazer esse curso para que nos transformássemos, dentro da Academia, em multiplicadores do método.

Que método?

Uma das ferramentas para analisar um documento, por exemplo, um fato ou uma situação, era chamado de CTF (Considerar Todos os Fatores). Então, falava-se assim: "Nesse caso, aplica um CTF". As ferramentas até que não eram ruins. Outra era o PNI (o Positivo, o Negativo e o Interessante). O PNI sobre algum fato, uma opinião ou um evento. Avaliar o PNI antes de tomar uma decisão. Coisas assim... Eram as teorias, difundidas em escala internacional, de um tal de Edward de Bono[6]*. O senhor já ouviu falar desse cavalheiro?*

O inventor do "pensamento lateral"?

Esse mesmo. Edward de Bono era um guru, assessor de grandes empresas, como a Coca-Cola. Escreveu um livro muito célebre, Seis chapéus para pensar. *Bem, o fato é que fiz o tal curso. Havia civis e militares. Olavarría acompanhava de perto, aparecia de vez em quando. Ele era muito amigo da Corina e da Thaís, e também do ministro Machado.*

O senhor conhecia bem Olavarría?

Não, eu não tinha nenhuma proximidade com ele. Ele era o general-diretor, e eu era só tenente. No fim, quando o curso terminou, entregaram os diplomas e Corina me disse: "Hugo, quero que você venha comigo até a televisão, porque Napoleón Bravo está esperando a gente". Eu nunca havia aparecido na TV. Havia um programa no Canal 4, a Venevisión, ao meio-dia. Era o Bom dia Venezuela, *muito famoso. O senhor sabe quem é Napoleón Bravo?*

Não... Imagino que um apresentador de televisão...

Megaconhecido. Supercélebre. Hoje, está em Miami. Foi um dos que dirigiram o "golpe midiático" dentro do golpe de Estado do dia 11 de abril de 2002. Leu, na televisão, a nomeação do "presidente" golpista: "Hoje, a Venezuela amanheceu diferente...". Na época da minha ida à televisão, ele era muito jovem.

O senhor, então, aceitou o convite.

Bem, era um problema. Eu disse a Corina: "Não posso, sou militar, e tenho que respeitar algumas regras". É que havia alguns oficiais mais antigos que eu no curso. O tenente Roberto Fajardo Miranda, por exemplo, e geralmente, para uma coisa dessas, deve-se respeitar a hierarquia do tempo. Mas ela me disse:

"Não, é você quem deve ir". Corina selecionou quatro ou cinco alunos formados no seu curso de "Desenvolvimento da Inteligência" para que fossem com ela ao programa. Como para demonstrar "Vejam só, esses militares eram umas bestas, e agora já não são tão bestas assim...".

E o que o senhor fez?

Eu disse a ela que, em primeiro lugar, deveríamos convidar Fajardo, que era o mais antigo da turma. E imediatamente ela telefonou para ele. "Roberto, Thaís e eu decidimos chamar o Chávez para nos acompanhar." Ele respondeu que não tinha nenhum problema. Então, pedi a Thaís que ligasse para o general Olavarría. Os dois eram amigos. Eu disse que não podia de repente aparecer na televisão, iam me prender. Ela telefonou no mesmo instante: "José Antonio, precisamos ir para a TV, estão nos esperando, e quero levar o Chávez". Olavarría pediu para falar comigo. Peguei o telefone, e ele me disse: "Pode ir, Chávez. Mas não fale nada de política. Muito cuidado! Vou estar atento". Saímos depressa para ir ao canal.

Foi a primeira vez que o senhor apareceu na televisão?

Foi. A primeira vez, e numa entrevista ao vivo.

O senhor estava fardado?

Claro, claro, com meu uniforme de tenente. Elas começaram a explicar. E o Napoleón me perguntou: "E o senhor, tenente, acredita no desenvolvimento da inteligência?". Não lembro o que respondi (ri). Mas ele insistiu: "O senhor não acha que desenvolver a inteligência no Exército seja perigoso...?". Perguntei: "Perigoso por quê?". E ele: "Bem, porque os subalternos podem ignorar os superiores". Então dei a ele uma resposta redonda: "Não, não: pelo contrário. O desenvolvimento do pensamento ajuda a fortalecer a disciplina. Nós somos militares de uma nova era, um novo tempo: o tempo do desenvolvimento das ideias".

O general Olavarría deve ter gostado, não é?

Ora, gostou e como! Olavarría estava assistindo ao programa com alguns oficiais, e parece que aplaudiram. Quando cheguei de volta, ele estava me esperando: "Parabéns, tenente! Sente-se! Que bom, os tenentes de agora falam muito bem na TV". E começou a provocar alguns coronéis, entre eles Ítalo Alliegro.

Ou seja, o senhor passou a ter fama...

Pois é, Chávez na televisão, ao vivo! Todos os tenentes estavam impressionados, tinham visto o programa. E além disso, Olavarría mandou passar a gravação para que todo mundo visse, nas salas de aula e até no refeitório. A Academia tinha um circuito fechado de TV. Eu senti um pouco de vergonha...

Mas, na Academia, o senhor ficou mais célebre ainda...

E não apenas na Academia, porque pouco tempo depois, chegou "Popy". O senhor sabe quem foi "Popy"?

Não tenho a menor ideia.

O palhaço "Popy", que o ator e cantor Diony López[7] *interpretava, tinha um programa infantil muito popular, o* Show de Popy, *na Radio Caracas Televisión. No programa também apareciam as "popynas", umas moças muito bonitas. O general Olavarría gostava muito desse programa. Um belo dia, ele mandou me chamar: "Olha só, tenente, o 'Popy' quer fazer um programa dedicado à Academia, com as 'popynas' e tudo". E me pediu que bolasse o programa junto com o ator. Então, "Popy" e eu sentamos para pensar. E tive a seguinte ideia: "Vamos fazer um desfile de cadetes, você grava para que todo mundo veja". "Popy" foi pedir licença ao general, que respondeu: "O que Chávez disser está dito".*

E o programa foi feito?

Foi. Botamos o batalhão para desfilar, filmamos, gravamos no refeitório, no pátio... Esse programa foi transmitido umas três vezes.

O senhor ficou sendo um personagem popular?

O senhor nem imagina! Nós morávamos em Caracas, em Baruta, num edifício de apartamentos. Minhas filhas eram pequenas. Muitas crianças moravam lá. Naquele dia, quando cheguei, todas começaram a gritar: "O amigo de Popy!". Fizeram uma tremenda festa para mim.

O senhor, então, ampliava seu raio de ação.

Ora, é só uma história... Mas isso me mostrou, por um lado, a importância da comunicação de massa. E, por outro, talvez isso ajude a entender o acúmulo de coisas que a gente vai somando por dentro, adquirindo todo tipo de experiências.

Em termos políticos, o senhor tinha contatos fora da Academia?

Bem, os que eu já mencionei: meus contatos com o grupo Ruptura, de Douglas, e as redes de militantes ligados a Alfredo Maneiro. Mas sim, o novo e o importante daqueles anos é que intensifiquei bastante minhas relações e minhas reuniões com o coronel Hugo Trejo. Na época, ele morava em Caracas. E além disso, tinha, perto da capital, uma casinha de praia em Macuto. Eu volta e meia ia até lá, com minha esposa e filhas, para um banho de mar, e passávamos a noite. Eu conversava muito com Trejo. Ele tirava seus papéis, suas pastas. Uma vez, quando estava em Maracay, tentei armar uma reunião dele com Douglas Bravo, e consegui. Cheguei a compor um verso da unidade: "Comandante Trejo, comandante Bravo/ Juntos faremos a Revolução, caralho!". Mas aquilo acabou não dando em nada. Trejo me ajudou muito no manejo daquilo que poderíamos chamar de "detalhes técnicos" da conspiração.

Que "detalhes técnicos"?

Ele me dizia, por exemplo: "Hugo, na hora de falar com os oficiais, tome muito cuidado nessas reuniões em que se bebe... As línguas ficam soltas". E ia adiante: "E muito cuidado também com os que não bebem nada... podem estar registrando tudo!".

Ou seja, era preciso desconfiar de todo mundo...

Exatamente. Ele me dizia: "Cuidado com os telefones". E me advertia: "Você tem de se preparar, mentalmente, para o pior, para ser preso, para ser interrogado debaixo de tortura. Vai treinando, isso pode acontecer". E eu levei o velho a sério, me preparava. Às vezes, ele me punha à prova: "Se perguntarem isso, o que você responde? E se perguntarem aquilo, o que você vai dizer?". Sim, ele me preparou a fundo. Tinha uma grande experiência. Vou me lembrar dele para sempre. Fui interrogado várias vezes, e essa preparação serviu.

Mas, enfim, esse tal curso de "desenvolvimento da inteligência" serviu para alguma coisa?

Pois veja só, comecei a aplicar as técnicas de Edward de Bono no curso de História Militar. Pus os cadetes para estudar, por exemplo, as guerras que aconteciam, naquela época, na América Central (em El Salvador, na Guatemala, na Nicarágua). Disse a eles: vamos fazer uma análise da situação particular da Nicarágua. Estávamos em 1982, em pleno apogeu do governo sandinista.

Lutando com a Contrarrevolução...

Bom, pode ser que naquele momento a Contra ainda não tivesse começado com muita força, não é? Mas era, digamos, o impulso positivo da Revolução Sandinista. Além do mais, havia a guerra em El Salvador, a da Frente Farabundo Martí... E assim começamos a estudar aqueles conflitos, com essas ferramentas.

Um tema que era, politicamente, perigoso, não é?

Era, mas com um risco calculado. Olavarría era um homem com inclinações intelectuais, com uma certa cultura. Passava pelas salas de aula observando tudo e, numa dessas passadas, me viu. Eu arrumava as cadeiras dos cadetes em círculo, por grupos, lendo jornais, recortando notícias. Um dia, ele entrou de surpresa numa sala: "Continue, Chávez. É como se eu não estivesse aqui. Continue". Justo naquele momento, eu estava citando Mao Tsé-Tung: "O povo é, para o Exército, como a água para o peixe". E citava Bolívar... No final, os cadetes, entusiasmados pelo trabalho e pelo método, chegaram a uma conclusão: a importância, nos conflitos daquele tipo, do apoio popular às Forças Armadas. E eu pensei: "O general vai é me botar para fora".

E o que Olavarría fez?

A aula terminou, ele me chamou no corredor e disse: "Chávez, parabéns. O senhor é o único que está aplicando os métodos. Passei uma semana observando, e não vi ninguém, a não ser o senhor, aplicando o método". E continuou: "Sexta-feira, na próxima reunião de instrutores, quero que o senhor faça uma exposição do método 'Ferramentas do Pensamento'". Era como se chamava... "Entendido, meu General". Preparei minha palestra a fundo. Quando chegou o dia, Olavarría dirigiu a reunião: "Faça a sua exposição, tenente". Com um projetor, comecei a explicar como a classe se conduziu e quais as conclusões dos cadetes; o povo e o Exército. Utilizei as ferramentas — o CTF, o PNI... —, destaquei todas elas. E assim acabei minha exposição. Então, um coronel que era instrutor convidado e oficial de inteligência, se levantou. O general deu a palavra a ele, e o coronel, de maneira clarinha e direta, disse que eu estava "induzindo os cadetes à rebelião".

Assim?

Pois é. Assim. Houve um murmúrio na sala, e eu disse a mim mesmo: "Caralho...".

O senhor foi desmascarado...

Pois é, eu mal estava começando e me descobriram... (ri) Imediatamente levantei a mão, e Olavarría me disse: "O senhor não precisa intervir, eu mesmo respondo". E se lançou numa ardente defesa minha. Esmagou o coronel de críticas, botou-o em seu devido e mínimo lugar. Disse a ele: "É por isso que não progredimos e o Exército está estancado. Esses jovens oficiais do plano 'Andrés Bello' são as novas gerações...".

Era um homem interessante, o general Olavarría...

Eu o respeito muito. Já sendo presidente, chamei-o uma vez, e o nomeei chefe da Comissão Negociadora com a Colômbia. Ele estudou o tema das fronteiras. É um patriota e, além disso, um homem de berço de ouro. Quando saí da cadeia, ele me convidou para um café da manhã na sua casa. Ele mora em Lagunita Country Club, um dos bairros residenciais mais exclusivos de Caracas. E me deu, de boa-fé, algumas recomendações... para tratar de me moderar, claro. Saímos para caminhar: "Quero que vejam você caminhando comigo, para que as pessoas desfaçam a ideia de que você é um demônio". Um homem inteligente...

O senhor falou com aquele coronel que o acusava?

Falei. Quando saímos no pátio, ele me chamou: "Tenente, o senhor sabe que eu tenho razão". E eu disse: "Quem tem razão é o general. Eu estou cumprindo ordens. Fiz um curso de desenvolvimento da inteligência, e aplico o que aprendi". Esse coronel trabalhava na Polícia Militar. Era um sujeito muito grosseiro, um desses coronéis à antiga. Depois, nunca mais o vi, creio que não voltou à Academia. Não sei se Olavarría o botou para fora. Bom, são histórias, não é?

Significativas...

Eu tinha um caderno grosso, negro, grande, onde anotava coisas, de punho e letra, de todas as aulas, cadete por cadete. Pena que não sei onde está. Marcava, com códigos muito meus, a possibilidade de que tal cadete pudesse se incorporar ao nosso movimento. Quase nunca me enganei. Detectei, por exemplo, Ronald Blanco de La Cruz, e rapazes como Oswaldo Aquino Lamón. A Academia se transformou nisso: num berço, numa lavoura de revolucionários.

Foi nessa época que morreu a sua avó, não foi?

Foi. No plano pessoal, em janeiro daquele 1982 morreu minha avó Rosa Inés. E isso foi um golpe muito, muito duro para mim.

O senhor continuava em contado com ela, escrevendo cartas como quando era cadete?

Não era só isso: eu ia visitá-la em Barinas. Tinha ido naquele mesmo dezembro de 1981. Encontrei-a tão mal, que deixei Nancy e as meninas na casa dos meus sogros, e me instalei com ela no quartinho onde ela estava numa caminha. Procurei um colchonete, pus ao lado. Passei as festas de Natal com ela. Fiz seu presépio, ela gostava quando eu fazia. Fiz massagens nas suas costas, doíam muito, seus pulmões estavam destroçados.

O senhor falou com os médicos?

Sim, falei com um médico, que me disse que ela não tinha muito tempo de vida. No dia 26 de dezembro, eu precisava voltar para a Academia. Ainda era tenente. A despedida foi muito dolorosa, o abraço... Chorei. Alguma coisa me dizia que não tornaria a vê-la com vida. Fui embora chorando. Nancy e as meninas ficaram. Eu tinha de dar plantão no fim do ano em Caracas. Telefonava a cada tanto, perguntando sobre seu estado. Meu irmão Adán estava ao lado dela. E veja só como são as coisas: fiquei de plantão no dia 31 de dezembro, naquela noite falei com Adán, com ela não, porque não conseguia ficar de pé. No dia seguinte, 1º de janeiro, entreguei o plantão às 9 da manhã. E antes de entregar o plantão, o coronel Tovas Jiménez chegou para passar em revista. Era um homem bom, a gente chamava ele de "Cavalo", porque corria como um demônio, andava numa corrente nacionalista próxima à de Hugo Trejo, de quem era muito amigo. Aproveitei para lhe dizer: "Veja, meu coronel, minha mãe velha, a que me criou, está muito mal". Expliquei o que estava acontecendo. Eu era diretor de Cultura e

Esporte da Academia. E ele me disse: "Pois agora mesmo a gente não tem nenhum jogo, então, assim que os demais oficiais e cadetes regressem, lá pelo dia 5 ou 6 de janeiro, você vai embora, vai passar alguns dias com a sua avó".

Então, o senhor tinha que esperar cinco ou seis dias, é isso?

E eu me desesperava. Decidi visitar diretamente o coronel Hugo Trejo, porque a rebelião que ele comandou em 1958 aconteceu num dia 1º de janeiro. Fui dar um feliz ano-novo na sua casa de praia, em Macuto. Lembro que ele me disse: "Este ano, você vai ser capitão! Portanto, é bom se preparar". De tarde, voltei. Mas eu tinha um carro velho, com um motor que queimava muito óleo e fazia muita fumaça, quase não subia, quase não tinha força, parava. Fui até Villa del Cura para ver Ana (a filha de "Maisanta"). Cheguei quando era noite, telefonei para Barinas perguntando pela minha avó. "Continua mal." Naquela noite, fiquei na casa de Ana. E na manhã do dia 2, telefonei outra vez: "Continua muito mal". Eu tinha de voltar para Caracas naquela mesma tarde, porque no dia 3 precisava me apresentar para trabalhar. Eu andava um pouco desalinhado, sem me barbear e com o cabelo um tanto comprido. Saí procurando uma barbearia qualquer na praça Bolívar. Quando voltei, encontrei Ana chorando. "Seu irmão telefonou... Ela acaba de falecer."

Fui, a duras penas, para a Academia. Com aquele carro eu não chegava a Barinas. Telefonei para Adán, dizendo que não sabia como iria, porque num dia 2 de janeiro não se conseguia nenhum ônibus. Disse a ele que ia até a rodoviária para tentar. Consegui uma passagem num ônibus que ia até Trujillo, passando por Guanare, por Boconó. Meu irmão foi me buscar no posto de polícia de Guanare, e fomos para Barinas.

Enterramos a minha avó no dia 3 de janeiro de 1982. E lá, praticamente sobre a sua tumba, pensando, me fardei de verde-oliva, levei-a, junto com outros rapazes, no ombro, caminhamos até a igreja, fizemos seu funeral e fomos semeá-la na terra. E foi quando, imediatamente, escrevi o poema do qual já falei, umas linhas que são assim definitórias, como um "pátria ou morte", um juramento ou uma promessa, porque termino dizendo a ela:

"... E então/ o sorriso alegre/ do teu rosto ausente/ encherá de luzes/ este Llano quente/ e sem um grande cavalgar/ sairá de repente./ E virão os federais/ com Zamora à sua frente,/ e o louro Páez/ com seus mil valentes,/ as guerrilhas de 'Maisanta'/ com toda sua gente". E aqui me saiu o "Pátria ou Morte": "Ou talvez nunca, minha velha/ chegue tamanha dita/ por este lugar./ E então,/ somente então,/ no final da minha vida,/ eu viria te buscar,/ minha Mãe Rosa,/ chegaria à tua tumba/ e a regaria/ com suor e sangue,/ e encontraria consolo/ em teu amor de mãe/ e te contaria/ de meus desenganos/ entre os mortais./ Então, abririas teus braços/ e me abraçarias/ qual tempo de infante/ e me ninarias/ com teu terno canto/ e me levarias/ por outros lugares/ para lançar um grito/ que nunca se apague".

Resumindo: canto a ela, e à rebelião.

Imagino que tenha sido um momento muito doloroso...

Um dos mais duros da minha vida. Mas, como dizem os poetas e os artistas, "the show must go on...", o espetáculo deve continuar. E assim, no dia seguinte voltei para Caracas, com Nancy e as meninas.

Hoje, sua avó estaria orgulhosa do senhor, não é?

Acho que sim. Embora, no começo, ela me dissesse: "Saia daí, você não serve para ser militar...".

Ela mudou de opinião?

Bem, acho que sim, porque parou de falar isso. No final, gostava. Quando cheguei a Barinas, diplomado, ela ficou bem contente: "Ai, como você está bonito nesse uniforme!".

PARTE III

Rumo ao Poder

(1982-1998)

Capítulo 11

Rumo à rebelião

Capitão de Paraquedistas • A rebelião do "sancocho"
O discurso do dia 17 de dezembro de 1982
"Bolívar ainda tem o que fazer na América" • O juramento de Samán de Güere
Criação do Exército Bolivariano Revolucionário (EBR) • A "Sexta-feira Negra"
Chefe do Departamento de Cultura da Academia Militar
A visita do Papa João Paulo II • A morte de Torrijos
O bolivarianismo, um caminho revolucionário latino-americano
Expansão do EBR • Contra a ideia de que "o Partido manda no fuzil"
A "árvore das três raízes" • O Movimento Bolivariano Revolucionário-200

O senhor foi promovido a capitão em julho de 1982, e tornou a deixar a Academia Militar. Foi assim?

Foi. Conforme já disse, fui promovido a capitão no dia 5 de julho de 1982. E em agosto, me mandaram de novo para Maracay. Dessa vez, para os paraquedistas. Fiquei lá três meses, até dezembro, como comandante de uma companhia do batalhão "Antonio Nicolás Briceño" que, dez anos depois, em fevereiro de 1992, foi o batalhão com o qual me rebelei.

Quando cheguei, no final de agosto, me apresentei ao coronel Manrique Maneiro — chamavam ele de "Tigre", porque tinha os olhos "listados" —, um veterano paraquedista. E ele me disse: "Chávez, sei quem o senhor é, porque tem aqui companheiros como Acosta Carlez e Urdaneta, que gostam muito do senhor...". E acrescentou: "Quero que se incorpore ao meu Estado-Maior. Só tenho dois coronéis, porque ninguém gosta de vir para os paraquedistas".

O senhor não era paraquedista...

Não, não era. Bem, tinha feito meu curso básico de paraquedista quando era alferes, mas nunca mais tinha tornado a saltar de um avião. Eu era de transmissões e de blindados. Já companheiros meus, como Jesús Urdaneta e Felipe Acosta Carlez eram oficiais de paraquedismo. Eles, embora fizessem outros cursos, voltavam aos paraquedistas. Por isso, os que não eram paraquedistas de carreira, quando eram mandados para lá, entravam em pânico, por medo de uma lesão, um acidente, a morte. Eu não, eu estava disposto a qualquer coisa. O "Tigre" Manrique me explicou: "Eu não tenho, no meu Estado-Maior, nem G1, nem G2".

E isso é o quê?

Bem, G1 é o oficial encarregado do setor pessoal, e o G2 é quem dirige as operações de inteligência militar e guerra eletrônica. Ele, então, me nomeou G2, e me transformei em responsável pela inteligência. Mas avisei: "Veja, meu coronel, eu tenho que ir embora em dezembro, para fazer um curso avançado. Só posso ficar três meses". E ele contestou: "Nenhum problema, Chávez. Dedique esse tempo para mim. Me ajude a organizar o meu Estado-Maior". E eu aceitei, e fiquei lá aquele período. Foi um trimestre muito especial. Estavam lá, como eu disse, Jesús Urdaneta e Acosta Carlez.

Aquele mesmo Acosta Carlez de que já me falou?

Não, não: um irmão dele, Felipe Antonio, que morreu. Foi morto durante o "Caracaço" (27 de fevereiro de 1989). Lá, nós começamos a refazer velhos grupos, a nos reunir. Luis Reyes Reyes estava na Força Aérea, Pedro Emilio Alastre nos blindados. Eu os visitei, fui fazendo um grupinho aqui, outro ali. E enquanto isso, minhas relações com Douglas Bravo continuavam tensas. Foram organizados vários treinamentos de paraquedismo, e eu disse ao coronel: "Sempre que houver saltos, quero ir".

O senhor gostava de saltar?

Voltei a treinar, cheguei a fazer um salto — em Caicara del Orinoco — muito arriscado. O coronel me avisou: "Veja bem, Chávez, esse salto é muito perigoso. Eu mesmo não vou saltar. O Estado-Maior vai aterrissar no Hércules. Venha com a gente". Mas eu respondi: "Não, meu coronel. Eu sou capitão. O que meus companheiros vão dizer?". E fui com eles num avião pequeno, um Caravan (um Cessna 208), e saltei. Foi horrível, havia um vento de 24 nós[1], fora de todas as normas de segurança.

Não suspenderam o exercício?

Não. A gente tinha que saltar. Havia um grupo de altos oficiais de não sei que país que tinha vindo ver a demonstração de um salto sobre as águas do Orinoco e sobre o aeroporto de Caicara e Cabruta, duas cidadezinhas situadas nos dois lados do rio. Era uma operação de enlace com a Divisão de Infantaria de Selva, que vinha por terra. Ou seja, uma manobra e tanto. Nossa missão era saltar e tomar o aeroporto.

Houve feridos?

Houve um número elevado de feridos, vários fraturados. Eu mesmo dei uma batida contra o asfalto, fui a nocaute. Mas aconteceram coisas piores, porque quando tem muito vento, o paraquedas, ao tocar terra, tende a não se fechar. É inflado pelo vento e arrasta a pessoa. Lembro que um soldado caiu de bruços, e o paraquedas foi arrastando-o pelo chão da pista de aterrissagem, arrancou meia cara dele. Precisamos correr atrás dele, ou o paraquedas o mataria naquele arrastão. Outros tiveram pior sorte: um dos nossos tenentes caiu sobre uma árvore e alvoroçou uma colmeia de abelhas africanas assassinas. Quase morreu.

Das picadas?

Pois é. As abelhas assassinas se meteram pelo seu pescoço, pela nuca... Foi levado de urgência por um helicóptero, se salvou por milagre. A nuvem de abelhas assassinas ficou por lá, dando voltas. Urdaneta e eu começamos a cuidar dos feridos, um machucado aqui, um fraturado acolá. Os observadores estavam num palanque, na sombra, tomando água fresca, assistindo tranquilos ao espetáculo. E de repente, Urdaneta me disse: "Olha só, compadre, as abelhas assassinas vão direto para o palanque..." (ele ri) Aquilo foi cômico. Todos saíram em disparada. No palanque ficaram os gorros, os bonés, os refrescos... e nós dois, rindo.

Riso e medo...

Lembro muito bem daquele salto. Também de outros, que fizemos em El Pao. Foi quando tive problemas com o coronel Manrique.

Que tipo de problema?

Foi no segundo dia em El Pao, e estávamos meio aborrecidos. Depois do salto voltamos para o comando, e um tenente-coronel, que era o oficial de logística, disparou: "Meu coronel, por que não comemos um 'sancocho' de galinha?". Manrique aprovou: "Boa ideia! Olha aqui, Chávez, pega esses cem bolívares e vai buscar a galinha, traz tudo para um 'sancocho'!". Obedeci. Comprei a galinha, cheguei de volta no acampamento, e então aquele tenente-coronel me disse: "Pois agora, prepare o 'sancocho'!". Não gostei nada daquela história. E me neguei. Disse a ele: "Comandante, eu cumpri a ordem do coronel. Aqui está a galinha e tudo que é preciso. Mas não vou cozinhar. O senhor é o oficial de logística, e essa responsabilidade é sua. Eu sou oficial de inteligência". Acabei encontrando uns soldados, e perguntei a eles se sabiam fazer esse prato. Eles me disseram que sabiam, então eu falei: "Pois bem, o comandante quer um 'sancocho', façam isso!". Eu não sabia cozinhar. Se soubesse, até que teria feito. Mas não gostei do tom dele, da prepotência. E fui embora.

Ele era seu superior?

Claro, ele era tenente-coronel e eu só era capitão. Mas nós dois éramos oficiais do Estado-Maior. Portanto, naquela operação, nós dois tínhamos o mesmo grau de status.

O que o "Tigre" Manrique disse?

Lembro que fui até a enfermaria visitar alguns feridos. E quando estava falando com eles, chègou o coronel, vermelho de raiva, porque o tal tenente-coronel havia feito intriga. Ele mandou eu entrar no jipe e ir com ele, que ia dirigindo. Chegamos no lugar onde estavam os soldados.

Os que estavam fazendo o "sancocho"?

Isso mesmo. "Olha só isso aqui!", me disse ele. "Você acha que é assim que se faz um 'sancocho'? Veja bem onde eles estão cozinhando: uma lata velha que conseguiram no morro, manchada de carvão, queimada e suja". Agarrou uma colher e tirou da lata a galinha que ainda estava cheia de penas. E em posição de sentido, gritou para mim: "Você acha que isso aqui é um 'sancocho'?". E então eu me revoltei e, no mesmo tom de voz, respondi: "Meu coronel, eu não sou um capitão 'sancocheiro'!". (ri)

E como é que ele reagiu?

As cores do rosto mudaram. "Então, quer dizer que você não é 'capitão sancocheiro'?". Respondi que não, disse que era oficial de Inteligência. E acrescentei: "Estamos em operações, o comandante é que devia ter previsto a logística, é ele quem quer 'sancocho'. Eu, não. Para mim, o rancho de combate está perfeito. Sou um soldado de combate, meu coronel, e o senhor também". Aquele tenente-coronel era gordo e preguiçoso, gostava mesmo era de comer e coçar a pança... E concluí: "Então, se ele quer 'sancocho', ele que faça. Eu não vou fazer".

Foi a primeira discussão entre os dois?

A primeira. Nunca tínhamos discutido antes. Jamais. Ele estava contente com meu trabalho, com meu trabalho na Inteligência e como ajudante de ordens. Era inteligência estratégica, de paraquedismo. Tinha que identificar as zonas de salto eventuais na Colômbia, na Guiana, em outros países vizinhos. Atualizei para ele aquilo tudo. Mas, a partir daquele incidente, não falou mais comigo, nunca mais mandou me chamar. O gelo, a política do gelo. Quando as manobras acabaram, voltamos para Maracay. E cinco dias depois, o "Tigre" Manrique mandou me chamar. Eu disse a mim mesmo que, com certeza, seria preso. Fui, me apresentei a ele, que me deu uma ordem: "Ajudante, o senhor tem meia hora para voltar aqui e se apresentar em trajes civis". Perguntei: "Mas, meu coronel, por quê?". E ele determinou: "Porque vamos sair e tomar umas cervejas e esquecer esse incidente...". (ri)

O senhor esperava por isso?

De jeito nenhum. Tomamos algumas cervejas, não foram muitas, e conversamos. Ele reconheceu que aquele tenente-coronel gostava demais de "sancocho", e que tinha se deixado levar por ele. Pediu desculpas: "Quero reiterar minha confiança em você. Olha só, Chávez: vejo você falar de Bolívar, e acho que você leva alguma coisa aí, por dentro. Você é diferente dos outros oficiais...".

Ou seja: o conflito entre os dois gerou uma aproximação maior.

Pois é, uma aproximação muito grande. Tanto assim que, passados vários dias, ele me chamou para recordar que, no dia seguinte, 17 de dezembro de 1982, era o aniversário da morte, em 1830, de Simón Bolívar), e pedir que eu reunisse o regimento inteiro e dissesse algumas palavras. Aquele 17 de dezembro foi, talvez, o acontecimento de maior relevância de todos os meses que passei com os paraquedistas. Eu já vinha conversando individualmente, como disse, com os companheiros. Com Urdaneta e Acosta, embora ainda sem nada concreto. Também na Força Aérea havia um capitão que era médico e estava no grupo de Douglas, Carlos Zambrano. E assim naquela data, ao meio-dia e meia, os dois batalhões — uma companhia de comando e uma de comunicações — estavam formados no pátio. Raúl Isaías Baduel, que na época era tenente, comandava a companhia de comunicações. Jesús Urdaneta era capitão no batalhão Chirino, e Felipe Acosta Carlez era capitão no batalhão Briceño. Primeiro, houve um minuto de silêncio. E imediadamente depois, um major, mestre de cerimônia, anunciou: "Palavras a cargo do capitão Hugo Chávez Frías". Fui até o microfone, e o major me perguntou onde estava meu texto. Queria saber se eu não havia escrito o meu discurso. "Pois é, major, não. Vou falar sem anotações". É que eu não escrevo discursos... (ri)

E isso não era o habitual...

Não, não. Não se podia fazer isso. "Como você se atreve?", me disse ele baixinho. "O regulamento exige que você tenha o discurso escrito." Respondi, também em voz baixa, que o coronel tinha me comunicado que teria de fazer o discurso tarde da noite anterior. Ele contestou que eu tive a noite inteira para escrever. "Não, não escrevi nada. Nem vou ler nada." Ele estava furioso, dizia que eu tinha colhões para desafiar daquele jeito, e que mais tarde conversaríamos. E me estendeu o microfone. Todo mundo estava esperando.

A discussão foi transmitida ao vivo?

Ao vivo! Diante de centenas de militares formados na nossa frente. E me ocorreu começar com uma frase de José Martí: "E assim está Bolívar no céu da América, vigilante e atento, ainda sentado na roca de criar, com o Inca ao lado e uma aura de bandeira aos seus pés; assim está ele, calçadas ainda as botas de campanha, porque o que ele não deixou feito, sem fazer está até hoje; porque Bolívar ainda tem o que fazer na América!".[2] Eu recitava esse pensamento completo, e em qualquer quartel onde chegava, a primeira coisa que fazia era pintar o rosto de Bolívar. Os soldados me ajudavam.

Então, foi por aí que comecei. Meu discurso não ficou gravado porque não gravavam nada, mas eu recordo o conceito, desenvolvi a ideia mais ou menos dessa maneira. Segui citando Martí: "porque Bolívar ainda tem o que fazer na América". Na sequência, eu me fazia perguntas: "Como é que Bolívar ainda não vai ter o que fazer na América, se temos um continente povoado de miséria?". Fui por aí... E me cuidei muito de não me referir às questões internas, ao governo venezuelano.

Ficou apenas em termos gerais?

Isso, globalizando a unidade da América Latina. Estamos falando do final de 1982, e eu, desde 1978, mantinha, já por quatro anos, reuniões permanentes com Douglas Bravo e com seu comando político, analisando documentos. Sem esquecer que eu estava estudando Bolívar desde que era cadete. Já tinha artilharia intelectual própria, já tinha meus conceitos pessoais.

O senhor falou durante quanto tempo?

Uma meia hora. Aquilo não era um Alô Presidente... *(ele ri) Foi a uma hora da tarde, e quando terminei o ambiente estava elétrico, tenso. O coronel Manrique nos chamou, e lá fomos nós, galopando. Ao seu lado, o major encarregado do pessoal estava furioso. Ele se chamava Flores Guilland, apelidado de "Gato", acabou morto por um soldado. Não era um mau homem, nem mau oficial. Era de direita. Ele me disse, em voz alta: "Chávez, você parecia um político...". Naquela época, chamar alguém de "político" era quase um insulto. É como se dissessem "corrupto", "mentiroso", "demagogo". Estávamos de pé, o coronel, Urdaneta, Acosta, os majores, os capitães, os tenentes... mais de 30 oficiais alinhados em semicírculo ao redor do comandante. Todo mundo ouviu o que o major havia dito. Eu ia responder, mas Acosta Carlez, rápido feito um raio, falou com sua voz de trovão: "Mas, meu major, como 'político'? É que nós somos capitães da turma 'Simón Bolívar', capitães bolivarianos, e quando falamos como Chávez falou, vocês mijam nas calças...". Eu jamais teria falado assim.*

Impressionante!

Sério mesmo. Ainda havia conflitos entre as novas turmas, de formados, e os velhos oficiais. Já falei disso. A coisa continuava.

Por causa de algum receio?

Havia receio, ciúmes, um certo complexo. Eles tratavam de nos desmerecer. E nós nos defendíamos contra aquela agressão permanente, às vezes exagerando nas palavras. Então, quando Acosta Carlez falou o que falou ao "Gato", o coronel soltou um grito: "Silêncio!". E assumiu, com uma mentira piedosa, uma responsabilidade, ao dizer: "Vejam bem, senhores: tudo que o capitão Chávez disse aqui, tinha me dito em meu escritório ontem à noite. E eu autorizei. Portanto, peço disciplina. Foi um discurso interessante. Que cada um reflita sobre Bolívar e sobre este ato patriótico. Podem se retirar".

Um gesto de solidariedade.

Foi. Depois ele me chamou, caminhamos. E o coronel repetiu: "Você percebe que carrega alguma coisa por dentro? Tenha cuidado, tenha muito cuidado!".

Isso aconteceu, diz o senhor, no dia 17 de dezembro de 1982. Não foi também nesse dia que vocês realizaram o juramento de Samán de Güere?

Sim, foi nesse mesmo dia. Porque logo depois do conflito, Felipe Acosta Carlez, furioso, andava feito um potro sem cabestro, e me chamou: "Olha só, compadre, vamos dar um trote, para nos acalmar e conversar". Também chamamos Jesús Urdaneta e Raúl Isaías Baduel, que era só tenente, mas naquele tempo estava muito próximo a nós, e tínhamos afeto por ele, por causa do seu nível intelectual e pelas suas qualidades humanas. Nós quatro fomos fazer jogging *até La Placera, onde ficavam umas granjas de frangos e de porcos. Depois, ao voltar, fomos até o monumento a Bolívar do Samán de Güere*[3]*, que estava a uns dois quilômetros e lá, debaixo de uma árvore, fizemos o juramento. Quando regressamos ao regimento já era noite.*

Esse juramento estava premeditado ou surgiu no improviso?

Não, chegamos a Samán e paramos. Então eu propus a eles um juramento, que, bem, inventamos ali, na hora.

Pensando no juramento de Bolívar no Monte Sacro de Roma?[4]

Sim, parafraseando, claro, Bolívar no dia do aniversário da sua morte. Pronunciamos as seguintes palavras: "Juro pelo Deus dos meus pais; juro pela minha pátria; juro pela minha honra, que não darei tranquilidade à minha alma nem descanso ao meu braço até não ver rompidas as correntes que oprimem o meu povo pela vontade dos poderosos. Eleição popular, terras e homens livres, horror à oligarquia".

Uma referência a Bolívar, e também a Ezequiel Zamora.

Isso mesmo. Porque, conforme eu já disse, embora oficialmente se falasse muito de Bolívar, ícone da identidade política venezuelana, na verdade a essência da mensagem do Libertador não era aplicada. Tudo era mero formalismo. É que, naquela Venezuela, fizeram com Bolívar a mesma coisa que fizeram com Cristo: falsificaram. E de Ezequiel Zamora, melhor nem falar: estava praticamente apagado da história oficial. E nós decidimos resgatá-los. Bolívar começou a tomar seu espaço à frente de um movimento bolivariano e revolucionário.

Podemos dizer que o juramento foi o ato inicial da Revolução Bolivariana?

Do ponto de vista simbólico, sem dúvida. Aquele foi o ponto de partida formal do movimento. A partir daquele juramento, começamos a trabalhar com muita seriedade. Decidimos conquistar outros oficiais, tendo como base um princípio rigoroso: só aceitaríamos um novo candidato por consenso. Era uma precaução indispensável. E exatamente naquele dezembro de 1982 nasceu o EBR, o Exército Bolivariano Revolucionário, que também significava Ezequiel Zamora, Simón Bolívar e Simón Rodríguez. Mais tarde, mudamos para Movimento Bolivariano Revolucionário (MBR-200).

Por que 200?

Bem, no começo, os corpos de Inteligência explicavam que nos chamavam de "EBR-200" porque éramos 200. Isso, aliás, nos fazia rir. Lembro que comentávamos que quem dera fôssemos 200. Não passávamos de um punhado. Na verdade, é porque estávamos entrando no ano de 200 aniversários do nascimento de Simón Bolívar (nascido no dia 24 de julho de 1783). Por isso pegamos o 200 e anexamos ao nome EBR.

Como começaram se organizar?

O movimento começou a se estruturar com os capitães, que éramos os mais antigos — mais que tenentes, subtenentes e cadetes —, porque começamos a trabalhar na Academia Militar. Formamos pequenos grupos. Já vínhamos, como contei, trabalhando individualmente, convidando de um em um. Pouco depois, convocamos uma reunião que contou, além de nós quatro, com a participação de Ronald Blanco La Cruz, subtenente de paraquedistas, Pedro Alastre López, tenente de blindados, e Luis Reyes Reyes, da Força Aérea. Já éramos, veja só, um grupo de sete oficiais. Então, decidimos formar o comando do Exército Bolivariano Revolucionário (EBR). E assim terminou o ano de 1982. Quando 1983 amanheceu, eu estava fazendo um curso avançado na Escola de Blindados, em Caracas.

Naquele mesmo 1983 houve eleições para substituir o presidente Luis Herrera Campíns, não foi?

Foi. Tivemos eleições no final daquele ano, e ganhou Jaime Lusinchi, da Ação Democrática. Mas esse ano foi, acima de tudo, o da "Sexta-feira negra" (o dia 18 de fevereiro de 1983), o colapso econômico, a fuga massiva de capitais e a crise da dívida externa, responsabilidade também do governo anterior, de Carlos Andrés Pérez, que levaram a uma violenta desvalorização da moeda. Ela passou de 4,30 bolívares por dólar a 15 por dólar... um trauma.

O senhor estava em Caracas quando tudo isso aconteceu?

Pois é, eu estava fazendo aquele curso especializado de Blindados, presencial, no Forte Tiuna. Passei lá uns seis ou sete meses, e aproveitei para continuar fazendo proselitismo, de tal forma que se incorporaram ao movimento alguns oficiais do curso.

O senhor conseguia manter segredo? Ninguém havia descoberto essas conexões?

Absolutamente ninguém. Isso se manteve assim, quase que invariavelmente, até o dia 4 de fevereiro de 1992, com uma ou outra exceção. Mas, veja bem, essas exceções nunca puseram em risco a marcha do movimento.

Quando o curso em Blindados terminou o senhor continuou em Caracas?

Quando o curso acabou, em julho de 1983, eu passei em primeiro lugar, e me nomearam instrutor na Escola de Blindados. Ali consegui incorporar vários companheiros de curso: Pedro Ruiz Rondón, Willy Fernández, Pérez Isa, José Angarita. Todos capitães. Depois, chegaram os cursos dos cadetes, e eu continuei em contato muito estreito com a Academia, onde continuava dando aula aos cadetes. Ficava a 50 metros da Escola de Blindados. Era só atravessar a rua e lá estava a Academia.

Ou seja, o senhor era instrutor na Escola de Blindados e, ao mesmo tempo, era professor na Academia?

Não, não: eu fiquei como instrutor na Escola de julho de 1983 até o começo de 1984, e, de um dia para outro, como aliás já havia acontecido antes, ocorreu uma mudança anormal. Recebi uma ordem: "Apresente-se amanhã na Academia". E eu me apresentei.

Era como uma promoção?

Exato. Uma vez mais, eu voltava para a Academia. Isso significava, o senhor haverá de compreender, melhores possibilidades. Porque uma coisa é ser capitão numa unidade fronteiriça isolada, e outra é estar no coração do sistema. Além do mais, e digo modestamente, eu adquiria a cada dia um prestígio maior. Tinha terminado aquele curso em primeiro lugar. Chegaram até mesmo a me oferecer dar aulas na Escola Superior do Exército, a oficiais superiores. Pediram um instrutor à Escola de Blindados, e o lógico seria que o velho coronel Ojeda mandasse um outro coronel para dar aulas aos tenentes-coronéis. Mas não: Ojeda decidiu que eu fosse dar essas aulas. Foi assim que agarrei meus mapas e, de repente, lá estava eu, dando aulas a altos oficiais.

Aulas de quê?

De tática e estratégia. Era um curso preparatório, antes de começar o curso de Estado-Maior.

E na Academia?

Lá, fui nomeado chefe do escritório de atividades culturais, ou do Departamento de Cultura, não lembro o nome exato. Eu já tinha sido chefe do Departamento de Esportes. O diretor da Academia, naquele momento, era o general Peñaloza Zambrano. De imediato, e como não havia nenhum programa, comecei a elaborar, com muita motivação, um plano de estudos, a fixar objetivos, metas, na música, no teatro...

Quanto tempo o senhor passou nessa atividade?

Fiquei uns seis meses no Departamento de Cultura. Organizando exposições de pintura, fazendo intercâmbios de canto orfeônico, a "estudantina", fazendo eleições de "rainhas"... Chegamos a levar o conhecido cantor e compositor Simón Díaz[5]*, num Dia das Mães. Eu fiquei nisso até julho de 1984, quando recebi uma das maiores honras da minha vida, porque eu não era nem mesmo capitão antigo, mal levava dois anos como capitão. É que, de repente, me nomearam comandante do curso militar. Um curso que, normalmente, é comandado por um dos capitães mais veteranos, por respeito à antiguidade. Aquele ano escolar 1984-1985 foi extraordinário!*

O senhor continuava fazendo esportes?

Claro. Enquanto tudo isso acontecia, eu continuava jogando beisebol com os cadetes, fazia parte do time.

O time da Academia?

Claro, no time da Academia. Havia as competições interuniversitárias. Eu não podia participar dos campeonatos interinstitutos militares, mas dos interuniversitários sim podia, por ter um diploma. Porque, na Liga Universitária de Caracas, aceitavam até cinco diplomados. Jogávamos contra times bons: a Universidade Central, e Universidade Santa María, o Instituto Pedagógico... Eu me lancei nesse time, e foi daí que surgiu o nome "o Famoso".

"O Famoso?"

Pois é. Inventei esse nome porque a gente tinha um grupo fraco, não tínhamos nenhum jogador bom, nem na defesa, nem no ataque. Não tínhamos uma artilharia eficaz. Não ganhávamos quase nunca. Então, para dar mais ânimo, comecei a invocar "Maisanta". E era um tal de "Maisanta, me ajuda!", que os cadetes também começaram a invocá-lo.

Sim, mas porque "o Famoso"?

Chego lá. Um belo dia, no pátio, eu estava comandando o batalhão de oficiais de plantão, e o time beisebol, o meu time, jogava naquela tarde. Então, como eu tinha que mandar os integrantes do time almoçar, na frente do resto do batalhão, disse: "Os do 'famoso' time de beisebol, um passo adiante". Era uma ironia, a fama do time era que não ganhava nunca. Bem, a partir daquele momento, o time passou a ser chamado de "Famoso".

Naquela época, o papa João Paulo II visitou Caracas. O senhor se lembra?

Lembro muito bem. Foi no final de janeiro de 1985. Ele ficou três dias. Chegou numa tarde de um calor tremendo. Foi recebido no aeroporto pelo presidente Jaime Lusinchi, e, claro, rendeu homenagem a um destacamento de cadetes da nossa Academia. Lembro também que ele fez declarações muito hostis à Teologia da Libertação, que classificava como "grave desvio", e estigmatizou os líderes dessa escola, como Gustavo Gutiérrez, Leonardo Boff, Jon Sobrino, Ernesto Cardenal, Ignacio Ellacuría, que seria assassinado em 1989 em El Salvador. Aquela visita de João Paulo II foi muito instrumentalizada politicamente. O empresariado conservador tratou de capitalizar o fervor popular, em aliança com o clero mais retrógrado, mas o pessoal mais tecnocrata e mais "moderno" da Opus Dei entrou na disputa. Nós observamos que o papa acabou aquela visita com um discurso na muito trabalhadora Ciudad Guayana, onde proclamou "o fim das injustiças sociais" na Venezuela. Nisso, estávamos totalmente de acordo.

João Paulo II regressou à Venezuela em fevereiro de 1996, quando o presidente era Rafael Caldera, e lembro que, num discurso no teatro Teresa Carreño, em Caracas, denunciou uma vez mais o "aumento dramático da pobreza que desemboca, muitas vezes, em autêntica miséria".

O senhor conheceu o papa?

Conheci, me reuni com ele no primeiro ano do meu primeiro mandato. Ele me recebeu no Vaticano, no dia 1º de outubro de 1999. O papa já havia feito sua célebre viagem a Cuba, em janeiro de 1998. Eu o convidei a voltar à Venezuela, mas, como sabemos todos, ele faleceu em 2005.

Voltando ao começo dos anos 1980, o general Omar Torrijos morreu em 1981. O senhor lembra daquele momento?

Lembro perfeitamente. Torrijos morreu no dia 31 de julho de 1981. Eu estava na República Dominicana, jogando beisebol pela segunda vez, participando de um torneio. Lembro que, depois do jogo, fomos, com um grupo de oficiais, para a piscina. Era um clube militar. E lá, nos chegou a notícia: o acidente de avião. Para mim, foi um golpe brutal. Muitos historiadores asseguram que foi uma sabotagem da CIA. Morreu aquele oficial revolucionário, que resgatou o canal para o seu povo. Pensávamos muito nele, no seu exemplo.

Torrijos foi um exemplo para o senhor?

Em um determinado momento, sem a menor dúvida. Já falei disso. Seu exemplo nos estimulava a continuar fazendo um trabalho intenso de formação política, de estudo político. Porque, veja bem, é preciso destacar o seguinte: eu sempre insisti na importância do tema ideológico. Nas reuniões com Douglas

Bravo e sua equipe do PRB, nas reuniões com Alfredo Maneiro e sua equipe, nas reuniões com Hugo Trejo e sua equipe... Eu sempre fiz questão de marcar o tema ideológico do bolivarianismo.

No sentido de considerá-lo uma via revolucionária autóctone, latino-americana?

Exatamente. Torrijos, em certa medida, representava isso. E sobre essa base ideológica, o bolivarianismo — é importante afirmar isso —, decidi criar o movimento que nasceu, em 1982, em Samán de Güere. Um movimento que disparou em 1983, 1984, 1985. Esses três anos foram de expansão no nosso movimento, dentro das Forças Armadas, principalmente no Exército, e, com outro ritmo, na Força Aérea, onde estavam Luis Reyes Reyes e Wilmar Castro Soteldo.

Imagino que esses oficiais que foram se integrando ao seu movimento também eram partidários de uma via revolucionária autóctone, venezuelana, bolivariana, e contrários a qualquer experiência do tipo marxista, não é?

Claro que sim. Eu comecei a notar muito cedo em alguns companheiros com quem podia falar de política a partir de seu sentimento de inconformidade, isso lá por 1978 ou 1979, que quando, com infinito cuidado, mencionava o nome de Douglas Bravo, por exemplo, ou o de Alfredo Maneiro, a rejeição era absoluta. O marxismo era visto como uma coisa muito hostil, muito negativa. O grupo de companheiros não estava preparado para chegar a esse nível.

Eles sabiam que o senhor conhecia Douglas Bravo e Alfredo Maneiro?

Não, não. Era preciso ter muito cuidado. Rapidinho entendi que alguns estavam preparados para receber o impacto. Por exemplo: Reyes Reyes, que chegou a comparecer a várias reuniões com Douglas Bravo. Mas até ele logo se afastou do grupo. O capitão Dumas Ramírez também se reuniu, numa ocasião, com Douglas, e depois me disse o que achava: "São homens do passado". Comecei a sentir, até mesmo com meus oficiais mais próximos, uma rejeição. Percebi que, por aquele caminho, não iríamos avançar. O marxismo era a coisa mais oposta à essência das Forças Armadas. Era impossível fazer uma síntese de Marx e Lenin e da idiossincrasia prussiana da nossa formação militar. Além do mais, nos círculos políticos marxistas de Caracas se manejava, de maneira geral, a tese do "braço armado". Eu sempre discutia essa tese, e dizia que tínhamos que constituir um movimento civil-militar.

Ou seja, eles consideravam que as Forças Armadas deviam ser um simples instrumento.

Pois é: o "braço armado" para a rebelião. Mas só o braço: o cérebro eram eles. É que se baseavam na velha ideia maoísta que "o Partido manda no fuzil"[6]*, e que as Forças Armadas devem ser controladas diretamente pelo Partido. Eu* *não estava de acordo. Disse isso várias vezes, e vi como Maneiro ia se afastando. Mantive contato com Pablo Medina. Mas aí Maneiro morreu, e na Causa R ganhou importância uma personalidade, Jorge Olavarría (1933-2005), que eu realmente nunca considerei como se fosse um homem de esquerda.*

Então, comecei a me distanciar, a diminuir a frequência das reuniões com aqueles grupos, e a intensificar, por outro lado, o trabalho dentro do Exército.

A ideia de seus amigos militares, suponho, era que as Forças Armadas deveriam conduzir esse movimento. Era isso?

Bem, havia uma resistência a se colocar, assim de saída, às ordens de uma organização política. Essa ideia simplesmente era rejeitada de saída. Existia o temor de serem utilizados como "inocentes úteis". Já eu achava que tínhamos de avançar rumo a uma síntese das posturas e construir, repito, um movimento civil-militar. Mas naquele momento, conforme digo, me dediquei a consolidar nosso movimento dentro das Forças Armadas. Sugeri a ideia de que começássemos a estudar plenamente Bolívar, e pesquisar a fundo o seu pensamento.

Partindo dos seus textos, ou de estudos críticos?

Partindo dos dois. Reler e estudar seus textos era um indispensável regresso à fonte-mãe, ao manancial original, aos fundamentos. Mas as análises de historiadores e eruditos também eram necessárias. Líamos, por exemplo, vários livros fundamentais: Introdução a Simón Bolívar[7], *de Miguel Acosta Saignes; Bolívar*[8], *de Indalecio Liévano Aguirre;* Bolívar de carne y hueso,[9] *de Francisco Herrera Luque;* Bolívar: pensamiento precursor del anti-imperialismo,[10], *de Francisco Pividal;* El culto a Bolívar,[11] *de Germán Carrera Dumas, entre outros. É que apareceu para nós, com total clareza, o estadista, o visionário da integração latino-americana. Estudamos seus decretos sobre a distribuição de terras ociosas. Nós tentamos definir e estabelecer uma ideologia bolivariana porque, para nós, naquela situação, era uma ferramenta teórica perfeita: nenhum militar poderia rejeitá-la, tinha sustentação histórica e continha todos os elementos revolucionários que a gente precisava para mobilizar os oficiais descontentes.*

Os senhores se interessaram por Miranda, "o precursor"?

Sim, nós também estudávamos muito Francisco de Miranda, a sua Colômbia[12], *sua visão da Europa, sua projeção geopolítica. E também estudávamos Sucre. Nos aprofundávamos na história da Venezuela, na resistência indígena, na figura de Guaicapuro. Vasculhamos, além disso, o pensamento de Simón Rodríguez, sua visão social, suas ideias éticas, educativas, econômicas. E Ezequiel Zamora. Nos dispusemos a apanhar as principais ideias de cada um deles, para formar um corpo de doutrina original, um pensamento político revolucionário e, ao mesmo tempo, profundamente venezuelano. Pouco a pouco, aquilo foi ganhando forma. E assim estabelecemos a "árvore das três raízes" como conceito ideológico fundamental, uma das principais fontes do nosso projeto político.*

Essa ideia foi sua?

Modéstia à parte, devo dizer que sim. Propus esse conceito e até desenhei a árvore. Também desenhei o primeiro logotipo do EBR-200: fiz um braço, um punho e um sabre com sua empunhadura, que formavam um E, um B, um R e um 200. Depois achei militarista demais, e resolvemos deixar de lado. Além disso, taticamente não era conveniente utilizá-lo. Mas eu chegava a esse ponto, a pensar como dar forma gráfica à ideologia. Aqueles anos 1983-1985 foram de expansão do nosso movimento, que foi se multiplicando, principalmente na Academia, onde se incorporaram Ronald Blanco La Cruz, Diosdado Cabello, Jesse Chacón, Edgar Hernández Behrens, Moreno Acosta, Florencio Porras, Moro González, que morreu, e Llanos Morales, que infelizmente também morreu, num desastre de avião, atraindo um companheiro ou um amigo...

Francisco Arias Cárdenas já havia se incorporado?

Não. Arias se incorporou depois, em 1985. Ele estava voltando de um curso de pós-graduação na Colômbia, e naquele momento, como eu já comentei, andava no movimento político ARMA (Aliança Revolucionária de Militares da Ativa). Mas não diretamente com William Izarra, o fundador, mas com o então coronel Ramón Santeliz. Eram principalmente grupos de discussão, não tinham muitos quadros. Já para nós, insisto, a Academia foi um criadouro. Aconteceu o que eu tinha previsto quando cheguei lá: "Se não for aqui, não será em lugar nenhum. A possibilidade máxima está aqui".

E tudo isso era mantido em segredo?

Era, apesar de volta e meia a gente fazer alguma provocação. Por exemplo: quando estávamos marchando, com o coronel à frente, eu puxava o canto de Zamora: "O céu encapotado anuncia tempestade.../ Tremei, oligarcas, viva a liberdade!". E os cadetes — cento e tantos! — repetiam, em coro. No dia do centenário da morte de Ezequiel Zamora, 10 de janeiro de 1985, passamos a madrugada inteira pendurando no bloco do Curso Militar, lá em cima, com letras gigantes feitas de madeira compensada, a frase: "Meu general Zamora, há cem anos da tua morte, teu canto continua conosco". Era uma conspiração aberta.

E ninguém disse nada ao senhor?

O coronel mandou me chamar e perguntou o que aquilo significava. "Meu coronel, é o aniversário do assassinato de Ezequiel Zamora", respondi. Ele respondeu que não estava entendendo direito aquilo tudo, e sentenciou: "Tira aquilo de lá imediatamente. Não quero ver nada amanhã". Tivemos, claro, de desmontar as letras. Mas andávamos enchendo a Academia inteira de símbolos. Aquele também foi o ano das bandeiras negras, as que usava José Antonio Páez, tinha a caveira, mas o mais importante não era a caveira...

Era o lema "Liberdade ou morte!".

Exatamente. "Liberdade ou morte." Essas bandeiras andavam por todos os lados. Símbolos, cantos... Foram anos de expansão, até julho de 1985. Aqueles cadetes — que a gente chamava de "Centauros" — se formaram. O movimento continuava se abrindo, se estendendo. Chegamos a organizar um Primeiro Congresso Nacional do movimento, com uns 20 delegados representando diferentes territórios. Tive essa ideia dos congressos ao observar o que o PCV (Partido Comunista da Venezuela) fazia, anotei como eram organizados, roubei o método deles. Tínhamos o país dividido em regiões, e demos nomes indígenas para elas. Assim, havia "Comando de Área Revolucionária (CAR)" — Guaicaipuro, que era o centro, Miranda, Vargas e Caracas; o "CAR Variná" era Barinas e Apures, o "CAR-Mara" era Zúlia, o "CAR Timotocuicas" era o dos Andes, e por aí afora. Depois, desenvolvemos o Projeto Nacional Simón Bolívar, definimos as linhas estratégicas de planejamento, estudávamos muito a economia, os problemas do campo, as questões educativas, o urbanismo, a saúde, as relações internacionais...

Quantos congressos foram organizados?

Acho que cinco. Fazíamos esses congressos sempre num fim de semana, um sábado e um domingo inteiros. O último que fizemos foi em Maracay, em 1989, depois do "Caracaço", e não tornamos a fazer nenhum outro por questões de segurança.

Vocês convidavam dirigentes de outros partidos?

Para os congressos, não. Mas para nossas reuniões, sim. Participaram, por exemplo, Pablo Medina e Andrés Velásquez[13]*, da Causa R, e alguns do PRV ligados a Douglas Bravo. E também intelectuais independentes. A ideia de estreitar vínculos com civis de esquerda era reafirmar nossa obsessão de avançar rumo a uma unidade civil-militar.*

Vocês elaboravam documentos teóricos?

Sim, sim... Organizávamos agendas para as reuniões, tirávamos fotocópias, elaborávamos teses sobre o pensamento de Bolívar. Pedíamos trabalhos específicos: "Vocês dois se encarregam de levar para a reunião do dia tal uma exposição sobre o pensamento de Zamora". Decidimos, inclusive, no nosso congresso feito em San Cristóbal, em 1986, fazer um jornal, Alianza Patriótica, *mas aconteceu com ele a mesma coisa que tinha acontecido com a revista* A Água Mansa, *e que já mencionei. Escrevia-se sobre todos os líderes revolucionários mundiais — o Che, Marx, Lenin, Mao... — e não se mencionava nenhum único venezuelano, nem*

Bolívar! Fiquei furioso, acho que queimei os 200 exemplares que me mandaram. Nunca houve uma nova edição desse jornal.

E tudo isso sem que os serviços de Inteligência Militar descobrissem vocês?

Bom, teve um momento em que percebemos que nos vigiavam, e tivemos que destruir uma parte da nossa documentação. A Inteligência, realmente, começou a nos caçar, e nos vimos obrigados a fazer desaparecer relatórios, papéis...

Vocês tinham normas de confidencialidade?

Muito severas. Chegamos ao extremo de chamar a atenção de oficiais. Claro, com uma linguagem figurada, mas tínhamos um comando que funcionava, reconhecendo méritos e sancionando. Um militar que faltasse a uma reunião sem justificativa, por exemplo, era repreendido. Uma repreensão breve, mas, enfim...

Ou seja, vocês impunham uma disciplina.

Sim. E também imaginávamos a evolução da situação social do país. E veja só que casualidade: lembro que em quase todas as pesquisas de opinião entre os membros do nosso movimento, já aparecia a ideia de uma rebelião lá por 1990, 1991 ou 1992, ou seja, dali a dez anos. Era o que eles tinham em mente.

Antecipando o que aconteceria dez anos depois?

Exatamente. Nosso pessoal pensava em uma década. Era produto do debate e das discussões. Não havia imediatismo em ninguém. Era a consciência de que havia que trabalhar muito, e aguardar melhores condições. Muitos de nós, em várias reuniões, dissemos inclusive que "Oxalá a classe política venezuelana consiga tirar o país do seu atoleiro, nos pouparíamos de ter que intervir". Nós não queríamos fazer um movimento só por fazer, entende?

Ou seja, vocês se viam como um recurso ou uma alternativa, e só se propunham a atuar no caso de a situação do país continuar se degradando. É isso?

Claro! Se os que governavam mudassem de rumo e, através de um acordo político, tirassem o país do abismo, nós nos pouparíamos de intervir. Mas a Venezuela continuava afundando na pobreza, na miséria, na corrupção e na entrega dos recursos do país.

Vocês também se interessavam por questões econômicas?

Enormemente. Estudamos com grande atenção os processos econômicos. Muitos membros do nosso movimento foram estudar nas universidades, fomos buscar maior conhecimento, mais ferramentas de análise política, social e econômica. Líamos muito. Aquela era a época em que Samuel Moncada, professor de história na Academia Militar, publicou seu livro Os ovos da serpente[14] *e foi obrigado a renunciar ao seu cargo docente. Foi tirado da Academia porque conta, com todos os detalhes, a história da Fedecâmeras (a patronal venezuelana de grandes empresários) por dentro. Eu era oficial designado na Academia quando o livro foi publicado. Assim fomos amadurecendo ao longo do período entre 1980 e 1985, além até do que tínhamos previsto. Eu ficava surpreso. Tanto assim que, em 1986, organizamos outro congresso nacional, para dar mais força a nossas ideias. Já éramos 15 os oficiais que comparecemos, alguns de distâncias longínquas, bem preparados para aquela reunião. E crescíamos tanto que, em 1986, decidimos frear nossa expansão, por considerar que continuar crescendo era arriscado demais.*

Estatisticamente, o perigo de haver delação aumenta na proporção do número de participantes.

É matemático. Por isso mesmo, dissemos: vamos dar uma freada na expansão, e durante um tempo vamos proibir novas adesões. Vamos nos dedicar a consolidar o que temos, homem por homem, estrutura por estrutura. E assim reanalisamos tudo: as células, os comandos das Áreas Revolucionárias, a ideologia, o caráter civil-militar, o aspecto revolucionário... Porque alguns companheiros entravam sem ter uma ideia bem clara da identidade daquilo que éramos, e era necessário esclarecer muito bem que o nosso não era um movimento de direita. Isso tudo depois aflorou, principalmente na prisão (1992-1994). Alguns não aguentaram muito, não tinham uma consciência política sólida. Outros, depois de sair da cadeia, passaram para a oposição.

Com o tempo, alguns inclusive se fizeram oposicionistas ativos, como Jesús Urdaneta e Raúl Isaías Baduel, não é verdade?

Jesús Urdaneta nunca teve firmeza ideológica, é só isso. É um homem ideologicamente débil, e essa é uma coisa que o inimigo percebe depressa. A mesma coisa com Baduel. Bem, a verdade é que Baduel nunca participou intensamente no movimento. Aparecia em algumas reuniões, e mais tarde, quando chegou o dia 4 de fevereiro de 1982, não fez nada, preferiu passar para a reserva. Mas, enfim, chegará o momento e então vamos falar dessas pessoas, se o senhor quiser. Voltando a 1986, o que eu queria destacar é a expansão muito acelerada que a nossa organização estava vivendo. Foi quando decidimos trocar o ERB-200 por MBR-200 (Movimento Revolucionário Bolivariano-200). Trocamos o "E" de Exército pelo "M" de Movimento porque dizíamos que, como já tínhamos um grupo importante na Força Aérea, não podíamos nos definir como Exército. Além do mais, também havia os companheiros da Marinha. Poucos, mas havia. E, finalmente, havia os movimentos civis incorporados. Por tudo isso resolvemos mudar de nome, viramos o MBR-200, e com esse nome chegamos à rebelião do dia 4 de fevereiro de 1992. Antes, porém, precisamos falar do "Caracaço".

Capítulo 12

O "Caracaço"

Três anos em Elorza • De volta a Caracas • Na Seconasede
Viagem à Guatemala • Estudando Ciências Políticas
A volta de Carlos Andrés Pérez • "A Grande Virada"
O 27 de fevereiro de 1989 • As causas do "Caracaço"
Impacto nas Forças Armadas • Morte de Felipe Acosta Carlez • Suspeito
Na Escola Superior de Defesa • Guerra de nervos em Los Pinos
O general Peñaloza • Manobrando • Em Abastecimento!
A "conspiração invisível" • No comando dos paraquedistas de Maracay

Em 1985, o senhor foi afastado da posição que ocupava na Academia Militar e o transferiram para longe de Caracas, para Elorza (Estado de Apure), uma cidade que está no oeste da Venezuela, nos confins com a Colômbia. Por que esse afastamento?

Vai ver acharam que desse jeito iam me desterrar. (ri) A razão foi bem simples: realmente, manter em segredo a existência do nosso movimento era cada vez mais difícil, e nossas atividades, apesar das precauções, acabaram chegando aos ouvidos da Direção de Inteligência Militar (DIM). Souberam, certamente através do general Julio Peñaloza, nosso inimigo declarado, que fazíamos conferências de caráter muito crítico na Academia. E, além disso, não eram discursos marxistas, e sim relacionados com Bolívar, Miranda, com a gesta histórica venezuelana, e isso era difícil de proibir ou castigar. Além do mais, nós, os oficiais implicados naquilo tudo, éramos considerados os mais brilhantes das novas gerações. As Forças Armadas não podiam se privar de uma geração inteira. Por isso, a DIM não nos prendeu, nem nos acusou de "subversivos", mas nos confiaram o mando de tropas em cidades centrais, e nos dispersaram através da imensa geografia da Venezuela, com a esperança que perdêssemos o contato.

Esse afastamento surpreendeu o senhor?

Nem tanto. Porque tampouco recebi como um castigo. Ao contrário: quem me recomendou para esse posto foi Ramón Carrizales, que era um grande oficial de cavalaria e meu amigo. E me confiaram uma responsabilidade militar importante, num lugar estratégico: a fronteira com a Colômbia. Recordo que quando me chegou a ordem de transferência para Elorza, recolhi meus badulaques, saí da Academia, peguei minha lata-velha azul, liguei o motor e exclamei: "Missão cumprida". A gestação estava em marcha, e também o parto que ninguém iria deter. O Movimento Bolivariano Revolucionário-200 era a expressão do mais puro dos sonhos da rapaziada militar dos anos 1970 e 1980, uma juventude heroica.

Que lições o senhor levou da sua estada por lá?

Passei nesse belo Apure três anos. Primeiro, em Elorza. Era o chefe da guarnição da cidade e do Esquadrão de Cavalaria Motorizada "Francisco Farfán"[1]*. Comandava a Unidade Fundamental Isolada, era e é chamada assim. Ou seja, não tinha superiores num raio de 500 quilômetros à minha volta. Eu me sentia como um peixe n'água em Capanaparo, nas Sabanas del Viento, em Barranco Yopal, em Caño Caribe, em Cubarro, em Cinaruco... no meio daquelas planícies onde nasci. Foi como regressar ao ninho, ao berço, às origens. Vivi ali uma das épocas mais felizes da minha vida, de maiores realizações no campo militar, no social e no político. Elorza se transformou numa espécie de laboratório sociológico onde comecei a experimentar ao vivo nossas teses com respeito à relação força armada-povo. O que nunca antes tinha sido feito.*

Ou seja: Elorza serviu para o senhor, digamos, pôr à prova suas teorias sobre o governo da sociedade. É isso?

Exatamente. Porque lá eu me vi obrigado a resolver situações concretas. Tinha mais tempo para pensar, e desandei a ler e a estudar, já que os problemas a serem solucionados eram precisos e reais, não virtuais, nem simplesmente teóricos. Aquilo lá era um microlaboratório humano, onde surgiam na minha frente incógnitas do mundo econômico e social muito específicas. Claro, normalmente esses problemas não tinham de ser resolvidos nem por mim, nem pela minha guarnição. Por isso, no começo, quando me ocorriam ideias para ajudar, eu pedia permissão aos meus superiores, que estavam lá longe. E a resposta era sempre a mesma: "Não, capitão, essa não é tarefa sua. A sua tarefa é patrulhar a segurança da fronteira". E eu, por dentro, me dizia: "Santo Deus, mas será que a segurança não tem relação alguma com a situação dos indígenas, que estão morrendo de fome por aqui? Ou com os pescadores explorados pelas empresas de navegação? Ou com esse povo vivendo na miséria?". Claro que tinha que ver... Porque aquilo lá era o que o general Juan José Torres e os militares socialistas da Bolívia do começo dos anos 1970 haviam chamado de "fronteira interior". E preocupar-me com ela fazia parte da minha missão de garantir da maneira mais inteligente, penso eu, exatamente a segurança daquele território. Então, resolvi não tornar a consultar, nem a pedir permissão, e me dediquei a resolver as dificuldades concretas que existiam naquela área.

Que tipo de problemas?

Por exemplo: o problema do latifúndio ou da exploração do homem pelo homem. Foi quando tropecei, cara a cara, com a questão indígena. Já falei desse tema com o senhor: o drama dos indígenas daquela região, os índios cuyos e yaruros. Aquela terrível tragédia que todos os indígenas da Venezuela viviam, que vendo dava para entender. Nesse sentido, Elorza foi, repito, um laboratório social. Lá eu me pus à prova na liderança, já não militar, com os cadetes ou soldados, mas numa aglomeração de grupos diferentes, estudantes, indígenas, esportistas, jovens... Uma cidade, enfim, de verdade. Uma microssociedade. Como uma sociedade grande, mas em uma maquete de país.

Como era Elorza naquele tempo?

Uma cidadezinha típica da Venezuela esquecida: uma poeirenta rua principal, um hotelzinho, algumas lojas de sírios, vários restaurantes de proprietários colombianos, e lá no final do povoado, a uns dez quilômetros de distância, o quartel militar. Nos arredores: favelas de casebres mambembes, onde moravam os cuyos e os yaruros. O típico e característico drama da miséria naqueles povoados llaneros abandonados. Ou seja, Doña Bárbara *ou* Casas Mortas, *de Miguel Otero Silva*[2]*. E o próprio mundo político, mas em versão micro, mais fácil para entender as manipulações do Pacto de Punto Fijo. Corrupção em todos os níveis, um povo sem governo, abandonado, sem programas sociais do tipo que fosse. Escolas sem água, sem quadro-negro, sem cadeiras, sem banheiros, sem comida. Um hospitalzinho sem médico e sem remédios. Não havia nada. Até o gelo tinha de vir de San Cristóbal. Um povoado ignorado, sem água potável, com as estradas destroçadas. Sair de lá no inverno era impossível. E isso, num país tão rico.*

E o que o senhor fez?

Eu era o chefe militar, mas precisei me transformar em líder social. Tirei os soldados da rotina do quartel, para que se integrassem à vida daquela sociedade. Imaginei uma série de programas civis-militares de desenvolvimento. Saímos por essas savanas buscando pobres e organizando equipes, pescadores que saíam para o rio para pescar... Lá, as festas do 19 de março, dia de São José, são muito importantes, chegam os melhores cantores da música llanera. Mas não era assim. Nós aproveitamos o interesse coletivo por essas festas para organizar o pessoal, tirar as pessoas da sua letargia. Começamos a convocar voluntários para que contribuíssem com dinheiro e com trabalho para a organização da festa. Por exemplo: começamos a recolher vacas velhas e magras, e as engordávamos para depois vendê-las, e o dinheiro ia para o fundo da Junta de Festas. Púnhamos barracas nas esquinas nos fins de semana, para vender comida, bebida e alguma música. Luis Lozada, "El Cubiro" — que em paz descanse — cantando joropos, esse ritmo tão nosso, para animar o pessoal, e o que sobrasse de dinheiro ia direto para o tal fundo. Aquele povoado começou a ter vida. As pessoas se relacionavam. Também trabalhei bastante com os indígenas cuyos e yaruros. Eu me metia nas profundidades do Cajón de Arauca, nas profundas do desfiladeiro Cubarro...

Com seus soldados?

Pois é. Eu comandava uma patrulha de militares barbudos que mais pareciam ser guerrilheiros. Eu mesmo ia, a cada dia, me parecendo mais com o personagem esfarrapado de Lorenzo Barquero, em Doña Bárbara. *Com a ajuda de uma grande etnóloga, Arelis Sumavila, aprendi a conhecer os índios, a apreciar e respeitar seus hábitos e sua cultura, passei semanas vivendo na savana, vivendo com eles e como eles. Além disso aproveitei, como já contei, para indagar muito sobre "Maisanta". A lembrança dele continuava viva e fresca na memória dos mais anciãos daquelas bandas. Isso foi muito importante: me aprofundar em minhas raízes familiares. E na história, na geografia e na cultura dos llanos, essa região de planícies imensas.*

Então, foi um "desterro" fecundo, não é?

Foi sim, muito fecundo. Eu me reconstruí, animicamente, naquele laboratório. Saí de lá muito fortalecido. Aquilo influenciou muito e confirmou a ideia que eu tinha sobre a necessária cooperação entre os militares e a sociedade civil. As experiências vividas lá eram o que eu necessitava para ter uma visão mais completa, integral, da Venezuela real. Isso, apesar de a DIM ter me perseguido até lá.

Ou seja, não perdiam a sua pista... É isso?

Não me largavam!... (ele ri)

O que aconteceu?

Nós, por precaução, tínhamos decidido suspender o convite para novos oficiais ingressarem no Movimento. Mas um dos nossos tenentes (Ramón Valera Querales) pediu que eu autorizasse que ele terminasse o trabalho de adesão que estava fazendo com um subtenente. Autorizei. E o que aconteceu foi que esse subtenente, nervoso, com medo, foi falar com o seu comandante e contou tudo. Disse o meu nome. Naquele momento, não fiquei sabendo, mas notei que, de repente, alguns agentes começaram a me seguir por tudo que era canto.

Vocês tinham documentos ou papéis comprometedores?

Isso é que era a coisa grave: eu guardava no meu quarto documentos muito importantes, livros, cadernos cheios de anotações. E aconteceu que, quando fiquei sabendo da delação, acabava de me operar de um olho e eu estava fora, em Caracas, em Fuerte Tiuna. Ainda bem que pude avisar a alguns amigos, e "limparam" meu quarto, queimaram todos os documentos perigosos. Deu tempo, o tempo exato. No dia seguinte chegaram a Elorza, num aviãozinho, uns agentes da DIM e da DISIP que reviraram tudo e não encontraram nada. Mas quando voltei para lá, me tiraram o comando. Fiquei sem tropa, sem orçamento, sem nada. E apesar disso, a DISIP continuou me vigiando. Num de seus relatórios, chegava a me vincular com a guerrilha colombiana. E assegurava que eu estava preparando uma rebelião entre os indígenas! (ele ri)

O senhor mantinha contato com os outros quadros do MBR-200?

Ficou mais difícil, claro, por causa das distâncias e da vigilância a que continuávamos submetidos. Mas esses obstáculos não nos impediram de organizar, em maio de 1986, nosso terceiro Congresso Nacional do MBR-200 em San Cristóbal, capital do Estado de Táchira, para onde fui com o pretexto de manobras de blindados. Durante esse congresso foram discutidas as principais concepções sobre como deveríamos atuar, principalmente as que foram expostas por Arias Cárdenas e por mim.

Foi quando, pelo que parece, surgiram tensões entre o senhor e Arias Cárdenas?

Arias se incorporou ao nosso Movimento meses antes desse congresso, no final de 1985. É um homem com uma excelente formação intelectual e com experiência conspiradora dentro do Exército. Mas, no começo, houve divergências entre nós, desacordos sobre métodos de trabalho, a linha ideológica, a estratégia de somar militares e civis. Durante o congresso, essas desavenças explodiram e aconteceu uma discussão forte sobre o tema da incorporação e da participação de organizações populares em nosso movimento. Mas isso não nos impediu de avançar e finalmente adotar os princípios filosóficos do Movimento, baseando-nos no pensamento de Bolívar, de Miranda, de Simón Rodríguez e na visão social de Ezequiel Zamora: os quatro nutrientes da nossa filosofia política e da nossa ação.

Depois daquele Congresso de 1986, passamos a contar com uma organização de verdade, para preparar a insurreição civil-militar. E era indispensável, porque já nos meses seguintes, agora sim, se desencadeou a pressão dos serviços de inteligência em cima de mim. Além do mais, os generais Ítalo del Valle Alliegro, Manuel Heinz Azpurua e principalmente Carlos Julio Peñaloza Zambrano queriam acabar comigo.

Mas, ainda assim, o senhor foi transferido de novo para Caracas, não foi?

Fui, só que mais tarde. Em 1986 fui promovido a major. E um dia, ao voltar de uma zona de índios yaruros com uma pequena unidade que eu comandava, cujos soldados — esfarrapados, cabeludos, barbudos — tinham realmente o aspecto de veteranos guerrilheiros, o general Arnoldo Rodríguez Ochoa apareceu para passar em revista. Ele se surpreendeu com o nosso aspecto. Mas conversamos longamente, e no final ele me propôs ser seu ajudante de ordens em San Juan de los Morros (capital do Estado de Guárico), porta da região dos Llanos Centrais. Aceitei. E passados uns poucos meses, ele foi nomeado secretário Nacional de Segurança e

Defesa, e me trouxe junto para Caracas, como chefe de seus ajudantes de ordens. Assim, por insólitas coincidências, de um dia para o outro reapareci na capital.

Quando foi isso?

Meados de 1988, era o final da presidência de Jaime Lusinchi. Num piscar de olhos, passei das margens do Arauca para as ribeiras do Guire. Ainda estava tirando carrapatos do corpo. Uma vez mais, foi como se alguém tivesse conspirado a meu favor. Como se tudo aquilo fosse uma conspiração cósmica. O destino movendo as fichas no tempo exato e com o ritmo adequado. E lá estava eu, de volta à capital. Minhas instalações ficavam no Palácio Blanco (em frente ao Palácio de Miraflores, em Caracas), onde ficava a Seconasede (Secretaria do Conselho Nacional de Segurança e Defesa). Era uma posição importante. Alguns generais resistiram. E, pouco depois, para me desterrar de novo, esse mesmo Conselho me despachou para a América Central, para fazer um curso internacional de assuntos civis...

Naquele momento, havia, na América Central, três conflitos muito violentos: em El Salvador, com a guerrilha da Frente Farabundo Martí de Libertação Nacional (FMLN); na Nicarágua, com a "contrarrevolução" antissandinista financiada por Washington; e, na Guatemala, com a guerrilha da Unidade Revolucionária Nacional Guatemalteca[3] (URNG).

Pois é, havia uma situação muito conflitiva em toda a região. Os Estados Unidos, governados na época por Ronald Reagan (1981-1989), estavam muito implicados nessas três guerras e apoiavam, por política antimarxista e anticomunista, as forças mais retrógradas e revolucionárias da região. Eu estive na Guatemala, que levava quase 20 anos de guerra com repressões cruentas e massacres de civis por parte de ditadores militares, como no curto período do general (Efraín) Ríos Montt (1982-1983). Durante sua breve presidência, houve maciças violações dos direitos humanos. Calcula-se que causou umas 200 mil mortes, na sua maioria indígenas indefesos. Um verdadeiro genocídio. Tudo isso, com o beneplácito de Washington. Quando estive lá, embora o conflito continuasse, a democracia havia sido restabelecida e governava um democrata-cristão, o presidente Vinicio Cerezo (1986-1991). Mas as tensões e a violência eram perceptíveis. As intentonas de golpe militar, lideradas por oficiais reacionários, se sucediam.

Quanto tempo o senhor passou lá?

Foram uns três meses. Fui mandado para a Guatemala de um dia para o outro, queriam era me tirar da Venezuela. Eu fui por disciplina, com o coração partido. Deixava minha mulher, meus filhos. Participei de um curso internacional de aperfeiçoamento em assuntos civis para oficiais de Estados democráticos. Nosso principal instrutor era um alto oficial gringo, que na verdade era porto-riquenho.

Pouco depois, aconteceram mudanças importantes no mundo. Em fevereiro de 1990, por exemplo, caiu a Revolução Sandinista.

Pois é, a Frente Sandinista perdeu as eleições de fevereiro de 1990, e, com essa derrota, terminou nesse país o primeiro período revolucionário começado em julho de 1979, com a entrada das colunas guerrilheiras em Manágua e a derrocada da ditadura de (Anastasio) Somoza. Mas pouco antes, em junho de 1989, o mundo viu as manifestações de protesto na praça Tinanmen, em Pequim, e principalmente, em novembro, a queda do Muro de Berlim. O planeta tremia! Mais tarde (dezembro de 1991) se desintegrou a União Soviética fundada por Lenin. Parecia que no mundo inteiro se apagava qualquer esperança de mudança, de revolução...

Ao regressar da Guatemala o senhor tratou de reanimar o MBR-200?

Estávamos no final de 1988 e, com meu regresso à Seconasede, me vigiavam estreitamente. Mesmo assim comecei, do Palácio Blanco e de Miraflores, a reativar coisas, grupos, comandos. O Movimento tinha diminuído bastante, estava de capa caída. Encontrei tudo, ou quase tudo, desativado. Aquilo me desanimou muito. Cheguei até mesmo a pensar que estava tudo acabado. E tornei ao dilema entre ir embora ou ficar.

Sair do Exército?

Isso mesmo. Porque já fazia três anos que eu estava longe da capital, e desde que tinha voltado a Caracas, a vigilância em cima de mim havia se acentuado. As pressões começaram de novo. Precisei diminuir a atividade, não tinha jeito. Além disso, aconteceram deserções no nosso Movimento, gente que saiu das Forças Armadas, alguns líderes foram para o exterior. Ronald Blanco La Cruz, por exemplo, foi mandado para os Estados Unidos, como oficial-instrutor na Escola das Américas; Luis Reyes Reyes também teve que ir parar num escritório da Força Aérea em Miami, precisava tentar salvar um filho doente, que acabou, tristemente, morrendo. Enfim, nosso Movimento se dispersava. Resolvi então ir estudar Ciências Políticas na universidade, e cheguei a pensar, efetivamente, em sair do Exército e passar para a luta política civil.

O senhor foi estudar Ciências Políticas?

Fui. Aproveitei minha permanência na Seconasede para começar a fazer, a partir de julho de 1990, um mestrado de Ciências Políticas na Universidade Simón Bolívar. Eu tinha acabado de ser promovido a tenente-coronel, aproveitei, pedi permissão e o general Rodríguez autorizou.

As aulas aconteciam nas instalações do Vale de Sartenejas, em Baruta (um município elegante do leste de Caracas). Nenhum dos meus professores era de esquerda, exceto um. Eu discutia muito com eles, e com alguns, aprendi bastante. Um dia, um dos professores me perguntou: "O que o senhor tem em mente, major?". Respondi: "Ideias, professor, ideias". E aquele homem, muito conservador, se alarmou: "Pois essas suas ideias me preocupam muito. Com esse uniforme...". Meu principal objetivo era estudar, me formar, aprender o máximo possível de política, economia, da sociedade. Lembro que o general Pérez Arcay, meu mestre, repetia para mim: "Estuda! Estuda! Você precisa aprender muito. Um dia vai ser chefe de Estado, e será seu dever ser um bom chefe de Estado". Eu não aspirava, de jeito nenhum, a ser chefe de Estado. O que eu queria é que as coisas mudassem.

O senhor se especializou em algum tema?

Bem, comecei a preparar uma tese e me matriculei numa pós-graduação. Uma das matérias que cursei foi "Projetos nacionais, planejamento e desenvolvimento". Fiz um trabalho sobre o VIII Plano, lançado por Carlos Andrés Pérez, que foi chamado de A Grande Virada[4]*. Pois essa "grande virada" foi aquilo que o capitalismo hegemônico mundial e o Fundo Monetário Internacional impuseram, através de um severo plano de ajuste estrutural que acabou provocando o protesto popular e a explosão do "Caracaço".*

Qual era o tema da sua tese?

Sobre a transição. No mestrado, eu já havia feito vários trabalhos nesse rumo...

O senhor estudava as transições políticas aqui na Venezuela, ou também no exterior? Estudava, por exemplo, a transição espanhola?

Sim, estudei várias. Um dos meus trabalhos de mestrado foi justamente sobre a transição espanhola, do franquismo à democracia. E um dos livros que mais consultei foi o de um professor francês, Maurice Duverger.

Um grande especialista em Direito Constitucional.

O livro se chamava Instituições políticas e Direito Constitucional[5]. *O que Duverger propõe me chamou a atenção. Esse foi o livro central que tomei como referência. Quem me recomendou foi um professor de esquerda, que estava lá naquela época. Agora, essa universidade se elitizou quase totalmente.*

A Simón Bolívar?

Essa mesmo. É pública, é do Estado, mas foi sendo elitizada. Naquele tempo, havia bons professores, e, conforme eu disse, alguns eram de esquerda. As matérias que escolhi e os trabalhos que fiz no mestrado estavam orientados para o movimento político que estávamos impulsionando. Havia uma grande atividade política no país. Estamos falando dos anos 1988-1989. Lembro que no dia do "Caracaço", 27 de fevereiro de 1989, embora estivesse doente, com muita febre, fui até a universidade, como aliás fazia todos os dias. Saí do Palácio no meu carrinho. A Universidade Simón Bolívar fica pelo sudeste de Caracas. Cheguei lá e não havia aulas, tinham sido suspensas, e começaram os saques.

Da transição espanhola, o que interessou ao senhor?

Bem, o papel que desempenhou, como uma espécie de quarto poder, o rei Juan Carlos de Bordón, de acordo com a visão de Duverger, e que eu também assumi porque a argumentação me pareceu lógica. Naquele momento, o rei não era o Poder Legislativo, nem o Executivo, porque não era o chefe de governo, nem o Poder Judicial, então era uma espécie de quarto poder. O rei teve um papel importante, vimos isso inclusive (no dia 23 de fevereiro de 1981) quando houve a tentativa de golpe daquele coronel da Guarda Civil, (Antonio) Tejero.

O senhor comentou isso alguma vez com o rei Juan Carlos?

Comentei, comentei. Anos depois, numa conversa com ele, em Madri, toquei no tema daquela transição. E ele me confessou que, quando ia jurar a nova Constituição democrática de 1978, teve uma conversa com um amigo jurista, porque tinha uma dúvida. Ele pensava: "Eu fiz o juramento da Constituição de Franco, e agora vou fazer desta outra. Será legítimo?". Mas o assessor explicou a ele: "É absolutamente legítimo, justamente no marco de uma transição política que pressupõe uma mudança constitucional numa mudança política". Pois é, ele fez esse comentário comigo.

Que outros trabalhos o senhor realizou nessa universidade?

Bem, eu também trabalhei a questão econômica. Lembro de ter feito uma pesquisa sobre o caso Sidor, de Ciudad Guayana (Estado de Bolívar) e o movimento político que, no calor das empresas siderúrgicas do Estado venezuelano, tinha nascido lá. Eu tinha conexões fortes com aquele movimento político dirigido pelos militantes da Causa R, formados por Alfredo Maneiro. Eles me passaram documentos que foram muito, muito úteis para mim, para fazer meu trabalho de investigação sobre o caso Sidor de Guayana. Fiz uma crítica das políticas neoliberais. Já se começava a falar das privatizações. Estudei esse novo ato político que foi nascendo ao calor das lutas dos trabalhadores, os "matanceros" e sua história, o que conferiu ao meu trabalho bastante interesse, já que eu praticamente assumia a voz dos "matanceros".

Outro trabalho que fiz foi mais simples, meu professor da universidade até quis publicá-lo num folheto. Pedi, roguei, que não fizesse aquilo, porque, se publicassem, iriam me causar problemas, eu era um militar da ativa.

O senhor, na universidade, tinha problemas com os outros estudantes?

Não, nenhum problema. Lembre-se de que estamos falando de 1988, e que antes da rebelião do dia 4 de fevereiro (de 1992) eu não era conhecido, nem um pouco, publicamente.

Mas os estudantes não o rejeitavam por ser militar?

Não, não, nenhum. Havia outros militares. Uns que eram de direita, outros de esquerda. Lembro de um coronel... Eu me cuidava muito para não deixar transparecer minha preferência política. Já com os estudantes convivia perfeitamente. Havia uma grande amizade com a maioria, umas moças muito bonitas, tinha até um padre, um empresário... Fiz muitos amigos. Os professores... Há pouco tempo encontrei uma senhora, que me perguntou se eu não me lembrava dela: "Sou a secretária da reitoria". É que eu me metia na administração. Sou do jeito que sou. Gosto de ser amigo de todo mundo, fazer amizades, independente da cor, da classe social. Da mesma forma que frequentava os salões da burguesia, conversando com as "elites", também ficava entre os índios do Capanaparo. A vida militar nos dá isso. Você anda um dia com os soldados, que em boa parte eram analfabetos, com camponeses, e de repente está no Palácio de Miraflores, convidado para participar de uma reunião.

O senhor se lembra de alguns professores?

Claro, lembro de vários. Foi meu professor, por exemplo, Luis Matos Azócar, que havia sido (1984-1985) ministro de Planejamento do governo de Jaime Lusinchi. Foi ele quem me pediu que publicasse o trabalho. Era um líder adeco, depois também foi ministro de Carlos Andrés Pérez, e era assessor do sindicato CTV (Confederação de Trabalhadores da Venezuela). Luis Matos Azócar foi um pensador progressista dentro das filas da Ação Democrática, muito inclinado para a classe trabalhadora, próximo de algumas teses de esquerda. Meu trabalho, cujo título era "A Grande Virada no meio da tormenta" o surpreendeu, e queria publicá-lo como uma espécie de folheto. A grande virada, como contei, não era outra coisa que a política econômica rumo ao neoliberalismo. Era se entregar totalmente ao Fundo Monetário Internacional.

Eu apliquei um modelo matemático. Consegui o software*, e o aplicava na ponta do lápis, com umas listas que eu mesmo elaborava para medir a viabilidade dos projetos nacionais. Tinha tirado isso do livro de Varsavsky, que tem um capítulo sobre viabilidade e explica um método que depois, no cárcere de Yare, Jorge Giordani me explicaria mais detalhadamente e de maneira computadorizada. Além disso, três economistas argentinos, Calcagno, Sáinz e De Barbieri desenharam um modelo matemático para medir a viabilidade de um projeto nacional. Eu apliquei esse modelo ao meu trabalho, mas na ponta do lápis, de madrugada. Não tinha computador. E o resultado foi o mesmo: é inviável.*

O senhor se lembra de algum outro trabalho seu?

Bem, numas cadernetas abordei o tema da geopolítica interna, "a geometria do poder", a partir da tese de outro professor francês, Paul Claval[6]*. Analisei a geometria venezuelana do poder, a divisão político-territorial. E nesse ponto eu* *entrava, com muitas críticas, no tema das autonomias municipais. Os municípios têm grandes extensões territoriais e carecem de poder para garantir a presença do Estado e da lei que permita que garantam políticas de desenvolvimento desses imensos territórios, alguns deles fronteiriços. O único poder que se vê é um prefeito e uma câmara de vereadores que não dispõem de recursos, nem pessoais, nem humanos, nem financeiros, nem jurídicos. Ou seja, são incapazes de fazer que se cumpra uma lei, ou de levar até lá as políticas do Estado.*

Não há, nos estados da Venezuela, aquilo que na França é chamado de "prefeito" e na Espanha de "governador civil", ou seja, quem represente localmente o poder central?

Bom, em cada estado existe um governador, e em cada cidade, um prefeito.

Mas não há um funcionário que represente o Estado nacional em cada estado?

Não. Na verdade, em boa parte do país ninguém representa o Estado nacional, federal. Alguns emissários passam por lá, mas, bem, esse é outro problema que se deveria entrar a fundo e de maneira detalhada.

Voltando ao assunto, eu avancei em minha tese e em meu compromisso acadêmico.

Quanto tempo o senhor passou na universidade?

Um ano e meio. Porque depois chegou "a tormenta de Los Pinos" e, de verdade, não consegui. Pretendia fazer minha tese ao mesmo tempo, mas quando vi que a pretensão do Alto-Comando do Exército de acabar com a minha carreira era para valer, tive que me dedicar a fundo ao Movimento Bolivariano. Por isso, decidi resolver primeiro esse ponto, e deixar a tese para mais tarde.

E nesse mais tarde o senhor teve tempo?

Bem, ainda consegui entregar umas primeiras antecipações do que seria meu anteprojeto sobre como conseguir uma transição rumo a um novo Estado. Era o tema geral da minha tese. Só que aí topava com outra dificuldade: como um militar da ativa elabora uma tese sobre uma transição? Transição para onde? Isso seria me meter em mais profundidades e problemas. E, francamente, naquele ambiente acadêmico, era uma dificuldade a mais, um freio. Por isso, considerando todos os aspectos do problema, eu não tinha pressa em terminar minha tese.

Esses estudos na universidade foram úteis ao senhor?

Muito. Aprendi enormemente. E, em outra ocasião, eles me serviram para fazer uma investigação sobre a evolução da bandeira venezuelana. Eu me transformei num especialista. Até publiquei, na Seconasede, um livretinho sobre o estandarte nacional e sua evolução desde aquele criado por Miranda em 1810. Fizemos um ato, inauguramos o Salão das Bandeiras. Isso foi meses depois do "Caracaço". Carlos Andrés Pérez compareceu, e o general me disse: "Você é o especialista, explique ao presidente". Estávamos passando diante das bandeiras, e eu ia contando a história de cada uma delas. Lembro que quando chegamos ao estandarte das oito estrelas, eu disse: "Senhor presidente, esta é a bandeira na qual o senhor decretou incorporar uma oitava estrela, coisa que não tinha conseguido em seu primeiro mandato: a bandeira de Angostura das oito estrelas". E Carlos Andrés comentou: "Ah!, tem razão, major, está me recordando uma coisa importante: a oitava estrela...". Eu estava falando, em código, da estrela bolivariana...[7]

Naquela época, o senhor teve outros contatos com o presidente Pérez?

Carlos Andrés me conhecia. Inclusive no Palácio de Miraflores, onde me viu pelos corredores várias vezes. Uma noite, me encontrou trabalhando num computador no escritório de segurança. Ele andava passando revista, entrou e me disse: "O que o senhor está fazendo aqui, a estas horas, major Chávez?". Respondi que era um trabalho para a universidade. Expliquei que não tinha computador, e que o major Frank González, o chefe de Segurança, tinha me emprestado aquele. "O que o senhor estuda?", quis saber, e respondi que Ciências Políticas. "Ah! O senhor se interessa por política?", me perguntou ele com desconfiança.

Vocês, no MBR-200, estavam esperando uma crise terminal do Estado para agir?

Estávamos. Só que não pressentíamos nenhuma crise grave. Na realidade, o sistema estava em crise permanente, mas dava mostras de grande flexibilidade, e de capacidade para sobreviver. Tinha, como se diz, uma má saúde de ferro. No final da presidência de Lusinchi, começou a campanha eleitoral para a sucessão, e Carlos Andrés Pérez se lançou na batalha com aquele lema: "Esse homem sim, caminha".

E ganhou...

Pois é. Passei o dia inteiro em que Carlos Andrés ganhou (4 de dezembro de 1988) aquartelado no Palácio de Miraflores. Lembro que, quando terminou o plantão, saí para caminhar e vi que havia uma confusão na porta do Palácio: um grupo de partidários de Carlos Andrés, quase todos bêbados, com um caminhão, tentava entrar ali, e avançava contra uma grade. Surgiram os soldados e um tenente bateu num dos bêbados. Então eu fui até lá, intervi e os agitadores foram presos. Depois, fui no meu carro dar umas voltas pela cidade. Havia agitação por todo lado, gente bebendo, celebrando. O povo não percebia que Carlos Andrés não ia resolver coisa nenhuma. Fui dormir desanimado. Pensei comigo: há dez anos, Carlos Andrés abandonou a presidência acusado de corrupto. E agora regressava, reeleito presidente com uma votação altíssima. Com manipulações mediáticas, eles roubaram do povo até a memória, lobotomizaram o povo. E a esquerda continuava dividida, ineficaz, ineficiente. Que esperança sobrava para este país? Fui dormir completamente desanimado, com vontade de abandonar o Exército, de terminar meus estudos na universidade e ver o que dava para fazer na rua, como ativar movimentos.

Porém, pouco depois esse mesmo povo se rebela e acontece o "Caracaço".

Pois é. Começa o governo de Pérez e quase imediatamente acontece o "Sacudón". Oh surpresa! Esse furacão — triste, pelos mortos e a dor — ativou as forças internas que vínhamos preparando.

Por que aconteceu o "Caracaço"?

Bom, eu já disse que a atmosfera política, econômica e social havia se degradado muito. O país avançava sem rumo nem timoneiro. O sistema político estava putrefato. O discurso da classe política do Pacto de Punto Fijo se desgastou completamente, sua liderança e seu populismo demagógico se esgotaram. Depois da derrubada de Pérez Jiménez (23 de janeiro de 1958), a Venezuela caiu nas mãos de uma classe política que simplesmente se ajoelhou diante da burguesia e do imperialismo. Os presidentes Rómulo Betancourt, Rafael Caldera, Carlos Andrés Pérez. Os partidos do Pacto de Punto Fijo (Ação Democrática e Copei) traíram a cidadania. E ao mesmo tempo a esquerda revolucionária, que havia ido para as guerrilhas da década de 1960, foi golpeada de maneira muito dura. A esquerda política também cometeu erros graves, por suas divisões, seus velhos rancores, suas pequenas disputas e rivalidades. As organizações de esquerda não chegavam a nenhum acordo, não conseguiam se unir. A classe política, em seu conjunto, não estava à altura do que o país precisava. Havia algo que cheirava a podre na Venezuela. E tudo se deteriorou ainda mais na década de 1980.

De que maneira?

Primeiro aconteceu, no final da presidência de Luis Herrera Campíns (do Copei), e eu já comentei, a "Sexta-Feira Negra" (18 de fevereiro de 1983). Uma brutal desvalorização da moeda e uma gravíssima crise financeira e econômica. As pessoas se assustaram. A taxa de crescimento desmoronou. A dívida pública, por sua vez, disparou, apesar da importante receita da exportação de petróleo. A Venezuela precisou se declarar inadimplente e se submeter à tutela e aos ditames do Fundo Monetário Internacional (FMI). Já era um país dependente, com soberania limitada, mas, a partir dali, foi muito mais.

Na presidência de Jaime Lusinchi, entre 1984 e 1989, a situação mudou?

Não, ao contrário. Já falamos disso. Durante o período presidencial de Jaime Lusinchi (da Ação Democrática), a crise econômica continuou a se agravar. Houve novas desvalorizações do bolívar, a moeda nacional[8]*. A incapacidade do governo para atenuar os efeitos da crise sobre o povo disparou a insatisfação da sociedade.*

Além do mais, a opinião pública criticava a nefasta influência de Blanca Ibáñez, a secretária particular e amante de Lusinchi. Como na véspera da Revolução Francesa com Maria Antonieta, a "Austríaca", aqui o descontentamento popular mirou Blanca Ibáñez. O povo a odiava. Dizia-se que, em Miraflores, o presidente não mandava nada, que na realidade o poder estava com "Blanquita", filha de imigrantes colombianos. A legitimidade do Pacto de Punto Fijo desmoronou. Os cidadãos foram tomando consciência do clientelismo, do favoritismo e da corrupção generalizada. O mal-estar social aumentou muito, aumentaram muito a fome, a prostituição, a mendicância, a insegurança pública, a criminalidade. Todos os sinais de uma crise social extrema. As greves e manifestações se multiplicaram. O governo respondeu com perseguições contra o povo, violência contra os estudantes, "desaparecimentos" de líderes políticos, assassinatos de dirigentes operários, truculência contra os camponeses. Aconteceu, em Mérida, uma verdadeira insurreição popular, conhecida como "Meridaço", que o regime levou uma semana para esmagar.

Também aconteceu aquilo que foi chamado de "A noite dos tanques". O senhor se lembra?

Lembro perfeitamente. Esse caso estranho, jamais esclarecido, aconteceu (no dia 26 de outubro de 1988) em plena campanha eleitoral de Carlos Andrés Pérez, quando o presidente Lusinchi estava fora do país. Um grupo de oficiais e soldados com blindados de guerra, as tanquetas, chegou ao Palácio de Miraflores, também rodeou a sede do Ministério do Interior, que cuida da segurança e dos serviços de informações, na esquina de Carmelitas, onde se encontrava o ministro (Simón Alberto Consalvi), presidente interino na ausência de Lusinchi, e La Viñeta, a residência presidencial situada perto do Círculo Militar, em Fuerte Tiuna. Foi uma coisa muito estranha, que disparou todas os alarmes. Não foi, de jeito nenhum, uma coisa casual. Porque, naquele momento, guiado pela embaixada dos Estados Unidos em Caracas, também existia um movimento militar de extrema-direita, formado principalmente por oficiais de alta patente, que conspirava para dar um golpe militar preventivo, e evitar que a esquerda se antecipasse na tomada do poder.

O senhor participou naquela "Noite dos tanques"?

De jeito nenhum. Naquela noite, eu estava jogando uma partida de futebol society *no estádio de Pagüita. Tinham se passado só duas ou três semanas da minha volta da Guatemala, mas acabei sendo apontado como um dos responsáveis daquele preocupante movimento de tropas. Um absurdo!*

Eram momentos de convulsão, correto?

Sim. Agitados, confusos e violentos. Naqueles dias também aconteceu o massacre de Las Coloradas, em El Amparo[9] *(Estado de Apure), onde comandos especiais da DISIP assassinaram 14 pescadores. Lusinchi acabou sendo tremendamente impopular. Mais tarde, em 1991, ele e Blanca foram julgados e condenados por corrupção.*

No entanto, para substituir Lusinchi, os eleitores tornaram a eleger, em dezembro de 1988, um candidato do seu mesmo partido: Carlos Andréz Pérez, da Ação Democrática. Como o senhor explica isso?

É bastante inexplicável. Pode ser, talvez, por causa do seu carisma pessoal, pelo peso de sua liderança inclusive em escala internacional. E também porque ele, no seu primeiro mandato (1974-1979), tenha deixado a lembrança, nas categoriais sociais modestas, de alguns avanços positivos. Não se esqueça que, graças às consideráveis receitas originadas pelos dois primeiros choques petroleiros[10]*, surgiu uma "Venezuela Saudita" do esbanjamento, com muito dinheiro circulando e uma falsa ilusão de opulência. E com desigualdades abissais: por um lado, multimilionários ociosos enriquecidos graças à corrupção, e por outro muitas pessoas pobres passando fome, comendo até mesmo ração de cachorro. Carlos Andrés nacionalizou as indústrias do ferro e do petróleo. Criou a grande empresa Petróleos da Venezuela (PDVSA). Levou adiante uma legislação contra as demissões injustificadas e propôs o salário mínimo. Era um tradicional caudilho populista, mas clamava que era "socialista". E é verdade que, em 1975, foi eleito vice-presidente da Internacional Socialista...*

Tudo isso foi criando a enteléquia de que era um "homem do progresso", um "amigo do povo".

Só que, uma vez reeleito, mudou o discurso, não foi?

Totalmente. Quase da noite para o dia efetuou a tal "grande virada". Assumiu no dia 4 de fevereiro de 1989. E no dia 16, para surpresa de seus próprios seguidores, declarou que ia imediatamente aplicar no país, sem anestesia, uma "terapia de choque" neoliberal exigida pelo FMI. Apoiando-se no seu ministro de Economia, Moisés Naím[11]*, no de Planejamento, Miguel Rodríguez Fandeo, e aconselhado por Jeffrey Sachs*[12]*, que na época era um dos grandes fanáticos do ultraliberalismo, Carlos Andrés, naquele dia, anunciou as deploráveis medidas do "pacotão neoliberal": liberalização do comércio, supressão do controle de câmbio, privatizações massivas de empresas públicas, cortes drásticos nos programas de ajuda social, fortes aumentos de preços de produtos e serviços de primeira necessidade. Dessas decisões todas, as que foram pior recebidas pelo povo foram duas: o aumento dos preços dos produtos derivados do petróleo, a subida — 100%! — no preço da gasolina; e o aumento — 30%! — das tarifas de transporte público. As classes populares, que três meses antes haviam votado em Carlos Andrés, receberam esse selvagem "plano de ajuste estrutural" como uma punhalada traiçoeira.*

Quando os protestos começaram?

Assim que o governo aplicou as medidas. Ou seja, uns dez dias mais tarde. No domingo, 26 de fevereiro, o Ministério de Energia e Minas anunciou que a elevação dos preços da gasolina e o aumento das tarifas de transporte público entrariam em vigor no dia seguinte, a segunda, 27 de fevereiro. Um fim de mês, quando os trabalhadores já não têm um centavo. Foi a gota que transbordou o copo. Às 6 da manhã daquela segunda-feira, em Guarenas, um município da periferia de Caracas, os primeiros trabalhadores que deveriam pegar os ônibus para ir até a capital não aceitaram o aumento das passagens e se rebelaram. Entraram em choque com os transportadores, e tudo começou. As pessoas gritavam "Basta!". Foi a explosão, o início da revolta: "Não ao FMI!". Os moradores de um bairro vizinho, Menca de Leoni (que hoje se chama "27 de Fevereiro"), talhados pela exasperação social, se somaram à insurreição dos viajantes. A fúria popular se desatou. Vários ônibus foram incendiados, as escassas forças policiais se viram atropeladas. Os distúrbios se estenderam como fio de pólvora pelos morros e pelas zonas populares, como El Valle, Catia, Antímano, Coche. Muitos armazéns e lojas foram saqueados por um povo que tinha fome. Na primeira hora da tarde, o levante tinha se propagado ao centro de Caracas e várias cidades do interior. Aquilo não foi apenas o "Caracaço", foi o "Venezuelaço", porque a rebelião popular se estendeu por todo o país. Certamente o epicentro foi em Caracas, mas se estendeu a Barquisimeto, Cagua, Ciudad Guayana, La Guaira, Maracay, Valencia, os Andes. Presa do pânico, o governo decretou toque de recolher, ativou o "Plano Ávila", que colocou a capital debaixo de lei marcial e custódia do Exército, habilitando os militares a abrir fogo com armas de guerra contra os manifestantes civis. Foi reprimida, assim, com a maior brutalidade, aquela rebelião social. Foram cometidos verdadeiros massacres, repetindo a ordem de Rómulo Betancourt: "Atirem primeiro, investiguem depois!".

Onde o senhor estava quando explodiu o 'Caracaço'?

Eu tinha passado a noite na Seconasede, no Palácio Blanco, e, conforme contei, amanheci com febre e mal-estar, dores fortes nas articulações. Meus filhos estavam com rubéola, e já na véspera eu cheguei contagiado. O médico logo confirmou que era uma doença viral muito infecciosa, e que eu não podia ficar lá. Assim, me mandou para casa. Eu não tinha comando de tropa, nem sabia que a rebelião já havia começado. Fui primeiro até a universidade e, como contei, vendo que as aulas estavam suspensas, fui para casa. Naquela época, eu morava com Nancy e as crianças, Rosita, Maria e Huguito, em San Joaquín (no Estado de Carabobo, a uns 100 quilômetros de Caracas), tínhamos acabado de comprar uma casinha modesta. Um dos meus vizinhos e companheiros do MBR-200, o major Wilmar Castro Soteldo, foi quem me deu a notícia: "O que é que a gente faz?", me perguntou. Mas aquilo nos apanhava descoordenados. Não dava para fazer nada.

Vocês não tinham previsto?

Claro que não. Não tínhamos nenhum plano. Foi desesperador. Finalmente chegava o momento e a oportunidade que tanto havíamos esperado, e fomos incapazes de entrar em ação. Lembro que telefonei para Arias Cárdenas dizendo: "O povo se adiantou, saiu primeiro". Esse despertar do povo nos pegou dispersos. Não dispúnhamos nem mesmo de um sistema de comunicação para nos conectarmos entre os membros do MBR-200. Só alguns puderam fazer ações em nível individual, para tentar frear o massacre. Vários oficiais que receberam a ordem de abrir fogo contra o povo se negaram, e ordenaram às suas tropas que não disparassem contra o pessoal. Mas foi uma minoria.

Quantas vítimas houve?

Nunca se soube. Naquele dia correu muito sangue. A cifra oficial é de uns 300 mortos, mas provavelmente houve vários milhares, enterrados em fossas comuns, massacrados. E não por um exército invasor: pelas nossas próprias forças policiais e militares. Cheguei a ver crianças destroçadas pelos disparos dos nossos soldados. Até numa clínica com pessoas em tratamento mental balearam os pacientes. O governo mandou trazer militares do interior do país e os utilizou como uma tropa invasora, como se nosso Exército fosse parte das Forças Armadas do Fundo Monetário Internacional. Muitos oficiais que participaram daquela repressão sentiram remorso e vergonha. Recriminavam muito aquilo tudo. Algumas semanas depois, numa reunião de oficiais, recordei a eles a conhecida frase de Bolívar: "Maldito seja o soldado que aponte as armas contra seu povo". Sem poder me segurar, larguei a frase: "A maldição de Bolívar caiu em cima de nós. Estamos malditos!".

Foi muito forte o impacto nas Forças Armadas?

Doeu muitíssimo na gente. Marcou nossa geração. Deixou marcas indeléveis. Foi nas Forças Armadas que esse sacudão teve, a longo prazo, o maior impacto. Lembro que, meses mais tarde, certa noite, ao entrar no Palácio Blanco, um oficial se aproximou de mim: "Meu major, parece que o senhor anda num movimento, e quero entrar nele". Por razões de segurança, neguei. Mas perguntei por que ele queria participar. O tenente me contou o seguinte: "No dia 27 de fevereiro de 1989, eu estava fazendo serviço de segurança nas imediações do Palácio de Miraflores, e prendi uns rapazes que estavam assaltando uma padaria. Eram uma dúzia, quase todos adolescentes. Levei todos eles presos. Deixei que comessem o pão roubado, porque me disseram que tinham fome. Dei água, passei várias horas conversando com eles, que me contavam como viviam mal nas favelas, no desemprego, na fome. Me suplicavam que os soltasse todos. Bem, eu os entreguei. Puseram esses rapazes numa camionete e levaram embora. Algumas horas depois, descendo por uma rua das vizinhanças, encontrei todos eles metralhados, executados".

Aquele oficial ficou destroçado. Escreveu um relatório. Seus chefes determinaram que se calasse, que não era problema dele, que se tratava de delinquentes, e que era preciso salvar a democracia. Aquele oficial pertencia à Guarda Presidencial, ou seja, era um militar de total confiança do aparelho, mas, a partir daquele dia, esteve mais próximo de nós que do governo. O regime se aproveitou do "Caracaço" para aterrorizar os pobres e dar uma lição. Para que não tornassem a se amotinar. Naquele dia foi cometido o maior massacre da Venezuela do século XX. Naquele dia, a "democracia" venezuelana perdeu a máscara e revelou seu rosto repressor mais odioso. Porque, depois que a rebelião já tinha se apagado, nos primeiros dias de março, o governo continuou seu sistemático e criminoso exercício de terrorismo de Estado. Não devemos desconhecer isso jamais. Era uma ditadura disfarçada de democracia. Por isso digo sempre que estamos proibidos de esquecer.

Houve vítimas entre seus amigos militares?

Sim, desgraçadamente entre as vítimas também havia companheiros nossos. E, entre eles, Felipe Acosta Carlez, um dos fundadores do movimento bolivariano, companheiro leal e grande amigo. No dia 1º de março me deram a notícia: "Mataram Felipe Acosta Carlez!". Não está claro, até hoje, como ele morreu. Estou convencido de que o Alto-Comando e a DISIP, sabendo que era um dos dirigentes do nosso movimento, aproveitaram a confusão reinante para estender uma armadilha e liquidá-lo[13]*. Vai ver, se eu não estivesse doente naquela semana a polícia política também tivesse me liquidado.*

Foi quando o senhor dedicou um poema a ele?

Foi. Naquele mesmo 1º de março, escrevi um poema para ele[14]*. Aquela tragédia enlutou a minha alma, e minha pena se derramou sobre a folha de papel. Embora tenha sido dedicado a ele, na verdade pensei em todas as vítimas. Mas, ao mesmo tempo, aquela dor funcionou como um gatilho. A explosão popular do "Caracaço" rompeu a lápide que trancava a Venezuela num sepulcro coletivo. Porque, por outra parte, se consideramos o panorama internacional, aquele levantamento popular foi admirável.*

Em qual sentido?

Na minha opinião, o "Caracaço" foi o fato político de maior transcendência do século XX venezuelano. E, nesse sentido, marca o renascimento da Revolução Bolivariana. Lembre-se que, naquele mesmo ano de 1989, afundava o muro de Berlim. E Caracas se levantou contra o FMI. Enquanto nas esferas intelectuais internacionais falava-se no "fim da história", e enquanto aqui todo mundo, não só politicamente, mas também financeira e economicamente, estava rendido diante do Fundo Monetário e do Consenso de Washington, uma cidade e um país inteiro se alçaram. Com aquela rebelião dos pobres, com aquela insurreição das vítimas seculares da desigualdade e da exclusão, com aquele heroico sangue popular começava uma nova história na Venezuela. Porque passados escassos dez anos, chegaria nosso governo bolivariano para propor fórmulas alternativas. A Venezuela se alçou na contramão da onda neoliberal. E nós, no Exército, entendemos que não podíamos mais dar marcha à ré.

Em termos pessoais, disse a mim mesmo: "Agora é que não vou deixar o Exército, mesmo que sejamos só cinco a entrar dando tiros no Palácio de Miraflores certa noite, daqui não vamos sair calados". Os outros disseram a mesma coisa. Nosso movimento se relançou, cresceu, passou à ofensiva, se consolidou. Retomamos as reuniões. Só que o governo, ao mesmo tempo e a partir dali, começou a nos golpear duro e a nos pressionar porque nos transformamos numa ameaça aberta e desafiadora.

Como pressionavam vocês?

Dentro dos quartéis começou uma "guerra suja" contra o nosso movimento, trataram de nos desprestigiar diante dos jovens militares. Começaram a nos chamar, de maneira depreciativa, de "Comacates" (Comandantes, majores, capitães, tenentes). Diziam que éramos uma "seita". Naquele fim de 1989, no dia 6 de dezembro, quando aconteceram, pela primeira vez, eleições para governadores e prefeitos[15], chegaram a me acusar de ter planejado, para o dia de Natal, o assassinato de Carlos Andrés Pérez e de oficiais do Alto-Comando. Uma invenção indignante, para alarmar o presidente e me tirar e outros oficiais do Palácio de Miraflores. Fomos presos. Todos tínhamos a patente de major. Então, chamaram isso tudo de "A noite dos majores".

E conseguiram tirar o senhor de Miraflores?

Conseguiram. No final daquele ano, me tiram do Palácio de Miraflores, graças a essa acusação.

E o senhor foi transferido para onde?

Fui designado para Maturín (capital do Estado de Monagas, a mais de 500 quilômetros a leste de Caracas). Eu só podia sair da cidade com permissão especial. Estava lá como oficial encarregado de assuntos civis da Brigada de Caçadores. Mas pouco depois consegui voltar para Caracas, para seguir um curso de dois anos de Comando e Estado-Maior, na Escola Superior de Defesa, em Los Pinos, Fuerte Tiuna. Comecei aquele curso em outubro de 1989 e terminei em julho de 1991. A duras penas, porque aquilo foi uma guerra.

Uma guerra?

Bem, uma rebelião de alunos contra a decisão do chefe do Estado-Maior do Exército, o general Carlos Julio Peñaloza Zambrano, que mandou impedir, a qualquer preço, que eu e um grupo de companheiros nos formássemos. Estávamos marcados por andar conspirando. Não tinham, jamais, conseguido provar isso.

E já haviam me prendido em diversas ocasiões, o que, aliás, não impediu que eu fosse promovido a tenente-coronel. Então, eles se disseram: "Já que não conseguimos que não fosse promovido, a única maneira de frear Chávez e seu grupo é que fracassem no curso do Estado-Maior".

Quem estava por trás disso tudo?

Imagino que o plano fosse do Alto-Comando Militar. Seus executores eram a DIM (Direção de Inteligência Militar) e um grupo de oficiais superiores que eram instrutores naquele curso, e que tinham posto o olho em mim, com a missão de fazer com que eu fracassasse a qualquer preço: no campo da disciplina, no acadêmico ou... até no campo físico. Quem mais me detestava era o próprio Peñaloza Zambrano. Olha só: no dia em que me prenderam (6 de dezembro de 1989), esse general mandou me chamar na sua sala de Comando, e me convidou a nos batermos num duelo a tiros!

Como num filme do velho oeste...

Ele me disse: "Major Chávez, sabemos que o senhor está encabeçando um movimento revolucionário. Portanto, o senhor e eu vamos entrar nos tiros para evitar que lá fora corra sangue. O senhor é llanero, eu sou andino".

E o que o senhor fez?

Por sorte, mantive a calma. Disse a ele: "Sim, sempre estou armado, mas não vou partir para os tiros com o comandante do Exército. O que está acontecendo com o senhor, meu General?". Porque nós dois nos conhecíamos muito bem, dos tempos da Academia, quando ele era diretor e eu era capitão. Havia até me cumprimentado. Então, de repente ele desmorona: "Perdoe, Chávez. Estou fora de mim. É que andam me sufocando, dizem que você anda num movimento. Vai lá que um fulano da polícia quer interrogar você?".

Não conseguiram impedir que eu fosse promovido. E como eu tinha ficado em primeiro lugar quando fui promovido a major, também teria de ser promovido a tenente-coronel em primeiro lugar, porque lá estavam minhas qualificações, de maneira clara e objetiva. Por outra parte, eles não tinham nenhuma prova contra mim, ninguém nunca declarou nada contra mim, pelo contrário. Então, a única coisa que puderam fazer foi trocar a minha ordem do mérito, impedir que eu fosse o primeiro da turma. Fui o número 12. Mas fui promovido. Foi quando Peñaloza decidiu que era preciso impedir que eu me formasse. E isso gerou uma verdadeira guerra. Teve até um gringo, porque havia oficiais de outros países...

Como instrutores?

Não, como alunos. Um oficial norte-americano que fazia o curso, farto daquele ambiente, protestou diante da sua embaixada e pediu que o mandassem de volta aos Estados Unidos. Não aguentou as tensões. Também havia um oficial italiano, outro, guatemalteco. Os instrutores passavam o tempo inteiro gritando, hostilizando, humilhando. Lembro que, também cansado dos gritos, um oficial argentino jogou as folhas de um exame na cara de um instrutor, o coronel Indriago, e quase foi expulso. Muitos companheiros não suportaram e, na metade do curso, mais de dez tinham ido embora. Isso me indignava e me doía.

O senhor se sentia responsável por aquilo?

Claro, porque cortavam outras cabeças, mas o objetivo número 1 era eu. Um instrutor me disse que eu era o "polo de atração negativa" do curso, e que a ordem de Peñaloza é que eu não me formasse. Para tentar me neutralizar, chegaram a trazer, para o curso, uns 80 oficiais norte-americanos. Era um fator a mais de desagregação e de conflito. E de propósito, me punham em equipes hostis, selecionavam os companheiros do meu grupo para criar uma cizânia. Uma vez, como tarefa de inteligência, nos mandaram ler e comentar o romance sobre os últimos dias de Bolívar, O general em seu labirinto, *de Gabriel García Márquez, para ver o que dizíamos, se nos delatávamos por algum descuido. Sabiam que existia um movimento bolivariano.*

Ou seja: era uma guerra de nervos, uma guerra psicológica?

Claro. Era uma guerra interna. Padeci prisões. E não era só isso: também trataram de me eliminar.

Fisicamente?

Exato. Certa noite, fomos a uma festa. Um oficial guatemalteco exagerou na bebida e eu precisei levá-lo ao seu alojamento, no Fuerte Tiuna, no meu automóvel. Quando chegamos lá, ele me confessou: "Comandante, eu nunca vou trair o senhor. Mas estão me pagando em dólares para que vigie o senhor e grave qualquer conversa sua. Fique sabendo que o senhor está sendo caçado. Estão cercando o senhor. Querem liquidar o senhor. Eles têm um plano. Tenha muito cuidado. Eu vou receber os dólares, mas jamais irei trair o senhor. O senhor é um patriota".

Como era o curso?

Alguns instrutores eram excelentes, mas duraram pouco. O general José Luis Prieto, que era instrutor — depois foi, num dos meus governos, ministro de Defesa (julho de 2002-janeiro de 2004) — foi expulso por "fazer comentários". Do ponto de vista acadêmico, foi um desastre. Eu me inscrevi com a expectativa de melhorar meus estudos anteriores, e de aprender a grande estratégia, a ciência dos conflitos modernos tendo como base o que estava ocorrendo no mundo.

Por exemplo: comecei o curso em outubro de 1989, e dois meses depois (no dia 20 de dezembro de 1989) ocorreu a invasão e o bombardeio do Panamá pelos

Estados Unidos, e a derrubada do presidente Manuel Noriega, nessa república irmã — a do Congresso Anfitiônico[16] *— tão apreciada por Bolívar. Então, me ocorreu perguntar: "Vamos falar da invasão do Panamá?". Pois nada, nenhum comentário. E depois, quando estava no último ano, começou (no dia 16 de janeiro de 1991) a primeira guerra norte-americana contra o Iraque, a chamada operação Desert Storm, a "Tempestade do deserto". Não houve nenhum comentário. Nada de nada. Um absurdo.*

Seu objetivo pessoal era conseguir uma promoção?

Não, não. Em julho de 1990 era meu direito, havia sido promovido a tenente--coronel. E, como já disse, fui o primeiro da lista de promovidos. Se terminasse aquele curso de Estado-Maior, seria muito difícil me negarem o comando de um batalhão.

Ter comando de tropa: era isso o que o senhor procurava?

Exato. Era o que eu andava procurando, era o que estava em jogo: comandar uma tropa. Para isso a gente vira comandante: para comandar. Além do mais, se não me aprovassem estaria, em termos práticos, liquidando minha carreira. O oficial que não é aprovado num curso de Estado-Maior tem um traço negativo no expediente profissional.

E seus companheiros, como aguentavam aquele acossamento?

Mal. A maioria era de bons amigos, e solidários. Mas os menos preparados academicamente, os mais fracos, começaram a perder os nervos e a arrebentar as guayas[17]*. Expulsaram do curso uns 17 oficiais. Feito uma tempestade, aquilo foi se transformando num ciclone de forte intensidade. Nos tratavam de uma maneira péssima. Punham gravadores disfarçados debaixo das nossas mesas, era como se estivéssemos numa escola militar. Todos os dias, às 5 da manhã, nos obrigavam a correr — fazer* jogging *— até a praça Venezuela, no meio do trânsito. Depois, os oficiais, tenentes-coronéis, tinham que regressar de shorts e camiseta, chamando um táxi. Um tratamento indigno. Certa manhã de muito trânsito, um ônibus sem freios se precipitou em cima da gente. Tivemos que pular. Naquele dia, ao regressar à Escola, houve um começo de insubordinação coletiva. Eu me levantei e disse: "Nós não somos mais cadetes de 18 anos!".*

O senhor estava com que idade?

Uns 35 ou 36 anos. A partir dali, um grupo nosso decidiu não tornar a fazer jogging*. Ou seja, uma rebeldia. Quando os outros saíam para correr, nós íamos caminhar. E o nosso grupo dos caminhantes começou a crescer. Chegamos a ser mais de 30. Fomos presos. Era uma rebeldia assumida.*

A direção da Escola não tentava negociar com vocês, para apaziguar o ambiente?

Bem, até que fizeram alguma coisa nesse sentido. Um dia, estávamos na sala de aula quando apareceu um sargento e me fez sinais discretos. Pedi licença para ir ao banheiro e saí da sala. O sargento me disse que vinha da parte do inspetor-geral das Forças Armadas, número dois do Ministério da Defesa e superior do general Peñaloza. E me passou um papelzinho: o inspetor-geral me esperava no Ministério da Defesa. E o sargento acrescentou: "Ninguém deve saber que o senhor está indo para lá". Voltei para a sala de aula e pedi licença ao instrutor para ir até o ambulatório, que ficava ali ao lado. Então saí, e fomos no carro onde o sargento estava escondido. Primeiro, demos umas voltas para despistar a vigilância. Chegamos ao ministério, me meteram pela parte de trás de um elevador que ia direto para o despacho do inspetor-geral, e lá estava também o diretor da Escola do Estado-Maior. Achei que era uma armadilha, que iam me prender. Lembro que cheguei a deixar um bilhete para um companheiro: "Se não volto, é porque me prenderam". Porque ninguém sabia onde eu estava. Mas eu me enganei. O inspetor-geral me disse: "Estamos preocupados por causa do que você está passando. Peço, diante do meu amigo, o diretor da Escola, que você cumpra a disciplina, estude e passe nos exames que faltam. Garanto que não será expulso". Respondi: "Meu general, o senhor não sabe o que está acontecendo, não vou dar detalhes, mas peço que deixem em paz os meus companheiros, e que nos tratem como devemos ser tratados". Então, eles me disseram que não me preocupasse. Aquela reunião ajudou a baixar um pouco a pressão. A guerra não acabou, mas o conflito baixou.

Ou seja, as coisas se acalmaram.

Um pouco, mas só por algum tempo. Porque o general Peñaloza continuava obstinado em conseguir o meu fracasso. Naquele curso, não podíamos ser reprovados em três matérias. Se você fosse reprovado em duas, davam a chance de recuperação. Mas se fosse reprovado numa terceira, não havia recuperação: você era mandado embora...

O senhor foi reprovado em alguma?

Em duas. Mas me recuperei em ambas. Já a terceira, precisei manobrar. Quando vi que ia ser reprovado numa terceira matéria, e que não ia conseguir evitar aquilo, fui até o Palácio Blanco e disse ao general Arnolto Rodríguez: "Vão me pôr para fora da Escola por ordem de Peñaloza, é uma arbitrariedade". E contei a ele o que estava acontecendo: "O senhor sabe que não sou homem de ficar em recuperação em uma matéria. Pois me puseram em duas, e querem me colocar em uma terceira. Fui preso duas vezes. Estou pressionado. Estão até mesmo pagando oficiais estrangeiros para que deponham contra mim". Eu sabia que aquele general Rodríguez estava em confronto com Peñaloza Zambrano e com

Ochoa Antich, uma disputa antiga. O general Rodríguez me perguntou: "Você tem roupa de civil?". Respondi que não, mas que conseguiria. "Pois então vista-se de civil e venha aqui ao meio-dia, para almoçar com um amigo". Voltei, e fomos almoçar. Chegamos num restaurante de um bairro do leste e vi esperando à uma mesinha o general Herminio Fuenmayor, compadre de Carlos Andrés Pérez e chefe da DIM, a Inteligência Militar. Nós três estávamos em trajes civis, porque eles também estavam conspirando contra Peñaloza.

O senhor aproveitou essa rivalidade entre eles?

Aproveitei. Tirei proveito das fraturas internas do generalato. Mas precisei manobrar no fio da navalha. Sentamos, tomamos um drinque qualquer, e o general Rodríguez começou a falar: "Chávez, eu chamei o Herminio, chefe da DIM, para que você conte a eles o que me contou". Então, comecei a falar. E disse: "General, se alguém não puser um limite ao que está acontecendo, o que vai acontecer é um problema grave para o Exército. Estão cometendo uma truculência não só contra mim, mas contra meus colegas de curso. Já expulsaram, injustamente, uns dez ou doze. Há uma situação de pressão insuportável, nos tratam como se fôssemos aspirantes a cadetes. Fui preso porque me neguei a correr...". Fuenmayor me fez várias perguntas, e me disse: "Mas, Chávez, o que se diz de você é que você anda num movimento que quer derrubar o governo". E eu respondi: "O senhor sabe que isso é mentira, na verdade o que está acontecendo é que um enfrentamento entre generais, e essa rivalidade está provocando fissuras em todos os níveis inferiores do Exército, entre os majores, os capitães etc. Essas tensões no Exército são muito perigosas porque a situação social do país, depois do "Caracaço", não é nada boa. Isso pode explodir, e vocês sabem disso". Fuenmayor me ouviu pensativo, e não fez nenhum comentário. Só me disse: "Bom, fique tranquilo, vá em frente e não se meta em confusões". Acabamos de almoçar e fomos embora.

Aquela reunião serviu para alguma coisa?

As consequências daquele encontro foram imediatas. No dia seguinte, bem de manhãzinha, na hora da aula, às 7 da manhã, Peñaloza chegou feito uma fera, gritando: "Aqui existem uns dedos-duros!". Na madrugada, tinha chegado a ele um radiograma da Inteligência Militar alertando sobre os perigos de ruptura no Exército, o que determinou que ele tomasse decisões para reduzir as tensões. Ou seja, repetindo quase a mesma coisa que eu tinha dito ao general Herminio Fuenmayor. Aquele homem era pura fúria, e eu, rindo por dentro, me perguntava: "E se ele soubesse que fui eu quem armou tudo isso?". Ele suspeitava de qualquer um, menos de mim. Desconfiava de uns "dedos-duros" que eram do DIM, mas ninguém poderia suspeitar que eu tinha soprado as novidades. Só alguns companheiros sabiam, Urdaneta e os outros.

As tensões se reduziram?

Pois é, baixaram, as pressões diminuíram. E, poucos dias depois, explodiu um escândalo: Peñaloza, talvez numa represália contra aquela intervenção da DIM, mas com certeza no quadro do conflito interno dentro do Alto-Comando Militar, e do enfrentamento desse Alto-Comando com o comando político, entrou em confronto com Carlos Andrés Pérez. Isso, porque o Congresso mencionou Peñaloza por uma história de compra fraudulenta de munições[18]*. O presidente determinou que ele não deveria ir ao Congresso para prestar declarações. Mas Peñaloza foi, levando umas pastas que entregou a alguns deputados, denunciando supostos atos de corrupção cometidos por uma dama cubana chamada Gardenia Martínez, da Corporación Margold, amiga da amante de Carlos Andrés Pérez, Cecília Matos. Em suas declarações ao Congresso, Peñaloza acusou a Corporación Margold de ter fraudado o Estado em uns 5 milhões de dólares, por munições que foram pagas e jamais entregues. Acontece que o principal acionista dessa Corporación Margold era nada menos que Orlando García, amigo do presidente Pérez fazia 40 anos, era chefe da segurança presidencial... e amante de Gardenia Martínez.*

Que ambiente!

Uma atmosfera de decadência e de fim de regime. Um dirigente adeco (Gonzalo Barrios[19]*), chegou a declarar que "a Venezuela é um país onde não há razão alguma para não roubar". E em outra ocasião afirmou que "a Constituição é como Sofia Loren, pode ser violada mil vezes". Machismo primitivo, descaramento, corrupção, imoralidade pública, delinquência, decomposição. Tudo isso num país ainda traumatizado pelo "Caracaço" e sufocado pelos protestos sociais. Bem, acabou que destituíram, obviamente, Orlando García, e também o general Herminio Fuenmayor, da DIM, por causa de algumas declarações dele e por estar implicado num assunto paralelo de narcotráfico*[20]*). E, principalmente, destituíram Peñaloza. Esse foi um dia histórico. Quando vi a notícia na televisão, exclamei: "Caralho! Peñaloza está sendo expulso antes que eu!".*

O senhor viveu isso como uma vitória pessoal?

Claro! Era o resultado, em certa medida, da minha manobra com o general Rodríguez e daquele almoço conspirativo. Mas, no dia seguinte ao da sua destituição, houve o ato de transmissão ao seu substituto, e foi cometido um erro. Se o senhor, naquelas circunstâncias, destitui um chefe do Exército, não faz um ato público. Se eu castigo você, como vou abrir espaço no Pátio de Honras e deixar que faça um discurso? Nós assistimos ao ato, eu me sentei, de propósito, na primeira fila, perto de onde ele ia falar. Peñaloza começou seu discurso: "O 'Tigre' Clemenceau disse: 'A guerra é um assunto sério demais para ser deixado só com os militares'. E eu afirmo: A política é uma coisa séria demais para ser deixada apenas com os políticos". Era direto contra Carlos Andrés Pérez. Vários canais de televisão transmitiam o discurso ao vivo. Quando Peñaloza terminou, eu me levantei e fui direto ao seu encontro. Ele me viu e se estendeu para trás, vai ver pensando que eu iria agredi-lo. Eu disse a ele: "Meu general, que belo discurso! Meus parabéns". Peñaloza ficou me olhando, não sabia se eu estava debochando, e finalmente me perguntou: "Chávez, você ouviu bem o que eu disse?". Respondi que claro que sim. Era muito inteligente, o general Peñaloza, e com algumas ideias progressistas. Ele gostava do pensamento progressista, mas em outro nível, claro.

O senhor conseguiu o diploma da Escola Superior de Estado-Maior?

Sim, consegui. Fui aprovado, aquilo tudo acabou a nosso favor. Ganhamos aquela guerra, e quem acabou fora do Exército foi Peñaloza. As coisas são assim. Como se a mão invisível continuasse dirigindo meu destino, não é? No fim, tudo conspirou para que aquele conflito se resolvesse a meu favor. Pérez Arcey cita muito uma frase não sei de quem: "Quando você realmente quer uma coisa, o Universo inteiro conspira para ajudá-lo a conseguir" (Paulo Coelho). E, passadas umas poucas semanas, depois de atravessar essa espécie de labirinto, recebi o comando do batalhão de paraquedistas de Maracay.

Assim tão rápido?

Bem, a rigor nem foi tão rápido. Mas a "conspiração invisível" continuou. Porque assim que terminei o curso da Escola de Estado-Maior, me mandaram cumprir funções no Serviço de Suprimentos das Forças Armadas. Para mim, foi uma bofetada!

Por quê?

Ora, porque eu era oficial de comando, oficial de blindados. Tinha terminado meu curso com excelentes notas. Deveria assumir o comando de um batalhão de blindados.

E não deram...

Pois é, não deram! Recorreram a oficiais que já haviam comandado outros batalhões e armaram um rodízio. Já eu e outros de meus companheiros fomos deixados de fora. No dia 17 de julho de 1991 fui mandado para Provisões. Que era para oficiais da carreira de logística. Foi um golpe. Era óbvio que a Inteligência Militar não queria que eu tivesse comando de tropa. Continuavam tratando de me afastar a qualquer preço[21]*. Mas, enfim, lá fui eu, e me apresentei em Catia, onde estava o comando de Suprimentos, que não precisava de mim para coisa alguma. Fiquei lá sem fazer nada, passeando pelos corredores, pensando. E três semanas mais trarde, no dia 13 de agosto, e por instruções do general Fernando Ochoa Antich, novo chefe do Estado-Maior do Exército, me nomearam primeiro comandante do Batalhão de Infantaria de Paraquedistas "Coronel Antonio Nicolás Briceño", no quartel Páez, em Maracay.*

E o que aconteceu nessas três semanas?

Pois a "conspiração invisível"... Eu me apresentei em Suprimentos decidido a assumir minha travessia do deserto outra vez. "Tempos melhores virão", dizia a mim mesmo. Além do mais, o MBR-200 já estava funcionando, não dependia de eu ter um comando, mas, claro, era o chefe do Movimento. Tínhamos um montão de capitães comandando companhias de tanques, de infantaria, de cadetes. Vários comandantes recebendo batalhões, como Francisco Arias Cárdenas, Jesús Urdaneta, Joel Acosta Chirinos, Jesús Ortiz Contreras e outros mais. É verdade que alguns, como Dumas, deram para trás: "Não conte comigo, isso é uma loucura", ele me disse. E era mesmo. Pensar racionalmente era se afastar do projeto. Como diz Unamuno: "Tudo que é vital é irracional, e tudo que é racional é antivital, porque a razão é essencialmente cética"[22]. Era um toque de loucura. Mas uma loucura criadora.

Mas, então, como o senhor chegou ao comando do Batalhão de Paraquedistas de Maracay?

Porque às vezes o destino nos dá um presente. Aconteceram várias coisas. Como em Suprimentos eu não tinha nada para fazer, me dediquei a ir até a Academia, aos atos de recepção de meus companheiros. Andava ouvindo e conversando. Sempre que ia até a Academia, retomava forças. Eles me vigiavam e hostilizavam, mas na Academia eu tinha o mundo nas mãos: amigos e amigas por todo lado. Assim, numa tarde, assisti ao ato de nomeação do comandante do Batalhão de Caçadores "Coronel Genaro Vásquez", do meu companheiro Jesús Ortiz Contreras, e conversei com ele sobre o meu problema.

Ou seja, que não tinham dado ao senhor um comando de tropa.

Exato. Alguns dias depois fui visitá-lo em Chaguamaral, no Estado de Miranda, e ele me disse: "Compadre, você está sendo chamado no Comando". Ele havia falado, algumas noites antes, com o novo ministro da Defesa, o general Fernando Ochoa Antich, numa festa na Academia Militar, onde sua esposa, Mahuampi de Ortiz, era professora. Ochoa perguntou a ele: "Onde está o Chávez?". Ortiz informou que eu tinha sido mandado para Suprimentos. Ochoa não sabia, e pediu: "Diga ao Chávez que eu quero falar com ele". Ortiz me chamou e me contou, mas eu disse que não queria falar com Ochoa: "Diga a ele que estou bem aqui". Então, quando eu estava em Chaguamaral, um coronel do Comando me chamou e insistiu: "Olha só, Chávez, o ministro da Defesa quer ver o senhor". Respondi: "Está bem. Quando?", "Segunda-feira". Fui. Ochoa me mandou entrar na sua sala. Nós nos conhecíamos da Academia. E ele me disse: "Chávez, nós conhecemos a sua trajetória. O senhor foi mandado para Suprimentos por algum engano, porque é um oficial de tropa. Acontece que o senhor precisa mudar seu temperamento, adaptar-se melhor". Claro, eles sabiam que havia mal-estar num grupo grande de companheiros, e minha liderança causava problemas.

Tentavam obter sua colaboração para acalmar os ânimos.

Exatamente. Por isso Ochoa Antich manteve um discurso conciliador: "Chávez, me ajude a acabar com essa guerrinha dentro do Exército". Respondi: "Meu general, acontece que eles implicam comigo, eu não implico com ninguém". Então, na minha frente, pelo telefone interno, ele ligou para o general Pedro Rangel Rojas, chefe do Estado-Maior, e ordenou: "Rangel, estou aqui com Chávez. Estou mandando-o até a sua sala, dê a ele um cargo no Exército, você saberá qual". E lá fui eu.

Esse general Rangel era seu amigo ou seu adversário?

Não, amigo não, era um adversário declarado. Eu o conhecia bem desde os tempos em que eu era o chefe de Cultura na Academia, e ele, comandante do Corpo. Rangel me chamava de "conterrâneo" porque é de Guasdualito. Assim que cheguei lá, me disse: "Olha aqui, conterrâneo, me ajuda. Vamos recuperar a calma no Exército, vamos pacificar isso aqui". Respondi: "Bem, meu general, farei o que puder e irei até onde for, sou um simples tenente-coronel, os senhores são os generais". Então, ele me perguntou aonde eu gostaria de ir. Respondi: "Onde o senhor quiser". Rangel respondeu: "Quero que você fique perto da sua esposa e dos seus filhos. Onde eles estão?". "Em San Joaquín, Estado de Carabobos." Ele me olhou e disse: "Muito bem. Vá para casa, descansar alguns dias. Eu mando chamar você". E eu fui para casa. Mas, antes, passei pela sala do chefe do Departamento de Oficiais, para ver meu amigo Frank González — o mesmo que havia sido chefe de Segurança no Palácio Miraflores, e me emprestava o computador — e disse a ele: "Este é o número do meu telefone. Me liga quando avisarem qual é o meu destino".

Três dias depois, já agosto de 1991, Frank telefonou para anunciar: "Eu não vou explicar muito, mas há um batalhão de paraquedistas com vaga no comando, e quase ninguém quer ir. Você se animaria?". Não duvidei um segundo: "Põe meu nome na lista de candidatos!". Naquela mesma tarde ele tornou a me telefonar: "Você foi nomeado comandante do Batalhão de Paraquedistas 'Coronel Antonio Nicolás Briceño', no quartel Páez de Maracay. Apresente-se lá amanhã". E me apresentei no dia seguinte. Recebi o batalhão num ato de protocolo, e fiz um discurso. Alguns fragmentos andam circulando por aí, porque foi gravado. Depois, quando eu estava preso, destruíram a gravação.

Ou seja, seu objetivo pessoal foi alcançado.

Quando recebi o comando daquele batalhão de "boinas vermelhas", a frase que saiu de dentro de mim, com o estandarte daquele batalhão de elite na mão, foi: "Se foderam!". Pensei mas, claro, não disse. Quinhentos e tantos homens bem treinados, num lugar estratégico, Maracay, perto de Caracas, e além disso um grupo de oficiais do MBR-200 já colocados em posições de comando. Nosso Movimento amadurecido para um levante. E um povo inteiro pedindo rebelião.

Capítulo 13

A rebelião do dia 4 de fevereiro de 1992

Tenente-coronel de paraquedistas em Maracay
A Frente Patriótica • Tentativa de assassinato • A rebelião
Capturar o presidente Pérez • Os planos A, B e C
Jesus Ramón Carmona • História e destino • O mito Chávez
A jiboia • O papel do indivíduo na história
O Projeto Nacional Simón Bolívar • Bolivarianismo e socialismo
Por que a rebelião fracassa? • A rendição • "Por enquanto"
Nasce uma esperança • Rebelião em Caracas *versus* golpe de Moscou
Um encontro com Gorbachev • Apoio popular • Um "golpista"?

Depois do "Caracaço", o Movimento Bolivariano foi reativado?

Foi. O contexto sociopolítico mudou, endureceu. Os protestos sociais se multiplicaram. Mas também, e muito, a repressão. Dou um exemplo: só em 1991, 25 estudantes foram assassinados pelo regime. A deterioração social, econômica e moral se agravou. Tudo isso contribuía para criar as condições objetivas favoráveis a uma ação como a nossa. Ouvia-se a vinda de um furacão inevitável. Nada seria capaz de detê-lo. E, de fato, em nossas filas, o "Caracaço" nos despertou. Nosso Movimento estava meio letárgico, e se revitalizou com muita força. Finalmente o trabalho de tantos anos começou a dar seus frutos. Quanto tempo havia passado? Duas décadas de forja, desde 1972. Duas décadas. Primeiro, a gênese, o embrião. Depois, a longa e lenta gestação. E então, a tomada de consciência, o proselitismo, a extensão. Aí, chegou a vez do doloroso parto do dia 27 de fevereiro de 1989, quando as ruas de Caracas se alagaram de sangue. E finalmente aquele 4 de fevereiro de 1992, que partiu em duas a história venezuelana, e de onde brotou a pátria. Na verdade, o país estava afundando. E a juventude militar não conseguia suportar aquele naufrágio.

Qual era a motivação principal, tomar o poder?

Ninguém tinha ambição pessoal alguma. Nenhum de nós queria o poder pelo poder. A principal razão que nos movia era isto: a pobreza do povo nos bairros, nos morros, no campo. Nós nos sentíamos soldados do povo, e não aqueles cães mitológicos ferozes, de três cabeças, que guardam a porta do inferno, a serviço da oligarquia e de seus amos gringos.

Se a situarmos no panorama internacional da época, a rebelião do dia 4 de fevereiro aparece como muito a contracorrente da marcha do tempo.

Pois é: a contracorrente das ideias dominantes daquela época. Por todos os lados o que se afiançava era o neoliberalismo, a "revolução conservadora" de Margaret Thatcher[1] *e Ronald Reagan*[2]*. O grande salto para trás. Em contraste, nosso movimento, dando exemplo de consciência histórica, o que fez foi clamar com o povo venezuelano: "Não ao Fundo Monetário Internacional!" e "Não ao neoliberalismo!".*

Concretamente: quando o senhor chegou a Maracay para comandar o Batalhão de Paraquedistas já estava tudo pronto para passar à ação?

Quando (no dia 28 de agosto de 1991) recebi o comando do Batalhão de Paraquedistas "Antonio Nicolás Briceño", em Maracay, os oficiais da minha mesma geração já controlavam os quartéis de Maracaibo e de outras cidades. Tinham tropas, comandavam companhias, com tanques e armas pesadas. Contávamos com o apoio ativo dos melhores oficiais jovens, condição indispensável para agir.

Mas o senhor não conhecia bem aquele Batalhão de Paraquedistas. Como podia confiar nele?

Bem, isso tudo não foi feito da noite para o dia. Foram meses de trabalho intenso. Levei o batalhão para o terreno, saltamos de paraquedas repetidas vezes. Eu sempre o primeiro a saltar, e assim me fiz conhecer, conversei com os oficiais. Em pouco tempo, vários deles se juntaram ao Movimento: Jesus Suárez Chourio, Celso Canelones Guevara, Jorge Durán Centeno e sargentos, como Julio Marciales Casanova. Em pouco tempo, eu tinha o batalhão nas minhas mãos, disposto a tudo. Em cada um de meus pronunciamentos aos soldados, repetia de maneira quase transparente, recordando o lema do próprio batalhão: "Se a pátria estiver em perigo, vibrarão nossas bandeiras e voaremos como águias". A Venezuela estava em perigo, precisávamos atuar imediatamente!

Seus superiores não chamaram a sua atenção?

Nunca ninguém me disse nada. Eu mesmo me perguntava às vezes: "Será que os chefes estarão surdos? Será que não entendem o que eu digo?". Bem, alguns não entendiam mesmo, porque estavam bêbados o tempo todo...

Poucas semanas depois de o senhor ter chegado a Maracay, aconteceu, no Haiti, um golpe militar contra o presidente Jean-Bertrand Aristide, que o mundo inteiro condenou. Isso não fez o senhor refletir sobre como seria recebido um eventual levante militar contra Carlos Andrés Pérez?

Esse golpe no Haiti aconteceu no dia 30 de setembro de 1991, exatamente um mês depois de eu ter assumido o comando do batalhão de Maracau. Aristide era um líder muito popular e progressista, tinha toda a nossa simpatia, havia sido eleito triunfalmente um ano antes (em 16 de dezembro de 1990). Era o primeiro presidente do Haiti eleito democraticamente. Eu, aliás, o conheci pessoalmente em 2008 (em 3 de setembro), em Pretória, durante uma visita à África do Sul, onde ele vive exilado desde que a administração ianque de (George W.) Bush tornou a derrubá-lo, em 2004 (no dia 29 de fevereiro). Em 1991, o general Raoul Cédrars, que era o chefe do Exército, derrubou Aristide e formou uma Junta Militar que massacrou milhares de pessoas. Era uma Junta tipicamente militarista, uns gorilas, de extrema-direita. O exato contrário de nós.

Naquele momento, vários Estados democráticos pensaram numa intervenção armada para tornar a colocar o presidente Aristide no poder. Acho que a Venezuela estava entre eles, não estava?

Sim, estava. Carlos Andrés Pérez se mobilizou bastante, com o primeiro-ministro do Canadá (Brian Mulroney), e houve um projeto — se chamava "Plano Caribe" — de intervenção militar no marco da OEA (Organização dos Estados Americanos), que Washington e o presidente (George H.) Bush, pai, fizeram abortar. Naquele momento, eu estava em El Pao, participando de manobras, treinando de novo para saltar de paraquedas, coisas que eu não fazia havia anos. Lá, recebi a ordem de me apresentar em Maracay. Reuniram todos nós, comandantes, e nos explicaram o "Plano Caribe".

Qual era a sua missão?

Recebi a missão de saltar, com meu batalhão, sobre Porto Príncipe, a capital do Haiti, tomar o aeroporto e protegê-lo para permitir a aterrissagem das forças aliadas aerotransportadas. Mas essa ordem não chegou jamais. O plano foi suspenso. Em nosso Movimento, chegamos a um acordo e chegamos a pensar que, assim que nos fosse dada essa ordem, seria o momento do nosso próprio levantamento. Foi preciso esperar uma nova ocasião. E continuamos a nossa preparação.

Com que apoios políticos os senhores contavam, fora das Forças Armadas?

Continuávamos trabalhando com pessoas da Causa R, como Pablo Medina, Alí Rodríguez, Ebert José Lira, que tinha o apelido de "Manco", Julio Marcelino Chirinos, o "Cabrito", Lucas Matheus, Andrés Velásquez... E também gente do MEP (Movimento Eleitoral do Povo), como Eustoquio Contreras. Contávamos ainda com o apoio de quase todos os militantes da efêmera Frente Patriótica, que, a partir do "Caracaço", se formou em 1989 ao redor de Luis Miquilena, homem de grande prestígio naquele momento e com uma longa experiência de militante de esquerda[3]*.*

Na direção dessa Frente também estavam Douglas Bravo, Pedro Duno, que era professor de filosofia, William Izarra, oficial marxista recém-saído da Força Aérea, o escritor Juan Liscano, que era o presidente da Frente, o ex-comandante guerrilheiro Lino Martínez, e o advogado Manuel Quijada, que havia participado nas sublevações militares de 1962 e era o coordenador-geral. A ideia da Frente era a de conformar, naquele momento crítico do país, um movimento civil-militar, inscrevendo-se na tradição da dissidência venezuelana desde os tempos de Ezequiel Zamora. Ou seja, criar um instrumento político capaz de reunir um amplo leque de forças civis para se associar às forças armadas no desejo de mudar o rumo das coisas.

Vocês tiveram contato com essa Frente?

Tivemos, claro. Obviamente que de modo muito discreto, porque éramos — principalmente eu — muito vigilados. Mas nos víamos, nos encontrávamos e sincronizamos algumas atividades. A Frente, por exemplo, elaborou alguns manifestos intitulados "Três décadas de frustração", que foram difundidos na imprensa e propunham a convocação de uma Assembleia Nacional Constituinte, para elaborar uma nova Constituição, que era uma reivindicação nossa fundamental. Mas aquilo não durou nem sequer um ano. As personalidades que integravam a Frente procediam de horizontes muito diferentes, às vezes opostos e contrários. Tinha sido constituída na atmosfera do "pós-Caracaço" e, passada a emoção, as forças que a compunham tornaram a se dispersar. Os eternos demônios da esquerda venezuelana. Mantivemos contato com algumas personalidades, como Douglas, Izarra, Miquilena, Duno... e nos distanciamos definitivamente de outras, que pretendiam ser de extrema-esquerda, como Gabriel Puerta Aponte, da Bandeira Vermelha, e acabaram sendo muito perigosas. Chegaram a planejar meu assassinato.

Seu assassinato?

Isso mesmo. Fiquei sabendo mais tarde, quando já estava preso depois do dia 4 de fevereiro. Quem me contou foi um dos encarregados de me assassinar. Estávamos conversando, e esse homem (o sargento Ivan Alexander Freites[4]) se aproximou e confessou: "Agora que conheço o senhor, vejo como me enganaram. Eles me convenceram que o senhor tinha traído a revolução, que a estava vendendo ao Alto-Comando, e me ordenaram matá-lo". Senti calafrios...

E como queriam assassinar o senhor?

Numa noite de dezembro de 1991 um grupo de jovens militares foram até a minha casa, com o pretexto de quererem conversar comigo sobre o Movimento Bolivariano. Aceitei na hora, e saímos no carro deles. Chegamos a uma estrada solitária, escura, eles estacionaram e começamos a discutir. Era lá mesmo que aquele homem ia me matar. Mas não matou, claro. Todos eram soldados, não se atreveram. Jesus Suárez Chourio havia me posto em estado de alerta. Ele me disse: "Comandante, estão preparando uma traição. Me perguntaram se eu conseguia fazer o batalhão sair sem o seu consentimento". Fiquei preocupado. Mas não soube, naquele instante, que alguns capitães ligados à Bandeira Vermelha (particularmente o capitão Antonio Rojas Suárez) estavam planejando o meu assassinato.

Entendemos que o Movimento tinha sido infiltrado. Assim, a nossa rebelião foi levada adiante em circunstâncias que dificultaram tudo: traição de um dos nossos (o capitão René Gimón Álvarez) e conspirações de morte contra mim.

Por que escolheram o dia 4 de fevereiro?

Não escolhemos. A data foi imposta pelas circunstâncias. Eu estava em contato com o tenente Pérez Ravelo, chamado de "Índio", um oficial da Casa Militar da Presidência, encarregado de me avisar do regresso de Pérez.

O presidente estava no exterior, não é?

Exato. Ele estava regressando de Davos, na Suíça, vinha do Fórum Econômico Mundial via Nova York. Nós entramos em alerta quando Carlos Andrés Pérez saiu de Caracas rumo a Davos. Mantivemos reuniões com nossa gente da Força Aérea, Luis Reyes Reyes, Francisco Visconti... E no domingo (2 de fevereiro), lá pela meia-noite, se não me engano, Pérez Ravelo me telefonou. Em código, me disse: "Meu tio chega tal dia, a tal hora". Ao saber que o avião do presidente aterrissaria na madrugada do dia 4 de fevereiro, decidimos ativar a operação. A ação aconteceria naquela mesma noite, antes do amanhecer do dia 4.

Em que consistia a ação?

Enquanto em várias cidades oficiais membros do MBR-200 — Francisco Arias Cárdenas, Jesús Urdaneta, Blanco La Cruz, Ortiz Contreras ... — tomavam com suas guarnições o controle dos pontos estratégicos, nós, saindo de Maracay, avançamos por terra, em veículos e com blindados, até Caracas, a uns 80 quilômetros de distância.

Na capital, várias unidades tinham objetivos precisos: uma, comandada por José Acosta Chirinos, devia tomar o controle do pequeno aeroporto militar La Carlota, no centro da cidade; outras, tomar o Forte Tiuna e o Ministério da Defesa, com a missão de prender o Alto-Comando Militar. Outras, ocupar o Palácio de Miraflores (edifício onde se encontra o gabinete oficial do presidente e a sede do governo da Venezuela) e La Casona (residência oficial do presidente da Venezuela). Outras unidades deviam se apoderar dos principais canais de televisão. Quanto a mim, com os homens sob meu comando, nos dirigimos ao Museu Histórico Militar, situado num morro que domina o centro de Caracas, onde fomos recebidos a tiros.

Mas não era uma operação surpresa?

Não, porque, conforme eu disse, houve uma traição. Estavam sabendo. Ignoravam que tropas haviam se sublevado, mas sabiam da sublevação. Então, usamos um estratagema: consegui falar com o oficial de plantão e o convenci de que estávamos ali para ajudá-los, para reforçar a proteção. Assim, ocupamos aquilo tudo sem disparar um único tiro e sem derramar sangue. Sou inimigo dos tiroteios às cegas. Mas constatei que não tinham sido instalados os equipamentos de transmissão indispensáveis para me comunicar com os outros chefes da rebelião e com o país. E a minha missão consistia em dirigir e coordenar o conjunto das operações em todo território nacional a partir daquele posto de comando, ao qual também deveria se incorporar Arias Cárdenas assim que tivesse se deslocado de Maracaibo em um avião.

O objetivo principal era prender o presidente?

Bem, o objetivo político principal era derrubar o governo e tomar o poder. Mas, para chegar a isso, o caminho mais efetivo, na nossa opinião, passava por capturar o presidente na sua chegada ao Aeroporto Internacional de Maiquetía (a uns 30 quilômetros de Caracas) e, em seguida, deter todo o Alto-Comando Militar. O objetivo não era militar, era político, e a efetivação mais determinante desse objetivo era capturar o presidente para levá-lo a julgamento. Não era sua eliminação física: insisto nesse ponto.

Uma vez conseguido isso, apresentaríamos ao país, pela televisão, o presidente preso e ordenaríamos aos comandantes das guarnições que não tivessem se somado à rebelião que obedecessem às novas autoridades. Enquanto isso, em várias cidades nossos companheiros do MBR-200 já estariam ocupando o poder local e controlando a situação. Só que o plano não funcionou.

Por quê?

Conforme contei, nosso projeto foi delatado por um oficial (o capitão René Gimón Álvarez), que passou para o lado dos adversários. Embora ele não conhecesse os detalhes, nem soubesse de onde viria e como o golpe se produziria, contou o suficiente para que reforçassem as precauções. No aeroporto Maiquetía, por exemplo, tomaram tudo que é tipo de medidas. O general Fernando Ochoa Antich, ministro da Defesa, foi até lá pessoalmente para receber Carlos Andrés, e armou uma força de proteção com as tropas da Guarda Nacional e da Marinha. Não conseguimos, protegeram bem o presidente, e nossa gente não conseguiu agir. Mas não detivemos a operação: optamos pelo plano B.

Em que consistia o plano B?

Armar uma emboscada para a caravana presidencial num túnel da autopista Maiquetía-Caracas. Tínhamos previsto obstruir a estrada incendiando um automóvel. Mas também não conseguimos: as forças de proteção eram muito superiores às nossas. Tivemos que passar para o plano C.

Vocês tinham um plano C?

Tínhamos: tratava-se de prender o presidente na Casona ou no Palácio de Miraflores. Carlos Andrés foi direto para La Casona, onde nosso ataque havia entrado em choque com numerosos defensores e se prolongara. Avisaram o presidente, que desviou e foi direto para Miraflores. Chegou ao Palácio, entrou, e poucos minutos depois apareceram os nossos tanques. Ou seja, num determinado momento, esteve à nossa mercê. Nosso plano funcionou. Porque, repito, o objetivo era capturá-lo, conduzi-lo até o posto de comando no Museu Histórico Militar e apresentá-lo ao país: "O presidente está preso!". Era um bom plano. Mas com poucas probabilidades de êxito, e nós sabíamos disso.

O plano fracassou porque não conseguiram prender Carlos Andrés Pérez?

Exatamente. Ele conseguiu escapar da armadilha. Um ano depois, quando eu estava no cárcere em Yare, vi pela televisão o almirante (Mario Ivan) Carratú Molina, chefe da Casa Militar, contar que quando começaram a soar os disparos e nossos blindados chegaram a Miraflores, ele tinha conseguido tirar o presidente do palácio, pela praça Bicentenário, com a boa sorte de que lá deveria estar um tanque nosso... que não estava. A ordem era cercar o palácio inteiro. Pois graças à ajuda do almirante, Carlos Andrés conseguiu escapulir, escondido num carrinho qualquer. Carratú contou que quando iam subindo até a Cota Mil[5]*, o presidente Pérez, furioso, repetia: "É culpa do Carmona! Liguem para o Carmona!". (ele ri)*

E quem era Carmona?

Jesus Ramón Carmona havia sido ministro dele. Se o senhor observar as fotos de quando Fidel Castro esteve em Caracas, em janeiro de 1959, e falou no Salão Magno da Universidade Central, aparece um jovem dando a ele as boas-vindas: é Carmona. Naquele momento, ele era dirigente estudantil, e presidente da Federação de Centros da Universidade Central da Venezuela. Passaram-se os anos, e Carmona virou ministro de Carlos Andrés Pérez.

O senhor o conhecia?

Sim, nos conhecemos em Apure, num inverno. Eu estava patrulhando um rio com meus soldados e, de repente, me informaram que uma lancha havia ficado sem combustível. Mandei ajuda. Pouco depois chegava a embarcação e um homem usando um típico chapéu llanero: era Jesus Ramón Carmona. Nós nos cumprimentamos. Eu já estava em Elorza fazia mais de dois anos, minha reputação era conhecida. O homem se mostrou muito conversador, apresentou-se dizendo "sou advogado, tenho um escritório em Caracas". O que me chamou a atenção foi a sua loquacidade e sua rapidez de raciocínio. Depois, continuou seu caminho. Tinha um rebanho na região, ele é de Apure. Me entregou um cartão de visitas, que guardei. Pouco tempo depois, fui nomeado presidente da Junta de Festas de Elorza. E comecei a buscar contatos para pedir apoio.

E se lembrou de Carmona. Foi assim?

Correto. Uma das pessoas para quem telefonei foi o doutor Jesus Ramón Carmona. Numa determinada ocasião fui a Caracas falei com ele, que estava trabalhando no Ministério de Transportes e Comunicações. Seu sobrinho era vice-ministro no governo de Lusinchi. Graças a ele, consegui para Elorza uniformes de beisebol, e algumas máquinas para arrumar as estradas. Ele compareceu às festas, até levou com ele o ministro, Juan Pedro del Moral. Enfim: Carmona e eu ficamos íntimos.

Amigos para sempre...

Bem, nem tanto, porque depois que saí de lá nunca mais tornei a vê-lo. Em dezembro de 1988, Carlos Andrés ganhou as eleições. Poucos dias depois se organizou, na sede do Conselho Supremo Eleitoral, a cerimônia de proclamação dos resultados oficiais. Eu estava lá, como ajudante do general Arnoldo Rodríguez, membro do Alto-Comando. No meio daquela agitação toda, de jornalistas e câmaras, escutei: "Chávez!". Era Carmona. Ele me perguntou o que eu estava fazendo ali, e respondi que era ajudante do general. Perguntei: "E você?". A resposta: "Sou amigo de Carlos Andrés". Nada mais, nada menos...

Ele me apresentou aos seus amigos, uma patota de adecos: Henry Ramos Allup, Antonio Ledezma, Alberto Federico Ravell... a chusma de CAP (Carlos Andrés Pérez). Formavam o seu comando de campanha. Cardona era o coordenador do comando, um homem astuto. Eles estavam chegando ao governo. Carmona me perguntou onde eu estava, respondi que no Palácio Blanco. "Mas isso fica em frente do Miraflores... Bem, por enquanto, você continua lá, vou estar muito perto". E, apontando para o meu general, sondou: "O seu chefe é dos nossos?". O general Rodríguez era, na verdade, do Copei, mas o que eu poderia responder? "Claro que é dos nossos!". (ri)

Imagino que isso o tenha tranquilizado.

Sim, e me permitiu começar uma operação de dissimulação, que acabou sendo muito útil para nós no dia 4 de fevereiro. É que Carmona tinha influência sobre Carlos Andrés Pérez. Quando eu disse aquilo, ele me deu o seu telefone e disse: "Pois você e o general estão convidados para o brinde que haverá depois, um grupinho restrito, aqui mesmo".

Naquela época, o presidente do Conselho Eleitoral era Carlos Delgado Chapellin, um homem que não podia ficar sem tomar um uísque. Qualquer ato era pretexto para beber. A proclamação terminou, e o general me chamou para irmos embora. "Não, meu general, fomos convidados para um brinde com o presidente". Ele me olhou desconfiado: "Ora, Chávez, está me gozando? Você é considerado revolucionário". Rindo, comentei: "Pois veja só...". Ele desconfiava de alguma coisa, mas me protegia. Volta e meia, me dizia: "Não se meta onde não é chamado, andam caçando você. E não fale tanto, você fala demais!".

Foi assim que o senhor conheceu Carlos Andrés Pérez?

Foi. Eu disse ao general: "Fique, um amigo me convidou, estou falando sério". Fomos levados para um salãozinho. Não havia mais do que 20 pessoas: Carlos Andrés, seu comando de campanha, o presidente do Conselho Eleitoral e mais algumas personalidades. Ninguém do Alto-Comando. Os únicos militares eram o general e eu. Entramos bem tímidos. Procurei Carmona, que estava falando acalorado. É um homem extrovertido, efusivo. Assim que me viu, me chamou: "Carlos Andrés, quero que você conheça o major Chávez, meu amigo. E o general Arnoldo Rodríguez. Vamos brindar!". Ficamos lá até que o presidente eleito foi embora, às 3 horas da madrugada. O general me disse: "Chávez, eu não sabia que você era amigo dessa gente. Você me surpreendeu". (risos)

O senhor ia se infiltrando...

Fui me aproximando do centro do poder. Dois meses mais tarde (no dia 2 de fevereiro de 1989), aos 66 anos, Carlos Andrés tomou posse. Aliás, Fidel Castro compareceu. Pude vê-lo na cerimônia, bem pertinho. Foi a primeira vez que vi Fidel ao vivo. O presidente anunciou seu governo. Carmona foi nomeado procurador-geral da República. Poucos meses depois, foi promovido a ministro da Secretaria da Presidência, com gabinete no Palácio de Miraflores. Então, eu aparecia por lá, para tomar café, fazer telefonemas, enquanto estudava na Universidade. Carlos Andrés apareceu por lá várias vezes e me encontrou, como já contei. Por isso, quando aconteceu o episódio da bandeira, pude me dar a liberdade de falar a ele do estandarte bolivariano e da oitava estrela. Existe inclusive um vídeo, onde apareço dando explicações ao presidente. Ou seja, me transformei em alguém familiar, tinha um passe para entrar no Palácio sem problema algum. Graças a Carmona, fui abrindo um espaço em Miraflores. E quando me prenderam (no dia 16 de dezembro de 1989) sob a acusação de estar preparando um golpe e pretender assassinar o presidente, a única pessoa que me defendeu foi Jesus Ramón Carmona.

Por causa dessa acusação o senhor foi tirado de Miraflores e mandado para Maturín, não é?

Exato. Fui mandado para Maturín. Mas não tinha se passado uma semana quando Carmona me pediu que voltasse a Caracas porque tinham me concedido uma condecoração, e organizaram um ato. Surpresa total! Fui, claro, e lá estava Carlos Andrés Pérez, que me condecorou com a Medalha da Seconasede (Secretaria do Conselho Nacional de Segurança e Defesa). A Seconasede dependia do ministro da Secretaria da Presidência, ou seja, de Jesus Ramón Carmona. Por isso Carlos Andrés, no dia 4 de fevereiro de 1992...

...diz que a culpa era de Carmona...

Claro. Ele não sabia que o rebelado era eu, mas, raposa velha, sentia que a coisa andava por aí. Entendo, na retrospectiva, que os relatórios dos serviços de inteligência anunciando a preparação de um golpe e me acusando de ser o instigador eram corretos. Mas com certeza Carmona, em dezembro de 1989, convenceu o presidente de que tudo que se dizia contra mim era mentira. Ou seja, essa "amizade" com Carmona foi, para mim, como anel no dedo. Confirmou a ideia da conspiração invisível.

Como se a história, uma vez mais, estivesse ajudando o senhor no caminho para o poder...

Aquilo foi como um campo de infiltração[6]*, duro mas curtinho. Enquanto eu vinha de um campo de infiltração longo, com mais de 20 anos...*

O senhor nunca desanimou?

Jamais. Uma voz interior sempre manteve viva, em mim, a esperança de mudar as coisas para construir uma Venezuela mais justa. Conto aqui uma história: nos meus anos de travessia do deserto, quando estava em Elorza, fui certa vez a Caracas e passei pela Academia Militar. Num corredor, encontrei o professor de Filosofia de Guerra, Argenis Paredes. E ele me disse uma coisa que me impactou: "Você precisa ter consciência de que, por estes espaços da Academia, foi criado um mito a seu respeito. Você é um mito, Chávez. Alimente esse mito". Aquilo me surpreendeu. E esse foi um conselho que não caiu em ouvidos surdos...

"Alimente esse mito"...

Pois quanto mais me atacavam e me perseguiam, mais contribuíam para alimentar o mito. Tudo foi produto disso. Ouça o que eu digo: foi como uma grande conspiração. Voltamos a Marc Bloch. Claro, a gente pode ser ajudado até onde a própria história permite. Ela vai impondo condições que acabam sendo como um jogo de azar. Sempre senti que, nesse jogo permanente, contava com altas probabilidades de que as coisas acontecessem. Porque são necessárias condições indispensáveis. Se eu tivesse nascido em 1930 e entrado na velha Escola Militar, nunca teria sido o coronel Chávez. O que eu poderia ter feito na Venezuela dos anos 1950? Pouca coisa.

Se o senhor tivesse nascido no mesmo lugar e nas mesmas condições, mas em outro contexto histórico, acredita que não teria tido o mesmo destino?

Estou convencido disso. Mas é bom se fazer essa pergunta, pelo menos do ponto de vista teórico, e buscar a resposta. Nunca senti meu progresso na vida como resultado de alguma predestinação. Já lhe disse que jamais me senti predestinado a fazer a revolução. Sempre tive consciência da fragilidade das coisas.

Em que sentido?

Estive várias vezes a ponto de morrer. O que teria acontecido, por exemplo, se quando eu era bebê tivesse sido devorado por uma serpente?

Quando?

Eu tinha uns poucos meses. Na casa da minha avó. Estava no meu bercinho, dormindo. Claro que não me lembro, mas me contaram. Minha avó tinha ido para o seu quarto. E minha mãe, que ficou lavando louça, ouviu, no silêncio da noite, um ruído sibilante... "sssss, sssss" Começou a buscar e de repente viu no chão, dando voltas ao redor do berço, uma cobra enorme! Uma dessas jiboias que engolem um veado inteiro! Sem titubear, apesar da repugnância que a serpente provocava, minha mãe deu um salto e me arrancou do berço. Um tio meu, Ramón Chávez — irmão da minha avó —, que estava passando a noite na casa, acudiu aos gritos e matou a jiboia a pauladas. Media mais de três metros, e era larga como o pneu de um automóvel. Meu tio pendurou a serpente pela cauda, lá no alto de uma viga, e sua cabeça chegava ao chão. Um monstro impressionante! Teria me engolido cru, inteirinho...

Que história incrível! E que bom o reflexo de sua mãe...

Ela me deu a vida duas vezes.

O senhor me dizia que quase morreu em outras ocasiões?

Pois é. Em outra ocasião, quase me afogo num rio, sou mau nadador.

Também em Sabaneta?

Não, em Santo Domingo, no Estado de Mérida. Eu estava com um grupo de cadetes passando férias, em julho de 1972. Fui nadar com José Angarita, muito bom nadador, era do time de natação da Academia Militar, com Dumas, que era irmão dele, e algumas amigas. De repente, começou a chover muito forte. Nós nos refugiamos debaixo de uma ponte. Os trovões ressoavam no ar, os relâmpagos explodiam. Foi uma dessas tormentas violentas das montanhas. Num instante, o rio cresceu. As águas desciam com um estrondo infernal. José, então, lançou um desafio: "Vamos ver quem é que chega até aquela pedra. Quem não vier é covarde". Ele foi o primeiro a se atirar, e chegou na pedra. Seu irmão, um gigante, foi atrás e chegou lá. Eu não tive outro remédio a não ser mergulhar também. Na metade do trajeto, a força terrível da correnteza me arrastou, não pude fazer nada, senti que me afogava. Angarita me salvou a vida. Ele se atirou no rio, me agarrou por um pé e me arrastou até a pedra. Se ele não me segura, eu me afogava, tenha certeza disso. Então, a pergunta é: se o cadete de segundo ano Hugo Chávez tivesse se afogado naquele dia de julho de 1972, o que teria acontecido na Venezuela? Esta revolução teria existido? E minha resposta é: sim.

Não dá para ter certeza...

Não dá?

Não. Porque eu conheci a Venezuela dos anos 1980 e 1990, quando o descontentamento social era enorme e existiam condições objetivas para uma insurreição geral, e no entanto não se via ninguém — partido ou personalidade — que pudesse criar as condições subjetivas que permitissem essa insurreição.

Em que época esteve aqui?

A primeira vez, por volta de 1980. Conheci vários dirigentes políticos, intelectuais, jornalistas e artistas, quase todos de esquerda. Minha impressão era que a maioria dessas pessoas — com exceções notáveis — falavam muito mas, na hora de passar à ação, nada. Na verdade, pareciam mais aptas para consumir uma quantidade incrível de uísque do que para assumir uma revolução.

Era o que a gente chamava de "República do Leste".[7] *(ele ri) Ou seja, intelectuais de botequim. Noitadas onde as pessoas reordenavam o mundo, com puras palavras. Muito de esquerda e tal, mas na realidade faziam pouco para mudar esta sociedade tão injusta. Eu também os conheci muito bem.*

Às vezes, quando existem as condições objetivas de um grande movimento social, é preciso o catalisador de uma personalidade singular, para que surjam também as condições subjetivas e se produza a explosão. É o papel aglutinador do líder, embora dizer isso possa parecer pouco marxista, mas sem a vontade e o carisma de um líder as divisões persistem e as coisas não mudam. O que teria sido dos poderosos movimentos sociais destes últimos anos na América Latina sem a presença de uma geração extraordinária de líderes, como Lula no Brasil, Rafael Correa no Equador, Evo Morales na Bolívia? Em Cuba, nos anos 1950, esse líder histórico foi Fidel Castro. Na Venezuela, nos anos 1990, em condições muito diferentes, o senhor não acha que assumiu esse papel?

Veja bem: a partir do "Caracaço", sabia-se que alguma coisa ia acontecer. Dava para sentir, para ver. O país efetivamente entrou numa situação que podemos classificar de pré-revolucionária. É possível, inclusive, que se não tivesse acontecido a nossa rebelião do dia 4 de fevereiro, a Venezuela caísse, mais adiante, numa guerra civil. Não sei se tive um papel particular naquele momento. O que, sim, é certo é que uma série de fatores me colocaram numa posição decisiva. Fidel sempre me diz: "Cuide-se, Chávez! Se acontecer alguma coisa com você, tudo isso aqui vai para o diabo". Acho que ele exagera. Ele também pensa que, em certas circunstâncias, alguns indivíduos têm um papel cristalizador, e sem esse elemento quase químico, o processo não acontece, não fermenta.

Voltando à ação daquele 4 de fevereiro: concretamente, como o senhor mobilizou seu batalhão de paraquedistas? Explicou que iam dar um golpe de Estado?

Suspeitavam que íamos para uma ação. Mas não podíamos anunciar qual, nem dar detalhes precisos. Lembre-se que éramos muito vigiados. Os homens estavam mais ou menos sabendo. Tínhamos feito um trabalho político importante, estavam conscientizados, se uniam ao projeto bolivariano. Havíamos trabalhado bastante a questão ideológica, a questão bolivariana, samorana, robinsonia, a "árvore das três raízes". Eu repetia a eles um lema: "O dia em que a pátria estiver em perigo...", e eles respondiam: "Voaremos como águias...". Quando chegou o momento, eles até brigaram para participar da ação.

Eram voluntários?

Claro, todos voluntários. Vou contar uma história: quando planejamos a rebelião, entre as mil coisas que tivemos que pensar estava a eventualidade de um ataque contra a nossa retaguarda, pelos tanques procedentes de Valencia. Estabelecemos um plano para bloquear as duas direções de aproximação eventual desses blindados hostis: pelo túnel de La Cabrera, e pela estrada velha que passa por Güigüe.

Na véspera do dia D (a segunda, 3 de fevereiro) pedi a Jesús Urdaneta, comandante de um batalhão de paraquedistas, que ficasse em Maracay e protegesse as nossas costas. Urdaneta ligou para mim: "Compadre, você está me dando uma ordem, mas eu não tenho armas antitanque. Me consegue algumas e atiradores". Então ordenei ao sargento Marciales, membro do MBR-200, atirador e instrutor de tiro de canhões desse tipo: "Dirija-se imediatamente à posição do comandante Urdaneta para apoiá-lo com uma esquadra de atiradores antitanques e munição suficiente". Nós, batalhão de elite de paraquedistas, dispúnhamos de muitos AT4[8], um lança-foguetes portátil antitanques de alta precisão. Era lá pelas 5 da tarde. Fui, passei a tropa em revista, atento a qualquer detalhe porque já eram as horas finais, com a tensão num grau máximo. Nada podia falhar, ninguém podia entrar no quartel, ninguém podia sair, ninguém delataria.

No seu quartel havia militares hostis à rebelião?

Sim, havia gente que ignorava o que estávamos preparando, e até gente contrária à nossa ação. Por isso tomamos uma série de precauções, primeiro no âmbito interno. Sabíamos quais os oficiais que iríamos prender, e o que fazer com o outro batalhão que não estava comprometido.

Recorreram à violência?

Não. Afortunadamente, não houve nada de sangue. Fomos muito cuidadosos. Pois bem: naquele momento, eu estava verificando tudo, os ônibus que viriam de Caracas, os armamentos... Conferindo tudo em detalhes. E de repente, vejo que o sargento Marciales continuava lá. Chamei-o, irritado: "Por que você continua aí? É urgente. Urdaneta está esperando!". Ele me pediu licença para falar, eu concedi. "Meu comandante, o senhor sabe que eu me fiz soldado profissional neste batalhão. Aqui fiz minha vida de soldado". Ele dizia isso com lágrimas nos olhos... e foi em frente: "Meu comandante, eu imploro ao senhor, se eu tiver de morrer, quero morrer com meu batalhão". Ele não queria ficar na retaguarda. Dei-lhe um abraço e disse que então ficasse com a gente. Ele saiu voando procurar sua tropa.

E Urdaneta?

Liguei para ele: "Compadre, estou mandando homens e armas com o sargento John Muñoz, que é da administração e não sabe nada do nosso movimento. Cuidado com ele". O que Urdaneta fez foi mandar prendê-lo assim que ele chegou. (ele ri)

Os homens preferiam juntar-se à rebelião ativa a ficar em posição de menos risco. É isso?

Exatamente. Todos queriam participar, embora a maioria, até aquele momento, ignorasse a que perigos estava se expondo. Oficialmente, estávamos saindo para manobras de saltos em El Pao, que realmente estavam previstas para o dia seguinte. Essa foi outra das "divinas casualidades" que nos serviram, porque fez com que não fosse estranho mover tropas naquele dia. Veja só como final tudo parecia sair redondinho para o nosso lado.

Seus homens não intuíam que o objetivo era outro?

Eles não eram bobos. Ninguém, naquele dia, queria ficar no quartel. Dou um exemplo: naquela mesma tarde, pensando em tudo, eu disse a um sargento: "Olha aqui, vá até a enfermaria. Há três soldados engessados. Leve os três para o Hospital Militar, invente alguma consulta, o que for, mas deixe os três no hospital. Esses homens não têm como ir para Caracas, mas não é bom que fiquem aqui sozinhos". O sargento foi até a Enfermaria, voltou e me disse: "Lá não tem ninguém". Eles haviam tirado o gesso para se misturar a todos os outros...

Em que momento o senhor decidiu informar aos seus homens que o objetivo real era uma rebelião contra o governo e uma tentativa de tomar o poder?

Quando considerei que tudo estava pronto, mandei formar o batalhão e disse a mim mesmo: "Não posso levar esses rapazes ao engano. Vou provar a mim mesmo num segundo. Se minha liderança for um blefe, os soldados, aqui mesmo, me metem preso. Vou dizer a eles o que vamos fazer". Informei aos oficiais: "Fiquem pendentes, porque vou anunciar o que vamos fazer. Confio nesses rapazes". Parei no meio do pátio, na frente dos homens enfileirados, e gritei: "A Pátria está em perigo. O que vamos fazer?". E um único clamor ressoou: "Voaremos como as águias!". Então, expliquei a eles: "O país está nesta situação...". Quer dizer, um discurso político. E anunciei: "Existe uma rebelião militar em andamento. Vamos derrubar o governo".

E como eles reagiram?

Com um grito de apoio que ecoou por todos os lados. Até hoje me arrepio. No fundo, sabiam... Por causa dos meus discursos, minhas conversas. Todos se alistaram. Até os que estavam no calabouço queriam se juntar. Começaram a bater nas portas das celas: "Tira a gente daqui, comandante!". (ele ri) Mandei soltar todos eles, dei um fuzil a cada um. Até o cachorro que era o mascote do batalhão se alistou... (risos)

O senhor avisou a eles que era uma operação arriscada?

Foi dito a eles, obviamente. Aquilo não era um treino nem eram manobras. A gente levava munição de verdade, íamos correr risco mortal. Como, de fato, o resultado demonstrou. Era uma operação de audácia, até mesmo temerária, porque éramos minoria, comparados ao conjundo das Forças Armadas do país. Nem um único general com mando de tropas estava conosco. A patente mais alta era a de tenente-coronel. Também não havia nenhum oficial da Marinha, nem da Guarda Nacional.

Como o senhor explica isso?

Pela separação, pela divisão das diferentes armas em compartimentos estanques. Consequência dos levantamentos de 1962, o "Carupanazo" e o "Porteñazo". Rómulo Betancourt mudou a política militar e suprimiu a Escola Básica onde conviviam e se conheciam os cadetes das quatro armas (Exército, Marinha, Força Aérea e Guarda Nacional). Nós não conhecíamos os nossos companheiros de geração da Marinha ou da Guarda. Nunca tivemos nenhum contato sério. Com a Força Aérea era diferente, porque nós, paraquedistas, formávamos uma espécie de enlace, um nexo entre o Exército e a Força Aérea.

Os senhores tinham elaborado algum documento para ser divulgado, em caso de êxito?

Eu queria falar disso. Veja só, esta é a maleta de comandante (me mostra) que eu levava no meu veículo no dia da rebelião. Está bem batidinha... Foi confiscada pela DIM, e me devolveram faz dois anos. É como a caixa de Pandora que se abriu. Veja só o que tem dentro: as chaves da minha casa, as do carro, cadernetas de anotações, o braçalete, fotografias, meu último talão de cheques do Banco Industrial. Eu tinha 25 mil bolívares na conta. Foi o que eu deixei para Nancy, na véspera da ação. Era uma segunda-feira. De repente, já com o uniforme de campanha, pensei: "Santo Deus!, e se acontecer alguma coisa comigo?". Fui até o banco, saquei tudo que tinha, para Nancy, para as crianças. Uma coisa difícil: deixar a esposa, os filhos, a casa. Mas Bolívar dizia, e muito bem: "Aquele que abandona tudo para ser útil ao seu país, não perde nada, e ganha tudo que consagrar".

O que o senhor queria me mostrar dessa maleta?

Sim, o que eu queria era mostrar esse documento: uma síntese da "árvore das três raízes" que escrevemos nos dias prévios à rebelião. O título é "Projeto

Nacional Simón Bolívar. Governo de Salvação Nacional. Linhas gerais para a sua construção". Foi elaborado lá no batalhão, e quem passou para o computador foi o tenente Lugo Salas.

O senhor poderia resumir seus pontos principais?

Começávamos com um pensamento de Thomas Jefferson[9]*: "A árvore da liberdade deve ser regada de vez em quando com sangue de patriotas e tiranos. É seu adubo natural". E então, vinha uma explicação: "Qual é a razão de estarmos, aqui e agora, anunciando e promovendo mudanças profundas ao começar a última década deste século perdido?". Fazíamos alusão ao "sistema EBR", de Ezequiel (Zamora), (Simón) Bolívar e (Simón) Rodríguez. As três raízes.*

Os senhores faziam alguma alusão ao socialismo?

Não. Seria prematuro. Em nenhum lugar fazíamos referência explícita ao socialismo. Embora houvesse elementos. Dizíamos, por exemplo, "os objetivos do Projeto Bolívar se inscrevem nas mais palpitantes necessidades humanas individuais e coletivas, não apenas de ordem material, mas também alcançam as necessidades de ordem política e de ordem cultural...".

Isso é muito "varsavskyano", de Oscar Varsavsky (1920-1976), um professor argentino que, em seu influente livro Proyectos Nacionales[10] *estabelece que um desenho socialista deve ser elaborado tendo como base as necessidades reais da população. "Na satisfação de tais necessidades se encontram os fins finais. Todos os demais objetivos e metas temporais e sequenciais se subordinam a isso. No horizonte do Projeto Nacional Simón Bolívar podem-se visualizar as seguintes necessidades e objetivos (...)*

Objetivos sociais: garantia das supremas liberdades individuais e sociais, distribuição justa de rendas, garantia da aplicação adequada e de tempo da justiça. Grau máximo de segurança para o indivíduo, seu núcleo familiar e a sociedade inteira.

Objetivos culturais: educação e instrução, esporte massivo e meios de recreação, identidade nacional, oportunidade para a criatividade e a invenção artística e científica; meio ambiente harmonizado para a vida e o trabalho.

Objetivos políticos: soberania nacional e um posto digno do país como ator internacional. Participação gradual na tomada de decisões que afetam o grupo social. Liberdade política e uma autêntica democracia".

Disso, fizemos um resumo nas últimas horas, que distribuímos a todos os chefes do Movimento.

Se tivessem triunfado, quais seriam as suas primeiras medidas?

Para conduzir o país, se a rebelião tivesse triunfado, havíamos preparado decretos de aplicação imediata. Esses decretos foram elaborados trabalhando com intelectuais revolucionários, como Kléber Ramírez, Pablo Medina e outros. Queríamos criar um Conselho-Geral Nacional, integrado por militares e civis, que designaria o novo presidente e poria em marcha uma Assembleia Constituinte para refundar a Venezuela e a democracia.

O senhor já vinha pensando numa Assembleia Constituinte?

Sim. Lembre-se que, desde 1990, essa questão foi muito tratada na Colômbia, e deu lugar a um debate amplo que nós seguimos com muito interesse. O pessoal do M-19[11] *(Movimento 19 de Abril) negociava, na época, o fim da guerrilha com o presidente Virgilio Barco, e punha como condição para depor as armas que fosse eleita uma Assembleia Constituinte. A Constituição vigente era muito pouco democrática, uma vez que, entre outras coisas, não autorizava a existência de mais de dois partidos (Conservador e Liberal).*

A ideia fermentou no povo colombiano e foi acolhida, em particular, pelos estudantes, com mobilizações gigantescas em nível nacional. Eles propuseram a ideia da "Sétima Urna" ou "Sétima Célula", não me lembro, aproveitando as eleições gerais (do dia 13 de março) de 1990, para que os eleitores dissessem se queriam ou não uma Assembleia Constituinte.

A mesma coisa que Manuel Zelaya propôs em Honduras.

Pois é, a mesma coisa, com a diferença que Manuel Zelaya, só por ter proposto isso, foi derrubado em 2009 por um golpe de Estado.

Mas na Colômbia a ideia foi aprovada, não é?

Sim, foi aceita. E começou uma imensa discussão sobre a nova Constituição. Inclusive um dos chefes do M-19, Antonio Navarro Wolff, foi copresidente dessa Assembleia que redigiu a nova Carta Magna (promulgada no dia 4 de julho de 1991). Nós, nas Forças Armadas, tínhamos contato com organizações colombianas de esquerda e acompanhávamos muito de perto o processo, as discussões, as propostas, as mudanças. E nos dedicamos a estudar muito seriamente a questão, e integramos essa ideia de convocar uma Assembleia Constituinte em nossa estratégia de governo, se a rebelião triunfasse. Mas, como se sabe, naquela vez nosso levantamento não teve êxito.

O que não funcionou?

O ponto principal: não conseguimos prender Carlos Andrés Pérez. E tudo estava calculado ao redor desse objetivo. Segundo: o ministério da Defesa e o Alto-Comando souberam, graças à traição de um dos nossos, conforme eu disse, que a sublevação era iminente, e tinham tomado precauções extremas. Terceiro: houve falhas constantes na comunicação entre nós. Eu mesmo, que devia coordenar o conjunto da rebelião, não dispunha dos equipamentos técnicos indispensáveis. E alguns membros do nosso movimento, em cidades do interior, tiveram um comportamento indeciso, ou não conseguiram tomar o controle de seus quartéis. Quarto: nessas condições, os nossos oficiais da Força Aérea consideraram que era demasiado perigoso fazer seus aviões voarem. Quinto: os grupos civis, cuja missão era nos ajudar a tomar, em Caracas, o controle das emissoras de rádio e televisão, não apareceram.

Em vez disso, quem apareceu na televisão, às 4 da madrugada, foi o presidente Pérez, dirigindo-se a todo o país. Isso virou completamente a situação, não foi?

Sem dúvida. Aquelas imagens de Carlos Andrés, difundidas a cada cinco minutos, fizeram com que os oficiais que duvidavam se deviam ou não se somar à rebelião ficassem paralisados ou tomassem definitivamente partido em favor do governo.

Em que momento o senhor entendeu que tudo estava perdido?

Praticamente nesse instante. Em vários lugares, porém, os combates prosseguiam.

Mas ainda assim, o senhor tomou a decisão de se render.

Tomei. Coisas demais tinham falhado. Onde eu estava, no Museu Histórico Militar, os equipamentos de comunicação que deveriam ter me permitido ficar em comunicação com as outras unidades rebeladas não chegaram nunca. E eu me encontrei isolado, desprovido de contato com o resto do Movimento. Para evitar maior derramamento de sangue, lá pelo meia da manhã do dia 4 de fevereiro, comuniquei--me com o general Ramón Santeliz Ruiz e informei que depúnhamos nossas armas.

O general Fernando Ochoa Antich me contou que, antes de depor as armas, o senhor ligou para ele e propôs que, "para lavar o país da corrupção", ele encabeçasse a rebelião. É verdade?

Quando ele disse isso?

Eu o entrevistei em outubro de 1992.[12]

Ochoa Antich fez confusão. Ele conhecia o clima de irritação e protesto que existia no Exército. Aquilo era uma panela de pressão a ponto de explodir. Havia até mesmo rumores de que ele próprio, com um grupo de oficiais, tinha intenções golpistas.[13] *E, naquele momento, ele tomou a decisão de me enviar, para negociar nossa rendição, dois generais próximos ao nosso Movimento: Fernán Altuve Febres e Ramón Santeliz Ruiz, ambos amigos de Arias Cárdenas. Ou seja, eu vi nisso um sinal, uma mensagem. E quando fui levado para o Forte Tiuna, Antich chegou a me convidar para almoçar, e conversamos horas. Falei com ele da situação do país, da desídia do governo, da corrupção. Bem, falei de tudo que ele já sabia, e do nosso dever de oficiais bolivarianos de pôr um fim naquela situação escandalosa. Mas nunca fiz essa proposta a ele.*

Alguns historiadores recriminam o senhor por ter ficado inativo no Museu Militar, e de não ter ajudado na tomada do Palácio de Miraflores.

Pois é, falou-se muito. Meus adversários se locupletaram com essa questão. A verdade é que tomar Miraflores nunca foi missão minha. Minha missão era, como já disse, comandar e coordenar a rebelião inteira, em Caracas e no resto do país. Tínhamos tudo perfeitamente planejado nos mínimos detalhes. Mas a delação do capitão René Gimón transtornou os nossos planos. A partir do dia 3 de fevereiro, o Alto-Comando começou a desarmar muitos batalhões dispostos a se rebelar, tomaram os fuzis dos soldados, desmontaram as baterias dos veículos, retiraram os rádios dos tanques, confiscaram munições. A Polícia do Exército estava em tudo que é lado. Assim, o Batalhão Blindado Ayala, e o cito só como exemplo, que era decisivo porque, com o apoio de tropas de infantaria, deveria tomar o Palácio de Miraflores, ficou sem rádio e sem munição. E apesar disso, um grupo de oficiais nossos, numa ação de audácia suicida, se apoderou do Batalhão e atacou Miraflores, mesmo sem comunicação e sem balas. Acabou sendo impossível que se comunicassem entre si, nem com o meu comando central, nem com meus paraquedistas mandados para as vizinhanças do Palácio. Essa traição de Gimón foi decisiva em Caracas. Se não fosse por ela, nosso plano teria funcionado, tenho certeza absoluta.

Foram quantas vítimas?

Calcula-se, entre militares, policiais e civis, uns 35 mortos. Entre eles, vários companheiros muito queridos do meu batalhão. Outros ficaram gravemente feridos, como o tenente Freddy Rodríguez, um rapaz a quem dei a missão de tomar o Comando da Marinha, que fica em diagonal com o Hospital de Clínicas de Caracas. Quase foi morto, levou seis tiros, perdeu três dedos da mão. Está vivo porque foi ferido bem na frente do hospital, e lá mesmo foi operado. Se não fosse por isso, teria morrido. Em qualquer outro lugar teria se esvaído em sangue.

Quando o senhor depôs as armas, a rebelião terminou?

Não. Porque ao não ter equipamento de transmissão, conforme disse, não pude informar pessoalmente todos os nossos. Fui levado preso para o Forte Tiuna. E lá, fiquei sabendo que os combates continuavam em Maracay, em Valencia, em Caracas, e que o generalato se dispunha a ordenar o bombardeio das nossas posições. Protestei, adverti Ochoa Antich que iam cometer um massacre inútil. Eu me propus a negociar diretamente a rendição dos meus companheiros. Urdaneta havia cortado suas linhas telefônicas, estava disposto a morrer com seu batalhão. Não podia falar com ele...

Foi quando propuseram ao senhor que falasse pela televisão?

Foi. O almirante Rodríguez Citraro me disse: "Por que o senhor não manda, através dos meios de comunicação, uma mensagem de rendição a todos os seus homens?". Aceitei, é óbvio.

O senhor era conhecido pelo grande público?

Não, nem um pouco. Ninguém me conhecia...

Então, o povo venezuelano ficou sabendo do senhor nesse dia, pela TV. Foi isso?

Exato. Foi nesse dia que a maioria das pessoas me descobriu.

Lá no Forte Tiuna...

Sim, lá no Forte Tiuna, no edifício sede do Ministério da Defesa. Eu estava preso, mas a situação era comprometedora para o governo e para mim também, porque havia muita gente minha dispersa. E, como eu dizia, os aviões F-16 tinham ordem de bombardear o comando da Brigada de Tanques de Valencia. Também tinham mandado bombardear, em Maracay, o comando dos paraquedistas. Os rapazes estavam entrincheirados, cercados por todos os lados, desconectados, sem poder se comunicar. Então enfrentei o grupo de generais e disse a eles: "Permitam que eu renda o meu pessoal. Como os senhores vão bombardeá-los, se já estamos rendidos?". E me responderam: "É que eles não se rendem!".

Estavam esperando suas ordens?

Claro. E foi a partir daí que surgiu a ideia de que eu falasse. Primeiro me deram um telefone, e eu pedi que me dessem a guia telefônica dos quartéis. Mas claro que os comandantes não estariam ao lado do telefone. Em Valencia, por exemplo, estavam com os tanques nas ruas. Em Carabobo, um grupo de estudantes foi até o quartel, eles receberam armas dos oficiais e foram todos para a rua. Tomaram um comando da polícia, alguns bairros se rebelaram, vários estudantes morreram, ou seja, a rebelião não estava apagada e até mesmo ameaçava se estender aos setores populares. Diversos grupos anárquicos começavam a se somar espontaneamente. Isso me preocupava muito, porque já havia mortos, e aquilo podia acabar num massacre do povo desarmado e outro massacre de nossas tropas dispersas, soldados sem comando, sem comunicação.

Foi por isso que o senhor decidiu dar, pessoalmente, a ordem de rendição?

Foi então, efetivamente, quando surgiu essa ideia de que eu falasse aos nossos rapazes. Lembro de ter dito ao almirante que estava por perto: "Liguem para a rádio Apolo" — essa emissora tocava muita música mexicana e venezuelana, era muito ouvida nos quartéis — "e me permitam mandar uma mensagem aos comandantes que estão lá, aos meus companheiros". Em Valencia, a rádio Apolo era ouvida no centro inteiro. Hoje, nem sei se essa rádio ainda existe. Bem, foi quando o almirante respondeu: "Não, Chávez, a rádio Apolo, não. Isso aqui vai muito mais longe que a rádio Apolo. Você seria capaz de falar a todo o país, num chamado de paz e de calma para as suas tropas?". Respondi que claro que sim. Então, ligaram para a televisão. Essa foi uma decisão tomada sem nenhuma consulta ao Palácio de Miraflores. Porque se consultassem Carlos Andrés Pérez...

Ele teria recusado?

Obviamente. Velho político... Aqueles oficiais atuavam forçados uma determinada circunstância. Carlos Andrés tinha dado a ordem de que eu não saísse vivo do meu posto, ou que me matassem em qualquer momento depois que eu saísse de lá. Alguns oficiais souberam disso e mandaram me alertar. A verdade, enfim, é que foi nesse momento que me dirigi ao povo. Foi perto do meio-dia.

Quanto tempo durou sua intervenção?

Uns 50 segundos.

Foi totalmente de improviso?

Eles exigiram que eu redigisse um texto. "Você precisa escrever para que a gente veja o que vai ler." Queriam verificar o que eu diria. E eu me neguei, dizendo que não ia escrever. Dirigi-me ao vice-ministro de Defesa: "Se for assim, não telefonem para ninguém. Eu dei minha palavra de honra. Estou rendido, meu general, e o que vou dizer é um chamado à rendição". Eles argumentaram que os jornalistas iriam me fazer perguntas, prometi que não responderia. Como todo mundo estava interessado em acabar com aquela situação, porque sangue continuava a ser derramado, aceitaram. Então fui até a porta, e vi cem câmaras... Eu jamais na vida tinha imaginado que ia falar na frente de tantas câmaras de TV...

E além do mais, ao vivo.

Pois é, ao vivo, e com a tensão que havia nas ruas naquela hora...

O senhor tinha falado na televisão alguma vez?

*Tinha, já contei, mas num programa de diversão (*O show de Popy, *na rádio Caracas Televisión), num estúdio. Nunca em circunstâncias tão dramáticas. Naquele caso, o cenário era outro: tratava-se de mandar uma mensagem a todo o país, e numa situação trágica.*

Mas como foi que deixaram o senhor falar ao vivo?

A urgência. Eles, como eu, queriam evitar a qualquer preço derramamento de sangue. Havia pressa. Não sobrava tempo para fazer várias gravações. Cada minuto era fundamental. Exigi aparecer com minha boina vermelha, meu uniforme. Com dignidade. Não queria me apresentar com aspecto de vencido. Lembrei do general Manuel Noriega, quando os ianques invadiram o Panamá e o derrubaram, prenderam (dia 3 de janeiro de 1990) e o apresentaram aos jornalistas vestindo camiseta, desmoralizado, derrotado.

Sua intervenção durou pouco mais de um minuto, mas nesse curto instante o senhor passou a se transformar na figura de salvação nacional. Foi aí que nasceu o "mito Chávez"?

Muito se escreveu sobre essa minha aparição naquela manhã, e sobre as palavras que improvisei[14]*. De repente, toda minha experiência de anos, de comunicador, bem, tudo isso acabou sendo muito útil. Também o subconsciente me ajudou, me dizendo coisas, porque quando fui falar ao país, lembro que apareci com as mãos para trás, e uma voz interior me disse: "Vão achar que você está algemado". Pus as mãos para a frente um instantinho, e depois as baixei. Ou quando ia dizer "movimento civil-militar", mas não, disse 'movimento militar bolivariano'. Falei de maneira natural. E acho que as pessoas — o país inteiro estava vendo televisão! — apreciaram, simpatizaram. Assumi pública e pessoalmente a responsabilidade por aquela rebelião... e seu fracasso. Neste país, onde jamais um dirigente político tinha reconhecido qualquer responsabilidade nos mil fracassos que sufocavam a Venezuela, essa sinceridade teve impacto. Mas o "mito Chávez", de alguma forma, já estava a caminho. Já falei disso. Só que ficava restrito a alguns setores: a Academia Militar, os oficiais jovens, Elorza, alguns círculos de esquerda. A aparição na TV, naquelas circunstâncias, com o país em suspense, alimentou o mito em escala nacional.*

Algumas de suas palavras soaram como uma promessa, especialmente a célebre frase "por enquanto"...

Pois é... criou uma esperança no povo. Inconscientemente, significava que voltaríamos.

Quando foi que o senhor percebeu que aquela sua intervenção tinha transformado sua figura numa personalidade popular?

Em muito pouco tempo. O primeiro sinal do povo que nos chegou foi no carnaval, ou seja, poucos dias depois. A fantasia mais usada foi a de "Chavito". As crianças se fantasiavam com fardinhas, boina vermelha e fuzil de brinquedo. Eu estava na cadeia, vendo televisão, e de repente vejo uma jornalista na rua, e um molequinho pequenino fantasiado de "Chavito", ao lado da mãe, num ponto de ônibus. Ao vivo, a jornalista perguntou ao menino: "Você está fantasiado de quê?". E o garoto, com cara séria, respondeu: "Não banque a tonta... Será que não vê que estou de Chávez?". O menino estava rebelado. Chávez não era só a fantasia, era uma atitude rebelde. A moça, então, perguntou a ele: "E onde está o Chávez?", e o garoto respondeu: "Ele está por aí, nas árvores". Houve até mesmo mulheres que se fantasiaram de Chávez. E depois fiquei sabendo que nas festas de Elorza, no dia 19 de março, dia de São José, o povo decidiu pôr, à cabeça do desfile, um cavalo branco sem ginete, sozinho, com os arreios vermelhos: o grande ausente... Por todos os lados, começaram a nos chegar depoimentos de adesão popular. Uma solidariedade indescritível. O instinto do povo. A resposta do povo.

O senhor esperava esse tipo de reação?

Na verdade, não. Nunca. Porque o povo não me conhecia. De repente, meu nome começou a aparecer nas paredes, nos morros. Embora nossa rebelião militar não tenha alcançado seu objetivo, favoreceu o despertar do povo. E, nove meses mais tarde (dia 27 de novembro de 1992), ocorreu outra tentativa de rebelião, dirigida pelo contra-almirante Grüber Odreman. A Venezuela tremeu outra vez, e isso demonstrou que o descontentamento dos militares patriotas a respeito da classe política venezuelana continuava. O povo ocupava as ruas sem temor da repressão. O medo desapareceu. A sitiação, o "stablishment", *o velho regime ou, para usar uma expressão francesa, o* "ancien régime", *estava despedaçado.*

Alguns meses antes desse 4 de fevereiro de 1992, em agosto de 1991, tinha acontecido, em Moscou, um golpe militar de Estado que fracassou, mas precipitou a desaparição da União Soviética. Os senhores levaram esses acontecimentos em consideração?

Lembro desses acontecimentos muito bem. Numa ocasião (em 26 de setembro de 2008) estávamos na Rússia, participando de uma reunião com o presidente Dmitri Medvedev em Orenburgo, perto da fronteira com o Cazaquistão, e Vladimir Putin, o primeiro-ministro, insistiu, como amigo, que eu passasse por Moscou, e passamos uma noite inteira conversando.

Com Putin?

Sim. Num certo momento, eu disse a ele: "Veja só, isso está parecendo com minhas reuniões com Fidel, sem limite de tempo, sem pressa". Falamos de política, de economia, da situação no Cáucaso. Já era madrugada quando abordei o tema dos processos históricos nos últimos 20 anos. E recordei a ele exatamente o que o senhor está me perguntando.

O golpe militar contra Mikail Gorbachev?

Exato. No dia 19 de agosto de 1991 houve um golpe de Estado em Moscou contra o presidente Gorbachev, que estava passando férias na Crimeia. Nós, aqui, como comando político. Não se esqueça de que eu não era chefe do Movimento, havia um Diretório constituído pelo comandande Arias Cárdenas, o majos Luis Reyes Reyes, o major Castro Soteldo, o capitão Ronald Blanco La Cruz e eu. Havia um comando militar em que estava o major Alastre, e um comando civil onde estava Alí Rodríguez. Assim, nosso movimento era muito colegiado. Como diz Fidel: "Chávez não era general, nem tinha instituições militares sob seu comando, foi uma insurreição que veio de baixo". Lembro que acompanhávamos e estudávamos com interesse aquele golpe de Estado na ainda União Soviética.

Com opinião positiva ou negativa?

Naquele momento, e digo isso francamente, com um sentido favorável. Aquilo nos alentou. Eu sabia que o golpe era dado por um grupo de militares opostos ao desmembramento da União Soviética e à marcha política que conduzia fatalmente à subordinação da União Soviética ao império dos Estados Unidos. Expliquei isso ao Putin quando abordei esse tema tão sensível, de maneira muito cuidadosa, mas sem papas na língua, tomando como base a amizade que estávamos construindo. Devemos recordar que Putin foi um dos homens mais próximos a Boris Yeltsin, foi sua mão direita. Yeltsin, que na ocasião era presidente da Rússia, foi quem tomou a decisão de enfrentar o golpe de Estado, trepado num tanque, e em três dias fez com que aquele movimento fracassasse. E foi assim que Yeltsin surgiu como figura política e, ao mesmo tempo, Gorbachev morria politicamente. Mais tarde (em agosto de 1999), Yeltsin nomeou Putin como presidente do governo da Rússia, e quando renunciou (no dia 31 de dezembro de 1999) o nomeou seu sucessor. E pouco depois (em 16 de março de 2000), Putin ganhou democraticamente as eleições presidenciais. Portanto, Putin esteve muito próximo daqueles acontecimentos. Comentei com ele que, quando daquele golpe de Estado em Moscou, eu estava justamente recebendo o comando de um batalhão de paraquedistas em Maracay, e me preparava para organizar a nossa própria rebelião militar.

Mas os golpistas de Moscou eram ultraconservadores.

Veja bem, a campanha midiática que se desatou no mundo foi de tal magnitude que os meios ocidentais de comunicação conseguiram que a opinião pública classificasse como "conservadores" aqueles que queriam manter a linha do socialismo e resistiam à derrocada ou, como diz Fidel, à punhada da União Soviética pelas costas. Enquanto isso, os outros, os golpistas, eram chamados de "progressistas". Foi uma operação midiática de grande magnitude. Lembro que confessei a Vladimir Putin que, daqui, tínhamos visto o desaparecimento da União Soviética com pesar, da mesma forma que havíamos lamentado a derrota do governo sandinista da Nicarágua nas eleições de 25 de fevereiro de 1990, ou a queda do Muro de Berlim (em 9 de novembro de 1989) e o desaparecimento, em cascata, na Europa do Leste, como por um efeito dominó, dos governos do chamado "socialismo real".

Mas, pelo que o senhor me disse, seu movimento não reivindicava o socialismo, certo?

Certo. Nós não tínhamos ainda levantado a bandeira do socialismo. Mas essa era a nossa inclinação desde o princípio. Olhávamos para Cuba e para a

Nicarágua como referências vizinhas e, lá longe, para a União Soviética como um aliado potencial. Quando o governo de Daniel Ortega caiu derrotado, recebemos um golpe muito duro. Claro, no aspecto militar nosso movimento tinha uma força própria, impulsada pelo bolivarianismo. Nossa organização propriamente militar, revolucionária, insurgente, não se viu afetada por aqueles acontecimentos internacionais. Mas na avaliação política, aquela atmosfera de "fim do socialismo" obviamente nos afetava. Digo isso destacando particularmente nossos projetos internacionais a respeito da orientação que queríamos dar à política exterior da nova Venezuela, procurando novos cenários.

E seus aliados civis, como viveram aqueles momentos?

Depois daquele traumático agosto de 1991, estivemos observando a situação interna da Venezuela, que continuou se degradando nos meses de setembro, outubro e novembro. Em dezembro, estivemos a ponto de nos rebelar, e foi quando aconteceu a destruição, o desmembramento da União Soviética. Isso também nos golpeou. Suspendemos a rebelião aqui, por outras razões, mas isso terminou de congelar toda e qualquer tentativa insurgente da esquerda civil venezuelana. Nossos aliados ficaram paralisados, apesar de saberem que nossa rebelião viria.

O senhor sentiu que os partidos políticos se desmoralizavam?

Sim, senti. Aqueles foram golpes demolidores para toda a esquerda mundial. Naquele segundo semestre de 1991, notei um terrível decaimento em nossos companheiros da esquerda civil. Muito mais nocauteados que a gente. Notava-se, neles, uma espécie de desmoralização, de abatimento, de desânimo. Suas divisões internas se acentuaram. Tudo isso teve consequências negativas no dia 4 de fevereiro.

Que consequências?

Quando, na madrugada de 4 de fevereiro, do telhado do Museu Histórico Militar que domina o Palácio de Miraflores e Caracas, comecei a chamar os grupos civis de esquerda, que deveriam se somar ao nosso movimento, e não tive resposta alguma, fiquei olhando a cidade, solitário. Saímos praticamente sozinhos. Nós nos encontramos sem a esquerda política, sem o movimento popular. Essa foi uma das causas que me levaram à decisão de depor as armas. O povo que devia se unir à nossa ação ficou trancado em suas casas, e os líderes políticos, que durante anos e anos tínhamos conhecido, não se moveram. Os poucos que quiseram se mover não tiveram como. Até mesmo quando convoquei a rendição e disse: "Assumo a responsabilidade por este movimento". Mas tirei o "civil" porque o daquele dia foi um movimento unicamente militar. Nenhum daqueles civis de esquerda saiu para ajudar o movimento bolivariano. Embora, no fundo, desde que nasceu, desde o primeiro dia, era um autêntico movimento de raízes populares, civil-militar e revolucionário. Na verdade, as esquerdas viviam um momento de grande desmoralização.

Nessa época, também em El Salvador e na Guatemala, a guerrilha decidiu abandonar a luta armada e entrar em negociações, não foi?

Claro, a guerrilha ficou sem apoios internacionais e optou por convocar acordos de paz. Primeiro, na Guatemala, na dinâmica das negociações de Esquipulas (1986-1987), o Acordo de Oslo para a Paz, de (29 de março) 1990. E mais tarde, em El Salvador, o Acordo Geral de Paz, de (16 de janeiro) 1992. Terminavam as longas e cruentas guerras. Mudava-se de época. A União Soviética desapareceu e, como diz Fidel, Cuba ficou sendo uma trincheira solitária.

Na sua opinião, Gorbachev foi o responsável pelo desmoronamento da União Soviética?

A partir de 1985, começamos a ver como a União Soviética ia balançando. A Perestroika e a Glasnot, ideias de Gorbachev, talvez necessárias, mas aplicadas com grande desordem, provocaram um desconcerto geral naquele imenso país, precisamente quando o presidente dos Estados Unidos, Ronald Reagan (1981-1989), lançava a maior ofensiva anticomunista contra a União Soviética: o neoliberalismo, no campo ideológico; e, no campo militar, o rearmamento maciço e a "guerra nas galáxias". Os dirigentes soviéticos cometeram muitos erros.

O senhor conheceu Mikail Gorbachev?

Conheci em Moscou, faz alguns anos. Num dia de grande frio e muita neve, ele pediu para falar comigo, e conversamos durante várias horas. Achei Gorbachev um homem muito inteligente. Pude realmente constatar o que sempre pensei: aquele homem, de boa-fé, quis salvar a União Soviética. Mas cometeu erros estratégicos terríveis. Cheguei a dizer a ele: "O senhor, como capitão do navio, tentou salvar um barco que estava afundando, mas não tinha como".

Tudo aquilo — o que aconteceu na União Soviética e o retrocesso geral das esquerdas no mundo — não levou o senhor a pensar em abandonar seu projeto de insurreição militar?

Não porque no meio daquilo tudo — o fim da União Soviética, a desmoralização da esquerda da América Latina, retrocesso do socialismo, os trânsfugas da política etc. — eu, pelo que me lembro, acabava de ganhar a batalha de Los Pinos contra o Alto-Comando Militar e saí graduado da Escola do Estado-Maior, o que significou, para mim, um triunfo moral e político. Além disso, coincidiu que eu e alguns dos líderes do nosso Movimento começamos a assumir postos de comando. Ou seja, nossa organização insurgente marchava no sentido contrário do movimento político geral, se fortalecia no meio de uma tormenta. Tinha, portanto, uma dinâmica própria, era independente do que estava acontecendo.

Estava mais integrado à experiência nacional e menos ligado ao que acontecia no mundo?

Sim, sim. E isso preservou nosso Movimento do esquema da Guerra Fria. Não tínhamos nenhum tipo de compromisso nem de conexão com aqueles acontecimentos internacionais. Nosso Movimento tinha sua própria força moral, seu próprio sangue, sua própria dinâmica, e isso nos dava uma grande confiança. Enquanto isso, as organizações civis da esquerda — muito mais dependentes, no campo ideológico, de seus aliados internacionais, retrocederam. Salvo algumas exceções individuais, como Alí Rodríguez, que assumiu mas não tinha comando de massas nem de nada, a esquerda venezuelana inteira acabou batendo em retirada. Portanto, e para resumir, aqueles acontecimentos da União Soviética nos preocuparam, tiveram impacto em nós, mas não frearam em nada uma dinâmica que vinha dos anos 1970. Nós tínhamos nos encarregado a missão de criar as condições objetivas, dentro do Exército e da Força Aérea principalmente, para uma rebelião que acabou sendo a mais importante. Se o senhor investigar as rebeliões militares na Venezuela, comprovará que a mais poderosa, em termos de alcance territorial...

Foi a de fevereiro de 1992?

Exatamente, a do dia 4 de fevereiro. E também em termos de alcance social e ideológico. Porque o "Capuranazo" (4 de maio de 1962) foi só uma insurreição militar muito pontual, limitada à cidade de Carúpano (no Estado de Sucre). E o "Porteñazo" (2 de junho de 1962) foi a mesma coisa, em Puerto Cabello, com somente um batalhão e um grupo de oficiais participando e sem plano algum. A nossa, não. Foi uma rebelião que foi sendo preparada durante quase 20 anos.

Como a sociedade venezuelana interpretou aquele acontecimento?

Eu já disse, o povo se identificou, sem dúvida, com o nosso Movimento. Coisa, aliás, que, como o senhor sabe, nem sempre acontece com relação às Forças Armadas. Principalmente aqui, na América Latina, onde ocorreram tantas experiências "gorilistas" antipopulares. A esse respeito, recordo uma notícia que a TV difundiu em 4 de fevereiro. Naquele dia, transmitiram muitas imagens que eu, obviamente, não vi, mas depois, na cadeia, trouxeram as gravações para nós. A três quadras do Palácio de Miraflores, nosso último reduto se rendeu: um tenente, com quem não consegui me comunicar, resistia a entregar as armas enquanto não recebesse uma ordem minha. Dispunha de 30 ou 40 soldados, do meu batalhão, e haviam se entrincheirado num edifício. No fim, foram convencidos a se entregar, e quando vinham saindo com suas armas, uma senhora, numa esquina, no meio de um grupo, gritou: "Ai, mas são uns meninos!". E ao ver aqueles soldados com boina vermelha e bracelete, entregando-se com a cabeça bem erguida, as pessoas começaram, espontaneamente, a cantar o hino nacional: "Glória ao bravo povo que do jogo se livrou...".

Uma mostra de solidariedade, não?

Exato. Aquilo foi um soco no fígado do sistema, um golpe moral. Provocou uma efervescência, um despertar. Poucas semanas depois, no dia 10 de março, foi convocado um panelaço noturno, com um grito bem explícito: "Hoje é dez, são as dez, cai fora Carlos Andrés!". Papeizinhos começaram a circular — ainda não havia nem celulares, nem tuíter — difundindo slogans de boca em boca. Era a "rádio bemba" funcionando, das zonas mais pobres às mais ricas. As pessoas apagavam as luzes, acendiam, de maneira intermitente, e dá-lhe com as panelas! Nós, na cadeia do quartel San Carlos, nos juntávamos aos protestos populares batendo nas portas, que quase derrubamos. Poucos dias mais tarde, numa certa madrugada, fomos tirados de lá e levados para a prisão de Yare (no Estado de Miranda). Isso porque o quartel San Carlos fica em plena Caracas, e milhares de pessoas se amassavam no exterior, dia e noite, em nosso apoio. Começava a se dizer que havia dois centros de poder, Miraflores e San Carlos.

Então a cadeia tornou o senhor mais popular?

Pois é. A sacudida do dia 4 de fevereiro despertou as pessoas. "Com o povo", canta Pablo Neruda, "despertou Bolívar, e com ele a ideia de uma Pátria". As massas se puseram em movimento, organizando-se, tomando consciência. Depois aquilo foi se tornando um projeto, durante 1994, 1995, 1996, 1997. Começamos a reelaborar uma aliança de militares, grupos sociais e partidos de esquerda, que terminou nos conduzindo à insólita vitória eleitoral do dia 6 de dezembro de 1998. Digo insólita porque eram todos contra nós: todos os meios de comunicação contra Chávez, o grande capital contra Chávez, Washington contra Chávez. Até os principais candidatos adversários se uniram contra mim[15] *e nos roubaram muitos votos. Graças à força do povo, superamos os obstáculos, passamos por cima de todos e não puderam nos ignorar. Sempre disse aos meus eleitores: "O único jeito para que reconheçam a nossa vitória é ganharmos por nocaute". E ganhamos por nocaute*[16]*...*

Apesar de suas vitórias eleitorais democráticas, por causa daquele 4 de fevereiro alguns continuam chamando o senhor de "golpista".

Pois é, ainda tem quem nos chame de "golpistas". Alguns, muito confundidos ideologicamente, partem de um princípio, e dizem de nós: "São militares, portanto são de direita, são uns gorilas". É um erro. Nós nunca pensamos em constituir uma Junta Militar. Jamais quisemos dar um golpe de Estado militar clássico, para atropelar os direitos democráticos e os direitos humanos. Jamais. Somos antimilitaristas e "antigorilistas". Nunca fomos golpistas. Nós nos insurgimos para nos colocarmos ao lado do povo venezuelano, como militares transformadores. Às vezes, nossa rebelião foi classificada de "naserista"[17]. Não era, não teria sentido, mas sim na medida em que tínhamos um projeto social, até mesmo socialista, um pensamento pan-americanista, ou seja, bolivariano, e uma posição anti--imperialista. Somos patriotas revolucionários. "Golpistas" são os que se unem à oligarquia para atropelar seu próprio povo. "Golpistas" são os que pretenderam instalar uma ditadura na Venezuela, no dia 11 de abril de 2002. "Golpistas" são os apátridas que se ajoelham diante do imperialismo norte-americano. Nós somos bolivarianos, revolucionários, socialistas, anti-imperialistas. E cada dia somos mais assim.

Capítulo 14

O cárcere fecundo

No quartel de San Carlos • A popularidade dispara
"Dois postos de comando: Miraflores e San Carlos"
Levante de tenentes • O rebuliço • O julgamento • O *"cha-cha-Chávez"*
Em Yare • A conspiração continua • Elaborando documentos • A "propaganda suja"
Punhaladas na prisão • Apoio dos "cara pintadas" • Um recado (implícito) de Fidel
O Livro Azul • Por um Fórum Nacional • Por uma Assembleia Constituinte
Católicos progressistas • *Como sair deste labirinto* • O que é a revolução?
O que é o socialismo? • O socialismo bolivariano • A corrupção de ontem e de hoje
A rebelião do dia 27 de novembro • A manipulação • Os "dias do deserto"
Leituras do cárcere • A queda de Carlos Andrés Pérez • Eleição de Rafael Caldera
Ministros do MAS • Um novo ciclo revolucionário?
Retomando os estudos • Transições e Constituintes

Depois do dia 4 de fevereiro, onde o senhor foi preso?

Primeiro, no quartel San Carlos, uma velha construção militar, colonial, do século XVIII, em pleno centro de Caracas, perto do Panteão Nacional. Depois, fomos levados para o cárcere de Yare, que não fica longe da capital, mas já é no Estado de Miranda.

O quartel de San Carlos era uma prisão?

Bem, estava em desuso, mas às vezes servia de cadeia para presos políticos. Quando fomos levados para lá, havia um grupo de soldados detidos por causas menores numa das alas, mas fazia muito tempo que aquela prisão não era usada para oficiais. E de repente chegamos nós, uns 300 oficiais.

Trezentos?

Pelo menos... Nos separaram de acordo com a patente militar. Os capitães por ali, eram centenas, junto com os tenentes. E os majores e tenentes-coronéis, separados. Por toda a prisão eram ouvidos gritos, palavras de ordem, e de noite havia cantoria.

O senhor foi maltratado?

Os interrogatórios nos porões do prédio da DIM (Direção de Inteligência Militar), em Boleíta[1]*, começaram imediatamente. Houve pressão e, inclusive,* *violência. Alguns companheiros quebraram, trataram de fugir das responsabilidades. Descobrimos que muitos deles careciam de uma formação ideológica sólida. Mas a maioria se portou com inteireza e dignidade. Pouco a pouco fomos nos impondo. Até que chegou um momento em que tomamos, de fato, o controle do cárcere. Adquirimos um peso enorme, inclusive moral, diante dos nossos guardas, também militares. Veja só que um dia, o coronel-chefe do cárcere mandou me chamar no escritório dele e me disse: "Olha aqui, Chávez, que ninguém fique sabendo, mas minha esposa e meus filhos querem conhecer você". E a esposa e os dois filhos saíram de um quartinho que ficava ao lado. E mais: me pediram autógrafo, fizeram fotos comigo. (ele ri) Estando preso, assinei milhares de autógrafos e retratos.*

Ou seja, na cadeia sua popularidade continuou crescendo. É isso?

Minha popularidade disparou. No começo, não fiquei sabendo. Estava isolado, destroçado, queria morrer de tristeza. Na verdade, me sentia morto. Porque era como uma morte, a morte da carreira militar, do quartel. Sentia que estava tudo acabado, santo Deus! Pensava nos meus companheiros caídos em combate naquele 4 de fevereiro, e estava meio arrependido de ter liderado aquilo tudo. "O que é que a gente fez?", me perguntava constantemente. Entrei em dúvida, numa dúvida existencial terrível. Até que, depois de vários dias de isolamento, sem falar com ninguém, entrou na minha cela um capelão militar, o padre Torbes, com um exemplar diminuto da Bíblia *e, assim como para me consolar, leu o Salmo 37 de Davi para mim: "Os inícuos desembainharam uma espada, e dobraram seu arco, para fazer cair o aflito e pobre, para degolar os que são retos em seu caminho. Sua própria espada entrará em seu coração, e seus próprios arcos serão quebrados"*[2].

Marcou a página e, escondido, me deu essa Bíblia. Ele ficou de costas, porque na cela havia uma câmara de vigilância, e ao fingir que me abraçava, disse bem baixinho junto ao ouvido: "Ânimo, levante, o povo gosta de você, você não sabe o que está acontecendo lá fora. Você não tem ideia, meu filho. Nas ruas, você é um herói nacional". E tirou do bolso da batina uma cópia de uma nota falsa que andava circulando, e nessa nota, em vez da cara de Bolívar, haviam colado o meu rosto. Nunca me esqueço desse padre. Assim fiquei sabendo do tremendo impacto popular que a nossa ação havia produzido. E assim começou a minha ressurreição.

Uma pesquisa de opinião feita no dia seguinte ao 4 de fevereiro indicou que seu Movimento contava com 90% de simpatia popular.

A cadeia se transformou no epicentro de um turbilhão político. Tenho aqui alguns documentos originais daquela época: desenhos, canções, orações... (ele mostra para mim). Existe um livro, escrito por dois jornalistas cubanos, Chávez nosso[3], *pois esse título foi tirado de uma oração que alguém imaginou naqueles dias, e que começava assim: "Chávez nosso de cada dia que estás no cárcere...". Chegou-se a dizer nos jornais — e as hemerotecas são testemunha disso — que havia "dois postos de mando na Venezuela", um em Miraflores, e o outro, no San Carlos.*

Por quê?

As pessoas vinham — uma multidão — numa espécie de peregrinação para trazer presentes, comida. Com seu olfato, ou seu instinto político tão peculiar, o povo percebeu que o que aconteceu naquele 4 fevereiro não foi um golpe militar clássico, que era uma coisa diferente, feito por uma geração de jovens oficiais muito representativos do povo. Consequência: o San Carlos estava rodeado por milhares de pessoas. Desde os primeiros dias, aquele cárcere foi turbilhão, se transformou num centro de poder, do ponto de vista simbólico e também do ponto de vista real.

Passados poucos dias, o coronel que era o chefe do presídio mandou me chamar de novo. Era um homem bom, tinha uns cachorros grandões. E me disse: "Chávez, me ajude. Faltam seis meses para a minha aposentadoria. Fui mandado para cá, vim passar meu último ano com tranquilidade. E de repente me vejo no meio dessa situação". Perguntei a ele como é que poderia ajudá-lo. Disse que aquilo lá tinha virado um barril de pólvora, com aquele mundo de gente do lado de fora. É que havia milhares de pessoas concentradas, com fogueiras e tudo. A guarda lançava gás lacrimogêneo, mas as pessoas voltavam... Milhares e milhares. E quando mais havia repressão, mais gente aparecia.

As autoridades não tiveram outra saída além de autorizar visitas abertas. E foi assim que a prisão passou a se encher de gente, e isso chegou a um ponto tal que às vezes, nos dias de visita, eu bem que queria ter alguma privacidade com minha família... Até as celas ficavam cheias de gente. Alguns vinham com instrumentos musicais, outros com papéis para pedir autógrafos, ou com mensagens políticas. Quando meus filhos foram me visitar pela primeira vez, mal pude abraçá-los e sentá-los no colo.

Sua família sabia da rebelião do dia 4 de fevereiro?

O que me contaram foi que quando disseram para o meu pai — que estava aposentado, retirado da política, tinha um ranchinho de porcos e quatro vacas em Barinas — que eu estava metido num "golpe" militar em Caracas, parece que ele respondeu: "Não; é impossível, meu filho Huguito não se mete nessas coisas".

E a sua mãe?

Já minha mãe, quando os vizinhos contaram, se pôs a caminhar e a chorar, muito nervosa. No mesmo instante, entendeu tudo. Veja só o que é a mãe, tem uma percepção... No fundo, talvez seja quem melhor nos conhece. Parece que ela disse: "Não me surpreende. Sim, sim, Hugo tem de estar metido nisso". Quando me viu na televisão, e viu que eu não só estava metido como era um dos chefes, imagine só... Depois, durante todo o tempo em que eu fiquei preso, ela participava de todas as marchas de protesto, fazendo discursos por tudo que é canto.

E sua esposa? Seus filhos?

Essa era a parte dolorosa, minha esposa, as crianças, minha casa. Eu era muito caseiro, apesar de tudo. Era muito de chegar a passar com eles o máximo de tempo disponível. Então eu tive, claro, e de imediato, toda a solidariedade da minha esposa e dos filhos, embora fossem muito pequenos. Lembro de Hugo, o mais velho, durante uma de suas primeiras visitas ao San Carlos. Saímos para caminhar pelo pátio e de repente ele, que tinha uns nove anos, me disse: "Meus amigos do time de beisebol, papai, mandam abraços". E acrescentou, meio como quem reclama: "Você está preso, mas onde é que estão os soldados do seu batalhão? Por que eles não resgatam você?". Pois me diga: como é que eu ia explicar para aquele menino que o batalhão tinha se acabado, e que todos os soldados estavam presos?

Ele conhecia os seus soldados?

Conhecia muito bem. Passava o tempo todo no batalhão. Eu levava. Até no avião cheguei a levar Hugo, para que ele visse como nos atirávamos de paraquedas em Maracay. Eu dizia a ele: "Fique olhando o capacete vermelho, que é o meu". A gente às vezes saltava num campo arado, de treinamento, limpinho, e então ele ficava lá embaixo com os soldados de terra, e quando eu saltava e caía, ao tocar o chão o pirralhinho já estava ao meu lado, e me ajudava a recolher o paraquedas. Aquela pergunta do meu filho me deixou pensativo. De repente, na cadeia, a gente se enchia de temores, de preocupações com a família, os filhos...

O senhor continuava recebendo o soldo?

Continuava, claro, eles pagavam o nosso salário. Éramos militares da ativa, e tinham que pagar nosso soldo, e conservamos os nossos direitos, previdência social etc.

E nos quartéis, os militares apoiavam?

Muito. O impacto moral da nossa ação foi, na maioria das fileiras militares, positivo. Contávamos com a proteção solidária e silenciosa de muitos companheiros que passavam informação para nós, e ao mesmo tempo desinformavam o adversário. Nos protegiam de muitas maneiras.

O senhor se surpreendeu com essa solidariedade?

Bastante. Embora Albert Camus, em O homem rebelde, *tenha dito "Eu me rebelo, e depois nós somos". E aí o "nós" despertou, o "nós" reprimido, congelado. Aquela situação nos levou a transformar a prisão em escola, em laboratório de ideias, em oficina política, em comando político, onde se pensou, se discutiu e foram elaboradas propostas políticas para o país. Mas eu devo dizer que, nas primeiras horas da prisão, eu queria mesmo era morrer.*

Por causa do fracasso da ação?

Sim. Por causa dos amigos mortos. Quando comecei a ficar sabendo que morreu fulano, também aquele outro, que morreram tantos soldados... O fracasso... E me ver trancado naquele porão solitário da Inteligência Militar...

Vocês ficaram incomunicáveis?

Ficamos. Nos primeiros 20 dias, nós, os comandantes, fomos trancados num porão muito frio, isolados uns dos outros, e quase que totalmente sem comunicação, naqueles porões da DIM. Punham comida para a gente, mas no chão. Também dormíamos no chão. E congelados, porque punham o ar-condicionado no máximo. Durante o tempo inteiro, a luz ficava acesa. Não sabíamos nunca se era dia ou noite, nem que horas eram. Perdemos a noção do tempo. A gente calculava a hora mais ou menos, por causa da comida. Estávamos incomunicáveis. Cada um num calabouço, isolado. Sem notícia alguma. Só chegavam, e mesmo assim muito de vez em quando, algum papelzinho com um recado.

O senhor chegou a temer pela própria vida?

Cheguei. E tem mais: havia uma ordem de me eliminar. A partir do próprio dia 4 de fevereiro, essa ordem foi dada. Lembro que, ao "quartel da montanha" (na verdade, o Museu Histórico Militar) onde me prenderam, chegou um coronel que trabalhava em Miraflores e me conhecia. Ele me disse que o presidente havia dado a ordem que eu não saísse de lá vivo. Típico de Carlos Andrés Pérez. Não se esqueça, eu já comentei esse ponto, que ele tinha sido ministro de Interior (Justiça) de Rómulo Betancourt, daquele governo que trouxe os contrarrevolucionários cubanos de Miami para a Venezuela. Aliás, entre outros, trouxe Posada Carriles, no bando que, como diz José Vicente Rangel, inventou aqui a funesta prática dos "desaparecidos".

Isso foi inventado na Venezuela? Achei que tinha sido na Guatemala...

Não, foi aqui. Muito antes que em qualquer outro lugar, a Guatemala ou a Argentina. Aqui, nos anos 1960 e 1970, e com certeza muitos anos antes também, a "desaparição" foi muito praticada. Até hoje temos muitas pessoas que nunca apareceram. E não era, necessariamente, gente da guerrilha. Vários líderes políticos foram presos e "desapareceram", já mencionei alguns deles. Aqueles governos se especializaram na tortura, na simulação de suicídios, e na "desaparição". Vários dirigentes políticos, e inclusive chefes militares, apareceram "suicidados" nos porões da Inteligência Militar.

No seu caso, tentaram matar o senhor?

Sim, tentaram, e por ordem do presidente. Mas aí se formou, ao meu redor, uma couraça. Porque posso assegurar que nenhum militar dos altos mandos ou dos mandos intermediários estava de acordo. De fato, me protegeram. Saí do

Museu Histórico num veículo civil, dirigido por um general fardado. Deram várias voltas e puseram na frente um jipe militar, para fazer de conta que eu ia nele e assim evitar os franco-atiradores que tinham ordens para me liquidar. Fui tirado desse veículo agachado, e, além do mais, com meu fuzil. O general que me levava preso me disse: "Leve o fuzil e a pistola, porque de repente podem matar todos nós, até eu".

Quer dizer que o senhor foi preso levando seu fuzil?

Pois é, me deixaram com minhas armas. Por causa do perigo. Entreguei meu fuzil no Ministério da Defesa, e também a pistola e uma granada de mão que eu levava. Conforme eu disse, tínhamos a proteção solidária de muitos militares. E isso foi crescendo, principalmente na tropa e nos oficiais jovens. Mais tarde, um ou outro militar chegou até mesmo a se encontrar conosco na cadeia, clandestinos. Uma vez, apareceu no San Carlos um coronel, que nós respeitávamos muito, afrodescentente, paraquedista, chamado Higino Castro, e me disse: "Chávez, eu quero falar com você, mas no banheiro, porque aqui tem câmeras". E eu me tranquei com ele no banheiro, e ele fez a seguinte proposta: "Olha só, estou disposto a retomar as forças que ficaram dispersas. Vem aí outro movimento. Estamos retomando a luta". E se pôs às minhas ordens, sendo coronel, ou seja, sendo superior (Chávez era tenente-coronel). Dei a ele dois ou três nomes, e começou a construir uma rede. Porque tinham sobrado muitos oficiais e unidades comprometidas que não se somaram à rebelião do dia 4 de fevereiro, por diversas razões, e que continuavam pensando que era preciso fazer alguma coisa. Lembro que, poucos dias depois, um jovem tenente, Álvarez Bracamonte, se rebelou por contra própria em Fuerte Tiuna, tomou um posto e levou mais de cem fuzis e metralhadoras.

E com que intenção?

Ele foi embora clandestino, com um grupo de civis e de soldados. Deixou um discurso, uma mensagem. Não foi o único: em Táchira, outro tenente tratou de fazer a mesma coisa, mas foi pego. E em Bolívar, outro oficial se dispunha a fazer o mesmo. Era a "tenentada" que despertava. Depois, descobrimos uma coisa: como os chefes nos mantinham isolados dos capitães, os capitães mandavam ordens aos tenentes para que abandonassem os quartéis e levassem as armas que pudessem, e passassem para a clandestinidade. Ao que tudo indica, aquilo respondia a uma ordem vinda de San Carlos. Mas nós não havíamos sido consultados. Até que, no final, organizamos o Comando Bolivariano e começamos a pôr a casa em ordem. Porque aquilo parecia um movimento anárquico.

O que aconteceu com os tenentes rebelados?

O primeiro deles, Raúl Álvarez Bracamonte, se fez famoso, chegou a ser nosso deputado. Vários meses depois da sua rebelião, foi capturado. Mas conseguiu lançar, em vídeo, mensagens de mobilização dirigidas ao povo. Nós publicamos no jornal que naquela época tínhamos criado, e que se chamava, não tinha outro jeito, Por ahora. *O rapaz se expressava bem. A manchete dizia: "Fala o tenente Álvarez Bracamonte: Ao bravo povo venezuelano".*

Vocês alguma vez pensaram em fugir?

Naquele momento, não. Não teria sentido. Porém, mais tarde, sim, quando começamos a montar uma nova rebelião. Porque, de fato, dentro do cárcere começamos, rapidinho, a cozinhar uma nova conspiração. Começaram a chegar mensagens da Força Aérea, que não havia se rebelado no dia 4 de fevereiro. E de outros oficiais do Exército que estavam numa segunda linha, ou que foram subindo. E da Marinha também chegaram mensagens. Enfim, uma avalanche de adesões. Foi quando começou a se decidir que havia "dois centros de poder": Miraflores e o San Carlos. Os contatos com um monte de movimentos populares também foram retomados. De partidos políticos — como A Causa R ou o MAS (Movimento ao Socialismo) — que haviam estado até mesmo comprometidos conosco, e dado para trás na última hora. Não foi difícil restabelecer o contato, porque alguns de seus dirigentes conheciam nossas famílias, esposas, irmãos, amigos.

Alguns desses dirigentes foram até a cadeia?

Mais tarde, quando estávamos em Yare, vieram. De Teodoro Petkoff a (Enrique) Ochoa Antich, o irmão do general, e todos os dirigentes do PCV. Luis Miquilena foi, aliás, um visitante frequente. E Jorge Giordani, que na época era dirigente do MAS (Movimento ao Socialismo) e a grande referência dessa organização em questões de economia. Quem também entrou em contato comigo foi José Vicente Rangel.

José Vicente Rangel foi ver o senhor na prisão?

Não, ele não entrou. Naquela época, ele tinha um programa de televisão. Mas me mandou um conjunto de perguntas, conseguiu introduzir de maneira clandestina — na batina de um padre! — uma câmera em miniatura, e gravamos tudo. Editou aquela entrevista com tamanho talento, que parecia que nós dois estávamos, juntos, falando na minha cela. Mas não conseguiu difundir a entrevista. Foi proibida. Fizemos duas, não puderam mostrar nenhuma. Então Rangel, com muito tino político, convocou, em sua casa, os jornalistas, e projetou a entrevista para eles. E isso teve um impacto gigantesco! Quem também tinha conseguido entrar na cadeia, se fazendo passar por uma prima minha, foi Laura Chávez, jornalista do El Nacional, *e grande amiga, que me fez uma entrevista.*

A conspiração continuava? Com vocês presos?

Nós nunca paramos. Como eu disse, a prisão se transformou no epicentro de uma nova conspiração e de um grande movimento político e moral, que ainda não tinha nem um rumo nem uma orientação. Era uma espécie de "reboliço", conforme dizemos aqui. O governo sabia. E no meio daquele turbilhão, aconteceram casos, como um apagão de não sei quantos minutos, e o "grande panelaço" da noite do dia 10 de março de 1992. O povo, nas ruas, gritava "Hoje é dia 10, agora são as dez/ vai embora já Carlos Andrés!". Isso era Vox Populi. A imprensa escrevia (lê um jornal da época) que "Carlos Andrés é tão surdo que continua dançando bolero de rostinho colado com a banca internacional, enquanto as panelas vazias não param de tocar o ritmo do 'cha cha Chávez'".

E foi essa agitação o que provocou a ordem de levá-los para outro lugar?

Exatamente. Para afastar-nos e nos tirar de Caracas, nos levaram a Yare. Temiam uma nova explosão. E não estavam enganados: aquilo lá estava a ponto de explodir.

Não havia um julgamento em andamento?

Sim, havia um julgamento, mas nós nos negávamos a ir ao tribunal. Declaramo-nos presos políticos, e dissemos que não reconhecíamos o tribunal.

E dentro do presídio, vocês continuavam organizados como Movimento Bolivariano?

Continuávamos, claro. E de maneira aberta. Fizemos um comando, começamos a impor algumas medidas e algumas normas. Lembro que, no final, o coronel chefe de San Carlos nos autorizou, aos comandantes, a manter reuniões com capitães todas as quintas-feiras no pátio do quartel, ou seja, reconstruímos o comando do Movimento Bolivariano. Eu tinha pedido ao coronel, dizendo que aquele movimento tinha 20 anos, e que não estávamos improvisando nada. E ele autorizou. Era de seu interesse, porque os capitães mais jovens eram mais radicais, e às vezes se tornavam muito duros no trato com o coronel. Enquanto isso, nós, mais maduros, não. Tínhamos respeito pessoal por ele. Aqueles tenentes e capitães insultavam os guardas, batiam panelas, jogavam a comida no pátio. Por isso, aconselhei o coronel: "Acho que o senhor devia nos autorizar. Nós somos os chefes desses rapazes. Embora o senhor tenha três estrelas na farda, eles não o reconhecem como chefe, é preciso entendê-los. Nós somos seus chefes desde que eles eram cadetes". E ele, inteligentemente, nos autorizou a manter contato com eles, nos reuníssemos num comando e nos organizássemos. Nomeamos um oficial de Operações, um de Inteligência, o comitê do Movimento Bolivariano, e então começamos a organizar nossa estratégia jurídica.

Vocês tinham advogados?

Eu não queria, mas apareceram vários. Alguns eram conhecidos nossos, outros se apresentaram como voluntários. Entre os advogados estava Cilia Flores[4]*, muito ativa. Foi quando a conheci, e nos ajudou muito. Ninguém cobrou nada. Ainda* *bem, porque não tínhamos como pagar. Finalmente aceitei, porque muitos jovens tinham entrado na rebelião sem ser quadros fundamentais. Além disso, havia uns 10 mil soldados presos.*

Dez mil?

Veja bem: a rebelião de 4 de fevereiro de 1992 foi a maior em termos de unidades, número de homens, extensão geográfica e com relação à profundidade política de toda a história venezuelana. Os soldados foram presos nos quartéis, no Forte Tiuna, no ginásio, no estádio...

Eles também iam ser julgados?

Alguns, sim. Mas à maioria deram baixa em poucas semanas.

Foram excluídos do Exército?

Foram tirados de maneira muito indigna. Cheguei a ver uma foto que me causou muita dor: foram postos na rua vestindo calção, alguns estavam descalços... expulsos como traidores. Mas a responsabilidade era nossa, dos oficiais, principalmente dos que tinham postos de comando. Por isso, com o Comando político nós começamos a nos organizar. Demos luz verde para um grupo de rapazes, para que fossem ao tribunal receber o auto de detenção, que era o caminho da sua libertação.

Como funcionava?

Na verdade, o governo não podia manter 300 oficiais na prisão. Desorganizava o Exército. Então, começaram a nos soltar. Uns 150, ou seja, a metade, saíram em poucas semanas, mas para isso tinham que receber o auto de detenção, a ordem de prisão. E por isso aceitamos que um advogado os defendesse. Tínhamos uma equipe jurídica completa. Os oficiais recebiam a ordem de prisão, e em seguida começaram a chegar os alvarás de soltura, por não terem responsabilidade direta.

Teoricamente, apenas haviam cumprido ordens... É isso?

Claro. Nós defendíamos essa atitude, e os estimulamos. Muitos se negaram a sair, tivemos que convencer vários, e até mesmo a ordenar, dizendo que sua missão era voltar para o Exército. E se vários deles hoje são generais, devem isso ao fato de terem voltado para as filas militares. Já nós, que tínhamos o projeto político a fundo, ficamos na prisão. Não era o caso de ir embora, sobretudo com o apoio maciço que estávamos recebendo do povo.

Eu estava em Caracas naquela época, e vi como começaram a aparecer muros pintados a favor do senhor, em todos os bairros.

Pois é, foi quase imediato. E brincadeiras de tudo que é tipo, e máscaras... Como era fevereiro, pouco depois foi carnaval, a fantasia mais vista foi a de paraquedista.

Muitas crianças apareciam com uniforme camuflado e boina vermelha. Mas devo dizer, além disso, que o San Carlos se transformou no centro dos movimentos mais diferentes — de direita e de esquerda — procurando contato com a gente. Aquela prisão foi, enfim, um lugar de muita espiritualidade, de muitos debates, de muita reflexão. Nunca escrevi tanto como naquela cela.

O senhor escrevia para alguma revista?

Para muitas. Lembro de um artigo que tinha como título "Guerra suja contra o MBR-200", que escrevi para El ojo del huracán.[5] *E também redigia panfletos para distribuir nas ruas, ou manuscritos que depois era preciso procurar uma máquina para serem datilografados, e escrevia para os Círculos Bolivarianos. E também textos para serem depois gravados. Todo esse material era enviado, parte não chegava, era apreendida. Eu escrevia muitíssimo pelas noites, madrugada afora.*

Vocês preparavam documentos teóricos?

Sim, já disse, análises de fundo, relatórios... E no jornal do qual falei, o Por ahora, *publicamos um documento importante, que, não por acaso, tinha o título "O que fazer?"*[6]*. Escrevemos: "Levantemos a dignidade como bandeira, e esperemos novas situações. Por enquanto, vamos nos organizar. Nada é grátis, já basta! A pátria nos reclama, aceitemos o desafio. Enfrentemos a 'guerra suja' contra o MBR-200".*

Como vocês tiravam esses documentos do presídio?

Quase todas as semanas familiares, amigos ou alguns oficiais — até da nossa carceragem... — levavam essas mensagens, ou para quartéis, ou para pessoas que indicávamos, na rua. Também nos traziam documentos. Um dos nossos guardas, o capitão Ríos Vento, se uniu ao nosso Movimento. Era ele quem trancava as portas das nossas celas todas as noites. Na verdade, cuidava de nós, para que não nos acontecesse nada.

Mais tarde, em Yare, cheguei a gravar sei lá quantas mensagens na minha cela. Era proibido, claro, mas, por exemplo, David Ayala, jornalista do Últimas notícias, *entrou e gravou clandestino, com um minigravador, algumas entrevistas comigo. Cheguei a gravar uma mensagem para uma operação de propaganda bastante original. Uma iniciativa popular. Essa mensagem foi entregue a um grupo de jovens, que andavam nos ônibus das linhas interurbanas. Por exemplo, na viagem de Caracas a Barinas, que dura entre oito e dez horas. E então algum jovem tinha a missão de convencer o chofer a passar a gravação de uma fala do comandante Chávez durante o trajeto.*

Dentro do ônibus?

Claro, para os passageiros, e funcionou. Os passageiros aplaudiam. Vários desses jovens acabaram presos, mas as pessoas pediam cópias das gravações. Uma força que estava contida foi desatada. Esse povo realmente despertou, e toda sua herança histórica foi disparada.

O senhor me falou da "guerra suja" contra o MBR-200. Como era essa guerra?

Na verdade, era uma "propaganda suja". Porque o afã deles era neutralizar o MBR-200 como opção de mudança. Então, tiveram que levar em consideração as diretrizes do "mago" de marketing político David Garth[7]*. Esse norte-americano afirmava que era quase impossível erguer a imagem de Carlos Andrés Pérez. Portanto, recomendou Garth, o que havia para ser feito era deteriorar a imagem do Movimento Bolivariano. E para isso desataram essa "guerra suja", multiplicando as ações ofensivas e apresentando à opinião pública a ideia de que o MBR-200 era um "movimento para dar um golpe clássico e estabelecer uma ditadura militar". Foram publicadas listas de pessoas que iríamos levar para fuzilar num estádio. Listas que jamais existiram, mas que foram publicadas como autênticas. Quiseram deixar claro que essas listas tinham sido apreendidas dos nossos "arquivos secretos", em computadores. Difundiam essas mentiras das mais diversas maneiras, pela imprensa, pelas rádios, pela TV. Uma verdadeira operação de desinformação, de grande envergadura, e que, pensando bem, continua até hoje.*

Como vocês reagiram?

Nós respondíamos afirmando que os comandantes do MBR-200 estavam unidos por um profundo sentimento de fraternidade, que o que nos unia era libertar a nossa pátria da opressão; o desejo de fazer do nosso país uma pátria livre e soberana de verdade, sob os desígnios do pensamento bolivariano; o desejo de libertar nosso povo dos corruptos e politiqueiros de ofício. Replicávamos fazendo toda uma defesa do movimento. E também usávamos todos os recursos da contrainformação.

Quais, por exemplo?

Para dar um exemplo, conto que recorríamos à cultura popular. À música venezuelana, à música llanera, àquilo que o povo gosta. Começou-se a difundir o Corrido de Maisanta, "Chávez é bisneto de Maisanta", diziam os llaneros. Isso instalava a nossa rebelião do dia 4 de fevereiro na continuidade histórica das lutas populares venezuelanas. Começaram a aparecer "corridos", esse ritmo tão popular entre nós, como o "Carta ao comandante Chávez", do cantor llanero Cristóbal Jiménez.

O senhor o conhecia?

O Cristóbal Jiménez? Muito! Ele é do Llano, e nos conhecíamos de festas e farras. Quando veio a rebelião, ele escreveu e gravou esse corrido. Tem uma letra muito bonita (canta): "Ai meu comandante Chávez, pela sua claridade na vida/ está numa prisão, pelo sonho de Bolívar". E no final, se despede assim:

"Já para me despedir, peço a Deus que te abençoe/ e esta frase luminosa, do pai Simón Bolívar: o que abandona tudo pela pátria/ não nada perde, e ganha tudo que consagra a ela".

Teve também outro cantor, Luis Lozada, "el Cubiro", que já morreu, conhecido meu de noitadas lá em Barinas, e que gravou um belo joropo, outro ritmo muito popular: "Aquele 4 de fevereiro, calorosa madrugada..."

Essas canções eram permitidas?

Não, de jeito nenhum. Foram proibidas. Mas o povo cantava, e todo mundo as ouvia pelas ruas. Foram censuradas no rádio, mas quem ia proibir o povo de cantar? E isso era muito mais eficaz que a campanha deles na imprensa, na rádio e na televisão contra o nosso movimento.

Concretamente, como vocês elaboravam os documentos MBR-200? Não deve ser fácil fazer um trabalho colegiado na cadeia.

Formamos dois comandos, o de Yare e o de San Carlos, porque eles nos dividiram.

Ah! Não foram todos levados para Yare?

Não, nos separaram. Uma madrugada, no San Carlos, na base de gás lacrimogêneo e repressão, nove de nós foram tirados das celas (Hugo Chávez, Francisco Arias Cárdenas, Díaz Reyes, Ronald Blanco La Cruz, Duarte Mariño, Iván Freites, Gerardo Márquez, Luis Valderrama, Pedro Emilio Alastre López) e nos levaram para Yare. Os outros ficaram no San Carlos, e alguns foram para o forte Tiuna.

Mas, para responder a sua pergunta, direi que aqueles documentos foram elaborados na base de milhares de horas de reflexões, discussões. Noites inteiras discutindo madrugada afora. Nós nos organizamos em grupos de trabalho, por temas. Em Yare, eramos só dez, mas tínhamos quatro grupos.

E vocês podiam se reunir? Não estavam trancados em celas individuais?

Não, estávamos num corredor de celas bem pequeninas, e todas davam para esse corredor, e não estavam trancadas. Nós mesmos cuidávamos dos cadeados. Havia um acordo tácito entre os guardas e a gente. E cumpríamos. De noite, tínhamos as chaves dos cadeados, e o último que ia dormir trancava, ou seja, nós mesmos nos trancávamos do lado de dentro. Viu só? Com a chave dentro. Isso, até que veio o golpe do 27 de novembro (de 1992), e as circunstâncias mudaram. Às vezes, a gente ficava até a madrugada no pátio, lendo ou vendo algum filme. Tínhamos a nossa cozinha lá mesmo, nos revezávamos para cozinhar. Meus companheiros sofriam quando era a minha vez de cozinhar, porque sou péssimo. Pedi clemência. Supliquei para que me dessem as segundas-feiras para cozinhar, dizendo que queria preservar a saúde de todos.

E por que a segunda-feira?

Porque nos domingos as famílias traziam muita comida, e sobrava. Ou seja, na segunda era só esquentar o que trouxeram. Agora, tem uma coisa: aprendi a preparar um bom café. E, claro, tinha que lavar os pratos, limpar tudo. A gente também podia mandar algum soldado comprar o jornal.

Yare não é uma prisão militar, é uma prisão comum, certo?

Certo, é para presos comuns, e das piores. Mas reservaram uma ala para nós, uma ala, como dizem, ad hoc. *Aquilo lá foi uma escola.*

Vocês se misturavam com os presos comuns?

Falávamos com eles de longe, no pátio. Estavam nos andares de cima. Nós, no térreo. O bloco tinha uns quatro andares. Assim, às vezes eu estava sentado na minha cela, na frente da janela, e não era raro ver descer um potinho, uma latinha. Eles amarravam e lançavam, ou deixavam cair, com um bilhete dentro. E às vezes eram mensagens muito bonitas.

De apoio a vocês?

Todas de pleno apoio! Aqueles presos estavam com a gente. Um dia, estávamos jogando futebol, Arias Cárdenas e eu, e os presos torciam, e de repente um preso gritou: "Quando vocês derrubarem o Carlos Andrés, o que é que vão fazer com a gente?".

E qual foi a resposta de vocês?

Díaz Reyes, um major que tinha um espírito muito jovial e muito humor, disse a ele: "Nada disso, um preso é um preso. Os delinquentes vão continuar presos". E o preso, decepcionado, respondeu: "Então, estamos fodidos!". E os outros começaram a gritar: "Estamos com você, Chávez! Pense na gente!". Sabiam que não íamos esquecer deles. Convivíamos com eles, e sua situação era, às vezes, muito dura. Ouvíamos como eram reprimidos. Certa madrugada, eu estava lendo no meu quartinho, sozinho, e o teto da cela era tão baixo que, com algum esforço, eu conseguia tocá-lo. De repente, ouvi uma correria lá em cima, ouvi cadeiras caindo. Estavam batendo em alguém. Senti como uma punhalada, agarrei sei lá o quê para bater no teto, gritando: "Parem com isso, não matem o homem!".

Os guardas?

Não, era entre eles, briga de presos. Senti aquela morte. Ouvi aquele homem morrer. Ele gritava: "Ai, minha mãe!", e com esse grito se apagou. Sei lá quantas punhaladas lhe deram. E eu ouvindo a morte que o levava embora. Nunca vou esquecer. Deixaram ele lá, jogado no chão. No dia seguinte, logo de manhã, levaram-no embora.

Quantos presos havia naquele presídio?

Uns 2 mil.

Onde fica Yare?

Nos vales do Tuy, a mais ou menos uma hora de Caracas. É um lugar de muito calor, chamado de "forninho".

Esse presídio é para os delinquentes de Caracas?

De qualquer lugar do país. Um lugar duro. Mas tínhamos nossas liberdades, os familiares, as visitas. Para nós, repito, aquilo lá foi, na verdade, uma escola. Era trincheira e escola, escola e trincheira. Era fogo e fogo. Foi centro de conspiração e centro de comando político e militar. De lá, Arias Cárdenas, Alastre López e eu mandamos milhares de cartas a meio mundo. Começamos a ditar instruções. Muita gente vinha até o presídio para nos perguntar o que fazer, como se organizar. A gente dividia o trabalho, era carta demais. Mensagens a movimentos sociais, aos comitês bolivarianos. Esses comitês, considerados ilegais, eram perseguidos. E tínhamos também o jornal, do qual já falei, o Por ahora.

O jornal era clandestino?

Sim, era totalmente ilegal. Mas é que desandaram a brotar gráficas clandestinas pelo país afora. Com um grande esforço, sem recursos, sem dinheiro. Mais adiante elaboramos um documento que era uma proposta importante: "Como sair deste labirinto".

Recebiam cartas de adesão, de alento?

Um montão. De adesão, de alento, de informação, de felicitações. Claro, a Inteligência Militar detectava muito e retinha algumas cartas, desviavam. Mas as pessoas, com muita coragem, mandavam cartas por todos os lados. As mulheres metiam as cartas lá embaixo, e no peito, ou na comida que traziam para nós, ou dentro de um bolo. Cartas de meninos, de meninas, de homens e mulheres. De gente que nos dizia coisas assim (lê uma carta): "Bolivarianos, que Deus lhes dê força, virtude e poder para que consigam todos os seus objetivos. Minha esperança e minha confiança deixo nas suas mãos. Viva a boa democracia! Meu coração está com vocês". Depois, quando me libertaram, saí disparado, e durante dois anos andei por todas essas cidades e povoados.

O senhor pôde falar com os autores dessas cartas?

Pude sim, conheci a quase todos, e muitos — não todos — entraram no Movimento.

E do exterior? Chegaram mostras de solidariedade da América Latina, de algum grupo político, algum dirigente? Ou não se entendeu, no exterior, o sentido daquela rebelião?

Não foi entendida. Que eu me lembre, diretamente, naqueles meses de prisão, não nos chegou nenhuma mensagem de movimentos de esquerda. Chegaram, isso sim, mensagens da direita. Chegou inclusive uma carta e um convite para umas reuniões organizadas no México por uns movimentos que nós desconhecíamos, o do norte-americano Lyndon LaRouche[8]*, de extrema-direita. Mandaram para nós uns relatórios que pareciam interessantes, bem documentados. Eu até pedi a meu irmão Adán que fosse até lá, e ele foi, com mais gente daqui. Quando regressou, me disse que aquilo era a extrema-direita. Cortamos imediatamente qualquer relação.*

Também nos chegaram mensagens do movimento argentino dos "caras pintadas", do coronel Seineldín[9] *etc. E o governo, aqui, tratou de nos associar — e isso foi muito bem manipulado, para seus interesses, pela imprensa dominante — à extrema-direita. Começaram a dizer que eu era o "cara pintadas" venezuelano. De Buenos Aires a Washington, esse argumento começou a circular. E a consequência foi que os movimentos de esquerda passaram a tomar distância da gente. Tudo isso acontecia, digamos, no contexto geral do nosso recuo, de desmoralização e de divisão da esquerda internacional, já falamos desse tema.*

Levando em consideração que Carlos Andrés Pérez, dirigente da social-democracia, contava, além de tudo, com grande influência internacional em toda a esquerda.

Pois é. Também já comentei que ele tinha uma excelente imagem na esquerda internacional. Tanto assim, que, veja só, trouxe para mostrar esses livros que são os que eu lia na cadeia. São exemplares daquele tempo, anotados e sublinhados. (mostra)

Os próprios?

Os que sobreviveram. Muitos outros ficaram no caminho, em batidas policiais. Mas eu queria mostrar este aqui, veja só, que diz: Cárcere de Yare, *julho de 1993. Esse livro me chegou, recém-publicado, na prisão. O autor é Tomás Borge*[10]*, e entre os dias 19 e 20 de abril de 1992 — santo Deus, não tinham se passado dois meses da rebelião! — ele fez uma entrevista com Fidel Castro, em Havana.*

Se menciono é porque, justamente, numa de suas perguntas Tomás Borge faz um reconhecimento da figura de Carlos Andrés Pérez. A pergunta é essa: "Um dos dirigentes políticos deste continente que mais trabalharam pela integração, pela estabilidade do poder e por outros aspectos próprios das democracias da América Latina, está passando por dificuldades especiais. Estou me referindo a Carlos Andrés Pérez. O que o senhor acha disso?".

E, em sua resposta, diz Fidel: "É muito lamentável tudo que aconteceu na Venezuela, mas é a prova exata da crise que vai desatar na América Latina a política de choque e as imposições dos Estados Unidos e do Fundo Monetário. O que acontece na Venezuela é consequência evidente da política econômica do choque, das imposições, das medidas e dos princípios impostos pelos Estados Unidos e pelo Fundo Monetário. Você tem, aí, um exemplo claríssimo: a Venezuela é o país mais rico da América Latina, a Venezuela não é um país que vive do açúcar. A Venezuela é um país que vive do petróleo, que recebe 12 bilhões de dólares por ano do petróleo. A Venezuela é um país de enormes recursos energéticos, como a energia hidráulica além do petróleo. A Venezuela é um país de enormes recursos minerais, de ferro, bauxita... É um país privilegiado pela natureza. Que explicação podem ter as explosões sociais na Venezuela, além da comprovação do que viemos dizendo sobre as consequências que essa política traz para a América Latina, e que a situação da América Latina se tornou insustentável?".

Ao ler isso, anotei: "Fidel fala de 'explosões sociais na Venezuela, não fala de 'golpe de Estado'". Fiquei absorto, e com prudência me perguntei: Será que Fidel está sabendo de alguma coisa?

Fidel fazia a mesma análise da situação que vocês faziam, e expressava certa compreensão explícita.

Claro. E era prudente, porque não nos conhecia. Mas era evidente que não havia, na sua resposta a Borge, nenhuma crítica contra a nossa ação, nada. Recordo perfeitamente que, quando li isso na cadeia, comentei com Alastre López, meu companheiro mais próximo: "Será que Fidel está sabendo de alguma coisa?". Seja como for, lá em Yare, considerei isso como uma mensagem de Fidel para nós. Uma mensagem indireta porque não podemos esquecer que ele mantinha boas relações com Carlos Andrés Pérez, veio para a sua posse, eu o vi, passou a três metros de mim no Palácio Blanco. Fidel teria podido defender Carlos Andrés, mas como ia defendê-lo sabendo que Carlos Andrés era quem estava por trás do pacote neoliberal do Fundo Monetário e dos Estados Unidos? Principalmente Fidel, certamente bem informado àquela altura, já sabia que o nosso Movimento era de esquerda.

Anotei ao pé de página: "Fidel não defende CAP, aponta as causas, nem cita Carlos Andrés, apesar de ter boas relações com ele". Li esse livro de Borge em julho de 1993, e — respondendo à sua pergunta — poderia ter sido a única mensagem indireta que se recebeu do exterior, digamos, de alguma força de esquerda. Porque, além do nosso povo, não me lembro que tenha chegado uma única mensagem direta de nenhum movimento de esquerda.

E a esquerda venezuelana? Quando ela começa a expressar seu interesse pelo Movimento?

Bem, lembre-se que antes da rebelião havia uma série de contatos com várias organizações, com certos setores. Imediatamente depois do dia 4 de fevereiro, algumas correntes, vamos dizer assim, se sentiram fortalecidas, principalmente a Causa R, talvez o movimento mais sólido, um pequeno partido de quadros que tinha até alguns deputados — um deles era Aristóbulo Istúriz —, e faziam barulho. Tinha presença, como partido, no Congresso, e tinham um governo, o do Estado de Bolívar. Dispunham de um certo espaço político e haviam conquistado algum respeito. Era um dos partidos cuja direção política, quase toda, esteve a par dos preparativos para a rebelião desde fazia anos.

Ou seja, na esquerda — digamos, partidária — a Causa R, ou para ser mais preciso, uma corrente da Causa R, se fortaleceu. E desde os dias primeiros da nossa prisão, começaram a nos chegar depoimentos, contatos, mensagens, expressões de apoio até aos familiares, e passaram a ser preparados muitos documentos e ações políticas.

E o MAS? E o Partido Comunista?

No MAS, que já estava muito absorvido pelo sistema, alguns dirigentes se pronunciaram a favor, outros, contra. Se dividiram. Já o Partido Comunista se pronunciou a favor. Só que além desses partidos, que eram organizações de quadros e não de massas, o que despertou foi o sentimento popular, e sobretudo, o bolivarianismo.

O senhor dizia que Bolívar estava presente, no povo, mas "desativado", e que era só "apertar uma tecla" para que despertasse, não é?

E essa tecla, nós apertamos no dia 4 de fevereiro. Então, se destapou o bolivarianismo que o povo venezuelano carrega dentro de si, no coração, na alma, através das diferentes manifestações culturais que o povo tem: murais, panfletos, canções, desenhos, jornais.

A rebelião acelerou a decomposição do sistema, e Carlos Andrés Pérez finalmente foi destituído em maio de 1993, não foi?

Pois é, a decomposição se acelerou. O chamado Pacto de Punto Fijo começou a se desfazer, e começaram a surgir propostas, entre elas o pedido de renúncia do presidente. Nós, já antes da rebelião, havíamos elaborado um documento com algumas propostas, o "Livro Azul". E aquilo começou a circular. Nossa principal proposta política era convocar uma Assembleia Constituinte.

De onde o senhor tirou essa ideia?

Essa proposta, antes de nós, tinha sido feita pela Frente Patriótica de Douglas Bravo, William Izarra e Manuel Quijada. Foram eles os primeiros a pedir uma Assembleia Constituinte. Nós retomamos essa ideia, a introduzimos em nosso programa e, na cadeia, começamos a desenvolvê-la mais, a estudá-la mais. Esses nossos documentos são públicos, estão nos arquivos, nas hemerotecas. A ideia tomou corpo na rua, nas pessoas, e foi se transformando num imperativo popular convocar uma Assembleia Constituinte.

E como o governo reagiu?

O sistema se negava, e Carlos Andrés Pérez, com muita habilidade, montou um chamado Conselho Consultivo, no qual aparecia, entre outros, um historiador venezuelano que, depois, quando Pérez caiu, seria o presidente interino: Ramón

J. Velásquez. Esse Conselho Consultivo, em plena efervescência do país depois da rebelião, elaborou um documento e algumas propostas para o presidente. E uma delas era precisamente convocar uma Assembleia Constituinte, e também desmontar as políticas econômicas do Fundo Monetário Internacional. Ou seja, retomava as nossas propostas.

E foram aplicadas?

Nenhuma das recomendações foi aplicada pelo governo. Pelo contrário: o que ele fez foi relançar a repressão e a perseguição política. A repressão nas ruas e a repressão seletiva.

Isso estimulava vocês a continuarem conspirando, não é?

Exatamente. Como consequência da repressão, o fermento da insurreição cresceu. Um grupo de líderes de diferentes movimentos populares começou, como se diz, a bater na porta do quartel. Começaram a chegar na cadeia mensagens que nos diziam dos preparativos para uma nova insurreição programada para julho. Passaram a aparecer novos líderes nos quartéis, alguns no Exército em contato conosco. Na Marinha, o almirante Grüber Odremán. Na Força Aérea, o general Visconti e os oficiais Reyes Reyes e Castro Soteldo. Estes dois últimos, membros do nosso Movimento Bolivariano, não tinham sido presos porque a Força Aérea, como eu contei, não pôde se rebelar no dia 4 de fevereiro.

Vocês tinham contato com a Igreja Católica?

Havia um grupo de bispos muito próximo de nós. Surgiu um movimento de bispos que logo foi defenestrado pela cúpula católica. Um deles era Mario Moronta, arcebispo de Caracas, sem dúvida de esquerda, progressista. Depois que nós ganhamos, em 1999, ele, como castigo, foi mandado para a fronteira, foi parar em San Cristóbal. Havia outros sacerdotes progressistas. Apareceram para falar com as pessoas, discursar para o povo, pela TV. Além disso, vinham nos visitar na cadeia o bispo Mario Moronta, o padre Arturo Sosa, dos Jesuítas, o padre Jesus Gazo, um velhinho que também era jesuíta, muito corajoso, dirigia uma organização de Direitos Humanos. Nós também tínhamos o apoio da comunidade evangélica.

A comunidade evangélica é importante?

Na Venezuela é. E sempre fomos a favor da liberdade de culto. A comunidade evangélica nos apoiava. Mas ainda assim, procurávamos o apoio de uma quantidade de setores sociais organizados: os movimentos sindicais, o movimento estudantil universitário, de esquerda, que tinha saído às ruas em 4 de fevereiro, o Movimento Vicinal Organizado, profissionais liberais, colégios e academias de profissionais, o setor empresarial, o setor agrário, até mesmo no Alto-Comando Militar tínhamos amigos... Etnias autóctonas, o mundo científico e intelectual...

E os intelectuais?

Bem, devo dizer que quando a conspiração começou a fermentar de novo, em paralelo surgiu um conjunto de propostas da Universidade Central. E apareceu um grupo de intelectuais, encabeçados por Francisco Mieres, já falecido, bom amigo, lutador incansável, entre os quais estavam Adina Bastidas, que chegou a ser vice-presidente[11]*, e Yadira Córdoba, que foi reitora da Universidade Bolivariana. Também é preciso mencionar um grupo de professores universitários, entre os quais se destacam Jorge Giordani e Héctor Navarro, que publicaram um documento, "A UCV ao país", com um conjunto de propostas no mesmo sentido que as nossas. Eles pediram permissão e foram a Yare expor suas propostas aos militares.*

Foi assim que o senhor conheceu Giordani?

Pois é, foi quando o conheci. Aliás, não o deixavam entrar, porque na lista das pessoas autorizadas aparecia o sobrenome Giordano, e não Giordani. Como não coincidia exatamente, o guarda não deixava ele passar. Precisamos convencê-lo de que ele era ele mesmo, tinha a foto na carteira de identidade. Mas ficou lá fora uma hora esperando.

Quando enfim ele entrou, cumprimentei dizendo: "Ah, o senhor é Jorge Giordani. Li muito". Ele ficou alegre. "Conheço seus livros, foi através deles que cheguei a Varsavsky." E começamos a conversar. Giordani tem um livro muito bom, Planejamento e Estado[12]*, com uma visão muito próxima da que eu sempre tinha intuído, e havia começado a desenvolver os instrumentos do planejamento militar com grandes conhecimentos de estratégia e geopolítica. A visão de Giordani, seus conhecimentos, as conversas com ele, tudo isso me ajudou muito na minha reflexão e na elaboração de propostas.*

Vocês prepararam um programa?

Sim, lá em Yare, e publicamos, em julho de 1992, uma proposta simples mas programática, que teve como título, conforme já contei, "Como sair deste labirinto". Ela surgiu no calor do debate e saiu na forma de um jornalzinho de uma folha, chamado El Correo Bolivariano*, um jornal panfleto. (mostra um exemplar) Este é um dos exemplares que circularam, cuidadosamente guardado pela Inteligência Militar, com este símbolo que desenhamos em amarelo, azul e vermelho: "MBR-200". No documento, fazíamos um conjunto de propostas, e dizíamos inclusive como alcançá-las. Entre outras coisas, propúnhamos que fosse convocado um Foro Nacional. Porque nosso objetivo político continuava sendo a formação de uma frente civil-militar a inclusão de outros setores políticos e de outras forças sociais. Nós, militares, não deveríamos atuar sozinhos.*

Vocês se inspiraram em obras marxistas clássicas?

Bem, o marxismo era o pano de fundo, o background*, mas concretamente, para a elaboração desse documento, o que me ajudou muito foi o estudo, na* *prisão, de vários livros. Entre eles, esses dois (mostra):* Proyectos Nacionales, *de Oscar Varsavsky, um pensador socialista argentino, que viveu na Venezuela vários anos, já falei dele, e este outro,* Planificación de situaciones[13], *de Carlos Matus (1931-1998), um economista chileno, também socialista, que foi ministro de Salvador Allende, veio para a Venezuela, viveu aqui muitos anos e aqui faleceu.*

Naqueles dias de cadeia, eu andava estudando muito, principalmente isto: projetos nacionais, objetivos sociais, planejamento estratégico. Eu já havia estudado essas questões, principalmente quando fiz a pós-graduação em Ciências Políticas na Universidade Simón Bolívar.

O que vocês propunham?

Tratávamos de expor ideias novas. Na rua havia mil propostas, entre outras a de uma nova rebelião, e nós sabíamos que isso, politicamente, era difícil. Só com um movimento de muita força na rua seria possível, mas o risco de violência era enorme, e nós havíamos decidido, além do mais, assumir a responsabilidade de só fazer propostas pacíficas. Queríamos uma saída pacífica.

Por isso procurávamos ideias sobre como gerar ações concretas que, ao mesmo tempo, estimulassem outros setores políticos capazes de se transformar em autênticos operadores e propulsores de mudanças. Nesses dois livros que mencionei, encontrei algumas das respostas que buscávamos e as expusemos em nosso documento Como sair deste labirinto...

É nesse documento que falam do Foro Nacional e da Constituinte?

Exato. Nesse documento escrevemos o seguinte — permita-me que leia alguns trechos:

"O MBR-200 propõe à nação, como saída pacífica:

1) *A reunião de um Foro Nacional dos diversos setores da vida social, política e econômica do país, representados por porta-vozes de reconhecida honestidade e moralidade pública.*
2) *Um referendo "libertador" designado desta maneira porque seria este ato político o que soltaria as amarras da atual situação e abriria uma via de rápida evolução construtiva rumo a cenários de ampla participação, marcados pelo alto perfil de protagonismo da população venezuelana. A consulta popular deverá cobrir simultaneamente os seguintes aspectos:*
   a) *Revocatória do mandato presidencial;*
   b) *Delegação, por parte do Congresso Nacional ao Foro Nacional, da faculdade constitucional que o autorize a eleger um governo de emergência em vez de um presidente provisório. E a convocar eleições para a Assembleia Nacional;*

c) Designação de um governo de emergência — uma junta patriótica bolivariana — num prazo não maior de cinco dias depois de ter sido aprovado o referendo;

d) Imediatamente depois de designado, este governo de emergência será juramentado pelo Foro Nacional e iniciará suas funções em substituição ao presidente da República;

e) Aos 30 dias de haver iniciado suas funções o governo de emergência, serão eleitos, em votação universal direta e secreta, os membros da Assembleia Nacional Constituinte, que deverá ser instalada num lapso não maior de 15 dias a partir de sua eleição;

f) A Assembleia Nacional Constituinte assumirá as funções do Congresso Nacional, e terá a seu cargo a elaboração de uma nova Constituição, único instrumento sob cuja inspiração legítima a nação inteira deve começar a construir definitivamente um novo modelo de sociedade".

Com esse cronograma estávamos definindo o caminho. Evidentemente, nós sabíamos que, do ponto de vista institucional, o que Varsavsky chama de "viabilidade institucional" era praticamente impossível. Mas lançamos essas ideias porque queríamos apressar uma saída.

Por que era preciso ter essa pressa?

Estávamos muito preocupados com as características que a rebelião que se anunciava começava a tomar. Tínhamos informação indicando que as forças de direita estavam preparando um clássico golpe de Estado, à la Pinochet. Com o perigo até mesmo de uma guerra civil.

Foi por isso que pensaram num governo de transição?

Sim, propusemos um governo de transição, fruto da fusão civil-militar, e publicamos o programa mínimo desse governo. Pensávamos que o Foro Nacional deveria definir as medidas de curto prazo, necessárias para gerar uma nova situação onde o "equilíbrio fenomênico" — essa é uma expressão muito de Matus — permitisse a transição evolutiva para fases posteriores de profundas transformações estruturais. Com o objetivo de implementar um modelo de desenvolvimento rumo a uma nova sociedade, criativa e solidária.

No total, elaboramos três documentos importantes que definiam, no essencial, o novo curso que imaginávamos para a Venezuela: o "Livro Azul", o "Projeto Nacional Simón Bolívar" e "Como sair deste labirinto".

Vocês expunham o modelo econômico que desejavam implantar?

Dizíamos — e isso está nos documentos citados — que era preciso "assentar as bases e pôr em marcha um novo modelo de desenvolvimento que supere o atual esquema de dominação econômica e social". Insistíamos na necessidade de revisar "a fundo o pacote econômico e adotar um conjunto de medidas cujo objetivo vital seja o de reduzir drasticamente os níveis de pobreza da grande maioria da população, e para tal se requer pôr em marcha uma série de projetos simples, viáveis e coerentes na direção dos seguintes objetivos setoriais:

1) *Reduzir o custo de vida até um patamar mínimo tolerável;*
2) *Incrementar o emprego produtivo mediante a autoconstrução de moradias, planos de saneamento ambiental, reflorestação, concessão de serviços básicos, agricultura etc.;*
3) *Alcançar um adequado nível de autoabastecimento e segurança alimentar, através da criação, em escala nacional e regional, de um sistema simplificado e funcional de produção, circulação, distribuição e consumo dos bens e artigos básicos e de primeira necessidade".*

Ou seja, vocês já anunciavam o que viria a ser a Missão Mercal...[14]

Pois é. Não posso esquecer que havia muita fome. Uma coisa terrível, a fome, a desnutrição. Também propúnhamos "desenvolver um projeto nacional de cooperativas e autogestão dentro de um subsistema de novas formas econômicas, específicas, que se oriente definitivamente para um modelo de economia solidária". E insistíamos em que era preciso "reduzir significativamente o imenso déficit fiscal, através de uma profunda reforma impositiva que tenda à obtenção de uma justa redistribuição da renda e uma racional redução do gasto público".

Percebo que não se fala de socialismo...

Pois é, realmente a palavra "socialismo" não aparece em parte alguma. É preciso levar em conta o contexto mundial. E quando pedimos a "redução do gasto público" nos deixamos apanhar pelo que era uma corrente dominante, inclusive na esquerda. Foi uma contaminação. Coisa elementar num grupo de presos redigindo papéis. Mas, seja como for, estava a questão estratégica: a Assembleia Constituinte. E o que era importante: que se desenvolvesse um processo de transição para dar vazão a um amplo projeto de educação popular orientado a obter uma profunda participação da população no planejamento, preparação e desenvolvimento dos diversos projetos que orientassem a transição. E tudo isso, com a intenção de submeter a revisão à carta de intenção assinada com organismos financeiros internacionais para o pagamento de dívida externa. Em suma: a gente estava propondo uma verdadeira revolução.

Qual é a sua concepção de revolução?

Penso que uma revolução deve ser uma coisa muito prática. Um dos erros que foram cometidos em muitas tentativas revolucionárias do passado é que ficaram na teoria. Deram excessiva importância à elaboração teórica, e muito pouco à sua dimensão prática. E eu acho que uma revolução requer um grande esforço dialético de teoria, sem dúvida, mas também de práxis. E tem mais: minha convicção é que a práxis, definitivamente, é o que faz, ou não faz, que uma revolução seja verdadeira. Que seja uma revolução de verdade. É a "práxis transformadora" o que muda uma realidade. Pelo menos é o que estamos tendo aqui, na Venezuela, desde 1999.

Alguns oposicionistas recriminam o senhor por querer construir o socialismo sem o acordo explícito do povo.

Tentam confundir a opinião pública. Vão repetindo que estou introduzindo, de contrabando, uma reforma (da Constituição) que foi "rejeitada pelo povo" (no referendo de 3 de dezembro de 2007). Dizem que estou tratando de introduzir o socialismo quando o povo disser "não" a ele. Isso não é verdade. Lembre-se que a base ideológica fundamental da minha campanha eleitoral presidencial do ano de 2006 era o "Projeto Nacional Simón Bolívar". Com essas ideias, percorri a Venezuela inteira, repetindo muito claramente aos eleitores "Vamos pelo caminho do socialismo!". Eu disse isso um milhão de vezes. E ganhei aquela eleição presidencial (em 3 de dezembro de 2006) com 63% dos votos. Durante a campanha eleitoral, ao longo de todo 2006, defini com a maior clareza as sete linhas estratégicas fundamentais do primeiro Plano Socialista da Nação. Foi até publicado um folheto, Programa de Governo do candidato Hugo Chávez, setembro de 2006, com milhões de exemplares distribuídos.

O senhor poderia lembrar quais eram essas sete linhas estratégicas?

As Sete Linhas Estratégicas para Projeto Nacional Simón Bolívar e a Venezuela Socialista são as seguintes: 1) a nova ética socialista; 2) a suprema felicidade social; 3) no campo político, a democracia protagonista revolucionária; 4) o modelo produtivo socialista; 5) a nova geopolítica nacional; 6) Venezuela, potência energética mundial; 7) a nova geopolítica internacional.

Ninguém pode dizer que ignorava que, ao votar na minha candidatura em 2006, estava votando por uma via ao socialismo. Esse processo sempre foi transparente. Se não fosse, estaríamos nos enganando a nós mesmos. Transparente e legal. Tudo aqui é feito no mais estrito marco da legalidade constitucional. Nunca tomei — e jamais tomarei — nenhuma decisão que não esteja no marco da Constituição Bolivariana. É uma questão elementar de ética política.

Na sua opinião, o que é o socialismo?

Rómulo Gallegos escreveu o seguinte: "Planície venezuelana, toda horizontes como a esperança, toda caminhos como a vontade". Para mim, o socialismo é como a planície venezuelana: todo um horizonte, todo um caminho, como a nossa vontade, como o nosso empenho. E digo mais: o socialismo deve ser uma invenção nossa.

Em que sentido?

No sentido de que existe — a história mostra isso — muitos socialismos, e que a Venezuela e a sociedade venezuelana possuem características muito singulares. Não queremos aplicar dogmas concebidos para outras situações, em outros contextos. O que estamos inventando — aqui e agora — é o modo de encaixar as coisas: um socialismo de tipo novo, por um lado, e por outro, uma sociedade venezuelana em plena mutação. Encaixá-los de maneira dialética para que um vá modificando o outro, e reciprocamente. Essa dupla transformação, que está em marcha, é o que chamamos de Revolução Bolivariana.

A propósito, eu gostaria de saber qual a relação que o senhor estabelece entre a Revolução Bolivariana, o socialismo e a independência nacional? Porque o senhor insiste bastante no caráter "nacional" e na importância das Forças Armadas.

Vou tentar estabelecer uma relação entre esses três conceitos. Na trilha do desenvolvimento, chega um momento em que os povos se encontram diante de uma bifurcação, e têm de escolher entre dois caminhos: o do capitalismo ou o do socialismo. São os dois únicos que existem. Nós escolhemos o socialismo. Mas, como eu disse, o socialismo tem suas próprias variantes, e não desejamos copiar nenhum modelo socialista, queremos inventar nosso próprio modelo. Eu não sou nenhum teórico, não sou Lenin, nem Marx, nem Mariátegui. Mas gosto de estudar, ler, estudar, refletir, e vim desenvolvendo alguns conceitos, me inspirando a partir de grandes intelectuais venezuelanos, latino-americanos e universais. Por exemplo, Simón Bolívar, um grande pensador pré-socialista; Simón Rodríguez, que escreveu essa obra maravilhosa, Luces y virtudes sociales, *onde critica o capitalismo e lança ideias fundamentais de um projeto socialista para a América do Sul. O brasileiro José Ignacio Abreu e Lima*[15]*, outro socialista prodigioso. E, claro, Cristo, o verdadeiro Cristo, o revolucionário, o maior socialista.*

A mensagem de Jesus é socialista?

O cristianismo autêntico é uma das maiores fontes do socialismo moral. Os valores socialistas estão reunidos num mandamento de Jesus: Amai ao próximo como a ti mesmo. Amai-vos uns aos outros. O supremo valor do socialismo é o amor. O capitalismo é sinônimo de ambição, de egoísmo. Por isso pode acontecer de haver ódio entre irmãos, que deixam de ser irmãos porque uns exploram os outros. No capitalismo, todo ser humano é considerado um objeto ou uma mercadoria. O lema do capitalismo é o "Salve-se quem puder", enquanto o do socialismo é ou deveria ser "Salvemo-nos todos, abraçados uns aos outros feito irmãos". O amor contra o ódio. Socialismo ético. Isso deve impregnar e determinar todo o novo comportamento do cidadão revolucionário. É preciso mudar de espírito. "Sem transformação do espírito", dizia Trotsky, "não há transformação do homem". Só assim pode surgir o "homem novo" que o Che Guevara reivindicava, o homem

— e, claro, a mulher — socialista do século XXI. Não pode existir uma revolução, digo, se não houver uma transformação do espírito. O resto é secundário, mesmo quando for importante. Por isso concebo o socialismo acima de tudo como uma coisa moral. Não pode ser apenas um modelo econômico. Perderia a sua alma.

E o aspecto social?

Bem, claro, existe um "socialismo social", valha a redundância, baseado na luta pela igualdade, por uma "sociedade de iguais", luminoso conceito do socialismo puro cunhado por Bolívar em Angostura. Todas as missões que nós lançamos — e já lá se vão mais de 30 nestes últimos anos — representam a essência do nosso projeto socialista no campo social. Seu objetivo é ir tirando o povo do fundo da pobreza e ir gerando uma igualdade não só estabelecida pela lei, como, além do mais, praticada nos fatos. Isso nos permitiu construir uma blindagem social que protege os mais fracos e os ajuda a sair da miséria.

Ou seja, o senhor vê, no socialismo bolivariano, duas dimensões: uma, social; e outra, moral. É isso?

Não, não, há outras frentes. Além do aspecto moral e do social, nosso socialismo tem outros componentes: em particular, e obviamente, a questão econômica e a questão política. O socialismo econômico é a racionalização dos setores estratégicos da economia, o desenvolvimento das cooperativas, a participação dos trabalhadores em todos os níveis de organização em de gestão da empresa, do banco público etc. Onde é que reside o socialismo político? Na democracia. Não na democracia burguesa ou liberal, mas na democracia "participativa e protagonista" definida pela nossa Constituição.

Há outros componentes?

Sim, há. Nosso socialismo tem, além do mais, uma dimensão territorial. Falamos de um "socialismo geográfico" porque existem injustiças territoriais, desigualdades de desenvolvimento segundo os espaços. E devemos impulsionar uma visão radical da geografia, mais dinâmica, transformadora. O território não é uma coisa morta, devemos imaginar um socialismo territorial.

Enfim, na minha convicção, nosso socialismo também tem um componente militar: o socialismo militar. Conjuntamente com o povo, as Forças Armadas participam na construção do projeto nacional. Não só garantindo esse projeto nacional, mas construindo-o efetivamente com o povo, mão na mão, numa estreita união civil-militar. Só assim a independência nacional — para abordar esse terceiro conceito — é possível. No marco do capitalismo dependente — o único capitalismo que se instalou aqui — isso nunca foi possível. Estávamos condenados à indigna situação de ser um país dominado, dependente, corrupto: uma colônia. E isso acabou.

E a corrupção?

Sempre combatemos a corrupção com a maior severidade. Nos anos de Yare já definimos um plano muito concreto para julgar os corruptos e acabar com a corrupção, restaurando em todas as frentes a moral cidadã. Isso era um clamor.

Mas os meios de comunicação dizem que hoje também continua havendo corrupção...

Pois reconheço que, infelizmente, continua havendo corrupção. É verdade. Mas ouça o que vou dizer, vamos ver se me explico: apesar de que, naquela época, a imprensa da oligarquia não fazia grande esforço para destapar a corrupção, ela tinha tal magnitude que salpicava todas as partes. Já hoje a imprensa — quase toda nas mãos da oligarquia — anda com uma lupa procurando qualquer caso de corrupção, ou inventando casos, ou simulando casos. E mal e mal encontra algum caso para denunciar.

Naquele tempo, o esforço das autoridades era, na verdade, para tapar muitas coisas. Hoje é o contrário, nosso governo trata de destapar a corrupção e castigá-la. Naqueles anos de Carlos Andrés Pérez, as pessoas nas ruas — e isso está nas pesquisas da época — não paravam de se queixar. O que se dizia era que a corrupção estava acabando com o país. Hoje, nas pesquisas, a corrupção quase não aparece como um problema coletivo. E é interessante observar isso.

Não é o que diz a Transparency, uma organização internacional...

Pois é. Eles nos acusam de ser o governo mais corrupto, e dizem que hoje a corrupção é maior. Mas essa é uma campanha sistemática, parcial e mal-intencionada. É tudo, menos objetiva.

O jornal *El Nacional* publicou que, na assembleia da SIP (Sociedade Interamericana de Imprensa), foi declarado que "a Venezuela é o segundo país mais corrupto da América Latina"[16].

Não me surpreende. E é curioso que tenham declarado "segundo país", e não o primeiro. Aqui, todos os dias a televisão e o conjunto de meios da oligarquia falam daquilo que chamam de "boliburguesia", os novos ricos. E no entanto, e eu insisto, essa não é uma preocupação do povo. Repito que, nas pesquisas de opinião, esse tema não aparece, ou aparece com uma porcentagem muito pequena. Repare bem: a própria oposição, que em média conta com 30% de apoio popular, sequer apresenta a corrupção como problema nacional. E podemos pensar que esse é um problema que eles certamente mencionariam. Na verdade, mesmo não tendo dados estatísticos à mão, garanto que a corrupção diminuiu de maneira notável, começando pelos altos funcionários do governo. Pessoalmente, ando muito atento às pessoas que trabalham comigo, os ministros, as instituições, os bancos do Estado... Por mais falhas que tenham, e embora possa haver algum caso lamentável, posso garantir que a corrupção diminuiu, que não tem comparação...

Com o nível de corrupção de antes?

Isso mesmo: não há comparação possível. Veja só: aqui mesmo, no Palácio de Miraflores, havia um pátio que era famoso, chamado de "suíte japonesa". Era lá que se celebrava tudo que é tipo de festa, negócios, brindes com champanhe, uísque, mulheres... Era Sodoma e Gomorra. Eu, como já contei, trabalhei aqui nos últimos meses de 1988 e durante quase todo 1989, me metia por todos os lados, olhava, ouvia, tinha uma rede interna, inclusive de oficiais e civis, até que, em dezembro de 1989 me tiraram daqui preso, me acusando de querer matar Carlos Andrés, já falei disso. E posso lhe assegurar que a corrupção chegava ao nível mais alto do Estado.

No entanto, ao que tudo indica continua havendo bastante corrupção nas alfândegas.

As alfândegas... Certamente continua tendo corrupção por lá, mas agora estão militarizadas, e é muito mais difícil que exista corrupção nos comandos militares. Embora, é verdade, exista o caso de Baduel[17]*, e há outros oficiais que estão sendo investigados. Mas é que, antes, a corrupção militar era feita na compra de armas, na base de comissões. Agora está tudo sob controle. Por isso colocamos a luta contra a corrupção como uma prioridade do nosso projeto bolivariano. Em todos os nossos documentos insistíamos na "dureza irrenunciável" contra a gangrena da corrupção, e é preciso continuar assim, mesmo que o contexto já não seja o mesmo.*

Voltando aos seus anos de prisão — 1992-1994 — o senhor mencionou o "perigo de uma guerra civil". Esse perigo existiu realmente?

Claro que existiu. Nós estávamos convencidos que se não ocorresse o entendimento entre os militares bolivarianos e as correntes populares, e se os interesses das minorias oligárquicas continuassem se impondo, o processo de conflitos sociais violentos continuaria em expansão incontrolável, numa espiral terrível, que podia efetivamente levar o país a uma guerra civil sangrenta. Assim explicamos, na época, à imprensa, e em vários textos que publicamos. Alertamos que novas rebeliões estavam por vir.

Vocês estavam sabendo dos preparativos da rebelião do dia 27 de novembro?

Essa segunda rebelião tornou-se inevitável a partir do momento em que aquele governo cego, insensato, se negou a fazer as reformas necessárias. E não apenas o governo: por trás estavam os Estados Unidos. Aqui o embaixador norte-americano mandava, e sua missão militar mandava nos nossos altos mandos militares. E também estava a oligarquia mais rançosa, que, claro, não queria nenhuma mudança, não queria de jeito nenhum uma Assembleia Constituinte, nenhuma mudança econômica estrutural, nem revisar o programa que nós propúnhamos. Porque essa oligarquia pitty ianque — como chamo agora — manejava reservas internacionais, manejava o Banco Central, os bancos do Estado, as grandes compras de armas, a importação... Mas, pouco a pouco, quase todo o país começou a exigir mudança. Até mesmo o partido do governo (Ação Democrática), talvez por instinto de sobrevivência, começou a defender a necessidade de revisar a fundo o pacote de medidas do choque do Fundo Monetário Internacional. Só que Carlos Andrés Pérez não queria, nem podia, fazer isso, estava atado...

Às instituições financeiras internacionais?

Isso. Ao FMI, ao Banco Mundial, a patronal venezuelana... Se negavam a renunciar às privatizações, ao congelamento de salários, à liberação dos preços do combustível, da energia, dos alimentos... Essa atitude, essa cegueira, tornou inevitável o movimento que levou à segunda rebelião. Nós, internamente, começamos a sentir alguns desânimos.

Dentro do Movimento Bolivariano?

Pois é. Um grupo de companheiros — não vou mencionar ninguém — dizia que o que tínhamos feito através das armas estava feito, e que já não tinha nenhum sentido se rebelar de novo. Eram debates com muito respeito, mas com influências exógenas.

Que influências?

Grupos de esquerda metidos a fundo dentro das prisões através de familiares de alguns oficiais, ou por contato direto com outros. Pensavam nas próximas eleições para eleger governadores e o próximo presidente. E para eles não convinha, de jeito nenhum, uma nova rebelião. Da mesma forma que não quiseram apoiar a rebelião do dia 4 de fevereiro, menos ainda queriam estimular um segundo movimento armado. Aspiravam a subir na onda para irem ao processo eleitoral e, bem, ocupar espaço.

Mas vocês tinham conhecimento concreto do que estava sendo preparado?

Sim, sempre tivemos conhecimento. A maioria dos companheiros na prisão em Yare apoiava uma segunda rebelião. Nomeamos um enlace para nos comunicarmos com os companheiros do San Carlos, os comandantes Joel Acosta, Jesús Urdaneta, os capitães Ronald Blanco La Cruz, Edgar Hernández Behrens, o tenente Diosdado Cabello e toda a tenentada.

O enlace foi fazendo seu trabalho com esse grupo de companheiros militares, e com outros civis também, membros do Movimento Bolivariano Revolucionário, que tinham contatos com organizações políticas. Foi assim que ficamos sabendo que vinha uma nova rebelião, prevista, no começo, para julho. Chegaram a dar a ela o nome de "Movimento 5 de julho", dia da pátria na Venezuela.

Quem era o líder?

Os novos líderes eram de patente superior à nossa, almirantes, generais. E começaram a assumir aquilo a partir do ponto de vista hierárquico, sem levar em conta a variável política e o imaginário coletivo. Não entenderam que Arias, Urdaneta, Chávez etc. não eram mais simples tenentes-coronéis, éramos uma referência política para o povo.

Isso causou problemas?

Obviamente, porque a unidade se trincava. Um grupo de oficiais do Exército, tenentes, capitães, decidiram não participar do movimento, se retiraram.

Por que?

Porque numa reunião em Caracas com os altos mandos, alguns oficiais subalternos perguntaram: "O que vamos fazer com os comandantes presos em Yare?", e um oficial superior, da direita infiltrada, respondeu com uma frase muito tosca, muito depreciativa: "Um preso se chama Preso e seu sobrenome é Cadeado". Ninguém gostou nada, e os nossos rapazes, que tinham começado a se dizer "chavistas", decidiram cair fora e tratar de criar um movimento desconectado daquele.

Ao mesmo tempo, surgiu um terceiro grupo, muito radical — ou mais exatamente, muito fora da ideia que nós sempre tivemos —, cujo objetivo era matar o presidente. Tinham um plano pronto: iam disparar um foguete contra Carlos Andrés Pérez no dia 5 de julho. Era um grupo de bons oficiais, mas estavam numa lógica meio "anárquica". Por sorte, conseguimos parar aquela loucura.

O novo levantamento estava previsto para julho. Por que foi adiado para novembro?

No começo, era julho. O almirante Grüber Odremán, com seu prestígio, sua antiguidade, foi se impondo dentro do Movimento 5 de Julho. Mas o comandante da operação pela Força Aérea era o general Visconti Osorio, e nós reconhecíamos isso. Nossos amigos lá eram os oficiais Luis Reyes Reyes e Castro Soteldo, em permanente contato conosco. A preparação da rebelião foi se alongando, passou julho, passou agosto, passou setembro, e chegou um momento em que achamos que já não ia acontecer nada.

Então se reativou tudo em outubro. Foram incorporadas unidades da Marinha, grupos políticos, grupos civis, inclusive o Bandeira Vermelha, apesar de eu ter alertado sua inconveniência, porque esse grupo estava infiltrado.

Vocês tinham essa informação?

Tínhamos, nós sabíamos que estavam infiltrados. Por isso, para nós, não foi surpresa quando soubemos que as forças do governo estavam preparadas, no dia 27 de novembro, à espera da rebelião. Lembro que, nos dias prévios, meu filho

Hugo entrou correndo na minha cela, era uma quinta-feira... o 27 de novembro caiu em qual dia da semana?

Foi uma sexta-feira.

Pois então: na véspera, meu filho Hugo, que tinha dez anos, veio me visitar. Havia uma revista muito forte aos familiares. Ele driblou a revista e veio correndo para a minha cela, com um guarda atrás, que não conseguiu alcançá-lo. Agarrei meu filho, para protegê-lo, e disse ao guarda que não se atrevesse a se meter com o menino. O guarda se retirou e eu levei Hugo para dentro da cela. Então o garoto tira um objeto de dentro das calças: "Olha o que mandaram para você!". Era um rádio pequeno, um transmissor, para nos comunicarmos em determinada frequência. E meu filho também me passou um bilhete: "O dia 27 amanhecendo, às cinco da manhã". Luis Reyes Reyes mandava aquilo tudo. Então, tivemos certeza de que esse seria o dia. Tínhamos a informação. Comuniquei a notícia aos outros companheiros. Mas não podíamos fazer nada, não tínhamos uma única arma, nada.

Não pensaram em libertar vocês?

Sim, tinham um plano de resgate. Um grupo civil e militar ia atacar o cárcere de Yare e libertar-nos. Tinham até mesmo planejado levar um helicóptero para nos conduzir até Caracas e nos somarmos à rebelião. Numa daquelas madrugadas dos dias de véspera, eu estava estudando esse plano. Olhava o pátio e pensava que ia ser muito difícil tirar a gente de lá. Porque a guarda foi reforçada em todo o entorno, até umas colinas, e rodearam o presídio de campos de minas. Uma segurança extrema. Uma tensão perigosa.

Parecia uma missão impossível... O senhor sentiu medo?

Chegou um momento daquela madrugada em que suspirei fundo e disse a mim mesmo: "Medo de quê? Que aconteça o que tiver de acontecer". De lá para cá nunca mais tive medo da morte. Medo de quê? Minha integridade física? Não tinha interesse. Importante era a causa, nossa missão, salvar o país, socorrer o povo, fazer justiça.

E o que aconteceu? Por que não libertaram vocês?

Não dormimos na noite de 26 para 27 de novembro de 1992. Eu estava sentado num banquinho, vestimos nossos uniformes de campanha, não tínhamos armas porém estávamos de guarda, de plantão, e pendentes desde às 5 da manhã, com um rádio ligado. Cinco horas, 5h30... A ansiedade crescia, não acontecia nada. Eram quase 6 da manhã quando começaram, pelo rádio, a dar a notícia: "Foram vistos movimentos de tropas no aeroporto La Carlota. Alguns veículos militares... O governo diz que não há problema...". E nós dissemos: "Começou!". Então, estupefatos, ouvimos o seguinte: "Neste momento, nas telas da televisão, o comandante Hugo Chávez fala ao país". E puseram o áudio da minha voz.

Insólito!

Manipulação descarada. Era um vídeo velho.

Como eles fizeram?

Vou contar. Nós tínhamos na cadeia um sistema clandestino de gravação, com umas câmaras miniatura. Mandávamos ao exterior muitas mensagens gravadas. E uma vez — pela minha esposa na época, Nancy — mandei uma mensagem gravada, em que eu aparecia fardado, claro, e com a bandeira do MBR-200 atrás. Essa gravação foi destinada a uma jornalista da República Dominicana, mas sua difusão foi proibida pelo governo daquele país. Aliás, o governo dominicano protestou diante do da Venezuela, porque na gravação eu falava aos militares dominicanos de Caamaño. Eu dizia a eles que, na Venezuela, naquele momento, estava em marcha uma nova insurreição, e que estávamos apoiando a rebelião. Conclamava os militares a cumprir seu compromisso. Era um vídeo a favor da nova insurreição, para apoiá-la e para que no exterior ficassem sabendo. Gravei esse vídeo em junho. Em julho não houve a rebelião, conforme eu já disse, mas em novembro houve. Por isso reconheci de imediato a gravação. Fui o primeiro a ser surpreendido, e comentei com Francisco Arias Cárdenas: "Mas por que estão passando isso?". Mas, enfim, o fato é que o vídeo foi difundido e começaram a repetir e repetir. Primeiro, as pessoas acharam que era uma transmissão ao vivo. Depois, apareceu na tela um grupo de jovens civis — um deles, aliás, vestia uma camisa cor-de-rosa, e foi chamado de "o homem da camisa cor-de-rosa" — com uma linguagem muito agressiva, muito ameaçadora, incitando o povo a buscar facas, armas. Era praticamente um chamado para uma guerra civil.

E o senhor foi responsabilizado?

Claro. Isso fui utilizado ao máximo pelo governo para me destruir, tanto em termos pessoais como morais.

Mas, diga uma coisa: o ataque ao presídio de Yare aconteceu?

Sim, o ataque aconteceu. Poucos minutos depois da rebelião começar, veio esse ataque, com morteiros, granadas. Foi uma batalha séria. Mas não conseguiram nos libertar. Lembro que no final pegaram um companheiro nosso e o jogaram contra a cerca de arame farpado, ele perdeu um olho. No meio da manhã os nossos se retiraram, não conseguiram entrar. Nós, pelo rádio, ouvindo... De tarde ficamos sabendo que a rebelião tinha fracassado. O Comando se entregou.

Antes, negociaram para obter exílio no Peru, não foi?

Exato. Uma centena de militares, com o general da Força Aérea Visconti. Luis Reyes, em seu caça F-16, escoltou o avião de Visconti, que era um Hércules, porque Carlos Andrés Pérez mandou derrubar aquele avião dos insurgentes. Então, Luis e outros pilotos foram escoltando o Hércules até Iquitos, na Amazônia peruana, fronteira com o Brasil. Depois foram devolvidos e se renderam. A rebelião foi mais na Força Aérea e em uma ou duas pequenas unidades da Marinha. O Exército quase não participou, nem o povo como massa. Depois, começou o manejo da situação.

Em que sentido?

No sentido de que me culpavam pelo desastre... e pelos mortos, porque houve muito mais mortos que no dia 4 de fevereiro. A aviação rebelde disparou mísseis, chegaram a bombardear o Palácio de Miraflores. E começaram a dizer que eu era o culpado pela derrota. Até mesmo alguns dos nossos companheiros, presos conosco em Yare, diziam isso. Foram vítimas da manipulação com o vídeo. Dizia-se que eu tinha ordenado dar um golpe dentro do golpe. Mesmo quando escrevi, expliquei, mandei cartas, não teve jeito. Porque os almirantes e os generais, vestidos de gala, também tinham gravado clandestinamente, para a TV, uma mensagem ao país. Esse era o vídeo que deveria ser difundido.

E não o do senhor...

E não o meu. Bem, os meus, porque na realidade foram dois...

Como assim?

Vou explicar. Uma das maiores incógnitas ao redor dos fatos daquele 27 de novembro é a seguinte: por que foram transmitidos dois vídeos com mensagens minhas, em vez da gravação realizada pelos almirantes Grüber e Cabrera, o brigadeiro Visconti e outros oficiais superiores do Exército e da Guarda Nacional? Eles diziam que aquele vídeo que gravaram era chave. Coisa que também não era bem assim, mas...

A difusão do vídeo deles era fundamental para dar sentido ao movimento do dia 27 de novembro?

Era, porque estavam representados os quatro componentes das Forças Armadas — Exército, Marinha, Aviação e Guarda Nacional —, e cada oficial superior fazia um discurso à parte. Mas não foi divulgado, no seu lugar apareceu o Chávez... (ri)

De onde surgiram esses dois vídeos com o senhor?

O primeiro, nós gravamos como teste, mas aparecia uma mosca que dava voltas ao meu redor. Isso deu lugar a muitos comentários, como "a mosca do Chávez", "o cadáver do Chávez"... (ele ri) O segundo, mais curto, foi feito, conforme contei, para a República Dominicana, antes até de estabelecermos contato com o comando que dirigiu as ações do dia 27 de novembro. Foi quando o MBR-200 ainda pensava em capitanear ele próprio uma nova insurgência.

E quem foi o responsável pela difusão desses vídeos?

No começo, pensamos numa possível infiltração da DIM ou da DISIP. Mas depois fiquei sabendo a verdade exata: elementos militares, infiltrados pela Bandeira Vermelha, decidiram passar meus vídeos justamente porque o comando de oficiais superiores que dirigia a rebelião do dia 27 de novembro não reconhecia o bolivarianismo. Era para criar tensões políticas. Adotaram essa decisão no momento em que tomaram o Canal 8. Quando se apoderaram das antenas, conseguiram tecnicamente encadear todas as emissoras, porque dispunham de engenheiros e de apoio interno. Então esses merdas decidiram difundir os meus vídeos.

Esse grupo teve um comportamento irresponsável e até criminoso. Não só mataram um vigilante no Canal 8, como fuzilaram pessoas no aeroporto La Carlota. Uma atitude verdadeiramente fascista. Fui acusado disso tudo! A imprensa, a televisão... Fui acusado de que faltou apoio de terra para o comando total, porque ordenei que destacamentos de forças fossem primeiro nos libertar, dando prioridade a esse ataque. Repetiam isso o tempo todo. E não era verdade. O que aconteceu foi que os oficiais de Exército não confiavam no Comando-geral, e, contrariando ordens desse Comando, decidiram ir a Yare. Com um grupo de universitários, atacaram. Na verdade, o Comando não queria me ver na rua, mas os rapazes do Exército queriam. Nós desconhecíamos esse jogo de interesses. E me acusavam!

Que responsabilidade o senhor teve na rebelião do 27 de novembro?

Veja, como já contei, é evidente que estive vinculado a essa rebelião. Não pude evitar. E reivindiquei isso num documento que publiquei, intitulado "A verdade que conhecemos". Quero repetir, porém, uma coisa: o MBR-200 não teve participação em nível do Comando estratégico. Nós não conhecíamos o plano geral da ação insurgente. Apesar disso, não quisemos faltar ao compromisso. Por isso, mesmo quando o movimento foi delatado na noite da quinta-feira 26 de novembro, coisa que teve como consequência a imobilização de quase todas as unidades terrestres, alguns dos nossos homens saíram ao combate, e vários encontraram a morte. Outros acabaram na prisão, e um grupo importante passou para a clandestinidade. Por isso eram tão injustas as acusações contra mim. Até um grupo de companheiros me mandou cartas terríveis. Pela primeira vez, me senti apontado injustamente por algo muito grave, de deslealdade e de ser o único causador de uma derrota na qual não tive nenhuma responsabilidade. Mas essa era a linha: era preciso a acabar com Chávez a qualquer preço, o "ambicioso", o "personalista", o "caudilho"...

Ou seja, se entendo bem, o senhor está me dizendo que não apenas o governo, mas uma parte da esquerda e de seus próprios companheiros se prestaram à manipulação contra o senhor, para arruinar sua reputação e liquidá-lo moralmente?

Exato. O Movimento que dirigiu a rebelião do dia 27 de novembro estava dividido. Era um amálgama constituído apenas pela conjuntura. Não havia claridade política de para onde ir. Tampouco havia muita fortaleza nos mandos, nem uma estrutura como a que nós tivemos no dia 4 de fevereiro. Dito de outra maneira: havia os chavistas e os antichavistas, a esquerda e a direita, gente moderada e gente de extrema-direita e de extrema-esquerda. E, para terminar, havia os infiltrados. E uma das missões desses infiltrados era me liquidar moralmente. Não estou culpando ninguém, foi tudo produto das circunstâncias.

Como o senhor reagiu?

Diante da magnitude da dúvida de alguns dos meus bons companheiros e amigos, e diante de tamanha manipulação, me retirei para o meu quartinho. Ali começou o meu deserto. Quase não saía: me limitava a estudar, a escrever, a meditar com meu bom companheiro de sempre, o major Alastre López, que ficou lá comigo. E bem, fiquei à espera da notícia da saída de Carlos Andrés Pérez. No meu íntimo, comecei a me preparar para assumir novas responsabilidades no futuro. Comecei a pensar que algum dia teria de sair dali e que então as dúvidas seriam esclarecidas.

Na prisão, a frustração geral era tremenda. Já não haveria rebeliões, as esperanças de sermos libertados de Yare a curto prazo haviam se acabado. Mas não era isso o que me preocupava em particular. Eu me retirei para a filosofia, a meditação. Eram dias de deserto, embora esse deserto tenha sido bom, em termos pessoais, porque me refugiei nos livros.

O senhor se lembra de alguma de suas leituras?

Vários livros que li naquela época me marcaram definitivamente. Cito, como exemplo, um que expunha as propostas daquilo que foi a Comissão do Sul[18]*, uma comissão presidida por Julius Nyerere*[19]*. Claro, quando foi publicado, em 1991, a União Soviética estava caindo e o chamado Terceiro Mundo se apagava. Então, aquelas propostas ficaram congeladas. Mas é um livro muito bom, e eu — até hoje — sempre o tenho comigo, faço anotações, releio, reviso. Suas propostas extraordinárias, depois de 20 anos, estão mais vigentes que nunca. Foi desse livro que tirei a questão do Sul, a Telesul, o Banco do Sul, a Petrosul...*

Outro livro interessante foi um que uma certa dama, sem dúvida apaixonada por mim a distância, me mandou. Eu cheguei a conhecê-la depois que saí da cadeia, mas ela tinha algum problema psicológico de conduta e mantive distância. Ela costumava me mandar livros e, em 1993, me fez chegar este América Latina, marca registrada[20]*. E que me ajudou muito. O autor, Sergio Marras, chileno, publicou suas conversas com alguns dos mais importantes escritores latino-americanos: Jorge Amado, Mario Benedetti, Roberto Fernández Retamar*[21]*, Carlos Fuentes, Octavio Paz, Arturo Uslar Pietri, Mario Vargas Llosa etc.*

No prefácio, Sérgio Marras escreve, em 1992, depois de fazer alusão ao poeta inglês, de origem norte-americana, T.S. Eliot, prêmio Nobel (em 1948) — eu fui averiguar, não sabia quem era — e sua tese sobre o nome dos gastos, e veja só o que ele escreveu: "Ao parecer, há coisas que passam por baixo de nós e que formam parte do indizível. Nos chegam refratadas em luzes mortiças através de espelhos polarizados". Exemplo: no dia 4 de fevereiro de 1992, o "centauro dos llanos" (nome do segundo tipo de acordo com a classificação de Eliot), o coronel Hugo Chávez, também apelidado por um meio de comunicação de "bobo feroz" (isso foi na Espanha, nome inqualificável), quis tomar o poder na Venezuela e bater de frente com 34 anos de democracia que, bem ou mal, vinham vivendo por lá. Queria fundar o Movimento Bolivariano Revolucionário. Seu objetivo: frear a corrupção e a crise econômica galopante, provocada pela política de ajuste do presidente Carlos Andrés Pérez. Considerava Simón Bolívar como seu guia fundamental, coincidia em suas propostas nacionalistas e latino-americanistas, condenava a corrupção dos que envileceram a alma da nossa República. Sua ideia era que os melhores cérebros da nação encabeçassem o novo governo. Paradoxo: 42% da população mais pobre, segundo fontes jornalísticas espanholas, apoiaram o golpe. O número de pobres havia aumentado 80% nos últimos anos, pelas mesmas razões que dizia terem acontecido o "bobo feroz": corrupção das autoridades, péssima educação, justiça e saúde". Ou seja, Sergio Marras faz uma boa análise. A entrevista de Uslar Pietri, intitulada "As repúblicas aéreas", também me interessou muito.

Naquela mesma época li o célebre texto de Fidel Castro, "A história me absolverá", em seu julgamento depois do ataque ao quartel Moncada, no dia 26 de julho de 1953.

Eram leituras úteis, procurando conhecimento prático para o momento que vivíamos. Do meu ponto de vista, aquele "cárcere da dignidade" foi necessário, um trânsito obrigatório pelo qual eu tinha que passar. Foi, além do mais, como um forno...

Um forno?

Onde de verdade a nossa revolução começou a ser cozinhada. E sabe que outro livro me ajudou a entender isso melhor?

Qual?

Este aqui! (mostra o livro): Assim falava Zaratustra, *de Nietzsche. Este exemplar estava na cela comigo. Quem mandou para mim foi o general Pérez Arcay, em setembro de 1993. E veja a frase que sublinhei: "O nobre se propõe a criar coisas novas e uma virtude nova. Mas o outro se aferra ao antigo e pretende perpetuá-lo".*

Eles deixavam que vocês tivessem qualquer tipo de livro?

Sim. Não havia nenhum tipo de restrição, até o dia 27 de novembro. Depois desse dia, levaram tudo. Tudo! Até os lápis, não deixaram nada! A minha cela em Yare era um verdadeiro escritório: eu tinha uma escrivaninha, máquina de escrever, uma pequena biblioteca e um desses arquivos de papelão, que parecem uma sanfona... tinha tudo muito organizadinho. Tinha até um secretário! O major Alastre López, um rapaz de muita cultura, leitor, estudioso, organizado, vários documentos foram escritos por ele, me ajudava a responder cartas e foi muito solidário comigo naqueles dias da maior solidão que eu tive que atravessar. Passei dias duros, não tinha nada para ler, não tinha onde escrever. Porque eu, na minha cela, escrevia meu Diário, escrevia poemas, até pintava quadros.

O retrato de Ezequiel Zamora foi pintado lá?

Não, fiz esse quadro de Zamora em 1991, pouco antes da rebelião do dia 4 de fevereiro de 1992, inspirado num retrato de Bolívar que é feito uma chama. E coloquei no quadro: "Terra e homens livres, eleição popular, horror à oligarquia". Como pintor, não sou muito bom para os rostos, por isso pinto mais de perfil, porque de frente não sai direito. Eu bem que gostaria de pintar mais de frente, mas é difícil. Fico perdido. Tratei de pintar o Fidel, mas por enquanto fracassei. Fidel não ficou do jeito que eu queria. É um presente que devo a ele. Na cadeia, pintei uma paisagem noturna, que se chama Lua da Yare. Mas depois nem pintar pude mais. Eles nos despojaram de tudo.

Tiraram tudo?

Chegou uma centena de guardas, jogaram todo o gás lacrimogêneo do mundo no corredor das nossas celas, que era estreito, bateram em nós, nos arrastaram pelo chão... Alastre quase morreu asfixiado. Levaram todos os papéis. Ainda bem que eu, temendo aquela invasão, já havia queimado, na véspera, muitos documentos que comprometiam muita gente. Carlos Andrés Pérez chegou a ordenar que tirassem as nossas fardas. Um coronel gritou comigo, exigindo que eu entregasse o uniforme. Eu me neguei rotundamente, disse a ele que teria de me matar. Eu tinha um cano do meu lado. Agarrei esse cano de ferro e disse ao coronel: "Você vai ter de atirar, porque vou acertar você com isso. Aqui existe dignidade, coronel!". Não sabiam o que fazer, nenhum deles se atreveu a nos agredir diretamente para tirar os nossos uniformes. Depois mandaram uns generais, até que tiveram de ceder, deixando-nos com as fardas. Pediram que entregássemos as boinas vermelhas, não entregamos. Assim foi que saí da cela com a mesma farda que usei na rebelião. Está guardada como recordação.

Até quando duraram as restrições de livros e de material para escrever?

Até janeiro de 1993, quando começaram a afrouxar de novo. Porque Carlos Andrés Pérez já estava caindo.

Quando ele caiu?

Bem, ele havia resistido a duas tentativas militares para derrubá-lo, a nossa rebelião do dia 4 de fevereiro de 1992 e a do dia 27 de novembro daquele mesmo ano, que, como já disse, foi muito dura, com bombardeios dos principais edifícios institucionais, controle de quartéis-chave e da televisão. Carlos Andrés respondeu multiplicando a repressão política, o que, junto com seu desastroso programa de choque ultraliberal, fez dele um presidente absolutamente impopular. Ele se isolou dos cidadãos. Seu próprio partido, o Ação Democrática, considerou, por cálculo político, que deveria retirar seu apoio. Nessas circunstâncias, ele foi acusado, no Congresso, de corrupção. Acabou deixando o cargo em junho de 1993[22]*. Na verdade, houve um acordo.*

Um acordo?

Sim: o sistema expulsou Carlos Andrés Pérez para baixar as tensões. Um acordo do mesmo partido dele, porque Carlos Andrés se negou a renunciar e então foi expulso. Procuraram um pretexto e conseguiram um rastro dos mil atos de corrupção. Aliás, um dinheiro que Carlos Andrés tinha mandado para Violeta Chamorro[23] *na Nicarágua. Então, ele foi condenado só a dois anos, mas em vez de ir para a cadeia ficou em casa.*

Eu o entrevistei nessa circunstância, em 1995[24], em sua imponente residência nas alturas do leste de Caracas, e estava em plena forma.

Tão em forma que disputou de novo eleições. No dia em que eu tomei posse (janeiro de 1999), Carlos Andrés Pérez estava na primeira fila, na condição de senador eleito. Conquistou uma vaga no Senado do último Congresso, que desapareceu com a Assembleia Constituinte. Foi senador durante um ano. E também foi candidato à Constituinte.

Sendo o senhor presidente?

Isso. Na realidade, a classe política dominante expulsou Carlos Andrés Pérez para tentar baixar a pressão. Ele já não servia às cúpulas políticas e econômicas dominantes, e por isso simplesmente decidiram abandoná-lo e deixar que fosse definitivamente a pique, rumo ao abismo da história. Foi uma manipulação. "Sacrificaram" Carlos Andrés para preservar o sistema. Entre outras coisas, diziam que tinham salvado a democracia. Lembro do procurador-geral da época, Ramón Escobar Salom — que Rómulo Betancourt, que era um sujeito ácido, chegou a chamar, em certa ocasião, de "latinha de cocô" —, se apresentando como "herói da democracia", porque havia condenado Carlos Andrés Pérez. Só que, na verdade, foi um acordo entre todos eles, e o procurador era parte do coro. Carlos Andrés foi para casa com todos os direitos preservados, e rico, e manteve sua cota de poder. Continuou governando através de muita gente suja em postos-chave. Todo mundo sabia disso. Eram tempos turvos, nauseabundos. Como eu disse, estava se perfilando inclusive a possibilidade de um golpe de Estado de direita, dado pelo Alto-Comando Militar, que acariciava a ideia de um "golpe salvador" diante da situação do país.

O que vocês fizeram quando Carlos Andrés Pérez foi destituído?

Quando ele caiu, mandamos para a imprensa um documento dizendo que essa não era a solução. Que o sistema simplesmente havia jogado fora um fardo que já não lhe servia, tinha se desfeito de um peso morto. Mas os problemas estruturais do sistema continuavam.

Nomearam Ramón J. Velásquez, uma personalidade que, o senhor disse, era respeitada.

Sim, uma figura venerável, sem dúvida. Que chegou para levar o barco, na base de empurrõezinhos, até as eleições de dezembro de 1993, que foram ganhas por Caldera.

Conheci Rafael Caldera em seus primeiros meses como presidente. Tinha lido alguns dos meus livros e me convidou para um colóquio internacional sobre meios de comunicação, que ele mesmo presidiu em Caracas. Ele se definiu como adversário do "pensamento único" e se mostrou crítico ao ultraliberalismo. Esse discurso do veterano líder democrata-cristão me surpreendeu bastante.

Pois é, muito surpreendente, mas ele havia evoluído. Caldera era um morto político. E ressuscitou no mesmo dia 4 de fevereiro quando, com muita habilidade, fez um grande discurso no Congresso, justificando a nossa rebelião. Pronunciou aquela frase: "É difícil pedir ao povo que se imole pela liberdade e a democracia quando pensa que a liberdade e a democracia não são capazes de dar de comer e de impedir a alta exorbitante nos custos da subsistência. E quando o governo não foi capaz de pôr um basta definitivo ao mal da corrupção". Depois, ele se separou de seu partido histórico, o Copei, do qual fora fundador, e se aliou ao MAS (Movimento ao Socialismo). E alguns dos dirigentes mais emblemáticos do MAS foram depois nomeados ministros. Entre outros, Teodoro Petkoff, que teve um papel importante no gabinete de Caldera. Foi ministro de Planejamento e promoveu um pacote de contrarreformas ultraliberais. Também Pompeyo Márquez, ex-comunista e fundador do MAS, foi ministro. Jorge Giordani, por sua vez, se negou a formar parte daquele governo.

Naquelas eleições, vocês pregaram a abstenção, não foi?

Naquelas eleições o Movimento Bolivariano se dividiu. Um grupo apoiou Caldera. Eu me mantive irredutível, com outro grupo de companheiros, dizendo que aquela não era a solução. E mais que pregar a abstenção, o que fizemos foi tomar distância de Caldera sem denunciar seu programa. Só que a abstenção ganhou: foi de 40%, quando normalmente era de 20 a 25%. Caldera só obteve 30% dos votos... Na realidade, nenhum dos candidatos foi claramente vencedor. A diferença de Caldera com os outros foi mínima. Claudio Fermín, da Ação Democrática, teve 23,60%. Oswaldo Álvarez Paz, do Copei, 22,7%; e Andrés Velásquez, da Causa R,

21,95%. Ao vencer por margem tão estreita, Caldera não alcançou maioria no Congresso e seu governo ficou atado, dependendo de alianças.

O que de fato permitiu Caldera ganhar as eleições foi ter "compreendido" a rebelião do dia 4 de fevereiro?

Não me cabe a menor dúvida. Essa atitude valeu o complemento de votos que lhe deu a vitória. Porque Caldera subiu na nossa onda e em nosso discurso. A mesma coisa com Aristóbulo Istúriz e a Causa R. Principalmente Aristóbulo, mas depois o candidato Andrés Velásquez e a Causa R, como partido, também subiram na onda e conseguiram que o povo os associasse a nós. Alguns começaram inclusive a manipular, dizendo que Arias e eu e outros comandantes éramos da Causa R. Manipularam com um vídeo, com alguns discursos. Eu, quase imediatamente, entrei em conflito com alguns deles por essa tentativa de manipulação. Embora nunca abertamente, porque a gente os via como aliados.

Mas eles, conforme o senhor me contou, não haviam participado da rebelião do dia 4 de fevereiro...

Isso mesmo. Mas nós os considerávamos aliados. Apesar da sua decisão, bastante irresponsável de se retirar da rebelião como comando político, e sem nos comunicar nada. Só Alí Rodríguez apareceu e disse: "Bem, cá estou eu, apesar do meu partido ter decidido não me acompanhar". A partir desse ponto, comecei a negar informação a eles, que não souberam da nossa ação até ela acontecer no dia 4 de fevereiro. Ficaram sabendo da mesma forma que o país inteiro. Andrés Velásquez, que era governador do Estado de Bolívar e um dos líderes fundamentais da Causa R, não duvidou em declarar à imprensa naquele dia, se referindo a nós: "Esses aí são uns pequenos ditadores". Desgraçado! Ele quase tinha nos traído, porque sabendo que íamos nos rebelar, alertou Carlos Andrés Pérez de que haveria um "golpe de Estado". O presidente perguntou quem estava organizando o golpe. Velásquez respondeu que alguns comandantes, e então Carlos Andrés, restando importância, disse: "Ah, então não há perigo. Isso passa quando eu os promover a generais". Ele achava que todos os militares eram corruptos.

Coisa, aliás, que não era mentira...

Pois é, mas ele não entendeu que havia uma nova geração, com vontade de limpar essa imagem e de ser dignos do exemplo de Bolívar.

O senhor acha que as pessoas entenderam isso de maneira espontânea?

Acho. Como eu já disse, o instinto do povo. Porque a imagem dos militares era detestável. Mas o povo entendeu que, realmente, aquele 4 de fevereiro desatou um turbilhão. Um turbilhão moral, ético, e também político, de fé, de esperança, quase religioso de alguma forma. Até místico. Falava-se do "mito Chávez". Eu me negava a ser um mito! Me negava e me nego.

Mas, de fato, foi criado um mito Chávez. O "salvador", em certa medida, do país...

Pois é, havia uma coisa meio mítica, messiânica. Correspondia a uma tradição de caudilhos, não é? Mas, bem, independente disso tudo, o dia 4 de fevereiro na verdade foi o despertar das "forças expansivas e explosivas", como diz um bom livro que também me acompanhou na cadeia, de um filósofo venezuelano, Isaac J. Pardo, com prólogo de García Macca, Fogo debaixo d'água, a invenção da Utopia[25], *um livro maravilhoso.*

Foi de tanta força o que a rebelião do dia 4 de fevereiro desatou. Repare só no que vou dizer, e que eu ouvi, quando fui à República Dominicana, já eleito presidente, de um jornalista que me entrevistou: "Leia esses artigos que escrevi quando o senhor estava preso". Depois que Rafael Caldera ganhou as eleições de 1993, esse jornalista dominicano escreveu um artigo onde diz que "o dia 4 de fevereiro de 1992 já produziu dois presidentes: Rafael Caldera e Hugo Chávez, que será o próximo".

Aquele evento teve tamanha força, desatou tal energia, que marcou o rumo da Venezuela durante todos esses anos. E vou dizer mais: independente de mim mesmo e do papel que cumpro, tenho a certeza — e oxalá não me engane, e que seja para o bem — de que durante muito tempo os presidentes que me sucedam também serão consequência daquele fato. Porque foi um fato que destapou, que abriu os portões, novos horizontes.

Os anos foram passando — já mais de uma década! — e aquela data continua sendo um marco. Porque significa o início de um novo ciclo histórico, não só na história venezuelana contemporânea, mas na história do progressismo latino--americano e internacional. Eu me atrevo a dizer que naquele dia começa uma nova etapa revolucionária.

Não é um pouco exagerado?

Não acho. Veja só, naquela entrevista de Tomás Borge com Fidel que mencionei[26], a certa altura, Tomás se refere à queda da União Soviética e à crise do socialismo e da esquerda internacional, e Fidel diz o seguinte: "A humanidade nunca viveu um momento de tamanho auge da reação, nem tamanho auge do poder do Império. Mas isso não quer dizer que esse panorama será eterno, nada disso. Esse império está corroído por todos os tipos de contradição". E, mais adiante, acrescenta: "Acho que, haja o que houver, virão outros tempos, porque agora estamos no meio de uma grande onda reacionária, e depois virá de novo uma grande onda revolucionária, uma grande onda progressista no mundo. É inevitável. Agora tem lugar a maré reacionária e, conosco ou sem, virá a onda progressista e revolucionária outra vez para o mundo. Quando digo revolucionária estou me referindo aos objetivos, aos propósitos, não à forma de luta com a qual se instalem essas ideias, mas que, da mesma forma que hoje estão prevalecendo ideias reacionárias e que têm uma grande força, virá o momento em que tornarão a prevalecer as ideias progressistas, ideias democráticas, ideias justas, com a gente ou sem".

E repare o que anotei: "Virá de novo uma grande onda revolucionária". Fidel utiliza uma figura parecida à que Gaitán usou em algumas ocasiões, quando dizia que "mais vale uma bandeira solitária no alto que cem bandeiras no lodo". A bandeira solitária de Cuba, com dignidade e levantada pelo socialismo. A trincheira de defesa em que Cuba se transformou, como José Martí já tinha dito: "Nos cabe ser como uma trincheira de defesa, para defender a América Latina do império". Acho que o movimento do dia 4 de fevereiro é o sino que anuncia a chegada da nova onda revolucionária, iniciando uma contraofensiva.

Mas é preciso conseguir que essa onda se transforme em montanha, que o mar não a leve e ela torne a desaparecer outra vez. Deve ser como dizem que era a Terra quando se formou, como um magma, nem líquido nem sólido, e depois aquela grande temperatura foi se esfriando e ficaram as montanhas. Assim devemos conseguir que este novo ciclo revolucionário não esfrie, e que se estruture num mundo novo de verdade.

Como foram os seus últimos meses no presídio de Yare?

Depois da queda de Carlos Andrés Pérez consegui que me permitissem terminar o mestrado de Ciências Políticas. Como o senhor recordará, faltava a minha tese. Como forma de castigo haviam bloqueado a possibilidade de escrevê-la. Então solicitei formalmente ao Ministério da Defesa que me autorizasse, e graças à ajuda de amigos, advogados e professores universitários, consegui que o reitor da Universidade, respondendo a essa solicitação, também se dirigisse ao mesmo Ministério da Defesa e pedisse, graças ao direito ao estudo, que me permitissem acabar minha tese.

Quando Carlos Andrés Pérez caiu e Ramón Velásquez o substituiu na presidência, finalmente me autorizou. E eu selecionei, como orientador da minha tese, Jorge Giordani. Ele aceitou e todas as quintas-feiras, das 2 às 5 da tarde, Giordani ia até a prisão. Ele é como um inglês, você diz a ele tal hora e ele chega em ponto. Um homem muito disciplinado, um grande companheiro, grande amigo.

Ele dava aulas ao senhor sozinho?

Não, alguns companheiros também assistiam, e fizemos uma espécie de escolinha. Começamos a trabalhar o tema da transição política. Lembro que eu lia muito o economista húngaro István Mészáros[27]*. Giordani e ele se conheciam, e percebi que entre eles havia uma espécie de rivalidade profissional. Porque Giordani, com muito respeito, me fez algumas reflexões sobre as teses de Mészáros com as quais não concordava. E me ajudou a trabalhar de maneira mais organizada,* *mais disciplinada. Eu passava o tempo todo na frente da máquina de escrever, redigindo a tese. Ele me orientava, levava material para mim...*

Deixavam que ele entrasse levando e trazendo documentos sem problemas?

Não. Controlavam tudo que ele levava ao entrar e ao sair. Uma vez pedi que tirasse material da prisão, mas ele me dizia: "Comandante, o senhor sabe que andam me vigiando. Eu percebi. Não devo carregar papéis".

Ou seja, ele jamais levou documentos além de alguns manuscritos que pedi que passasse para o computador. E a verdade é que com esse papel ele mandou um documento meu ao economista István Mészaros, que estava por editar seu livro sobre a teoria da transição, Além do capital, *que tem mais de mil páginas, e o senhor poderá verificar que na página oitocentos e tanto aparece uma menção da proposta do Movimento Bolivariano Revolucionário-200 para a Venezuela.*

Por que o senhor não apresentou sua tese?

Aconteceu alguma coisa, não lembro exatamente o quê. Proibiram Giordani de continuar indo, acho que por causa de algumas declarações minhas. Como eu era militar, cem vezes me mandaram por escrito que, de acordo com o regulamento, eu não podia fazer declarações públicas. E eu respondia ao ministro de Defesa e aos chefes militares: "Estou preso, o que mais vão me fazer? Portanto, me considero livre para dizer o que quiser". (ele ri)

Não podiam castigá-lo mais?

Às vezes, cancelavam as visitas. Em certa ocasião passei três meses sem visita, não vi nem minha esposa nem meus filhos, não vi ninguém. Quando aconteceu essa história com Giordani, foi um conflito meu com o Alto-Comando. Proibiram que ele continuasse indo. Chegaram a revirar de novo meu quartinho-cela, levaram de novo tudo que havia, os livros e o manuscrito da tese, que nunca mais apareceu.

Estava avançada?

Bastante, eu já tinha redigido muitas páginas e havia definido a abordagem geral da transição. Naquele momento, estávamos trabalhando no tema da Assembleia Constituinte. Giordani me ajudou a encontrar material sobre vários modelos de Constituintes. Por essa via me chegou, naqueles anos, o livro de Toni Negri, O poder constituinte[28], *que é bastante duro, do ponto de vista da sua posição, mas está bem focado sobre o que é o poder constituinte. E começamos a revisar a tese de Rousseau, as do próprio Bolívar e do Congresso de Angostura, o poder fundacional da República... Começamos a analisar o que tinha sido feito na Colômbia por ocasião da Assembleia Constituinte de 1991. Embora, obviamente, no caso colombiano a guerrilha não tenha participado, portanto aquela assembleia não teve o impacto transformador necessário.*

Mas o M-19 não participou daquela Assembleia?

É verdade. O M-19 já se encontrava praticamente pacificado e participou. Mas os grupos que estavam em armas, as FARC (Forças Armadas Revolucionárias da Colômbia) e o ELN (Exército de Libertação Nacional) e outros grupos se negaram. Mas, enfim, a Colômbia era uma experiência que começamos a estudar. Era recente.

E se interessaram pela transição na Rússia, onde também se votou, depois da queda da União Soviética, uma nova Constituição em 1992?

Não, esse caso nós não abordamos. Mas eu queria insistir num ponto: na cadeia fizemos um intenso trabalho intelectual — intenso, intenso! — e metódico. Conseguimos organizar o comando político do MBR-200, e dispúnhamos de um grupo de assessores meus, entre os quais estava Giordani.

Luis Miquilena também era seu assessor?

Não. Ele apareceu na cadeia uma ou duas vezes. Depois não voltou mais. Até que saí e começamos a nos conhecer. Na cadeia, foram duas vezes e só. Eu tinha um grupo de assessores do qual Giordani era o coordenador. Formavam parte dele, entre outros, Héctor Navarro, Ciavaldini e alguns intelectuais e acadêmicos universitários.

Como o senhor se comunicava com o exterior?

Eu tinha um telefone celular escondido.

Na cela?

É, na cela. Reviraram tudo sei lá quantas vezes atrás do celular, não encontraram nunca.

O senhor conseguia escondê-lo?

Alastre e eu o desmontamos. Havia, pendurado na parede, um quadro da Virgem, e se dessem a volta era o celular, digamos, as tripas do celular, os chips... (ele ri) Pregamos o cartão na parte posterior do quadro da Virgem. Era preciso fazer uma conexão com o teclado, que estava escondido em outra parte. Nós usávamos o celular a certa hora, principalmente de noite. Não tinha muito alcance, era preciso ficar num cantinho. Assim conversei com minha família, com alguns companheiros... e até com Rafael Caldera, na noite da sua vitória: liguei para cumprimentá-lo. Ele aproveitou para me alertar: "Tome muito cuidado para não cair em provocações". O telefone estava na cara de todo mundo. Procuravam, mas o que viam era o quadro da Virgem.

Nunca foi descoberto?

Um belo dia descobriram o número. Certa noite o telefone tocou, atendi e uma voz me disse: "ah, passarinho, te pegamos!".

Em março de 1994 o senhor finalmente saiu da prisão.

Foi. Rafael Caldera reconheceu sua dívida política com a gente e, no início de seu mandato (janeiro de 1994) deu instruções para que os militares implicados nas duas rebeliões de 1992 fossem libertados. No final, no último mês, me levaram para o Hospital Militar de Caracas, para cumprir uma tarefa política.

Qual tarefa?

Facilitar a saída da prisão de vários companheiros que tinham dúvidas. Alguns não queriam aceitar sua libertação naquelas circunstâncias. Também me diziam que era melhor ficar preso, "você é um símbolo". Não entendiam que era preciso sair e se lançar na batalha. Por isso conversei com aqueles companheiros, um por um. Alguns ficaram violentos, me chamando de traidor porque estava negociando. Eu disse: "Não estou negociando nada, mas precisamos analisar: ficar aqui até quando? Ou sair com a cabeça erguida?". Finalmente, todos se convenceram. Saí na véspera de um domingo de Ramos, no dia 26 de março de 1994.

Que lição o senhor tirou de seus anos de prisão?

Essa nossa estada no "cárcere da dignidade", dois anos e pouco, pode ser dividida em várias etapas, e todas estiveram caracterizadas, do começo ao fim, por um grande esforço intelectual, de estudo. Creio que na prisão aprendi muito mais do que havia aprendido em toda minha vida anterior. Não só do ponto de vista do conhecimento científico, mas também sobre minha própria capacidade para enfrentar o que viria.

Capítulo 15

Conspirando e recrutando

O fim da carreira militar • Uma saída triunfal • "A esperança está nas ruas"
O "mito Chávez" • Percorrendo a Venezuela • "Inimigo Público número 1"
O "Projeto Simón Bolívar" • Por uma democracia "protagonista"
Tensões com a esquerda • O "Mapa Estratégico" • Via política ou militar?
Líder ou "caudilho"? • Chávez e o povo • Na Colômbia • No Panamá
Na Argentina, no Uruguai e no Chile • Norberto Ceresole • O encontro com Fidel
No Foro de São Paulo • Uma acusação terrível • Satanizado!
Desafiando Samper • Rumo às eleições presidenciais • Grave crise no MBR-200
Desanimado • "O Oráculo do guerreiro" • A perfeição política e os fanáticos
Nasce o Movimento V República • O Polo Patriótico
As eleições do dia 6 de dezembro de 1998 • O triunfo

Quando foi libertado, o senhor continuou sendo militar da ativa?

Não. Essa era uma das condições da minha libertação: tive que pedir para ir para a reserva. Uma exigência do governo.

Mas lembro de uma foto do dia da sua saída da prisão, e o senhor estava com sua farda.

Não, não era farda, era um liqui liqui bege. Comecei a usar esse traje nacional, mas de cor bege ou verde. Parecia uma farda. Eu tinha dois ou três. Presente de umas amigas de Maracay. Elas conheciam um alfaiate extraordinário que me fez esses liqui liquis sob medida, com bom tecido e bom corte. Eu tinha quatro: azul, verde, bege e preto. E umas botinas... Era como um uniforme completo. Aquilo era estudado. Eu andava "fardado", uma camiseta, o liqui liqui e a boina vermelha nos atos públicos. Só vim usar gravata como candidato à presidência em 1998, por conselho dos meus assessores. Na verdade, ridículo.

O governo planejou sua saída da prisão, para que não houvesse uma multidão à sua espera?

Exatamente assim. Foi planejada e adiada até o meio-dia do dia 26 de março de 1994, sábado da Semana Santa, quando todo mundo estava de folga. O governo fez de propósito, para que a minha saída fosse a menos midiática possível. Eu tinha um plano maluco: ir às profundezas da savana e, de lá, armar uma longa marcha até Caracas. Meus amigos me convenceram de que essa não era a melhor ideia.

Como foi, então, que o senhor saiu?

Nos últimos 15 dias, me transferiram de Yare para o Hospital Militar, por um problema que eu tive na vista. E foi lá que esperei minha libertação. Exigi, via os emissários que negociavam as condições da minha saída, duas coisas. Primeira: ir fardado até a Academia Militar, onde assinaria minha passagem para a reserva. Aceitaram. Fui sozinho, sem imprensa nem nada. Quem me levou foi um general (Raul Salazar). E segunda: ser o último a sair. Porque libertaram todos os presos no dia anterior. E eu, no dia seguinte. Quando chegou a minha vez, vieram me buscar numa camionete militar. Foi como morrer um pouco. Pedi que me deixassem sozinho um momento, no pátio da Academia, um lugar mágico. Caminhei, meditei aos pés da estátua de Bolívar, chorei, pensando no final da minha carreira militar, consciente de que naquele instante se acabava uma fase da minha vida, e então assinei a passagem para a reserva. Em seguida tirei a farda e vesti o liqui liqui. Fui levado até a porta, saltei da camionete na calçada, me despedi dos companheiros militares. E saí do Forte Tiuna finalmente livre.

O senhor se lembra daquele seu primeiro contato com a liberdade?

Lembro perfeitamente. Foi traumático. Logo ali, bem na frente da porta do Forte Tiuna, na avenida dos Próceres, havia uma multidão inimaginável. Eu não conseguia dar um passo, era uma avalanche, uma confusão, um alvoroço. Aquilo tudo foi filmado, há imagens. Também havia muitos jornalistas à minha espera. Instalaram uma mesinha, para que eu desse uma entrevista coletiva. Qual o quê... era impossível, pessoas começaram a passar por cima da mesa, umas motos arrebentaram os fios, muitas pessoas queriam tocar em mim, me abraçar. Rasgaram meu liqui liqui... No meio daquele labirinto, alguém emprestou uma camionete. Entrei, mas arrancaram a porta. Aí me levaram nos ombros. De lá, fui dar uma entrevista para José Vicente Rangel, no canal Televen. Ele havia me convidado para gravar um programa especial, que iria ao ar naquela mesma noite. Lá fomos nós: Adán, Cilia (Flores), os irmãos (Juan Carlos e Eliécer) Otaiza, Nicolás (Maduro) e outros. Só que nem conseguimos entrar na emissora, de tão enorme a massa de gente por todos os lados. No fim, conseguimos chegar. Mudei de roupa, um liqui liqui por outro, fizemos a entrevista e lá fui eu de novo para a rua.

Naquele mesmo dia, o senhor foi ao Panteão?

Não. Eu fui ao Panteão no dia seguinte, pela manhã. Domingo de Ramos. Também dei uma entrevista coletiva no Ateneu, saí na varanda e tinha gente até nas árvores. Na véspera, alguns jornalistas tinham conseguido me fazer duas ou três perguntas. E lembro que, naquele domingo, a manchete dos jornais era assim: "Aonde vai o comandante Chávez? Ao poder!".

Não estavam errados...

Os jornalistas haviam me perguntado se eu ia para o Palácio de Miraflores. Respondi com uma frase que saiu num estalo: "Por enquanto, não tenho nada que fazer no Miraflores. Antes, vou até as catacumbas com o povo". E desandamos a percorrer Caracas durante três dias, numa marcha multitudinária com centenas de bandeiras. Fomos ao leste, ao oeste, a Petare, a Los Teques, a Valle, a tudo que era canto.

E depois, o senhor fez o quê?

Fui percorrer a Venezuela de cabo a rabo. Graças ao trabalho político que havíamos feito da cadeia, quando saí, eu dispunha de um movimento MBR-200 estruturado no país inteiro. Meu objetivo era fortalecê-lo, trabalhar para a formação do MBR-200 em cada estado, cada município, cada povoado. Formar um comando nacional, um comando em cada estado, em cada região.

Com qual objetivo?

Minha decisão era enfrentar o governo de Rafael Caldera, me situar muito concretamente na oposição. Essa era minha linha estratégica. Outros companheiros, dentro do mesmo MBR-200, decidiram se aliar ao governo, com a cabeça posta nas eleições. Eu, não. Sempre tive a convicção de que era preciso manter firme a bandeira da Constituinte e dar batalha a partir da oposição.

No MBR 200 coexistiam várias linhas?

Havia de tudo. O Movimento era, naquela época, um amálgama heterogêneo de grupos, linhas e correntes: ex-guerrilheiros, militares da reserva de várias tendências, grupos da direita, extremistas da esquerda e da direita... A única coisa em comum era o desejo de mudar rapidamente as coisas no país, e um certo nacionalismo. De resto, não existia coesão forte, nem ideologia concreta que o vertebrasse e articulasse. Por isso, minha primeira tarefa ao sair da prisão consistiu em estruturar e dar coesão ao Movimento, relançando a atividade política, a reflexão política. E lançamos a seguinte convocatória bolivariana: "A esperança nas ruas".

Um bom *slogan*...

Havia muitos. Eu, por exemplo, percorri o país com este outro: "O povo é bolivariano, e triunfará!". E também outro, simplesmente: "O povo ao poder".

Chegaram até a fazer canções. A ideia era que, sobre a base de um programa concreto, pudéssemos dar otimismo, criar vontade de transformação e inundar o país de esperança.

Foi quando uma nova etapa começou. Me pus a percorrer a Venezuela de ponta a ponta, em carros velhos, em caminhadas, dormindo no chão. Eu me larguei pelos caminhos, pelas montanhas, rios, povoados... Saí disparado numa viagem de furacão, cidade por cidade. Quando chegamos a 1997, não havia um único estado da Venezuela onde não existisse um comando do MBR-200. Conseguimos organizar o Movimento em todas as partes, com a ajuda de rapazes jovens, que logo foram subindo. Nicolás Maduro[1], Elías Jaua[2], Rafael Isea[3], Jesús Aguilarte[4], por exemplo, vieram desse processo. E também estavam os tenentes Otaiza e Calatayud, o sargento Venero... Eles formavam a minha guarda de segurança, com umas pistolas velhas. Eram todos eles, na época, uns rapazolas. Eu tinha 40 anos e eles, mal e mal uns 25.

Tínhamos um palco (ele ri), era um carrinho com quatro rodas, bonito, com flores, punham nele umas folhas de bananeira para enfeitar. E assim que instalávamos o carrinho, aparecia gente de tudo que era lado, aparecia gente a cavalo. Eu falava nas praças, fazia discursos, dava declarações, entrevistas coletivas, participava em programas de rádio. Dia a dia, quase sem descanso, durante 1994, 1995, 1996...

Assim se reativou o "mito Chávez"?

Nós dois já falamos disso. E, se me permite, vou tentar deixar claro minhas apreciações sobre o assunto. Começarei dizendo que não creio — e jamais acreditei — no "mito Chávez", e estou convencido de que o povo venezuelano nunca chegou a criar esse mito. O apoio que eu recebi dos cidadãos é, na minha opinião, eminentemente racional. Não é o resultado de sei lá quais crenças coletivas irracionais. As pessoas sabem o que querem, ou, para dizer de outra maneira, o que não querem. Eu falo ao povo de política honestamente, com argumentos concretos e precisos. E eu respeito quem me ouve. Não sou um "encantador social", nem um "mago" que seduz com truques e artefatos.

No entando, o senhor costuma sempre ser classificado como "populista".

Pois é, esse é um dos qualificativos mais amáveis que os meus adversários usam contra mim... (ri) Mas na verdade eu penso, e disse muitas vezes, que alguns jornalistas e alguns intelectuais, distorcendo a realidade coletiva, repetiram isso e essa coisa do mito — que dá no mesmo — como uma forma de apagar a chama de rebeldia que acende a alma nacional. Desprezam o povo. Pensam que o povo não entende, que não sabe, que o povo é como uma criança eterna, sempre menor, sempre dependente, sempre esperando que alguém pegue na sua mão. Acham que porque o povo se soma aos argumentos que eu exponho, é tonto, e eu, um demagogo, um "populista", como dizem por aí.

Ou seja: o que o senhor me diz é que nunca houve um "mito Chávez". É isso?

Não sou um mito. Isso foi o que os meus adversários quiseram. Sou uma realidade. E uma realidade que a cada dia se faz mais concreta. E, ao mesmo tempo, recordo o que dizia Aristóteles: "Os mitos sempre encerram um núcleo de verdade". Coisa, aliás, que os etnólogos sabem muito bem, como demonstrou o grande Claude Lévi-Strauss em seus Tristes Trópicos[5], *ou o brasileiro Darcy Ribeiro*[6] *— que foi assessor de Velasco Alvarado, no Peru, e de Salvador Allende, no Chile, e que também morou um tempo na Venezuela —, em seu livro* O processo civilizatório[7].

Esse "núcleo de verdade", na mentalidade coletiva da sociedade venezuelana entre 1992 e 1998, estava no renascimento da esperança. O povo tornava a reclamar seu direito a sonhar e, mais ainda, sua obrigação de lutar por esse sonho. Assim, naquele momento, retornava ao ideário nacional na ideia da utopia política. Ou seja, começou a existir, na imaginação coletiva, o desejo de um novo país com mais justiça, mais igualdade e menos corrupção. E foi justamente quando a utopia se confundiu com o mito. Mas era um mito que não poderia ter uma personificação concreta. Um mito que era uma expressão de uma esperança coletiva.

Naquele momento o senhor alimentava essa esperança?

Esta era a minha missão: dar um conteúdo, na psique do povo venezuelano, à prodigiosa invenção de um país possível. Tinha de criar uma utopia concreta. Em outras palavras, eu tinha de criar o mito coletivo de um futuro realizável. Era preciso que o "mito Chávez" morresse, o mito pessoal, para que o mito de "uma nova Venezuela", um mito coletivo, emergisse. E para que tudo se transformasse, como numa fábula.

Qual fábula?

A de Dáfnis, relatada por Teócrito[8] *em seus Idílios. Dáfnis era um semideus, pastor no monte Edna, que morre atormentado pelo amor de Vênus, ao ter-se atrevido a profanar as delícias da deusa Afrodite. Quando já estava à beira da morte, Dáfnis exclama: "Posto que Dáfnis morre, que tudo se transforme. Que os pinheiros deem peras, que o cervo persigua os cães". Era exatamente o que eu pensava: o importante era que tudo se transformasse a partir da morte do "mito Chávez". A Venezuela estava "de cabeça para baixo", como diria Eduardo Galeano*[9]*, e era preciso fazer com que ela voltasse a ficar de pé.*

Veio daí a sua ideia da "utopia possível"?

Pois é. Eu pensava em Victor Hugo, quando ele diz que "as utopias de hoje são realidades do amanhã". Pois eu simplesmente me propunha a relançar a "utopia bolivariana", que era uma espécie de ave fênix latino-americana, estava posta fazia uns dois séculos. De vez em quando era ressuscitada, mas sempre voltava a ser sepultada. Nós decidimos resgatá-la definitivamente.

Em geral, a ideia de utopia, na linguagem política, está associada à da "fantasia irrealizável" ou do "experimento perigoso". Naqueles anos, falava-se justamente do "estrepitoso fracasso da utopia soviética"... Naquelas circunstâncias era oportuno usar a palavra "utopia"? O senhor não teve medo de ser mal-interpretado?

Bem, eu falava da utopia com meu estilo. E também poderíamos falar do "estrepitoso fracasso da utopia neoliberal", em particular na América Latina, nos anos 1980 e 1990, ou nos Estados Unidos e na Europa, a partir de 2008. Nós dávamos a esse termo a definição, digamos, de "projeto antecipador". E supunha o anúncio de um programa concreto de transformações. Além disso, submetíamos esse projeto a discussão, ao confronto de ideias, ao debate com a cidadania. Para nós, naquele momento, não era concebível que um "programa de transformação do país" fosse elaborado por uma única pessoa, um "grande líder", um "salvador" isolado na solidão do seu escritório. Não. Esse projeto só poderia ser o resultado de uma discussão ampla, do próprio povo sendo o "intelectual coletivo".

Na verdade, desde o fim do século XVI na Europa se falava das utopias como "vãs visões de filósofos". Porque essa ideia de utopia ganhou força a partir da publicação (em 1516) do livro do chanceler Thomas Morus, Da melhor condição de uma República e da nova ilha de Utopia, *mais conhecido com o título de* Utopia.

Vejo que o senhor conhece bem o assunto...

É que me interessei muito por essa temática. Na prisão, eu havia lido um livro de Isaac J. Pardo muito apaixonante, Fogos debaixo d'água[10], *que tinha como subtítulo* A invenção de Utopia. *Uma abordagem maravilhosa do que é a utopia, e um resumo histórico de todos os utopistas, desde antes de Cristo até Marx, passando pelos filósofos gregos e romanos, por Thomas Morus, pelos pensadores da Revolução Francesa, pelos "socialistas utópicos" do século XIX, pelos filósofos e políticos do século XX. Esse livro me ajudou muito. E tratei de entender como concretizar, como descer da utopia sem lugar[11] à utopia com lugar. Eu propunha o problema de como construir o futuro. Porque estava convencido de que era possível ir construindo o futuro da Venezuela. Ou será que José Martí não afirmou que "as revoluções fazem possível o que hoje parece impossível"?*

Quando o senhor saiu da prisão, Carlos Andrés Pérez já não era presidente, e havia um governo, o de Rafael Caldera, que também se propunha a transformar a Venezuela e erradicar a corrupção. Para isso, ele contava com a ajuda de ministros de esquerda, especificamente do MAS. Aquele novo contexto não complicava as coisas para o senhor?

Complicava, porque o país, com Caldera, parecia tomar o rumo de uma estabilidade relativa. Mas que era falha, superficial. A saída de Carlos Andrés Pérez funcionou como uma válvula de escape, e aconteceu debaixo de muita pressão. De maneira hábil, Caldera havia se afastado do Copei, um partido muito comprometido com a decomposição do sistema, e constituído sua própria organização, a Convergência, e com ela foi eleito presidente.

Logo ele começou a procurar, e até certo ponto conseguiu, que setores populares identificassem sua pessoa e sua proposta com o que nós representávamos. Em certa ocasião, em plena campanha eleitoral de 1993, o doutor Caldera foi a Barinas e mandou buscar minha mãe. E através dela me mandou uma mensagem: que eu não o atacasse, porque eu já tinha dito coisas muito duras a respeito dele, e que a minha exigência de uma Assembleia Constituinte não era uma boa saída. Alguns de meus companheiros, tanto em Yare como no São Carlos, apoiavam Caldera e chegavam a dizer que o triunfo eleitoral de Caldera significaria a vitória do dia 4 de fevereiro.

E, segundo o senhor, isso seria uma falsificação?

Mais que uma falsificação, uma fraude e até mesmo um roubo de algumas ideias. Mas, enfim, o país entrou nessa dinâmica. O discurso de Caldera era nacionalista e, no começo, ele criticou um pouco o FMI. Claro que era um homem conservador, de direita, mas soube fazer alianças importantes. Conseguiu o apoio do Partido Comunista e também o do MAS.

Isso pareceu estranho ao senhor? Alguma surpresa?

Era uma aliança curiosa, produto da degeneração, da desarticulação e do desgaste das esquerdas. Fizeram uma verdadeira aliança de esquerda e todos se agruparem ao redor da figura de um líder da Causa R que conseguiu se destacar, e que era o governador Andrés Velásquez, com quem eu estava em confronto.

Gente da Causa R veio à prisão pedir apoio. Eu me reuni, em Yare, com Andrés Velásquez e vários companheiros dele. Lembro que nos instalamos a uma mesinha no meio de um pátio com muito sol, para que não gravassem a nossa conversa. Alguns de nossos companheiros militares haviam aceitado inclusive ser incluídos nas listas de candidatos a deputados pela Causa R, e outros, pelo MAS. Os partidos competiam para ver quem apresentava um oficial graduado que estivesse preso por causa das rebeliões do 4 de fevereiro ou do 27 de novembro.

Naquele dia, disse a Velásquez que eu tinha uma proposta conhecida, um programa, que era o "Como sair deste labirinto", e que isso era público. E também disse que dispunha de um movimento, o MBR-200. Disse que a nossa intenção era fortalecer aquela proposta estratégica, e que pregaríamos a abstenção porque aquelas eleições eram uma mentira.

E como Andrés Velásquez recebeu essa resposta?

Não era a resposta que ele esperava. Discutimos com respeito, mas me mantive firme na minha posição. Nosso grupo, com base nessa posição, publicou um documento, antes das eleições presidenciais, por meio do qual denunciamos a tentativa de fraude, a tentativa de escamotear as vitórias populares.

Documento, aliás, que não impediu a vitória de Caldera.

Pois é, e nós dois já comentamos que ele ganhou com uma diferença muito pequena, e com muita abstenção do eleitorado. Assim chegamos a dezembro de 1993, com um novo presidente eleito. De repente, sumiram os rumores de golpe de Estado que estiveram soando nos altos mandos militares. Mais de um general estava morrendo de vontade de aproveitar o momento para dar um golpe de Estado, principalmente o vice-almirante que era ministro da Defesa, Radamés Muñoz León, um líder de direita que representava uma corrente militar.

Bem, aquela fase terminou, Caldera assumiu e o senhor foi libertado. Foi ou não foi uma grande mudança?

Foi, mas o que eu quero dizer é que não desejava deixar-me manipular, nem domesticar. Porque, no fundo, o sistema que denunciávamos continuava do mesmo jeito. Estruturalmente igual. Claro que Rafael Caldera era uma figura que estava muito longe de ter a imagem de corrupto de Carlos Andrés Pérez. No imaginário coletivo, era um conservador, um homem de direita, mas indiscutivelmente honrado e honesto.

Por isso ele e seu entorno se incomodavam que eu e o MBR-200 mantivéssemos uma atitude de denúncia. Lembro que, quando ele assumiu, exerceram sobre mim uma pressão bastante grande para que eu não só aceitasse a absolvição que propunham a todos os oficiais presos — e que, no fim, aceitamos —, mas que também fosse ao Palácio ver o presidente. Na noite anterior às minha saída, o próprio filho de Caldera, acho que o nome dele é Andrés, veio me ver no Hospital Militar, como emissário do pai, e disse que o presidente queria me cumprimentar e agradecer. Eu respondi que o presidente não tinha nada a me agradecer, nem eu a ele.

Ou seja, o senhor não quis se deixar seduzir. É isso?

Eu não achava que era oportuno. Antes de sair da prisão, eu havia avisado ao povo, com clareza, que não se deixasse confundir. Por isso, para mim sempre ficou muito claro que eu não devia ir ao Palácio de Miraflores.

Qual era a ideia que Caldera tinha em mente ao decidir libertar o senhor?

Ele era um velho político, tinha olfato. Foi esse olfato que o levou a dizer o que disse naquele 4 de fevereiro, de tarde, no Congresso, como Senador Vitalício, quando se solidarizou, de certa maneira, com a nossa rebelião. Esse mesmo olfato também indicava a ele que não devia nos enfrentar, o que, politicamente, não só era a coisa certa como era a coisa hábil. Nos primeiros dias depois da minha libertação, houve uma espécie de lua de mel. Choviam propostas em mim. Na realidade, era uma ponte de prata que me atiravam para ver se eu caía na armadilha e me juntava a eles.

Caldera, durante a sua campanha, tinha prometido a libertação dos militares e a pacificação do país. Assumiu a presidência em fevereiro de 1994 e nós saímos no final de março. O processo da nossa libertação foi relativamente rápido. Mas as pessoas que apoiavam a nossa causa acharam que foi de uma lentidão insuportável. Devo lembrar que, em Caracas, havia uma permanente mobilização maciça a favor dos oficiais presos, da parte de associações de familiares, grupos de advogados, organizações estudantis e de tudo que é tipo de gente que exigia a nossa liberdade e o respeito à promessa eleitoral. Não deram nem um respiro a Caldera. No mesmo dia da sua posse, ele foi ao Panteão depositar uma oferenda de flores no sarcófago de Bolívar. E quando saiu, as pessoas amontoadas na rua lançaram um único grito: "Libertem Chávez!". A pressão era enorme, e à medida em que passavam os dias, tendia a se incrementar. Ele não teve outro remédio a não ser nos libertar o mais rápido possível.

Foi então que o senhor se lançou a percorrer a Venezuela para, como me disse, "potencializar o MBR-200" em todos os lugares?

Exatamente, mas tenho que mencionar uma batalha que enfrentei com um grupo de companheiros, para continuar organizando e desenvolvendo o projeto do MBR-200.

Que batalha?

Uma batalha para dar nova vida ao nosso movimento e fixar uma linha política própria. Porque com o surgimento do novo movimento de 27 de novembro, o 27-N e tudo que ele representava, houve quem começasse a tratar de desfigurar o MBR-200, ou simplesmente negá-lo como movimento original. Vários companheiros chegaram a dizer que "bem, o MBR-200 já fez o que tinha de fazer, seu momento passou". Eu me negava a isso, tinha medo de que toda aquela força que o MBR-200 despertou fosse levada pelo vento, dividida, confundida, manipulada. E me opus. Dizia: "Não, o Movimento está apenas em gestação. Pelo contrário, é agora que temos que desenvolvê-lo".

Com aqueles que estiveram de acordo comigo, começamos a enviar cartas aos grupos constituídos em muitas partes do país como círculos bolivarianos. Também nessa tarefa Alastre López foi meu ajudante principal. Elaboramos tarefas e lançamos um ambicioso plano de mobilização para manter o MBR-200 na vanguarda crítica contra o sistema. Esse plano avançou, foram feitas muitas assembleias bolivarianas. Não foi fácil, porque a gente era um movimento perseguido.

Perseguido?

Nossos adversários usavam qualquer artimanha para tratar de desfigurar o nosso programa. A Inteligência Militar redigia relatórios hostis: "Chávez, em suas viagens, difunde chamados à insurreição". Os inimigos da direita me chamaram de violento, extremista, comunista etc. E os inimigos de esquerda me acusavam de ser "de extrema-direita". O objetivo de todos era me destruir politicamente, moralmente. Que eu me perdesse na paisagem, que me dissolvesse. Fizeram o possível para conseguir essa desaparição. Igualzinho ao filme Missing in action [aqui, *Braddock — O Super Comando*][12]*.O ataque contra mim era permamente. Eu era o "inimigo público número 1". E me acusavam de tudo, para tratar de demolir a imagem de líder que estava se formando. Como já contei, me descreviam como o "chefe dos caras pintadas venezuelanos".*

Queriam infundir medo...

Pois essa campanha teve efeito. Sim, atemorizou muita gente. Até mesmo amigos nossos diziam que essa coisa de "revolucionário" assustava, que era preciso mudar o nome do Movimento, chamá-lo de outra maneira. Então, um bom amigo, o general García Barrios, propôs — e eu aceitei — fundar a Associação Bolivariana 200, para tratar de fazer que esse medo de muita gente diminuísse. Só que não deu certo, o povo preferia Movimento Bolivariano Revolucionário 200. Aquela iniciativa partia de uma boa intenção, mas ficou pelo caminho. Chegaram a registrar a Associação num cartório, para dar a ela uma vida legal, como se fosse uma ONG. E, além do mais, nós não tínhamos recursos econômicos.

O senhor vivia de quê? Do seu soldo de militar da reserva?

Sim, eu tinha essa aposentadoria, mas ela ficava inteira para as crianças, que estavam em Barinas. Eu havia me separado de Nancy e me sentia muito infeliz sem meus filhos[13]*. Ao mesmo tempo, estava vivendo um grande amor com Marisabel*[14]*, que viria a ser minha segunda esposa. Naquele tempo, eu vivia em cem casas, andava com minhas caixas de livros de casa em casa, para lá e para cá.*

O MBR-200 tinha recursos?

Bem, fazíamos vaquinhas, mas não tínhamos nenhum recurso. Nada de nada. A gente não tinha nem telefone celular. Éramos quatro e uma camionete, a "Burra Negra", uma Toyota velha que me deram de presente, bebia muita gasolina e queimava toneladas de óleo. Com ela a gente ia de cidade em cidade, de povoado em povoado. Eu perguntava "quanto é que a gente tem para a gasolina?", e com base nisso decidíamos onde faríamos o próximo comício. Mas contávamos com o apoio do povo venezuelano. Na verdade, nunca nos faltou o que comer, as pessoas ajudavam. Depois, quando haviam se passado dois ou três anos, começou a aparecer alguma ajuda mais consistente. Abrimos uma caderneta de poupança, as pessoas depositavam doações, essas coisas.

Vocês estavam muito solitários...

Bom, uma solidão relativa, porque havia uma massa de gente que nos apoiava. (ele ri) Era um "mar de povo", como disse Fidel. Eu não conseguia caminhar por nenhuma rua da Venezuela, não me deixavam. Era uma avalanche de gente, e com um afeto, um apoio, um amor. Nunca me faltou uma cama para dormir, uma rede, uma comida, combustível, até carros emprestados.

O senhor fazia todo esse esforço para consolidar a singularidade política do MBR-200?

Exatamente. Potencializar a confiança em nós mesmos e reforçar internamente o MBR-200. Eu estava absolutamente convencido da necessidade de poder contar com uma organização política própria, com um perfil ideológico próprio.

Por quê?

Porque se não, teríamos terminado descaracterizados em mil correntes. O liquidificador nos teria engolido. E por isso me atacavam todos, do PCV à Causa R, a direita e a esquerda. E da extrema-esquerda, melhor nem falar...

Quem era essa extrema-esquerda?

Uns grupinhos minúsculos: a Coordenadoria Nacional Revolucionária, Terceiro Caminho, Bandeira Vermelha, Insurgência Popular, Desobediência Civil, Junta Patriótica... Todos eles caberiam num ônibus. Mas minha luta, desde que saí da cadeia, foi esta: rejeitar a armadilha das falsas alianças e aprofundar a singularidade política do movimento bolivariano.

"Bolivariano" era algo que não encaixava nos moldes políticos tradicionais?

De jeito nenhum. Para isso alguns, em nosso próprio Comando, começaram a falar de outra coisa. Na opinião deles, o nome de Bolívar ou o Projeto Nacional Simón Bolívar não era mais o lema central. Diziam que aquilo já era outra coisa. E também havia os infiltrados da direita militar, que se introduziam com o objetivo ideológico de distanciar nosso Movimento da esquerda militar. O senhor sabe quem chegou a aparecer como um dos apoiadores e financiadores dessa linha?

Não... Quem?

LaRouche![15] *Veja só, Lyndon LaRouche, que chegou a criar um partido na Venezuela. Outro que ainda anda por aí fazendo declarações é Alejandro Peña Esclusa*[16]*. E no outro extremo, aproveitando-se da ingenuidade de muitos quadros militares, também se infiltraram no nosso Movimento amigos de Gabriel Puerta Aponte e da Bandeira Vermelha, que — conforme já contei — haviam tentado se infiltrar na rebelião do dia 4 de fevereiro e tentado me assassinar.*

O objetivo de todos eles era destroçar o que crescia, e que eram o movimento popular de fundo e a minha liderança. Aquelas infiltrações provocaram uma dispersão de pessoas, de quadros, confusões. Queriam afastar o Movimento do bolivarianismo e dar a ele outro caráter, mais aventureiro e mais violento, para desacreditá-lo. Era um plano completo.

O que o senhor fez para desarmar esse plano?

Conforme já contei o que eu fiz foi convidar, ainda na prisão, gente para organizar e impulsionar os comitês bolivarianos em todo território nacional. E insisti numa clara orientação política bolivariana, robinsoniana e samorana. Estava consciente de que representávamos uma alternativa perfeitamente válida para as profundas transformações exigidas pelo nosso povo. E também por isso me animei a realizar assembleias bolivarianas regionais, cuja missão era preparar a Assembleia Nacional Bolivariana. Apesar dos momentos difíceis que eu enfrentava na prisão, me lancei nessa batalha, estabelecendo linhas políticas como sempre fiz.

E quais eram essas linhas? As que foram definidas no documento "Como sair do labirinto"?

Não só aqueles. Também tínhamos o "Projeto Nacional Simón Bolívar", no qual definíamos elementos básicos, conceitos e categorias que mais tarde, em 1999, foram sendo desenvolvidos no processo constituinte. Tudo isso desatou um grande debate. Falávamos, por exemplo, dos novos poderes que desejávamos propor ao país: o Poder Eleitoral, o Poder Moral. Descrevíamos o sistema de governo que íamos instalar, a democracia participativa e protagonista.

Ao sair da prisão o senhor mesmo assumiu o papel de provocar esse grande debate?

Sim, era uma coisa muito importante. Eu expunha claramente as três opções que nos eram apresentadas: 1) chegar ao poder pela via militar; 2) chegar ao poder pela via política legal; 3) abandonar a luta e abandonar tudo aquilo. Porque, depois de sair da prisão, muitos companheiros se desmobilizaram: alguns foram trabalhar no governo, outros decidiram criar seus próprios projetos pessoais, muitos se agarraram nas famílias, na mulher, nos filhos. Alguns, em certas ocasiões, chegaram a me criticar por ter feito, enquanto estava preso, declarações à imprensa — o que era proibido — porque depois todos nós éramos castigados, apertando a vigilância sobre as famílias, reduzindo as visitas. Vários de meus próprios companheiros me acusavam de dificultar a vida na cadeia. Na verdade, era uma forma, para alguns infiltrados do governo, de me chantagear e tentar me obrigar a suspender qualquer atividade política. E da rua, alguns partidos de esquerda também me recriminavam: "Afinal, Chávez, o que você quer? Guerra civil? Sangue?".

Se entendi direito, o senhor não descartava a possibilidade de tornar a tentar assumir o poder através de outra rebelião militar?

Nos primeiros anos — 1994, 1995, 1996 — sempre mantive a possibilidade de uma ação armada. É verdade. Dispúnhamos até mesmo de algumas armas e de gente disposta a participar de uma nova insurreição. Naquele tempo, eu pensava — e escrevi isso — que a Lei do Sufrágio e a Lei dos Partidos Políticos eram mecanismos de dominação que assassinavam a soberania popular e o espírito democrático.

Ou seja, o senhor questionava o caráter democrático da República da Venezuela?

Exatamente. Nossa rebelião de 4 de fevereiro derrubou aquele mito de "Venezuela, a democracia mais sólida da América Latina". Era uma falsa construção teórica, que tentava definir aquele regime como um sistema estabelecido de maneira permanente. Nós denunciamos que, sobre esse falso equilíbrio e ao amparo de um Estado corrupto, tinham se formado imensas fortunas e, consequentemente, a miséria de uma grande parte do povo. Falávamos da imperativa necessidade de uma "nova prática democrática", entendida como um processo em marcha, impulsado por diversas forças liberadas e, entre elas, principalmente o nosso MBR-200.

Havia um sofisma que também queríamos desmontar: muitos governos da América Latina pregavam a participação "popular" como componente básico das "políticas democráticas". Nós denunciamos, no "Projeto Nacional Simón Bolívar", que essa participação não podia ser entendida como uma obra de caridade limitada a assuntos sem transcendência, e que desta maneira tomavam das classes populares sua capacidade de tomar decisões em aspectos vitais para seu desenvolvimento e seu bem-estar.

Propúnhamos que o povo passasse diretamente a se governar através dos Conselhos Comunais, do Poder Popular e das Comunas. Três instâncias que íamos criar, e que de fato criamos depois de 1999. Dessa maneira mudávamos o próprio conceito de democracia, que deixava de ser apenas representativa: além de ser participativa, passava a ser plenamente protagonista.

A palavra "protagonista" é muito característica do atual processo político venezuelano.

Sim, esse conceito foi forjado por nós na prisão de Yare, saiu de lá e hoje está consagrado na nossa Constituição. Significa um salto essencial, uma ruptura epistemológica. É a ponte que permite passar da democracia à revolução. Ou, dito de outra forma, permite que, sem deixar de ser democracia, se passe à revolução.

Seja como for, com essa crítica ao sistema democrático venezuelano, naquele momento o senhor não pensava em participar de nenhum processo eleitoral. Correto?

Está claro que, naquele momento, eu não pensava nisso. Depois debatemos, e mudei de opinião. Mas àquela altura eu continuava sendo, pelo menos no fundo da alma, um soldado. E o único processo em que estava imbuído de corpo e espírito era o da "transformação profunda das estruturas espantosas que esmagam o ser nacional", conforme escrevemos num documento no qual, por outra parte, lançamos o seguinte aviso: "Se as classes dominantes não cedem em seus esforços, a Força Armada Bolivariana e, nós, o povo da Venezuela, tornaremos a cantar com o furacão do hino do Exército".

Mas o senhor já estava fora do Exército, e imagino que não podia mais contar com unidades das Forças Armadas, como na época da rebelião de 4 de fevereiro e da outra, a de 27 de novembro de 1992.

Claro que não. Mas também é evidente que eu conservava todos meus contatos militares. Lembre-se que eram mais de 20 anos de organização, montando redes, fazendo contatos, conspirando. Isso não se desfaz de um dia para outro. Sempre continuei me alimentando com análises políticas meus amigos das Forças Armadas: contatos, documentos, reuniões secretas. E me encarreguei de fortalecer os quadros militares verdadeiramente revolucionários. Entre outras coisas, isso me ajudou, mais tarde, a neutralizar o golpe de 1998, que alguns altos oficiais quiseram dar quando estávamos ganhando as eleições. E também ajudou no dia 11 de abril de 2002, quando uns golpistas tentaram me derrubar. E continuará ajudando, como uma sólida trincheira de resistência diante de qualquer aparição da direita militar que continua aí, latente, sempre alimentada de fora.

Além do mais, devo confessar que, quando saí da prisão, pus em marcha uma estratégia para que alguns oficiais amigos, membros do MBR-200, fossem reintegrados ao Exército. Imaginei uma simulação. Incitei todos eles a escrever anotações, combinadas previamente, nas quais declaravam oficialmente se afastar de mim. Afirmavam: "Não quero saber nada do MBR-200". Em muitos casos, e graças a isso, conseguimos que fossem reincorporados ao Exército.

Como infiltrados do, e não "no", MBR-200... Mas, enfim, o senhor me dizia que seu principal objetivo político, naquele momento, era criar, ideologicamente, uma massa crítica bolivariana, para ter mais peso no país. Por isso passou a percorrer a Venezuela?

Pois é: com esse objetivo fui percorrer a Venezuela, com três ou quatro amigos que já mencionei, Rafael Isea, Nicolás Maduro. Mas não era contraditório com a minha estratégia na direção dos militares. Lembre-se que sempre fui partidário de uma ação conjunta civil-militar. Eu não desatendia nenhuma das duas frentes. Quanto à frente civil, comecei a tratar dela em 29 de março de 1994, cinco escassos dias depois da minha libertação, e terminei em junho. Foi a "Caravana dos cem dias". Nos olhos do povo, o que se via era uma grande vontade de revolução. Os pobres não estavam reclamando uma vitória eleitoral, o que tinham era uma enorme esperança de que começasse uma revolução social. Social e bolivariana. E isso me ajudou a manter firme minhas convicções, defendendo cada uma delas ao longo de todo o território. Impulsando, como já disse, os comitês bolivarianos país afora, exigindo que estivessem constituídos por compatriotas que, de verdade, não tivessem compromissos assumidos com organizações políticas de nenhum gênero.

Por que essa exigência?

Porque a Causa R, o MAS, o Partido Comunista também estavam em campanha. E todos queriam levar nossos quadros.

Eram seus rivais na esquerda?

Bem, eu não os via como inimigos. Mas sempre pensei, como já comentei, que o MBR-200 devia ser um movimento com corpo próprio, com perfil próprio, bolivariano, robinsoniano, com sua própria ideologia, seu próprio programa, seus próprios projetos. E, veja só, a história nos deu razão, porque depois, no caminho, aconteceu o que aconteceu. Esses partidos, chamados de "esquerda" — o MAS, a Causa R, o Partido Comunista e depois o Podemos, o PPT (Pátria Para Todos) — não entenderam nada. O que havia, infelizmente, era um aproveitamento eleitoreiro, e muito oportunismo. Queriam era me demolir, ao preço que fosse.

Ou seja, criticavam para que os quadros do MBR-200 se afastassem do senhor, e ficassem com eles. Era isso?

Mais ou menos. Eles me chamavam de qualquer coisa. O secretário-geral do Partido Comunista afirmou, quando saí da prisão, que "a presença do caudilho Chávez é daninha ao movimento popular". Ele era contra que eu aparecesse em marchas e manifestações. Uma vez, num Primeiro de Maio, esses partidos "de esquerda" organizaram uma passeata e um ato no Parque Central de Caracas. Nenhum deles me convidou. Mas teve um grupo de trabalhadores que sim, me convidou. E eu fui. E então cheguei e me sentei — não no palco onde estavam os chefes, mas entre os trabalhadores — e todos os olhares se concentraram em mim. Tentei prestar atenção no orador, e começou um rumor, que foi subindo, subindo, subindo. O orador continuava a falar, terminou, e deram a palavra a outro. E então, de repente, um grito ressoou na sala, muito duro: "Ninguém vai mencionar a presença do comandante Chávez nesta sala?". Silêncio dos chefes, e depois, forçados, saudaram a minha chegada. Houve uma enorme ovação. Eu nem ia falar, mas a pressão das pessoas era tremenda. Um homem subiu no palco, pegou o microfone do orador da vez, e me ofereceu: "Comandante, uma palavra sua aos trabalhadores!". A coisa estava desse jeito.

E, em nível internacional, essa esquerda que se rendeu também me boicotava. Em 1995, numa reunião do Foro São Paulo[17]*, que acontecia em San Salvador, me negaram a palavra. Uma vergonha, aquilo doía em mim. Não entenderam nada. Não viram que estava por vir o que está surgindo agora: a tremenda força dos movimentos sociais, Evo Morales na Bolívia, Rafael Correa no Equador...*

Bem, mas pelo seu lado, o senhor também os desqualificava, não é?

Eu tinha certeza de que, com os partidos políticos que existiam — e digo isso com todo respeito pela sua memória, sua gente e pelos líderes que fui conhecendo a partir de 1978, Alfredo Maneiro, Douglas Bravo, Andrés Velásquez, Pablo Medina..., digo, pois, que com essas forças políticas teria sido impossível romper o sistema seja pela via que fosse, armada ou desarmada. Lembre-se que era o momento mais difícil que a esquerda enfrentou em cem anos de história. Desapareceu a União Soviética, apagou-se a utopia e começou a grande debandada. Naqueles anos, Jorge Castañeda publicou A utopia desarmada[18], *que era, pois, a tese da rendição, o adeus às armas, a abdicação da esquerda. Só Fidel se manteve na trincheira de defesa do socialismo. Enquanto isso, até Rafael Caldera foi à Cúpula das Américas, em Miami, para apoiar Bill Clinton*[19] *e entregar o país à ALCA*[20]. *E, apesar disso, Clinton era apoiado pelo Partido Comunista da Venezuela, pelo Movimento ao Socialismo, o Movimento Eleitoral do Povo, e também por alguns dos principais líderes da "esquerda", como Teodoro Petkoff, Pompeyo Márquez, que eram ministros. Que esquerda era essa? O povo estava totalmente desesperançado, confundido, sem rumo.*

Como o senhor explica isso?

Eu creio que eles tentaram entrar no sistema para transformá-lo a partir do interior. Nós nos opúnhamos a isso. Porque eles não estavam suficientemente vertebrados, politicamente, para resistir às seduções e às armadilhas do sistema. Nossa ideia era canalizar a força do povo e levá-la a um objetivo antissistema: à Assembleia Constituinte. Alguns daqueles dirigentes pensavam que era um beco sem saída. E me diziam "Cuidado, Chávez, você vai terminar sendo o flautista de Hamelin, que leva um povo inteiro para o barranco". E para onde eles levavam esse povo inteiro? Para Caldera e o sistema... para o despenhadeiro!

Mas, bem, querer transformar as coisas a partir do interior é o que muita gente honrada e honesta da esquerda tentou fazer, e até mesmo os revolucionários desceram da montanha, entregaram seus fuzis, formaram partidos políticos, e alguns chegaram a ocupar postos no Congresso.

E conseguiram transformar o sistema?

Claro que não! (ele ri) Eles foram transformados, absorvidos. Eles se meteram no pântano e o sistema os engoliu e os transformou. Lembro de um bom amigo, José Rafael Núñez Tenorio, o primeiro intelectual venezuelano de peso que se pronunciou a favor do Movimento Bolivariano, autor de 30 livros, ex-guerrilheiro, ex-preso político. Num dado momento, quando todos os intelectuais se afastavam de mim, ele rompeu o gelo e proclamou "Apoio o projeto que Chávez encarna". E explicou suas razões, num discurso muito bom que fez no Salão Nobre Magna da Universidade. Morreu pouco depois, e eu fui, é claro, ao cemitério no dia do enterro. E no cemitério, seu filho, já adulto, enquanto baixávamos o ataúde me disse o seguinte: "Chávez, não se esqueça do que meu pai dizia a você: tome o poder, não se deixe ser tomado pelo poder". E nunca esqueci essa lição. Por isso mantive minha convicção de que deveríamos criar nossa própria força, com o povo como base fundamental, com nossos próprios quadros bolivarianos e revolucionários, e nossas próprias análises.

Além das ideias expostas no "Projeto Nacional Simón Bolívar" e em "Como sair deste labirinto", que outras análises foram elaboradas?

Regularmente, a cada semana, tínhamos atividade de trabalho, de definição de projetos. E foi assim que elaboramos o "Mapa estratégico".

E o que foi isso?

O "Mapa estratégico" era uma cartografia política. O resultado de um grande esforço acadêmico e intelectual de muitos companheiros. Posso desenhá-lo de memória. (faz o desenho) No centro, o MBR-200, e em seguida seus aliados potenciais. Primeiro, na esquerda. Depois desenhávamos os outros. Os "ind.", que podiam ser os "independentes", mas na verdade significava o "indizível", ou seja, o fator militar que não podia ser citado. Além dos aliados nacionais, os internacionais. Assim se conformava, por uma parte, o conjunto dos atores políticos. Isso nos permitia navegar pelo mapa.

Depois, desenhávamos os "projetos mobilizadores". Por exemplo, o processo popular constituinte, a defesa da qualidade de vida, a defesa da soberania nacional, a integração latino-americana... Para cada um, fomos desenhando um conjunto de linhas ou motores. Por exemplo: na defesa da qualidade de vida, dois motores, moradia e emprego. Soberania nacional: política de fronteiras e Forças Armadas. Vê? Para o processo popular constituinte, começamos a organizar os comitês pró-Constituinte, que davam impulso às ideias constituintes em todo o país. Começamos a aquecer os motores devagarinho. Que viesse da sociedade, da base, do povo. Para explicar isso ao longo e ao largo do país, me transformei num professor que se reunia com camponeses e também com estudantes e professores universitários. E às vezes, também para militares da ativa, e alguns da reserva, explicando a eles para onde íamos.

Vocês se fixavam em objetivos concretos?

Claro, nesse mapa se definiam os objetivos e a estratégia para alcançá-los. Por exemplo, desenhávamos uma flecha, "projeto de transição", na direção de uma figura redonda, o Projeto Nacional Simón Bolívar. Era esse o nosso marco programático na ordem interna, e estava diretamente enlaçado com o "disparador" do processo de transição: a Constituinte. A Assembleia Constituinte não era nada além de uma etapa de transição. Na realidade, nós concebemos um modelo muito dinâmico, dialético, poderíamos até mesmo dizer que é uma espécie de Revolução permanente. Até hoje, porque ainda estamos construindo um novo modelo político, um novo modelo social, um novo modelo econômico. Nada está concluído.

Em seu "Mapa estratégico", os movimentos sociais apareciam?

Não, não apareciam. Só pusemos os partidos políticos. É preciso dizer que os movimentos sociais também estavam desordenados, os sindicatos brigavam entre si. Fizemos contato com alguns. Lembro que um dos que mais se aproximou de nós, e nós deles, foi o pessoal de La Chispa, *um semanário trotskista. Depois, perdi sua pista. Também havia movimentos estudantis. Mas, repito, era uma esquerda pulverizada. Uma vez foi nomeada uma coordenadora de movimentos sociais, e assisti a um monte de reuniões com grupos políticos de esquerda, movimentos populares etc. Até que um dia explodi: "Estou cansado dessas reuniões, vou embora!". Porque eram discussões intermináveis, que acabavam num zero de ações sociais. Decidi que não dava mais.*

Muito estéril?

Pois é, demasiado estéril. Era um velho costume daqui, discutir o sexo dos anjos... Tudo inútil, ação zero.

No campo externo, como vocês representavam o mundo naquele "Mapa estratégico"?

Várias flechas conectavam o panorama interno com o resto do mundo. Em primeiro lugar, com a América Latina e o Caribe. E também, nas prioridades, com o Terceiro Mundo: a África, o mundo árabe, a Ásia, a China. Principalmente com aqueles países com os quais pensávamos poder construir uma aliança progressista.

O "Mapa", então, funcionava como uma espécie de bússola?

Exato, era o nosso mapa de navegação, fixava os diferentes rumos da ação política. Jorge Giordani era o reitor daquilo tudo. E aquilo tudo significava também uma agenda endiabrada. Quero dizer que eu não improvisava, não andava fazendo conferências na base do vamos ver no que dá. Nada disso: andava com esse mapa na mente, uma bússola de verdade. Sabia aonde queria chegar. E, entre outros objetivos, queria armar uma estrutura continental do nosso Movimento Bolivariano na América Latina. Um movimento continental teria como meta, ele próprio, a integração da América Latina. E depois, articular a América Latina com o resto do mundo.

Partindo dessa concepção geoestratégica, começamos a organizar nosso Movimento internamente, para cumprir cada uma de suas tarefas. Criamos comissões de trabalho, grupos de impulso político etc. Organizamos caravanas, atividades, foros para tratar de dirigir-nos ao povo de diferentes maneiras, de romper o cerco midiático que se armou ao redor de nós e que, claro, já havia começado. Eu convocava uma entrevista coletiva e só apareciam três ou quatro jornalistas, e quase ninguém publicava nada. Começamos também a procurar aliados políticos para cada tema. Obviamente, não conseguimos nenhum. Os dirigentes daqueles partidos estavam pendentes, todos, das campanhas para prefeituras ou para algum outro posto. Repito: era a degeneração da política real. Nós percebemos que aqueles partidos não tinham uma política de luta pela moradia, nem pelo emprego, pelo salário, a alimentação, a educação, a saúde. Eu me perguntava: "Mas quem defende o povo? Onde estão os partidos políticos que defendem o povo?". Eles não existiam. Estávamos numa solidão enorme.

Sim, mas continuavam tendo aliados nas Forças Armadas, não é?

Correto. Mantivemos uma permanente interação com os "independentes", como nós os chamávamos, ou seja, o fator militar em armas, grupos organizados no Exército, na Força Aérea, na Marinha e na Guarda Nacional. Contatos nos altos mandos, contatos nos quadros médios. Foi um trabalho intenso, porque requeria infinitas precauções. Para cuidar da segurança, eu me disfarçava. Quando ia falar com alguns militares, me vestia de hippie, *usava até peruca com uma mecha verde... (ri) ou bigodes postiços que o Freddy Bernal*[21] *conseguiu para mim. Jamais conseguiram detectar uma única reunião.*

Naquele momento o senhor ainda duvidava entre escolher a via política ou, de novo, uma via militar para conquistar o poder?

Sim, eu já disse que duvidava. Começamos a trabalhar sem destacar nenhuma forma de luta. Devo revelar, sinceramente, que muita gente queria voltar às armas. Dentro dos quartéis, mas principalmente nas ruas. Eu chegava a bairros muito pobres, aos campos de miséria, e as pessoas nos incitavam à ação. Uma vez, num acampamento mineiro, lembro que muitos me diziam: "Onde estão os fuzis, Chávez? Não vá virar um político a mais. Traga os fuzis para a gente, Chávez, e vamos acabar com isso!".

Em 1995 houve eleições para governador, não foi?

Foi. Por isso eu dizia que os partidos políticos só pensavam em cargos. O PCV apoiava Rafael Caldera. O MEP (Movimento Eleitoral do Povo) estava no governo de Caldera, o MAS também. A Causa R não estava, mas exigia que nós nos somássemos como candidatos ao Congresso, ou a um governo estadual, ou a uma prefeitura. Tinham um objetivo claro, conforme mencionei: absorver nossos quadros do Movimento Bolivariano. Por isso, também chocamos com a Causa R. E com a Bandeira Vermelha, claro. Resultado: nosso mapa, no que diz respeito a "aliados internos", foi se desdesenhando. Só conservamos alguns contatos individuais. Nós convocávamos a abstenção ativa. Nosso lema era "Por enquanto, nenhum... Constituinte já!". Muitos dirigentes da esquerda — particularmente Andrés Velásquez e Pablo Medina, da Causa R — me acusavam de, com minha atitude, pôr obstáculos no desenvolvimento político do país. Mas, ao mesmo tempo, tratavam de me cooptar. Choveram ofertas para que eu me lançasse candidato a algum governo estadual, podia ser Aragua, podia ser Barinas, podia ser Lara...

Até mesmo do entorno de Caldera me lançaram pontes para que eu me somasse ao governo. Não me conheciam bem... (e ele ri)

Fizeram alguma proposta concreta?

Claro. Chegaram a me propor ir para o exterior, fazer uma pós-graduação, ou assumir uma embaixada ou algum consulado na Europa. Na verdade, um dos meus ex-companheiros, Jesús Urdaneta, pôde escolher aonde queria ir. Consultou um cunhado que trabalhava na chancelaria, que aconselhou o consulado de Vigo. E lá foi ele. Passou cinco anos como cônsul em Vigo, na bela Galícia. Uns dois anos mais tarde viajei para a Espanha e fui até Vigo, para visitá-lo naquela baía, com aquele mar.

Seu amigo Francisco Arias Cárdenas também aceitou disputar um governo estadual, não é?

Pois é, e não foi o único. Muitos companheiros nossos das Forças Armadas saíram da cadeia sem nada. A maioria não tinha casa, nem pensão. Os únicos que recebiam pensão eram os que tinham mais de dez anos de serviço. Portanto, não posso criticá-los. E não foram poucos os que aceitaram essas ofertas. Eu diria centenas. Fiquei praticamente sozinho, com quatro ou cinco companheiros. Alguns foram trabalhar na Seniat, a superintendência de impostos, ou fizeram cursos. Outros foram trabalhar num programa social, como o PAMI (Programa de Alimentação Materno-Infantil). E ele, um dos comandantes históricos do MBR-200, disputou, como candidato da Causa R, o governo do Estado de Zulia. E ganhou. Ao sair da prisão, tinha se aliado à Causa R, o que ajudou a dividir o nosso Movimento. Os dirigentes da Causa R ostentavam seu exemplo. Arias, sim, era um verdadeiro líder, inteligente, enquanto eu era um louco, um irresponsável. Diziam que eu era uma "liderança messiânica", e diziam que essa liderança era "uma regressão política prejudicial ao progresso das massas"... (ri)

Não reconheciam o senhor como líder?

Tem uma coisa que eu vi, bem clarinho: eles resistiam em reconhecer uma liderança que havia nascido por diferentes razões. Era a tese do "caudilho", como me chamavam. Em alguns casos, era ciúme, não é? Em outros, uma visão política míope. Por exemplo, quando eu dizia que era preciso ter uma direção, eles, por costume, falavam de coordenação. Eu dizia que era preciso haver uma direção firme, exigir compromissos de ação, de trabalho, metas políticas. Era bem claro para mim — desde antes da prisão — que se você não cria o ator social e o ator político, como irá conseguir enfrentar uma realidade, primeiro para diagnosticá-la, em função de uma visão do mundo, e depois para transformá-la?

Em "Como sair deste labirinto" afirmamos que uma força política deve ter não apenas vontade e disposição, mas capacidade de atuar. E para isso, é preciso liderança. É um problema de poder. Podemos, ou não podemos...

... passar ao ato.

Exatamente. O debate permanente não leva a lugar nenhum. É, além do mais, uma questão de estratégia, de estratégia de poder. Depois de um tempo de discussão, é preciso estabelecer a síntese e atuar. Das palavras há que se passar aos atos. Simón Rodríguez, em sua Defesa de Bolívar, *de 1828, nos faz recordar esse ponto. Ele sai para defender Bolívar e começa dizendo "Entre baionetas, advogou um francês pelo seu senhor o rei Luís XVI. Enquanto que, entre plumas e covardes, ninguém sai para defender seu Libertador. Eu o farei com a minha pluma". Aqueles eram os dias em que destroçavam Bolívar, aqui e na Europa. Diziam dele que era "outro tirano a mais, outro Napoleão".*

O próprio Marx...

O próprio Marx disse isso pouco depois, é verdade. E aquele grande orador francês, Benjamin Constant, acabou com Bolívar no Parlamento de Paris. E o próprio Chateaubriand, cuja pena era terrível. Não tem nada a ver, mas lembro que cunhou uma frase genial quando aconteceu a rebelião de Paris, em 1830, contra o rei Carlos X. Chateaubriand foi dizer ao monarca que devia fazer algumas concessões, e Carlos X, altaneiro, respondeu que "O rei é rei, o rei não faz concessões". Então Chateaubriand escreveu no jornal que editava: "Outro governo que cai das alturas das torres de Notre-Dame". Incisivo, não é?

Voltando ao que falávamos: o senhor deplorava que a esquerda venezuelana estivesse apoiando Caldera?

Rafael Caldera era da Opus Dei, a direita católica mais rançosa. E aquela "esquerda" o apoiava, abandonando seus princípios históricos. Aqui ninguém falava de Marx, era como se fosse uma heresia. Ninguém falava do Estado, só se mencionava o Mercado. Eram os dias, como eu disse, que nascia a ALCA. E Caldera, de 9 ao 11 de dezembro de 1994, se reuniu em Miami, no marco da Cúpula das Américas, com Bill Clinton, presidente dos Estados Unidos, que teve o descaramento de declarar que "Agora, sim, estamos cumprindo o sonho de Bolívar". Alguns dias mais tarde, entre 13 e 15 de dezembro de 1994, por acaso eu estive em Havana, minha primeira viagem a Cuba. E foi de lá que respondi a Clinton: "Aqui, para fazer contrapeso, estamos numa Cúpula de Rebeldes". Estávamos, Fidel e eu, os dois sozinhos! Bem, e além do mais, eu (ele ri) era um mero ex-presidiário. A esquerda venezuelana não me perdoava essa atitude de irreverência.

Como o senhor explica essas críticas constantes?

Uma série de diferentes razões. Algumas eu já mencionei. Talvez também porque eu não era um intelectual reconhecido por eles, ou porque não havia estudado, como eles, nas melhores universidades, ou porque eu era militar. Quando percebi sua atitude, pensei: "Não vou perder meu tempo tratando de ganhar confianças individuais. Meu objetivo é um compromisso direto com o povo". Além disso, eu me sentia correspondido por esse povo. Quando saí da prisão e vi aquela maré humana, entendi que meu compromisso era esse. Assumir a liderança que o povo reclamava. Aqueles dirigentes nunca aceitaram minha liderança, por ciúme ou pelo que fosse.

Falando certa vez com Arias Cárdenas, ele — que tinha uma excelente relação com o senhor — me disse que havia entendido uma coisa. Acreditou que vocês dois eram como Dom Quixote e Sancho Pança, mas que ele achava que era o Quixote. E que acabou entendendo que, na verdade, era o contrário: o senhor era o Quixote, e ele não passava de Sancho Pança.

Pois é. Acho que foram muitos os que se enganaram. Existia uma espécie de complexo de superioridade, de arrogância, de vaidade. Pensavam: "Como esse aí vai ser o líder? Mal tem 40 anos... vai ter de se submeter". E eu, devo dizer com humildade, aceitei isso durante um tempo. Aconteceu o seguinte: poucos meses depois da minha saída da prisão formou-se uma frente pró-Constituinte. Quem coordenava? Alguns intelectuais como Manuel Quijada e Luis Miquilena, vários altos oficiais como Grüber Odremán e Visconti Osorio — líderes da rebelião do 27 de novembro — e eu. Mas para a imprensa e diante dos demais atores políticos, quem aparecia eram eles. Como eu respeitava muito todos eles, jamais pensei em me impor. Não, não: eu dizia a mim mesmo que tinha que assumir os fatos com humildade. Mas, o que acontecia? Assim que um ato público era organizado, o povo que estava lá se punha a gritar: "Fala, Chávez! Fala, Chávez!". Era uma força irresistível! Então, eles foram se afastando. E eu acabei assumindo o que tinha que assumir. Estava escrito. Mas não num livro mágico: na consciência do povo. Na verdade, o povo — e me custa dizer isso — achou que tinha encontrado um líder, intuiu isso. E eu estou tentando, desde 1999, cumprir esse compromisso. A vida inteira terei de tentar.

O senhor sempre teve essa concepção singular da sua liderança? Um líder distanciado da politicagem e em contato direto com os cidadãos?

Isso foi se impondo pouco a pouco. Eu era uma espécie de solitário. Claro, com alguns ajudantes muito fiéis, como Rafael Isea, Nicolás Maduro. E também dispunha, evidentemente, de um grupo de assessores, mas praticamente na sombra. Não tinham nenhum peso político, nem queriam ter: sua ambição era ajudar a elaborar o projeto. Digamos que entre o líder e a massa, não havia intermediários, nem partidos — nossa organização ainda estava nascendo —, nem intelectuais, nem nada. Chávez e o povo.

Antes, o senhor me disse que, dentro do MBR-200, houve um debate sobre qual via adotar, se participar nas eleições ou não.

Sim, sim, esse debate ocorreu (em 1993 e 1994) e decidimos que não, embora mais tarde, em 1977, nós mudamos de análise e então decidimos participar das eleições presidenciais de 1998. Mas naquele momento, 1994, lançamos a campanha da "abstenção ativa". Chegaram a me processar, naquele ano, por pregar aquilo que qualificaram como "incitação a um delito".

Mas o voto é obrigatório na Venezuela?

Naquela época, era. Precisei ir aos tribunais duas vezes. Eu disse à juíza: "Não estou dizendo para não votar. Estou pedindo um referendo por uma Assembleia Constituinte, um processo muito mais democrático". Nosso lema, conforme já disse, era "Por enquanto, nenhum... Constituinte já!". E a abstenção, naquele 1994, foi altíssima nas eleições locais: 70%. E em muitos lugares chegou a 80%. Aproveitamos para lançar uma campanha de debates sobre o sentido da abstenção eleitoral, sobre o partidarismo político, sobre nossa proposta alternativa da Constituinte. Tratávamos de difundir nossas teses através da comunicação de massas. Mas os grandes jornais e os principais meios nos boicotavam. Isso nos deu mais energia para nos mobilizarmos, recolher assinaturas no país inteiro, organizar foros, encontros, oficinas, comitês de defesa da moradia, comitês de defesa do emprego, comitês de defesa da educação. Também houve avanços importantes na questão da soberania nacional, tema de grande interação pelo fator militar. Além do mais, nosso "Mapa estratégico" pouco a pouco foi se colorindo no campo internacional. Estabelecemos as primeiras alianças no exterior.

Naquele ano, 1994, o senhor começou a viajar ao exterior. Qual era o seu objetivo, estabelecer essas alianças?

Nós não queríamos ficar isolados em escala internacional. Por outra parte, que classe de bolivarianos seríamos se não pensássemos em estreitar laços com o conjunto da América Latina? Em 1994, na Venezuela, eu era renitente em me deixar absorver pelo marco político de um sistema que queríamos botar abaixo. Ao contrário: com meu grupo, andávamos pensando em como organizar um movimento de integração bolivariano em escala continental. Pensávamos começar pelos militares nacionalistas, da ativa ou da reserva, da América Latina inteira. O outro grande objetivo era estudar os diversos processos constituintes, começando pelo da Colômbia.

E aí, aconteceu o seguinte: um dia chegou na prisão de Yare um general venezuelano que havia sido presidente da Corte Marcial e tido uma atitude muito valente no caso da bomba do avião cubano que foi posta por Orlando Bosch e Posada Carriles[22]. Condenou os terroristas, que depois fugiram da cadeia. Esse general se chamava Elio García Barrios, um homem honesto, muito capaz, doutor em Direito, advogado. Mataram um filho seu num atentado, em vingança por ter condenado aqueles terroristas.

Esse homem já estava retirado do Exército. Veio até a prisão e nos reunimos. Não nos conhecíamos diretamente, mas eu sabia quem ele era. Veio para se colocar às ordens do Comando bolivariano, chegou a pôr o bracelete e declarar: "Vim até aqui como soldado". Um homem respeitado, reconhecido no país inteiro. Se fez muito amigo da minha mãe, do meu pai. E começou a percorrer a Venezuela, dando conferências a favor das nossas teses.

Ele voltou à prisão, nos sentamos debaixo de um arbustinho num pátio, e conversamos. Ele me disse: "Olha aqui, Chávez, me ameaçaram por andar nas coisas em que ando, mas meu coração me diz que é o que devo fazer neste momento. Se me acontecer alguma coisa, vou dar a você a lista dos militares latino-americanos de diferentes países que formam, faz muito tempo, uma Organização de Militares pela Democracia na Latino América e no Caribe, a Omidelac". E foi assim que fiquei sabendo da existência de uma corrente de militares de esquerda, progressistas. Ele me entregou uma lista, país por país.

Na Argentina não havia nenhum, só um velho general já falecido. No Uruguai, o capitão Gerónimo Cardoso. Em Santiago do Chile, o capitão Raúl Vergara, militar e economista, que trabalhou no governo de Salvador Allende como assessor — no Ministério da Economia — do general Alberto Bachelet, pai da presidente Michelle Bachelet. Na Colômbia, o major Bermúdez Rossi. Enfim...

Isso abriu para o senhor portas na América Latina?

Nem tanto, porque logo vi que esses companheiros eram de outra época. Na verdade, a Omidelac não existia, não se reuniam. Mas era a única informação que eu tinha, e pensava utilizá-la.

O senhor podia viajar ao exterior sem problemas? Não tinha perdido nenhum direito cívico?

Não, não, nenhum. Não havia esse problema.

E, evidentemente, no exterior o senhor não ia fardado, não é?

Não, não, ia vestido totalmente de civil. Ia de paisano. Bom, com o liqui liqui verde ou bege, conforme já contei. E punha a boina vermelha, nos atos públicos, mas sem símbolo militar algum. Sempre fui muito respeitoso das questões militares.

Qual foi o primeiro país que o senhor visitou?

O primeiro convite que me chegou veio da Colômbia. Foi de Gustavo Petro[23] *e José Costa, ex-parlamentares que pertenceram ao M-19 e tinham a Fundação Simón Rodríguez. Isso foi em julho de 1994, e inclusive fiz meus 40 anos naquele 28 de julho na Colômbia.*

O senhor se lembra de alguns detalhes daquela visita?

Lembro perfeitamente. Esse grupo só mandou a passagem, não tinha recursos para me levar a um hotel, e eu menos ainda. Então me alojaram num casarão muito grande, que era dos jesuítas, claro que em Bogotá, a sede da JTC (Juventude

Trabalhadora da Colômbia), organização ligada ao Partido Comunista. Era um lugar com muita gente, uns afrodescendentes do Pacífico, umas moças sei lá de onde, grupos que iam e vinham. Comíamos com eles, dormíamos em beliches, duchas coletivas, um frio terrível de noite. Era, pois, como um quartel. Assim passamos três dias.

O governo pôs uma escolta para mim. Lembro que, no segundo dia, o oficial de segurança, um tenente, me disse assim: "Comandante, acho que o senhor não devia estar aí, o senhor é um militar. E está exposto". Ele tinha uma espécie de pena de mim, uma espécie de vergonha.

O senhor conseguiu se entrevistar com alguma personalidade política?

Consegui. Pedi que me conseguissem encontros com os que haviam sido os três presidentes da Assembleia Constituinte da Colômbia em 1991. E conversei com Antonio Navarro Wolff, um ex-chefe da guerrilha M-19, com Álvaro Gómez Hurtado[24]*, do Partido Conservador, e com Horacio Serpa, do Partido Liberal.*

A reunião com Antonio Navarro foi na casa dele. Lembro que ele me disse que, se algum dia eu conseguisse uma Constituinte na Venezuela, que não cometesse os erros que eles tinham cometido. Em cima da mesa havia um vaso de flores. "O que a gente fez foi acariciar, tratar de arrumar, tapar alguma trinca no vaso, fazer o vaso ficar bonito. O que o senhor deve fazer é agarrar um martelo e arrebentar o vaso". Disse isso porque o M-19 desapareceu, foi engolido pela Constituinte colombiana.

Álvaro Gómez e eu nos reunimos na casa dele, na biblioteca. Assim que me sentei, ele me perguntou: "Como está a Venezuela, comandante?". E antes que eu respondesse, ele mesmo respondeu: "Ah, não, pois é, o senhor está aqui há dois dias. Para saber o que acontece na Venezuela é preciso ligar o rádio o tempo inteiro, porque lá, as coisas mudam a cada instante". Ele sabia muito bem o que acontecia na Venezuela. Um intelectual de direita, aquele Álvaro Gómez Hurtado. Tempos depois, foi fuzilado em Bogotá.

Quanto a Horacio Serpa, era o chefe da campanha eleitoral de Ernesto Samper, que, nos dias seguintes, iria ganhar as eleições (em 7 de agosto de 1994), derrotando César Gaviria. Serpa seria nomeado, alguns dias depois, ministro do Interior. Ele me recebeu no escritório do comando da campanha de Samper.

O senhor se reuniu com algum militar?

Sim, me reuni com militares da reserva. Um coronel, Guillermo Lora Ramírez, que tinha saído do Exército depois de denunciar uns generais corruptos em La Guajira. Também estive com vários oficiais da Marinha, e com outros do Exército. Eles me levaram um livro, A formação do Movimento Moral na nova Colômbia. *E me diziam: "Comandante, aqui existe admiração pelo senhor e pelo seu Movimento. Nós somos bolivarianos, não somos santanderistas. Temos contatos com militares da ativa".*

Aquele grupo de militares me convidou para fazer um juramento no Campo de Boyacá, onde ocorreu a Batalha de Boyacá.[25] *E lá fomos nós. Aquilo me custou perder o avião de volta a Caracas, porque ao voltar pela estrada, houve um acidente e se formou um engarrafamento descomunal. Eu queria regressar naquela noite, era o meu aniversário, e meus filhos esperavam por mim. Mas tive que ficar. Passei o meu aniversário lá, naquela casa da JTC, com violões e cervejas, um bolo, era só uma rapaziada e gente de esquerda. É verdade que me reuni, no café da manhã, com Manuel Cepeda Vargas (1930-1994), secretário-geral do Partido Comunista Colombiano e senador, que era chamado de "O último moicano da Colômbia", o último grande líder comunista. Poucos dias depois (9 de agosto), foi morto numa rua de Bogotá.*

O senhor fez alguma conferência?

Fui convidado pela Universidade Javeriana, e fiz uma palestra. Lembro que um jovem se levantou: "O senhor, com certeza, não deve ser um militar de carreira". Respondi que claro que sim, que havia estudado em uma escola militar. E então ele me disse que lá, na Colômbia, não havia um único militar que dissesse o que eu tinha acabo de dizer. Respondi a ele: "Com certeza deve haver, só que você não sabe". Eu estava convencido daquilo. Porque antes da nossa rebelião de 4 de fevereiro de 1992, na Venezuela, os movimentos de esquerda falavam a mesma coisa, ou seja, que todos os militares estavam vendidos à oligarquia. E nós estávamos atuando, mas em silêncio, assim tinha que ser. Como imaginar que os militares patriotas colombianos saíssem por aí declarando abertamente suas ideias de solidariedade com o povo? "Devem existir", respondi ao jovem, "é impossível que não existam". Também fiz palestras em um colégio. Tivemos uma conversa com centenas de professores, acadêmicos, artistas, coordenados por Gustavo Petro, um brilhante intelectual, que tinha muito prestígio por lá. Na época, ele era muito jovem.

O senhor teve contato com os meios de comunicação?

O jornal El Tiempo[26] *me convidou. Lembro que íamos entrando com um dos filhos dos donos, da família Santos, naquele edifício majestoso, e ele me disse: "Comandante, aqui se fazem presidentes". E eu: "Ou se desfazem". Fui recebido pelo comando inteiro do jornal.*

Também estive na televisão. Dei uma entrevista para a rádio RCN, onde havia uns cinco profissionais dos meios coordenados por um jornalista colombiano de muita trajetória, Juan Gossaín. Eles me fizeram perguntas e mais perguntas sobre a Venezuela, e sobre outros temas do momento.

O senhor pôde visitar o lugar onde mataram Gaitán?[27]

Pois é, estivemos lá, com muita emoção, naquela rua tão movimentada. Depositamos uma oferenda de flores. Além disso, fomos visitar a que foi sua casa, e o jardim onde ele está enterrado[28]. *Gaitán foi enterrado em pé.*

Em pé?

Pois é. O senhor não sabia? Gaitán está enterrado em pé. Na sua tumba há uma roseira. Naquela ocasião conheci Glória Gaitán, sua filha. Havia muita gente com boina vermelha. Também visitei a Quinta Bolívar, onde o Libertador viveu com Manuelita Sáenz, em Bogotá. Quando as pessoas desses bairros ficaram sabendo que eu estava lá, e sem que houvesse nenhuma convocatória, centenas delas apareceram espontaneamente.

O impacto daquela visita foi muito forte, muito importante. Começou a acender na Colômbia uma luz vermelha. Tanto assim, que começaram a planejar o jeito de apagar aquela espécie de chama que estava acendendo. Alguns meses depois inventaram de me acusar de andar com a guerrilha colombiana.

Na mesma época o senhor visitou outros países, começando pelo Panamá, se não me engano. Como foi?

Isso mesmo. No dia 15 de setembro de 1994 comecei minha visita ao Panamá. Havia condições para isso. Quando cheguei, fui imediatamente agredido pela imprensa: "Chegou Chávez e está armando um golpe contra o 'Touro' Valladares".[29] *Alguns militares tinham me convidado, e encontrei um torrijismo mais vivo que nunca.*

Mas não tinham dissolvido as Forças de Defesa depois da invasão norte-americana de 1989?

Tinham. Eles eram ex-militares, mas muito leais a Torrijos. Visitei o coronel Delgado, que estava em prisão domiciliar por tentativa de rebelião. Ele era primo de Torrijos. Era um camarada de recursos, sua casa era extremamente luxuosa. No Panamá, as coisas foram muito melhores, para mim, que em outros países. Minha visita gerou uma forte dinâmica de contatos. Fui à rádio, à televisão, dei entrevistas coletivas. Visitei a Casa Azul[30]*, tão cheia de vivências. O hotel onde me hospedei encheu de jovens ex-militares torrijistas. Principalmente porque, num programa de televisão que gerou muita polêmica, eu disse: "Algum dia o Panamá deverá ter de novo sua Força de Defesa". Isso correu feito pólvora, e ex-capitães e ex-tenentes começaram a chegar no hotel. De repente, vejo uns 40 num salão! Lotou! Cumprimentei um por um, trouxe os contatos de todos.*

Além de tudo, me puseram uma escolta de segurança: "Designamos o tenente Martirio Herrera como seu chefe de segurança". Martirio dormia no corredor do hotel, na porta do meu quarto. Eu dizia a ele: "Rapaz, entra, dorme nesse sofá", mas ele insistia: "Não, tenho a missão de cuidar do senhor, durmo aqui mesmo". Que abnegação!

No Panamá, vivi situações muito emocionantes. Lembro que, no programa de TV, me fizeram uma entrevista muito polêmica. Eram dois entrevistadores, um me atacava com força, o outro nem tanto. (ele ri) Falei do Batalhão 2000...

Batalhão 2000?

Era um batalhão de elite. Eu me declarei "soldado do Batalhão 2000". Aliás, era verdade, simbolicamente eu era do Batalhão 2000. É que um companheiro panamenho da Academia Militar, Antonio Gómez Ortega, formado aqui em Caracas — acho que já comentei isso — me convidou, em 1988, e quando voltei da Guatemala visitei o Panamá antes da invasão gringa. Fiquei hospedado na casa desse companheiro. Lembro que conversamos muito, visitamos vários quartéis, conheci muitos oficiais, e assumi como membro honorário desse Batalhão. O conflito com os Estados Unidos surgia no horizonte, o ambiente estava muito carregado. Um ano depois ocorreu a invasão de 20 de dezembro de 1989. Nunca esqueço... Foi chamada de "Operação Justa Causa". Um descaramento! Na oportunidade eu estava preso em Marutín porque, poucos dias antes — já contei isso — haviam me tirado de Caracas, me acusando de querer matar o presidente Carlos Andrés Pérez. Pela televisão, na cadeia, vi os bombardeios, a invasão...

E no Panamá o senhor recordou esses acontecimentos?

Sim, sim, falei disso tudo. E me proclamei soldado do Batalhão 2000, contando que quando os gringos invadiram o Panamá eu estava preso e chorei. Bombardearam o bairro Chorrillo, e lá fui eu ver aquilo. Três mil mortos! Utilizaram pela primeira vez em combate seus aviões furtivos (F-117A Nighthawk), os "invisíveis". Falei duramente contra os gringos, contra a invasão.

Imagino que muitos panamenhos tenham se emocionado...

Veja só: no dia seguinte, eu ia embora do Panamá. No aeroporto, fui ao banheiro urinar. Entrei, não havia ninguém, urinei, e estava lavando as mãos quando ouço uma voz forte dizendo: "Senhor!". Dei a volta e vi, parado na porta, um policial de azul. Um homem grandão, muito corpulento. Pensei que ia me prender...

Por quê?

Porque um dia antes a imprensa tinha me acusado de me imiscuir em questões internas, por eu ter declarado que algum dia o Panamá deveria ter seu exército. Sugeriram que eu devia ser expulso do país. Para falar a verdade, eu me imiscuí mesmo em questões internas. Mas esclareci que estava falando na condição de soldado. E, na condição de bolivariano, recordei o que Bolívar havia dito: "O Panamá deve ser o coração do universo!". Ou seja, bati forte na alma panamenha. E disse também que países e povos que não tinham líderes estavam vendo surgir novos líderes. Então, muitos patriotas panamenhos que me escutaram começaram a se perguntar: "Quem é esse aí, que está falando o que tenho na alma?". Outros declararam que enfim havia aparecido um líder, que Torrijos tinha reaparecido. Alguns se aproximaram para me dizer que eu era uma espécie de continuação de Torrijos. Muitos vinham falar comigo, me ouvir...

E aquele policial?

Pois eu achava que vinha para me prender. Ele me perguntou se eu era o comandante Chávez. "Sim senhor, às suas ordens". E sabe o que ele me disse?

Não... O que ele disse?

Disse: "Eu sou do Batalhão 2000". E desandou a chorar. Muito comovido, um homem de uns dois metros de altura... Fui abraçá-lo, e como vinha entrando alguém, disse-lhe: "Escuta, você é policial, que ninguém veja você chorando fardado. Lave o rosto". O homem explodiu de emoção. Não havia como acalmá-lo. Ele havia escutado minhas declarações naquela entrevista tão polêmica.

Por que polêmica?

Porque o jornalista que me atacava havia dito: "O senhor é um coronel. E na América Latina, o que fizeram os militares? Acabar com as democracias e reprimir os povos...". Esperei que ele terminasse, e contestei: "Você está falando de uma das faces da moeda. O que diz é correto, mas a outra parte também é verdadeira. Quem foi Bolívar? General. Quem foi Sucre? General e marechal em Ayacucho. Quem foi Morazán? General. Quem foi Eloy Alfaro? General. Eu pertenço a essa corrente histórica, a dos militares que viveram para libertar os povos, ou morrer com eles". E, para mencionar exemplos mais recentes, recordei Juan Domingo Perón, Jacobo Arbenz, Velasco Alvarado... Terminei perguntando a ele quem era Torrijos. E comecei a falar de Torrijos, e disse que havia me tornado torrijista. Foi então que declarei: "Os Estados Unidos desmantelaram o Exército do Panamá. Mas esse Exército anda por aí. Vi os oficiais, vi os soldados, andam dispersos. Algum dia reaparecerão!". Bem, o jornalista ficou calado.

E o outro jornalista, que era torrijista, aproveitou e então os dois começaram a brigar entre si. Então, foi bem polêmico. Mas minha mensagem calou fundo. O povo panamenho é igualzinho ao nosso, e eu sei como chegar a esse povo. Não tem que ser nenhum mágico nem ter uma varinha mágica. É simplesmente o mesmo povo, a mesma pátria. Minha visita gerou uma forte corrente de simpatia para o nosso Movimento. E foi nascendo, também no Panamá, uma coordenadoria do Congresso Anfictiônico que queríamos organizar lá em 1996.

No começo de 1994 também aparece em Chiapas, no México, o Exército Zapatista de Libertação Nacional. O senhor teve algum contato com esse movimento? Alguma relação com o subcomandante Marcos?

Não, nunca. É um movimento um pouco estranho. Embora tenha lido textos muito originais do subcomandante Marcos, e em particular o livro de entrevistas com ele[31]*, para falar a verdade nunca entendi bem esse movimento. Bem, tampouco houve algum contato. Não, do Panamá fomos quase diretamente para a Argentina, aonde cheguei no dia 20 de setembro.*

Como surgiu esse projeto? Quem convidou?

Foi através de um venezuelano, um coronel da reserva que depois foi nosso chanceler, Luis Alfonso Dávila Garcia. Tinha um cunhado empresário, argentino mas que vivia fazia muitos anos em Caracas, casado com uma irmã dele e que certamente nos acompanhava com atenção. Ele tinha contato com empresários argentinos, e foi desses empresários que partiu o convite. Achei estranho, não vinha sentido naquilo. Mas, enfim, estávamos procurando caminhos, e aceitamos. E assim fomos parar em Buenos Aires. A imprensa local, uma vez mais, nos recebeu com ataques violentos. As manchetes diziam "Chegou o cara pintada venezuelano". (e ele ri) A Argentina dormia, o povo argentino estava congelado. Não se percebia indício algum de protesto naquele ambiente. Eram os tempos de Carlos Menem.[32]

Nessa viagem o senhor foi acompanhado de Norberto Ceresole?[33]

Não, não, foi justamente nessa viagem que conheci, lá, o Ceresole. Não foi ele quem nos convidou. Eu o conheci via alguns militares da reserva, que haviam sido "caras pintadas" ligados à sua ala progressista e, depois, se afastaram desse movimento. Esses "caras pintadas" aliás, eram um movimento de direita, muito relacionado com Lyndon LaRouche. Ceresole era um homem de grande capacidade. Historiador, autor sei lá de quantos livros sobre segurança, defesa... Imaginou um plano latino-americano de integração pelos rios Orinoco, Amazonas e da Prata. Tive afeto por Ceresole. Mas nunca foi meu assessor, e muito menos mentor. Tinha, às vezes, opiniões extravagantes, com algumas concordo, com outras não, e outras são inaceitáveis.

Bem, e também tinha teses claramente antissemitas...

Com certeza. Eu disse: totalmente inaceitáveis. Jamais concordei com elas.

Mas alguns, a partir dessa sua relação com Ceresole, trataram de acusar o senhor de antissemitismo, não é?

Uma acusação repugnante. É que me acusaram de tudo, de tudo! Essa, porém, é das acusações mais nauseabundas. Já fizeram isso várias vezes. Houve uma campanha inteira contra mim usando esse tema. Permita-me dizer que tenho a melhor relação com a comunidade judia da Venezuela e com seus representantes da CAIV (Confederação de Associações Israelitas da Venezuela). Uma comunidade patriótica e solidária, parte integral desse crisol cultural, religioso e étnico que constitui a nação venezuelana. Ela mesma, em várias ocasiões, saiu para desmentir essas campanhas tão mentirosas[34]*. E eu agradeço por isso.*

Aproveito também para repetir que tenho o maior respeito ao povo judeu, um dos mais injustamente discriminados da história. O genocídio que os nazistas cometeram, entre 1939 e 1945, constitui um horror absoluto. Aquela vontade de destruição dos judeus da Europa, os campos de extermínio, Auschwitz... Ali naufragou certa concepção da razão política. O antissemitismo é um crime inaceitável, repugnante. Não há discussão. Esta é, desde sempre, minha convicção profunda.

O que não impede, evidentemente, quando é necessário e em particular quando se trata da injusta repressão do povo palestino, criticar e denunciar as políticas do governo de Israel. São duas coisas muito diferentes.

Como o senhor se afastou de Norberto Ceresole?

Bem, além desse desacordo, ele depois começou a dizer que Chávez era uma "criação" dele. Uma vaidade... Isso nos afastou. E antes mesmo que eu assumisse a presidência pela primeira vez, em fevereiro de 1999, ele foi embora da Venezuela, voltou para Buenos Aires. Creio que depois foi para a Espanha, morou em Madri durante um tempo, e morreu.

Quem o senhor conheceu naquela viagem a Buenos Aires?

Conforme eu disse, o único "político" que conheci foi Ceresole, os outros eram empresários. E uma jornalista, Stella Calloni. Norberto dirigia um centro de estudos geopolíticos da América Latina, chamado Argentina e o Mundo, um lugar muito humilde, muito modesto, no bairro de San Telmo. Andei fazendo uma palestra para um grupo de estudantes, intelectuais e gente de esquerda. Aliás, agora me lembro, foi nesse encontro que conheci o irmão caçula do Che, Juan Martín Guevara. Depois, fomos tomar vinho e falar de política com a equipe de Ceresole, e com um grupo de militares que, mais que militares, eram uma espécie de corpo policial — os comandos especiais da polícia marítima do porto do rio da Prata — que havia se rebelado (em 3 de dezembro de 1990) sob as ordens do coronel Seineldin[35]*, a chamada "rebelião dos albatrozes". Mas eles tinham saído do movimento.*

Apareceu também um oficial, ex-combatente nas Malvinas, o comodoro Horacio Richardeli. Com todos eles visitamos o cemitério das Malvinas. Bom, uma réplica, nos arredores de Buenos Aires, daquele que está nas ilhas Malvinas, dos soldados argentinos que morreram lá. Houve uma missa e alguns acharam que eu era o padre, porque eu estava com um liqui liqui escuro. Foi um tal de "Ah, o padre chegou!" (ri), e eu explicando "Não, não, eu não sou o padre!"...

Com Richardeli e um movimento de trabalhadores peronista, o Movimento Eva Perón, fomos a um bairro de casas humildes, um galpão enorme, cheio de gente, trabalhadores, ex-trabalhadores. Organizaram um churrasco argentino.

Apesar da hostilidade dos meios de comunicação, o senhor deu alguma entrevista?

Sim, fui a uma rádio de Buenos Aires. Lembro que um velho telefonou e me disse: "O senhor me lembra um homem, Juan Domingo Perón", e se pôs a chorar. Como eu fiquei na rádio uma hora e meia, esse senhor apareceu por lá. Ele havia conhecido Perón. Estava muito emocionado. Alguém me pediu para tomar cuidado, porque o velho tinha sido operado do coração. Eu me lembro desse detalhe. E aquele ancião me disse, com lágrimas nos olhos, que "Fazia muitos anos que eu não ouvia o que o senhor estava dizendo. Fale ao povo!".

Para o senhor, deve ter sido comovente... ou não?

Muito. Eu levantava questões para aquele grupo de rapazes argentinos. Falava com eles de Bolívar, das suas ideias, da necessidade de convocar um Congresso Anfictiônico. Falava da integração, da unidade continental. E conseguimos que fosse criada uma coordenadoria local, para elaborar ideias tendo em vista a reunião preparatória do Congresso Anfictiônico do Panamá, em 1996, reunião que teria lugar em Santa Marta, Colômbia, em dezembro daquele ano de 1994. Essa reunião e o Congresso Anfictiônico eram umas das motivações daquelas viagens minhas ao exterior.

Quanto tempo o senhor ficou em Buenos Aires?

Dois dias. Fizemos tudo isso em dois dias. Não dormíamos. E deixamos, como se diz, as coisas amarradas, deixamos contatos.

E de lá foram ao Uruguai?

Pois é, passamos pelo Uruguai para encontrar Gerónimo Cardozo, da Omidelac. Ele trabalhava na prefeitura de Montevidéu. O prefeito era Tabaré Vázquez[36]*. E o general Liber Seregni era, na época, o candidato da Frente Ampla à presidência. A imprensa, na minha chegada, foi igual: "O golpista venezuelano veio assessorar Seregni". Não nos conhecíamos, não tinha havido nenhum contato prévio, e estávamos em plena campanha eleitoral, por isso não houve nenhum contato com Seregni. Só conversei com Cardozo, caminhei um pouco por Montevidéu e de lá fomos para Santiago do Chile.*

E o que o senhor fez em Santiago?

Em Santiago não houve nenhuma pessoa que assumisse uma coordenação. Tive poucos contatos, incluindo aquele membro da Omidelac, o capitão Raul Vergara, que era economista. Também nos reunimos com vários movimentos sociais. Pequenos grupos, muito pequenos. Recordo apenas uma conversa com um líder mapuche.

Como foi organizada a sua viagem a Cuba, em dezembro de 1994?

Eu tinha tido contatos com o embaixador de Cuba, Germán Sánchez Otero, algumas conversas escondidas, clandestinas.[37] *E aconteceu que um dia, justamente o 30 de julho, ao regressar da Colômbia, convocamos uma entrevista coletiva no Ateneu de Caracas. Chegamos no salão e alguém me disse que havia um cubano fazendo uma conferência sobre Bolívar, num andar superior. Terminei logo, porque, como a imprensa me boicotava, não veio quase ninguém na minha coletiva. Então, fui cumprimentar o conferencista cubano, que era o historiador oficial de Havana, Eusébio Leal. Fomos apresentados, ele me deu seus contatos, dei os meus. E assim me chegou a proposta: a Casa Simón Rodríguez, de Havana, me convidou a fazer uma palestra sobre Bolívar, no dia 17 de dezembro. Eles me mandariam a passagem: eu não tinha recursos.*

Mas eu não podia no dia 17. Porque aquelas viagens internacionais começavam a dar os primeiros resultados. Eu disse ao embaixador que no dia 17 era impossível. É que já tínhamos convocado, para aquele mesmo dia, em Santa Marta, uma reunião preparatória daquilo que chamávamos de Congresso Anfictiônico Simón Bolívar.

E aceitaram a mudança de data?

Aceitaram. Anteciparam... e fomos para Havana no dia 13 de dezembro. Seguimos num voo comercial venezuelano, conversando com um grupo de cubanos e alguns venezuelanos. Quando o avião aterrissou lembro que, pelo alto-falante, fizeram um anúncio, e o avião taxiou mas não parou no terminal de passageiros, e sim no de protocolo. Foi a primeira vez que eu chegava a Cuba. Senti que o avião se detinha, recolhi minha maletinha, um cabidezinho com roupa. Rafael Isea, meu ajudante na época, me acompanhava. E pelo alto-falante, disseram: "Por favor, passageiro Hugo Chávez, solicitam sua presença na porta". Olhei pela janelinha e vi câmeras de televisão. Era de noite, imaginei que havia uma equipe de rádio e de TV à minha espera, essas coisas. Mas era muito mais do que eu podia imaginar...

O senhor nunca pensou que o próprio Fidel, em pessoa, poderia estar à sua espera?

Jamais. Claro que eu tinha dito ao embaixador: "Eu gostaria muito de poder cumprimentar o comandante". Mas ele se limitou a me dizer que informaria a Havana. Isso foi tudo. Assim, quando cheguei na porta do avião e tropecei com Angelito, o chefe do protocolo cubano, e ele me disse: "O senhor está sendo esperado". Perguntei quem estava à minha espera. E a resposta foi "El Comandante en Jefe". Eu não poderia imaginar, não estava preparado, ninguém havia me dito nada. Pensei: "Não pode ser!". Nunca na vida ia imaginar que Fidel, em pessoa, me esperaria na porta do avião. E quando saí, vi Fidel ali, parado, lá embaixo da escadinha. Eu tinha uma maletinha de mão, passei para o Isea, desci a escada, e, bom, aquele primeiro abraço foi inesquecível. O "abraço da morte", disseram meus adversários.

Fidel explicou ao senhor por que o recebia daquela maneira?

Não. Na verdade, não. E eu tampouco perguntei a razão. Eu me sentia muito honrado, imagine só! Na Universidade, disse: "Não mereço essa honra, essa recepção... Oxalá mereça algum dia". Agora, tem uma coisa... E é que eu acho que tem coisas que são óbvias, não é? Lembre-se do que eu li sobre a resposta que Fidel deu a Tomás Borge nos dias posteriores ao 4 de fevereiro de 1992. Naquele mesmo ano, quando estávamos presos, com certeza ele leu alguma informação a respeito do que nós planejávamos na prisão. E depois, em dezembro de 1994, quando já fazia muito tempo que estávamos na rua, ele deve ter tido informação muito mais sólida do que estava ocorrendo, e das nossas reivindicações. Isso, para não falar do seu olfato político, desenvolvido durante tantos anos, com a experiência de ter visto tantos movimentos e tantos acontecimentos na América Latina.

O senhor não acha que, além disso tudo, Fidel Castro podia estar mandando sinais?

Certamente. Ao me receber daquela maneira, com suas constantes mostras de afeto, com suas palavras na Universidade, com sua presença na Casa Bolívar[38]*, Fidel estava, penso eu, mandando várias mensagens. Primeiro, a Rafael Caldera, que um mês antes havia recebido, no Palácio de Miraflores, em Caracas, dois dirigentes máximos do anticastrismo, Jorge Mas Canosa e Armando Valladares, que dias antes, em Miami, durante a primeira Cúpula de Chefes de Estado das Américas — à qual Fidel não tinha sido convidado —, haviam atacado violentamente Cuba, exigindo uma "mudança no regime".*

A segunda mensagem, penso, ia dirigida à esquerda latino-americana, e para mim foi muito importante. Embora ele nunca tenha me dito, tenho certeza de que Fidel, ao começar a me adotar, quis me transferir uma espécie de reconhecimento, e mandar um recado à esquerda. Aquele abraço do Fidel desmorona de uma vez e para sempre aquela acusação de que eu era dos "caras pintadas" um "golpista", um "fascista". Foi isso, sem dúvida, o que Fidel quis fazer...

E foi importante, porque a sua imagem, em escala internacional, estava muito relacionada à direita militar. Falando em termos políticos, não se sabia muito bem quem era o senhor. Essa coisa de "bolivarianismo" não significava coisa alguma para muita gente da esquerda internacional.

Eu reconheço que havia razões para duvidar da gente, principalmente por mim. Talvez o próprio Fidel as tivesse. Lembro que, desde o primeiro momento em que nos sentamos para falar, ele estava me escutando. E também foi assim durante a agenda que cumprimos. Lembro, por exemplo, de ele ter chegado de improviso na Casa Simón Bolívar, onde eu fazia uma conferência. Ninguém sabia que ele ia aparecer, e apareceu. Sentou-se na primeira fila para me ouvir. Eu sentia aquele seu olhar de águia, o olhar de alguém que examina cada palavra. A mesma coisa na Universidade de Havana, não tirou os olhos de mim, fazia anotações. Eu me sentia como alguém que está sendo examinado, avaliado.

Daniel Ortega também estava lá, não é?

É. Daniel Ortega estava por coincidência. Estava passando uns dias em Cuba, para fazer uns exames médicos, e Fidel mandou chamá-lo no dia seguinte ao da minha chegada. Depois daquele ato na Casa Simón Bolívar, Fidel me pôs no carro dele e convidou Daniel. Íamos os três naquele Mercedes preto Havana afora, uma cidade onde você não via um único automóvel, só o do Fidel, parecia um fantasma...

Era a época do "período especial"?

Exatamente, o "período especial"[39]*. Não se via nenhum carro. Vi carrocerias de ônibus puxados por cavalos ou tratores. E as pessoas lá dentro. Não havia combustível. Muitos apagões, só havia luz durante algumas horas e faziam um rodízio pelos bairros, noite a noite. Muitos elevadores não funcionavam. O racionamento era duro. Um período difícil. Mas aquele povo mostrava uma dignidade impressionante.*

Aonde Fidel levou o senhor?

Bem, a vários lugares. Na primeira noite, quando cheguei, fomos ao Palácio da Revolução, onde tivemos nossas primeiras conversas. Lembro também que estive na Academia Militar das Forças Armadas Revolucionárias. Lá, me condecoraram, e fomos visitar um batalhão de tanques. Depois, almoçamos no Palácio, e em seguida fomos ao centro histórico, para a conferência da Casa Bolívar, onde, além de Daniel Ortega, estavam Carlos Lage[40] *e Ricardo Alarcón*[41]*. E às 8 da noite, no Salão Nobre, foi quando Fidel pronunciou aquela frase (apanha o livro e lê): "Cada um o chamará de uma forma ou de outra. Nós, é bem sabido, chamamos de socialismo. Mas se me disserem 'isso é bolivarianismo', estarei totalmente de acordo. Se me disserem 'isso é martinismo', eu direi que estou de acordo. Porém, há algo mais: se me disserem 'isso é cristianismo', eu direi que estou totalmente de acordo!"*[42]*.*

Aquele foi um dia de atividade frenética. Fidel esteve em tudo. Mas a coisa não terminou aí. Depois da minha intervenção no Salão Nobre da Universidade, lá pela meia-noite ele me levou para visitar o embaixador venezuelano (Gonzalo García Bustillos) em Havana. Era preciso ser uma visita discreta, porque as relações entre Caldera e Fidel, naquele momento, eram bem tensas. Mas o embaixador era um grande amigo de Cuba. Depois, Fidel enfim me levou até a residência onde eu estava hospedado. Lembro de ele ter entrado, aberto a geladeira e dito "Vamos ver o que tem de comer por aqui". Nós não havíamos comido. Ele mesmo pegou um queijo, pediu uma faca, cortou um pedaço, e nos sentamos para comer. Ele me perguntou: "Toma vinho? Uma taça de vinho de vez em quando faz bem para o colesterol". Brindamos. Pude comprovar que sua reputação de homem incansável e insone não era inventada.

Não houve problemas diplomáticos com a Venezuela, pelo fato de terem recebido o senhor quase como um Chefe de Estado?

Houve sim. Creio que houve uma reação do governo venezuelano, uma reclamação, e a imprensa especulou que Caldera estava pensando em romper relações. Teria sido um exagero, porque o que se comentou foi que haviam me dispensado tratamento de Chefe de Estado, mas na verdade não foi bem assim. A um Chefe de Estado são concedidas honras militares, e isso não aconteceu comigo. Claro, Fidel estava lá, ao pé do avião, e me recebeu como se recebe um amigo, o que tampouco era normal, ou ao menos não era comum. Por isso a imprensa exagerou.

Esse encontro com Fidel facilitou ao senhor o contato com as esquerdas latino-americanas. Foi nesse encontro que surgiu a ideia de o senhor viajar a El Salvador, para a reunião do Foro São Paulo?

Foi. Conversamos, Fidel e eu, sobre a situação internacional, fizemos uma análise. Quando expliquei a ele as ideias que me moviam na direção do projeto de Congresso Anfictiônico que queríamos organizar no Panamá em 1996, ele, com muito cuidado, apoiou essa ideia do Congresso Bolivariano, e inclusive mandou um delegado à reunião de Santa Marta. Mas também me falou dos mecanismos já existentes. Foi quando mencionou o Foro de São Paulo, que eu desconhecia, e me passou muita informação.

E como foi, para o senhor, essa ida ao Foro de São Paulo?

Isso foi no ano seguinte, 1995. Já falei um pouco disso. Fidel me informou da convocatória que estava sendo feita para a reunião do Foro que ia ser celebrado em El Salvador. Sem dúvida, seja através dele, ou de Cuba, o fato é que chegou o convite. A partir daí, nós mesmos entramos em contato, e foi assim que pude comparecer a esse Foro lá em El Salvador. Schafik Hándal[43] *nos atendeu com muita delicadeza.*

Foi quando conheci o Lula. Não nos sentamos para conversar, nada disso, mas nos cumprimentamos. E conheci muitos outros dirigentes da esquerda latino-americana, líderes da República Dominicana, do PRD (Partido da Revolução Democrática), panamenhos, brasileiros... Digamos que foi como uma espécie de apresentação à sociedade, à sociedade da esquerda latino-americana. Claro, de todo modo, lá surgiu a situação que comentei com o senhor. Várias delegações se negaram, radicalmente, que eu fizesse uso da palavra. Não pude falar, apesar do apoio de Fidel.

Voltando à sua estada em Cuba, quando tempo o senhor ficou em Havana?

Muito pouco, foram só dois dias, intensos, inesquecíveis. Cheguei em 13 de dezembro e fui embora no dia 15. Quando me despedi de Fidel, no aeroporto internacional José Martí, na frente do avião pus a boina vermelha e fiz uma saudação militar. Eu com meu liqui liqui verde, e ele com seu lendário uniforme verde-oliva. A imagem foi filmada, as imagens daquela saudação andam por aí. Imagens, aliás, que causaram um tremendo temporal em Caracas.

Por quê?

Porque na televisão, alguns "analistas" punham em câmera lenta as imagens e explicavam: "Prestem atenção, Chávez saúda e Fidel também. Mas vamos deixar as imagens correrem, e vejam bem: Fidel abaixa a mão primeiro, e Chávez fica um tempão saudando. É o código da subordinação!". Eles me apresentavam como um subordinado às ordens de Fidel, a serviço de Cuba. Eu ria depois... embora também me preocupasse, porque aquela campanha foi muito agressiva. E continua! Mas veja só, eu contei o que me passou com um bebadinho? Contei?

Não. O que aconteceu?

Voltamos de Havana em 15 de dezembro. E a verdade é que, naquela noite, eu tinha uma reunião no nosso escritório no centro de Caracas, na paróquia de Altagracia, para preparar nossa saída, que ia acontecer naquela mesma noite, para Maracaibo e viajar o dia 16 inteirinho até La Guajira e Santa Marta, na Colômbia, uma viagem longa.

Assim que cheguei, desci de um táxi, peguei minha maletinha, e vi que vinha pelo meio da rua um bêbado aos tropicões, fazendo esses, com uma garrafa de rum na mão. O Natal estava perto, ouviam-se foguetes, alegria. O homem topou comigo, ficou me olhando meio pra lá da vida, e me disse: "Escuta aqui, você parece o Chávez". Respondi que sim, eu era o Chávez, e perguntei como ele ia. Estendi a mão, e pedi a ele que tomasse cuidado porque estava caindo, pedi que caminhasse pela calçada. A rua estava meio escura, embora não houvesse muito trânsito ao menos naquela hora. Continuei o meu caminho, ele tomou a direção contrária. E num minuto, ouvi ele me chamando: "Chávez!". Dei meia-volta, perguntei o que havia, e ele me gritou: "Viva Fidel!". Essa história ficou na minha memória para sempre! Bombardearam o povo com propaganda, sem perceber que na verdade estavam era me reforçando como figura política.

Aí o senhor foi a Santa Marta participar do Congresso Anfictiônico Bolivariano...

Naquela mesma noite, viajando por estrada. A gente não tinha nem para pagar a passagem. Fomos numa camionete, um viagem de doze horas até Maracaibo. E de Maracaibo, também em camionete, cruzamos La Guajira inteira, até Santa Marta, na Colômbia. Chegamos e não tínhamos com o que pagar o hotel. A delegação dos colombianos, que havia chegado, não tinha um centavo, estava implícito que nós pagaríamos a sua hospedagem. Pedi desculpas. No final, fomos dormir na casa de uma jornalista amiga de alguém, que tinha uma casa grande nos arredores de Santa Marta. Dormimos em redes num catre, éramos uns oito. Ceresole veio da Argentina, Fidel mandou José Luis Joa, responsável pelo Departamento de Assuntos para a América Latina, e também veio um panamenho.

Quatro delegações? Pouco, não é?

Bem, estávamos procurando dar um formato ao assunto. O embrião daquilo que pretendeu ser o nosso "Mapa estratégico". E isso foi desmoronado, sem dúvida, pela contraofensiva dos Estados Unidos, de seus governos aliados, e dos serviços de Inteligência. Porque eu me lembro que, em Santa Marta, fizemos a reunião modestamente, num local que alguém conseguiu. Demos uma entrevista na rádio, e continuamos falando: Santa Marta, Bolívar... No dia 17, quisemos entrar em San Pedro Alejandrino, onde havia eventos oficiais. Não conseguimos. Mas acontece que no dia seguinte, 18 de dezembro, veio ao nosso ato dez vezes mais gente que a que foi aos atos oficiais. A multidão não cabia naquele pátio. E fizemos, do mesmo jeito: hino nacional, banda de música, oferenda floral, discursos. O coronel Augusto Guillermo Lora, que havia criado o movimento bolivariano na Colômbia, fez um discurso. E no final, pedi a eles: "Vocês, que são militares de esquerda, unam-se!". E eles fizeram um esforço.

Ou seja: na sua opinião, o balanço daquele 1994 foi positivo para o MBR-200?

Creio que 1994 terminou com um bom avanço, no campo interno e no campo externo. Com um bom Movimento Bolivariano enraizado em quase toda Venezuela e uns primeiros passos internacionais, que encerramos com um fecho de ouro com a visita a Cuba e com a reunião, em Santa Marta, do grupo coordenador da convocatória do Congresso Anfictiônico Bolivariano, no Panamá, em 1996.

Talvez por isso a ofensiva contra vocês tenha se intensificado, não é?

Claro que sim. Dois meses depois, surgiu a acusação, com ressonância internacional, de Ernesto Samper, presidente da Colômbia, de que eu andava com a guerrilha. Foi o míssil que lançaram contra o eco suscitado pelo nosso Congresso Anfictiônico, e contra as esperanças que se levantavam. Na Colômbia, por exemplo, distintos grupos de esquerda haviam proposto fazer uma cavalgada pela rota dos Libertadores, de Boyacá a Carabobo. Era um movimento amplo, feito por militares, civis, ex-guerrilheiros. E isso era novo. Semelhante ao daqui, da Venezuela, e estava acontecendo com a extensão da confluência civil-militar. Por isso dispararam o míssil contra mim, e me acertaram no fígado. Aquela acusação gerou muitos temores na própria Colômbia. Todo esforço nosso veio abaixo. Não houve novas reuniões.

O senhor era acusado exatamente de quê?

Na fronteira entre a Venezuela e a Colômbia, um grupo guerrilheiro matou alguns soldados venezuelanos. E o presidente da Colômbia, Ernesto Samper, mandou um relatório a Caracas com a acusação de que eu comandei aquele ataque. Veja bem: não era que eu apoiei o ataque, mas que eu comandei. Não, não, eu não comandava a guerrilha colombiana.

E essa acusação se baseava em quê?

Num relato elaborado pelos serviços de Inteligência, com base, por sua vez, em documentos forjados e em evidências falsas. Anos depois, quando eu já era presidente, Ernesto Samper veio me ver em Caracas. Eu o recebi e nem toquei no assunto. Ele sim, quis tocar, e eu lhe disse: "Não precisa. Por favor, eu sei o que aconteceu". Mas ele insistiu: "Não, permita que eu explique. Fui completamente enganado, me apresentaram documentos falsos, vídeos, fotos etc.". Ele acreditou que a acusação era verdadeira, e não duvidou em mandar aquele relatório para o doutor Caldera.

Quanto a "Gabino" (Nicolás Rodríguez Bautista), o líder do ELN, eu o conheci em 2007, porque (o então presidente da Colômbia) Álvaro Uribe me deu luz verde para tentar resgatar Ingrid Betancourt, presa pelas FARC, e também me rogou que tratasse de ajudar na assinatura dos convênios de paz com o ELN, que estavam congelados. Eu pedi a ele que me permitisse falar com os chefes do ELN, ele concordou dizendo: "Tudo bem, fale com eles". Telefonei para os dois chefes ("Gabino" e Eliécer Erlington Chamorro Acosta, também conhecido por "Antonio García"). "Gabino" aceitou vir até o Palácio de Miraflores. Foi, aliás, a primeira vez em muitos anos que eles se reuniram. E foi aqui, no Palácio, que se reuniram, repito, um representante do ELN e outro, das FARC, Iván Márquez, mandado por Marulanda[44]*. Porque esses grupos têm uma guerra entre eles. Falamos, nós três. Mas depois deixei os dois negociando sozinhos.*

Quando "Gabino" chegou, um senhor baixinho, e entrou pela porta, eu disse que finalmente eu o conhecia pessoalmente: "Desde 1994 dizem por aí que você e eu andamos armando guerrilhas e acampamentos, e treinando a guerrilha dos nossos países, a guerrilha grã-colombiana". Fui acusado, por escrito, de tudo isso. Aquela foi a primeira agressão aberta. Uma acusação feita, nada mais, nada menos, que por um presidente! Não eram mais apenas versões jornalísticas. Absurdo!

Um absurdo, mas, ao que parece, eficaz. O senhor foi satanizado por essa história, não foi?

Pois é, naqueles dias de 1995 foi desatada uma ofensiva geral. Fui acusado de tudo. Começou o cerco midiático, começaram as pressões, as manipulações. Na Argentina, por exemplo, publicaram que eu estava preparando um golpe junto com o Seineldin. No Panamá foi a mesma coisa, que eu preparava um golpe de Estado e estava em contato com Noriega... sendo que ele estava numa prisão na Flórida! Aqui em Caracas, a saleta que era o nosso escritório foi revirado umas cinco vezes (ele ri). Um dia, me telefonou um jornalista de Londres, e me perguntou se eu estava em Caracas. Respondi que sim. Ele falava espanhol mais ou menos. Não lembro de que jornal ou rádio ele era. Ele me disse que não entendia eu estar em Caracas e perguntou se eu estava clandestino. Respondi: "Não senhor, estou no meu escritório no centro de Caracas". E então ele me contou: "É que temos aqui a informação de que o senhor anda metendo milhares de armas pelo rio Orinoco, apoiado por Fidel, para libertar o sul da Venezuela". Fiquei atônito! Tudo isso estava circulando, que eu tinha um plano para libertar o Orinoco, o sul da Venezuela, unirmos com o Arauca, o Apure, e formar a guerrilha dos dois países, uma guerrilha grã-colombiana. Era o que os meios diziam. Podem consultar nas hemerotecas.

Curiosamente, esses ataques se intensificaram depois da sua visita a Cuba, não foi?

Exatamente. Tudo se intensificou depois daquela despedida de Fidel no aeroporto de Havana, em 15 de dezembro. Quando a foto do abraço foi publicada na Venezuela, os jornais a puseram na capa, e os comentaristas disseram que era "o abraço da morte". Um amigo, que trabalhava no Palácio de Miraflores, me contou ter ouvido um ministro dizendo "Agora sim, o Chávez se fodeu. Fidel matou o Chávez". Durante todo aquele dia estiveram transmitindo as imagens da minha estada em Cuba, e parte do meu discurso, do de Fidel... e o abraço. Fizeram isso para me afundar. Repetiam: "Agora sim, Chávez se desmascarou. Foi se subordinar ao tirano, ao comunista". Satanizavam Fidel, um "troglodita", um "ditador". Diziam coisas assim: "Está vendo só? Chávez vai para o passado. O que esse golpista pode nos oferecer, agora que também virou comunista, justo quando o comunismo acabou?". Lembremos que estávamos em 1994, a União Soviética tinha explodido. Eles nunca entenderam, e jamais entenderão, a psicologia dos povos.

Mas se preocuparam com aquela "conexão Chávez-Fidel", e entenderam o potencial político que ela significava.

Com certeza. E, efetivamente, depois da minha visita a Cuba começam a se preocupar com a eventualidade de que fosse criado um movimento internacional. Isso provocou pânico. Agora, tem uma coisa: devo dizer que sempre tive um pouco de sorte. Porque alguém me avisou: "Lá da Colômbia, vão acusar você de alguma coisa grave, não sabemos ainda de quê". Foi quando começaram as manchetes impressas e começou a televisão: "Chávez, assassino de soldados venezuelanos!". Entendi, na mesma hora, que era um tiro no meu coração.

Queriam destruir o senhor...

Claro. Um tiro no peito. Nós nos reunimos para analisar o que estava acontecendo, e decidi ir para Bogotá. Todos se opuseram, dizendo que eu estava louco, que iam me prender, que iam me matar.

Era um risco...

Sim, era um risco, mas fui até lá, com um companheiro. Fizemos contato com os amigos colombianos do Congresso Anfictiônico, com aqueles militares da reserva, e foram me esperar no aeroporto. Minha chegada passou quase despercebida, porque não reservamos passagem e fomos ao aeroporto de Maiquetía na última hora.

No fim, chegamos, esses amigos me levaram a um hotel e me conseguiram uma entrevista na TV, na primeira hora do dia seguinte. Quase ninguém sabia que eu estava na Colômbia. E às 7 horas da manhã cheguei na emissora, para o programa de Juan Gossaín, que já me conhecia. Começou me perguntando, ao vivo:

"Muito bem, e o que é que o senhor faz por aqui, coronel Chávez?" (na Colômbia me chamam de "coronel").

E eu respondi:

"Vim defender minha honra militar. Ou fico preso, ou morro, aqui na Colômbia, ou volto para na Venezuela com minha honra restituída. Ou uma coisa, ou outra".

"Mas por que o senhor está dizendo isso?"

"Porque o presidente deste país está me acusando de ter comandado o ataque e de eu ter matado esses soldados em Cararabo".

"E o senhor é inocente?"

"Sou inocente, e estou aqui, senhor presidente. Que os corpos de Inteligência venham atrás de mim. Estou no hotel tal, quarto tal. E ando desarmado".

Eu não sei como é que o Gossaín fez, mas em poucos minutos tinham na tela, ao vivo, Ernesto Samper, que estava chegando para uma reunião. Uma jornalista o abordou: "Presidente, o senhor acusou o coronel Chávez de ser o autor do massacre de Cararabo". Samper confirmou: "Sim, temos provas de que o coronel Chávez anda com o ELN e com as FARC. Atacaram esse posto e mataram esses soldados, cortaram suas línguas". Então a jornalista disse a ele: "O coronel Chávez está em nosso estúdio, ao vivo. Ele veio a Bogotá e quer falar com o senhor. Concorda?". Samper ficou verde, vermelho, e a única coisa que atinou responder foi: "Não, eu não posso atendê-lo, isso poderia prejudicar as relações com o governo da Venezuela". E sumiu.

O senhor estava vendo isso ao vivo?

Claro, eu estava no estúdio com Gossaín e via numa tela, ao vivo. Meus amigos colombianos tinham procurado para mim um advogado de muito prestígio, um homem de esquerda muito respeitado na Colômbia, Ernesto Amésquita, que mais tarde veio morar na Venezuela porque foi ameaçado de morte, por ter defendido causas de esquerda. Com ele e com alguns militares da reserva, do Movimento Moral da Colômbia, e também com um enxame de jornalistas, fomos até o Ministério da Defesa.

Fazer o quê?

Meus próprios companheiros haviam me recomendado isso. Um daqueles militares, no hotel, na mesma noite em que chegamos, começou a telefonar para oficiais da ativa, e conseguiu ser atendido pelo comandante do Exército. E disse a ele que eu estava lá, acusado de um crime grave em Cararabo, o que era injusto. Disse também que eu queria falar com ele. O general não quis se comunicar comigo por telefone, mas aqueles rapazes tinham suas relações e insistiram que deveríamos ir ao Ministério da Defesa.

Chegamos, nos identificamos, entramos. Um almirante, que era chefe de relações públicas, se apresentou. "O ministro não pode recebê-lo, mas eu o atendo". E eu disse: "Senhor almirante, venho entregar este documento, pedindo, como militar que sou, que me esclareçam. Fui acusado injustamente de um ato militar espantoso. Estas são as recomendações do meu advogado: segundo a Constituição da Colômbia, é obrigação dos funcionários atenderem a uma petição".

Isto está na Constituição colombiana?

Está. E agora, na nossa também. E, devo confessar, a verdade é que eles me responderam. Um mês depois me chegou a resposta do ministro de Defesa da Colômbia dizendo que não havia nenhuma evidência séria.

Quer dizer que reconheceram que era uma falsidade?

Não tiveram outro remédio. É que removi céu e terra. Do Ministério da Defesa fui à Corte Marcial, falei com seu presidente: "Meu coronel, venho solicitar que me processem. Isto é notitia criminis. *Estou sendo acusado de participar de uma emboscada e de matar catorze soldados venezuelanos. Exijo ser julgado". "Bem", ele respondeu, "não tenho autorização para isso. Tenho que esperar para saber a opinião do ministro". Então me dirigi publicamente ao ministro, numa entrevista coletiva, e pedi aos jornalistas que transmitissem ao presidente Samper a notícia de que eu estava em tal hotel. Disse a que horas iria embora no dia seguinte, e que estava às ordens dele.*

Imediatamente os corpos de Inteligência do governo começaram a difundir panfletos pelas ruas, me caluniando, repetindo as piores difamações. Um verdadeiro linchamento. Uma incitação ao crime, a que alguém me desse um tiro...

E o que o senhor fez?

Bem, minha missão, que era denunciar publicamente pelos jornais e diante da Justiça colombiana a falsidade daqueles ataques, estava cumprida. E no dia seguinte voltei para Caracas. Já de saída, quando cheguei no aeroporto de Bogotá, me chamaram no escritório do DAS (Departamento Administrativo de Segurança). Um funcionário, um pouco nervoso, me disse que queriam que eu fizesse uma declaração.

Eu levava na minha pasta um envelope com um resumo de quatro ou cinco linhas do que estava no Relatório Samper. Uma amiga jornalista de Bogotá, sei lá como, tinha conseguido uma cópia do Relatório de um alto chefe, e ditou por telefone a outro amigo meu em Caracas. Este amigo, por sua vez, recopiou os principais pontos no primeiro papel que encontrou: um envelope do Hotel Eurobuilding. Lembro que recortei o pedacinho com o nome do hotel, para não comprometer ninguém. Então, quando o funcionário começou a me perguntar, peguei o papel e disse a ele: "Diga ao seu chefe que recomende ao presidente Samper, que não quis me atender, que ele deve sair desse enrosco porque cometeram um erro. E diga também que conheço o 'Relatório secreto', onde dizem que em tal data estive com 'Gabino'". Ele estava assombrado que eu soubesse daquilo. Dei a ele todos os detalhes, o funcionário só ia anotando. "Diga ao seu chefe que tenho como provar que naquele dia e naquela hora eu estava num ato público, com milhares de testemunhas". Eu tinha visto na minha agenda, conferindo a informação. Ele me agradeceu, e pronto. Conforme contei, um mês depois me chegou um documento oficial reconhecendo que o relatório estava errado.

Mas o dano já estava feito...

Sim, e o dano foi muito duro. A partir daí, se desataram acusações de tráfico de armas, de narcotráfico, de lavagem de dinheiro, de guerrilha etc. Onde quer que eu fosse, qualquer país que visitasse, me conectavam, de alguma forma, com essas acusações. A imprensa falava do "golpista venezuelano", do "cara pintada" do "amigo do Noriega", do "narcotraficante", do "companheiro de Gabino que anda matando soldados venezuelanos", do "subordinado de Fidel"... Nos deram um golpe duro. Manipularam bem. Para mim, além do mais, foi uma prova de fogo.

Em que sentido?

Lembre-se que tudo começou quando eu me neguei a apoiar o governo de Rafael Caldera. Não só me neguei a apoiá-lo, como saí para o meio da rua para desafiar o governo com uma proposta, a da "Constituinte Já!". Foi quando começaram a me pôr todas as barreiras e tratar de me liquidar através da mídia.

Isso me curtiu, aprendi a enfrentar as campanhas de manipulação, as calúnias que, a partir de então, nunca cessaram. Adquiri experiência para enfrentar essa guerra midiática, que mal começava. A ideia da resistência midiática me foi dada por um jornalista, Romero Anselmi. Ele me entrevistou num programa de rádio que tinha bem cedinho, às 6 da manhã. E me aconselhou: "Comandante, estão tratando de apagar o senhor do mapa. Vou recomendar uma coisa: vá ao interior e apareça nas emissoras de rádio pela manhã. Não vão dizer que não ao senhor, nem que seja por dez minutos, que façam entrevistas, depois vai chegar a DISIP[45]*, vai chegar a polícia, mas o senhor já terá dado o seu recado". E essa guerrilha de comunicação funcionou, disparar aqui e ali, papéis, folhetos, panfletos, aparições, agitação, presença na rua. Uma atividade imensa...*

Depois dessas viagens ao exterior o senhor continuou viajando e fazendo conferências pelo interior da Venezuela?

Nós não paramos; 1994, 1995 e 1996 foram três anos de construção. O "Mapa estratégico" adquiriu maior clareza. Definimos uma estratégia das prioridades. E nos dedicamos a novas e intensas turnês pelo interior do país. Tivemos uma atividade frenética, organizando o Movimento Bolivariano como ator político fundamental. Fazendo alianças internas e externas. Elaborando linhas programáticas e tratando de ligar motores em função dessas linhas. Nos bairros e nos campos, eu denunciava o machismo. Explicava que o machismo é terrível, é negar metade da humanidade. Repetia que a mulher livre liberta o mundo, que a mulher livre nos liberta, a nós, os homens.

Claro, essa nossa intensa atividade era uma forma de dar mais força e mais oxigênio às chamas, para dizer dessa maneira que já andavam crescendo com muita força país afora. Formavam-se umas concentrações gigantescas. Eu dizia "meu Deus, de onde saiu tanta gente?".

As pessoas não tinham medo do governo?

Não, o povo tinha perdido o medo. Havia muitíssimo entusiasmo popular. Enquanto a credibilidade nos partidos, tanto de direita como de esquerda, veio abaixo, em relação inversamente proporcional veio crescendo a credibilidade no nosso discurso, na nossa proposta, na nossa mensagem. Esse foi um elemento que influiu na decisão que mais tarde seria tomada, a de participar nas eleições. Há outros elementos que também influíram, em particular o fracasso do governo de Caldera. Porque se ele houvesse tido êxito, provavelmente nossa proposta teria sido impactada de maneira negativa. Mas o que nós dizíamos foi sendo comprovado na realidade.

Vocês continuavam sem participar de nenhuma eleição?

Exatamente. Não participamos das eleições, nem apoiamos nenhum candidato de algum outro partido. Os índices sociais se deterioraram. A crise política continuou se agravando. Aquele governo não fez nada para lutar contra a fome, contra a miséria. Pelo contrário. O que fez foi ajudar os banqueiros, que levaram 8 bilhões de dólares. Uma cifra que, para a Venezuela, equivalia, na época, a aproximadamente — não tenho os dados exatos à mão — quase 20% do PIB. Isso incrementou ainda mais a pobreza, a desigualdade, o desemprego. A inflação chegou a mais de 100% anuais, e o aumento dos salários foi de 0%.

Em 1994 houve uma grave crise bancária.

Pois é, aconteceu a crise bancária. O Banco Latino faliu, e com ele quebraram os bancos mais importantes. O bolívar desmoronou. A inflação disparou. Em doze meses, superou 70%! Caldera anunciou a privatização das empresas do Estado. Então, comecei a acusá-lo de ser a continuação de Carlos Andrés Pérez. Eu reclamava que ele deveria dissolver o Congresso e convocar eleições para uma Assembleia Constituinte. E não porque eu tivesse esperanças secretas de que ele fizesse isso, mas essa era a nossa linha política, e acreditávamos que a crise impunha essa solução. Foi quando fiz um giro tático. Mudei a orientação do ataque.

Comecei a acusar Caldera de ser um dos primeiros capitães daquele barco — ele era fundador do sistema baseado no Pacto de Punto Fijo — e que aquilo o impedia de afundar aquele barco e criar outro. Era isso o que estava acontecendo, porque no começo ele tinha um discurso um pouco nacionalista, soberanista.

Em seu primeiro ano, Caldera criticava o FMI...

Ele era um neoliberal que, em determinado momento, criticou o neoliberalismo, mas muito timidamente. Tratou de adotar algumas medidas próprias de um governo soberano, mas se rendeu. Ele se rendeu ao Fundo Monetário, se rendeu à oligarquia nacional, à oligarquia financeira internacional. E então anunciou a "Agenda Venezuela", que vinha a ser a mesma agenda do Fundo Monetário que trataram de impor aqui em 1989. Ou seja, a continuação de Carlos Andrés Pérez.

Essa nova derrocada do sistema oferecia ao senhor uma oportunidade política formidável, não é?

Absolutamente formidável. Porque significava, entre outras coisas, a rendição definitiva da classe política. Muita gente honesta de esquerda apoiou Caldera, achando que ele ia chegar a fazer um governo pelo menos nacionalista, que ia fazer esforços para pôr o país em outro rumo, outra direção. E no começo, como eu disse, ele tentou. Mas se rendeu rapidamente, quando entendeu que não conseguiria.

Nós dizíamos a ele: "Dissolva o Congresso, convoque uma Constituinte, ou convoque um referendo para dissolver o Congresso". Eu, em 1999, não precisei dissolver o Congresso: simplesmente convoquei um referendo. Eles diziam que não podiam fazer isso porque a lei não permitia. E eu explicava — não a eles, mas ao país — que o Artigo 3 da (antiga) Constituição afirmava que "a soberania reside no povo". Quem a exercer, mediante o sufrágio pelos órgãos do Poder Público, sobre essa base legal, o que era preciso fazer era uma lei de dez artigos e convocar um referendo. Ou então outorgar ao presidente faculdades habilitantes para que ele convocasse esse referendo, e que se visse o que o povo soberano desejava. Expliquei isso de mil maneiras. Mas rapidamente entendi que Caldera não ia fazer nada daquilo. Pelo contrário: lançou a Agenda Venezuela, recorreu ao Fundo Monetário Internacional etc. Ele se amarrou ao próprio barco. Então, disse a mim mesmo que ele tinha naufragado. E assim foi, ele fracassou estrondosamente.

Foi quando o senhor pensou na possibilidade de uma candidatura a presidente?

Sim, esse foi um dos elementos que me levaram a tomar a decisão de participar das eleições. Mas, além disso, houve outra coisa: a questão militar. Naqueles anos, como contei, me dediquei a fazer contatos com nossos quadros militares que continuavam nas Forças Armadas. Estavam muito vigiados e haviam sido muito dispersados pelas fronteiras. Conversando com eles, analisando, cheguei à conclusão de que um novo movimento militar não seria viável. Carecíamos de verdadeira força militar, e o fator surpresa havia desaparecido. Estávamos infiltrados até a medula pelo DIM. Por exemplo, nas casas das minhas tias havia gente de DIM infiltrada, tirando fotografias. Até mesmo um sujeito que era meu motorista, o Francisco, era um informante.

Teria sido possível armar, isso sim, algumas frentes guerrilheiras, porque havia muita gente do povo disposta a isso. Não teria sido difícil. Mas os anos tinham se passado, todos os movimentos guerrilheiros haviam fracassado. E a Venezuela tem a particularidade de ser um país principalmente urbano.

De fato, a partir de 1997 eu já tinha claro que não era possível, no curto prazo, lançar, com alguma possibilidade de êxito, uma nova operação militar, como a do dia 4 de fevereiro de 1992, ou civil-militar, como a do 27 de novembro daquele ano. E me convenci de que, naquele momento, a via armada não era possível.

Naquele momento, que apoio popular o senhor tinha?

De acordo com as pesquisas oficiais, quando perguntavam por Chávez como dirigente, não chegava a 10%. Em compensação, eu percebia diretamente na rua, depois de ter percorrido cidades e povoados, que o impacto do dia 4 de fevereiro continuava vivo, e que tinha um sólido apoio no país.

Mas era possível quantificar esse apoio?

Não. Por isso, quando começaram a se aproximar as campanhas presidenciais de 1998, entre os elementos que foram configurando um quadro básico para a tomada de decisões, realizamos uma pesquisa que foi muito mais que uma pesquisa. Fizemos, ao longo de todo o país, uma grande consulta que rompesse com o formato de uma pesquisa tradicional, e que tivesse valor científico.

Que tipo de pesquisa?

Mais que uma pesquisa, foi uma medição. Procuramos ajuda de professores universitários, principalmente sociólogos. Desenhamos um esquema de medições, tratando que fosse o mais objetivo possível. Fizeram oficinas... Os jovens estudantes universitários que foram fazer as medições não sabiam que eram para o Movimento Bolivariano. Nem tinham ideia do objetivo daquela medição. Não eram voluntários, nem obrigatoriamente simpatizantes nossos. E como na época a gente tinha alguns recursos, eles foram pagos.

Foram feitas mais de 100 mil consultas no país inteiro. Foi muito mais que uma pesquisa. Revisei pessoalmente os detalhes técnicos daquela medição, para me assegurar de que não fôssemos marcar um gol contra. Precisávamos saber a verdade objetiva. Entre as muitas perguntas que foram feitas, as duas que me interessavam eram as seguintes: 1) O(a) senhor(a) está de acordo que o comandante Hugo Chávez seja candidato à Presidência da República?; e 2) O(a) senhor(a) votaria nele?

E quais foram os resultados?

Para a primeira pergunta, mais de 70% disseram que sim. E, para a segunda, 55%. Uma surpresa, porque, em dezembro de 1998, ganhamos as eleições com 56,2%, ou seja, muito perto daquela medição feita em 1997. Diga: foi ou não foi científica? Isso se transformou em um fator definitivo, que me convenceu a participar das eleições.

Naquela altura, o MBR-200 estava de acordo em participar das eleições? Significava uma mudança copernicana de linha, não é?

Ah, sim, totalmente. No Movimento não havia unanimidade. Lembro de uma noite, em Maracaibo, quando fiz a proposta de que começássemos a debater o tema. Todos se levantaram, não me lembro de ninguém me apoiando. Estou falando dos quadros regionais. No nível da direção nacional, havia uma composição mais ou menos paritária de opiniões, mas na maioria das regiões diziam que aquilo era trair o movimento e trair o povo.

Dá para entender. Afinal, o senhor não tinha feito da não participação das eleições a marca emblemática do Movimento?

Sem dúvida. Estivemos, durante anos, dizendo que ninguém participasse, reclamando a Constituinte... Vínhamos de duas rebeliões militares, de um chamado à abstenção nas eleições presidenciais, de outro chamado à abstenção nas eleições para governadores, de apontar o dedo para os partidos dizendo que eram impotentes. Mas lá fui eu, estado por estado, tentando convencer todo mundo. Expunha meus argumentos, dizia a eles: "Escutem, é um passo para convocar a Assembleia Constituinte". Mas nem assim os convencia. Claro, o nosso Movimento nasceu no debate, com correntes diferentes, havia liberdade de opinião, de opiniões.

A primeira vez que falei da possibilidade de disputar eleições foi em Cumaná. E quando, depois chegamos ao lugar de descanso, meus próprios guarda-costas, que andavam com uma pistola ou um fuzil velho, da época da guerrilha, vieram falar comigo. Eram uns oito. E me disseram: "Comandante, a gente gosta muito do senhor, mas para essa coisa da eleição, não conte conosco".

Muitos companheiros me acusavam de trair o MBR-200, de me deixar levar pelo eleitoralismo. Afirmavam que o sistema iria nos engolir. Eu me sentia no banco dos réus. Passei dias muito amargos, porque, depois de ter criado aquele MBR-200 e de ter ajudado a estendê-los por todo o país, o movimento foi se radicalizando rumo a não participação em eleições. Surgiram vozes de muito prestígio apoiando isso. Essa corrente foi tomando força, repetiam que participar de eleições era trair o povo, afundar o movimento e fraudar a esperança das pessoas.

Fomos a San Cristóbal, outra reunião, e o veredito foi ainda pior para mim. Eu estava cansado, tinha sido muito golpeado, estava desalentado. E disse a mim mesmo: "Bom, se é assim, saio".

Pensou nisso a sério?

Muito. E muito a sério. Lembro que, quando aquela reunião em San Cristóbal terminou, alta noite, falei com dois companheiros, fundadores do Movimento: Iris Varela e o "Gocho" Zambrano. Quando a reunião terminou, chamei os dois. Íris tinha um carrinho. Pedi a eles que, por favor, me levassem até o sitiozinho do meu pai. Barinas fica a umas três horas de distância, mas aceitaram. Eu me deitei no carro, estava com sono, cansado, estava cansado na alma. Eu me perguntava: "O que é que criamos? O que essa gente quer? Outro levante militar? Com quê? Para quê?". É que não havia nenhuma possibilidade e êxito. E eu não era capaz de convencê-los.

E isso deprimia o senhor?

Estava, acima de tudo, cansado, sentia uma fadiga imensa. Necessitava uma cura de solidão. Passei acho que uma semana lá, meditando, passeando pela beira do rio. Fiquei só, que nem Jesus no deserto. Não aceitei que ninguém mais fosse para lá. Pedi: "Por favor, me deixem aqui sozinho!".

Depois de uma semana, chegou uma comissão para me buscar. E eu disse: "O que é que a gente vai fazer? Não vou impor nada, não vou me impor a vocês. Vocês não querem participar das eleições, e eu me sinto obrigado a meditar, a pensar. Porque não quero seguir a ideia de vocês, de uma nova rebelião armada, não quero cometer essa loucura e levá-los à morte, como já levei alguns no dia 4 de fevereiro de 1992, ou para a cadeia. Para quê? Vamos dar tiros só para dizer que somos bravos e que somos rebeldes".

Eu tinha que ser leal com eles. Porque tampouco podia dizer: "Bom, como vocês não querem me seguir, saio e me junto à Causa R". Não, aquela gente era a minha gente. Meu dever era continuar tentando convencê-los.

Ou seja, o senhor encontrou ânimo para se lançar de novo ao debate.

Pois é, naquela semana de solidão e de meditação cheguei à conclusão de que a minha análise estava correta. Uma voz interior me dizia para cumprir com meu dever e assumir aquela missão. Eu me convenci de que deveria liderar o país se quisesse transformá-lo. E minha primeira tarefa seria persuadir meus companheiros. Voltei à batalha. Não sou dos que se rendem diante da primeira dificuldade.

Seria isso o que se diz de ter caráter?

Dizia Heráclito: "O caráter é, para o homem, o seu destino".

Pensei que o senhor fosse citar *O Oráculo do Guerreiro*...[46]

Ah!, o Oráculo. *Bem, eu podia ter citado. Há, nesse livrinho, um aforismo, que diz mais ou menos isso: "É o momento de deixar de agir. Saia da voragem da vida e faça um espaço para meditar. Busca a solidão. Só assim poderás ver com clareza. Repousa, descansa, medita. E depois vá e atue". Para aquela situação, era conveniente... Mas não me lembro se naquele tempo eu já tinha lido o* Oráculo.

Esse livro se tornou muito famoso, o senhor o mencionou muito na campanha das eleições presidenciais de 1998. Como o senhor chegou a ele?

Por pura casualidade. Acho que foi um presente da minha (segunda) esposa, Maribel. É um livrinho curto, feito um breviário, de umas 90 páginas, dividido nuns 40 capítulos, cheio de aforismos e sentenças, impregnado de uma filosofia que combina reflexão e ação. Gostei imensamente. Algumas daquelas frases, como a que acabo de citar, resumiam bem o que eu desejava expressar. Sim, utilizei e citei muito esse livro naquela campanha eleitoral de 1998. E o livro, é verdade, alcançou uma enorme popularidade. Incrível! Chegaram até mesmo a fazer sei lá quantas edições piratas. Seja como for, ajudou na vitória. Aliás, repassando minha estratégia com a vista posta nas presidenciais de outubro de 2012, estou voltando a ler esse livrinho.

Isso é um aviso para a oposição?

Com certeza. É um aviso aos meus adversários, mas também a nós mesmos. Porque a burguesia e seus aliados — internos e externos — jamais nos deixarão em paz. E isso é normal num confronto democrático. Devemos nos acostumar, portanto, a viver num conflito permanente, numa luta permanente, numa revolução permanente. E a esse respeito, o que nos diz O Oráculo*? "Guerreiro combatente, quando termines uma batalha não tornes a pôr a espada na bainha. Para quê? Se amanhã virá outra batalha". Eu digo a mesma coisa: o caminho que vem está cheio de batalhas. Mas em cada uma dessas batalhas conseguiremos o troféu da vitória.*

Voltando ao que estávamos falando, o senhor me dizia que decidiu voltar à batalha e convencer seus amigos do MBR-200 da necessidade de participar das eleições.

Pois é. Calcei as botinas outra vez e convoquei um Congresso Nacional do MBR-200 para debater durante vários dias. Foram debates acalorados, duros. Recordei a eles que, às vezes, se a gente não quiser que a política seja pior do que já é, devemos agir. E que isso, em algumas ocasiões, implica — como disse Max Weber — vender a alma ao diabo. A política nem sempre é para os puros: ela é humana, no sentido mais terrível da palavra. Os fanáticos são os únicos que acreditam que, na política, a perfeição é possível.

No fim, tomamos a decisão de fazer uma grande consulta. Alguns, como o velho Domingo Alberto Rangel, além de outros quadros, não aceitaram e saíram. Mas, enfim, o que nos importava, além dos sentimentos dos quadros, era a opinião do povo. Fizemos, então, essa medição da qual falei. E tivemos esses resultados tão carregados de esperanças. E em Valencia, em 19 de abril de 1997, foram tomadas duas decisões. A primeira: criar um instrumento político eleitoral. E a segunda: lançar a minha pré-candidatura.

Esse instrumento político eleitoral foi o Movimento V República?

Exato. Foi quando decidimos criar o partido Movimento V República, e definimos seu embasamento, seu programa e a candidatura.

Por que mudaram o nome?

Mudamos porque a Lei de Partidos Políticos proíbe o uso do nome de Bolívar num partido. Por isso, numa madrugada, procurando siglas, eu disse a mim mesmo: "Movimento V República", para pelo menos não perder o som, a associação de MBR com MVR.

Há os que asseguram que, historicamente, dizer V República não é correto. O que o senhor acha?

Pois é, alguns falam de III República, por exemplo. Depende do ponto de vista. Existem maneiras diferentes de dividir os períodos. Qual é a minha? Bem, localizo a Primeira República em 1811; quanto a isso, não pode haver nenhuma dúvida: primeira Constituição, primeira República. Depois, veio aquela que a história oficial chama de Segunda República. É a que nasce em 1813, depois da "Campanha Admirável". Bolívar assume a liderança, vem de Nova Granada, cruza os Andes e, numa campanha fulgurante, que é chamada de "Admirável", entra em Caracas em agosto de 1813. Forma um governo, e assim se instala a Segunda República.

Mas no ano seguinte, 1814, essa República cai. E Caracas volta a cair em mãos espanholas. Isso, até 1817, quando Bolívar liberta a ilha Margarita, instala seu governo e começa a nascer a Terceira República. Que, por sua vez, só vai se estabelecer definitivamente em 1819, com o Congresso de Angostura e a constituição da Grã-Colômbia. No nosso ponto de vista, é a que chamamos de Terceira Grande República, ou a República Bolivariana, original. Essa Terceira República desaparece com a morte de Bolívar.

Vem, então, a Quarta República, que é antibolivariana e oligárquica, e que se manteve ao longo dos séculos XIX e XX. Alguns historiadores dizem que não é assim, porque houve uma Assembleia Constituinte em 1947, e muitas outras Constituições. Mas realmente o fato de mudar uma Constituição não significa necessariamente mudar de República. Por exemplo, a República que nasceu em 1930 tendo Páez como presidente é, no meu ponto de vista, a mesma que Rafael Caldera governava 160 anos depois. Houve algumas mudanças, claro, governos eleitos, governos produzidos por golpes de Estado, governos nascidos de eleições diretas, governos nascidos de eleições indiretas... Mas a República era a mesma, um regime onde imperavam os interesses de uma minoria, e, em muitos casos, com formas de governo abertamente ditatoriais e, em outros, democracias disfarçadas. Enfim, essa é a explicação que defendi, e no final convenci as pessoas.

Não existia nenhuma alusão à Quinta República francesa, que o general De Gaulle fundou em 1958?

Nenhuma. Nós estávamos mais do que distantes de qualquer influência francesa de De Gaulle. No melhor dos casos, em matéria de influência francesa estaria a Revolução de 1789, aquela da igualdade, liberdade e fraternidade. De Gaulle certa vez expressou algo admirável: "Não sou capaz de imaginar a França a não ser como algo grande". Sempre pensei assim: a Venezuela tem de ser um país grande, no campo político, no econômico e no social. À minha maneira, digo como ele: "A Venezuela vai ser um pequeno grande país!". Para isso, estamos trabalhando. Para chegarmos lá.

A propósito de "Quinta República", houve, é verdade, muitas especulações sobre a intenção desse novo nome.

A partir desse ponto, o senhor lançou sua campanha eleitoral?

Bem, eu ainda passei por um período de sérias dúvidas. Depois daqueles momentos de críticas em que pensei em morrer. Mas, uma vez de pé novamente, pensei: "E se Domingo Alberto Rangel, afinal, tiver razão?". Ou seja, e se pela via das eleições for impossível fazer as transformações que só uma revolução permite? Fazer o quê? E de novo me pus a pensar que, nesse caso, seria preciso buscar as armas de novo.

Eu tinha dúvidas importantes. Mas finalmente disse a mim mesmo que era melhor, em primeiro lugar, tentar. E foi o que fizemos. E como fizemos! Organizamos tudo com muito método, estudando cada detalhe. Aplicamos o conselho de Marco Aurélio[47]*: "O segredo de toda vitória está na organização do impossível".*

Durante a campanha, o senhor quis viajar para Miami, mas, ao que parece, os Estados Unidos negaram seu visto. É verdade?

Verdade absoluta. Foi uma estupidez da parte deles. Aconteceu, acho, em abril de 1998. A Câmara de Comércio Venezuelana-Americana da Flórida me mandou um convite, para que eu expusesse meu ponto de vista aos empresários de lá. E, ao mesmo tempo, eu também queria ir até Nova York, onde outros empresários — e até banqueiros — tinham me convidado. Mas Washington negou meu visto. Um funcionário do Departamento de Estado (Jeffrey Davidow, assistente do secretário de Estado e ex-embaixador na Venezuela) declarou que "o comandante Chávez não tem direito ao visto porque tentou derrubar um governo democrático". Veja só, que escrupulosos! Eles, que passaram a vida derrubando governos democráticos e acolhendo ditadores latino-americanos e terroristas. Mas, claro, eram os deles.

No fim, aquilo não nos impediu de ganhar as eleições de 1998. Assumimos em fevereiro de 1999, e demonstramos que aquela via eleitoral e democrática era factível.

E asseguro que continua sendo factível. Vemos isso a cada dia, com o que aconteceu — e com o que continua acontecendo — em toda a América Latina, na Bolívia, no Brasil, no Equador, na Argentina, no Uruguai, Paraguai, Nicarágua, Peru...

Quando o Movimento V República forma a aliança eleitoral Polo Patriótico?

Quando criamos o Movimento V República e decidimos nos lançar nas eleições, aos partidos de esquerda não restou outro remédio que reconhecer nossa liderança e nossas propostas. Não tinham alternativa. Assim que minha candidatura começou a se perfilar, o Partido Comunista decidiu sair do governo e anunciar, sem que tivéssemos pedido, que me apoiava. Nós não somos sectários, nem vaidosos, e aceitamos esse apoio.

Depois, alguns meses mais tarde, a Causa R, o MAS e o MEP decidiram seguir o mesmo caminho. Então, tive a ideia de falar de uma "Aliança Patriótica". Uma aliança que tinha de ser estratégica, e não apenas tática. Mas acho que todos esses partidos, sem exceção alguma, procuravam unicamente ocupar espaços, conquistar postos, fosse através das eleições regionais, ou no próprio governo nacional.

Lembro que eu tinha acabado de ser eleito presidente e vieram os dirigentes do MAS para exigir dois ministérios. Disseram: "Viemos pedir dois ministérios, presidente, é o que nos corresponde, é justiça". Respondi que lamentava muito: "Aqui, não vou distribuir cargos. Agradeço muito mas podem ir indo, digam ao seu partido que este não vai ser um governo de 'base larga' como nos tempos da AD-Copei".

Depois, quando comecei a formar meu primeiro governo e a designar ministros, considerei, é claro, o valor de muitos quadros daqueles partidos, e os nomeei. Mas não porque eram do MAS ou do PCV ou do PPT, mas pelas suas qualidades intrínsecas.

Vou lhe dizer uma coisa: aqui, nesta mesma mesa, muitas noites, principalmente quando chegavam as eleições para o Congresso, para a Assembleia Constituinte, e depois para a Assembleia Nacional, sempre fui muito generoso com o pessoal desses partidos na hora de armar as listas de candidatos. Sempre dizia aos meus companheiros: "Vamos dar mais postos ao Partido Comunista, ele tem bons quadros; ou ao PPT etc. Vamos deixar de lado essa nossa ideia da hegemonia do MVR". Éramos o partido mais votado, mas com o menor sectarismo possível. Isso foi o Polo Patriótico, e com ele ganhamos as eleições do dia 6 de dezembro de 1998[48].

Churchill dizia que a vitória tem muitos pais, e a derrota, nenhum. Esses partidos chegaram e encostaram no senhor porque sentiram o perfume do triunfo. O senhor não acha?

Sem dúvida. Eles, na realidade, saíam de um governo para passar ao futuro governo. Mas não foram os únicos. No final da campanha, quando a vitória já era evidente, as oligarquias, que são muito hábeis, também começaram a mudar de atitude. Até mesmo alguns dos mais claros representantes dessa oligarquia venezuelana, e daquele velho regime, chegaram a escrever num jornal que, como não podiam com "o bicho" — e esse bicho era eu —, seria necessário domá-lo. E então começaram a me rodear de verdade. Lembro que, no dia seguinte ao nosso triunfo eleitoral, fui convidado por um canal de televisão, cujos donos pertencem a essa oligarquia rançosa e muito poderosa, e você não pode imaginar o grau extremo de adulação e de obsequiosidade com que fui tratado naquele programa. Eu senti até vergonha, vergonha alheia.

Quando tomei posse, no dia 2 de fevereiro de 1999, quando cheguei no Palácio de Miraflores, naquela primeira noite, estavam aqui Alberto Fujimori, Carlos Menem, o Príncipe de Astúrias... Até mesmo o José Luis Rodríguez, "El Puma"[49]*, apareceu — veja só! — para cantar uma canção para mim. E, acima de tudo, apareceu a oligarquia para me louvar. Topei com a oligarquia em peso. Queriam me sugar, feito vampiros. Vieram todos: os Cisneros, os Azpurúa, as famílias ricas, a burguesia. Eu estava fora de mim. Tinha feito a campanha pensando nos humildes, nos que não têm nada e que são a alma da Venezuela. E aconteceu que o povo, os abandonados de sempre, quase não estavam representados ali. Bem, havia os motoristas, os seguranças, os garçons. Fidel Castro apareceu naqueles salões e, com ironia, me perguntou: "Esta aqui é a Quinta República?". Deu meia-volta e foi embora.*

Pois bem, nós também vamos embora... "Por enquanto", como diria o senhor, vamos parar nossa conversa aqui, nesta releitura da sua primeira vida, das suas lutas e das suas ideias. Permita-me agradecer pelo longo tempo que o senhor teve a gentileza de me dedicar, e também felicitá-lo pelo seu bom estado de saúde.

Eu é que agradeço, Ramonet, pelas suas perguntas, suas críticas, seu interesse... e pela sua resistência, porque eu falo muito e você aguentou com enorme paciência. Embora, claro, você já tivesse tido um treinamento duro com nosso amigo Fidel[50]*.*

Em relação à minha saúde, digo que me sinto muito vigoroso, muito animado, muito otimista e muito seguro. Porque pusemos em marcha o renascimento do nosso país. Abrimos em nosso povo o apetite pelo impossível. A Venezuela será de novo digna, grande e gloriosa. Está levantando as bandeiras da esperança da sua gente. E garanto que vamos continuar avançando, em liberdade e em democracia, rumo a uma sociedade mais justa, mais inclusiva. A Venezuela era um dos países mais desiguais do mundo, e caminha para ser um dos menos desiguais.

Eu gostaria de me despedir com esta frase de Bolívar, retomando o juramento que fiz anos atrás: "Não darei descanso ao meu braço nem repouso à minha alma, até que possamos ver a Venezuela verdadeiramente como a sonhamos: digna, próspera e gloriosa".

Uma última palavra, para dizer ao senhor que eu espero que este seja apenas um começo. Numa próxima etapa, precisamos completar o percorrido de sua outra meia vida...

Por enquanto, vamos nos dar um respiro... Se a ocasião surgir, se você mantiver seu interesse, se minhas atividades permitirem, e se Deus me dá vida, prometo que conversaremos de novo sobre todas essas questões que nos interessam tanto.

Muito obrigado, Presidente.

Agradecimentos

Escrever um livro de entrevistas com uma personalidade tão excepcional como Hugo Chávez acabou sendo uma tarefa não desprovida de enormes dificuldades, ou ao menos assim foi para mim. Antes de começar esses longos diálogos com o líder da Revolução Bolivariana, passei meses me documentando, me preparando e estudando uma época — a Venezuela dos anos 1950 a 1990 — em que este país ainda não estava (a não ser por ocasião de eventos excepcionais) nas capas dos meios de comunicação internacionais.

Durante todo esse tempo, além de ler muitas das obras referenciadas na bibliografia, mantive intercâmbio com testemunhas do período, especialistas da região, analistas da vida política, historiadores, jornalistas, militares, professores, ativistas políticos, e vários amigos e amigas que sempre me trouxeram detalhes, fatos, comentários, histórias e referências muito úteis, e sem essa contribuição eu não poderia ter preparado essas entrevistas.

Não posso ignorar minha dívida com todos aqueles que contribuíram para o resultado final. Sem elas e sem eles, simplesmente esta obra não existiria. É impossível, para mim, mencionar cada uma das pessoas que me ajudaram. No entanto, seria injusto não citar, em primeiríssimo lugar, a assistência permanente, intelectual e logística que me foi prestada, desde o primeiro instante, por meu amigo Maximilien Arvelaiz, conselheiro especial do presidente para temas de política internacional. Se este livro está dedicado a ele, é porque Maximilien Arvelaiz desempenhou, em todas as etapas da sua realização, um papel fundamental, incitando-me à essa tarefa, contribuindo com ideias, sugerindo perguntas, me acompanhando em todos os meus encontros com Hugo Chávez, me dando ânimo quando as dificuldades se acumulavam, lendo e corrigindo o manuscrito até o último instante. Sua cooperação e seu reforço foram tamanhos, que o considero coautor deste livro ou, mais precisamente, do que de melhor houver neste livro, pois é óbvio que sou o único responsável por todos os seus defeitos, erros ou insuficiências.

Também devo agradecer à família de Hugo Chávez, especialmente ao seu irmão Adán e seus pais, Hugo de los Reyes e Elena. Os três tiveram a gentileza e a paciência de me conceder horas de entrevistas, para evocar aspectos menos conhecidos da infância, da adolescência e da juventude do futuro presidente. Da mesma forma, quero expressar minha gratidão às suas filhas Rosa Virginia e Maria Gabriela. Ambas assistiram a várias sessões de trabalho, e Chávez confiou a elas a delicada tarefa de reunir documentos da sua "primeira vida": livros, revistas, objetos, fotos, folhetos, cadernos, pinturas etc., nos quais o presidente se baseou para ir recordando os rincões esquecidos de sua biografia.

Meu reconhecimento muito especial ao presidente Nicolás Maduro, que desde o primeiro instante, quando era, por ocasião, ministro de Relações Exteriores, me estimulou a realizar este livro e, apesar de sua apertada agenda, não duvidou em me ajudar sempre, e em me dedicar tempo para descrever, em particular, a "epopeia de Chávez" — entre a saída da prisão, em 1994, e o triunfo eleitoral em 1998 —, que Maduro viveu junto ao eterno comandante, na linha de frente.

Tampouco posso omitir uma citação à contribuição capital de meu amigo Temir Porras, agudíssimo conhecedor do sistema político venezuelano, cujos conselhos e análises foram decisivos para entender melhor as raízes da Revolução Bolivariana e as características da IV República.

Sem o auxílio de Teresa Maniglia, este projeto tampouco teria se realizado. Ela é a memória viva do processo venezuelano inteiro. Filmei tudo, gravei tudo, conservei tudo, classifiquei tudo. Seus arquivos são o diário de bordo da Revolução Bolivariana, à qual se consagrou de corpo e alma com infinito talento e inquebrável vontade. Um reconhecimento muito especial aos colaboradores de Teresa, que realizaram a ingrata tarefa de retranscrever a maior parte das gravações desses diálogos.

Também mantive conversas extremamente enriquecedoras para este projeto com oficiais das Forças Armadas, que conheceram muito de perto o tenente-coronel Hugo Chávez, e cujas análises me permitiram entender aspectos da vida militar venezuelana que me eram desconhecidos. Por isso, faço encarecidos agradecimentos, entre outros, a Jesse Chacón, Luis Reyes Reyes, Pedro E. Alastre, Jesus Rafael Suárez Chourio, Jorge Jaspe, Juan Carlos Ladera, Julio Marciales, Kenny Díaz Rosario, Rafael Isea e Rhony Pedrosa. Devo expressar minha particular gratidão a Antonio Morales, jovem e brilhante oficial que foi, durante mais de doze anos, assistente pessoal do fundador da Revolução Bolivariana, e que teve a gentileza de reler cuidadosamente o manuscrito final. Um reconhecimento muito especial a Juan Escalona, o último e fiel ajudante de ordens de Chávez, que sempre me ajudou a realizar este projeto, facilitando os contatos com o presidente.

Tampouco posso me esquecer de reconhecer a grande contribuição de personalidades que me explicaram, ao longo de apaixonantes conversas, diversas facetas do sofisticado cenário político venezuelano. Alguns destes amigos até me sugeriram perguntas concretas que formulei a Hugo Chávez, e que sem dúvida saberão reconhecê-las no livro. Entre todas essas personalidades, meus agradecimentos são dirigidos, em particular, a Carlos Ron, Farruco Sesto, Alí Rodríguez, Roy Chaderton, José Vicente Rangel, Rafael Ramírez, Ramón Gordils, Bernardo Álvarez, Jesús Pérez, Arévalo Méndez, Elías Jaua, Pedro Calzadilla, Jorge Rodríguez, Carmen Bohórquez, Luis Britto García, Ernesto Villegas, Blanca Eekhout, Patricia Villegas, Marayira Chirinos, Farid Fernández, Therry Deronne, Tatiana Tello, Elba Martínez, Ilva Calderón, Tarek William Saab, Eleazar Díaz Rangel, Marta Harnecker, Maryclén Stelling e Neila Nahir.

Tenho que acrescentar que se este livro possui algum atrativo e algum vigor, deve essas qualidades à formidável contribuição de meus amigos Bernard Cassen, Ramón Chao e Christoplhe Ventura, com os quais compartilhei, dia a dia, durante longos meses de escrita e de estrutura do livro, minhas dúvidas e incertezas. Os três tiveram a paciência para suportar minhas vacilações, e foram os primeiros leitores do manuscrito. Suas muitas observações e correções me clarificaram, esclareceram e melhoraram o texto. Quero, aqui, manifestar a eles meu reconhecimento mais profundo.

Estes agradecimentos, porém, não seriam completos se eu não citasse tantos amigos e amigas, especialistas na geopolítica latino-americana e da politologia da Venezuela, com quem tive ocasião de, enquanto trabalhava na elaboração deste livro, de intercambiar ideias e análises. Em boa medida, embora às vezes não saibam, as pessoas citadas a seguir também contribuíram para a elaboração desta obra: Richard Gott, Raul Morodo, Roberto Viciano, Luis Hernández, Mónica Bruckmann, Farançois Houtart, Atilio Barón, Sarah Testard, Maurice Lemoine, Renaud Lambert, Salim Lamrani, Pascual Serrano, Hernando Calvo Ospina, Franck Gaudichaut, Romain Mingus, Jean-Marc Laforêt, Fernando Sulichin, José Ibañez, Manuel Cerazal, Iñigo Eerrejón e Jorge Elías. Obrigado a todos eles.

A Editorial Vadell Hermanos teve muita paciência com um autor excessivamente perfeccionista. Teresa Aquino de Vadell, responsável pela edição, perseverou com grande profissionalismo até que, finalmente, entreguei os originais completos. Pelo seu enorme entusiasmo e dedicação ao projeto, gostaria de agradecer aqui tanto a ela como a Janet Salgado (diagramadora), a Duilio Medero (revisor) e ao lendário Manuel Vadell. Todos eles são a honra de uma profissão em vias de extinção.

Repito o que já disse: as virtudes deste livro, se é que existem, são devidas às enriquecedoras contribuições de todas essas pessoas amigas. Pelos defeitos da obra, porém, sou o único responsável.

No texto de introdução, já tive oportunidade de expressar meu imenso agradecimento ao presidente Hugo Chávez, sem cuja contribuição este livro não existiria. A partir do momento em que aceitou a ideia de deixar seu depoimento para a História, Chávez não duvidou em me dedicar, com infinita generosidade, seu tempo e sua confiança. Ao longo de três anos (2008-2010), com a seriedade que o caracterizava e seu exigente profissionalismo, preparou com extremo rigor todas as nossas sessões de trabalho, se baseando em documentos reunidos especialmente para elaborar esta biografia a duas vozes. Minha gratidão com ele não tem medida. Minha maior pena é que a morte o tenha impedido de ver enfim publicado o detalhado relato da sua primeira vida.

Notas

Introdução

1) Ver J. E. Ruiz-Guevara: *Zamora en Barinas* (reedição fac-similar), Caracas, 1999.
2) Alí Primera (1942-1985), cantor e compositor de protesto venezuelano, muito popular. O presidente Chávez citava suas canções com frequência, são uma referência para toda a esquerda venezuelana.
3) Do latim *ex cursis*, "que sai do curso principal".
4) Ver Luis Britto García e Miguel Angel Pérez Pirela: *La invasión paramilitar: Operación Daktari*, Ediciones Correo del Orinoco, Caracas, 2012.
5) Maurício Funes, candidato da Frente Farabundo Martí de Libertação Nacional (FMLN), foi eleito presidente de El Salvador em 15 de março de 2009; tomou posse no dia 1º de junho de 2009.
6) Naquele momento: Ramón Carrizales, vice-presidente da Venezuela de janeiro de 2008 a janeiro de 2010.
7) Preso no dia 18 de junho de 2009, Laurent Bouquet foi julgado em agosto daquele mesmo ano, e condenado a quatro anos de prisão. No dia 29 de dezembro de 2012 foi posto em liberdade e expulso da Venezuela. Naquela ocasião, a ministra venezuelana de Assuntos Penitenciários, Iris Varela, revelou: "Um agente do serviço de inteligência francês que cumpriu sua pena depois de ter sido julgado por tentativa de assassinato do presidente Hugo Chávez, depois de confessar sua participação nos fatos, foi expulso da Venezuela" (Agência Ria Novosti, 29 de dezembro de 2012).
8) Sabaneta (Estado de Barinas) é hoje a capital do município Alberto Arvelo Torrealba, e tem uns 40 mil habitantes.
9) Sobre a Sabaneta da primeira parte do século XX, ver: Ricardo Aro Durán: *Sabaneta. Vivencias y recuerdos*, Ediciones Fondo Cultural Sabaneta, Mérida, 2008; e Pedro Mazzei G. *Sabaneta de Barinas. Historias para una historia*. Editorial Nemesio Martínez, Caracas, 1992.

10) Bebida não alcoólica muito popular na Venezuela, feita à base de leite e arroz. Costuma-se adicionar canela e leite condensado. Bebe-se com gelo.
11) Celarg, Centro de Estudos Latino-americanos Rómulo Gallegos, Caracas.
12) Ignacio Ramonet, "Les rébellions à venir", *Le Monde Diplomatique*, Paris, março de 1992; e "Derniers Carnavals", *Le Monde Diplomatique*, Paris, novembro de 1992.
13) Ignacio Ramonet: "La Venezuela vers la guerre sociale?", *Le Monde Diplomatique*, julho de 1995.
14) *Idem.*
15) Ver Ignacio Quintana: *Caldera ilegítimo*, Ediciones Paedica, Caracas, 1999.
16) Ignacio Ramonet: "La Venezuela vers la guerre sociale?", *Le Monde Diplomatique*, Paris, julho de 1995, *op. Cit.*
17) *Ibid.*
18) O resultado foi o seguinte: Hugo Chávez (MVR), 56,20%; Henrique Salas Römer (Projeto Venezuela), 39,97%; Irene Sáez (Irene), 2,82%. Não foi necessário um segundo turno.
19) Rafael Urdaneta (1788-1845), general e estadista venezuelano; último presidente da Grã-Colômbia.
20) Antonio José de Sucre (1795-1830), companheiro de Bolívar, marechal vencedor das batalhas decisivas de Junín e de Ayacucho (1824).
21) José Antonio Páez (1790-1873), general da Guerra da Independência da Venezuela, "o Centauro dos *Llanos*", três vezes presidente. É considerado exemplo do caudilho venezuelano do século XIX.
22) Ezequiel Zamora (1817-1860), militar e estadista, um protagonista da Guerra Federal (1859-1863), defensor de uma reforma agrária a favor dos camponeses.
23) Ver Ignacio Ramonet: "Chávez", *Le Monde Diplomatique*, Paris, outubro de 1999.
24) Gabriel García Márquez: "Los dos Chávez", *La Nación*, Buenos Aires, 31 de janeiro de 1999.
25) Em fevereiro de 1819.
26) Ver, por exemplo, *The New York Times*, 21 de agosto de 1999, ou *International Herald Tribune*, 1º de setembro de 1999.
27) Ver *Foro en el Gran Anfiteatro de La Sorbonne, Paris-Octubre 2001.* "Transformar a Venezuela: ¿una utopía posible?", documento editado pelo ministério da Secretaría de la Presidencia, Palacio de Miraflores, Caracas, 2001, com uma introdução de Maximilien Arvelaiz, fotos coloridas do evento e os textos integrais de todos os participantes.
28) Ver Guystavo Pereira: *El joven Bolívar*, Fundación Defensoría del Pueblo, Caracas, 2007.
29) Ler o editorial da revista mensal *Exceso*, Caracas, abril de 2002.
30) Conhecido em Washington por sua experiência em golpes de Estado, Charles S. Shapiro (n.1949) foi elogiado pelo seu trabalho como adido militar no Chile enquanto preparava a derrubada de Salvador Allende em

setembro de 1973. Também se destacou durante a "guerra suja" contra as guerrilhas de El Salvador e da Nicarágua na década de 1980.

31) Ver *Lula y Chávez en el Foro de Porto Alegre. Discursos y resoluciones.* Col. Le Monde Diplomatique, Editorial Capital Intelectual, Buenos Aires, 2005.
32) Ignacio Ramonet: *Fidel Castro. Biografía a dos voces.* Debate, Barcelona, 2006.
33) Luiz Inácio Lula da Silva foi eleito presidente do Brasil em 27 de outubro de 2002, e tomou posse no dia 1º de janeiro de 2003. Nesse meio-termo, Fernando Henrique Cardoso continuou sendo presidente em função.
34) Ver Ignacio Ramonet: "Lucio", *La Voz de Galicia*, La Coruña, 3 de dezembro de 2003.
35) Além de Hugo Chávez, seis outros candidatos disputaram as eleições do dia 7 de outubro de 2012: Henrique Capriles Radonski, pela Mesa de la Unidad (MUD); Orlando Chirinos, pelo Partido Socialismo y Libertad (PSL); Yoel Acosta Chirinos, pelo partido Vanguardia Bicentenaria Republicana (VBR); Luis Reyes Castillo, pela Organización Renovadora Auténtica (ORA); María Bolívar, pelo Partido Democrático Unidos por la Paz y la Libertad (Pdupl); e Reina Sequerda, pelo partido Poder Popular (PP). Chávez venceu no primeiro turno, com mais de 55% dos votos.
36) Em meados de julho de 2012, as principais pesquisas de opinião davam uma vantagem a Chávez (entre 15 e 20 pontos) sobre o candidato da direita, Henrique Capriles.
37) *Cien horas con Fidel* é o título da edição cubana de *Fidel Castro. Biografía a dos voces.* Ver nota 32.

Capítulo I

1) Marc Bloch: *Apología para la historia o el oficio del historiador*, Fondo de Cultura Económica, México, 1998
2) O Cristofué é um pássaro da família dos *Tyrannidae*, caçador de insetos. Seu nome científico é *Pitangus sulphuratus*, e é chamado de Cristofué porque quando canta parece repetir as palavras "*Cristo foi*".
3) Arturo Uslar Pietri (1906-2001), um dos mais eminentes escritores e intelectuais venezuelanos do século XX. Autor de romances como *Las lanzas coloradas* (1931), *El camino de El Dorado* (1947), *Oficio de Difuntos* (1976), *La isla de Robinson* (1981) e *La visita en el tiempo* (1990).
4) Simón Rodríguez (1769-1854), filósofo e pedagogo venezuelano, mestre e mentor de Simón Bolívar. Durante seu longo exílio na Europa (1801-1823) se fez chamar por Samuen Robinson.
5) *Isaías Medina Angarita* (1897-1953), eleito presidente constitucional para o período 1941-1946, governou com o apoio do Partido Comunista, foi derrubado em 18 de outubro de 1945, por um golpe de Estado organizado por jovens oficiais dirigidos por Marcos Pérez Jiménez e líderes do partido Acción Democrática, entre os quais se destacava Rómulo Betancourt.

6) Ver Arturo Uslar Pietri: *Golpe y Estado en Venezuela*, Grupo Editorial Norma, Caracas, 1992.
7) Carlos Andrés Pérez (1922-2010), cujo apelido era CAP, líder do partido Acción Democrática (afiliado à Internacional Social-Democrata). Foi presidente da Venezuela em duas ocasiões: 1974-1979 e 1989-1993. Destituído pelo Senado em maio de 1993 por malversação e apropriação indébita.
8) Martin Heidegger (1889-1976), filósofo alemão, um dos mais importantes do século XX, autor de *Ser e Tempo* (1927).
9) Juan Domingo Perón (1896-1974), coronel argentino, foi, em 1943, um ministro do Trabalho muito popular graças às suas políticas a favor da classe operária, o que provocou sua destituição e prisão. Sua popularidade aumentou, e em fevereiro de 1946 foi eleito presidente da nação argentina. Suas políticas justicialistas de apoio às reivindicações sociais, de modernização do país e de soberania diante dos Estados Unidos e do Reino Unido fizeram dele e de sua esposa Evita verdadeiros ídolos populares, mas provocaram sua derrubada em setembro de 1955. Regressou ao poder em outubro de 1973 e faleceu no dia 1º de julho de 1974.
10) Jacobo Árbenz (1913-1971), oficial do Exército, presidente da Guatemala de 1951 a 1954. Eleito democraticamente, Árbenz pôs em ação seu programa para tirar seu país da era colonial, da dependência dos Estados Unidos, propondo uma reforma agrária. Washington se opôs a essa política, a CIA organizou um golpe de Estado dirigido pelo coronel Carlos Castillo, e Árbenz foi derrubado em junho de 1954.
11) Juan Bosch (1909-2001), primeiro presidente democraticamente eleito na República Dominicana — em dezembro de 1962 — depois da ditadura de Trujillo (1930-1961), lançou uma série de reformas socialistas, e foi derrubado em junho de 1963 por um golpe de Estado apoiado pelos Estados Unidos. Em 1965, um grupo de oficiais se sublevou para repor Bosch no poder, mas os EUA enviaram uma força de 20 mil homens que invadiram o país para "evitar uma nova Cuba".
12) Em abril de 1964, no Brasil, o presidente João Goulart (1919-1976), de esquerda, foi derrubado por um golpe de Estado militar, apoiado pela CIA.
13) Manuel A. Odría (1897-1974), general, deu um golpe de Estado em outubro de 1948, contra o presidente legítimo do Peru, José Luis Bustamante. Governou seu país de 1948 a 1956.
14) Jorge Eliécer Gaitán (1898-1948), dirigente político colombiano muito popular entre as classes trabalhadoras. Candidato do Partido Liberal Colombiano nas eleições de 1948, apresentou um programa de reformas socialistas revolucionárias e foi assassinado no dia 9 de abril de 1948.
15) Fidel Castro me contou sua experiência vivida no "Bogotaço" em nosso livro de conversas *Fidel Castro. Biografía a dos voces* (Debate, Barcelona, 2006). Também se pode ler um longo depoimento de Fidel Castro sobre esse acontecimento em sua longa entrevista com Arturo Alape, publicada com

o título *El Bogotazo: Memorias del Olvido* (Casa de las Americas, Havana, 1983). Para outra descrição desse importante evento, ver Gabriel García Márquez: *Vivir para contarla* (Mondadori, Barcelona, 2002, pp. 332-363).

16) Alfredo Stroessner (1912-2006), general paraguaio, autor de um golpe de Estado no dia 4 de março de 1954. Instaurou uma ditadura aliada dos Estados Unidos e apoiou ativamente a Operação Condor, contra os democratas latino-americanos. Foi derrubado no dia 3 de fevereiro de 1989.

17) Marcos Pérez Jiménez (1914-2001), general venezuelano, instaurou uma ditadura militar de 1952 a 1958. Foi derrubado no dia 23 de janeiro de 1958 por uma insurreição civil-militar.

18) Juan Vicente Gómez (1857-1935), general que, sendo vice-presidente, derrubou o general-presidente Cipriano Castro, que estava na Europa, doente, e iniciou uma ditadura que durou 27 anos na Venezuela, de 1908 até a sua morte, em 1935. Gómez inspirou Gabriel García Márquez, no personagem do ditador do romance *O outono do patriarca* (1975).

19) Rómulo Gallegos (1884-1969), escritor e homem de Estado. Autor de *Doña Bárbara* (1929), considerada a obra-prima da novela venezuelana do século XX, mas que custou a ele o exílio durante a ditadura de Juan Vicente Gómez. Ministro de Instrução Pública em 1936, foi eleito presidente da Venezuela em fevereiro de 1948 (candidato do partido Ação Democrática). Foi derrubado oito meses mais tarde, no dia 24 de novembro de 1948, por um golpe de Estado militar, dirigido pelo general Marcos Pérez Jiménez.

20) No romance de Rómulo Gallegos, o personagem Santos Luzardo encarna o ideal da civilização diante da barbárie, a vontade de impor a lei diante da crueldade e da violência dos caciques da planície, que *Doña Bárbara* representa.

21) Rómulo Gallegos chegou a Havana no domingo 5 de dezembro de 1948, quando o presidente de Cuba era Carlos Prio Socarrás, que acabava de chegar ao poder no dia 10 de outubro daquele ano. O Partido Autêntico, do presidente Prio Socarrás, formava parte do mesmo movimento internacional social-democrata da Ação Democrática, o partido de Gallegos. Prio Socarrás foi, por sua vez, derrubado por um golpe de Estado militar, chefiado por Fulgencio Batista, no dia 10 de março de 1952.

22) Em 1914, foi descoberto petróleo na Venezuela, no poço Zumaque I do campo Mene Grande, na costa oriental do lago de Maracaibo. Em 1929, a Venezuela já era o segundo maior produtor, atrás dos Estados Unidos. Em 1939, quando começou a Segunda Guerra Mundial, a Venezuela adquiria importância geopolítica capital, porque forneceria cerca de 60% da demanda de petróleo das Forças Armadas aliadas, fator fundamental para a vitória de 1945.

23) O primeiro-ministro do Irã, Mohammad Mossadegh (1882-1967), foi derrubado em 18 de agosto de 1953 devido a uma operação conjunta — Operação Ajax — entre os Estados Unidos e a Inglaterra. Mossadegh havia sido eleito em 1951 por uma ampla maioria no Parlamento e decidiu nacionalizar a britânica Anglo-Iranian Oil Company, a única empresa

petroleira que operava no Irã. O golpe restaurou poderes absolutos ao Xá, dando início a um período de tortura e repressão que duraria 25 anos.

24) Gamam Abdel Nasser (1918-1970). Coronel, líder do Movimento dos Oficiais Livres, que em junho de 1952 derrubou a monarquia e proclamou a República no Egito. Nacionalizou o canal de Suez em 1956 e fez construir a grande represa de Assuã. É considerado um dos líderes mais importantes e populares da história árabe contemporânea.

25) José Ortega y Gasset (1883-1955), filósofo espanhol. Seu livro mais célebre é *La rebelión de las masas* (1929). A frase citada foi tirada de *Meditación del Quijote* (1914).

26) Karl Marx: "O dezoito Brumario de Luis Bonaparte", cap.1, Nova York, 1852. Versão espanhola em Carlos Marx e Federico Engels, *Obras escogidas en tres tomos,* editora Progresso, Moscou, 1981.

27) Nos países tropicais só há duas estações, a chuvosa e a seca. Na Venezuela, na época de chuvas, de maio a outubro, se diz "inverno", embora coincida aproximadamente com o verão térmico das zonas temperadas do hemisfério norte.

28) Uma das lendas mais populares dos *llanos* venezuelanos é a de "Florentino e o Diabo", que conta a batalha entre o Bem e o Mal, a luta entre um menestrel sombrio que vaga errante pela imensidão da savana e "mandinga", como se denomina o diabo. O mito foi recolhido num poema — "Florentino y el Diabo" (1941) — por Alberto Arvelo Torrealba (1905-1971). Florentino, ou o tira-pesares, representa a imagem do homem forte e indômito que consegue derrotar o Diabo depois de um longo duelo. O mal se retira porque chega a luz do amanhecer, e o cantor, depois do combate, perde a voz para o resto dos seus dias.

29) Ver, por exemplo: Miquel Izard: *Orejanos, Cimarrones y Arrochelados. Los llaneros del Apure,* Sendai Ediciones, Hospitalet de Llobregat (Barcelona), 1988.

30) Pedro Rafael Pérez Delgado, o "Maisanta" (1880-1924). General revolucionário, filho do coronel Pedro Pérez, herói da Guerra Federal (1859-1863). Casou-se no final da década de 1870 com uma mulher de Ospino, Bárbara Delgado, com quem teve dois filhos, Petra Pérez (1878), e Pedro Pérez Delgado, o "Maisanta", em 1880. Pero Pérez Delgado viveu seus primeiros anos em Ospino. No final do século, mudou-se para Sabaneta. Participou de várias insurreições, e voltou para Sabaneta entre 1904 e 1907. Depois, foi embora de novo, para as guerras. Fala-se que era um homem "encacetado", amigo dos desamparados, lutador pelos direitos dos pobres. Foi, nos *Llanos,* o último caudilho popular que levantava multidões. Em Sabaneta, conheceu Claudia Infante, e dessa união nasceram dois filhos, Pedro (1903) e Rafael (1904). De Rafael Infante, sabe-se que viveu com Benita Frías, mas não se casou com ela. Tiveram duas filhas: Elena Frías (1935) e Edilia Frías (1937). Elena se casou com o professor Hugo de los Reyes Chávez, em 1952, sendo que em 1953 nasceu Adán Chávez Frías, e, no dia 28 de julho de 1954, Hugo Rafael Chávez Frías. Depois nasceram Narciso, Aníbal, Argenis, Enzo e Adelis

Chávez Frías, irmãos menores do presidente Chávez. As características físicas de "Maisanta" eram, ao que parece, as seguintes: estatura alta, delgada, cor branca alourada, olhos verdes, rosto imberbe, bigodes ralos, cabelos crespos, castanhos. Também era chamado de "Americano". Morreu numa prisão, aos 44 anos, no dia 8 de novembro de 1924.

31) El Silbón, o assobiador, alma penada do *Llano*, segundo a lenda, matou o próprio pai para comer suas entranhas (fígado, coração e intestinos). Amaldiçoado pela mãe, fugiu. Soltaram um cachorro para que mordesse os seus calcanhares até o fim dos tempos, enquanto seu avô esfregava pimenta picante em suas feridas. El Silbón tem medo dos cães e da pimenta: emite um assobio apavorante, e vai pelas savanas penando com um saco cheio pelos ossos do pai, que faz soar como uma bateria quando chega a Semana Santa.

32) Um crocodilo selvagem, devorador de homens.

33) Um cavaleiro sem cabeça que galopa pelas noites, e se faz ouvir no *Llano* o relincho fantasmagórico do seu potro desembestado.

34) Conta uma lenda que, no rio Arauca, vive um crocodilo de dimensões enormes, que percorre as águas guardando a fauna e a flora, para impedir que sejam depredadas.

35) Lenda de uma mulher muito ciumenta que matou a mãe e o marido, achando que tinham um caso. Na agonia da morte, a mãe a amaldiçoou. E desde então a Sayona, longa saia branca e longa cabeleira negra, vaga sem descanso, perseguindo os homens infiéis para seduzi-los e, em seguida, matá-los.

36) Rafael Alberti (1902-1999), poeta espanhol da geração de 1927, comprometido com a defesa da República durante a Guerra Civil Espanhola (1936-1939) e militante marxista. A citação foi tirada do poema "La amante" (1926).

37) Motins, rebeliões, levantes e insurreições de caráter individual ou coletivos se sucederam na Venezuela desde o século XVI. Quase sempre, foram protestos por causas econômicas e sociais. Para mencionar apenas as do século XVIII, recordemos as rebeliões de Andrés López del Rosario, "Andresote", no vale do Yaracuy (1730-1733), o motim de San Felipe el Fuerte (1741), a rebelião do El Tocuyo (1744), a insurreição de Juan Francisco de León (1749-1751), o movimento dos *Comuneros de los Andes* (1781). E poderíamos acrescentar outras que, além do mais, pediam mudanças políticas, como o movimento de José Leonardo Chirino e José Caridas Gonzáles (1795), rebelados liderando 350 negros, mestiços e índios, ou a conspiração de Manuel Gual e José María España (1797), a tentativa de Francisco Javier Pirela (1799) e, finalmente, as invasões de Francisco de Miranda, "El Precursor" (1806).

38) José Tomás Boves (1782-1814), caudilho dos *Llanos*, pró-espanhol durante a Guerra da Independência da Venezuela. À cabeça de um exército de cavaleiros *llaneros* levou a cabo uma terrível guerra de raças e de classes a favor da Espanha, contra a burguesia branca e latifundiária venezuelana, e contra os independentistas.

39) Pablo Morillo y Morillo, conde de Cartagena e marquês de La Puesta, conhecido como *El Pacificador* (1775-1837), participou na batalha de Trafalgar (1805) contra os ingleses e depois nas vitórias de Bailén (1808), Puentesampayo (1809) e Vitoria (1813 contra as tropas de Napoleão, alcançando a patente de general. Em 1814, Fernando VII o nomeou chefe da "Expedição pacificadora" destinada a Venezuela e Nova Granada, que partiu de Cádiz em fevereiro de 1815. Regressou à Espanha em 1820, depois de firmar o Tratado de Armistício com Simón Bolívar, e dar nele o célebre "abraço de Santa Ana".
40) Frei Antonio Vázquez de Espinoza, em *Compendio y descripción de las Indias Occidentales* (1628, reeditado por Ediciones Atlas, Madri, 1969) menciona o "tabaco de Varinas" como "o melhor que se traz das Indias".
41) Pobres entre os pobres.
42) Chávez é um sobrenome de origem vasca: vem de *Etxabe* (Eschave). Significa "a casa de baixo". *Etxe* é casa, e o sufixo *be*, "de baixo". *Etxabe* se castelhanizou em Echabe, porque em euskera (a língua vasca) não existem "ch" nem "v", portanto a pronúncia é idêntica. Mas, em alguns casos, *Etxabe* foi transcrito "de Chave", e a preposição "de" se transformou no sufixo "ez", que significa justamente "de" (de pertencer) nos patronímicos castelhanos. Por exemplo, González (filho de Gonzalo), Pérez (filho de Pero — Pedro), Martínez (filho de Martín) etc. Assim foi como *Etxabe* se transformou em Chávez. Sua origem histórica se situa nas localidades vascas de Eskoriatza e Zumaia, ambas na província de Guipuzcoa. E deve-se notar que, no século XVIII, se estabeleceu na Venezuela a Companhia Guipuzcoana, que controlava o monopólio do comércio, e milhares de funcionários, empregados e sacerdotes guipuzcoanos foram se estabelecer em território venezuelano, entre eles vários "Chaves" e "Chávez". (Ver: "Companhia Guipuzcoana de Caracas e os vascos na Venezuela", em *www.euskomedia.org/PDFAnlt/42063075.pdf*)
43) O *coleo*, ou os touros puxados pelo rabo, é o principal esporte do homem *llanero*, como o rodeio para os vaqueiros do Oeste norte-americano. Os protagonistas são o cavaleiro, o cavalo e o touro. O objetivo do cavaleiro é derrubar o touro agarrando-o pelo rabo.
44) Diz a psicanalista francesa Françoise Dolto: "A criança tem sempre a intuição da sua história. Quando descobre a verdade, essa verdade a constrói". Ver *Infancias*, Libros del Zorzal, Buenos Aires, 2003. Ler também Serge Tisseron: *Nuestros secretos de família*, Editorial Diana, México, 2000.
45) Ver "Las líneas de Chávez", 1º de junho de 2009.
46) Amós, 2. 5-7.
47) Isaías, 5,8.
48) Lucas 6, 20-25.

Capítulo 2

1) Um "terciado" é uma espada, sabre ou facão que se caracteriza por ser curto. Por isso "terciado": falta um terço.

2) Copei (Comité de Organização Política Eleitoral Independente), partido político criado em 13 de janeiro de 1946 por dirigentes surgidos do movimento estudantil católico, afiliado à Internacional Democrata-cristã. Seu chefe histórico foi Rafael Caldera (1916-2009).
3) José Cipriano Castro (1856-1924). Vencedor, em 1899, da guerra civil, à cabeça de um Comité Revolucionário. Presidente da Venezuela de 1899 a 1908. Durante seu mandato, as armadas de várias potências estrangeiras (Alemanha, Inglaterra, Itália) bloquearam a costa venezuelana (de dezembro de 1902 a fevereiro de 1903), para exigir o pagamento da dívida externa. Rompeu, em 1908, as relações diplomáticas com os Estados Unidos. Durante seu mandato se aprovou o divórcio (1904). No dia 19 de dezembro de 1908, enquanto estava na Alemanha por motivos de saúde, foi derrubado por Juan Vicente Gómez.
4) Hugo é um nome de origem germânica. Significa "*homem de espírito*" ou "*homem de inteligência clara*". Seu santo é celebrado no dia 1º de abril.
5) José Antonio Páez (1790-1873). General-chefe da Independência da Venezuela. Presidente da República em três ocasiões. Foi conhecido como "O centauro dos *Llanos*". Foi acusado de trair Simón Bolívar. A figura de Páez dominou a cena política venezuelana a partir da batalha de Carabobo (1821) e até o Tratado de Coche, em 1863, quando terminou a Guerra Federal.
6) Ezequiel Zamora (1817-1860). General, liderou rebeliões camponesas ao grito de "*Terra e homens livres! Eleição popular! Horror à oligarquia!*". Participou da Revolução Federal. Um mês depois da sua vitória na batalha de Santa Inês de Barinas, no dia 10 de dezembro de 1859, foi assassinado. Gênio da guerra e revolucionário na política, um líder popular e líder militar. Usava um chapéu sem aba e, sobre esse chapéu, colocava seu gorro militar. Dizia que era o símbolo da união: o chapéu sem aba representava o povo, e o gorro militar os soldados do povo.
7) No dia 6 de julho de 1816, Bolívar ditou uma Proclama, na qual dizia, ao se referir aos escravos: "*Essa porção desgraçada dos nossos irmãos que gemeram sob as misérias da escravidão já é livre. A natureza, a justiça e a política pedem a emancipação dos escravos: daqui em diante, só haverá na Venezuela uma classe de homens, todos serão cidadãos*".
8) Pierre-Joseph Proudhon (1809-1865), filósofo e economista francês, um dos primeiros teóricos do socialismo, considerado "o pai do anarquismo". Sua obra principal é *O que é a propriedade?* (1840). A essa pergunta, ele respondia: "*A propriedade é o roubo*".
9) A Associação Internacional de Trabalhadores (AIT), também chamada de "Primeira Internacional", foi fundada em Londres, no dia 28 de setembro de 1864, por delegados operários vindos de toda a Europa, com o objetivo de coordenar as lutas sindicais e populares em todos os países do mundo. Seus estatutos foram redigidos por Karl Marx.
10) Árvore característica dos *Llanos* venezuelanos, cresce nas zonas próximas aos rios. Seu nome científico é *Sterculia apetala*.

11) José León Tapia: *Por aquí pasó Zamora*, Ediciones Centauro, Caracas, 1979.
12) José León Tapia: *Maisanta, el último hombre a caballo*, Centro Editor, Caracas, 1974.
13) Diz a tradição católica que, no século XIII, diante de sérias dificuldades da Ordem dos Carmelitas, seu superior geral, Simon Stock, suplicou a proteção da Virgem Maria. Sua oração foi ouvida, e em Ayslesford, condado de Kent (Inglaterra), em 16 de julho de 1251, a Virgem do Carmo apareceu para ele, acompanhada por uma multidão de anjos, levando nas mãos o escapulário da Ordem e dizendo as seguintes palavras: "*Este será privilégio para ti e para todos os carmelitas: quem com ele morra não padecerá*". A oração do escapulário diz o seguinte: "*Sê o escudo dos nossos guerreiros, o farol dos nossos marujos e o amparo dos ausentes e viajantes*". (*www.mariologia.org/devocionesescapulario01.pdf*)
14) No dia 5 de janeiro de 1817, o Libertador José de San Martín declarou oficialmente a Virgem do Carmo "Padroeira do Exército dos Andes", colocando o bastão de comando na mão direita da imagem religiosa. Na véspera da batalha de Chacabuco, em 12 de fevereiro de 1817, Bernardo O'Higgins, Libertador do Chile, a proclamou "Padroeira e Generala das Armas Chilenas".
15) Simón Bolívar, em carta ao Senhor Coronel Patricio Campbell, Encarregado de Negócios de S.M.B., Guayaquil, 5 de agosto de 1829.
16) Graças ao bloqueio naval da Venezuela por várias potências europeias, e diante da decisão de Washington de não aplicar a Doutrina Monroe, essa jurisprudência foi proposta, em 1902, pelo ministro de Relações Exteriores da Argentina, Luis Maria Drago, e adotada em 1907 pelo Tribunal Permanente de Arbitragem de Haia, que acrescentou que a negociação deverá sempre ser usada em primeiro lugar.
17) Arthur Schopenhauer (1788-1860), filósofo alemão, autor de *O mundo como vontade e representação* (1819).
18) A mãe de Hugo Chávez, Elena Frías, nos confirma: "Minha avó Marta, que foi quem me criou, costumava me dizer: 'Não sei por que essa moça — a moça era minha mãe, Benita — se deixou emprenhar pela semente da raça desse assassino". Diziam que meu avô, o pai do meu pai (*ou seja*, "*Maisanta*") tinha sido um assassino, que matava gente, cortava o pescoço e depois punha a cabeça na ponta do respaldar da cadeira. (Entrevista ao autor, Barinas, 11 de maio de 2009).
19) Adán Chávez recorda: "A imagem que nós tínhamos de Pedro Pérez Delgado era a de um assassino, um tipo malvado, um ladrão, um bandoleiro dos *llanos* que matava gente... Nas discussões internas da família, entre minha bisavó materna, Marta, e minha mãe Elena, se mencionava "Maisanta", pois se minha mãe tinha um gênio forte, difícil, é porque vinha do ramo de um assassino. Era esse o tipo de coisa que diziam e que nós escutávamos no ar, de passagem". (Entrevista ao autor, Barinas, 11 de maio de 2009).
20) Andrés Eloy Blanco (1897-1955), poeta venezuelano, autor de um longo poema dedicado a "Maisanta", intitulado "*Corrido de caballería*". Em

1928, por causa de atividades políticas antigomezistas, foi preso e levado ao castelo San Felipe de Puerto Cabello, onde ficou até 1932, confinado. Numa cela dessa mesma fortaleza colonial havia falecido, quatro anos antes, "Maisanta". A lenda do "último homem a cavalo" continuava viva no presídio, e nela se inspirou Andrés Eloy Blanco.

21) Hugo Chávez tinha, na época, entre seis e dez anos. A Venezuela era governada, pela segunda vez, por Rómulo Betancourt (do partido Ação Democrática), eleito em dezembro de 1958, nas primeiras eleições livres depois da queda do ditador Marcos Pérez Jiménez. Betancourt governou até 1964.

22) Rinha para briga de galos.

23) Valencia, capital do Estado de Carabobo (Venezuela). Não confundir com a também muito venerada Virgen del Socorro de Valencia (Espanha). São duas imagens diferentes. Ver *www.folkloreando.com/contend/articulo_ver.html?recid_articulo-98*

24) Oldman Botello: *Historia documentada del legendário Pedro Pérez Delgado "Maisanta"*, El Centauro, Caracas, 2005.

25) Emiliano Zapata (1879-1919), um dos principais dirigentes da Revolução Mexicana de 1910.

26) José Rafael Pocaterra: *Memorias de un venezolano de la decadencia: Castro, 1899-1908, Gómez, 1909-1919*, Biblioteca Ayacucho, Caracas, 1990.

27) José Garci Sánchez: *Alzamientos, cárceles y experiencias*, Editora Venegráfica, Caracas, 1977.

28) O sancocho é um prato típico da gastronomia da Venezuela. É preparado numa panela grande. É um caldo espesso ou sopa, à base de batata, banana, mandioca ou inhame, ao qual se acrescenta alguma carne (frango, vaca, porco) ou peixe. Também se acrescentam leguminosas, como feijão.

29) Augusto César Sandino (1895-1934), camponês, patriota e revolucionário nicaraguense, chamado de "General de homens livres". Líder da resistência contra o Exército norte-americano de ocupação. Assassinado por membros da Guarda Nacional em 21 de fevereiro de 1934, em Manágua. Suas ações e ensinamentos constituíram a base ideológica para a fundação, anos mais tarde, da Frente Sandinista de Libertação Nacional.

30) Charlemagne Masséna Péralte (1886-1919), líder nacionalista haitiano, se opôs à invasão norte-americana de seu país em 1915, criando uma guerrilha — os "Cacos" — que resistiu durante dois anos, no norte do país, até ser assassinado pelos fuzileiros navais invasores.

Capítulo 3

1) Adán Chávez confirma: "A influência da avó Rosa Inés está constantemente em nós. Foi uma influência muito positiva, porque com ela, a gente aprendeu muito. Era uma pessoa muito humilde, sumamente sensível à dor alheia. Muito solidária. E isso alimentou nosso espírito. Agora podemos dizer que ali começou a se amalgamar nosso espírito revolucionário, que tem a ver

com isso: a solidariedade, o amor aos semelhantes, o compartilhar o pouco que se tenha, tratar de aliviar a dor alheia, as necessidades dos vizinhos. Nesse ambiente nos criamos, com muita humildade e muita honestidade". (Entrevista com o autor, Barinas, 11 de maio de 2009).

2) Daniel Viglietti (1939-2017). Cantor e compositor uruguaio. Suas canções têm um forte conteúdo social e de protesto. A mais famosa é "A desalambrar".

3) Criado em 1999, *Alô Presidente* era um programa apresentado pelo presidente Chávez, que o canal público Venezolana de Televisión transmitia aos domingos, a partir das 11 da manhã.

4) Na Venezuela houve dois presidentes de origem italiana, Raúl Leoni (1963-1968) e Jaime Lusinchi (1984-1989).

5) Em setembro de 2009, por ocasião de uma viagem oficial à Síria, o presidente Chávez reuniu-se com a comunidade sírio-venezuelana na cidade de Swaida, uma das localidades com mais sírios em terras venezuelanas.

6) Alfredo Sadel (1930-1989), cantor e autor venezuelano muito popular, conhecido como "o tenor favorito da Venezuela". Junto com o mexicano Miguel Aceves Mejías, participou em três filmes: *Tú y la mentira* (diretor: René Cardona, 1958), *El buena suerte* (diretor: Rogelio González, 1960) e *Martín Santos, el llanero* (diretor: Mauricio de La Serna, 1962).

7) Em outubro de 2007 Hugo Chávez lançou um CD intitulado *Canciones de siempre*, reunindo algumas das *rancheras* e várias músicas do folclore venezuelano, interpretadas por ele mesmo em seu programa dominical *Alô Presidente*.

8) Desde o século XVIII, em San Francisco de Yare (Estado de Miranda), todos os anos, no dia de *Corpus Christi*, se celebra uma dança ritual chamada de "diabos dançantes". Os dançarinos vestem trajes coloridos (geralmente vermelho) e usam capas e máscaras de nítida influência religiosa para celebrar a vitória do bem contra o mal.

9) Situado nos Andes venezuelanos, o Pico Bolívar (4.981 metros) é o ponto culminante do país. É mais elevado, por exemplo, que o Mont Blanc (4.811 metros), considerado o "teto" da Europa.

10) La Marqueseña é uma fazenda de quase 5 mil hectares, situada na periferia de Sabaneta, e que pertenceu ao general Pedro Pérez Delgado, "Maisanta" (1881-1924), bisavô materno de Hugo Chávez, e que foi confiscada quando ele se sublevou contra o ditador Juan Vicente Gómez (1857-1935). A família jamais conseguiu recuperar a fazenda. Em setembro de 2005, La Marqueseña foi desapropriada pelo governo venezuelano, no marco da luta contra os latifúndios.

11) No princípio, se dizia "realengo" para um território que dependia diretamente do rei e, principalmente, que não dependia de nenhum senhorio feudal, de nenhum nobre ou eclesiástico. Portanto, eram lugares com maior liberdade, como, por exemplo, na Idade Média, algumas cidades livres (na Espanha, Ciudad Real). Por extensão, "realengo", em particular no Caribe (Cuba, Porto Rico) significa "livre, sem dono". Fala-se frequentemente de "cães realengos" para mencionar os cachorros sem dono. É o significado que dá, aqui, a avó de Hugo Chávez.

Capítulo 4

1) Fundado em 1941 por Rómulo Gallegos e Rómulo Betancourt, Ação Democrática é um partido de esquerda socialista, que, em alternância com a Copei, controlou a vida política venezuelana de 1958 a 1998, incluindo o principal sindicato do país, a Confederação de Trabalhadores da Venezuela (CTV). A partir de 1999, embora continue filiado à Internacional Socialista, a AD é de ideologia centrista e mantém uma posição muito crítica a respeito da Revolução Bolivariana. Seus seguidores são chamados "adecos".
2) Em viagem administrativa pelo Estado de Barinas, o presidente Rómulo Betancourt inaugurou essa estrada em 13 de maio de 1962, nove dias depois do "Carupanazo".
3) O Comité de Organização Política Eleitoral Independente (Copei) ou Partido Social-Cristão da Venezuela, fundado em 1946 por Rafael Caldera, dominou, em alternância com a Ação Democrática, a vida política venezuelana entre 1958 e 1998.
4) Ver: Régis Debray: "Quinze jours dans les maquis vénézuéliens", em *Essais sur l'Amérique Latine*, Fraçois Maspero Editeur, Paris, 1967.
5) No dia 4 de maio de 1962, em Carúpano, se rebelaram um batalhão de Infantaria da Marinha e um destacamento da Guarda Nacional. Ocupam a cidade e lançam um manifesto em nome do Movimento de Recuperação Democrática. No dia seguinte, forças leais ao governo retomam o controle e detêm centenas de pessoas, entre elas membros do Partido Comunista da Venezuela (PCV) e do Movimento de Esquerda Revolucionária (MIR, pela sigla em espanhol). O presidente Betancourt decide proibir essas duas organizações.
6) No dia 2 de junho de 1962, em Puerto Cabello, resultado de uma conspiração civil-militar, se subleva um grupo de oficiais e de marinheiros da Base Naval, apoiados por grupos civis armados. As forças leais ao governo esmagam a insurreição no dia seguinte, com um saldo de uns 400 mortos e 700 feridos. O presidente Betancourt lança uma política de depuração das Forças Armadas contra qualquer oficial suspeito de simpatia com a extrema-esquerda.
7) Ação Democrática e o Partido Comunista da Venezuela, ilegalizados, não puderam participar das eleições.
8) No dia 31 de outubro de 1958, alguns meses depois da derrubada de Marcos Pérez Jiménez, num sítio do bairro de Savana Grande, em Caracas, chamado de "Puntofijo", propriedade familiar de Rafael Caldera, três partidos — Ação Democrática (AD), Copei e União Republicana Democrática (URD) — firmam um acordo "para assegurar a estabilidade do regime nascente". Na prática, o Pacto de Punto Fijo se traduzirá na repartição exclusiva do poder, durante 40 anos, entre AD e Copei. Ao Pacto se somam, além disso, outros atores "extrapartidários" — mas com notória influência — como o setor empresarial (Fedecámaras), a organização majoritária dos trabalhadores (CVT), as Forças Armadas e a Igreja.

9) "*O Governo Provisório do almirante Larrazábal me deu de presente um fuzil automático FAL no penúltimo mês da guerra, em novembro de 1958*". Fidel Castro confirmou isso no dia 29 de novembro de 2009, numa "reflexão" intitulada "*Existe margem para a hipocrisia e a mentira?*".
10) Richard Milhous Nixon (1913-1994), vice-presidente dos Estados Unidos durante os dois mandatos de Dwigth D. Eisenhower (1953--1960). Presidente de 1968 a 1974. Na metade de seu segundo mandato, o "escândalo Watergate" levou-o a renunciar. É o único presidente norte-americano que foi obrigado a renunciar.
11) Dwigth David Eisenhower (1890-1969), general norte-americano. Comandante-chefe das Forças Aliadas na Europa, durante a Segunda Guerra Mundial. Presidente dos Estados Unidos de 1953 a 1960.
12) O vice-presidente norte-americano Richard Nixon chegou a Caracas na terça-feira, 13 de maio de 1958, e foi encurralado por um enorme protesto popular. Quando regressava de uma reunião com o presidente da Junta de Governo, Wolfgang Larrazábal, seu veículo foi atacado numa das manifestações mais violentas jamais vistas em Caracas.
13) Francisco Prada Barazarte, mais conhecido como comandante Arauca ou "Magro Prada", antropólogo, foi, juntamente com Douglas Bravo, Alí Rodríguez, José Vicente Scorza e Fabricio Ojeda, membro fundador, na década de 1960, do Partido da Revolução Venezuelana-Forças Armadas de Libertação Nacional (PRV-FALN), organização favorável à continuação da luta armada. As Forças Armadas de Libertação Nacional (FALN) foram formalmente constituídas em 1º de janeiro de 1963, quando se agruparam a "Frente José Leonardo Chirino" (Douglas Bravo, Elías Manuitt Camero), o "Movimento 2 de Junho" (comandante Manuel Ponte Rodríguez, capitão Pedro Medina Silva), a "União Civil-Militar" (tenente-coronel Juan de Dios Moncada Vidal, major Manuel Azuaje), o "Movimento 4 de maio" (capitão Jesús Teodoro Molina, major Pedro Vargas Castellón) e o "Comando Nacional da Guerrilha".
14) A pedido do Partido Comunista da Venezuela (PCV) e do Movimento de Esquerda Revolucionária (MIR, na sigla em espanhol), Cuba organiza a "Operação Simón Bolívar" e, em julho de 1966, manda para a Venezuela 14 instrutores em táticas guerrilheiras (entre os quais estava o então capitão Leopoldo Cintra Frías), sob as ordens do comandante cubano Arnaldo Ochoa (1930-1989), que mais tarde seria um dos chefes das forças expedicionárias cubanas na Etiópia e em Angola, e mereceria o título de "Herói da Revolução". Ao seu regresso de Angola, Ochoa foi detido em junho de 1989, acusado de corrupção e de participação em tráfico de drogas, julgado, condenado à morte e fuzilado em Havana, no dia 13 de julho de 1989.
15) Em julho de 1966 ocorreu o primeiro desembarque de um grupo de militares cubanos (Arnaldo Ochoa entre eles) e um único venezuelano, Luben Petkoff. Em maio de 1967 aconteceu o "desembarque de Machurucuto", que foi a chegada de outro grupo procedente de Cuba, integrado por

guerrilheiros do MIR e de veteranos cubanos, entre os quais estava Ulises Rosales del Toro. Alguns meses mais tarde, em outubro, na Bolívia, Ernesto Che Guevara era capturado, assassinado, e sua guerrilha, desmantelada.

16) José Leonardo Chirino (1754-1796) foi um "zambo" (filho de indígena e de negro escravo) revolucionário venezuelano, que liderou uma frustrada rebelião de escravos em 1975.

17) Douglas Bravo (n. 1932) é o guerrilheiro mais famoso que a Venezuela jamais teve. Em 1962, fundou e dirigiu a Frente Guerrilheira José Leonardo Chirino na serra de Falcón, na qual participam, entre outros, Teodoro Petkoff e Alí Rodríguez. Em março de 1966, dirigiu o Partido da Revolução Venezuelana (PRV), cujo braço armado, as Forças Armadas de Libertação Nacional (FALN), continuou a luta armada, fundindo-se com o Movimento da Esquerda Revolucionária (MIR, pela sigla em espanhol), conformando, ambas organizações, a Frente de Libertação Nacional (FLN). Na atualidade, Douglas Bravo é líder do movimento "Terceiro Caminho".

18) Fundado em 1960, o Movimento da Esquerda Revolucionária (MIR) é o resultado da primeira divisão sofrida pelo partido Ação Democrática (AD), fundamentalmente em seus órgãos da juventude. O MIR foi um dos primeiros grupos da Venezuela a se lançar na luta armada, e provocou enfrentamentos urbanos entre 1961 e 1962. Instalou um foco guerrilheiro no Oriente do país, chamado de "Frente Manuel Ponte Rodríguez", desmantelado em 1964 pelo Exército, e reconstituído em 1965 com o nome de "Frente Guerrilheiro Antonio José de Sucre".

19) Em 1957, o braço armado do Partido Comunista da Venezuela, com Douglas Bravo, Teodoro Petkoff e Eloy Torres como representantes, se reuniu na casa do então coronal Rafael Arráez Morles, em El Paraiso. Ali, decidiram criar a Frente Militar de Carreira do Partido Comunista nas Forças Armadas. O objetivo era captar militares para incorporá-los no projeto revolucionário. Essa política foi acertada para o PC, a ponto de, poucos anos depois, uns 170 oficiais já integravam a organização. Posteriormente, os fardados se uniram ao guevarista MIR (Movimento de Esquerda Revolucionária, na sigla em espanhol) com a ideia de sublevar-se em 1962, em Carúpano e Puerto Cabello, onde as forças rebeldes civil-militares foram derrotadas. Jesús Teodoro Molina Villegas, Juan de Dios Moncada Vidal, Pedro Medina Silva, Manuel Ponte Rodríguez e Victor Hugo Morales foram alguns dos 50 oficiais que posteriormente participaram na criação das Forças Armadas de Libertação Nacional, chegando, vários deles, a ser comandantes de frentes guerrilheiras Alberto Garrido, *Venezuela: De la revolución al gobierno de Hugo Chávez.*

20) "Juan Charrasqueado" é o título de um *corrido* mexicano muito famoso, composto em 1942 por Victor Cordero (1914-1983). Conta "a triste história de um rancheiro apaixonado que foi bêbado, farrista e jogador". *Charrasqueado* significa que ele tem a cicatriz de uma navalhada na cara.

21) Os "Boinas Verdes" (*United States Army Special Forces*), também chamados de *"Green Berets"*, são tropas de elite do Exército norte-americano, criadas no começo dos anos 1950, especializadas em operações clandestinas contrainsurgência. A partir de 1987, os "Boinas Verdes" estão sob as ordens do Comando de Operações Especiais (*United States Special Operations Command*, USSOCOM), baseado em Fort Bragg (Carolina do Norte). Estão divididos em grupos diferentes, em função da sua preparação específica segundo o teatro de operações: o Grupo 7 (*7th Special Forces Group*), baseado na Flórida, composto por 1.400 efetivos, está treinado para intervir na América Latina.
22) Fidel Castro confirma: "Quando, no final de janeiro de 1959, falei na Plaza del Silencio, onde havia centenas de milhares de pessoas, e mencionei, por pura cortesia, Betancourt, ouvi a vaia mais sonora, prolongada e embaraçosa da minha longa vida. As massas mais radicalizadas da Caracas heroica e combativa tinham votado esmagadoramente contra ele. Para mim, foi uma verdadeira lição de realismo político. Depois, precisei ir visitá-lo, por ser o presidente eleito de um país amigo. Encontrei um homem amargo e ressentido. Já era o modelo de governo 'democrático e representativo' que o império precisava. Colaborou do jeito que pôde com os ianques antes da invasão mercenária de Girón". *Reflexiones del compañero Fidel*, 29 de novembro de 2009.
23) John Fitzgerald Kennedy (1917-1963), democrata, 35º presidente dos Estados Unidos, assumiu no dia 20 de janeiro de 1961, e foi assassinado em Dallas (Texas) em 22 de novembro de 1963.
24) Os *Peace Corps*, criados pelo presidente Kennedy em 1961, dependem de uma Agência do Governo Federal dos Estados Unidos, e têm como missão oficial "a defesa da paz e da amizade no mundo". Vários de seus membros foram acusados, em alguns países, de serem agentes infiltrados da *Central Intelligence Agency* (CIA).
25) Aliança para o Progresso (*Alliance for Progress*) foi um programa de ajuda econômica e social dos Estados Unidos para a América Latina, que durou de 1961 a 1970. Foi criado pelo presidente John F. Kennedy em março de 1961 e oficializado em agosto de 1961, com a adoção da "Carta de Punta del Leste", numa reunião do Conselho Interamericano Econômico e Social (CIES), da Organização dos Estados Americanos (OEA), em Punta del Leste (Uruguai). A Aliança para o Progresso foi criada como uma forma de contra-atacar a influência da Revolução Cubana e apoiar medidas mais reformistas.
26) Expressão extraída da primeira estrofe do hino nacional venezuelano: *Abaixo as correntes!/ gritava o senhor,/ e o pobre, na sua choça,/ liberdade pediu.*
27) Em 1958, ano da queda da ditadura militar de Marcos Pérez Jiménez, a população analfabeta na Venezuela superava 56% do total. O governo da Ação Democrática de Rómulo Betancourt lançou um programa de criação de escolas primárias em todo o país, e tentou erradicar o analfabetismo recorrendo a "um método venezuelano de características

próprias, adaptados ao nosso meio e compreendido para a mentalidade popular", que tinha sido elaborado durante o mandato do presidente Rómulo Gallegos (1945-1948), sob a influência do educador Luis Beltrán Prieto Figueroa (ministro da Educação em 1948), e cujo instrumento foi o manual *Abaixo Correntes*, Abajo Cadenas.

28) Angelo Giuseppe Roncalli (1881-1963), eleito papa em 1958 com o nome de João XXIII. Convocou o Concílio Vaticano (1962-1965), que transformou a Igreja Católica. Muito popular, tornou-se conhecido como "o papa bom", e foi beatificado por João Paulo II em 2000.

29) A II Conferência-Geral do Episcopado Latino-americano foi realizada em Medellín (Colômbia) em agosto e setembro de 1968. Seu documento final põe foco especial na presença da Igreja para transformar a América Latina à luz do Concílio Vaticano II. A Conferência de Puebla, em 1979, insistiu na necessidade de uma opção claramente preferencial pelos pobres: "Enfatizamos a necessidade de conversão de toda a Igreja rumo a uma opção preferencial a favor dos pobres, pensando em sua completa libertação".

30) A Teologia da Libertação é uma corrente teológica que começou na América Latina depois do Concílio Vaticano II e das Conferências de Mar del Plata e de Medellín (Colômbia, 1968). Seus representantes mais destacados são os sacerdotes Gustavo Gutiérrez (peruano) e Leonardo Boff (brasileiro). A Teologia da Libertação tenta responder à seguinte questão: como ser cristão num continente oprimido. Um dos expoentes máximos dessa Teologia, o jesuíta espanhol Ignacio Ellacuría, foi assassinado pelos "esquadrões da morte" em El Salvador.

31) A diocese de Barinas, dependente do arcebispado de Mérida, foi criada no dia 23 de julho de 1965. O primeiro bispo foi monsenhor Rafael Ángel González Ramírez, que tomou posse de sua diocese em 29 de janeiro de 1966.

32) Aristide Quillet (1880-1955), enciclopedista francês e editor autodidata, autor de um *Dicionário enciclopédico* em seis tomos, publicado pela primeira vez em Paris no ano de 1934.

33) Andrew Carnegie, nascido em Dunfermline, Escócia (1833-1919) e naturalizado norte-americano, foi um industrial instalado em Pittsburg, que se transformou em "o rei do aço" e "homem mais rico do mundo". Foi também um grande filantropo, criou umas 2.500 bibliotecas públicas nos Estados Unidos, e mandou construir o célebre Carnegie Hall em Nova York.

34) Ele se refere ao quadro *La luna de Yare*, pintado em 1993 quando, depois da rebelião do dia 4 de fevereiro de 1992, estava preso na cadeia de Yare.

Capítulo 5

1) Ver José León Tapia: *Tierra de Marqueses*, José Agustín Catalá Editor, Caracas, 1992.

2) Juan de los Santos Contreras, conhecido como "El Carrao de Palmarito" (1928-2002), célebre cantor *llanero*.

3) Palácio colonial do século XVIII, residência de José Ignacio del Pumar, primeiro Marquês de las riberas de Masparro y Boconó.
4) Juan Antonio Rodríguez Domínguez foi presidente do Congresso Nacional que, no dia 5 de julho de 1811, tomou posição a favor da Independência absoluta da Venezuela, e redigiu a Ata da Independência.
5) O Banco Obrero (BO) foi uma instituição criada na Venezuela em 1928, cuja função era facilitar, aos trabalhadores pobres, a compra de casas urbanas. Foi substituído, em 1975, pelo Instituto Nacional da Moradia (Inavi, na sigla em espanhol).
6) As Forças Armadas de Libertação Nacional (FALN) foram fundadas em 1962 para unificar os esforços militares do Partido Comunista da Venezuela e o Movimento de Esquerda Revolucionária (MIR). O sequestro de Di Stefano esteve sob responsabilidade do Destacamento "César Augusto Ríos", cuja direção estava com o *"comandante Gregorio"*, ou seja, Luis Correa. O segundo na cadeia de comando era um jovem — filho de anarquistas espanhóis — que, na época, deu muito trabalho às autoridades, Paúl del Río, que passou para a história como "Máximo Canales". Correa atuava representando os comunistas e Canales, os *miristas.*
7) Charles de Gaulle (1890-1970), general francês que, durante a Segunda Guerra Mundial, liderou a resistência contra a ocupação do seu país pela Alemanha hitlerista. Em 1958, fundou a V República e foi presidente da França de 1958 a 1969.
8) Essa viagem durou mais de três semanas (de 21 de setembro a 16 de outubro de 1964), durante a qual o general De Gaulle visitou dez países latino-americanos, nesta ordem: Venezuela, Colômbia, Equador, Peru, Bolívia, Chile, Argentina, Paraguai, Uruguai e Brasil.
9) Desenhado pelo arquiteto criador do Rockfeller Center e da sede da ONU em Nova York, Wallace K. Harrison, o hotel Ávila, de estilo tropical-colonial-venezuelano, situado no bairro de San Bernardino, em Caracas, foi inaugurado pelo presidente Isaías Medida Angarita no dia 11 de agosto de 1942. Tornou-se famoso na década de 1960 e pelas suas instalações passaram de Nelson Rockfeller e Charles de Gaulle a Juan Domingo Perón e Fulgencio Batista.
10) Daniel Florence O'Leary (1802-1854), nascido em Cork, Irlanda, e oficial da Legião Britânica que lutou ao lado de Simón Bolívar pela independência da América do Sul. Foi ajudante de ordens do Libertador. É autor de detalhadas *Memorias* em 34 volumes, que narram as principais campanhas de Bolívar.
11) *Un mensaje a García* é um ensaio breve do escritor norte-americano Elbert Hubbard (1856-1913), publicado em 1899, que alcançou êxito excepcional, com mais de 40 milhões de exemplares publicados em 37 idiomas. Conta uma história real, a de um oficial norte-americano, Andrew S. Rowan, a quem o presidente William McKinley, que estava preparando a invasão de Cuba em 1898, confia a missão de entrar em contato com o general Calixto García, chefe dos insurgentes cubanos durante a guerra de 1868-1878, que estava clandestino, e entregar uma mensagem para coordenar a luta contra

os espanhóis. Rowan consegue localizar García, e entrega a mensagem. Elbert Hubbard concluía dizendo que "o que a juventude necessita é a inculcação do amor ao dever", e simplesmente "fazer bem o que tem de fazer". Em 1936, em Hollywood, foi feito um filme, *A Message to García*, dirigida por George Marshall e interpretada por Wallace Beery.

12) O candidato do Partido Socialista da Venezuela foi Alejandro Hernández; Luis Beltrán Prieto Figueroa, apoiado pela esquerda da AD, foi o candidato do Movimento Eleitoral do Povo, e Miguel Ángel Burelli Rivas, apoiado pela "Frente pela Vitória", o da União Republicana Democrática. O Partido Comunista da Venezuela, sob o nome "Unidos para Avançar", participou mas sem apresentar candidato próprio.

13) Célebre cantor e compositor venezuelano (1942-1985), chamado de "Cantor do Povo", porque suas canções de protesto denunciam os sofrimentos dos pobres e pedem uma sociedade mais justa.

14) Surgida da quebra, em 1911, da célebre Standar Oil de John D. Rockefeller, a Mobil é uma das maiores empresas norte-americanas de hidrocarburetos. Em 1955, adotou o nome de Mobil Oil Company, mas em 1963 o simplificou para passar a ser Mobil, e lançou uma grande campanha mundial para divulgar esse nome. Talvez, no marco dessa campanha, ofereceu a Barinas, nos anos 1966-1971, camisetas que levavam o logotipo da marca para as equipes esportivas amadoras, como a de Hugo Chávez. Em 1999, a Mobil se fundiu com a Exxon, transformando-se no atual grupo ExxonMobil.

15) Comida típica venezuelana, a cachapa é uma panqueca de milho.

16) Companheiro de estudos e de beisebol de Hugo Chávez, Luis Reyes Reyes, oficial da aviação militar, participou das rebeliões bolivarianas do dia 4 de fevereiro de 1992 e a do dia 27 de novembro de 1992. Depois da vitória eleitoral de Hugo Chávez em 1998, foi governador do Estado de Lara e ministro da presidência.

17) "De boca a boca" ou "de boca a orelha", método que consiste em difundir informação por meios verbais, de pessoa a pessoa.

18) Carlos Giusti Vargas (1926-2004), poeta e cronista.

19) Em: Cristina Marcano e Alberto Barrera Tyszka: *Hugo Chávez sin uniforme*, Debate, Caracas, 2007.

20) A Academia Militar é o instituto de formação de oficiais mais antigo da Venezuela. A instituição que lhe deu origem foi criada pela Junta Suprema de Caracas no dia 3 de setembro de 1810. Em 1903, na presidência do general Cipriano Castro, foi criada a moderna Academia Militar, que começou a funcionar em 5 de julho de 1910. Em 1936, o general Eleazar López Contreras, presidente, a substitui pela Escola Militar, localizada em La Planicie, até 1949, quando, sendo presidente o coronel Carlos Delgado Chalbaud, passou a atual sede, na avenida de Los Próceres, Forte Tiuna, Caracas. Em 1971, o presidente Rafael Caldera a reorganizou novamente como Academia Militar, com um novo programa de estudos, e foi quando Hugo Chávez ingressou na instituição.

21) Em 1941, a equipe nacional de beisebol da Venezuela ganhou o Campeonato Mundial, celebrado em Havana. Os jogadores se tornaram verdadeiros ídolos populares, e a imprensa esportiva os chamou de "heróis de 41".
22) Autor de *El fuego sagrado. Bolívar hoy*, Edición CLI-PER, Caracas, 1980; *La Guerra Federal*, Péndulo Histórico Bolivariano, Caracas, 1977, 9ª edición (1ª ed. 1974).
23) *Inning:* cada um dos segmentos do jogo de beisebol, nos quais as equipes se revezam consecutivamente entre ataque e defesa.

Capítulo 6

1) As Forças Armadas da Venezuela são integradas, tradicionalmente, por quatro componentes: Exército, Marinha, Força Aérea e Guarda Nacional. A eles se somou, em data recente, a Milícia, uma entidade de reserva que complementa a defesa nacional. A Guarda Nacional é um corpo essencialmente encarregado da manutenção da ordem interna do país, e também do controle das alfândegas.
2) Localizada a uns 80 quilômetros ao norte da cidade de Nova York, a *United States Military Academy at West Point* é uma das mais prestigiosas academinas militares dos Estados Unidos.
3) No dia 19 de fevereiro de 2008, aos 82 anos, Fidel Castro anunciou que deixava seu cargo de chefe de Estado cubano por razões de saúde. Mas continuou publicando suas "Reflexões" no jornal *Granma.*
4) Oscar Enrique González Peña, promovido a general em seu país, chegaria a ser comandante do Exército da Colômbia, de 2008 a 2010.
5) Vigilância ou guarda que fazem, por turnos, um ou vários soldados durante a noite no quartel, para todo o edifício ou para cada dormitório.
6) Mario Vargas Llosa: *La ciudad y los perros*, Seix Barral, Barcelona, 1977.
7) Nos *Llanos* venezuelanos é costume, na época do Natal, em dezembro, assistir com familiares e amigos a "missas de Aguinaldo". São celebradas ao amanhecer nas igrejas especialmente adornadas para essas datas, e a missa é acompanhada por cantos populares. Às vezes, são lançados fogos de artifício. O evento culmina quando o sol desponta.
8) Em Odessa (Rússia), em 1905, os marinheiros do encouraçado *Potemkin* se sublevaram, negando-se a comer carne apodrecida. Seu motim provocou a rebelião geral da Frota do Mar Negro no marco da Revolução de 1905, que foi o prelúdio da Revolução Bolchevique de 1917. O cineasta Sergei M. Eisenstein ilustrou esse episódio em seu célebre filme *O encouraçado Potemkin* (1925).
9) Catia é uma região imensa, formada por muitos bairros populares do oeste de Caracas.
10) Antes chamada de "Dois de Dezembro", por causa do dia 2 de dezembro de 1952, data em que Marcos Pérez Jiménez tomou o poder, e rebatizada "23 de Janeiro", em memória do dia 23 de janeiro de 1958, data em que Pérez Jiménez foi derrubado.
11) De acordo com um estudo divulgado em 2009 pela organização civil mexicana Conselho Cidadão pela Segurança Pública (CCSP), Caracas seria

uma das cidades mais violentas da América Latina por homicídios (96 homicídios por ano a cada 100 mil habitantes). Fonte: Radio Netherlands, 2 de setembro de 2009.

12) Ver: Rhony Rafael Pedroza Aguilar e Juan Francisco Escalona Camargo: *Influencia que tuvo la Academia Militar de Venezuela em la formación del Teniente Coronel Rafael Chávez Frías, comandante de la rebelión militar del 4 de febrero de 1992*, em particular no Cap.III, "Plan de estudio Andrés Bello". Trabalho especial de gradução, Academia Militar da Venezuela, Divisão acadêmica, Caracas, março de 2008.

13) O Plano Educacional Integral Militar para as Escolas de Formação de Oficiais levava um nome diferente segundo a instituição docente. Na Academia Militar se chamava "Plano Andrés Bello"; na Escola de Formação de Oficiais das Forças Armadas de Cooperação (Efofac, Guarda Nacional), "Plano Simón Rodríguez"; na Escola de Aviação, "Plano Manuel Ríos"; e na Marinha, "Plano José Maria Vargas".

14) Andrés Bello (1781-1865), eminente humanista, filólogo, educador e jurista venezuelano, que fez uma parte de sua carreira em Santiago do Chile. É autor, entre outras importantes obras, de uma *Gramática del idioma castellano* e de *Principios del Derecho de Gentes.*

15) O governo venezuelano aprovou em outubro de 2009 uma reforma da Lei das Forças Armadas, que inclui a Lei de Alistamento Militar, que determina, como dever, que todos os venezuelanos entre 18 e 60 anos prestem pelo menos um ano de serviço militar obrigatório.

16) Carl von Clausewitz (1780-1831), teórico militar prussiano, autor de um dos principais tratados de estratégia militar, *Da guerra* (1832).

17) Mao Tsé-Tung (1893-1976) era, na época, presidente da China e do Partido Comunista da China. Seu *Pequeno livro vermelho* foi publicado pela primeira vez em 1964.

18) Citação extraída de Mao Tsé-Tung, "Sobre a guerra prolongada" (maio de 1938), em *Obras escogidas de Mao Tsé-Tung*, Tomo II, Ediciones en Lenguas Extranjeras, Pequim, 1968.

19) Simón Bolívar: *Siete Documentos Esenciales*, introdução e subtítulos por José Luis Salcedo-Bastardo, presidência da República, Caracas, 1973. Inclui: Manifesto de Cartagena (15 de dezembro de 1812); Manifesto de Carúpano (7 de setembro de 1814); Carta da Jamaica (6 de setembro de 1815); Discurso de Angostura (15 de fevereiro de 1819); Mensagem ao Congresso da Bolívia (25 de maio de 1826); Mensagem à Convenção de Ocaña (29 de fevereiro de 1828); e Mensagem ao Congresso da Colômbia (20 de janeiro de 1830).

20) *Hino do Exército* (1962), música de Inocente Carreño, letra de Juan Ángel Mogollón.

21) Os quatro institutos militares são Academia Militar; Efofac (Escuela de Formación de Oficiales de las Fuerzas Armadas de Cooperación), Aviação Militar e Escola Naval.

22) Felipe Antonio Acosta Carlez, militar nascido no Estado de Guárico. Formado pela Academia Militar em julho de 1975, foi um dos fundadores do Movimento Bolivariano Revolucionário 200 (MBR-200), prestou juramento à sombra do Samán de Güere no dia 17 de novembro de 1882, junto a Hugo Chávez, Jesús Urdaneta Hernãndez e Francisco Arias Cárdenas. Morreu durante o "Caracaço", no dia 28 de fevereiro de 1989. Hugo Chávez dedicou a ele um poema, "Poesia a Felipe Acosta Carlez".
23) Luis Felipe Quintanilla Ponce (1922-1988), artista, pintor, escultor, músico e professor. Sua pintura se caracteriza por uma interpretação realista da paisagem e de temas como os armazéns, flores, figura humana, retratos e composições. Trabalhou com predileção a paisagem andina. Sua pintura foi descrita como "verticalismo impressionista". Entre suas obras em bronze se destaca seu "Monumento ao cadete", localizada no Pátio de Armas da Academia Militar da Venezuela (Forte Tiuna, Caracas). Numa homenagem póstuma, a Academia Militar da Venezuela renomeou seu teatro com o nome do Prof. Luis Felipe Quintanilla.
24) Ramón Carrizalez (n.1952) foi vice-presidente da República de janeiro de 2008 a janeiro de 2010. Em dezembro de 2012 foi eleito governador do Estado de Apure, para o período 2013-2017.
25) Anime: poliestireno extrudido, material usado normalmente para adornos.
26) Frederico II, o Grande (1712-1796), rei da Prússia, um dos maiores representantes do "Despotismo Ilustrado" do século XVIII. Conhecido como "o rei filósofo", foi também um grande chefe militar, que converteu a Prússia numa potência guerreira.
27) José Antonio Páez: *Autobiografía*, Ediciones Antártida, Caracas, 1945.
28) Ver: Jacinto Pérez Arcay, *La Guerra Federal. Consecuencias.* Colección Ezequiel Zamora y su tiempo, Número 11, Oficina Central de Información, Caracas, 1977.
29) José Carlos Mariátegui (1894-1930), filósofo, escritor e jornalista peruano, considerado um dos pensadores socialistas latino-americanos mais influentes, autor de *Siete ensayos de interpretación de la realidad peruana* (1928).
30) Walter Montenegro: *Introducción a las doctrinas político-económicas*, Fondo de Cultura Económica, Colección Breviarios, México, 1956.
31) John Kenneth Galbraith: *Economía y subversión*, Plaza&Janés, Barcelona, 1972.
32) John Kenneth Galbraith: *El Nuevo Estado Industrial*, Ariel, Barcelona, 1980.
33) John Kenneth Galbraight: *La Economía del Fraude Inocente. La verdad de nuestro tiempo.* Crítica, Barcelona, 1984.
34) Claude Cuénot (e outros): *Evolución, marxismo y cristianismo: estudio sobre la síntesis de Teilhard de Chardin* (Plaza&Janés, Barcelona, 1971); tradução ao espanhol de *Evolution, Marxism and Christianity: Studies in*

the Teilhardian Synthesis, Garnstone Press, Londres, 1967. Textos de vários autores sobre opiniões do jesuíta francês Pierre Teilhard de Chardin (1881-1955), filósofo e paleontólogo que atuou entre os campos da ciência e da religião. Entre os autores desse livro aparece Roger Garaudy, na época membro do Secretaria Política do Partido Comunista francês, que aqui aborda o tema do diálogo entre marxistas e cristãos.

Capítulo 7

1) Rafael Poleo (n.1937), jornalista, editor e proprietário do jornal *El Nuevo País* e da revista *Zeta*. Em 2008, se instalou na Flórida.
2) Jorge Olavarría (1933-2005), político, advogado, jornalista e historiador venezuelano. Apoiou Hugo Chávez em sua primeira campanha eleitoral de 1998, mas passou à oposição a partir de 1999, embora tenha criticado o golpe petroleiro de 2002-2003 e a atitude partidária dos meios de comunicação.
3) Alfredo Maneiro (1937-1982), político venezuelano e guerrilheiro comunista na década de 1960. Professor da Escola de Comunicação Social da Universidade Central da Venezuela. Fundou o partido operário Causa Radical.
4) Herma Marksman (n.1949), historiadora venezuelana, conheceu Hugo Chávez em 1984, e estabeleceram uma relação sentimental que durou até 1990. Vinculada ao Movimento Bolivariano Revolucionário-200 (MBR-200) participou na conspiração e na rebelião de 4 de fevereiro de 1992. Publicou sua versão de suas relações com Hugo Chávez num livro de entrevistas com o jornalista Agustín Blanco Muñoz, *Habla Herma Marksman: Chávez me utilizó*, Fundación Cátedra "Pio Tamayo", Caracas, 2004.
5) José Vicente Rangel (n.1929), jornalista e homem político venezuelano. Em 1973, 1978 e 1983 foi candidato (representando o MAS nas duas primeiras vezes e o Partido Comunista em 1983) à presidência. Em 1998 apoiou Hugo Chávez e foi, de 1999 a 2007, ministro de Relações Exteriores, de Defesa e vice-presidente.
6) Ernesto Che Guevara, *Pasajes de la Guerra Revolucionaria*, Ediciones ERA, México, 1969.
7) Ernesto Che Guevara, *El libro verde olivo. Antologías temáticas*, Editorial Diógenes, México, 1970.
8) A *United States Army School of the Americas*, mais conhecida como *Escola das Américas*, instalada pelos Estados Unidos na Zona do Canal do Panamá, cooperou durante décadas com uma multidão de governos latino-americanos, alguns deles ditatoriais. Seus cursos ou treinamentos incluíam técnicas de contrainsurgência, operações de comando e táticas de interrogatório. Em 1977 os Estados Unidos aceitaram o pedido panamenho de retirar a Escola do país e transferi-la para território norte-americano, em Fort Benning, Georgia. Oficialmente, a Escola foi fechada no ano 2000, durante o mandato do presidente Bill Clinton. Mas, em 2001, foi inaugurado o *Instituto de Defesa para a Cooperação de Segurança Hemisférica*,

que parece herdeira da *Escola das Américas* embora com maior respeito pela democracia. Em 2004, a Venezuela deixou de enviar cadetes para essa instituição norte-americana.

9) Douglas Bravo (n.1932), político venezuelano. Foi o guerrilheiro mais famoso da Venezuela, fundador e comandante da Frente Guerrilheira "José Leonardo Chirino" na serra de Falcón. Fundador do movimento político Ruptura.

10) A visita de Fidel Castro ao Chile da Unidade Popular ocorreu de 10 de novembro a 4 de dezembro de 1970.

11) Juan Velasco Alvarado (1910-1977), presidente do Peru de 1968 a 1975. À cabeça de um *Governo Revolucionário das Forças Armadas*, nacionalizou setores chave da economia (petróleo, pesca, minas, telecomunicações, energia) e realizou uma importante reforma agrária. Foi derrubado no dia 29 de agosto de 1975 por um grupo de oficiais e substituído pelo general Francisco Morales Bermudez.

12) Ao seu regresso do Chile, em 4 de dezembro de 1971, Fidel Castro fez escala em Lima e se reuniu durante umas três horas com o general Velasco Alvarado. Ver a entrevista coletiva dada naquele mesmo dia pelo líder cubano: (em inglês) *http://lanic.utexas.edu/project/castro/db/1971/19711205-2.html*

13) O "Plano Inca — Projeto Revolucionário Peruano", do general Juan Velasco Alvarado, foi dado a conhecer em Lima, no dia 28 de julho de 1974, por ocasião do 153º aniversário da Independência do Peru. Texto completo em *http://peru.indymedia.org/news/2006/02/25243.php*

14) No relato que Hugo Chávez escreveu sobre sua viagem ao Peru, intitulado "Uma bandeira em Ayacucho", sobre esse tema, ele e seus companheiros Dumas Ramírez Ramírez e Carlos Escalona consta: "antecipamos algumas opiniões sobre o papel dos militares na sociedade e, particularmente, o apoio incondicional que, na Venezuela, as Forças Armadas prestaram ao sistema democrático nos últimos 16 anos". Ver em Hugo Chávez: *Um Brazalete Tricolor*, Vadell Hnos. Editores, Valencia-Caracas, 1992.

15) Na verdade, a *Constitución de la República Bolivariana de Venezuela*, de 199, encadernada em azul, se parece muito com o "pequeno livro azul" de Velasco Alvarado.

16) Juan Aguilar Despich: *Perú, ¿socialismo militar?*, Editorial Fuentes, Caracas, 1972.

17) Emerson Fittipaldi (n.1946), piloto brasileiro de Fórmula 1, campeão do mundo em 1972 e 1974.

18) Juan Velasco Alvarado: *La Revolución Peruana*, Editorial Universitaria, Buenos Aires, 1973.

19) Omar Torrijos (1929-1981), general panamenho, dirigiu seu país de 1968 até a sua morte, num suspeito desastre de avião. Assinou, em 1977, tratados com o presidente Jimmy Carter, dos Estados Unidos, que permitiram ao Panamá recuperar, em 31 de dezembro de 1999, sua soberania sobre o Canal.

20) Graham Greene: *Descubriendo al general Torrijos. Historia de un compromiso,* Editorial Emecé, Buenos Aires, 1985.
21) José de Jesús Martínez (1929-1991), catedrático de filosofia, poeta e dramaturgo nascido na Nicarágua. Obteve a nacionalidade panamenha e foi sargento da Guarda Nacional, guarda-costas e pessoa de confiança do general Omar Torrijos. Autor, entre outros títulos, de *Mi general Torrijos* (Editorial Contrapunto, Buenos Aires, 1987), prêmio Casa de las Americas, 1987.
22) A Operação Condor é o nome do plano de coordenação de operações repressivas contra opositores, elaborado conjuntamente pelas ditaduras militares da América do Sul — Argentina, Bolívia, Brasil, Chile, Paraguai e Uruguai — entre si e com os Estados Unidos, levada a cabo nas décadas de 1970 e 1980.
23) O Poliedro é um recinto desenhado e construído para abrigar eventos e espetáculos, localizado ao sul de Caracas. Tem capacidade para 13.500 pessoas sentadas. Foi inaugurado pelo presidente Rafael Caldera em 2 de março de 1974.
24) O combate, com o título mundial dos pesos-pesados em jogo, aconteceu no dia 26 de março de 1974, em Caracas. George Foreman venceu no segundo *round*, por nocaute técnico.
25) Atletas da equipe olímpica de Israel foram feitos reféns e assassinados por um comando da organização palestina "Setembro Negro".
26) Francisco Franco (1892-1975), general espanhol, autor de um golpe de Estado, em 1936, contra a II República, que desencadeou uma guerra civil (1936-1939). Com a ajuda dos regimes fascista da Itália e nazista da Alemanha, Franco venceu o conflito e instalou uma ditadura cruel (1939-1978).
27) Hugo Chávez recebeu o título de bacharel em Ciências e Artes militares, na especialidade de engenharia, menção terrestre.
28) Manuel Cedeño (1784-1821), oficial do Exército da Venezuela, que alcançou a patente de general de Divisão e teve destacada participação na Guerra da Independência. Morreu na batalha de Carabobo, em 24 de junho de 1821. Seus restos repousam no Panteão Nacional de Caracas.
29) Com a guerra franco-prussiana (1870-1871), a França, derrotada, deixou de ser considerada uma potência militar, e a Prússia, vencedora, assumiu esse papel. A tática fechada e o uniforme do conde Helmuth von Moltke se transformaram, a partir daquele momento, num exemplo a ser seguido por muitos exércitos. Na América Latina, a primeira missão militar prussiana chegou ao Chile em 1885. Seu êxito foi tão clamoroso na reorganização do Exército chileno que vários países da região decidiram imitar a lição, entre eles a Venezuela. Em 1910 foi inaugurada, em Caracas, a Escola Militar, em sua sede de La Planicie, pelo presidente Juan Vicente Gómez. Com a intenção de profissionalizar o Exército Nacional, Gómez autorizou a chegada de uma missão militar de instrução, encabeçada pelo

coronel chileno Samuel McGill, que assumiu um papel preponderante nessa reorganização. Nomeado instrutor-geral do Exército Nacional, o coronel McGill se dedicou a formar os futuros oficiais venezuelanos. De formação claramente prussiana, McGill deu ao Exército venezuelano a marca característica do modelo prussiano do capacete de penacho e do passo de ganso. Isso, completado pela conhecida germanofilia do presidente Gómez, veio consolidar a influência da escola prussiana no Exército venezuelano.

30) Organização dos Países Exportadores de Petróleo (Opep), fundada em Bagdá (Iraque) em 1960, por iniciativa do venezuelano Juan Pablo Pérez Alfonso.

31) Valentín Hernández Acosta (1925-1989). Em 1974 foi designado, pelo presidente Carlos Andrés Pérez, ministro de Minas e Hidrocarburetos, e coube a ele levar a cabo a nacionalização da indústria petroleira da Venezuela. Durante seu sequestro em Viena, o grupo de reféns designou-o negociador com os sequestradores, já que tanto ele como "Carlos" eram venezuelanos.

32) No dia 15 de agosto de 1994 "Carlos" foi capturado em Cartum, no Sudão, e entregue à polícia francesa. Levado para a França, foi encarcerado em Poissy, Clairvaux e finalmente no cárcere parisiense de La Santé. Em 1977, "Carlos" foi condenado à prisão perpétua pelos homicídios de dois policiais franceses e de um cidadão civil árabe, ocorridos em 1975. Em 2011, em novo julgamento, foi acusado da morte de 11 pessoas e de ter provocado cerca de 150 feridos, em 1982 e 1983, em território francês. Em 15 de dezembro de 2011 foi sentenciado a uma nova pena de prisão perpétua.

33) Jorge Plejánov: *El papel del individuo en la historia*, Editorial Intermundo, Buenos Aires, 1959. Nesta obra, Plejánov mostra como Karl Marx foi quem situou a filosofia e a história sobre uma base de rigorosa ordem científica, armando assim o proletariado com um instrumento teórico de imensa potencialidade transformadora. Referindo-se a ele, Lenin afirmava: "O que Plejánov escreveu sobre filosofia é o que existe de melhor na literatura marxista mundial".

34) Um dos núcleos da Universidad de los Andes, onde se encontra a Faculdade de Ciências.

35) Plano civil-militar, lançado em fevereiro de 1999 pelo primeiro governo do presidente Chávez, que põe a serviço da sociedade os recursos das Forças Armadas, com a finalidade de atender às necessidades sociais do país.

Capítulo 8

1) Entre 1970 e 1982, a frente guerrilheira "Antonio José de Sucre", braço armado da organização Bandeira Vermelha, operou nas montanhas de Anzoátegui e Monagas. Entre seus comandantes guerrilheiros estavam Carlos Betancourt, Américo Silva, Tito González Heredia, Gabriel Puerta Aponte, Miguel Salas Suárez e Pedro Véliz.

2) Federico Britto Figueroa (1921-2000), historiador e antropólogo venezuelano, marxista, autor, entre outros livros, de *La estrutura económica de la Venezuela colonial*, UCV-Ediciones de la Biblioteca, Caracas, 1978, e *Tiempo de Ezequiel Zamora*, UCV-EBUC, Caracas, 1981. Foi coordenador da Frente Constituinte de Cultura, que em 1997 desenhou o Programa Cultural do candidato Hugo Chávez.
3) Henry López Cisco, funcionário da DISIP (Direção de Serviços de Inteligência e Prevenção), organismo policial, acusado pelo Ministério Público venezuelano do "Massacre de Yumare", ocorrido em 8 de maio de 1986, durante a presidência de Jaime Lusinchi, no Estado de Yaracuy, quando nove estudantes foram assassinados. Também foi acusado de participar no massacre de Cantaura, em outubro de 1984, contra um dos últimos destacamentos guerrilheiros da Venezuela, no Estado de Anzoátegui, quando 23 insurgentes foram assassinados.
4) Organismo de inteligência e contrainteligência interior e exterior da Venezuela, entre 1969 e 2009. Foi dissolvido em 4 de dezembro de 2009 pelo presidente Chávez, e substituído pelo Serviço Bolivariano de Inteligência (SEBIN).
5) Orlando Bosch (1926-2011) e Luis Posada Carriles (n.1928), cubanos contrarrevolucionários, dois dos mais conhecidos terroristas formados pela CIA, acusados pelos governos de Cuba e da Venezuela de haverem cometido numerosos atentados com o objetivo de derrubar o governo de Cuba. São acusados, principalmente, de serem os autores intelectuais da sabotagem que, no dia 14 de outubro de 1976, provocou a explosão, em pleno voo, de um avião da companhia Cubana de Aviación, causando a morte de 73 pessoas.
6) Nos Estados Unidos, SWAT (*Special Weapons and Tactics*) é uma unidade de polícia militar para operações especiais de grande perigo. Na Venezuela, há grupos táticos semelhantes aos SWAT. São as Brigadas de Ações Especiais (BAE), que pertencem ao Corpo de Investigações Científicas, Penais e Criminais (CICPC), antigamente Polícia Técnica Judicial (PTJ), criada em 1958 e suprimida em 2001.
7) A represa de Guri, no Estado de Bolívar, é a maior da Venezuela. Ali se encontra a central hidroelétrica Simón Bolívar, a segunda maior da América, depois da de Itaipu, que está entre o Brasil e o Paraguai. Sua construção começou em 1963 e passou a funcionar a partir de 1978.
8) Ernesto "Che" Guevara: *El Diario del Che Guevara en Bolivia*, extrato do dia 8 de agosto de 1967.
9) O EBR-200 foi um movimento subversivo fundado por Hugo Chávez em 1977, ao pé do Samán de Güere, por ocasião da comemoração dos 200 anos do nascimento de Simón Bolívar. Em 1982, o EBR-200 se transformaria no Movimento Bolivariano Revolucionário-200 (MBR-200), que recrutou oficiais e suboficiais para preparar uma insurreição contra a política neoliberal do presidente Carlos Andrés Pérez.

10) Pedro María Freites (1790-1817), oficial venezuelano, herói da Guerra da Independência, fuzilado pelos espanhóis aos 27 anos.
11) Américo Silva (1933-1972), dirigente marxista, um dos fundadores, em 1960, do MIR (Movimento da Esquerda Revolucionária, em sua sigla em espanhol) e, posteriormente, em 1970, do grupo Bandeira Vermelha. Morto em combate contra a Guarda Nacional.
12) Instrumento musical típico venezuelano, da família do violão. Tem quatro cordas.
13) Ver: "Hugo Chávez nega ter filho ilegítimo", agência EFE, 11 de junho de 2008.
14) Karl Marx em carta a Ludwig Kugelmann, Londres, 12 de abril de 1871.
15) Jesús Urdaneta Hernández (n.1952), membro fundador, no dia 17 de dezembro de 1982, do Exército Bolivariano Revolucionário-200, com Hugo Chávez, Raúl Isaías Baduel e Felipe Antonio Acosta Carlez. Participou da rebelião de 4 de fevereiro de 1992 e na campanha eleitoral de 1998, que deu a vitória a Chávez. Foi diretor do DISIP. Atualmente está retirado da política.
16) Alberto Lovera, professor e dirigente político venezuelano de esquerda, secretário-geral do Partido Comunista da Venezuela. Detido em 17 de outubro de 1965 por funcionários da Digepol do governo adeco de Raul Leoni, Lovera foi levado para as instalações dessa polícia em Los Chaguaramos (bairro de Caracas), onde foi torturado e assassinado. Seu corpo desfigurado apareceu na rede de um pescador em 27 de outubro de 1965.
17) Jorge Rodríguez (n.1965), médico psiquiatra e político venezuelano, filho do líder da Liga Socialista de idêntico nome, assassinado por forças policiais em 25 de julho de 1976. Jorge Rodríguez Filho foi presidente do Conselho Nacional Eleitoral (2005-2006), vice-presidente da Venezuela (2007-2008), prefeito do município Libertador, de Caracas (2009-2015) e coordenador do Partido Socialista Unido da Venezuela (PSUV).
18) Em vários países da América Latina, a Casa Militar é uma administração (constituída essencialmente por militares das diferentes armas) de apoio às funções de comandante supremo das Forças Armadas, reservadas ao presidente. Assume também a função de proteção e segurança do presidente e das altas autoridades do Estado.
19) O "caso Margold" foi uma fraude surgida num contrato de fornecimento de munições às Forças Armadas da Venezuela, assinado por elas com a Corporação Margold, que recebeu o pagamento completo por um lote de munição de artilharia 105 mm, que nunca foi entregue. O contrato foi assinado com uma fornecedora do Exército, Gardenia Martínez, protegida por oficiais do entorno do presidente Carlos Andrés Pérez.

Capítulo 9

1) Sandro (1945-2010), cujo verdadeiro nome era Roberto Sánchez, foi um destacado cantor e compositor argentino de baladas românticas e música pop latina, célebre em toda a América Latina.

2) O suco de guija (ou ouija) consiste em utilizar um tabuleiro usado no espiritismo, que tem as dez cifras e as letras ao alfabeto ao redor do centro, sobre o qual se desliza um copo ou outro objeto que se detém em cada letra para, assim, transmitir uma mensagem supostamente vinda do além.
3) Indira Gandhi (1917-1984), mulher política indiana. Foi primeiro-ministra de 1966 a 1977, e de 1980 a 1984. Era filha de Jawaharlal Nehru, primeiro-ministro da India. Não tinha nenhum laço familiar com Mahatma Gandhi. Foi assassinata em 31 de outubro de 1984 por dois de seus guarda-costas da religião sij.
4) Formado em matemática e doutor em ciências sociais pela universidade de Tübingen (Alemanha), considerado um dos maiores especialistas na área de hidrocarburetos. Autor, entre outros livros, de *Petróleo global y Estado nacional*, Comala.com, Caracas, 2003.
5) Arturo Uslar Pietri: *Golpe y Estado em Venezuela*, Editorial Norma, Bogotá, 1992.
6) O Programa Europeu de Recuperação (ERP, a sigla em inglês), também chamado de Plano Marshall (pelo sobrenome do secretário de Estado norte-americano da época, George Marshall), foi lançado pela administração do presidente Harry Truman (1945-1952) para a reconstrução de 16 países da Europa Ocidental depois da Segunda Guerra Mundial. O total da ajuda é estimado em 13 bilhões de dólares.
7) Hugo Trejo: *La Revolución no ha terminado*, Vadell Hnos Editores, Valencia-Caracas, 1977.
8) William Izarra (n.1947), coronel da Força Aérea, completou sua formação nos Estados Unidos. Numa de suas primeiras missões, com 19 anos de idade, foi encarregado de liquidar uma coluna guerrilheira procedente de Cuba. Dois milicianos foram presos, e ordenaram a ele que os interrogasse. Foi quando se encontrou com o tenente cubano Antonio Briones Montodo, que lhe disse que não havia desembarcado na Venezuela por obrigação, mas por solidariedade internacionalista (ver o depoimento de William Izarra em http//www.aporrea.org/ideologia/a23001.html). Depois de ouvir o tenente cubano, Izarra passou a questionar o que havia aprendido na Academia Militar. Entrou em contato com o grupo de Douglas Bravo e começou a conspirar dentro das Forças Armadas. Depois se uniu a Hugo Chávez. É pai do jornalista Andrés Izarra (n.1969), várias vezes ministro de Comunicação e ex-presidente do canal Telesur.
9) O Partido Baas Socialista Árabe, fundado em Damasco no ano de 1947, tem como objetivo a unificação dos Estados árabes em uma única grande nação, governada com base na doutrina socialista e apoiando-se na laicidade. O Baas se dividiu em várias tendências, duas delas, hostis entre si e muito distanciadas das teses originais do movimento, chegaram ao poder — uma, na Síria, em 1963; a outra, no Iraque, em 1968 — através de golpes de Estado. Em 1979, Saddam Hussein (1937-2006) foi eleito

presidente do Iraque, e se manteve no poder até ser derrubado após a invasão do seu país pelos Estados Unidos, em 2003.

10) Versão de Adán Chávez. Numa entrevista concedida ao autor em Barinas, em 11 de maio de 2009, Adán Chávez, irmão do presidente, nos deu sua própria versão daquele primeiro contato de Hugo Chávez com o Movimento Ruptura e com Douglas Bravo.

Qual era a atmosfera política naquele momento?
Oficiais jovens já se reuniam, já havia o germe desse Movimento Bolivariano no Exército, e compartilhávamos muitas dessas teorias. Dentro do PRV, deve-se reconhecer Douglas e a equipe que dirigia o Partido, discutia-se naquele momento a questão da união civil-militar. Pensava-se que, para chegar ao triunfo de um movimento revolucionário, era preciso formar um movimento civil-militar. A guerrilha já havia fracassado, e outras tentativas anteriores e posteriores. Nas eleições, os candidatos da esquerda — José Vicente Rangel foi um deles — mal conseguiam 2 ou 3% dos votos. Ninguém via possibilidade alguma por esse caminho. Então, Douglas era um dos maiores defensores da união civil-militar, da necessidade de estabelecer laços com o Exército. Mas era preciso procurar esses laços, e o Exército era assim meio impenetrável. O PRV já tinha alguns contatos, um deles era William Izarra, e já existia o grupo ARMA. Naquele momento, comentei que eu tinha um irmão militar, um oficial muito jovem, mas com pensamento progressista, e que ele também estava metido em alguma coisa parecida, com outros jovens oficiais. Ou seja, não era só ele, era um grupo de rapazes que andavam se reunindo, que tinham suas inquietações.

O senhor conhecia os outros oficiais?
Não, eu só conhecia meu irmão, mas era o que ele comentava comigo. Transmiti isso ao Partido. E alguns dias depois nos encontramos com Hugo, que estava de férias, em Barinas. Fomos jogar bola e tomar umas cervejinhas com os amigos. E depois de jogar, ele me chamou de lado e me disse: "Andei pensando uma coisa. Definitivamente, vou sair do Exército, não aguento mais, não suporto esse troço, oficiais corruptos". E eu disse a ele: "Não, você não pode sair do Exército".

E menos ainda naquela altura...
Exatamente. "Agora, você não pode sair do Exército". E ele me disse: "Como que não? Quero que você me ajude a conseguir um lugar na universidade, quero estudar engenharia". Insisti: "Não, você não pode sair do Exército!". Ele quis saber a razão. E eu chamei Hugo para uma caminhada, nós dois sozinhos, e contei que, por coincidência, nós, no PRV, estávamos discutindo a tese da união civil-militar, contei, em detalhes,

o que era o PRV, o que estávamos fazendo e que os chefes já estavam analisando. Apresentei a ele a situação, ou seja, que eles, os jovens oficiais progressistas, eram a porta aberta para entrar no Exército com uma linha política revolucionária, de verdadeira transformação. Eu disse: "Como é que você vai sair? Você precisa esperar! Espere, pelo menos, para ver o que é que vamos fazer!". E ele gostou muito da ideia.

E, com isso, saiu do dilema de sair ou não sair do Exército...
Pois é. Ele estava lá, sem encontrar o caminho e preocupado com a situação. Já tinha sido repreendido várias vezes porque enfrentava os oficiais superiores que estavam cometendo atos ilegais, corrupção. Então, quando apresentei aquela possibilidade, recordo que ficou emocionado com a ideia. Ele me disse "Bom, agora é outra coisa. Vamos ver o que fazemos". Imediatamente fui para Mérida, levantei a questão de tomar uma decisão urgente, porque ele tinha manifestado vontade de abandonar o Exército. Era preciso resolver rápido. O nosso chefe em Mérida era o Toby. O nome é Alberto Valderrama, só que a vida inteira foi chamado de Toby. Era professor na Faculdade de Ciências, é biólogo. E um dos membros do Comitê Central Estadual de Mérida era Juan Salazar, meu professor de física, foi ele quem me cooptou diretamente lá mesmo, no Departamento de Física, foi meu orientador na tese de graduação. Os dois me autorizaram a falar com Hugo. Naquela época, ele já era capitão, estava em Maracay.

Na Unidade de Blindados?
Isso mesmo. Num fim de semana, fui de Mérida até Maracay, levando instruções precisas. Fui de ônibus, cheguei num sábado de madrugada. Ele foi me buscar, fomos até o apartamento dele. E eu disse: "Fui autorizado a falar com você, mas você já está sabendo tudo. Temos um contato aqui, que vai se encarregar de que você fale diretamente com Douglas Bravo, o chefe do partido".

Douglas continuava na clandestinidade?
Continuava. Saía muito pouco, fazia algumas declarações para a imprensa e se encondia. Hugo me disse: "Bom, vamos correr atrás. Acho muito boa a ideia de um movimento civil-militar, vamos definir as linhas de trabalho". Naquele mesmo dia me comuniquei com o contato, um companheiro que usava como nome de guerra "Harold". Nós três nos reunimos num povoado vizinho, num barzinho, simulando que estávamos só tomando cerveja. Deixei Hugo com "Harold", contato estabelecido, e voltei para Mérida. Dois dias mais tarde ele se reuniu com Douglas e, a partir dali, foi estabelecida uma relação duradoura.

11) Ver: *Douglas Bravo Speaks. Interview with Venezuelan Guerrilla Leader*, Pathfinder Press, Atlanta, 1970.

12) Claude Heller (comp.): *El Ejército como agente de cambio social*, Fondo de Cultura Económica, Col. Tierra Firme, México, 1979. O volume reúne uma série de trabalhos sobre a intervenção militar, apresentados durante o XXX Congresso Internacional de Ciências Humanas na Ásia e na África do Norte, realizado no México em 1976.
13) Luis Herrera Campins (1925-2007), advogado, dirigente do partido Copei (democrata-cristão), eleito em 3 de dezembro de 1978, foi presidente da Venezuela durante o período 1979-1984, sucedendo Carlos Andrés Pérez (Ação Democrática) e precedendo Jaime Lusinchi (AD).
14) Antonio Stempel: *Venezuela, una democracia enferma. Apuntes para un estudio del desarrollo político venezolano*, Editorial Ateneo de Caracas, Caracas, 1981.
15) Américo Martin: *Los peces gordos*, Vadell Hnos. Editores, Valencia, 1977.
16) Sanin (pseudônimo de Alfredo Tarre Muzzi), *Cuando el hombre no camina*, Vadell Hnos. Editores, Valencia, 1976.
17) Diego Salazar: *Después del túnel*, Editorial Ruptura, Caracas, 1975.
18) Esse edifício militar colonial de Caracas — hoje, monumento histórico nacional — foi utilizado como prisão militar e política até 1994. Hugo Chávez ficou encarcerado ali depois da rebelião de 4 de fevereiro de 1992, até ser transferido para o cárcere de Yare (Estado de Miranda).
19) Claude M. Bristol e Harold Sherman, *TNT. Nossa Força Interior*, Ibrasa Livros, 1994.
20) Pablo Medina foi um dos fundadores e secretário-geral da Causa Radical. Foi igualmente deputado em 1993, e um dos fundadores de Pátria Para Todos (PPT), quando a Causa R se dividiu. Atualmente, integra a Frente Social Civil-Militar, de oposição a Hugo Chávez.
21) A Causa R., desde a sua origem, em 1971, conseguiu criar um bastião operário e uma base eleitoral no complexo siderúrgico Sidor, situado perto de Ciudad Guayana (Estado de Bolívar).
22) Alfredo Maneiro: *Notas negativas*, Editorial Venezuela 83, Caracas, 1971.
23) Ver: Alfredo Maneiro, *Ideas políticas para el debate actual* (seleção de textos feita por Marta Harnecker), Editorial El Perro y la rana, Caracas, 2007.
24) Adaptado do poema do autor cubano Nicolás Guillén (1904-1989), "Soldado, aprende a atirar", do livro *Cantos para soldados y sones para turistas* (1937).
25) Trata-se de uma enciclopédia política em quatro volumes: Iring Fetscher, *Comunismo. De Marx a Mao Tsé-Tung*, Ernest Nolte: *Fascismo. De Mussolini a Hitler*; Iring Fetscher: *Socialismo. De la lucha de clases al Estado providencia*; Diether Stolze: *Capitalismo. De Manchester a Wall Street*, editados por Plaza&Janés, Barcelona, 1975.
26) Iring Fetscher (1922-2014), professor de ciências políticas e de filosofia social na Universidade de Frankfurt (Alemanha) de 1963 a 1988. Especialista em Jean-Jacques Rousseau, Hegel e Marx, e autor de uma dezena de livros traduzidos para vários idiomas.
27) Amós, 2:5-7.

28) Isaías, 5:8.

29) Os Essênios eram uma congregação judia considerada por alguns como o germe do cristianismo. O historiador francês Ernest Renan (1823-1892) chegou a afirmar que "o cristianismo foi, em grande medida, o essenismo triunfante". Alguns historiadores asseguram que Jesus tinha relações com eles. São mais bem conhecidos desde a descoberta, em 1946, dos "Manuscritos do Mar Morto".

30) Lucas, 6, 20-25.

Capítulo 10

1) Claude M. Bristol (1891-1951) e Harold Sherman, *TNT: El Poder está en usted*, Ed. Central, Buenos Aires, 1969. (No Brasil foi lançado como *TNT — Nossa Força Interior*, Ibrasa Livros, 1994)

2) Karl Marx, "Bolívar y Ponte, Simon", *The New American Cyclopaedia*, Vol. III, 1858, reeditado em Karl Marx, *Simón Bolívar*, Sequitur, Madrid, 2001.

3) José Carlos Mariátegui (1894-1930), escritor, filósofo, jornalista e ativista político peruano. Morreu aos 35 anos. Seu pensamento e sua obra tiveram grande influência nos intelectuais latino-americanos de esquerda. Seu livro mais importante é *Siete ensayos de interpretación de la realidad peruana* (1928).

4) O conto "Maurício":

"I. A terra estava ressecada. Havia passado muito tempo desde o último aguaceiro. Os moinhos abandonados já não giravam ao passo amigo do vento. Os que foram grandes rios navegáveis só conservavam um último alento, e seus bosques jaziam devorados por furacões de fogo. A terra estava cansada, continuava esperando em silêncio, já sem gritos nem lamentos. Seu corpo passava de mão em mão, se reduzia e se fragmentava, cruzado por rachaduras profundas. Sua fertilidade havia se extinguido e já não poderia nem alimentar seus filhos com o fruto de suas entranhas. Quase vinte décadas tinham se passado desde o parto fecundo de Carabobo. Homens e mulheres sobreviviam naquele submundo de desolação. Eram arrastados pelas horas, sem vestígios de esperança. Até as escolas eram escombros, as crianças perambulavam sem rumo fixo procurando alimentos para roubar. Ninguém se preocupava nem mesmo com descobrir aquele morro grande, debaixo do qual havia uma figura humana com um braço erguido levantando uma espada quebrada montada sobre um cavalo decapitado pelo tempo. Que tenente seria? Este é um tenente fatídico, só o louco Maurício, fazia muitos anos, tinha se atrevido, certa noite de lua cheia, a chegar até o morro grande. Abriu caminho no meio do bosque fechado, ferindo as mãos com os espinhos, até que topou com aquela figura esquecida. Sempre havia sentido que aquele lugar chamava por ele, mas nunca tinha se atrevido a se aproximar, até aquela noite em que Mãe Inês o surpreendeu absorto como em mil noites atrás, mirando para o lugar iluminado pela lua, e colocou uma velha lanterna sobre sua mão esquerda e um facão de dois gumes afiados para se defender dos bichos do bosque: 'Vai, Maurício, vai para o morro e que Deus te abençoe'. Mãe Inês não conseguia esquecer daquela manhã, muito de madrugada, em que pariu seu filho, fazia mais de catorze anos, em que ela ouviu um trovão muito estranho, e um raio caiu sobre o morro coberto de bosque espesso.

II. Maurício trabalhou com fúria durante um bom tempo, até descobrir a base sólida de concreto, de forma retangular, e para os lados descobriu um igual número de bancos, também de concreto. Do lado norte, apalpou uma placa metálica e iluminou com a lanterna, e conseguiu ler três letras, pois as outras já não existiam: 'Pai'. Depois subiu na estátua e limpou as ervas daninhas e os cipós, montou na anca do cavalo e se imaginou a galope cavalgando pelas savanas, acariciou seu pescoço truncado e chorou pelo corcel descabeçado. Agarrou a mão da estátua com força, sobre a empunhadura da espada, e quis agitá-la no alto até perceber sua rigidez. Ficou furioso ao ver que a espada estava partida pela metade. Desceu num salto, subiu novamente e tentou obrigar aquele homem de pedra a empunhar seu facão de dois gumes afiados. Acariciou seu rosto e o viu mil vezes até que a lanterna já não pode ajudá-lo. Então continuou apalpando os sulcos sobre a fronte ampla, o longo nariz aquilino, o arco levantado da sobrancelha esquerda e aqueles olhos vazios, ocos, sujos. Pensou até em tirar os seus próprios olhos para emprestá-los ao homem da espada partida, mas logo disse a si mesmo que Mãe Inês ficaria furiosa se ele voltasse para casa sem os olhos. Mais tarde, enquanto amanhecia, Maurício contava para a Mãe Inês que tinha descoberto o pai escondido no topo do morro coberto pelo bosque fechado. Reclamou da mentira dela, que negava que ele tivesse pai, mas que a perdoou no mesmo instante porque gostava demais dela. Disse que os dois conversaram e falou do cavalo branco galopador, da espada comprida que apontava para o céu, dos olhos vazios do pai, e por último, quase adormecido nos braços da mãe, garantiu a ela que, embora ela sempre se referisse ao pai como um ingrato sem coração, ele logo teria provas do imenso coração daquele homem.

III. Todas as noites Maurício voltava ao topo do morro e chamava o homem que via como pai, gritava com ele até se cansar, suplicava, chorava, queria ouvir sua voz, queria que o abraçasse, queria chegar com ele em cima daquele imenso cavalo branco na casa da

Mãe Inês para mostrar a ela que ele tinha, sim, coração. Demorou muito até se convencer de que a estátua não ouvia nem responderia. Então, tomou uma decisão. Certa noite, levou com ele um velho cinzel e um martelo do caixão que ficava sempre debaixo da cama da Mãe Inês, e, depois de chorar, pedir mil perdões e fazer outras mil promessas, começou, com extremo cuidado, a tirar do lado esquerdo do peito duro um pedaço de pedra, ao qual daria a forma exata de um grande coração. Debaixo da velha bananeira, Mãe Inês o surpreendeu talhando a pedra e tendo como modelo um coração desenhado num velho e muito gasto livro de anatomia. Suas mãos incharam e ele perdeu várias unhas martelando e chorando. Foi até a quebrada da Mãe Velha e poliu as arestas com água e areia. Apanhou um fio elétrico e quis animá-lo com um choque. Depois de todo esse tratamento, aquele coração já não parecia de pedra. Para dar vida a ele, Maurício cortou uma veia e recolheu seu próprio sangue numa lata velha. Mergulhou nela sua grande obra prima e passou longas horas com a mãe, velando, esperando um único latejar que apagasse sua pena.

IV. Numa noite muito escura, a Mãe Inês foi-se embora para sempre. Os anos e a fome venceram a nobre velha. Então Maurício, que não tinha voltado ao topo do morro coberto pelo bosque espesso, decidiu enterrá-la lá, para que seu pai a visse. E no ataúde de madeira velha, colocou sobre o peito da mãe morta aquele coração, que já não era de pedra. Sentiu o coração palpitar quando o oprimiu com muita força entre as mãos. No terceiro dia, Maurício estava olhando para o morro coberto de bosque espesso quando um estrondo sacudiu a terra. Era como um trovão longo vindo do fundo das cavernas. E no mesmo instante, um raio partiu em dois a profunda escuridão e iluminou os campos, a terra se trincou e começou a se levantar. Transcorreram trinta e três dias com suas noites e foram trinta e três os trovões com seus raios que comoveram o mundo. A terra tremia, se trincava e se levantava cada vez mais.

V. Os indígenas voltaram do silêncio milenar gritando que a ira dos Deuses se voltava contra os homens por haverem usurpado suas terras e arrasado seus campos. Várias tribos se congregaram obedecendo aos seus caciques e se apoderaram do morro coberto de bosque espesso que naquela altura já era um alto promontório. Limparam tudo com as mãos e adoraram o homem de pedra com um oco no peito e a espada partida sobre o cavalo descabeçado. Maurício tratava de explicar a eles que aquele era seu pai, e que a Mãe Inês estava enterrada aos seus pés. Alguém disse tê-lo visto em suas noites de delírio e naquela tarde em que arrastava o caixão da mãe morta até o topo do morro. Então ele foi nomeado cacique. Foi vestido como tal e começaram a adorá-lo como 'o filho do homem de pedra'.

VI. Jamais se soube de onde chegou aquele grupo de homens e mulheres muito louros com os olhos claros e falando numa linguagem estranha. Trouxeram aparelhos muito esquisitos e os instalaram no topo do morro, que já era montanha, tomaram amostras do solo, do monte, da água que manava por uma trinca e reverdecia os campos, gravaram o trovão, filmaram o raio e o homem de pedra e, por último, tomaram amostras do sangue bom do cacique Maurício. Depois, se empenharam em tapar as trincaduras da terra, trouxeram grandes máquinas aéreas e deixaram cair sobre a montanha toneladas de pedras, concreto e areia. Mas a cada noite retornava aquele estrondo e a terra estremecia, e ao amanhecer sempre apareciam novas trincas. O homem da espada partida estava tão alto que para Maurício uma noite só não era suficiente para acariciá-lo e rogar que não fosse embora com a Mãe Inês. Quando já não teve forças, deixou de subir e voltou às noites em vela, olhando para o alto e chorando de pena. Os homens estranhos continuaram lutando contra aquilo que já era um palpitar pela terra toda e até dispararam com uns canhões de boca muito grande. Aviões imensos deixaram cair foguetes e bombas. Tropas de muito longe caíram de paraquedas no monte. Mas a cada noite o morro crescia e palpitava com a força de séculos.

VII. Na noite número trinta e três a terra arrebentou. Estava muito escuro, pois havia lua nova. A sacudida foi completa e violenta, e depois do trovão veio a tormenta. Choveu cântaros durante longas horas e, ao sair do sol, ali onde esteve o topo do morro coberto de bosque espesso que depois foi montanha, um grande coração se elevava rumo ao céu e palpitava com força. A chuva foi sangue e corria pelas trincaduras abertas da mãe terra. Maurício olhou a figura imensa, e então lançou um grito que cruzou o espaço e foi ressoar nas pradarias: '*Pai, é você?*'. E então ouviu uma voz que saiu da profundidade do coração, e um grande sorriso iluminou seu rosto cansado pelas noites em branco: '*Sim, filho, sou eu, Simón Bolívar, e ao ressuscitar no meio de vocês, meus primeiros votos são pela felicidade da pátria*'.

VIII. Nesse outro dia, ao sair o sol, um grande cavalo branco relinchou sobre a larga meseta que agora se estendia do lugar onde emergiu o imenso coração até para lá dos distantes horizontes da pátria. Um homem muito jovem cavalgava em pelo com uma espada muito longa na mão, rompendo o vento e com uniforme de general-chefe. Era Maurício".

5) Juan Bosch (1909-2001), fundador do Partido Revolucionário Dominicano (PRD), exilado durante a ditadura de Trujillo (1939-1961), eleito presidente em 1962 pôs em marcha uma série de reformas sociais progressistas, e foi derrubado por um golpe militar no dia 25 de setembro de 1963. Em 1973 fundou o Partido da Libertação Dominicana (PLD).
6) Edward de Bono (n. 1933) é um especialista em ciências cognitivas. Autor de uns 70 livros traduzidos em mais de 50 países. Entre eles: *Aprende a pensar por ti mismo* (Paidós, Barcelona, 1997); *El pensamento creativo* (Paidós, Barçelona, 1994); *El Pensamiento Lateral: manual de creatividad* (Paidós, Barcelona, 1991) e *Seis sombreiros para pensar* (Granica, Barcelona, 1988).
7) Dionisio López Ramos (1946-2010), cantor de música infantil, apresentador de televisão e ator cômico, famoso pelo seu personagem de palhaço, *Popy*, desde 1971.

Capítulo 11

1) Corresponde a um vento de força 6, ou seja, de 40 a 50 quilômetros por hora.
2) Discurso pronunciado na sessão da Sociedade Literária Hispano-americana, no dia 28 de outubro de 1893, e publicado em *Patria*, Nova York, em 4 de novembro de 1893.
3) O samán, também conhecida como árvore da chuva, é característica dos trópicos americanos. Possui uma envergadura monumental, chega a medir 60 metros de altura e sua copa pode alcançar 80 metros de diâmetro. Durante suas campanhas militares na região, Simón Bolívar descansou à sombra deste Samán de Güere, que continua vivo. Por isso foi erguido, nesse lugar histórico, um monumento singelo. Os historiadores relatam que no dia 3 de agosto de 1813 Simón Bolívar e suas tropas, em plena "Campanha Admirável" repousaram debaixo dela. Bolívar disse: "Talvez a alma dessa árvore — se referia ao Samán de Güere — e os espíritos dos nossos indígenas nos encham de mais coragem para culminar a glória que pertence à nossa pátria".
A tradição oral venezuelana, bem como os testemunhos escritos por cientistas como Alexander von Humboldt e Agustín Codazzi, informam que o Samán de Güere era sagrado para os arawacos e também para outras tribos caribenhas que chegaram a se apoderar da zona. As mulheres davam à luz debaixo da sombra do Samán, e há informações de encontros de líderes tribais para selar alianças.
4) No dia 15 de agosto de 1805, na companhia de Simón Rodríguez e de Fernando Toro, Simón Bolívar, o futuro Libertador, com apenas 22 anos, subiu a histórica colina romana do Monte Sacro e jurou pela liberdade da Venezuela: "*Juro, aqui, na sua frente; juro pelo Deus dos meus pais; juro pelos meus pais, juro pela minha honra, e juro pela pátria, que não darei descanso ao meu braço nem repouso à minha alma até romper as correntes que nos oprimem pela vontade do poder espanhol*".
5) Simón Díaz (1928-2014), célebre cantor e compositor de música popular venezuelana. Era considerado o pai da "tonada", música típica dos *Llanos*.

Foi agraciado com prestigiosos prêmios, tanto na Venezuela como no exterior (Latin Grammy Award 2008). Uma de suas composições mais conhecidas é "Caballo viejo".

6) "Nosso princípio é: o Partido manda no fuzil, e jamais permitiremos que o fuzil mande no Partido", *em* Mao Tsé-tung, *Problemas de la guerra y de la estratégia*, 1938. Ver em *www.laeditorialvirtual.com.ar/Pages/MaoTseTung/Mao_Guerraestrategia.htm*
7) Miguel Acosta Saignes: *Introducción a Simón Bolívar*, Siglo XXI, México, 1983.
8) Indalecio Liévano Aguirre: *Bolívar*, Ediciones Cultura Hispánica, Madrid, 1983.
9) Francisco Herrera Luque: *Bolívar de carne y hueso, y otros ensayos*, Ateneo de Caracas, Caracas, 1983.
10) Francisco Pividal: *Bolívar: Pensamiento Precursos del Antiimperialismo*, Ateneo de Caracas, Caracas, 1983.
11) Germán Carrero Damas: *El culto a Bolívar*, Universidad Central de Venezuela, Caracas, 1969. (Reeditado pela Editorial Alfa, Caracas, 2003.)
12) Francisco de Miranda e Josefina Rodríguez de Alonso: *Colombeia*, Ediciones de la Presidencia de la República, Caracas, 1978. Ver também: *Francisco de Miranda, Palabras Esenciales*, Ministerio de Comunicación e Información, Caracas, 2006.
13) Andrés Velásquez, ex-líder sindicalista, foi candidato da Causa R à presidência em 1983, 1988 e 1993. Atualmente, é deputado na Assembleia Nacional, e milita na oposição ao presidente Hugo Chávez.
14) Samuel Moncada: *Los huevos de la serpiente. Fedecámarar por dentro*, Editorial Alianza Gráfica, Caracas, 1985.

Capítulo 12

1) Francisco Farfán (?-1841), coronel do Exército da Venezuela durante a Guerra da Independência. Combateu, sob as ordens de José Antonio Páez, nas batalhas de Las Queseras del Medio (1819) e Carabobo (1821).
2) Miguel Otero Silva (1908-1985), grande intelectual progressista e um dos principais escritores venezuelanos da segunda metade do século XX. Fundador do jornal *El Nacional* (1942) e autor magistral, entre outros romances, de *Casas Muertas* (1955), *Oficina número 1* (1960), *La muerte de Honorio* (1968) e *Cuando quiero llorar no lloro* (1975).
3) Resultado da aliança, em 1982, de quatro grupos guerrilheiros de esquerda: Exército Guerrilheiro dos Pobres (EGP), Organização Revolucionária do Povo em Armas (ORPA), Forças Armadas Rebeldes (FAR) e Partido Guatemalteco do Trabalho (PGT).
4) *El Gran Viraje. Lineamientos generales del VIII Plan de la Nación (1990-1995)*, Oficina Central de Coordinación y Planificación (CORDIPLAN), Caracas, 1990.
5) Maurice Duverger: *Instituciones políticas y Derecho Constitucional*, Ariel, Barcelona, 1988.
6) Paul Claval (n.1932), geografo francês, autor de importantes trabalhos teóricos de epistemologia da ciência geográfica. Seu conceito de "geometria

do poder" foi desenvolvido em seu livro *Espacio y Poder* (Fondo de Cultura Económica, México, 1990).

7) No dia 20 de novembro de 1817, Simón Bolívar decretou que "às sete estrelas que a bandeira nacional da Venezuela traz, se acrescentará mais uma, como emblema da província de Guayana, de tal maneira que o número de estrelas será doravante o de oito". A disposição do Libertados teve uso e vigência de 1817 a 1821, quando foi derrogada por uma lei datada de 4 de outubro de 1821. Em 9 de março de 2006, a Assembleia Nacional aprovou a inclusão, na bandeira, de uma oitava estrela, em cumprimento do decreto do Libertador.

8) O bolívar foi desvalorizado oficialmente a 7,50 por dólar (dólar preferencial), mas havia outro tipo de desvalorização, a 14,50 por dólar, e o valor do dólar que circulava no mercado paralelo era de uns 30 bolívares.

9) O Massacre de El Amparo ocorreu em 29 de outubro de 1988, durante o governo de Jaime Lusinchi, nas vizinhanças dessa localidade situada no município de Páez (Estado de Apure), na fronteira com a Colômbia. Morreram 14 pescadores, assassinados por membros de um comando específico das forças de segurança do Estado, integrado por tropas do Exército e por efetivos da DISIP e da Polícia Judicial (PTJ).

10) O primeiro choque se produziu em outubro de 1973, durante a guerra árabe-israelita. Os estados árabes membros da Opep, reunidos no Kuwait, decidiram reduzir a venda de hidrocarburetos "aos países que apoiam Israel". Em algumas semanas, os preços do barril passaram de 3 a 18 dólares. O segundo choque aconteceu em 1979, por ocasião do triunfo da "Revolução Islâmica" do aiatolá Khomeini, no Irã.

11) Moisés Naím (n.1952), economista e colunista venezuelano. Autor de vários ensaios sobre questões econômicas. Escreve sobre temas internacionais no jornal *El País* (Madri) e, de 1996 a 2010, foi diretor da revista *Foreign Policy* (Washington).

12) Jeffrey Sachs (n.1954), economista norte-americano, aconselhou as "terapias de choque" neoliberais na Bolívia (1985), Venezuela (1989), Polônia (1989) e Rússia (1991).

13) Num livro, Chávez explica: "*Para nós, mandaram matá-lo, e há fortes indícios disso. Acosta Carlez era o mais combativo de nós, o melhor soldado no ponto de vista de combate, um homem de armas tomar e sempre tinham cuidado com ele. Foi morto em El Valle, em circunstâncias muito estranhas (...). Ele era oficial-chefe de Serviços da Academia Militar. O chefe de Serviços não pode sair das instalações, e da Academia Militar menos ainda, porque em caso de conflito é o último que o Exército designa. Então, deram uma missão ao Felipe, quem deu foi o general Heinz Azpurua, nosso inimigo declarado, e de muito tempo. Esse general vinha seguindo nossos passos...*". Agustín Blanco Muñoz, *Habla el Comandante*, Fundación Cátedra "Pío Tamayo" – CEHA-IIES-FACES, Universidad Central de Venezuela, Caracas, 1998, p.124 (Nesse livro, os fatos referidos a Acosta Carlez erroneamente estão atribuídos a Acosta Chirinos. N. do A.)

14) "*Mataram Felipe Acosta,/ Felipe Acosta Carlez,/ a tormenta dos povos/ se desatou pelas ruas./ Não ficava nada de pé/ de Petare a El Valle, /Caracas tinha sede/ e a sede era de sangue./ Ai, tiro! num instante/ levaste meu compadre./ O rio Guárico chorando/ corre entre seus palmeirais/ e os morros de San Juan/ estremecem verticais/ pelos caminhos do Llano/ se apagaram os cantares/ e até o vento na savana/ se deteve naquela tarde./ Eu não queria acreditar/ juro pela minha mãe/ pois anteontem mesmo/ te vi na Alma Mater/ com toda tua humanidade/ entraste na minha sala de aula/ e gritamos como sempre:/ Maisanta, que são muitos!/ Mataram o louro Acosta,/ o louro Acosta Carlez./ Quem o matou não imagina/ o que virá pela frente/ nem a força que palpita/ dentro da terra-mãe/ na alma destes povos/ que têm fome de séculos/ lutando a tambor batedor/ contra o colonialista infame./ Esses não terão perdão,/ chamem-se seja lá como for./ Mataram o louro Acosta, o louro Acosta Carlez,/ epa!, não vás agora,/ nem pense em ir, compadre,/ que o Cacique Guaicaipuro/ reuniu suas tribos do vale,/ que José Leonardo Chirino/ já levantou sua negrada/ que nos llanos do Apure/ compadre, despertou o louro Páez/ que o marechal Sucre foi visto/ cruzando o rio Manzanares,/ que Rafael Urdaneta/ se abriu rumo às dunas,/ que Piar em Angostura/ já cavalga seu alazão/, que meu general Bolívar/ ontem mesmo de tardinha/ recebeu Ezequiel Zamora/ com todos os seus Federais,/ que o céu está encapotado/ anunciando tempestades,/ que não morras agora,/ não morra compadre!/ Mataram Felipe Acosta,/ Felipe Acosta Carlez,/ ouçam seu grito indomável./ E a boca do canhão/ quando lançarmos ataque/ e a defesa inimiga/ quando for quebrada pelo infante,/ quando mil paraquedistas/ caiam nas suas terras,/ quando façam a terra tremer/ cem divisões de tanques/ e quando a cavalaria/ lançar sua carga selvagem,/ ouçam o louro Acosta,/ ouçam seu grito indomável!*".

15) Os efeitos do "Caracaço" se fizeram sentir naquelas eleições do dia 6 de dezembro. Apesar de que o bipartidarismo AD e Copei tenha se mantido, ocorreram vitórias surpreendentes nos Estados de Aragua e Bolívar, sendo eleitos Carlos Tablante, do Movimento ao Socialismo (MAS), e Andrés Velásquez, da Causa Radical (LCR). Ao mesmo tempo, a abstenção alcançou 54,9%.

16) O Congresso Anfictiônico do Panamá (em memória da Liga Anfictiônica da Grécia antiga) foi convocada em Lima por Simón Bolívar, no dia 7 de dezembro de 1824, com o objetivo de buscar a união ou confederação de todos os novos Estados surgidos do que antes foram os vice-reinados espanhóis na América. O Congresso foi realizado na cidade do Panamá, de 22 de junho a 15 de julho de 1826. Compareceram representantes da Grã-Colômbia (que englobava o que atualmente é a Colômbia, o Equador, o Panamá e a Venezuela), Peru, Bolívia, México e as Províncias Unidas do Centro da América (Guatemala, El Salvador, Honduras, Nicarágua e Costa Rica).

17) A expressão "guaya" é uma tropicalização da palavra inglesa "*wire*", ou seja, cabo. "Arrebentar a guaya" significa explodir os nervos, sair do sério.

18) "A Venezuela acusou a empresa espanhola de armas Santa Bárbara de não cumprir um contrato de fornecimento de munição, calculado em 4,5 milhões de dólares. O acordo entre o Exército venezuelano e a Santa Bárbara se realizou através de uma intermediária, Corporación Margold, representada pela cubana Gardenia Martínez". *El País*, Madri, 4 de junho de 1991.
19) Gonzalo Barrios (1902-1993), membro fundador e um dos principais dirigentes do partido social-democrata Ação Democrata (AD).
20) "O presidente venezuelano Carlos Andrés Pérez destituiu o diretor de Inteligência Militar (DIM), general Herminio Fuenmayor, pelo grave erro de fazer declarações políticas sem autorização, depois que um luxuoso automóvel de sua propriedade foi aprendido com um suposto narcotraficante. O luxuoso automóvel BMW do diretor da DIM foi encontrado em poder de Edwin Rincón Rodríguez, principal implicado na recente apreensão de 621 quilos de cocaína em Peracal, na fronteira do Estado de Táchira com Cúcuta". *El Tiempo*, Bogotá, 14 de junho de 1991.
21) O general Herminio Fuenmayor, chefe — de fevereiro de 1989 a junho de 1991 — da Direção de Inteligência Militar (DIM), confirma: "Chávez não representava perigo algum, pois, a exemplo de outros comandantes, tínhamos tirado da linha de mando. Estavam nos abastecimentos, não tinham mando". Semanário *La Razón*, Caracas, 29 de novembro de 2009.
22) Miguel de Unamuno (1864-1936): "Tudo que é vital é irracional, e tudo que é racional é antivital, porque a razão é essencialmente cética", *Del Sentimiento trágico de la vida,* Madri, 1913.

Capítulo 13

1) Margaret Thatcher (1925-2013), conhecida como "Dama de Ferro", foi primeira-ministra do Reino Unido de 1979-1990.
2) Ronald Reagan (1911-2004). Presidente dos Estados Unidos de 1981 a 1989.
3) Luis Miquilena (1919-2016), líder do sindicato de condutores de ônibus de Caracas nos anos 1940. Foi militante do Partido Comunista da Venezuela (PVC), aliado do governo do general Isaias Medina Angarita (1941-1945) e firme opositor do presidente Rómulo Betancourt e do ditador Marcos Pérez Jiménez. Rompeu com o PCV e, juntamente com os irmãos Eduardo e Gustavo Machado, fundou, em 1946, uma organização comunista anti--stalinista, o Partido Comunista Venezuelano Unitário. Com o professor Salvador de la Plaza, conhecido como "o monge vermelho", Miquilena ajudou a reviver a tradição do nacionalismo socialista que teve grande influência nos setores da esquerda venezuelana a partir dos anos 1940. Ele se retirou da vida política nos anos 1960, e regressou a ela 30 anos depois, quando conheceu Hugo Chávez e seu projeto político. Durante os primeiros anos do governo de Chávez, Miquilena teve importantes cargos na Administração Pública. Foi presidente da Assembleia Constituinte de 1999 e ministro do Interior (1999-2002). Mas graves desacordos levaram o

presidente Chávez a romper politicamente com ele. Desde então, Miquilena passou a atuar na oposição à Revolução Bolivariana.

4) Ver: Ivan Freites, "Recibi instrucciones de matar a Chávez el 4F", *Chamosaurio*, Caracas, 4 de fevereiro de 2010. *http://chamosaurio.com/2010/02/04/%E2%80%9Crecibi-instrucciones--de-matar-a-chavez-el4f%E2%80%9D/*
5) Rodovia de circunvalação de Caracas, situada a mil metros sobre o nível do mar.
6) Um "campo de infiltração" é um campo de treinamento no qual se realizam práticas como superar, num tempo determinado, diferentes obstáculos: barreiras, vigas de equilíbrio, pneus pegando fogo, saltar sobre muros etc.
7) A leste de Caracas estão os bairros mais ricos da capital.
8) Lança-foguetes antitanque de fácil manejo por um soldado em ação individual, de calibre 84 mm e de uso para uma vez só, fabricado pela empresa sueca Bofors.
9) Thomas Jefferson (1743-1826), terceiro presidente dos Estados Unidos (1801-1809). Fundou em 1792, juntamente com James Madison, o Partido Republicano. Fortemente influenciado pelo pensamento ilustrado, foi defensor do Estado laico e liberal. Autor principal da Declaração de Independência dos Estados Unidos.
10) Oscar Varsavsky: *Proyectos Nacionales, Planteos y Estudios de Viabilidad*, Ediciones Periferia, Buenos Aires, 1971.
11) Uma das três principais guerrilhas colombianas, ao lado das FARC (Forças Armadas Revolucionárias da Colômbia) e do ELN (Exército de Libertação Nacional), fundada em 1970 e que se dissolveu por decisão própria em 1990.
12) Ver: Ignacio Ramonet, "Derniers Carnavals", *Le Monde Diplomatique*, Paris, novembro de 1992.
13) Ver: Ángela Zago, *La rebelión de los ángeles*, Warp Editores, Caracas, 1992.
14) Essas foram, textualmente, suas palavras: "*Antes de mais nada quero dizer bom-dia a todo o povo da Venezuela, e esta mensagem bolivariana é dirigida aos valentes soldados que se encontram no Regimento de Paraquedistas de Aragua e na Brigada Blindada de Valencia. Companheiros: Lamentavelmente, por enquanto os objetivos que nos propusemos não foram alcançados na cidade capital. Ou seja, nós, aqui em Caracas, não conseguimos controlar o poder. Vocês fizeram tudo direito aí onde estão, mas agora é tempo de refletir e novas situações virão, e o país tem que definitivamente tomar o rumo de um destino melhor. Então, ouçam a minha palavra. Ouçam o comandante Chávez, que lança esta mensagem para que, por favor, meditem e deponham as armas, porque, na verdade, os objetivos que traçamos em nível nacional já se fizeram impossíveis de alcançar. Companheiros: ouçam esta mensagem solidária. Agradeço sua lealdade, agradeço sua valentia, seu desprendimento, e eu, diante do país e diante dos senhores, assumo a responsabilidade por este movimento militar bolivariano. Muito obrigado*".
15) Na Venezuela, dizem que um político "salta la talanquera" quando é um trânsfuga, ou seja, troca de lado, renuncia ao partido para entrar em outro.

16) Poucas semanas antes das eleições, os partidos tradicionais da Venezuela, Ação Democrática e Copei, retiraram o apoio a Salas Römer, tratando de evitar, assim, uma antecipada vitória de Hugo Chávez.
17) Hugo Chávez, candidato do Movimento Quinta República (MVR), ganhou com 56,2% dos votos. Henrique Salas Römer, do Projeto Venezuela, teve 39,97%.
18) Em referência ao presidente do Egito, Gamal Abdel Nasser (1918-1970), coronel que participou do golpe de Estado do dia 23 de julho de 1953, derrubando o rei Faruk. Ele aboliu a monarquia, proclamou a República e tentou unificar o mundo árabe.

Capítulo 14

1) Bairro de Caracas.
2) Davi, *Livro dos Salmos*, Salmo 37, "O caminho dos maus", versículos 14, 15.
3) Rosa Miriam Elizalde e Luis Báez: *Chávez nuestro*, Casa Editora Abril, Havana, 2004.
4) Cilia Flores (n.1953), advogada, foi presidente da Assembleia Nacional (2006-2013), e procuradora-geral da República. Casada com Nicolás Maduro.
5) Revista de análise dirigida por Teodoro Petkoff.
6) Alusão à célebre obra de Lenin, *O que fazer?* (1902).
7) Conhecido estrategista norte-americano de comunicação política. Dirigiu, em 1978, a campanha eleitoral de Luis Herrera Campins, que foi o vencedor e presidiu a Venezuela de 1979 a 1984.
8) Lyndon H. LaRouche (n.1922), ideólogo norte-americano, ex-trotskista, fundador do US Labor Party, formação política de extrema-direita que possui ramificações internacionais.
9) Mohamed Ali Seineldin (1933-2009), coronel argentino que participou em vários levantes militares contra governos constitucionais com grupos de oficiais nacionalistas-peronistas-católicos, chamados de "caras pintadas" em alusão ao uso de creme de mascaramento facial usado tradicionalmente pelas forças especiais e, nesse caso, pelos rebeldes.
10) Tomás Borge, em *Un grano de maíz. Conversaciones com Fidel Castro*, Fondo de Cultura Económica, México, 1992.
11) Na Venezuela, atualmente, cargo equivalente a chefe dos ministros ou presidente do governo.
12) Jorge Giordani: *Planificación, Ideología y Estado. El caso de Venezuela*, Vadell Hnos. Editores, Caracas, 1986.
13) Carlos Matus: *Planificación de situaciones*, Fondo de Cultura Económica, México, 1980.
14) A Missão Mercal (Mercado de Alimentos) é um dos programas sociais incentivados pelo governo bolivariano. Criada oficialmente em 24 de abril de 2003, é dirigida ao setor alimentar. O programa consiste em prover armazéns e supermercados de alimentos e gêneros de primeira necessidade a preços baixos, para que sejam acessíveis à população mais necessitada. Os

alimentos são subvencionados, e chegam sem intermediários, de tal forma que os preços oferecidos ao consumidor costumam ter um desconto de entre 30 e 45% dos registrados em outras cadeias de distribuição.

15) José Inácio de Abreu e Lima (1794-1869), general brasileiro que participou ativamente nas guerras da independência da Grã-Colômbia, juntamente com o Libertador Simón Bolívar.
16) *El Nacional*, Caracas, 6 de outubro de 2008.
17) Raúl Isaías Baduel (n.1955), um dos quatro fundadores (com Hugo Chávez) do Movimento Bolivariano Revolucionário-200 (MBR-200). Foi comandante-geral do Exército venezuelano de janeiro de 2004 a julho de 2006, e ministro da Defesa de junho de 2006 a julho de 2007. No dia 7 de maio de 2010, um tribunal de Caracas condenou-o a sete anos e onze meses de cadeia por "apropriação indébita de 30 milhões de bolívares e 3,9 milhões de dólares" durante sua gestão como ministro.
18) *Desafio para el sur*, Relatório da Comissão do Sul, Fondo de Cultura Económica, México, 1991.
19) Julius K. Nyerere (1922-1999), um dos principais líderes das independências das colônias na África. Presidente da Tanzânia de 1964 a 1985.
20) Sergio Marras: *América Latina. Marca Registrada*, Editorial Andrés Bello, Santiago, 1992.
21) Roberto Fernández Retamar (n.1930), escritor, poeta e ensaísta cubano, presidente da Casa de las Americas de Havana. Membro do Conselho de Estado da República de Cuba. Sua entrevista concedida a Sergio Marras pode ser lida em *www.casa.cult.cu/publicaciones/.../retamar.pdf*
22) O historiador Ramón J. Velásquez o substituiu na presidência até o final previsto do mandato (janeiro de 1994).
23) Violeta Barrios de Chamorro (n.1929), presidenta da Nicarágua de 1990 a 1996.
24) Ver Ignacio Ramonet: "Venezuela, vers la guerre sociale?", *Le Monde Diplomatique*, Paris, julho de 1995.
25) Isaac J. Pardo: *Fuego bajo el agua. La invención de la utopía*, Fundación Biblioteca Ayacucho, Caracas, 1990.
26) Tomás Borge: *Un grano de maíz. Conversaciones con Fidel Castro*, Fondo de Cultura Económica, México, 1992.
27) István Mészáros (1930-2017), filósofo marxista e professor de ciências sociais húngaro, discípulo de George Lukács. Fugiu da Hungria em 1956, quando da insurreição de Budapeste contra a invasão soviética. Autor de, entre outros livros, *Más allá del Capital. Hacia uma toería de la transición* (Vadell Hnos. Editores, Caracas, 2001).
28) Toni Negri: *El Poder constituyente. Ensayo sobre las alternativas de la modernidade*, Editorial Libertaria, Madri, 1994.

Capítulo 15

1) Nicolás Maduro (n.1962), ministro de Relações Exteriores de 8 de agosto de 2006 a 13 de outubro de 2012. Foi depois nomeado vice-presidente.

Após o falecimento de Hugo Chávez, no dia 5 de março de 2013, foi designado "Presidente em função" e, finalmente, presidente da República, depois de vencer as eleições do dia 14 de abril de 2013.

2) Elías Jaua (n.1969), doutor em sociologia, ministro da Agricultura. Vice-presidente de 10 de janeiro de 2010 a 13 de outubro de 2012. Nomeado ministro de Relações Exteriores em janeiro de 2013.
3) Rafael Isea (n.1968), formado pela Academia Militar, governador do Estado de Aragua desde o dia 5 de dezembro de 2008.
4) Jesus Aguilarte Gámez foi governador do Estado de Apure de 2004 a 2011. Morreu assassinado em Maracay no dia 2 de abril de 2012.
5) Claude Lévi-Strauss: *Tristes Trópicos*. Companhia das Letras, 1999.
6) Darcy Ribeiro (1922-1997), antropólogo brasileiro.
7) Darcy Ribeiro: *O processo civilizatório*, Companhia das Letras, 1988.
8) Teócrito (310 a.C-260 a.C), poeta grego, nascido em Siracusa (Sicília), fundador da poesia bucólica ou pastoril.
9) Eduardo Galeano: *Patas arriba. La escuela del mundo al revés*, ONCE, Madri, 1998.
10) Isaac J. Pardo: *Fuego bajo el agua. La invención de la Utopía*, Fundación Biblioteca Ayacucho, Caracas, 1990.
11) A palavra "utopia", em grego clássico, significa "não lugar".
12) *Missing in Action* (1984), direção de Joseph Zito. Intérprete principal: Chuck Norris.
13) Rosa Virginia, Maria Gabriela e Hugo Rafael.
14) Marisabel Rodríguez (n.1964), jornalista e locutora de rádio. Em 1997, Hugo Chávez e ela se casaram e tiveram uma menina, Rosainés, a mais jovem dos quatro filhos do presidente. Em 2004 se divorciaram, depois de dois anos de separação.
15) Lyndon H. LaRouche (n.1922). Economista e político norte-americano de posições polêmicas, fundador do US Labor Party (1973). Prognosticador em política econômica. Criticou a política interna e externa dos Estados Unidos. Preconizou uma reforma profunda dos sistemas econômicos e financeiros internacionais.
16) Alejandro Peña Esclusa (n.1954), fundador do Partido Liberal Venezuelano (PLV), ramificação local do movimento de Lyndon LaRouche, e da organização Força Solidária. Católico ultraconservador, apoiou o golpe de Estado de abril de 2002 contra o presidente Hugo Chávez. Foi preso em julho de 2010 por "relações com o terrorismo salvadorenho" e deixado em liberdade provisória no dia 20 de julho de 2011.
17) Organizado pela primeira vez em 1990 pelo Partido dos Trabalhadores (PT) brasileiro na cidade de São Paulo, este Fórum reúne anualmente os partidos de esquerda da América Latina, além de movimentos sociais progressistas.
18) Jorge G. Castañeda: *La Utopía Desarmada*, Ediciones Ariel, Barcelona, 1995.
19) William "Bill" J. Clinton, presidente (Democrata) dos Estados Unidos, de 1993 a 2001.

20) ALCA — Associação de Livre Comércio das Américas.
21) Freddy Bernal (n.1962), especialista em ciências policiais, um dos líderes do Movimento da V República, membro da Assembleia Constituinte. Em abril de 2002, liderou uma das principais frentes populares que se opuseram aos autores do golpe de Estado contra Hugo Chávez. Prefeito do município de Libertador, Caracas, de 2000 a 2008.
22) Atentado cometido no dia 6 de outubro de 1976, que causou a morte de 73 civis.
23) Gustavo Petro (n.1960), ex-membro da guerrilha do Movimento 19 de Abril (M-19), fundada em 1970 e dissolvida em 1990. Eleito em 2011 prefeito de Bogotá.
24) Álvaro Gómez Hurtado (1919-1995), filho do ex-presidente Laureano Gómez, que governou a Colômbia de 1950 a 1953. Advogado e dirigente político do Partido Conservador. Três vezes candidato à presidência, foi assassinado no dia 2 de novembro de 1995, em Bogotá.
25) Uma das vitórias mais importantes de Simón Bolívar nas guerras de independência da América do Sul, ocorreu no dia 7 de agosto de 1819.
26) *El Tiempo*, fundado em 1911, é o jornal de maior circulação da Colômbia. Seus acionistas majoritários são principalmente membros da família Santos, à qual pertence o presidente da Colômbia, Juan Manuel Santos, eleito em 2020.
27) Jorge Eliécer Gaitán (n. 1903) foi assassinado na sexta-feira, 9 de abril de 1948, quando saía de seu escritório de advogado no edifício Agustín Nieto, carrera 7, calle 14 e avenida Juárez, Bogotá, Colômbia.
28) O corpo de Gaitán está enterrado no jardim da que foi a sua última residência, calle 42, número 15-52, em Bogotá.
29) Ernesto Pérez Balladares (n.1949), apelidado "O Touro", presidente do Panamá de 1994 a 1999.
30) Por essa casa, passaram Che Guevara, em 1953, e lá escreveram Graham Greene, Pablo Neruda e Gabriel García Márquez. Omar Torrijos formou, ali, a brigada panamenha Victoriano Lorenzo, que lutou na Nicarágua, na frente sul dos Sandinistas. E, também nessa casa, as três facções sandinistas revolucionárias da Nicarágua decidiram se unir definitivamente em 1979.
31) Ignacio Ramonet: *Marcos, la dignidad rebelde.* Conversas com Ignacio Ramonet, Capital Intelectual S.A., Buenos Aires. (1ª edic. Ediciones Cybermonde, S.L., Valencia, 2001).
32) Carlos Saúl Menem (n.1930). Presidente da Argentina (1989-1995, 1995--1999). Durante seu mandato, cumprindo com o Consenso de Washington, o país se viu submetido a políticas neoliberais extremas, que levaram a uma crise descomunal.
33) Norberto Rafael Ceresole (1943-2003), sociólogo e politicólogo argentino, autor de numerosos ensaios. Teve influência em muitos quadros militares latino-americanos. Anunciava um peronismo autoritário e pós-democrático, baseado no tríptico caudilho-Exército-povo, e reivindicava um "nacionalismo revolucionário". Passou de uma certa esquerda a uma direita extrema. Suas críticas radicais contra a "democracia liberal" fizeram com

que ele viesse a defender teses muito controvertidas, falando de "complô judeu", e também em sua obra *La conquista del Imperio Norteamericano* (Al-Andalus, Madri, 1998), de uma suposta "máfia financeira judia".

34) Ver: "O presidente Chávez se reuniu com o Congresso Judeu Mundial. No encontro, Chávez se comprometeu a combater o antissemitismo na América Latina". Caracas, 2 de fevereiro de 2009.

35) Mohamed Ali Seineldin (1933-2009), coronel argentino que participou em vários levantes militares contra governos constitucionais com grupos de oficiais nacionalistas-peronistas-católicos, chamados de "caras pintadas" em alusão ao uso de creme de mascaramento facial usado tradicionalmente pelas forças especiais e, nesse caso, pelos rebeldes.

36) Tabaré Vázquez (n.1940), ex-prefeito de Montevidéu, dirigente da Frente Ampla (coalizão de partidos de esquerda) e presidente do Uruguai de 2005 a 2010.

37) Ver: Rosa Miriam Elizalde e Luis Báez: *El Encuentro*, Oficina de Publicaciones del Estado, Havana, 2005, pp. 56-62.

38) Para uma descrição detalhada dessa visita de Hugo Chávez a Cuba, ver Rosa Miriam Elizalde e Luis Báez: *El encuentro*... Op.cit.

39) Nome que se dá, em Cuba, à década 1992-2002, que veio depois da derrocada da União Soviética e do campo socialista europeu, com os quais Cuba realizava 80% de seu intercâmbio comercial. Essa perda, somada ao embargo comercial imposto pelos Estados Unidos desde 1961, provocou uma situação de extrema penúria.

40) Carlos Lage (n. 1951), vice-presidente do Conselho de Estado de Cuba (equivalente a primeiro-ministro) de 1993 a 2009.

41) Roberto Alarcón de Quesada (n. 1937), presidente da Assembleia Nacional de Cuba de 1993 a 2013.

42) Rosa Miriam Elizalde e Luis Báez: *El Encuentro*..., Op. cit., p. 56

43) Schafik Jorge Hándal (1930-2006), ex-secretário geral do Partido Comunista Salvadorenho, foi um dos cinco dirigentes que conduziram a guerra revolucionário da Frente Farabundo Martí de Libertação Nacional (FMLN) de El Salvador, de 1981 a 1992.

44) Pedro Antonio Marín, mais conhecido pelo pseudônimo de Manuel Marulanda Vélez e seu "nome de guerra", *Tirofijo* (1930-2009), fundador e chefe das Forças Armadas Revolucionárias da Colômbia (FARC).

45) Direção de Serviços de Inteligência e Proteção.

46) Lucas Estrella: *El Oráculo del guerrero*, Editorial Cuatro Vientos, Santiago, 1995.

47) Imperador romano, conhecido como "O Sábio" (121-180), autor de *Meditações*.

48) O resultado das eleições foi o seguinte: Hugo Chávez (MVR), 56,20%; Henrique Salas Römer (Projeto Venezuela), 39,97%; Irene Sáez (IRENE, Integración y Renovación Nueva Esperanza), 2,28%

49) José Luis Rodríguez (n.1943), célebre cantor do *jet set* latino-americano, morador de Miami, amigo de Carlos Andrés Pérez.

50) Ver Ignacio Ramonet: *Fidel Castro, biografia a dos voces*, Debate, Barcelona, 2008.

INFORMAÇÕES SOBRE A

GERAÇÃO EDITORIAL

Para saber mais sobre os títulos e autores
da **GERAÇÃO EDITORIAL**,
visite o *site* www.geracaoeditorial.com.br
e curta as nossas redes sociais.

Além de informações sobre os próximos lançamentos,
você terá acesso a conteúdos exclusivos
e poderá participar de promoções e sorteios.

geracaoeditorial.com.br

/geracaoeditorial

@geracaobooks

@geracaoeditorial

Se quiser receber informações por *e-mail*,
basta se cadastrar diretamente no nosso *site*
ou enviar uma mensagem para
imprensa@geracaoeditorial.com.br

GERAÇÃO EDITORIAL

Rua João Pereira, 81 – Lapa
CEP: 05074-070 – São Paulo – SP
Telefone: (+ 55 11) 3256-4444
E-mail: geracaoeditorial@geracaoeditorial.com.br